策 略 投 资

王成韦笑 著

地 震 出 版 社

图书在版编目(CIP)数据
策略投资 / 王成，韦笑著.　—北京：地震出版社，2012.3(2021.2 重印)
ISBN 978-7-5028-3939-0
Ⅰ. ①策…　Ⅱ. ①王…②…韦　Ⅲ. ①投资分析　Ⅳ. ①F830.593
中国版本图书馆 CIP 数据核字(2011)第 203345 号

地震版　XM4865/(4607)

策略投资
王成　韦笑 著
责任编辑：陈晏群
责任校对：孔景宽

出版发行：地震出版社
北京市海淀区民族大学南路 9 号　邮编：100081
发行部：68423031 68467993　传真：88421706
门市部：68467991　传真：68467991
总编室：68462709 68423029　传真：68455221
证券图书编辑部：68426052 68470332
网址：http://www.dzpress.com.cn
经销：全国各地新华书店
印刷：北京市兴星伟业印刷有限公司

版(印)次：2012 年 1 月第一版　2021 年 2 月第四次印刷
开本：787×1092　1/16
字数：779 千字
印张：32
书号：ISBN 978-7-5028-3939-0
定价：80.00 元
版权所有　翻印必究
(图书出现印装问题，本社负责调换)

此书献给我敬爱的父母

王晓生　何风英

王 成

致　谢

关于本书的成文，需要感谢众多朋友的支持，没有大家的支持，本书绝无可能写出来。作为国泰君安证券的分析师，首先感谢的是研究所老领导李迅雷老师，现任领导姚伟、李勇和康凯，没有他们的大力支持和创造的宽松环境，我在投资策略上的研究不可能取得进步。

还要感谢国泰君安大策略研究团队的全体成员，现有的成员包括王稹、钟华、时伟翔、张晗、张赟、张昂、张堃、金润、林博、王丽妍、孙金锯、王欣艺、江亚琴、尹为醇等；已经离职的策略研究员包括邵健、陈亮、王炫、侯继雄、吴坚雄、刘兆萍、章锦涛、翟鹏、章秀奇、张林昌、赵媛媛、陈思郁、唐传龙等。基本上，没有我们大策略团队的帮助，本书不可能完成。国泰君安目前的大策略团队分为三个子团队，其中包括中长期策略团队、小盘成长股研究团队和热点组合团队。他们从多个角度为投资者提供不同产品的“洞察力”。

同时也非常感谢与我们有业务来往的研究员和客户经理们的大力支持。

本书除了参考大量参考书、研究资料外，很多投资者也为本书提供了重要思路。由于成文时消耗太多记忆力，很多对我特别是策略体系建立有帮助的朋友在这里并没有提及，但是心中充满感谢。本书中有周金涛、魏凤春、程定华、洛泽斌、蒋敏、阎梓衡、许达、杨韬、郑婷婷等朋友的直接贡献，对此表示感谢。最后感谢我的家人。

谨以本书纪念我已经逝去的父母王晓生和何风英。

最后，如果您对本书的观点有何感想，或者有需要交流的，请随时与作者联系。

E-mail：wyzc@sina.com，wangcheng6461@gtjas.com

王　成

2010 年 12 月

目　录

前　言

本书是一本关于研究中国A股市场策略投资方面的参考书。我读了很多书，但这方面的书，在市场上几乎没有看到过。目前的证券类书籍，多数是关于技术、交易、宏观研究、投资理念，以及选股方面的(主流投资大师写的书籍基本集中于此)。索罗斯写的《金融炼金术》算是一本“策略投资”的书，但他是采取的国际金融案例投资法，使很多读者觉得阅读起来难度很大。

市场上缺少策略投资方面的书，我想或许有以下原因：策略投资者工作实在太忙，写一本这方面的书需要花太多时间，而对于出色的策略投资者，时间可能更重要；策略投资的分析体系或许是既定的，众所周知的，因此没有必要写；策略投资并不重要，最重要的还是选出具有巨大增值潜力的股票，这也是为什么巴菲特、彼得•林奇、费雪等投资大师受到欢迎的根本原因；策略投资的分析体系构建缺乏共识，很难去充分把握；策略投资需要综合素质，在目前的教育背景下，掌握策略投资的要义比较难……

我认为，对于职业投资者来说，适当了解策略投资是非常必要的。因为策略投资试图解决的是：市场中期和长期的趋势分别是什么，影响这个趋势的核心因素有哪些，在既定的市场趋势背景下，应该选择何种风格、主题和行业，以及应该选择何种投资组合。

也就是说，策略投资更多的是自上而下研究中大尺度的投资背景问题(背景分析方法比纯投资分析方法更重要)，或许并不适合短期交易型投资者，但对于其他类型的投资者，了解策略投资对于自身的投资会很有帮助。这个帮助的意义，可以用毛泽东《中国革命战争的战略问题》中的关于战略问题是研究战争全局的规律的东西的观点写的：

> “只要有战争，就有战争的全局。世界可以是战争的一全局，一国可以是战争的一全局，一个独立的游击区、一个大的独立的作战方面，也可以是战争的一全局。凡属带有要照顾各方面和各阶段的性质的，都是战争的全局。
>
> 研究带全局性的战争指导规律，是战略学的任务。研究带局部性的战争指导规律，是战役学和战术学的任务。
>
> 要求战役指挥员和战术指挥员了解某种程度的战略上的规律，何以成为必要呢？因为懂得了全局性的东西，就更会使用局部性的东西，因为局部性的东西是隶属于全局性的东西的。说战略胜利取决于战术胜利的这种意见是错误的，因为这种意见没有看见战争的胜败的主要和首先的问题，是对于全局和各阶段的关照得好或关照得不好。如果全局和各阶段的关照有了重要的缺点或错误，那个战争是一定要失败的。说‘一着不慎，满盘皆输’，乃是说的带全局性的，即对全局有决定意义的一着，而不是那种带局部性的即对全局无决定意义的一着。下棋如此，战争也是如此。”

“学习战争全局的指导规律，是要用心去想一想才行的。因为这种全局性的东西，眼睛看不见，只能用心思去想一想才能懂得，不用心思去想，就不会懂得。但是全局是由局部构成的，有局部经验的人，有战役战术经验的人，如肯用心去想一想，就能够明白那些更高级的东西。……能够把战争或作战的一切重要的问题，都提到较高的原则性上去解决。达到这个目的，就是研究战略问题的任务。”

策略投资很重要，但是只有策略投资是不够的，并且策略投资本身就具有局限性。

从适用范围上，策略投资仅适合于机构投资者和有一定分析能力的专业投资者，最好能够有WIND分析系统。对于没有形成自己投资体系的金融学硕士研究生来说，策略投资也是值得借鉴和学习的，本书可以作为参考书，对走进这个行业有帮助。而对于普通投资者来说，多数还是应该以交易或者选股为主。

从研究方法上，策略投资研究的是在分析多重影响因素后，对市场的整体性和背景性进行多情景分析，然后选择出最合理的方向。因此，策略投资类似盲人摸象，只能尽可能地从各个角度去摸，摸准，或许才能对大象的整体有了解。对于一个“盲人”来说，这并不容易。

从投资收益上，策略投资在判断上是中长期的市场背景分析，投资收益的获得最终不仅取决于此，更取决于选择了什么样的股票以及其他因素。

我在三年前就想写一本关于策略投资的书，直接的原因是为了培养新入职的分析师，因为很多初入证券市场的分析师对策略投资及相关研究非常有兴趣，但是却找不到一本好的“培训手册”。我试图写一本“培训手册”，不过在建立好自己的分析框架后，暂时放弃了，一方面框架还很粗糙(即使到现在，仍然对目前的分析框架持批判、反思态度)；另一方面，需要两三年的时间对自己的分析框架做个检验(要承认的是，这个检验还远远不够)。

以前培训采用的方法通常是用幻灯片，大概描述一下策略投资研究的体系，然后通过阅读和讨论大量优秀的策略报告来学习，我希望每个学习者最终能够建立起适合自己的体系。不过，这样的学习对于初学者来说过难，最好的方法还是先构建一个体系，然后去掌握，最终去粗取精，去伪存真，由表及里，由浅及深，通过不断裁剪和修正来建立起自己的分析体系。

下图是我所认为的一个典型的策略投资者的分析体系图。

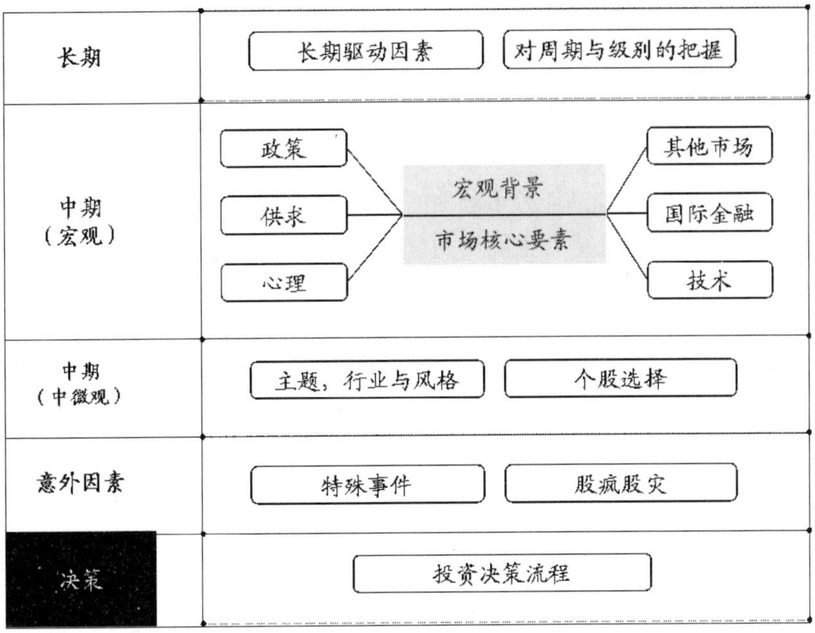

这个图对应着不同的章节。长期宏观策略投资在股市中有两个功用，一个是从宏观各变量中抽象出中长期的投资机会，大的机会一定是和人口、技术与制度变革有关；一个是试图去把握周期，也就是辨别趋势与拐点，从而决定资产配置。长期趋势和周期判断分别对应第一章和第二章。

第一章就是从这三个维度探讨这些长期驱动力对经济和市场机会的影响。

在第二章，需要了解的是存在哪些周期以及哪些周期对于中国证券市场更为重要。

经济增长和通货膨胀的不同组合方式构成了证券市场最重要的投资背景，多数投资者最关注的是中期策略。对于中期策略来说，宏观背景分析和市场核心要素分析最为重要，这分别对应第三章和第四章。决定了不同阶段、不同大类资产配置的重要性。

第三章主要研究不同通胀区间对各类型资产的影响以及机理。

第四章是市场策略趋势分析的主体部分，也就是市场策略的三要素分析，这三个要素是股票市场的内在、中期的核心驱动因素，分别是流动性、业绩和估值。

第五到第十一章对影响市场的关键因素进行了逐一分析，其中包括政策、市场供求、国际金融、市场间分析、心理分析、历史研究方法和技术分析。

第五章是研究如何分析政策的部分，政府是什么、通过什么来影响经济和社会、货币和财政政策等等。

第六章研究的是市场供求，也就是判断市场中资金和筹码的关系。

第七章研究的是国际金融。中国已经是一个兼具世界工厂和世界市场双重特征的重要开放经济体。因此，我们所面对的经济和市场必然受全球化主导，这使得投资者在做国内股票市场趋势判断的时候，不能不了解国际金融，不能不预判美元汇率的长期走势。

第八章研究的是跨市场分析。尽管这里所指的策略投资的主战场是中国的A股市场，但是从系统论的角度，各个市场是相互联系，相互影响的，因此其他市场与股票市场的关系也是必须考虑的因素。

股票市场长期来说是称重机，短期来说是投票机。投票中，心理因素的影响非常重要，因此第九章试图去研究A股市场的投资者心理。

投资者在培养投资素养的时候，不仅需要了解当下的知识，还要学习历史，这个历史不仅包括宏观经济的历史，还包括证券市场的历史，以及证券市场中的人，也就是投资者的历史。第十章对于历史研究方法进行很简要的分析。

第十一章是技术分析。关于技术分析的书籍汗牛充栋，本章并没有为技术分析增加什么新内容，但是作为策略投资者来说，技术分析确实是重要的分析手段之一。

策略投资就是多角度、多层次看问题。多角度保证在市场大方向上看对的概率尽可能增加，而多层次不仅可以和多角度相互验证，更重要的是，体现了最终投资收益的差异。第十二、十三章是从中观和微观的层面分析市场，但是中观和微观的展开更复杂，规律性也更难把握，因此这两章仅是自我经验的探索。

第十三章研究如何进行选股，试图抽象出一些股票的基本规则。我所理解的股票分析需要解答下面的问题：①如何判断一只股票为何上涨？②如何从一只股票集合中选择出“意中股”？③选择出中意的股票后如何建立一个组合以及如何对组合进行调整？不同的投资者有不同的选股方式，我阐述的是自己的选股理念和选股的探索过程。

上述的分析框架，也就是前十三章内容是我所认为的策略投资分析体系的一个正式框架。上述的传统分析可以解决相当部分(比如70%)策略投资遇到的问题。

但证券市场还存在大量的随机性和复杂性，远远不是我们所能完全认识的，很多情况下，传统分析是无用的。因此，第十四章和第十五章就是试图研究一些例外的因素。第十四章的例外是个案随机性，主要是突发事件分析，还会探讨更广泛的市场不可预测性条件以及对投资者自我分析方法的反思。第十五章则研究广泛性例外——股疯和股灾。

前十五章都是分析方法的研究。但分析只是彩排，行动无可替代。整个投资决策流程中，分析只是其中一个链条，我认为分析链条对整体投资决策的贡献度也就仅占30%，剩下的因素占有更重要的地位，包括处理信息的能力、抗拒行为干扰的能力、风险管理的能力、遵守纪律的能力等。

第十六章是关于投资者投资决策流程优化的。

最后一章算是案例研究。我选择了从2008年8～12月的策略投资周记，这些周记没有公开发表，仅通过邮件发给过一些客户。选择那个时候，主要是因为这个背景提供了策略投资的综合练习，那时环境和投资者情绪变化很大。现在回过来看，当时做出的很多策略投资决策是不妥当的——这点不吝于自我批评，市场本身就让人敬畏，自身的认知能力过于有限。不过，在迷雾中前行，还是觉得有惊喜之处，同时，反思也是一种快乐。需要强调的是，写策略报告可以按照周来写，但策略投资不应该按照周来做，至少应该是按照月，正常应该是按照季度来调整投资策略，平时的自上而下的策略投资，仅是看是否有出奇的事件或者超出的事件。真正的用功应该来自自下而上的层面，这是投资的核心竞争力。

这本书的优点在于是第一本自上而下的系统化研究中国证券市场策略投资的书，适合作为培训和参考用书，对于很有实战经验但是需要系统化的投资者来说，也会有很大帮助。另外，在每章后面，我都进行了总结并且提供了扩展阅读的参考书籍，有些还进行了简要的点评，这些参考书加起来超过 100 本，读者可以按照自己的兴趣有选择的阅读。尽管我自认自己在证券和经济方面的书看得很多，但是在选择方面仍然有所取舍，比如在推荐书的时候，关于企业战略研究的书，仅随机推荐了很小的一部分，因为大多数都差不多。多读我个人觉得边际收益不高。

这里再次强调的是，策略投资体系的建立，不是一个经济周期分析理论或者流动性重估理论就可以包容的。策略投资应该是多角度、多层次的分析思维体系，在多角度、多层次思考下，观察实际数据进行市场投资机会判断来增加获胜的概率，并且出现意外，有相应决策机制保证安全。因此，策略投资不是纯粹预测市场的手段，而是一种系统的思考方式。

写书是对自己的思维重新梳理的过程，这个过程本身就能带来思维的升华。我为这本书付出了很大心血，但在写作过程中，仍然战战兢兢，害怕框架或者观点误导了读者。即使完成之后，仍然并不满意。或许只能承认，目前水平仅限于此，毕竟我不是什么投资大师，只是在投资之路上不断踏实探索的学生而已。

编著此书，希望读者和我一起在投资之路上继续去探索。

第一章　社会发展的长期动力

很多读者会问“社会发展的长期动力”和股票市场策略投资有什么关系呢？这个关系用俗话说就是“大趋势挣大钱”，什么是大趋势？作者认为就是社会发展的长期动力造成的影响。从某种意义上也可以理解为“时势造就英雄”。

一个很简单的例子是，1995年巴菲特和盖茨到中国旅游，途经三峡。巴菲特看到长江纤夫艰苦地拉着自己所乘的船，不禁感叹道：“说不定他们中的一个也可以成为盖茨。但是他们生在这里，注定一辈子以拉纤为生。他们没有这个机会，而我们有今天的地位纯粹是幸运。”从某种角度来说，天赋与才智本身就是一种幸运，而事业成功的环境更是一种幸运。

比如，比尔•盖茨是1955年出生，美国IT大企业的创始人大都是1955年左右出生。当他们毕业的时候，华尔街处于熊市末期，而IT革命处于初始期(大趋势形成)，他们投身IT革命的初始期，因此创立了这些IT的大企业，而过早或者过晚都会丧失重要的机遇期，比尔•盖茨就是最幸运的那个(表1-1)。

表1-1　知名IT企业创始人出生时间

企业名称	创始人名	出生时间
微软	比尔•盖茨	1955-10-28
微软	保罗•艾伦	1953-1-21
微软	史蒂夫•鲍尔默	1956-3-24
苹果	史蒂夫•乔布斯	1955-2-24
谷歌	埃里克•施密特	1955-4-27
太阳微系统	比尔•乔伊	1954-11-8
太阳微系统	斯考特•麦克尼利	1954-11-13
太阳微系统	维诺德•科斯拉	1955-1-28
太阳微系统	安迪•贝托尔斯海姆	1955-9-30

在股票市场也一样，即使信奉价值投资，但是格雷厄姆在大的“康波周期”向下的背景下投资也没有什么亮色；费雪则是在20世纪五六十年代成长起来的投资者，因为美国当时制造业面临革命性变革，他选择的很多股票都属于制造业，涨幅惊人；同样信奉价值投资的巴菲特因为其选择的标的消费类股票正好适应了当时美国社会向消费转型的特征而成为股神；比尔•米勒则在20世纪90年代投资科技和网络股而功成名就。

投资具有深刻的社会特征，一定与当时的社会背景密切相关。优秀的投资者，有意或许无意，其投资一定符合了当时的社会背景特征，也就是符合了社会发展的趋势。最大的投资机会永远出现在经济社会发展的前沿趋势中，前沿的变化最终导致经济领域大规模的变革。

因此识别大的投资机会的核心就是设法理解大趋势。正是大趋势推动变革，推动生产力，并最终带来整个经济的成长和投资机会的涌现。

如何看待大趋势呢？在这方面，社会学家进行了大量的研究，根据美国社会学家乔纳森•特纳的《社会宏观动力学》一书，影响社会长期发展的动力源包括人口变化、权力变化等几个因素，不同的经济学家或者投资者也从不同角度来观察社会发展的大趋势(比如《大趋势》、《第三次浪潮》等)。

我认为，对于任何证券市场而言，最重要的三个大趋势是人口、技术和制度变革。只不过，不同国家的股票市场，人口、技术和制度变革的组合特征不同，造就的市场机会也就不同。其中，人口变化为社会提供需求变化，并带来收入以及新增投资者，美国学者罗伯特•希勒的研究就表明，美国 40 岁人口相对 20 岁人口增加，美国股市的估值就增加，40 岁人口相对 20 岁人口减少，美国股市的估值就下降。另外，人口变化也对宏观经济发展趋势和宏观经济发展战略有深远影响，比如“刘易斯拐点”。

技术能够提高社会的生产效率，创造新的产业部门，带来企业盈利的(大幅)增加，并且为证券市场投资者带来主题性投资机会(也提升市场和某些技术板块的估值中枢)。在美国，每次行情的龙头企业都是当时技术和业务模式领先的公司，大级别的行情伴随着技术革命的进步。根据《技术革命与金融资本》一书，金融资本在技术革命中扮演积极角色，并且在技术革命的不同阶段对市场和产业的影响并不相同。

制度变革。新制度经济学家们的研究表明，经济增长的关键在于制度因素，一种提供适当的个人激励的有效的制度安排是促进社会进步的决定性力量。这不仅对于西方世界适用，对于中国这个大范围制度变迁的经济体更为重要。制度变革影响经济发展趋势，同时也提升和降低证券市场估值水平(最直接的案例就是 2005 年的股权分置改革)。而中国的制度变革主要是政府主导的制度变革，因此在这样的背景下，中国股票市场的投资者单纯使用西方惯常的纯经济分析方法(比如经济增长和通货膨胀分析框架)很容易失效。对经济和投资的研究不得不要求在相当大程度上具备心理学的、中国社会学的、法学的、政治学的知识。

谈到长周期和大趋势，投资者经常喜欢使用“康波”周期(以俄国经济学家尼古拉•康德拉季耶夫提出并命名)一词，并且认为每轮周期时间跨度一样。但是，时间周期有着广泛的争论，比如有人认为持续 56 年，有人认为是 73 年，还有人认为是 69.3 年等等，实际上这犯了机械主义的倾向。市场本身是无法以某种固定的，几乎是直线的方式预先决定，并且长波也并非仅是经济周期，而是广泛多的系统现象，其中技术、社会和制度因素起了关键的作用，不同人口、技术和制度的变动趋势可能导致每轮周期时间跨度和阶段特征并不相同。本章就是从人口、技术和制度变革三个维度探讨这些长期驱动力对经济和市场机会的影响，其中人口因素更容易度量；技术变化属于外生变量，波浪式前行并且越来越加速；制度变革往往具有“危机”下出现的特征。

第一节 人 口

在经济增长中，人口的年龄分布与未来变化趋势被看作是决定宏观的流动性、建设周期、城市化和中观的工资、成本与利润的一个主要因素。而且人口在不同年龄的收入、消费和投资特征与趋势决定了不同的消费特征和资产类型变化。其中，婴儿潮、新增劳动力变化、总量劳动力和人口趋势三者最有意义。

一、婴儿潮带来的消费与投资变化

对于一个普通中国人来说，初次参加高考是19岁；初次就业年龄是22岁；城市平均结婚年龄，女性25岁，男性27岁，全国则是24岁左右；女性生育高峰期是26岁；结婚生子阶段是购房高峰期，需要父母帮助；30岁之后孩子上小学，此时身体健康，会成为工作的骨干，开始有积蓄，因此会逐渐改善生活，并且投资意识开始觉醒(要为将来孩子上学、买房出力，并且要为自己将来养老和医疗增加收入)；由于孩子会再结婚和再生孩子，因此，对成年人而言，其消费的顶点将出现在47～49岁(这时候的消费主要是购买房产，改善性消费已过)；50岁以后，逐渐开始对健康保健的需求增加，退休后则在旅游和医疗上支出更大。

美国的人口消费也有同样的规律，美国人消费的最高峰大概是48岁。因此，人口的变化对投资方向有极为重要的影响，美国二战后的第一次婴儿潮出现在1961年，其消费高峰大约就在2009年，跟次贷危机和房地产泡沫破灭最激烈的2008年只相差一年。

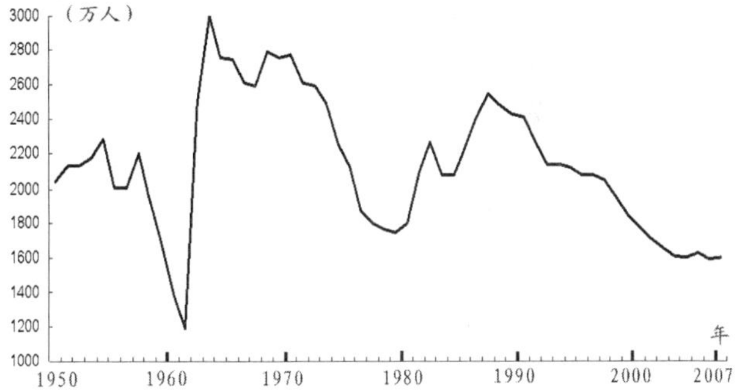

图1-1 新中国成立以来的三次婴儿潮

新中国历史上三次人口生育高潮分别是1954年、1963年、1987年。新中国成立后，我们的第一轮人口生育高峰出现在1954年，出生2232万人，此后逐渐减少，在三年自然灾害的1961年，出生人口只有1193万人，比高峰时少了1000万人。第一轮人口出生高峰所带来的经济增长，出现在改革开放后的1978～1982年。1985年前后，经济增长略放缓。

我国第二轮人口生育高峰出现在1962～1973年。1962年出生人口2437万，1963年达到顶峰2919万。但1964～1973年，每年都维持着2400～2700万的生育人口。这12年，中国出生人口3.14亿，可以说是人口爆炸。这3亿人出生后对中国社会的影响是巨大的。他们上小学、中学、大学时，也正值中国经济逐渐加速的阶段，但全社会积累仍然不足。

1962年起出生的人群从1984年开始陆续进入结婚生育期，而其顶峰出现在1987年。那一年，中国出生人口2549万人，比24年前的人口顶峰时期减少了400万人。不过，也正是“婴儿潮”一代的生育，才造成中国第三轮人口出生高峰，1985～1993年，每年出生人口都超过2100万人。

根据这三个高潮期，我们再来看中国经济。1987～1989年，是中国物价上涨较快、社会问题较多的时期。因为1963年前后出生的人口在这个时候恰好进入结婚生育时期。结婚潮带来了严重的住房紧张，生育潮带来了物资供应的匮乏，加上社会价格转轨期间的腐败盛行，问题就显得格外多。

1990～1991 年，中国经济进入萧条期，但婴儿潮时期的人口继续大规模结婚生育，对社会物质财富的需求进入蓬勃时期。于是，在小平南巡的契机下，从 1992～1994 年，中国经济进入了一个高速增长期。而 1994 年，恰恰是婴儿潮时期的青年结婚生育的最后一年。1994～2000 年，中国经济开始出现滑坡，也恰恰是在这期间，结婚生育人口比 1994 年之前每年要减少 700 万人左右。

从 2001 年开始，中国经济逐渐重新加速。1962～1973 年间出生的人口进入了 28～39 岁的年龄段，他们结婚生子之后，没有再生孩子的压力，逐渐开始改善自己的生活，对购房、买车的需求逐渐提高。换言之，他们是中国最有消费能力的一群人，他们带来的，就是众所周知的“人口红利”。

但他们这一轮的消费浪潮将在孩子结婚的时候达到顶峰。而他们的孩子，出生高峰点是 1987 年，结婚的高峰将出现在 2009～2012 年。也就是说，22～25 岁是这批年轻人结婚的主要年龄段。所以，为什么 2008 年房价下跌后 2009 年会增长得那么厉害？因为 1987 年出生的 2500 万孩子要在这一年前后买房子了。他们也许买不起，但他们要靠父母。他们这个时候几乎没有选择。

如果看一下人口曲线图，我们不难发现，买房子的人口在 2008～2011 年恰好达到阶段高峰，而顶峰将出现在 2010 年。到 2012 年才会从高峰下降，减少 100 万人以上。而且，这次下跌，将可能长期没有反弹，因为结婚需要房子的人将一年比一年少。2017 年后，每年需要买房子的人将比 2010 年减少 400～500 万人。更重要的是，1987 年婴儿高峰出生的人们，他们的孩子将不再需要新的房子了。

长辈需要照顾晚辈似乎是中国人的传统，这导致中国成年人最高消费时刻体现在孩子结婚的 24 岁和再生孩子的 26 岁。也就是说，对成年人而言，他们消费的顶点将出现在 47～49 岁。

能支持中国人上述消费习惯的，是经济发展的脉络。1990～1995 年，中国处于 22 岁年龄的人群合计达到 1.5 亿人，每年平均 2500 万人。到 1996 年，这个人群开始下降到 2163 万人，1997 年只有 2043 万人，1998 年 1798 万人，2001 年进一步降低到 1676 万人。这导致中国房地产市场的低谷。随后，房价之所以逐渐上升，正是因为 22 岁的年龄群迅速回到 2000 万人并保持了 4 年之久，2007 年跃升到 2145 万人，2008 年跃升到 2320 万人，房价也正是在这两年暴涨。受金融危机影响，2008 年后半期房价下跌，买房者观望了小半年，发现中国的刚性需求太强，所以房价转身向上。2009 年，这个人群创下这一轮的最高点，2451 万人，房价就创下历史新高。那么，2010 年人群 2389 万人，2011 年 2341 万人，而预计 2012 年为 2319 万人，2013 年下降到 2199 万人，2014 年 2064 万人。

而中国 33～40 岁的人口增量决定投资意识，这会导致大量资金进入股市。因此，1996 年起房子不太景气，经济也不太好，但股市会涨，1996～1997 年，最大年龄群是 33～34 岁的人群，也就是 1963 年出生的第一代婴儿潮的人口进入了投资的高潮期。2006 年，1972 年出生的人群也进入了 33 岁的年龄段了，至此，1962～1973 年期间出生的人全部进入投资时代。也正是从 2006 年开始，中国股市的新一轮大发展开始了。从这一年开始，有能力投入股市的人群(33 岁以上)达到了 3 亿人，中国的开户数因此达到 1 亿户。值得注意的是，上一轮婴儿潮的低谷出现在 1979 年。那一年，中国新出生人口只有 1715 万人。按照死亡率推算，到 2012 年，这批人满 33 岁，大约有 1650 万人。这意味着，中国股市的新增力量将在 2012 年达到最低水平。当然，这种下跌未必持续很久，因为数据显示，2014 年起，新增 33 岁人口再次回到接近和超过 2000 万人的水平，并可延续到 2020 年，从此开始走长期的下坡路。

值得注意的是，到 2022 年，1962 年出生的人群进入退休年龄，实际上在进入 50 岁后(2012 年)，消费高峰期已过，但收入比较稳定，消费将逐渐转向健康品和奢侈品，投资的力度趋弱，投资的风格也趋向保守。因此从 2012 年开始，中国的医药产业和老年人服务业将进入一个黄金发展的 20 年。第一代婴儿潮的人群进入了健康品消费时期，年龄超过 60 岁的老人将达到 1.8 亿人，并且开始越来越多，到 2020 年，60 岁以上的老人将达到 2.4 亿人，占总人口的比例超过 18%。

二、劳动力和人口总量的测算

婴儿潮是新增人口，具有边际意义的重要性(特别是把握消费变动和投资变动趋势)，而劳动力和人口总量变化则对经济发展大趋势具有重要意义。对人口的总量数据进行统计和预测，需要设定总和生育率(由于总和生育率没有一致观点，我们设定高、低两个方案)来预测中国人口变动情况。

低方案：也就是在总和生育率为 1.4 的情况下，从预测结果看，我国 2000 年步入老龄化社会，在 2013 年迎来人口红利的最低点(人口负担比最低)，2013～2016 年迎来劳动人口总数的最低点，2021 年迎来总人口的最高点。老龄化率以每年增加一个百分点的速度上升，2050 年达到 45%(图 1-2～图 1-4)。

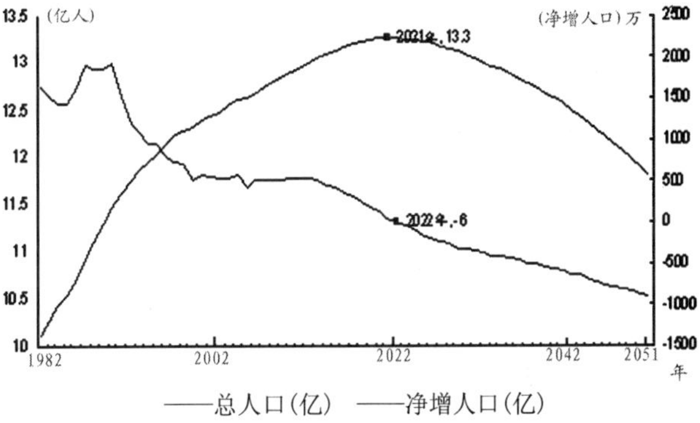

图 1-2　以总和生育率 1.4 为参数，1995 年人口为参数的总人口和净增人口预测

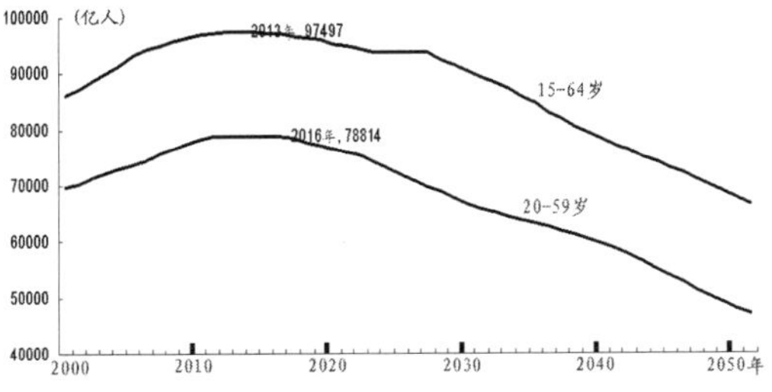

图 1-3　劳动力人口的预测(单位：万)

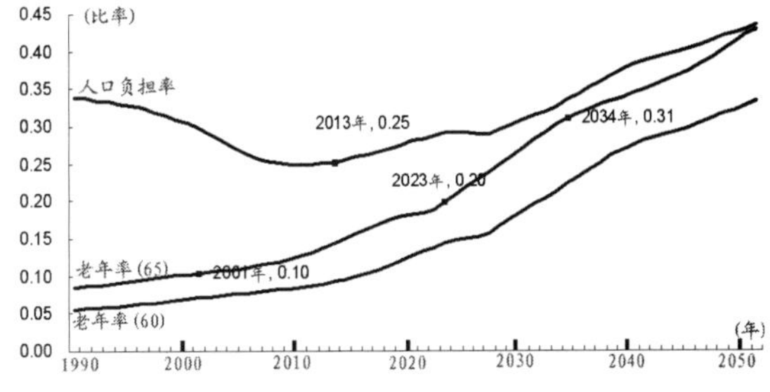

图 1-4　人口负担率、老龄化率预测

高方案：也就是在总和生育率为 1.8 的情况下，该方案下，总人口数将在 2033 年达到峰值(图 1-5)，而劳动人口数在 2025 年达到最高值，人口负担率最小值在 2015 年。人口老

龄化在 2000 年步入老龄时代后，逐年提高，60 岁以上老人在 2050 年占总人口比将达 31%(图 1-6，图 1-7)。

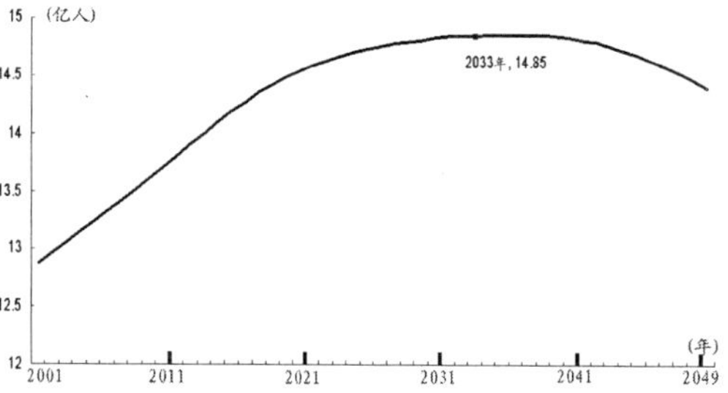

图 1-5　人口总数将在 2033 年达到峰值

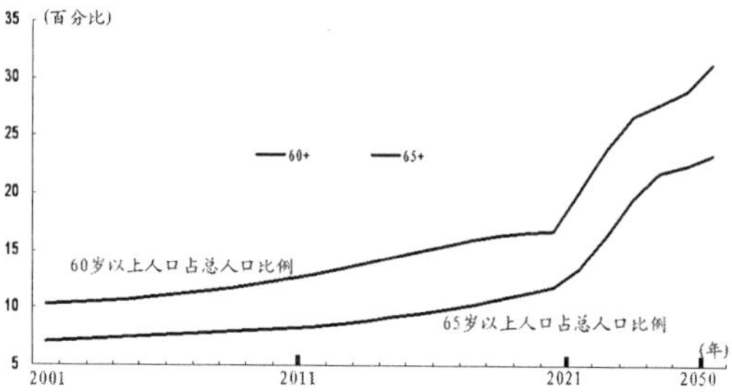

图 1-6　人口老龄化率变动情况

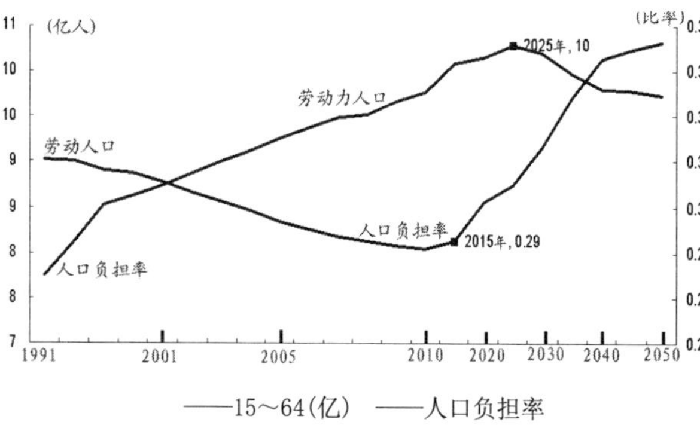

图 1-7　劳动人口数、人口负担率预测

从高低两种方案看，我国已经步入了老龄化时代，并且未来将分别迎来人口负担率最低点、总劳动人口和总人口最高值。这些将对社会的生产、消费、工资、储蓄等的改变有着深刻影响。

很多人口研究方面的学者对 2020 年后的世界属于印度深信不疑，主要是因为印度的老年抚养比要比中国轻松得多，到 2028 年才达到中国 2010 年的水平，到 2050 年也只有 20%(相当于中国 2023 年的水平)。印度目前社会发展水平比中国落后十多年，一方面是因为印度的黄金劳动年龄人口比中国少，另一方面是印度经济改革比中国晚十多年。中国 1979 年进行经济改革，而印度 1991 年才进行经济改革。巧合的是，中国 1979 年的时候 18～35 岁黄金年龄劳动人口为 2.6 亿，而印度 1991 年这个年龄段人口也是 2.6 亿。1991 年的时候，中国 18～35 岁人口比印度多出 1.2 亿，这种差距一直保持到 1997 年，使得中国在吸引外资上占尽优势。但中国从 1997 年开始，这个年龄的人口开始减少，而印度仍然快速增加，两国差距越来越小。2010 年是一个转折点，印度 18～35 岁人口首次超过中国；到 2023 年，印度黄金年龄劳动人口比中国多出 1.3 亿。人口结构决定了中国吸引外资的能力将越来越弱，而印度却将越来越强。

三、民工荒与刘易斯拐点

劳动力是经济发展的一个重要投入变量，特别是中国改革开放 30 年来，低教育素质的劳动力(主要体现在农民工)进入市场为中国经济发展贡献很大，不过 2004 年开始出现的民工荒现象显示中国的刘易斯第一拐点逐渐显现(图 1-8)。“刘易斯拐点”，一般指劳动力过剩向短缺的转折点，在工业化过程中随着农村劳动力向非农产业的逐步转移，农村富余劳动力逐渐减少，最后再也没有富余劳动力了。刘易斯拐点意味着城市化过程的结束和劳动力成本的上升，整个产业结构和经济发展模式都面临巨大的调整压力。这个拐点对一国经济将产生重大影响，因为这一拐点也意味着城市化和工业化进程的一个转折。如何把握和分析这一拐点将是决定中国下一轮 10 年增长周期的关键，也是考虑中国新一轮经济布局的一个切入点。

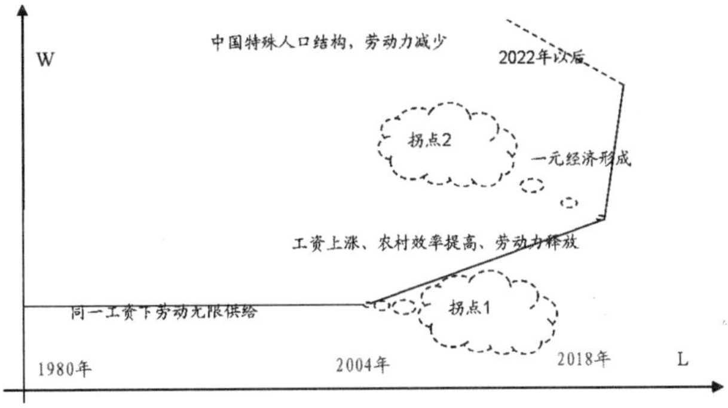

图 1-8　刘易斯拐点

民工荒的根源在于“民工人口红利”的提前消失。民工的来源，早期是农村的青壮年劳动力离开家乡，后来的补充力量主要是农村青年初中和高中毕业后离开家乡所致。20 世纪 90 年代，城市开放后不久，各地农村的富余劳动力率先走出来，形成了中国早期的民工潮。一直到 2000 年之前，民工的主要来源还是深度挖潜。但从 2000 年起，初高中毕业生成为民工的重要来源。

1994～1996 年这三年期间，小学招生每年都超过 2500 万人，三年合计 7594 万人，是中国小学招生的历史最高峰。这些孩子入学后在 2003～2005 年陆续初中毕业，在 2006～2008 年高中毕业。此间高中毕业生有 2350 万人。也就是说，2003～2005 年的小学毕业没有上初中的年轻人合计有 5244 万人。这些人口(三年逾 5200 万人)，就成为进军城市的主要后备力量。此外，2003～2005 年间大学招生人数 1334 万人，而此间高中毕业生有 1666 万人。也就说高中毕业生有 333 万人没有上大学，也成为低素质劳动力的后备力量。

由此我们可知，在 2003～2005 年间，农民工的供给数量达到高峰，先后有 5530 万初高中毕业生没有再升学，而选择了回乡务农或者回家工作。其中相当一部分农村年轻人来到城市，成为农民工。他们中超过 9 成的人是初中文化。

到 2008～2010 年，也就是他们初中毕业 5 年后，这些年轻人到了 21 岁左右，在农村进入适婚期间，很多女孩子因此回到老家结婚生子，很多男青年也回家奉命成婚。这也就意味着大量的农民工要回流农村。这是供给不足的一个原因。

而在 2008～2010 年，我们用上述同样的方法计算的农民工后备人才是 3630 万人，比 5 年前整整减少了 1900 万人，平均每年减少 600 多万人。因为 1988～1990 年期间正值中国历史上最后一个生育高峰期，那三年累计出生人口超过 7600 万人。但 5 年后的 1993～1995 年出生的人口只有不到 6300 万人，减少整整 1300 万人。同时，进入 21 世纪后，初高中入学率提高了，大学招生人数也大幅度提高了，由此使得初高中毕业后必须就业的人口大大减少。因此现在的农民工后备力量每年比此前高峰减少了 600 多万人，三年就差不多少了 2000 万人。在经济保持稳定的情况下，农民工后备人才青黄不接，由此造成了民工荒。

从 2010 年开始的 10 年内，我们再也见不到农民工人口大规模上升了。劳动力供应将陷入长期不足的状态。比如，2013～2014 年，初中毕业生每年平均只有 1700 万人，但高中招生人数将超过 1000 万人，也就是说全国将只有 700 万初中毕业生加入到农民工后备力量，其中还有差不多一半将是城市人口，农村人口不超过 400 万人。这两年的高中毕业生不能上大学的每年也不过 300 万人。两者合计，后备人才将只有 1000 万人，比 2003 年的高峰期减少了 800 万人，且真正的农民工数量估计要减少差不多 1000 万人。

更严重的问题在于，从 2010 年起，1950 年后的出生人口进入退休高峰期。1950～1959 年，中国出生人口超过 2.01 亿人，每年平均超过 2000 万人。根据 2004 年的人口调查数据，这个年龄段存活人口 1.76 亿人。他们从 2010 年开始退休，一直到 2019 年，每年退休人口将超过 1600 万人。

一方面，退休人口超过 1600 万人，需要靠 1992 年后出生的人口接续，而中国人口恰恰从 1990 年开始逐渐减少，到 2001 年已经不足 1700 万人。根据趋势推算，大约到 2017～2018 年，中国新增劳动人口将转为下降，人口红利彻底消失。

所以，2010～2018 年，将是农民工工资必须不断上涨的时期。这种上涨，也将推动中高收入人群的工资进一步上涨，因此未来 10 年中国也将迎来较高的通货膨胀时代。

劳动力人口的变化有很多积极意义。比如，农民工待遇上升将成为趋势。其次，企业将被迫投入更大精力进行技术改造和科研创新。中国的世界工厂的角色将发生改变，“中国制造”将被迫转为“中国创造”(图 1-9)。长期以来，由于低廉的农民工的存在，企业对于创新的积极性不高，因为只要通过“压榨”农民工就可以获得丰厚的超额利润，谁还有积极性去创新呢？现在，农民工收入提高后，企业为了保持其竞争力，将不得不从内部挖潜，这有利于中国创造的成熟。同时，这将促进大学教育的改革和发展，大学的科研人才将进一步得到重视。再次，随着劳动者收入的提高，全社会收入总水平上升，消费能力提高，有利于中国消费接续投资，成为未来几年经济增长的新的推动力量。

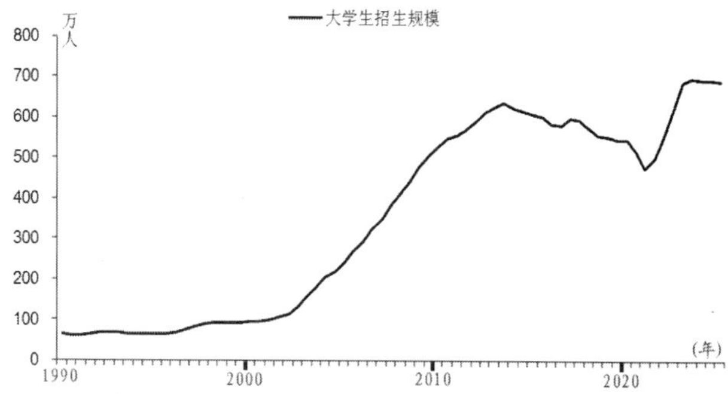

图 1-9　未来经济的发展在于有效吸收高素质劳动力

但中国的人口特点也面临重大的增长模式转换压力。根据各国经济研究，我国将面临中等收入国家陷阱、库兹涅茨倒 U 形分配曲线、产业转移、国际投资等一系列新的转变。从这些转变点和现在的经济形势看，我国的战略压力有(图 1-10)：①从短期 5 年看，世界金融危机的影响将使得我国在 2001～2008 年赖以快速增长的外需拉动型经济增长面临转变；从技术创新周期角度看，欧美发达国家的本轮经济周期调整将会长达 5～10 年，这也意味着我国外贸急速增长阶段已经过去，必须转移到以内需拉动为主的经济发展模式上来；②刘易斯拐点形成后，我国面临着劳动力成本推动型的非良性通货膨胀压力，这阶段中国的产业结构和产业竞争力决定了中国是步入发达国家，还是落入中等收入国家陷阱；③人口老龄化阶段后，我国面临着总需求减少、社会保障压力增大等问题。

这种倒逼机制的存在，使得投资者在寻找我国未来 10～20 年的经济发展路径时，变得非常清晰；认清楚我国经济面临的困难和战略性应对方法，也就把握住了我国未来 10 年的发展路径。刘易斯拐点决定了我国经济发展的战略机遇期，而后者则要求在其到来之前必须

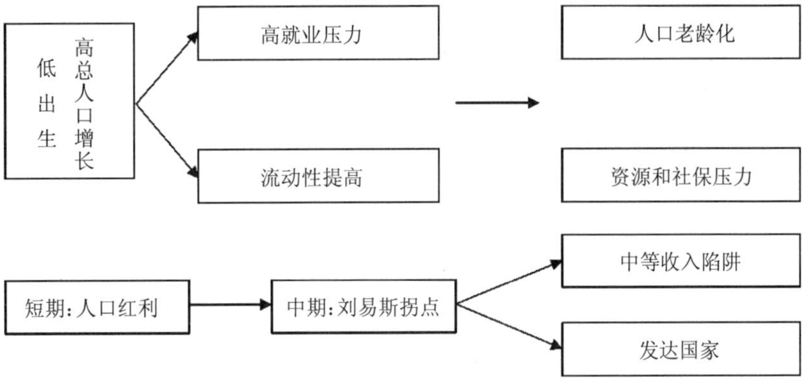

图 1-10　人口特点决定的短、中、长期特点和增长模式转换压力

实现产业升级、达到一定的富裕水平，具备可持续发展能力。从我国的人口年龄段结构图上可以清楚地看到，这两个时期的到来给中国的战略调整时间都很短。

1. 推迟刘易斯拐点

我国刘易斯拐点的时间和未来劳动力的供给主要取决于农村一级。就城镇来讲，如果没有农村劳动力的转移，2010 年后将出现严重的劳动力短缺。对我国未来 10 年经济增长来讲，维持经济高速增长的关键就是使农村一级人员不断向城镇转移，推迟刘易斯拐点到来。

中国实际上已经在进行改革：①农村户籍制度改革、农村土地转让制度改革、社会保障制度改革，释放农村劳动力。②进行产业国际、国内转移。国内主要有成渝、皖江、苏北、河南、吉林等产业转移区；国际则以广西北部湾为平台，建立东南亚地区的制高点。③城市发展路径规划、解决二代农民工身份、保障性住房建设、产业升级、人民币国际化。

十七届三中全会通过的《中央推进农村改革发展若干重大问题决定》中对农村的发展战略进行了阐述，对未来经济增长模式产生重要影响的内容：①土地经营权的流转和转让；②推进以工带农，以城市带动农村，推进城乡一体化，解决二元制经济结构；②推动农民就近就业，加快城镇发展。通过农村的自愿土地经营权流转，完成一个农村规模化经营的“圈地化”运动，可以有效地提高农业生产效率。根据一份调研估算，现有生产手段下一户可耕种 50 亩地，如果改进生产手段，可以提高到 100 亩地，与现在的生产效率相比，仍有较大提升空间，为了保持社会稳定和保障农民的基本生活，这一过程是政策指导下的自愿过程。

2. 战略机遇期的策略选择

从国家的政策层面，未来 10 年的发展路径已经完全清晰。这一阶段被称为“战略机遇期”，实现的任务就是区域一体化、均衡发展和农村改革，转变经济增长模式，初步形成内需主导的经济增长模式，使得经济增长的可持续性提高。理性的国家战略选择可以归纳为两个主战略：自愿“圈地运动”和“圆锥形”城乡一体化。

实现这种转变的关键来自于实现农民的城市化，使得剩余劳动力不断向城镇转移。考虑到我国城市化发展的特点和区域不均衡性，我国进入了一般国家城市化规律中的第二、三阶段，即从第一阶段的大城市发展向第二阶段的卫星城市发展和第三阶段的城乡均衡发展的转变。在第一阶段中，一般是大城市像吹气球一样快速膨胀；而第二、三阶段则是以大城市为中心，向周边快速扩散，形成以大城市为中心的类似于圆锥面的发展，这个阶段经济发展的速度取决于锥高的高度，锥高越高，经济发展越快。

从城市化的路径依赖看，一般出现的是工业化发展带动城市化，而工业化取决于外需和内需两个方面(图 1-11)。从国际经验看，美国的统计数据是每 6 个就业人中就有一个与汽车产业相关；从我国现在的发展看，汽车时代的开启将有效地拉动整个工业的发展，为城市化的继续发展提供支持。

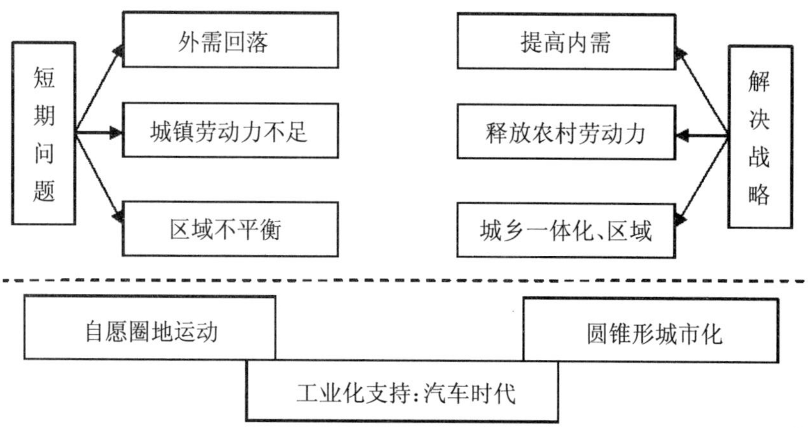

图 1-11　增长模式转变

因此，在未来 10 年的增长中，农村劳动力的有序转移可以保障劳动力的供应，土地流转的制度保障也有利于提高农村的经营效率。在外围经济不景气的情况下，圆锥形的城市化发展，可以通过卫星城市的配套吸收大量劳动力，空间位置的改变也将使得汽车作为一种交通工具逐渐普及，进入城市化带动工业化的时代。这两个战略已经得到政策支持和部署，从战略规划看，2010～2020 年将初步完成这一转变(2013 年后会出现加速的城市化进程)。

本节认为从人口出发，未来 10 年仍然是中国发展的重要阶段，不过值得进一步研究的问题是：①日本 1990 年以后经济发展陷于停顿和人口老龄化是否相关？②为什么美国奥巴马总统将医疗体制改革放在一个非常重要的地位，这是否和美国婴儿潮一代的老龄化有关？③印度仅人口有优势就足够保证其长期发展吗？可以参考的书籍有《下一个大泡泡》、《下一轮经济周期》、《日本经济的悖论》、《挣脱萧条：1990～2006 年的日本经济》、《现代印度的奇怪崛起》。

证券市场人士研究长期趋势的书很少，丹特的《下一个大泡泡》和《下一轮经济周期》算是可读性非常强的，对技术和人口的分析能够综合运用于长期市场判断，其思路可以借鉴，但是其预测仅作为参考。关于个体消费者的行为研究，可以参考《消费者行为学》类的书籍。

第二节 技术创新

人口要素在微观层面对需求和在宏观层面对经济增长有着重要作用，技术要素也如此。在微观层面，技术带来新的企业群或者产业链，带动企业利润增长，为资本市场提供投资机会，特别是在“熊彼特”周期下，每一轮经济向上都应该归结于一类新技术的扩散，每一轮股市向上都应该由一类技术股为龙头带动。中国过去20年的经济增长，技术的作用并不大，因此龙头股多数不是技术股。但未来随着资源与人口的制约，下一轮经济周期的龙头股应该多数是具有“创新”的公司。

在宏观层面，大规模技术创新不是直线出现的，而是以波浪形式螺旋式上升，并且对经济和社会体制产生重大影响，同时社会体制必须去调整以适应技术要素的生产力变化，这样整个经济才能迎来黄金时代。技术的另外一个特征是技术进步呈加速发展特征，体现在互联网大大扩大的知识普及和应用，同时新技术的S曲线的时间轴维度在缩短。另外，技术和金融资本的结合往往造成周期性泡沫的形成。

一、技术的微观研究

从微观来看，美国股市每次牛市的领涨板块往往在当时代表了“技术创新”的趋势。通常在一个牛市行情中领导市场的行业不会在下一个牛市中继续它的领导地位(尽管也有例外)。有时牛市阶段末期出现的行业组群处于自身发展阶段的早期，从而能够经历熊市的萧条，然后恢复它们的优越性，在新的牛市开始时担任领军角色。

你可能想到的是，未来的产业为每个投资者创造了巨大的机会；而过去的产业尽管偶然也会受到青睐，但表现杰出的可能性要小得多。

如果阅读威廉•欧奈尔的书，你会发现，19世纪和20世纪上半段，带动美国股市出现行情的也多是新技术公司(表1-2)。

表1-2 1953～2007年美国牛市领军性行业组

年份	行业
1953～1954年	航空航天、铝业、建筑、造纸、钢铁
1958年	保龄、电子、出版
1959年	自动贩卖机行业
1960年	食品、信贷、烟草
1963年	航空公司
1965年	航空航天、彩色电视、半导体
1967年	计算机、跨行业企业集团、酒店
1968年	移动房屋
1970年	建筑、煤炭、石油服务、餐厅、零售
1971年	移动房屋
1973年	黄金、白银
1974年	煤炭
1975年	商品目录展售店、石油

续表

年份	行业
1976 年	酒店、污染治理、私人疗养院、石油
1978 年	电子、石油、小型计算机
1979 年	石油、石油服务、小型计算机
1980 年	小型计算机
1982 年	服装、汽车、建筑、折扣超级市场、军用电子、移动房屋、服饰零售、玩具
1984～1987 年	非专利药品、食品、糖果及烘烤食品、超市、有线电视、电脑软件
1988～1990 年	制鞋、制糖、有线电视、电脑软件、珠宝商行、电信、保健门诊
1990～1994 年	医药制造、生物工程、保健组织、电脑配件／局域网、餐厅、博彩、银行、油气开采、半导体、电信、非专利药、有线电视
1995～1998 年	电脑配件／局域网、电脑软件、互联网、银行／金融、计算机－个人电脑／工作站、石油／天然气勘探、零售－折扣店／多样化经营门店
1999～2000 年	互联网、制药－生物医学药品／基因药品、计算机－存储设备、电信设备、半导体制造、计算机－网络构建、被动式光纤组件、电脑软件－企业
2003～2007 年	化肥、石油和天然气、服装、钢铁、煤炭、太阳能、互联网、房屋建造

新技术、新产品的推出往往造就大牛股，决定这些技术创新股票之间的涨幅差异的原因，其中一个就是这个高科技发明创造的专利能够多大程度地改变人们的生活方式，市场需求有多大。改变和需求越大的，未来的涨幅就一定越高。

下面是威廉•欧奈尔在其《笑傲股市》中举出的一些例子，我们有必要不断温习：

(1)北太平洋公司是第一家获得授权可以经营的横贯大陆铁路业务的公司。1900 年前后，它的股价在短短 197 周内飙升了 4000%多。

(2)通用汽车的前身是别克汽车公司(Buick Motor Company)。1913～1914 年，通用汽车的股价上涨了 1368%。

(3)1926 年时，美国无线电公司将无线电技术引入商业应用。之后，在 1929 年市场崩溃以前，其股价由 1927 年 6 月的 50 美元上涨到股票分拆前的 575 美元。

(4)第二次世界大战后，雷氏(Rexall)旗下新建的特百惠(Tupperware)分部使其股价由 16 美元跃升为 1958 年的 50 美元。

(5)1957～1959 年，锡奥科尔化工公司生产了新型导弹火箭燃料，这一新产品的推出促使其股价由 48 美元上涨到约 355 美元。

(6)1963 年，先达公司开始销售口服型避孕药。随后 6 个月内，它的股价从 100 美元猛涨到 550 美元。

(7)引进新的 CAD-CAM 工厂自动化设备以后，Computer Vision 公司的股价在 1978～1980 年上涨了 1235%。

(8)随着其新型文字处理办公设备的开发，王安电脑公司的 B 级股票价格从 1978～1980

年增长了 1350%。

(9) 安进公司成功研发了 Epogen 和 Neupogen 两种新的生物科技药品，这使得该公司的股价从 1990 年的 60 美元上涨到 1992 年年初的 460 美元左右。

(10) 思科系统开发了路由器和一些网络设备，从而使公司能够将不同区域的计算机网络连接起来。从 1990 年 11 月到 1994 年 3 月，思科的股价上涨了近 2000%。而 1990～2000 年，股价上涨幅度则达到惊人的 75000%。

(11) 凭借其以微型处理器为基础的游戏产品，IGT 公司 (International Game Technology) 的股价在 1991～1993 年猛涨了 1600%。

(12) 随着微软的软件产品主导了个人计算机市场，1993 年 3 月至 1999 年年底，它的股价也上扬了近 1800%。

(13) 仁科公司是个人软件商中的佼佼者。从 1994 年 8 月开始，它的股票价格在 3 年半内上涨了 20 倍。

(14) 作为按单定制、电脑直销方面的先驱和领军者，戴尔电脑的股价从 1996 年 11 月至 1999 年 1 月上涨了 1780%。

(15) 凭借出众的电脑存储设备，易安信公司抓住了消费者对网络存储空间越来越高的需求商机，其股价从 1998 年 1 月开始的 14 个月内上涨了 478%。

(16) 美国在线和雅虎是网络产业中顶尖级的领军者，它们提供的新“门户”使人们能够接触到网络上有价值的服务及信息。从 1998 年秋天开始，这两家公司的股票价格都大涨了 500%，并于 1999 年达到最高点。

(17) 甲骨文的数据库和电子商务应用软件促使其股价从 1999 年开始的短短 29 周内由 20 美元上涨到 90 美元。

(18) 谷歌能够让人们通过互联网即时掌握全世界的信息，其股价也比 2004 年首次公开募股发行时上涨了超过 5 倍。

(19) 苹果电脑和新出的 iPod 音乐播放器引起了不小的轰动，这也带领了其股价暴涨 15 倍以上。

有研究显示科技在加速，因此基于科技股的投资机会会更多。比如，科技的第一步，石器、火和轮子的出现花费了数百万年，对于活在这个时期的人来说，技术过了 1000 年，技术上的变化也乏善可陈。及至公元前 1000 年，进步就快多了，转型只需要一两百年。而人类在 19 世纪那 100 年间亲历的技术变革则比前面 9 个世纪的总和还多。接着，人类在 20 世纪的头 20 年又目睹了比整个 19 世纪还要多的科技进步。而现如今，仅仅几年就会出现一次转型，转型速度目前每 10 年就翻一倍，转型的时间每 10 年就减少一半。因此，从直线的角度来看，21 世纪的科技成就会等同于大约 200 个世纪的科技发展。作为对比，整个 20 世纪的科技进步以我们目前的速度来看，其实只需要 25 年就可以达到 (表 1-3)。

未来技术进步的速度，部分归功于网络普及导致的知识爆炸。

表 1-3 原始信息的全球储存量

储存介质	2002 年估计上限（千兆字节）	1999～2000 年估计上限（千兆字节）	变化率
纸面	1634	1200	36%
胶卷	420254	431690	-3%
磁性	4999230	2779760	80%
光学	103	81	28%
合计	5421221	3212731	69%

另外，创新的应用在增加，技术产品的 S 曲线也会不断加速，比如美国汽车 S 曲线从 10%～90%的家庭普及率需要 14 年，美国宽带技术的家庭普及率需要 8 年，而目前新技术产品的普及率仅需要 5 年以内。

巨大改变生活方式的科技公司往往是将科技和大众消费有机结合成为大众时尚科技消费品。在所有的个股中，科技股最容易产生泡沫；在大众消费品中，高科技背景的大众时尚产品最容易产生泡沫。这种“泡沫叠加”的倾向也只有在大众时尚消费品中才能够出现。

比如，戴尔电脑之所以成为大牛股，和“泡沫叠加”的倾向不无关系。而其背后的深层原因就是，大众需要消费热点，需要带有一定的狂热色彩、非理性色彩的情绪宣泄，这在和平时期尤为明显。就其本质上的非理性因素而言，它和战争中的狂热非常接近，和追星、观看体育比赛异曲同工。

科技股对消息敏感（一个例子是 2009 年 A 股的新能源股对政策面消息的炒作），爆发性强，易泡沫化，但另外一个特征是大起大落，波动性高，即使是技术类的龙头公司也一样。这也是比尔•米勒为什么总喜欢在高科技龙头股的股价大跌以后才买进的原因。他认为，从风险的角度看，在领导者股票大跌以后买进，风险更小，收益确定性更强。因为“一个公司的价值并不会很快地发生变化。所以，当市场错误反映它的价值的时候，往往就蕴藏着巨大的机会”。但是另一方面，“高速增长的公司通常会拥有很高的价值，因为它们在良好的宏观经济条件和良好的管理下往往会得到很好的业绩，市场也会给予股票较高的价格。然而，迅速的增长往往会带来价格的崩溃，但这并不意味着这个公司的价值也已经崩溃了。这种崩溃是一个信号，说明市场对这家公司的成长赞美得过头了。我们要做的就是寻找崩溃之后的投资价值。”

回到 A 股市场，除了推出新技术的个股外，大规模的炒作技术只有 2000 年的网络股行情和 2009 年的新能源（特别是动力电池和智能电网）行情，两次炒作的特点都是中国的传统经济周期遇到问题，但是流动性在，政府和市场均需要寻找新的经济增长点，因此无论可行与否，利润是否能够实现，技术是否真实，一定会有“技术”炒作浪潮。不过，考虑到资源和人口的局限性，未来中国的经济增长将更加依赖“技术”要素。而关于技术投资的方向，则并不难找到。

关于 2009 年的新能源技术股行情，我最先在 2008 年年底的策略周报中就表现感兴趣的立场，主要是阅读的大量技术文献和书籍表明，未来新能源的投入一定会大增，这将改变人们的生活方式，投资者会有兴趣炒作。

国泰君安研究所 2009 年年初成立替代能源策略小组，并且写了一系列研究报告。其中有推波助澜性质的系列报告是“从互联网到智能电网：泡沫系列”。

我们认为，如果替代能源成为未来炒作热点，一定先重温 2000 年 NASDAQ 的美梦。从 20 世纪 90 年代网络概念股估值水平来看(不考虑亏损的网络股)，如果泡沫真的出现，涨幅将会是非常惊人的(图 1-12)。

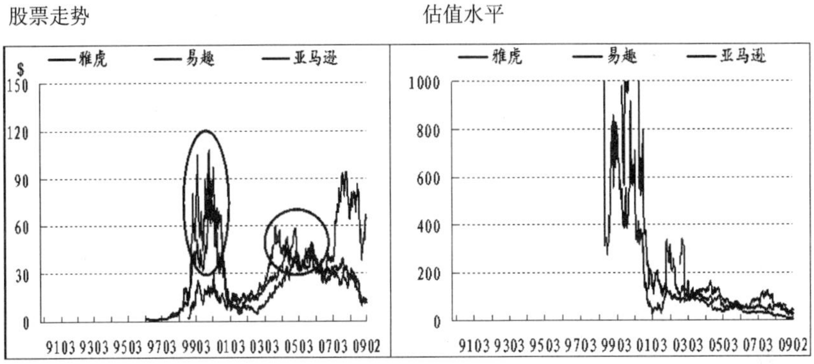

图 1-12　2000 年互联网泡沫达到顶峰，代表性网络公司的静态市盈率水平超过 1000 倍

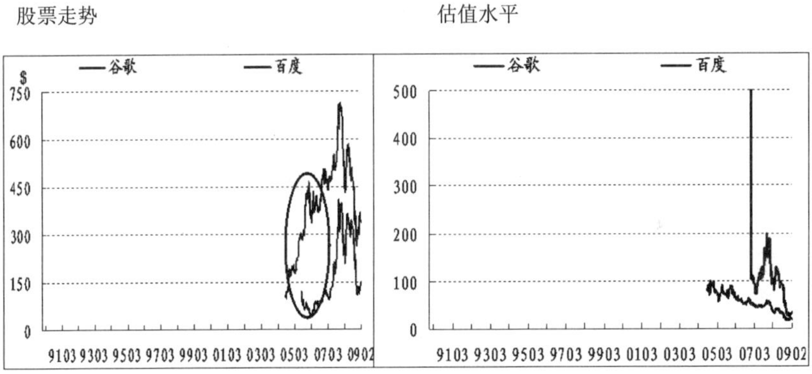

图 1-13　谷歌与百度是引领者，同时，也是没有泡沫的胜(剩)者

2005～2006 年谷歌与百度等拉动的第二轮互联网概念股上涨远不及第一次泡沫那么绚丽(图 1-13)。可以说，并没有产生什么泡沫。我们认为，内容检索尽管比较新鲜，但盈利模式的改进并没有脱胎换骨，难以带给投资者无限的想象空间。更为关键的一点就是，经历了 2000 年，互联网概念已不再是那么的神秘，投资者越来越看重回报率与现金流。

设备厂商的泡沫表现似乎有些差强人意。1997～1998 年设备厂商的股票走势已经有了一些先兆。这是因为 1995～2000 年期间，北美的城域网的建设；发展中国家长途干线的发展；世界范围内网络增长。1999～2000 年的泡沫中，设备投入高峰已过，设备厂商的股价表现显著逊色于网络公司。2005～2006 年，设备厂商的股票走势明显更弱于网络公司，这时的市场比较理性了，市场关注的是互联网概念相关公司的盈利模式(图 1-14)。

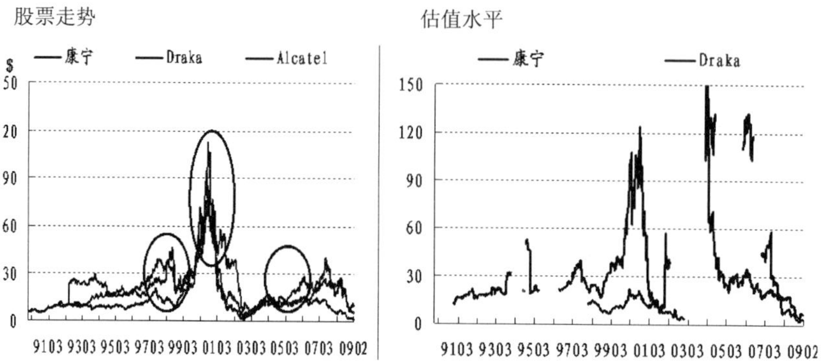

图 1-14　在 1998～2000 年互联网泡沫中，设备厂商的股价表现显著逊色于网络公司

互联网：泡沫源自全新的传播方式。

信息是本来就存在的，互联网却是一种全新的信息传播方式。“屏幕＋键盘”模式决定了信息接受的控制权由发送者转到接受者，这是一种革命性变化。相比以往的传播方式，互联网具有庞大的信息量、低廉的信息成本、自主的信息获取权，这些会汇聚个体的关注，而用户的积累为盈利模式的衍生提供了基础(表 1-4)。

表 1-4　信息传播方式的分类

传播方式	形　态
原始	对话、手势、烟火
手抄	标记、书籍、期刊
印刷	书籍、期刊
电子	广播、电视、互联网

设备企业的盈利模式——传统模式——基础平台建设所需的设备投资，带动设备企业的业绩大幅增长。而网站企业的盈利模式——全新模式、且不断衍生——内容模式、商务模式、娱乐模式。这是产生泡沫的基础。

互联网迅速发展，各种网站脱颖而出，新盈利模式被媒体“神话”；在成功收购案例的明星效应下，“速成”、“注意力”、“成长率”等网络理论支撑各种故事；在快速成长的新兴行业中，网站本身具有难以确定、多变的内在价值，预期决定一切；因而，网站企业带来了泡沫，交易成本低的股票成为泡沫载体(图 1-15)。

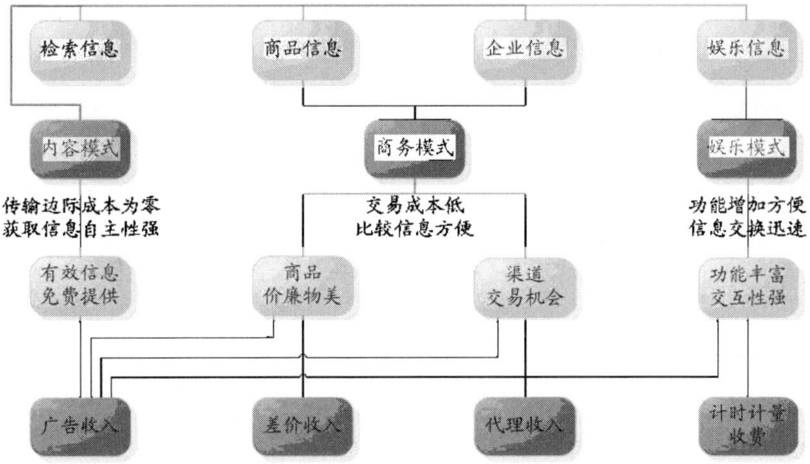

图 1-15 互联网泡沫形成条件：新的盈利模式——网站本身具有难以确定、多变的内在价值

替代能源细分行业存在差异，包括三个大类：智能电网，能量转储，新能源。新能源具有“开源”概念，对传统化石能源(煤、石油、天然气)的替代，产生能量的过程存在损耗。智能电网具有“节流”概念，在满足同样效用的条件下，实现能源的集约。能量转储具有“转换”概念，对能源的贮存和转换，输入的是能源，输出的还是能源，形式可以一样，也可以不一样，转换存在损耗(表 1-5)。

表 1-5 替代能源的分类

范畴	智能电网	能量转储		新能源					
细分行业	智能电网	动力电池	气液化	地热潮汐	水能	太阳能	风能	核能	生物能

从概念上来看，替代能源是可以与互联网相比较的。

内容存储——科技进步带来电子传播方式，信息的大规模、快速、零损耗的存储得以实现。在此基础上，互联网作为一种新的传播方式得到迅速发展。而替代能源呢？什么时候能够解决能量(特别是电能)的大规模、快速、低损耗、安全的存储呢？

内容价值——信息的价值是难以测度的，同一信息的价值在不同时间、对不同需求对象的价值是千差万别的，设备价格相比可能是微乎其微的。而能量的价值则不然，较难实现数量级的差别。可以预见的是，多变的内在价值更易产生预期泡沫，由信息产生的泡沫程度会大于由能量产生的泡沫程度(表 1-6)。

表 1-6 互联网概念与替代能源概念的对比

	互联网	替代能源概念
内容	信息	能量
基础平台	互联网	智能电网
对象	网民	居民
组成部分	信息获取、信息存储、信息传播	能量产生、能量存储、能量传输

续表

共同点	"内容"(信息／能量)原本是存在的 概念出现是扩展了内容获取的方式，增加了传输／传播的方式	
不同点	信息的价值也是难以测度的，对不同对象差别较大。设备价格与信息价值相比，可能是微乎其微的。网民是信息的存贮者	能量的价值是可以测度的，对不同对象基本相同。设备与能量的价值相比，并不能忽略。居民是能量的消耗者。

类似的产业特点，可能在股票市场上会有类似的表现。首先我们对比设备情况，信息获取设备与新能源设备，信息转储设备与能量转储设备，信息传输设备与智能电网设备的概念相近(表 1-7)。

表 1-7　互联网概念与替代能源概念的设备对比

	互联网概念的相关设备			替代能源概念的相关设备		
设备输入	信息	信息	信息	风、光、铀	电能	电能
设备输出	信息	信息	信息	电能	电能	电能
设备功能	提取、精选	储存、传递	传递	产生	储存、传递	传递
典型产品	服务器	U 盘	光纤	风力发电机	电池	输电线
		硬盘	Modem	光伏模组	电容	智能电表
典型产品用户	网站	网站、居民	网民	电站	电站、居民	居民
典型产品投资主体	企业	企业、个人	公共事业	公共事业、企业、个人	企业、个人	公共事业
产品用户的下游	企业、网民	企业、网民	企业、网民	企业、网民	企业、网民	企业、网民
其获取输出途径	信息传输设备	信息传输设备	信息传输设备	智能电网设备	能量转储设备	智能电网设备

从当初互联网泡沫的现象来看，与网络企业相比，设备企业的股票表现差强人意，更多是因为企业在基础平台建设投资期间获得了良好的业绩成长。可以判断的是，在替代能源基础平台建设期间，设备企业会获得良好的投资回报，但是股票的泡沫程度比较有限。比如说，光纤网络的投资、政府补贴带动的风电投资。

设备制造的技术瓶颈制约行业发展。对于替代能源来说，一方面是与其产生／传输的能量价值相比，设备价格能否大幅降低；另一方面，能量能否实现大规模、快速、低损耗、安全的存储。在技术瓶颈实现突破的前期，该技术环节存在产生泡沫的可能性。但是，随着技术的成熟，泡沫很快消失，这是传统的泡沫形式。

假设设备基础平台已经搭建完毕，其实，创造商机财富的来源无非两种可能：一是来自设备用户；二是来自设备用户的下游。我们还是通过互联网与替代能源概念的差异来分析新的盈利模式如何衍生的。

表 1-8　部分设备产品产生泡沫的可能性的对比

		政府补贴	技术突破	时间顺序
新能源设备	风力发电机	★★☆☆☆	☆☆☆☆☆	★★★★★
	核能设备	☆☆☆☆☆	☆☆☆☆☆	☆☆☆☆☆
	光伏设备	★☆☆☆☆	★★★★☆	★☆☆☆☆
能量转储设备	充电站	★★☆☆☆	★☆☆☆☆	★★★☆☆
	电池	★★★☆☆	★★★★★	★★★★☆
	电容	☆☆☆☆☆	★☆☆☆☆	☆☆☆☆☆
智能电网设备	变电站	☆☆☆☆☆	★★★★★	★☆☆☆☆
	电表	★☆☆☆☆	★★★☆☆	★☆☆☆☆

对于互联网概念，由于信息的多样性，信息价值的难以测度，需求的多样性，信息的传播可以创造财富，这种盈利模式的可预期收益是存在足够弹性的。那么对于替代能源概念呢？不同形式能量之间存在替代，能量形式大多转化成电能，能量的价值是可以测度的，对于大多数用户是缺乏差异的，设备成本过高，这都决定了依托于能量传递的模式不具备高毛利率特征，这种盈利模式的可预期收益是缺乏足够弹性的。新的盈利模式应该是什么呢？我们还没有想到。但是，至少替代能源能够积累到足够的用户数量，这也是盈利模式衍生的基础。

现在还没有替代能源的泡沫，也就说明新的盈利模式尚未诞生。但是，我们还是可以进行一番科技畅想。我们来大胆预测一下替代能源泡沫的形成进程。

第一阶段：政府补贴带动投资带来的设备企业的泡沫；

第二阶段：技术突破带动投资的成长预期的泡沫；

第三阶段：政府补贴带动投资带来的“智能电网”相关设备的泡沫；

第四阶段：新的盈利模式产生的泡沫。

从技术实现的时间顺序来看，从实体载体的多样性来看，替代能源泡沫会是一个漫长的形成过程，但其间股票泡沫会间隔地涌现。

综合判断，一定程度的泡沫还是很可能在 A 股产生的，动力电池和智能电网概念更具潜质，A 股市场还处在替代能源泡沫的第一阶段，补贴仍然是重中之重，泡沫的程度取决于补贴的多少。而此时，全球范围的拉动经济是必须的，这会导致泡沫的形成和破灭。

不过，如果没有全新的盈利模式的诞生，泡沫的程度会是有限的，而且，会比较短暂。国内替代能源概念公司更多的是集中在设备制造领域，全新的盈利模式较难找到，泡沫膨胀的幅度有限，但这应该先于能源运营的泡沫，也是为了创造全新的盈利模式的基础平台。

新经济浪潮使得 20 世纪 90 年代美国经历了高增长、低通胀的美好时光，最终以网络泡沫的破灭而告终。而现在，奥巴马推动能源政策，如果形成替代能源泡沫，同样能够拉动经济。以中国目前的情况看，电池行业的投资热情高，补贴政策推出，股价狂涨，似乎从电池泡沫的形成已经可以看到，拉动经济的正循环或正在进行(图 1-16)。从这一点出发，我们认可电池泡沫存在的积极意义，替代能源(主要是动力电池和智能电网)还是会成为 A 股市场的持续炒作热点。

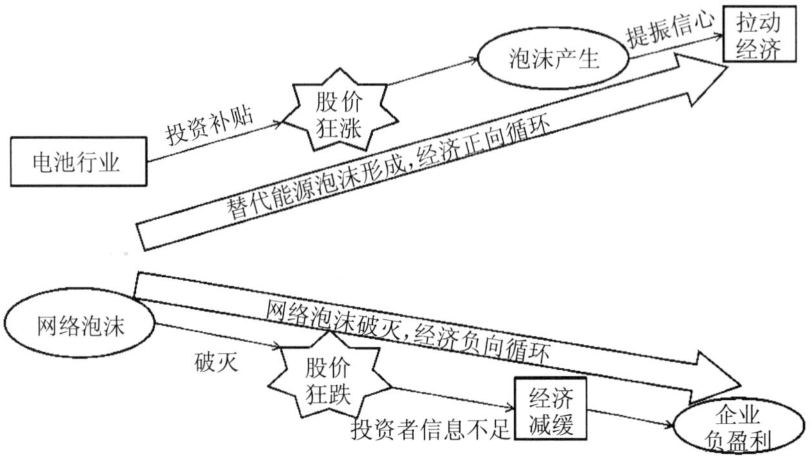

图 1-16 泡沫的轨迹

二、技术的宏观研究

该部分主要是对资本主义大范围的技术—经济—制度变革规律进行总结，意义在于投资者可以自觉地对技术创新保持敏感，并能判断目前处于大规模技术创新的哪个阶段，以及在该阶段下，金融资本的特征、经济状况特征、社会制度与思想特征。

目前主要有三种模式来解释资本主义的长期发展运行规律，包括马克思经济学、演化经济学和发展经济学。

三本书可以参考：《资本论》、《技术革命与金融资本：泡沫与黄金时代的动力学》、《经济增长的阶段：非共产主义宣言》。笔者认为《技术革命与金融资本：泡沫与黄金时代的动力学》的解释模式对投资最有帮助。

马克思经济学从生产力和生产关系的矛盾出发。发展经济学也强调经济社会发展的阶段论，但有别于演化经济学的是，它对经济发展解释的是某一个发展历程(主要是英美从工业革命开始的发展历程，和这一历程在不同地区国家的先后实现)。它从经济角度将所有社会归结为五种类型：传统社会、起飞前提条件、起飞、走向成熟、大众高消费时代。这五种类型是依次递进发展的关系。世界上不同的地区处于不同的阶段，英美等发达国家处于最高阶段。作为后进国家，也可以从中找到自己的坐标和前进的方向。

演化经济学则应用生物学发展理论去解释资本主义螺旋式上升的发展规律，我认为该学科对于投资者建立长期投资背景框架非常有帮助。

一场技术革命可以被定义为一批有强大影响的新技术、产品和部门，它们在整个经济中能带来巨变，并能推动长期的发展高潮。技术革命是紧密地交织在一起的一组技术创新集群，一般包括一种重要的、通用的低成本投入品(一种能源或者一种重要的原材料)，再加上重要的新产品、新工艺和新的基础设施。根据演化经济学，在过去的200年间，发生过五次技术革命，每一次技术革命都会造成一套技术大规模地取代另一套技术，或是前者完全替代后者，或是通过对现有设备工艺或操作方式的现代化替代(表1-9)。技术在经济领域因为竞争和追求利润导致的吸收速度，远远高于社会制度框架的吸收速度，因为社会制度与人们接受程度具有惰性。因此，技术经济和社会制度会产生矛盾，直到制度变革以适应新的变化，这些技术革命使整个生产结构得以现代化，会导致人、组织和技能方面带来深刻的变化。金融资本和生产资本在职能上分离，两者通过不同手段追求利润。每次技术变革都导致了金融市场的一段爆炸性增长时期。

表 1-9 过去的五次技术革命对比

技术革命	新技术、更新的产业	新基础设施或得到更新的技术设施	对应的技术－经济范式
产业革命：1771 年，英国	机械化的棉纺织业、熟铁、机器	运河、水道、公路、水力	工厂生产、机械化、生产率、流体运动(水力驱动)
蒸汽、铁路时代：1829 年，英国，扩散到欧洲大陆和美国	蒸汽机、铁矿业煤矿业、铁路建设、铁路车辆生产、用蒸汽动力的工业	铁路、普遍的邮政服务、电报、港口、轮船、城市煤气	聚合的经济，工业城市，全国范围的市场；标准化部件；规模意味着进步；全国性的动力中心，随处可得的能源(蒸汽动力)
钢铁、电力、重工业时代：1875 年，美国、德国超过英国	酸性转炉生产的廉价钢铁、铜和电缆、电力设备、重化工业、用于钢制轮船的蒸汽动力的全面发展、罐装和瓶装食品	钢制高速蒸汽轮船在世界范围内的航运、世界范围的铁路、大型桥梁隧道、世界范围电报、电话、电力网络	巨型结构，工厂的规模经济，可分配的动力（电力），科学成为生产力、普遍的标准化、世界范围的网络、卡特尔，成本会计
石油、汽车和大规模生产时代：1908 年，美国，扩散到欧洲	批量生产汽车、廉价石油和石油燃料、石化产品、内燃机、家电、冷藏速冻食品	公路、铁路、港口交通网络、石油管道网络、普遍的电力供应，有线或无线远程通讯	大规模生产、规模经济、标准化、基于石油的能源密集型、合成材料、职能专业化、等级制，大城市中心和郊区化，民族国家
信息和远程通讯时代：1971 年，美国，扩散到欧洲、亚洲	信息革命、廉价微电子产品、计算机、软件、远程通讯、控制设备、计算机辅助生物技术和新材料	电缆、光纤、因特网、多种能源、高速物流运输	信息密集型、非集权的一体化、网络结构，知识成为资本、无形的价值附加值，市场细分，全球化，即时通讯

每次技术革命大约会持续半个多世纪，又可以分为两大时期，头二三十年是“导入期”，后二三十年称作“拓展期”。这和 S 曲线、技术的接受程度、新产业和旧产业的冲突、社会组织对新产业的适应以及消费者对新技术的接受程度有关(图 1-17)。

在每次技术革命及其扩散的过程中，金融和信用制度起到关键作用。它起先支持了技术革命的发展，继而加剧了可能引发冲突的技术经济领域和社会制度领域之间的互不协调。当上述两个领域之间的协调建立起来时，金融资本又成为展开期的推动力，而当一场技术革命即将结束，它又有助于催生下一场革命。其大概是以这样的序列：技术革命—金融泡沫—崩溃—黄金时代—政治动乱所排列的，大约每半个世纪就重新再来一遍。

具体五个阶段分别如下(图 1-18)：

(1)爆发阶段：技术时代，金融资本和生产资本的恋爱时代，如 19 世纪 30 年代和 70 年代的英国，20 世纪 70 年代的美国。随着技术革命的大爆炸，新技术、新产品和新产业吸引了旧范式的资金，形成技术经济裂痕。失业增加，旧产业萎缩，但不少人仍沉陷于旧模式。新旧断裂，闲置的金融资本涌向能给它们带来超越现有部门利润的新兴产业。

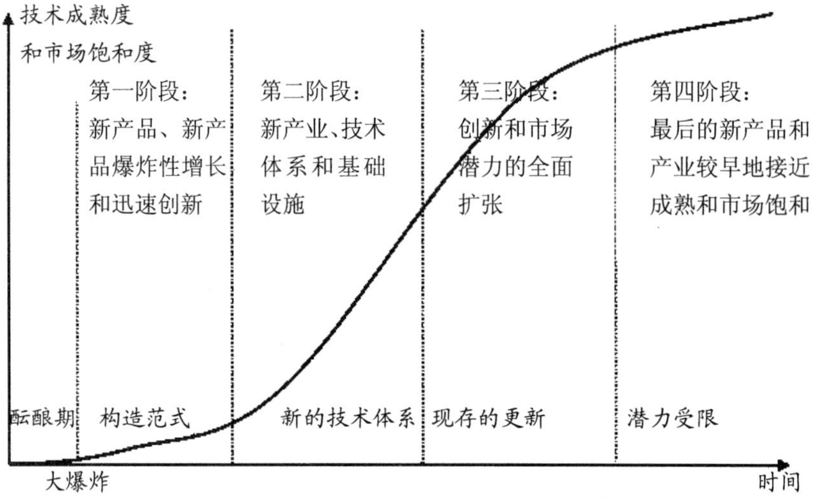

图 1-17　新技术应用的 S 曲线

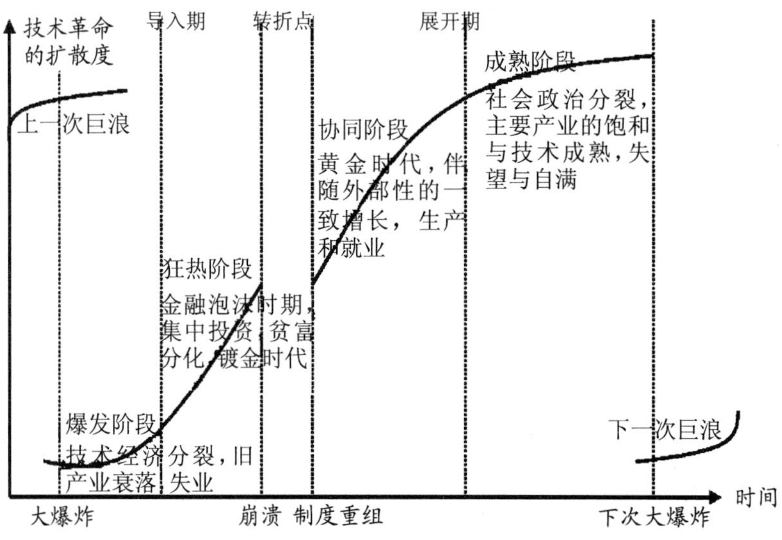

图 1-18　一次技术革命的五个阶段

(2)狂热阶段：金融的时代，如 19 世纪 80～90 年代，20 世纪 20 年代和 90 年代。金融资本一统天下，支配社会体系的运行。虚拟经济和实体经济分离，资本和生产分离。自由竞争的另一面是个人主义、投机、腐败和寡廉鲜耻，狂热支持着人们探索技术革命所有可能的道路，并充分挖掘。

(3)转折点：反思和调整发展路线。特别需要指出的是，转折点是一个概念上的工具，表示一种必要的根本性变革，即经济从由金融标准塑造的狂热方式转型到协同方式——牢固地依托于逐渐增长的生产能力。转折点是一个或长或短的变革过程，中间必须处理社会内部个人和社会利益间的平衡，它为社会的反思提供了空间，是一个社会制度的十字路口。

(4)协同阶段：是真正的黄金时代。新的范式占据主导地位，新技术和基础设施已经基本到位，新的生产效率和品质在整个经济中普及，是中产阶级主导的社会，是一个允诺、工作和希望的时代。生产资本是财富的创造者，而金融资本是其促进者。

(5)成熟阶段：质疑自满情绪的时代。范式逐渐成熟，市场逐渐饱和，显露出局限性、不满与沮丧。投资机会日益减少，资金闲置。

在这个框架中，金融资本和产业资本存在互动(图 1-19)。金融资本代表以货币或其他账面资产形式持有财富的那些当事人的标准和行为，以货币的形式拥有财富并使其增值，是重新分配财富的行为者。生产资本是那些通过生产产品和提供服务而创造财富的当事人的动机和行为。金融资本本质上是无根基的，追逐机会，但也会逃离风险。生产资本存在路径依赖，扎根于所能胜任的领域，只有部分的流动性。

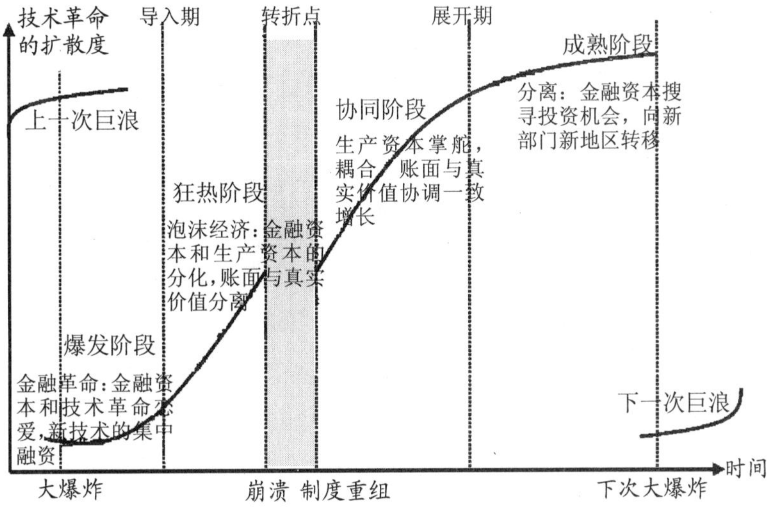

图 1-19　不同阶段金融资本和产业资本的关系

举例来说，美国现在正处于第五次技术革命的转折点时期(图 1-20)。信息技术的革命已经经历了 20 世纪 80 年代开始的技术爆发阶段，这是技术主导的年代。从 20 世纪 90 年代开始，美国就进入了狂热阶段，也就是金融资本的狂热，金融资本脱离了产业资本，独自疯狂和独自创造财富，贫富差距因此扩大，自由是这个阶段的主题，监管放松，调节框架变得无能为力，而“镀金年代”可能是这一阶段最恰当的标签，耀眼的繁荣只是外表，内在的却是社会的无动于衷。

狂热背后是结构性的紧张关系，就是我们前面所说的技术革命和社会制度已经不协调，主要体现在：

(1)真实财富和账面财富背离(金融资本和产业资本相背离，需要主动或者被动的回归)。

(2)技术革命核心产品的现有需求规模和潜在供给规模之间的不协调(产品的现有供给远超过需求，需要通过制度安排扩大需求)。

(3)在社会上被排斥的群体和那些收获泡沫果实的人们之间的不协调(广大人民群众的需求无法增加，他们被排斥在外，没有享受经济增长的成果)。

(4)技术革命推动了整个社会，但是社会制度仍然没有与之相匹配(因此需要制度重建)。

这几种结构性的紧张会把技术革命推向转折点。本来 2001 年互联网泡沫结束就标志着

导入期		转折点	展开期
爆发阶段	狂热阶段	协同阶段	成熟阶段
一、工业革命 英国 1771 年	1773 年 运河热；1779 年 恐慌	1810 年	1819 年 1825 年
二、蒸汽和铁路时代 英国、欧洲、美国 1828 年	1836 年 铁路热；1847 年 恐慌；1848 年 革命	1857 年	1866 年 1873 年
1908 年 三、钢铁电力重工业时代 美国、德国	1890 年 阿根廷危机；1893 年 美国；1903 年 美国富人的恐慌	1902 年	1920 年
1908 年 四、石油汽车大规模生产时代 美国	1920 年；1929 年 美国证券危机；30 年代 世界经济危机	1960 年	1974 年
五、信息技术时代 美国，传播到世界 1971 年	1974 年 石油危机；1989 年 第二世界崩溃；1997 年亚洲金融危机 2000 年网络股破灭	2008 年 次贷危机	
大爆炸	崩溃	制度重组	

图 1-20　五次技术革命的具体阶段划分

技术革命进入了转折点，但是有财力的政府存在着制度惰性，结果造就了更大规模的泡沫，最终 2008 年泡沫破灭，少数派的派对崩溃，这对所有人来说都是痛苦的，不管是富人还是穷人，但这是资本主义制度强迫社会、资本再度耦合的必然残酷方式，这样才能为全方位制度变革创造条件，金融资本才会服从管制，而不是抗拒管制，这将有利于生产资本，并带来一段和谐的增长时期。

需要强调的是转折点可长可短，程度上也有差异，最终的支配力量来自于政治、意识形态和相对力量，不单是经济因素。前一次的转折点是 20 世纪 30 年代的大萧条，由于当时“反社会主义”的浪潮，结果制度变革非常困难和缓慢。

三、总结

投资者要时刻关注未来的新技术。作者认为最好的参考资料是中国科学院每年两本的科学与社会系列报告——《高技术发展报告》和《科学发展报告》。《科学发展报告》旨在综述当年年度世界科技进展与发展趋势，评述科学前沿与重大科学问题，报道我国科学家所取得的突破性成果，介绍科学在我国实施“科教兴国”与“可持续发展”两大战略中所起的作用，并向国家提出有关中国科学发展战略和政策的建议，特别是向全国人大和全国政协提供科学发展的背景材料，为高层科学决策提供参考。《高技术发展报告》在综述当年全球和中国高技术发展动态的同时，也对某些科学技术进行专题研究，比如生物技术、信息技术和新能源技术等。

另外，对于未来 50 年可能的新技术发展路线图，中国科学院出版了《发展路线图》系列书籍也可供投资者参考。其路线图整体框架在《科技革命与中国的现代化》一书中介绍。《世界前沿技术发展报告2008》一书也值得参考。而对于具体的科学技术方面的书籍，则需要具体问题具体分析。投资者也可以通过搜索引擎查找相关的技术研究资料。

在中国一轮大的新技术革命出现之前，投资者均需密切关注美国股市的技术股炒作泡沫路径，这对中国股市的投资具有借鉴意义。

技术变化对社会与企业管理的影响可以阅读《看得见的手——美国企业的管理革命》、《规模与范围——工业资本主义的原动力》，这也是小艾尔弗雷德·D·钱德勒的几本经典著作。另外，关于网络时代的社会与企业变迁，可以参阅《维基经济学——大规模协作如何改变一切》、《IT不再重要》、《长尾理论》、《浅滩——信息社会如何改变了我们》等等。

关于对于创新经济学的研究，最好的书是《牛津创新手册》，该书为读者提供理解创新的综合性视角，具有很高的权威性。全书从宏观的创新与经济增长、国家创新体系，到中观的产业创新体系、区域创新体系，再到微观的创新网络、企业创新，都进行了专门的导读。

关于技术股的投资，可以借鉴的书籍是《下一只大牛股》、《战胜标准普尔——与比尔·米勒一起投资》、《操纵金钱》、《超级强势股》，但不要盲从。

《下一只大牛股》的作者列出了21世纪初期的九大趋势(知识经济、因特网/无形计算、全球化/经济集群、融合、外包、人口因素、合并、品牌、反馈制民主)并予以佐证，以此为基础解释在这些趋势当中蕴涵着各个经济领域中的变革所产生的巨大机会必将造就一批非凡的公司，这些公司的股票必定给投资人带来丰厚的回报。如何选择这些公司，作者提出了一些他的方法，可以作为借鉴。

国泰君安替代能源策略小组撰写的三篇研究替代能源泡沫的研究报告分别为：从Internet到Smart-Grid：外面的泡沫很精彩(20090306)；从Internet到Smart-Grid：泡沫为谁而生(20090309)；从Internet到Smart-Grid：电力系统的美好愿景(20090402)。

第三节　制度变革

制度是一个社会的游戏规则，构造出了人们在社会、政治或经济方面发生交易的激励结构。制度的作用是显而易见的，由于日常生活中的人们面临各种不确定性，带来相互交易的困难，因此，需要一些制度来形成稳定的结构，以弱化环境的不确定性，降低交易成本。最典型的例子就是道路交通规则。没有制度，人类社会的任何一项事业都不能顺利发展，乃至人类自身都不能生存。制度保证了人类社会的有序性。但是不同的制度对社会经济的作用有优劣之分，评判标准主要是其资源配置效率高低、交易费用高低等。既有利于经济与社会进步的制度，同样，也阻碍经济与社会进步的制度。比如西方学者就有研究认为，资本主义制度和工业革命之所以在西方发生而不是在东方发生，就是因为制度差异使然。

制度也必须随着社会的发展不断变迁。不过宏观背景下的制度变迁往往具有“危机”与“被迫”性(这个危机包括经济危机和政府的财政危机，因为政府具有风险厌恶特征，财政危机对于政府主导制度变革影响更大)。也就是说，在宏观经济景气的情况下，即使需要制度变革，政府整体上也没有动力去做，只有在遭遇困境和外在压力的情况下，才存在制度变革的可能。不过从理性的角度来看，政府往往首先选择的是“政策”应对，如果困境继续，或者压力进一步扩大，则往往会“被迫”进行制度变革。制度变革方向具有不确定性(比如1929年大萧条后，不同国家进行不同的制度变革，有些国家选资本主义道路，有些选择军国或者纳粹道路，有些选择社会主义道路)，并不是每次制度变革一定带来社会交易成本的下降和资源配置效率的提高。如果政府主导的内生性制度变革无效，也就是危机进一步加剧，对于民主政府来说，现有政府会被换届下台，新政府提出新的制度变革策略，而对于威权政府来说，可能在内外压力下迎来“巨变”。关于巨变，超出本章研究范围，建议感兴趣的读者阅读《民主化转型的政治经济分析》一书，关注书中列举的各国在转型前后，经济增长、通货膨胀、贸易差额和财政状况，同时关注转型前后股票市场走势。另外一本值得阅读的书是《国家兴衰探源》。

制度具有沉淀性和惰性，因此大的制度变革一定是在“压力”下产生的。比如，遭遇第一次石油危机和日元升值后，日本在1974年开始制度变革和产业转型，并且取得成功；中国股市自从2001年走熊后，市场问题频频暴露，2004～2005年证监会出台多项制度重建政策，最终取得成功；改革开放政策是在“文化大革命”造成经济社会陷于“崩溃边缘”的背景下推出的，“分税制”改革是在中央政府面临财政困境背景下推出的，国企改革、房地产市场改革等一系列制度变革也是在1997年东南亚金融危机后逐渐出台的。

日本在1990年泡沫经济破灭后，不断重复使用单纯的基础设施拉动性财政和货币政策，政府更迭频繁，没有一届在任政府推出长远的制度性变革计划，加上其他多种因素，日本经济和证券市场长期低迷，陷入在财政和货币政策刺激下出现反弹，然后又重新归于困顿的不良循环中。

“危机”下“政策”只能应急，“制度变革”才是走出危机的最佳手段。每一次制度变迁不仅带来投资机会的新变化，也使得证券市场的价值中枢发生变化，因此正向的大制度变革往往带来系统性的股票大牛市。比如美国20世纪80年代初提升效率的改革造就了多年的牛市，感兴趣的读者可以阅读《制高点》一书；而日本1974年的制度改革则对中国目前经济处境具有较强的借鉴意义，毕竟根据罗斯托的研究(《经济增长的阶段》)，工业化过程是遵循一定规律的。

投资者在分析证券市场时，正常情况下，西方的经济学和投资学知识足够使用，不过在遇到“危机”和“困顿”的经济背景下，预期政策加上制度的投资分析具有重要意义。

改革开放以来，中国的制度变革主要是政府主导的，在这样的背景下，投资者通常使用的单纯西方纯经济分析方法(比如经济增长和通货膨胀分析框架)很容易失效。对经济和投资的研究不得不要求在相当大程度上具备心理学、中国社会学、法学、政治学的知识。这也就是在中国，“炒股也要懂政治”的原因。

考虑到没有一种方法能够事先有效地分析制度变革，新制度经济学的交易成本等分析方法也很难借鉴到股票投资上去。而笔者认为，案例研究，阅读大量关于政治、社会、经济、历史等方面的书籍，保持对社会和政治变化的洞察力和敏感度则至关重要。

制度变迁分为微观层面和宏观层面。微观层面主要是企业和行业层面的变迁，比如在新环境下企业的大范围并购重组等等，这类机会仅构成投资主题或者投资个案；而宏观层面往往是政府主导的变迁，对证券市场的影响具有系统性。本章主要分析宏观层面的制度变迁。本节选择了两个案例，一个是证券市场遭遇危机的情况下，政府通过股权分置改革直接对股票市场进行大规模制度变革，因为中国证券市场的非天生性，未来还会出现各种问题或者危机，这个案例可以作为重要参考；另外一个是在遭遇“经济危机”的情况下，美国 1929 年以后的罗斯福新政，日本 1974 年以后改革的成功以及 1990 年以后不改革(仅用政策)的失败，会对转型中的中国提供一些重要的借鉴意义。

参照新制度经济学的一些工具和经验，投资者可以自行研究：中国的农村改革与土地财政问题以及相应投资机会；中国的税制改革变化；政府对经济的管制与放松管制；奥巴马为什么对美国医疗体制进行改革等。

一、对资本市场一次制度变革的分析：股改

尽管股改是独特的，但是由于中国股市成立的非自发性，未来在遇到“危机”的时候仍然可能存在新一轮制度变革的可能，因此股改具有重要的研究意义。

当时的背景是市场一片悲观，政策变革的嫩芽在股改后已经迅速成长，但投资者还不认可这么大的制度变革。我当时认为政策效果是为重建市场服务的，为将来牛市打基础，有些时间滞后性，但是牛市来临时候的效果会非常显著。在 2006 年年初的策略报告里我已经开始谈论在股改加汇改的制度变革下，市场一定是大牛市，后来的策略报告里加上“创新高”三个字，但是始料未及的是，没有想到后来的牛市是如此的波澜壮阔。

以下来自我在 2005 年 6 月底写的“三季度”策略报告部分内容：

5 月份以来管理层开始出台了众多关于证券市场的政策，所有市场分析人士均摇头表示：如此密集出台的政策根本分析不过来。不是吗？今天早上政策出台，分析师争论一天终于有结果，写完报告，第二天又开始新的政策了，可以说今年 6 月份是累死市场分析师的月份。不过最近还没有分析师写过一篇对各项政策进行分类总结的报告，而更多是单个政策的影响分析。我这里并不想对出台的所有政策逐一点评，而是试图把握站在场外投资者的角度(客观角度)来看从“国九条”以来的制度变革以及对未来市场的长期影响。

很多投资者对市场非常悲观，认为市场已经被推倒，但是没有重来。我认为只有分析清楚政策的脉络和含义，才可以理解为什么推倒还可以重来，只不过从推倒到重来需要时间，证券市场正在重来，但是牛市需要时间。有些政策的效果短期就可以贴现到市场信息，可很多政策的效果是为重建市场服务的，为将来牛市打基础的，这有些时间滞后，但是将来(牛市来临时候)的效果会非常显著。

不谈政策本身，只谈政策的含义。我认为管理层出台的政策可以分为四类：第一类是融资政策，在任何市场化的国家，在熊市时期，这个政策是受到投资者的强烈反对的；第二类是信心政策，即管理层通过无关痛痒的政策或者讲话给市场以信心，但是这种政策在熊市中期比较有用，会引起反弹(反弹高度看管理层政策和讲话的力度和高度)，在熊市后期和末期并不受到投资者的欢迎；第三类是资金政策，这种政策对于熊市中期作用并不大，但是在熊市末期可引进资金，如果是长线资金，未来可以带来丰厚收益，也可以降低熊市末期的杀伤力，起到间接保护投资者的效果；第四类是制度重建政策，也可以理解为改变游戏规则的政策。我认为目前很多分析师看不懂、难以分析的政策很多是改变未来游戏规则的政策，而这个游戏规则引进了潜在的投资者，保护了未来流通股东的利益，这些政策可以有效促进牛市的上涨，但是有政策时滞性。

一年多以后重新审视“国九条”，我认为“国九条”不是属于讲话和信心性质的政策，而是夯实牛市基础，改变中国证券市场过去顽疾的政策。也许场内投资者亏损惨重，过于忽略了这些变化，但这些政策不全是给场内投资者看的，更多是给场外投资者以明确的信号，使得他们未来有信心进场。同时随着压迫证券市场上涨的几座大山的终结(高估值、股权分置、保护投资者利益、上市公司质量)，中国证券市场将开始迎来黄金时代。

在总结政策之前先回答投资者经常提问的几个问题：

①为什么日本、韩国证券市场缺少牛市？中国证券市场也将和它们一样？

上市公司忽悠中小投资者和上市公司一股独大不是中国特有的现象。只要是新兴市场就有这个问题，并且即使是发达市场，也存在很多问题。

下面是一个韩国的例子。一个欧洲投资者调研韩国的一家“质地优秀”的上市公司(至少在欧洲都能闻名的公司)，首先看财务报表，看销售数字，然后看毛利率，再看资本支出。当看到财务报告最后部分的时候发现在净利润前有一项叫做“捐赠”，大约等于税前利润的89%！这时他问陪同来访的当地研究员和上市公司负责人为什么？负责人对他说，这是将利润转移到董事长拥有的一个基金会。当问到为什么这么做的时候，负责人回答，董事长不想付税和红利，所以转移了利润！

韩国上市公司的公司治理很糟糕，也一直在提高，但韩国政客、财阀公司和官僚体系勾结的铁三角并没有破坏。如果满分是 100 分，公司治理可以打分的话，韩国公司可以打 5 分。这也同样可以解释为什么日本多年来没有牛市了——整体估值过高，政府没有采取根本性的策略治理证券市场的本质问题。

这样再看中国的情况要好多了。值得庆幸的是，中国证券市场原来的公司治理并不比日韩好，但目前提高的速度远远超过他们，并且现在和未来的路径看起来更像跟随欧美，而不是日韩。

②什么可以改变熊市？

2005 年的中国证券市场，处于熊市的时间足够长了。2001 年以来整个市场的价值回归是一种系统性熊市，在于以前的市场将资金错误的配置到不该配置的股票上，也可以说是价格严重脱离了价值，因此需要长期的价值回归。

结束系统性熊市的方法要么是依赖市场下跌，跌到有很大安全边际的投资价值，要么是依赖外力，比如宏观经济变化或者政府采取政策改变证券市场现状。2005 年的中国证券市场，从 2001 年下跌已经历时 4 年，很多股票跌幅达到 80%～90%，扣除新股发行因素，市场总体跌幅也超过 50%～60%，多数股票已经跌到价值区域，同时中国经济高速增长，管理层在努力改变证券市场开创以来的问题，因此尽管投资者对市场并不乐观，但是也可以看到一些曙光。证券市场已经具有初步的吸引力，很多股票的分红收益已经超过债券收益率。

③如何看待投资者权益保护和上市公司质量问题？

我的同事认为中国难以出现牛市的原因是投资者利益保护的不够，如果管理层能够把烂公司从市场清除，对大股东恶意圈钱行为进行重罚，小流通股东指控上市公司让上市公司来举证，中国市场将出现大牛市。

通过这两年对很多上市公司的调研，我发现中国上市公司和 20 世纪 90 年代相比，股权文化正在形成，中国上市公司的投资者关系也在逐步发展。对于投资者权益保护，管理层也出台了各种法规，同时实行保荐人制度，对上市公司的监管越来越严格。

恶意圈钱和上市公司质量问题，其他国家并不罕见。美国互联网时代，不少无业务公司圈钱，然后烧钱迅速破产。说到上市公司质量问题，印度 1/4 的上市公司是戴帽子的，他们用“Z”表示，我们用“ST”，但这并没有妨碍印度股市近期迭创新高。

真正需要指出的是投资者自身的问题，就本人和众多投资者的接触来说，A 股市场的多数投资者没有鉴别能力和定价能力，只有交易能力。投资者不能区分好的公司和差的公司，不能将资源有效配置于优质公司，导致定价的低效率。在管理层进步的同时，投资者也需要进步。

④为什么政策变革可以提高公司基本面？

我的观点是政策变革可以提高公司潜在的基本面。一个简单的例子就是，无论解决股权分置的过程如何不确定，但是股权分置解决以后，多数上市公司管理层与大股东会更关心股票价格，而不是简单的上市圈钱，然后和市场说再见。当企业管理层和股票价格利益相关时，理性的管理层应该会努力工作，提高上市公司业绩，促进股票价格上涨来获得长期收益。至少对于我来说，如果我是上市公司管理层，股票价格和我有利益关系，那我会努力降低成本，增加销售额，提高业绩，使股票价格上涨。这并不是空话。我近期调研的一家上市公司就是这种情况。当管理层持有部分流通股后，他们非常希望股票价格上涨，而股票价格上涨除了操纵外，只有努力提高公司业绩，而这他们可以做到。

我们处于政策的大变革时代，第三季度是政策变化和效果逐步出现的时期，这也存在很大的不确定性。管理层如果希望降低这种不确定性，就必须向市场注入资金(2006 年资金来了，2007 年资金泛滥)。

⑤能不能详细解释一下制度(游戏规则)的变化？

制度就是决定未来投资盈利模式的市场潜在原则。最近 5 年的游戏规则是价值投资与国际接轨，只要顺应这个规则确定的盈利模式基本上可以战胜市场，而持旧博弈规则的投资者则损失惨重。随着管理层对证券市场的重建，新的政策会带来新的游戏规则。2005 年以后的游戏规则是股权文化时代，而这是证券市场发展的基础，与之相伴的盈利模式必然从这个土壤中逐渐产生。随着货币市场与资本市场的逐步重新联系，这也为未来的牛市提供了资金基础。

回过头来分析，从困扰股市发展的三个主要问题来看，前期过度炒作的风险已随着股指大幅下挫和上市公司盈利的改善而得到了比较充分的释放，目前的市场估值水平已趋于合理，有了投资价值支撑。而对于剩下的流通股东利益保障和股权分置两个问题，管理层也在 2004 年 2 月公布了《国务院关于推进资本市场改革开放和稳定发展的若干意见》后明显加快了通过制度变革来解决这些问题的步伐。

从管理层在 2004～2005 年上半年间出台了如此多涉及提高上市公司质量、保护投资者利益、化解券商风险、解决股权分置问题和壮大机构投资者等用来解决制约资本市场发展主要问题的政策来看，管理层对改革和发展资本市场的决心是非常坚定的，虽然这些政策并不能马上解决所有问题，但是伴随着市场估值水平的逐步合理和政策效果的逐步显现，资本市场的发展应该会逐步出现转机。

从对资本证券的需求来看，2005 年 5 月的股票流通市值只有 7655 亿元，而 3 月份居民的银行存款却超过了13.7万亿，流通市值对银行存款的比例只有5.57%。目前银行一年期的存款利率只有2.25%，最长的5年期银行存款利率也只有3.6%，换算市盈率分别为44.4和27.8倍，远高于当前A股市场平均18倍的市盈率。因此，随着管理层保护公众投资者利益法规的进一步完善、上市公司质量的进一步提高和股权分置改革试点的推进，股市对普通投资者的吸引力会不断增强，从而有利于将超过13.7万亿的银行存款向资本市场转移。

从资本证券供给来看，2004年非金融机构融资总额为2.59万亿元，其中股票融资额为1504亿元，股票在融资市场中的比重只有5.8%。2004年A股市场融资额只有626.7亿元，在非金融机构融资总额中的份额只有2.4%，对融资市场的影响力微乎其微。现在银行的贷款余额已超过GDP的120%，每年新增融资额的93%也是源于银行贷款，因此整个经济的风险几乎完全集中在银行身上。虽然管理层已投入了数百亿美元对国有银行系统进行了财务重组，但是国有银行系统的风险控制能力依然很差。因此为了分散经济风险，打通当前超过13.7万亿的居民存款和每年超过7万亿固定资产投资的资金需求之间的联系，管理层必定会大力发展直接融资市场。巨大的市场潜力和政府推动的双重促进，直接融资市场肯定会出现极大的发展。

现在股票市场的估值水平已趋于合理，制度的变革也取得了极大的进展，资本市场正逐步走向健康，因此随着管理层促进资本市场发展政策的不断出台和巨大市场潜力的逐步释放，资本市场即将在本次制度变革和大幅下跌中迎来重生。

以下是2004年2月“国九条”出台到2005年5月股改出台之间的政策回顾。

2004年2月2日，管理层发布了《国务院关于推进资本市场改革开放和稳定发展的若干意见》(俗称“国九条”)，作为统领本次资本市场制度变革的纲领性文件，确定了国家要大力发展资本市场的决心和基本政策，提出了建立多层次的市场，提高上市公司质量、保护投资者利益、大力发展机构投资者，扶植券商发展、解决股权分置问题、提供税收优惠、加强法制和监管以及推进资本市场对外开放的基本措施。这个政策的颁布，使我国资本市场的制度变革从此进入了快车道。

表1-10 “国九条”概括

政策方向	大力发展资本市场是一项重要战略任务
总体目标	遵循“公开、公平、公正”原则和“法制、监管、自律、规范”的方针，坚持依法治市，保护投资者特别是社会公众投资者的权益；扩大直接融资、建立有利于各类企业筹资、满足多种投资需求的资本市场体系、完善产品创新机制、股票融资与债券融资相协调的产品结构，培育诚信、规范、治理机制健全的上市公司和市场中介群体，强化市场主体约束和优胜劣汰机制，健全市场监管体制
综合性政策	发展机构投资者，有条件支持券商，规范上市公司股权
健全市场体系政策	发展新投资产品，发展债券市场、期货市场和中小板市场
提高公司质量政策	推行保荐人制度，完善上市公司治理，对损害上市公司和流通股东利益的控股股东进行责任追究等
规范中介机构政策	健全准入制度，完善中介机构内控制度等

续表

政策方向	大力发展资本市场是一项重要战略任务
加强法制、提高监管水平的政策	清除阻碍市场发展的各种规章法规，加强交易所，行业协会等的自律管理作用，等等
加强配合、防范和化解风险的政策	加强退市公司管理，各部门协作加强对控股股东侵害上市公司权益的监管等
对外开放的政策	引入 QFII，鼓励外资机构参股国内基金与券商，加强对外合作等

在“国九条”出台后，管理层在保护投资者，特别是流通股东投资者利益方面，制度变革力度也明显加大。2004 年 7 月开始的“以股抵债”试点，成了解决缺乏能力的大股东长期占用上市公司资金的一种有效手段，在一定程度上保护了中小投资者的利益。2004 年 12 月中国证监会发布了《关于加强社会公众股股东权益保护的若干规定》，要求涉及新发、重组等对社会公众股股东利益有重大影响的相关事项，须经流通股东单独表决通过才能施行，而且还将分红记录与上市公司再融资资格相联系，从而在很大程度上确保了上市公司对流通股东的回报(表 1-11)。

表 1-11　2004～2005 年出台的保护中小投资者利益的法规

日期	内容
2004 年 2 月	《证券发行上市保荐制度暂行办法》正式实施
2004 年 6 月	中小企业板块正式在深交所登场
2004 年 12 月	《关于首次公开发行股票试行询价制度若干问题的通知》正式出台
2005 年 1 月	废除通道制，完善保荐制
2004 年 7 月	证监会原则同意进行“以股抵债”试点
2004 年 12 月	证监会发布《关于加强社会公众股股东权益保护的若干规定》
2004 年 11 月	个人债权及客户证券交易结算资金收购意见

国内不同券商分类评选标准在分类监管的基础上，为了扶植质地还算良好的券商的发展，管理层从 2004 年开始就出台了包括《证券公司短期融资券管理办法》、《证券公司债券管理暂行办法》、放宽券商利用自营股票进行贷款的限制和正式允许券商进行集合理财业务等一系列新政策，对获得创新试点资格的券商进行融资和开展新业务的扶植和规范。通过这些政策，管理层希望能够培育出一批优秀的本土券商，目前已有光大证券、广发证券和长江证券等公布了首批集合理财计划，国泰君安证券则在银行间市场发行了短期融资券(表 1-12)。

表 1-12　2004～2005 年出台的券商集合理财的相关法规

日期	法规名称和内容
2004 年 8 月	关于从事相关创新活动公司评审暂行办法
2004 年 9 月	关于对证券公司结算备付金账户进行分户管理的通知
2004 年 10 月	证券公司短期融资券管理办法
2004 年 10 月	证券公司债券管理暂行办法
2004 年 11 月	《证券公司股票质押贷款管理办法》修改
2005 年 1 月	规范类证券公司评审暂行办法
2005 年 4 月	上证所通知券商集合资产管理业务开始试点

为了解决股权分置的问题，2004 年 4 月 29 日证监会发布了《关于上市公司股权分置改革试点有关问题的通知》，正式启动股权分置改革试点工作。证监会没有提供具体的实施方案，而是要求在“有利于市场的稳定和发展，切实保护投资者特别是公众投资者的合法权益”的前提下，由上市公司流通股东和非流通股东协商确定具体的解决方案，流通股东对方案拥有否决权。政府希望通过这种试点找到为市场各方所能接受的方案，然后推广，从而解决困扰股市多年的上市公司股票不能全部流通的股权分置问题。目前已有一些公司公布了全流通的改革方案，虽然这些方案还不是很被市场认可，但是全流通问题实际就是利益的补偿问题，因此我们认为通过不断的市场选择，应该是可以比较顺利解决的。由于全流通问题的解决将使中国国内股市逐步成为一个正常的市场，对市场的各参与方都非常有利(表 1-13)。

表 1-13　上市公司改革的步骤和条件

步骤	主要条件
公司确定	证监会根据上市公司股东改革意向和保荐机构推荐，协商确定
方案制订	试点上市公司董事会应当聘请保荐机构协助制订改革方案，并对相关事宜进行尽职调查。非流通股股份处置需经有关部门批准(如：国有股)，应当在临时股东大会召开前取得批准文件并公告
方案表决	①董事会就股权分置改革方案做出决议，提供股权分置解决方案 ②发布不少于三次召开临时股东大会的催告通知并为股东表决提供网络投票系统 ③独立董事应当向流通股股东就股权分置改革方案征集投票权 ④股权分置改革方案须经参加表决的股东所持表决权的 2/3 以上通过，并经参加表决的流通股股东所持表决权的 2/3 以上通过
分布流通	①试点上市公司非流通股股东应承诺，其持有的非流通股自获得上市流通权之日起，至少在 12 个月内不上市交易或者转让 ②持有试点上市公司股份 5%以上的非流通股股东应当承诺，在前项承诺期期满后，通过交易所挂牌出售的股份数量占该公司股份总数的比例在 12 个月内不超过 5%，在 24 个月内，不超过 10% ③试点上市公司的非流通股股东，通过交易所挂牌出售的股份数量，达到该公司总股本 1%的，应当自该事实发生之日起两个工作日内做出公告，公告期间无需停止出售股份

为了进一步降低股市的炒作成分，提高市场的理性化程度，管理层希望二级市场的投资者主体能够是基金和保险资金等机构投资者，为此管理层出台了投资基金法，降低了基金管理公司的设立标准，并允许商业银行设立基金公司，而且还开放了企业年金(补充养老基金)、商业保险资金、社会保障基金投资股票的限制，并发行了 LOF 和 ETF 等国内市场原来没有的基金品种。随着这些政策的实施，国内市场的机构投资者比重必将进一步提高(表 1-14)。

二、两次危机后的改革：大萧条后的罗斯福新政，石油危机后日本 1974 年改革

1929～1933 年的美国经济有多差，我就不繁述了。罗斯福的新政应该是当时影响力最大、涉及面最广的刺激措施。之前的胡佛总统更加倾向老的自由主义经济的政策，政府只能对经济有限干预，尽管当时的经济学家已经开始向更为行动主义和干预主义的方向运动，不过等罗斯福上台以后，这场声势才变得浩大。

表 1-14　相关基金投资股票的法规

时间	法规	简要内容
2004 年 4 月	企业年金基金管理试行办法	①企业年金基金，是指企业按年金计划筹集的资金及其收益形成的企业补充养老保险基金； ②年金投资范围，限于银行存款、国债和其他具有良好流动性的期债券回购、金融债和企业债、可转换债、投资性保险产品、证券投资基金和股票等； ③注册资本、净资产不少于 10 亿元的综合类证券公司，注册资本、净资产不少于 1 亿元的基金管理公司，且近 3 年没有重大违法违规行为可以申请成为投资管理人
2004 年 6 月	证券投资基金法正式实施	①基金管理人由证券监管机构核准的基金管理公司担任； ②基金管理公司注册资本不低于 1 亿元人民币货币资本，主要股东具有从事金融资产管理的较好的经营业绩和良好的社会信誉，最近 3 年没有违法记录，注册资本不低于 3 亿元人民币； ③募集的基金份额不低于两亿元人民币，存续期限须在 5 年以上，持有人不少于 1000 人的可以上市交易
2004 年 8 月	保险公司获准投资可转债	①允许保险公司投资可转债，计入企业债券投资余额内，合计不得超过保险公司上月总资产的 20%； ②投资可转债暂不得转换成股票，转换方法另行规定
2004 年 10 月	保险机构投资者股票投资管理暂行办法	①偿付能力额度符合中国保监会的有关规定，内部管理制度和风险控制制度符合规定，最近 3 年无重大违法、违规投资记录的保险公司也委托保险资产管理公司投资股票和可转债，设有独立的交易部门和相关风险控制系统的也可直接投资股票和可转债； ②投资联结保险股票投资的比例可以为 100%，万能寿险投资股票的比例不超过 80%，其他保险产品投资股票的比例，不得超过中国保监会的规定
2005 年 2 月	商业银行设立基金管理公司试点管理办法	①国有商业银行和股份制商业银行可以申请投资基金管理公司； ②可以募集和管理货币市场基金和债券型基金，投资固定收益类证券，也可以募集和管理其他类型的基金； ③银监会审查商业银行投资基金管理公司的资格； ④证监会按照《证券投资基金管理公司管理办法》进行审批

从 2005 年 5 月底到 6 月 20 日管理层出台政策列表(表 1-15)：

罗斯福新政(关于大萧条和新政的书众多，这里不再推荐，一些新政前后变化的社会数据，可以参考《大转型时代》)影响力大、涉及面广，新政措施具体分为四个项目。

(1)整顿银行与金融业。主要措施有下令银行暂时休业整顿，逐步恢复银行信用；放弃金本位制；实行美元贬值；投资银行与商业银行分业经营；建立联邦储蓄保险公司；扩大联邦储备委员会(中央银行)的权力；管制证券业。国家公布的法令有《紧急银行救济法》、《联邦证券法》、《银行存款保险法》和新的银行法等。

历史评价是：罗斯福整顿银行与金融业的措施，很快起到了恢复银行信用的作用，促进了金融体系的正常运作，为工农业生产的恢复提供了前提保证。

(2)调整农业。主要措施有成立农业调查局；减耕；政府为农业提供补贴；调整农产品结构；提高并稳定农产品价格；保护土壤。调整农业政策的目的是摆脱农业危机，缓和农民

表 1-15

时间	发布政策及事件	影响简评
2005 年 5 月 31 日	证监会、国资委联合发布《关于做好股权分置改革试点工作的意见》。《意见》共有十条，其中要求大中型上市公司特别是国有控股上市公司积极进行股权分置改革	以证监会、国资委联合发文的形式，发动市场各方力量参与股权分置改革，力促改革成功，解除制度性障碍
2005 年 6 月 7 日	证监会发布《上市公司回购社会公众股份管理办法(试行)》(征求意见稿)	使上市公司的利益与流通股股东相一致，上市公司更关心二级市场价格
2005 年 6 月 9 日	证监会正式发布《关于基金管理公司运用固有资金进行基金投资事项的通知》。允许基金管理公司将其固有资金投资于证券投资基金	使基金公司的切身利益与业绩表现相挂钩，对于保护基金持有人利益有着深远的意义
2005 年 6 月 13 日	中国人民银行表示，拟对申银万国证券、华安证券公司给予再贷款支持	有利于券商走出眼下困境，后期央行的援助步伐还会加快，更多券商将获得央行再贷款支持
2005 年 6 月 13 日	证券会发布《关于实施股权分置改革的上市公司的控股股东增持社会公众股份有关问题的通知》(征求意见稿)	股份分置改革公司的大股东可增持流通股，避免了二级股价的非理性波动，维护了投资者利益及上市公司形象
2005 年 6 月 13 日	财政部、国家税务总局联合下发通知，对个人投资者从上市公司取得的股息红利所得，暂减按 50%计入个人应纳税所得额。另外，对于股份分置改革过程中因非流通股股东向流通股股东支付对价而发生的股权转让，暂免征收印花税；支付的股份、现金等收入，暂免征收流通股股东应缴纳的企业所得税和个人所得税	又出让利政策，增强了社会投资者的持股信心，给予股权分置改革必要的宽松环境 在周一中午休市期间出台该政策，令市场浮想联翩，侧面表明了管理层扶持市场的决心
2005 年 6 月 14 日	为配合股权分置改革试点，上交所发布《上海证券交易所权证业务管理暂行办法》	权证具有活跃市场、控制风险等特性，同时也为解决股权分置问题提供了一个良好的金融工具
2005 年 6 月 15 日	经国务院批准，中央汇金公司拟出资对银河证券进行重组，以便将银河证券建设成为资本充足、运营安全、服务和效益良好的现代金融企业	选择银河证券这样有代表性的公司给予扶持，是国家发展资本市场、扶持证券公司做大做强的具体体现，为解决股权分置问题营造稳定的市场环境，同时可以极大地恢复投资者对中国证券市场的信心

续表

时间	发布政策及事件	影响简评
2005 年 6 月 17 日	证监会发布《上市公司回购社会公众股份管理办法(试行)》和《关于上市公司控股股东在股权分置改革后增持社会公众股份有关问题的通知》	回购与增持社会公众股同时开闸，使流通股含权值提高，有利于控股股东与中小股东在价值取向上趋于一致
2005 年 6 月 18 日	国资委发布《关于国有控股上市公司股权分置改革的指导意见》，要求各级国有资产监督管理机构要从改革全局出发，积极支持股权分置改革工作，并要求各上市公司应确定股改后国有股股东在上市公司中的最低持股比例	促使改革的深入，并令市场对未来扩容压力的预期大为减轻
2005 年 6 月 20 日	证监会公布第二批股权分置改革试点上市公司名单，包括宝钢股份、长江电力、10 家中小企业等在内的 42 家上市公司入选	这意味着股权分置改革将全面提速

的斗争。调整农业生产的中心措施是公布《农业调整法》，通过政府的奖励和津贴，以缩减耕地面积和农产品产量，从而提高农产品价格和农场主收入。

(3)复兴工业。主要措施有制订了包括工资、工时、禁止童工及保障工会谈判集体合同权利条款的行业公平竞争法规，要求工业各行业遵守；管制公用事业控制股公司；加强对通讯和海、陆、空运输的管制。国家复兴工业的中心法令是 1933 年 6 月 16 日国会通过的《国家工业复兴法》，以蓝鹰为标志，其执行机构是新建的国家复兴署。接受这一法令的企业可以免除根据反托拉斯法而被起诉，其产品则贴上“蓝鹰”标志，目的是加强国家对工业的计划与指导。

(4)社会救济与公共工程。主要措施有建立联邦紧急救济署、工程进展署、公共工程局等机构；发放紧急救济金；推行“以工代赈”；兴办筑路、市政、水利、军用设施及田纳西河流域改造等公共工程；为老年人、残疾人、失业者和儿童提供社会保障。

罗斯福新政大体分为两个阶段：1933～1935 年为第一阶段，此阶段着重调整与复兴经济，以历时 100 天(1933 年 3 月 9 日至 6 月 16 日)的美国第 73 届国会特别会议为其先导，这届国会通过了一系列“反危机”法令，其中包括新政的两大支柱——《国家工业复兴法》和《农业调整法》；1935～1939 年为第二阶段，此阶段着重改革，1935～1936 年，反对和支持新政的斗争激化，上述两个法令因被美国最高法院先后宣布为违反宪法而被废止，新政转入后期。罗斯福政府相应地通过了一些替代性的法令和其他新法令，继续推行新政，一直到第二次世界大战前夕，实施救济则贯穿新政的全过程。

罗斯福新政期间，道指表现显示资本市场对新政非常认可。1929 年中期道指持续上升逼近 400 点，1929 年的经济情况应该是不错的，不过经济在 1930 年就差了不少，市场在 1929 年 3 季度以后开始逐步反映不好的情况。1929 年 8 月的最后一周市场见到最高点 380 点，9 月份开始下跌，一个月跌去 10%。10 月份以后市场开始加速下跌，基本上是每周都跌 10%，10 月 24 日是著名的黑色星期四。11 月 23 日，市场终于见底，开始出现反弹，这轮下跌时间较短，但是幅度不小，从380点下跌到了228点，跌幅40%。这应该是一轮提前反映经济的暴跌。1930年4月，股市正式拉开了大萧条的序幕，工业产值在1930年出现了比1929年的大幅下滑，从此更是连续3年下降。市场从1930年4月开始下跌，一直到1932年7月市场先于经济见底。对于政府对经济的刺激，1933年3～7月市场给予了非常正面的反映，道指从53点反弹到了105点。1935年的大反转是道琼斯指数历史上走势最强的年份之一(图1-21)。

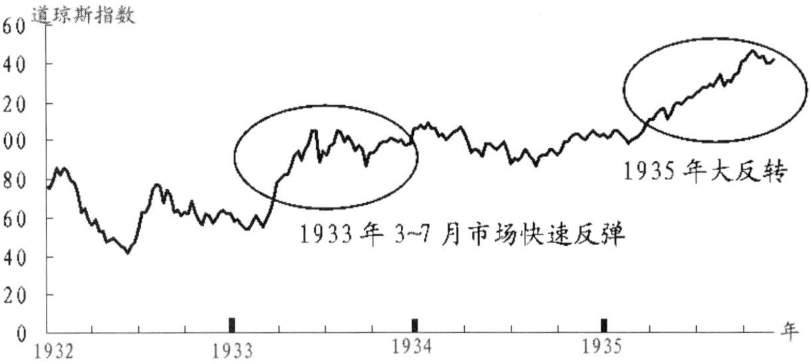

图1-21　罗斯福新政期间，市场出现快速反弹

日本在20世纪70年代采取的政策变迁对中国目前，以及未来的政策改革取向颇具指导和借鉴意义。大约在20世纪50年代中期，日本经济达到战前水平，经济真正复兴实际上始于1955年，此后日本开始了为期20年的高速经济增长时期。1956～1973年日本实际GNP平均增速达到10.2%，GDP平均增速9.25%，远超同期西方主要发达国家，与中国1990～2007年GDP平均10%的增速相仿。“日本奇迹”使日本的经济水平和生活水平得到极大改善的同时，也带来了一系列问题，1970年后问题变得更为严重，集中表现在：

(1)部门发展不平衡。重化工业发展迅速，农业和小企业发展滞后，由于落后部门的生产率低下，消费价格开始攀升。

(2)城市化问题。与20世纪50年代末期快速经济增长相适应，人口开始向大城市集中，东京、大阪和名古屋三个大城市居住了44%的日本人口，造成许多城市问题，如塞车、市郊火车拥挤、土地价格上涨、住房严重短缺、污染等。

(3)环境污染。由于重化工业的快速发展，日本开始出现日益严重的工业污染和环境破坏，如因污染导致的水俣病、镉病和“四日哮喘”。

经历第一次石油危机后，除了采用货币和财政政策外，日本还积极进行制度建设，加快经济结构调整。

加强社保建设，节能环保，加快经济结构调整。1973～1975年间，日本财政支出最显著的变化是：转移支付比例逐步扩大，政府资本性支出稳中有降，说明石油危机后政府支出结构发生了显著变化，公共利益水平不断得以提升(图1-22)。20世纪70年代日本社会保险和福利服务支出大幅上涨，出现的根本原因在于1975年左右终止增长导向型政策和1973年确立的“福利国家”政策(图1-23)。

社会保障体系建设。20世纪60年代，日本建立了独立于社会援助体系以外的，包括全

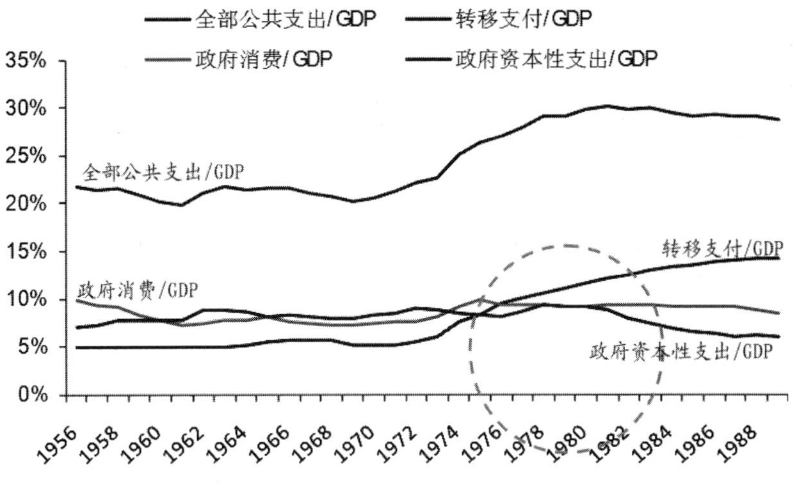

图 1-22 日本一般性政府支出占 GDP 比例变化趋势图

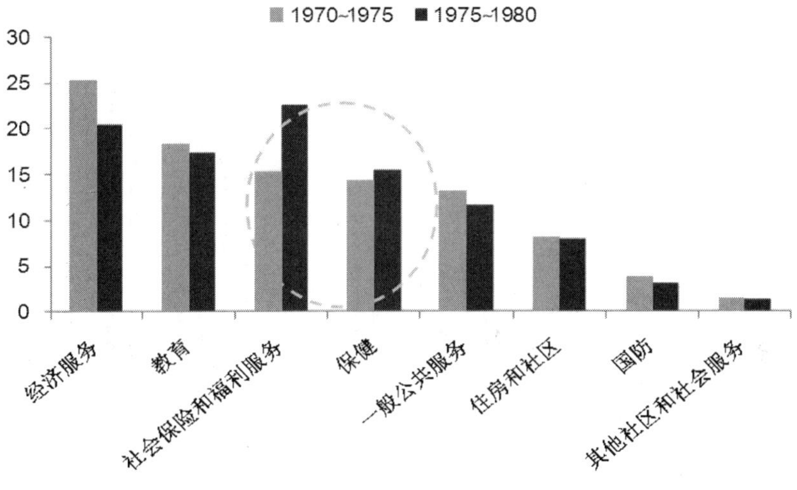

图 1-23 社会保险和福利服务、保健支出增加

体社会成员在内的医疗保险和养老金体系。1973 年，整个社会保障体系有了实质性提高(图 1-24)，至此，日本的社会保障体系被认为已和西方国家相提并论，因此人们常称 1973 年为“福利国家的新年”(图 1-25 和图 1-26)。

日本社会保障支出的主要财政来源是社会保障缴款，而不是税收，其构成大致分为三部分:①雇员出资;②雇主出资;③来自税收收入的国家补助。这在相当程度上减轻了财政负担。

节能减排，经济结构调整。日本在节能方面自 1973 年以来一直进行不懈的努力，通过实施“先导产品制度”等措施，设备的耗能控制技术得到了大幅度的提升，众多的节能产品不断推向市场。通过实行各类节能政策，日本的单位 GDP 的一次能源消耗量为全球最低(图 1-27)。

日本在推动节能环保事业的发展上有三大要点：健全并切实贯彻节能法律法规，完善有利于节能的基础设施、积极开展启发普及活动，制定合理的能源价格。本着的应对策略是：经济结构调整、增加能源效率和实施有效的能源政策。

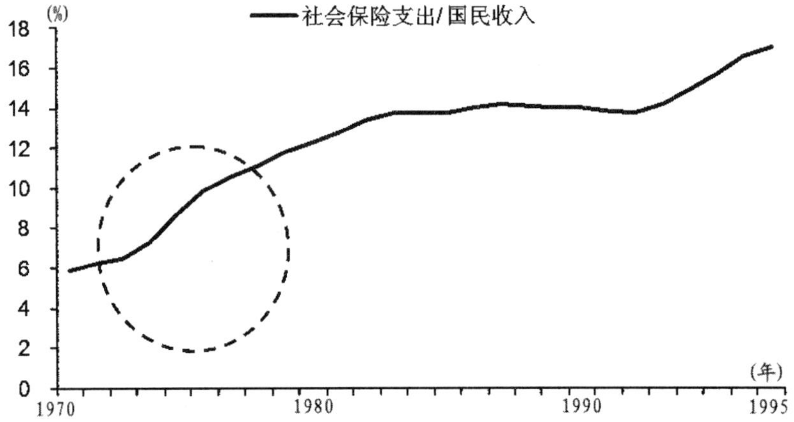

图 1-24　社会保险支出占国民收入比例

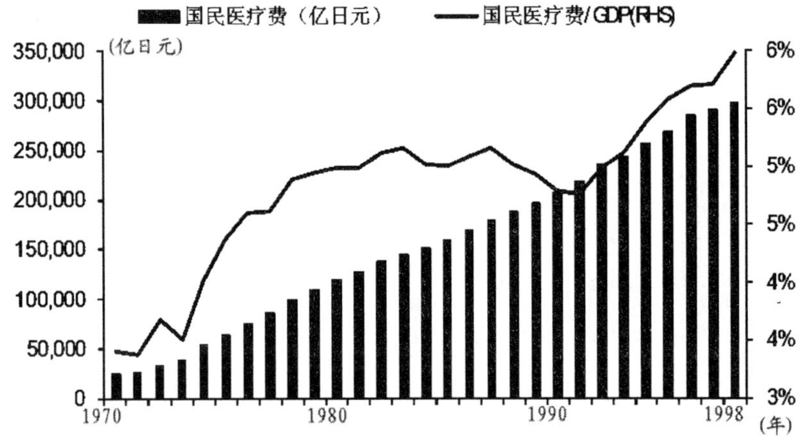

图 1-25　国民健康支出 20 世纪 70 年代上涨 4.8 倍

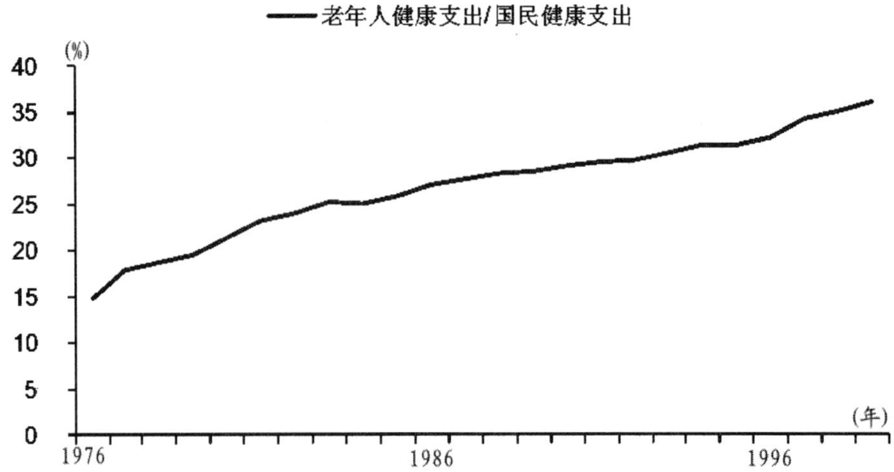

图 1-26　伴随人口老龄化，老年人健康支出占比不断扩大

善于反省的日本人在1974年度的《环境白皮书》中有以下这样一段表述：“通过此次石油危机，完全依赖于海外石油供给的我国亲身体验到必须采取一切努力实现能源的有效利用——今后我国应该努力的方向就是实现无公害和节能的经济结构，在环境保护的前提下将能源的有效利用渗透到国民经济的每一个角落，以少量的能源消耗实现高度的经济社会”。以此为指导，日本完成了从“贸易立国”到“技术立国”的经济发展阶段转型。单位GDP能耗大幅下降，CPI与石油价格指数关联度也下降(图1-28)。

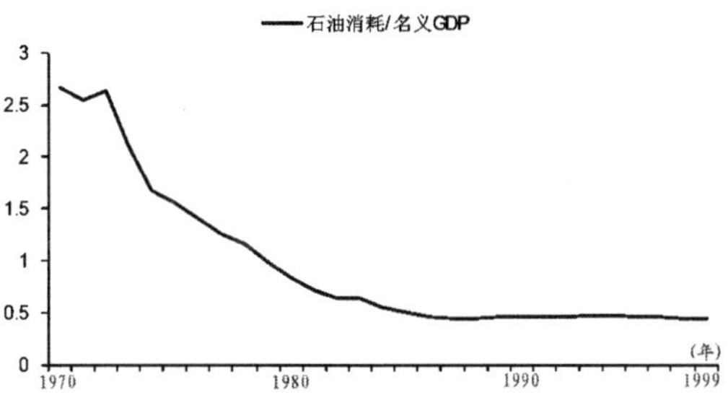

图1-27　日本能耗占GDP比例不断下降

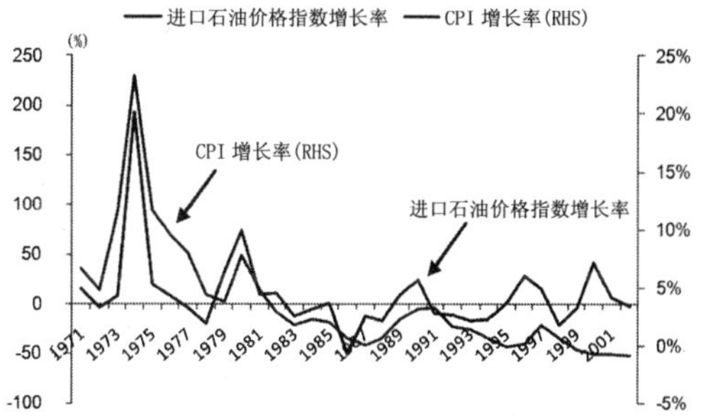

图1-28　日本CPI与油价关联度下降，第二次石油危机影响甚微

结果，日本20世纪70年代中到90年代的20年间，经济增长达到122%，硫化物排放减少82%，氮化物排放减少21%，日本工业竞争力总体上并没有受损，一些部门还从中受益(如汽车工业和污染控制设备部门)，在经合组织中表现最好。

资本市场对此进行非常正面的回馈，当时，美国股市仍然横盘震荡，但日本股市20世纪70年代中期以后走出了持续的大牛市(图1-29)，直到1990年泡沫破灭。

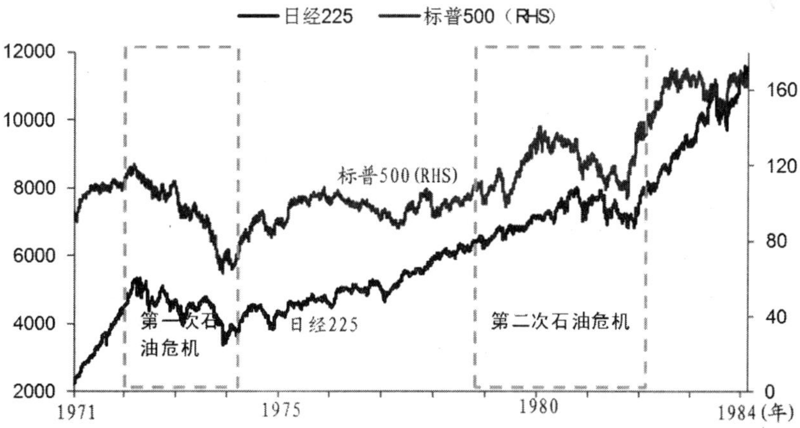

图1-29　日美股市对比(1970～1984年)

从日本20世纪70年代的经验，中国可以借鉴很多。实践证明改革开放以来，中国政府主导的制度变迁取得了重大成果。但是，片面追求增长的做法，已经遭遇巨大挑战，主要体现在：

(1)虽然能源消耗增速已经快速下降，但资源瓶颈日益突出，生态环境破坏严重。2005年以来，一系列节能减排措施使得中国能源消耗增速大幅降低(表1-16)。但是，问题依然严峻。

表 1-16　2008 年我国资源消耗量占世界总消耗量的比重(%)

原油	天然气	原煤	钢铁	氧化铝	水泥
9.5	2.7	42.5	38.4	36	50

2007 年，中国 GDP 约占世界 GDP 总量的 6%，而主要资源消耗远远超过上述 GDP 比例。同时，中国环境破坏严重，每年因城市大气污染而造成的呼吸系统门诊病例 35 万人，急诊病例 680 万人；大气污染造成的环境与健康损失占中国 GDP 的 7%；全国超过 2/3 的河流被污染；沙漠离北京越来越近；黄河和长江流域的土壤不断流失。在山西，一个以煤炭采掘为主的省份，环境恶化引发的冲突不亚于一场“环境战”。很多环境退化，如沙漠化、水土流失和地下水的污染，并不是暂时的，而是永久性的。资源和环境瓶颈已成为中国进一步发展的主要阻力。

(2)产业结构失衡，服务业发展相对滞后，增大就业难度(图 1-30)。

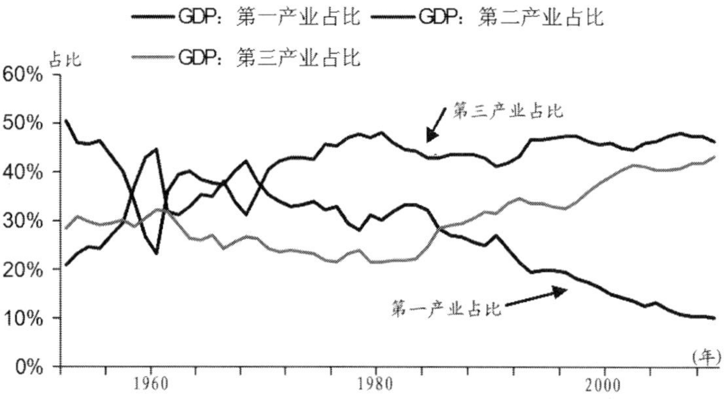

图 1-30　中国第一、二、三产业占比变化

(3)经济结构失衡，居民消费占比过低(图 1-31)。中国居民消费占比过低(比印度还低)，这使得中国经济波动往往十分剧烈，这和国民收入中劳动者收入占比下降密不可分。中国消费增速较为平稳的症结在于：一是收入分配不均。中国基尼系数达到 0.46，属于收入分配非常不均的阶段。据统计，我国城市人口中 20%属于高收入者，他们拥有金融资产(不包括房地产)的 66.4%，而 20%的低收入者只拥有 1.3%的金融资产，中国城市中 3 亿人的零售品消费总额是剩余 10 亿人消费总额的 2.2 倍(图 1-32)。二是支出以及支出预期很大。不仅是医疗、教育等支出，更重要的是城镇房地产价格居高不下，高昂的购房费用并不计入居民消费，这也极大地抑制了消费热情。

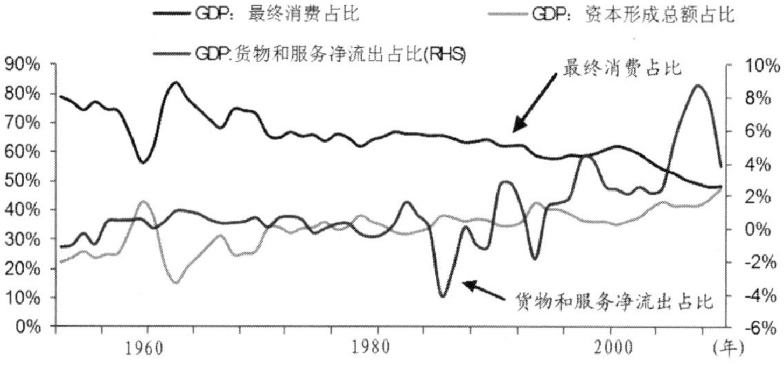

图 1-31　居民消费占比不断下降，投资占比不断上升

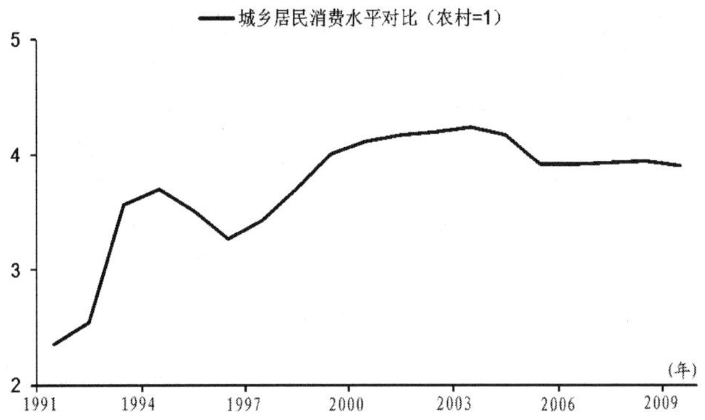

图 1-32 城乡居民消费水平对比

(4)收入结构失衡，贫富差距扩大，不仅体现在城乡、地区差异扩大，而且城镇居民之间收入差距也很大。

中央政府对此有充分认识，也希望通过“科学发展”和“和谐社会”来改变以经济增长单一目标的增长模式为关注人类发展各方面的多目标发展模式。尽管取得一些成果，不过，政府体制执行动力并不足，或许，只有“危机”推动，政府在执行新发展观上才会有根本性的改变。

对制度变迁感兴趣的读者可以进一步参考以下资料：

诺思的制度经济学三部曲均值得阅读，非常经典：《经济史中的结构与变迁》、《制度、制度变迁与经济绩效》、《西方世界的兴起》。

关于中国的三本书值得阅读：《伟大的中国经济转型》、《激荡三十年》、《中国历代政治得失》。

其中《伟大的中国经济转型》是 45 位中国经济专家从 20 个不同领域展示了中国如何将政治制度、产业发展、全球化、区域资源配置和局部改革等错综复杂的因素结合起来，解释中国高速经济增长和制度缺陷并存的原因；揭示制度因素是中国高速经济增长的起因，并将促使增长不断拓展；深入剖析中国制造业实力和科研实力的崛起以及它们的发展现状；探讨中国财政、司法和金融机构等方面的发展成果和不足之处。

《激荡三十年》是从微观的角度研究中国过去 30 年的企业史。和作者另外一本书《大败局》相比，本书采用了编年体的叙述方式，顺序是国际国内宏观环境——多个企业在本年的经历。用简洁的语言穿插评论，表达了作者对社会变革的深刻思考。

《中国历代政治得失》是钱穆的代表作，该书完整地揭示了中国的政府组织、考试、赋税和兵役制度如何与当时的社会环境相配合，并逐渐演化的过程。

本章其他值得阅读的书有：

《枪炮、病菌与钢铁》、《崩溃——人类社会如何选择兴亡成败》。同一个作者的两本书，前者讲述了地理环境对人类获取粮食和组织社会结构的决定性作用，从而影响了文明发展的进程。后者讲述了当历史上的人类社会遭遇到赖以生存的环境崩溃之时，是如何做出努力，成功(或失败)地扭转这种趋势。

《探索经济繁荣》，该书是一些知名经济学家从比较制度方面探讨不同国家经济增长崩溃的主要成因，由于经济金融已然够复杂，再加上人文、制度、宗教、种族、历史等等因素，让人感觉，即使学识再丰富、再博学也有盲人摸象的感觉。

《下一轮全球趋势》，在这本书中，美国商务部前副部长罗伯特•夏皮罗为我们展望了三股力量——全球化、人口老龄化及美国作为单一超级强权的迅速崛起——造成的具有非凡意义的重大变化。

《社会变迁》，社会学的经典著作，但指望从一本书就能读懂社会变迁则不太可能，只能了解基本概念和基本驱动因素。

《制高点——重建现代世界的政府与市场之争》，它的主题是政府和市场之间的适宜边界，研究背景是20世纪80年代初全球社会转型的一本书。不过本书满足于对现象的描绘，缺乏对事物本质的分析，作者过多地强调了市场的优点，而对市场带来的问题语焉不详。

《经济增长(韦尔)》，算是探索经济增长驱动因素的一本不算难并且非常经典的书。

《后资本主义社会》，德鲁克在本书中展示了他对于社会、政治未来演化方向的分析逻辑，核心是知识成为一种最为重要的生产因素，并且被用于知识的生产。正是在这个逻辑的基础之上，德鲁克才发展出他对于管理的理论。本书对当前世界正在发生的主要变化进行了透彻与深刻的分析，展现了这些变化将如何影响社会、经济、企业和政治。同时，这些分析也解释了我们如何从一个基于资本、土地和劳动力的社会，转向一个以知识作为主要资源、以组织作为基本结构的社会。德鲁克的其他书也值得阅读。

本章认为，人口、技术创新和制度变革是社会发展的主要动力，是资本市场的中长期趋势性背景。本章的概念和下一章的“周期背景”概念是策略投资者必须思考的两个大局观。

第二章　周期与级别:长度与幅度

宏观策略投资应用在股市中有两个功用，一个是试图去把握周期，也就是辨别趋势与拐点，从而决定资产配置；另外一个是从宏观各变量中抽象出中长期的投资机会，大的机会一定是和人口、技术与制度变革有关(见第一章)，较次级别的机会可以从投资主题中去寻觅(见第十二章)。

投资者可能会产生疑问，周期拐点能够确定吗？可以。就像卢克斯在《华尔街五十年》的第二章——如何利用周期在华尔街赚钱——的开始部分写到：

> “在华尔街，如果不是老到了一只脚已经踩到坟墓之时，很少有人能够积累起获取成功所需的足够经验。随着年华流逝，在老来之期，那些经验丰富的华尔街老投资家们，大部分的时间总是在舒适的家中歇息，而当萧条恐慌到来之时(实际上恐慌发生的间隔有时甚至不到一年)，这些年迈但经验丰富的老投资家们就会经常出现在华尔街上，颤颤巍巍地拄着他们的拐杖，蹒跚着进出于其经纪人的办公室。那时，他们通常不惜倾囊而出，将自己的全部银行存款投注于购买好股票，让当初专门为应对这种关键之需而攒的这些钱总算有了用武之地。
>
> “当这些股票已经买够，并且足以让他们大捞一笔时，这种大恐慌的肆虐也就会慢慢停息下来。而当恐慌慢慢停息之后，那些老人们会根据自己的直觉判断，预期到经济生活将会出现季节交替似的周期性变更，意识到这一点后，他们就会先购买有升值前景的房地产做长期投资，而将利润及其剩余都存往银行，然后在接下来的一个周期又退隐起来，赋闲于豪宅之中，安详平静生活，坐拥家庭幸福。
>
> “这些年长的投资先知们于家中与华尔街之间的周期性进出，实际上构成其时代的一种投资信号，年轻者只要有耐心去观察，就一定能够挺过这段特殊时期大赚一笔，这比起时时都亦步亦趋地盲从于那些职业‘消息者’们并不可靠的‘秘密消息’获利更多。
>
> “……在恐慌来临的雨夜，他们肯定会像幽灵般出现(而买入)，(而他们的卖出)就像下雨之前，蜘蛛们总是蹑手蹑脚，悄无声息地结网一样。”

但是拐点能够精确确定吗？不能，只能模糊的确定。就像巴菲特所说的，宁要模糊的正确，也不要精确的错误。并且，巴菲特还说过：一个视力平平的人为什么要在干草堆里找绣花针呢？关于周期的书汗牛充栋，很多都是试图去精确化，但是历史还是证明巴菲特的话最正确。

因此周期的重要性在于：在一个模糊的但是可确定的底部区域买入，在一个模糊的但是可确定的顶部区域卖出，能带来巨大的收益。特别是在一个只有传统的水平经济周期，而没有创新向上的经济周期的背景下，周期具有最重要的意义。

我们首先需要了解的是存在哪些周期以及哪些周期对于中国证券市场更为重要，然后我们需要了解级别与投资的时间性。

第一节 周 期

《圣经》的《传道书》中第一章第九节说："已有的事，后必再有。已行的事，后必再行。日光之下并无新事。"所以一旦了解了周期，做起投资就会容易。

事物运行是存在周期的。不仅在经济领域，在非经济领域也存在，行业层面也存在。比如 1938 年，挪威教授恩纳森发表的论文《挪威造船业的再投资周期及其证明》。他观察到了挪威造船业存在一个明显的 5 年周期，其巅峰年份分别是：1884 年、1890 年、1895 年、1899 年、1906 年、1912 年、1916 年、1920 年、1925 年、1929 年。

房地产也是有周期的，其中房地产数据最完整的国家是英国，英国的房地产周期平均是 18 年，包含期中衰退和重大衰退两种衰退(表 2-1)。

表 2.1 英国房地产周期

重大衰退	期中衰退
1776	1785
1794	1803
1812	1821
1830	1839
1848	1857
1866	1875
1884	1893
1902	1911
1920	1929
1938	1947
1956	1965
1974	1983
1992	2001

由于房地产周期是如此之长，以致其繁荣季让生活在房地产周期下的投资者忘记了周期的另一面，最终教训会很深刻。因此建议阅读英国人哈里森写的《2010 泡沫破碎》一书，该书剖析了房地产市场的不稳定性及其背后的原因。

在《下一轮经济周期》中，丹特还研究了一些长周期，比如认为存在 5000 年的文明周期、2500 年的帝国周期、500 年的创新大周期、250 年的革命周期、80 年的人口和技术周期、29～30 年的大宗商品周期、16～18 年的地缘政治周期、10 年的投资周期、4 年的政治周期以及一年的股市周期(五月卖股票，十月买股票)。

实际上，超过百年的周期数据样本过少，有文字记载的文明也就存在了 5000 年，在目前状况下，我们无法证实。

但是长周期又非常有用，特别是资本市场本身也具有长周期性质。比如原来所罗门兄弟的宏观分析师亨利•考夫曼就以预测利率“准”而著称，一方面他出自美联储，或许有些内幕消息，更重要的是，他说(见《悲观博士考夫曼论利率和市场》一书)利率是有周期的，他不能预测利率涨多少跌多少(也就是说幅度)，因为周期的空间难以把握，但是把握周期长度则容易，并且在某个周期利率的趋势是涨是跌也很容易把握。

股票市场也有长周期特征，比如 PIMCO 的格罗斯研究了从 1871 以年来美国股市的市盈率走势图(图 2-1)，认为市盈率的扩张和收缩具有长周期性，市盈率在持续扩张 20 年左右，然后会收缩十几年。因此看来，投资股市是有时代特征的，在假定投资技巧相同的情况下，如果一个投资者在市盈率扩张的 20 多年里投资股票，他获得的收益可能远远比一个投资者在市盈率收缩的十几年里投资股票获得的收益高很多。这种市盈率的周期性变动一方面具有周期自我预期加强的特征，另一方面可能受到宏观背景、企业盈利和利率周期的影响。

比如，长期利率下降的长周期往往对应股市市盈率扩张的长周期，长期利率上升的长周期往往对应股市市盈率收缩的长周期(图 2-2 和图 2-3)。

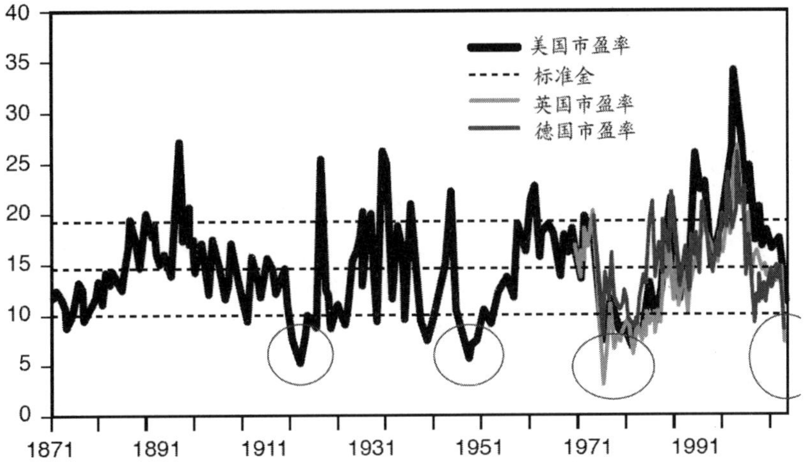

图 2-1　1871 年以来美国股市市盈率变化的长周期性

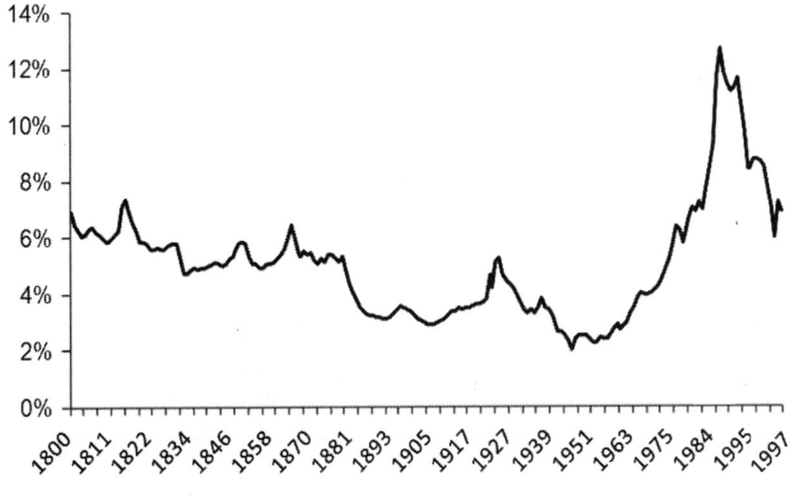

图 2-2　1800～1997 年美国长期国债利率的长周期性

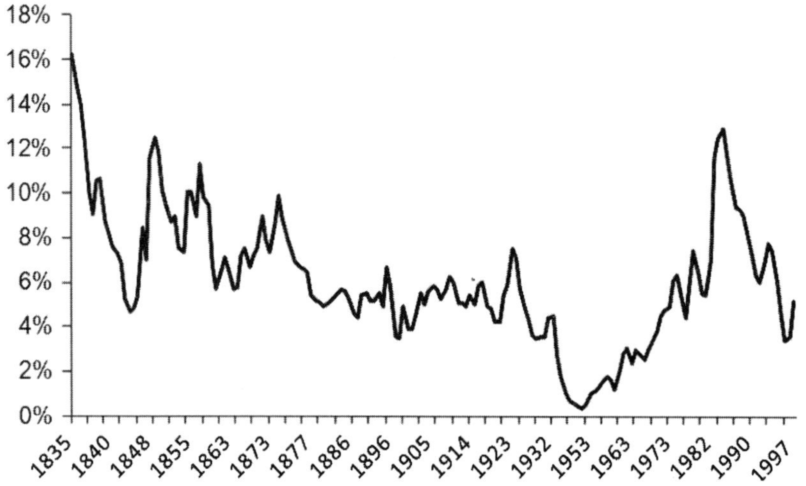

图 2-3　1835～1997 年美国短期利率的长周期性

另外，4 年的美国政治周期也是比较有意思的。很多研究均发现了美国股市确实具有的 4 年总统换届周期。我在 2009 年年初曾经写过，历史表明，技术从来不仅是生产力：罗斯福利用当时最先进的广播媒介赢得了总统大选；肯尼迪也利用当时最先进的电视媒介赢得了总统大选；奥巴马利用当下互动性最强的网络媒体赢得了总统大选。这三位都是民主党人。我看到的统计是，在民主党总统执政期间，表现最好的行业是科技、医药和工业；而在共和党执政期间，表现最好的行业分别是能源、原材料和耐用消费品。看来，在执政党总统更换后，我们特别需要注意未来主流投资板块的变化。

另外一个有意思的统计是，尽管确实存在总统换届周期，但是从大萧条以来，民主党总统上台后的股市表现要优于共和党总统任期的表现(图 2-4 和图 2-5)。从政治周期来看，股市应该是向上的，但是从经济周期来看，股市好像还没有机会。当两个周期相碰撞，我们更相信政治周期。

另外，畜产品价格也有周期，这可以用蛛网模型解释，比如芝加哥商品交易所的生猪期货存在稳定的 3～4 年的猪周期(图 2-6)。

市场中最热衷研究的是经济周期。经济学家伯恩斯和米切尔给出的经济周期经典定义是——经济周期是总体经济活动呈现出的波动形态。一个经济周期包括很多经济活动大约同时发生的扩张，随后是相似的总体衰退、收缩和复苏，并逐渐形成下一个周期的扩张。这种

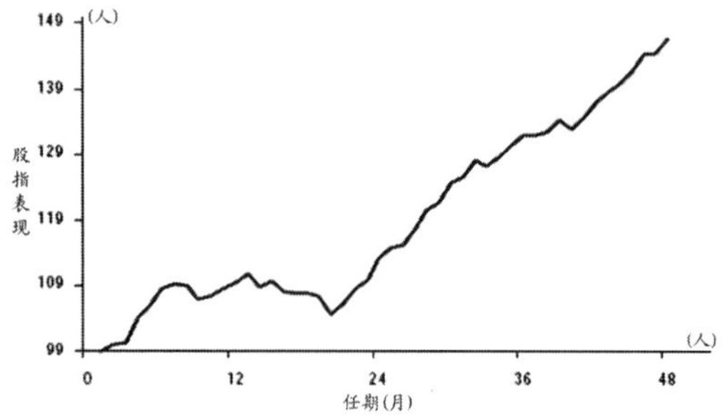

图 2-4　民主党总统上台后股市平均表现

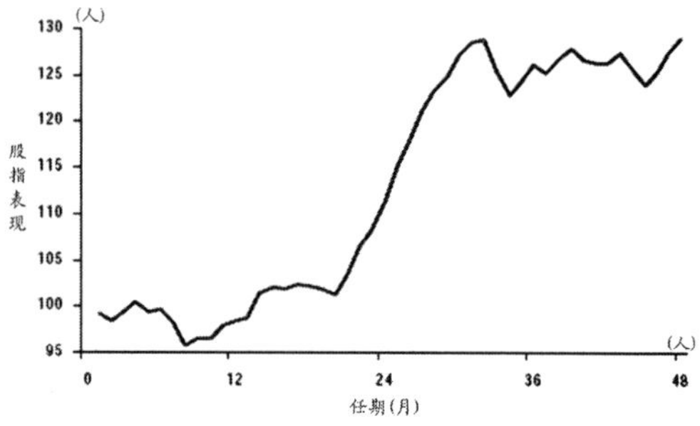

图 2-5　共和党总统上台后股市平均表现

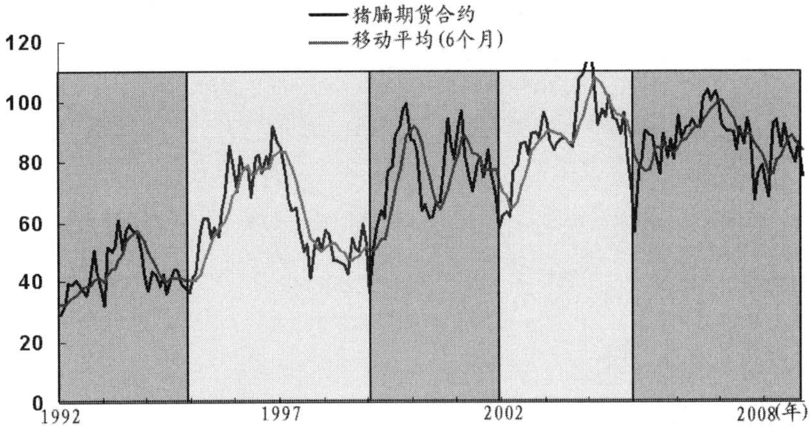

图 2-6 美国芝加哥商品交易所猪腩期货存在稳定的 3～4 年猪周期

周期性变化次序反复出现。

关于经济周期的成因，经济学家有大量争论，并且这个争论从 19 世纪就开始了。总的说来，有外部因素和内部因素两种理论。外部因素理论的主要特征，是认为经济周期的根源在于宏观经济之外的某些事物的冲击性波动，如太阳黑子或星象、战争、革命、政治事件、金矿的发现、人口和移民的增长、新疆域、新资源的发现、科学发明和技术进步等等；而内部因素理论的主要特征，是从宏观经济内部的某些因素，如投资、消费、储蓄、货币供给、利率等之间的相互制约和相互促进的机制来解释经济周期性波动。

我认为，每一轮、每一个级别的经济周期的起因可能未必一样，或者未必只有一种原因，这需要在当时的具体背景下深入研究。就如同毛泽东 1936 年 12 月在《中国革命战争的战略问题》一文中所说，“战争有其一般的规律，中国的革命战争也有中国革命战争的规律，但是具体到某一战争，仍然需要具体问题具体分析。”

无论任何经济周期，总是一种循环波动，指经济运行中周期性出现的经济扩张与经济紧缩交替更迭、循环往复的一种现象。过去把它分为繁荣、衰退、萧条和复苏四个阶段(图 2-7)，现在一般叫做衰退、谷底、扩张和顶峰四个阶段。判断经济周期好比判断经济活动的“大气候”变化，气候变化比日常天气变化的重要性要高一个级别。

自 19 世纪中叶以来，人们在探索经济周期问题时，根据各自掌握的资料提出了不同长度和类型的经济周期。一般来说，有四种类型经济周期值得关注：

1. 基钦周期：短周期

是 1923 年英国经济学家基钦提出的一种为期 3～5 年的经济周期。基钦认为经济周期实际上有主要周期与次要周期两种。主要周期为中周期，次要周期为 3～4 年一次的短周期。这种短周期就称基钦周期，也就是存货变化周期。

2. 朱格拉周期：中周期

是 1860 年法国经济学家朱格拉提出的一种为期 9～10 年的经济周期。该周期是以国民收入、失业率和大多数经济部门的生产、利润和价格的波动为标志加以划分的，也称为投资周期。

3. 康德拉季耶夫周期：长周期或长波

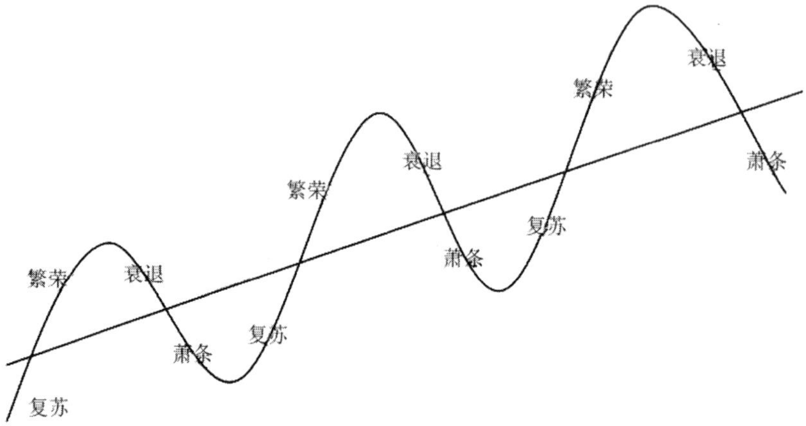

图 2-7　趋势向上的经济周期波动阶段

是 1926 年俄国经济学家康德拉季耶夫提出的一种为期 50～60 年的经济周期。该周期理论认为，从 18 世纪末期以后，经历了三个长周期。第一个长周期从 1789～1849 年，上升部分为 25 年，下降部分 35 年，共 60 年；第二个长周期从 1849～1896 年，上升部分为 24 年，下降部分为 23 年，共 47 年；第三个长周期从 1896 年起，上升部分为 24 年，1920 年以后进入下降期。

4. 库兹涅茨周期：另一种长周期

是 1930 年美国经济学家库兹涅茨提出的一种为期 15～25 年，平均长度为 20 年左右的经济周期。由于该周期主要是以建筑业的兴旺和衰落这一周期性波动现象为标志加以划分的，所以也被称为建筑周期。

在凯恩斯主义(政府干预经济合理化)盛行以后，朱格拉及其以上的长周期的变化，公众和政府往往没有很大兴趣关注，所有的注意力都集中于短周期上。因为政策制定者喜欢可以直接观察到的短期波动，而更高层次的潜在周期不是立即可以观察到的，因此就不会把它们作为政策制定的依据了，但实际上，长周期仍然非常活跃。

另外一个关于经济周期的观点是，所有的周期到底是独立的还是叠加合成的？我接受熊彼特的观点。1936 年，熊彼特以他的“创新理论”为基础，对各种周期理论进行了综合分析后提出，每一个长周期包括 6 个中周期，每一个中周期包括三个短周期(图 2-8)。短周期约为 40 个月，中周期约为 9～10 年，长周期为 48～60 年。他以重大的创新为标志，划分了三个长周期。第一个长周期从 18 世纪 80 年代到 1842 年，是“产业革命时期”；第二个长周期从 1842 年到 1897 年，是“蒸汽和钢铁时期”；第三个长周期从 1897 年以后，是“电气、化学和汽车时期”。在每个长周期中仍有中等创新所引起的波动，这就形成若干个中周期。在每个中周期中还有小创新所引起的波动，形成若干个短周期。

因此，如果接受经济周期划分为长、中、短三种并且同时作用，相互影响，那么，对目前的经济周期一种可能的判断是：2008 年下半年的中国经济衰退是长中短三种经济周期同时向下导致的，而 2009 年则是存货周期的反弹时期。

投资者关心的问题不仅在于经济周期及其叠加，还在于经济周期和股市走势是否一致？一般来说，经济周期和股市确实正相关联度很高，且股指领先经济周期(图 2-9 和图

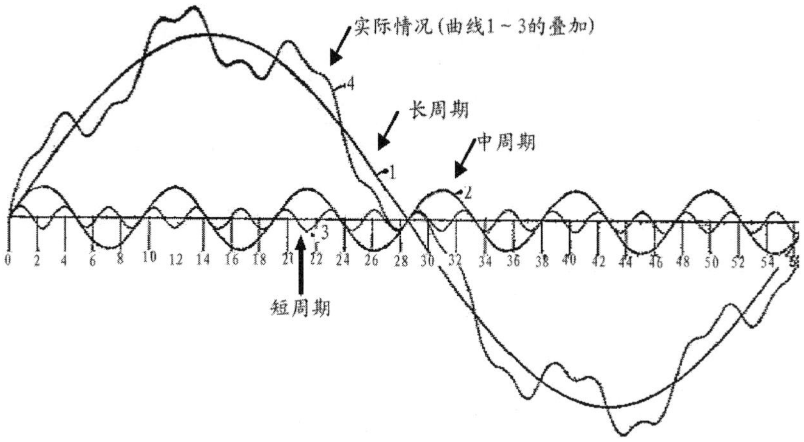

图 2-8　熊彼特认为周期相互叠加

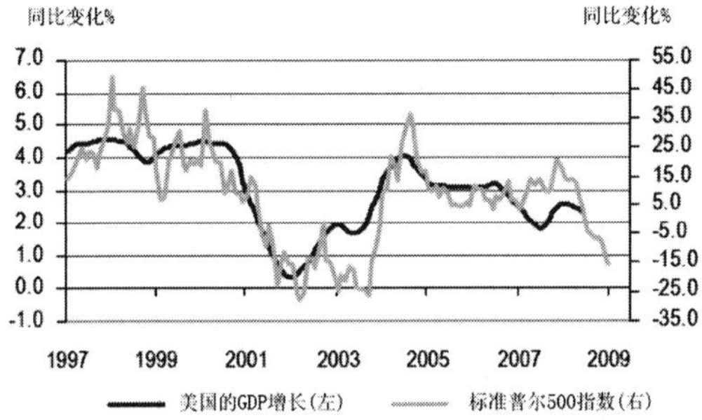

图 2-9　美国 GDP 增长和股指高度相关，且股指有领先作用

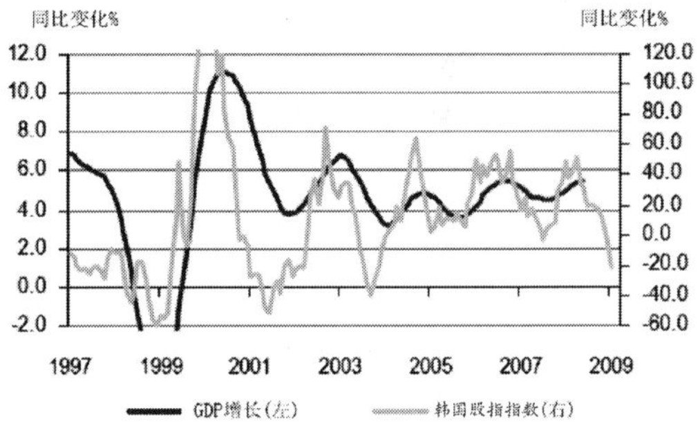

图 2-10　韩国 GDP 增长和股指的相关性较高

2-10)。

根据我们研究，一般情况下，股票市场在经济周期下会出现三次上涨机会(图2-11)：①经济由快速衰退向平稳衰退的转变；②经济触底后经济复苏；③经济由复苏步入繁荣阶段。每个确定性上涨阶段后，会面临调整压力：①前两个是牛市中的调整，后一个是进入熊市；②调整是否发生及其幅度，取决于下一轮周期和更高级别周期的运行

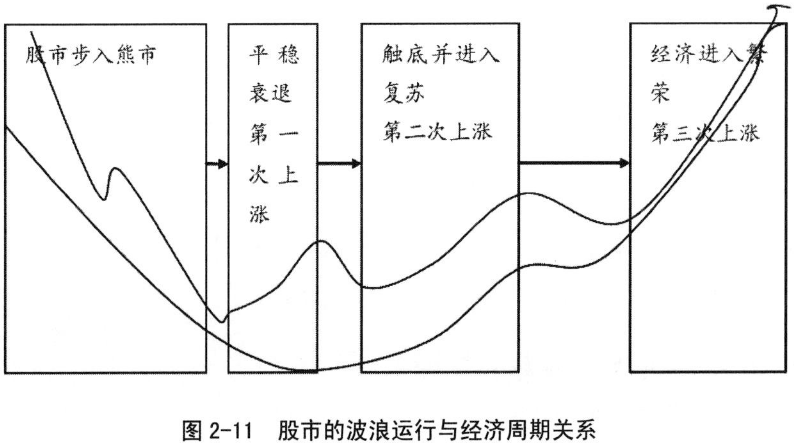

图 2-11　股市的波浪运行与经济周期关系

形态。

股票市场与经济周期互动的逻辑(图 2-12)体现在：在上涨阶段，①平稳衰退阶段上涨的逻辑。积极的政策评价是上涨的关键，政策评价直接改变了投资的过度恐慌，形成了一个转折点。特别是货币政策带来的流动性和财政政策带来的需求刺激。②触底走向复苏阶段上涨的逻辑。这个阶段的逻辑在于对经济未来增长模式和路径的思考，股票进入了战略配置期，这个思考开拓了估值空间。③繁荣阶段上涨的逻辑。通货膨胀下，价格、成本、利润和扩张构成的基本面的改善，如果繁荣阶段持续时间较长，必然产生一轮较大的牛市。

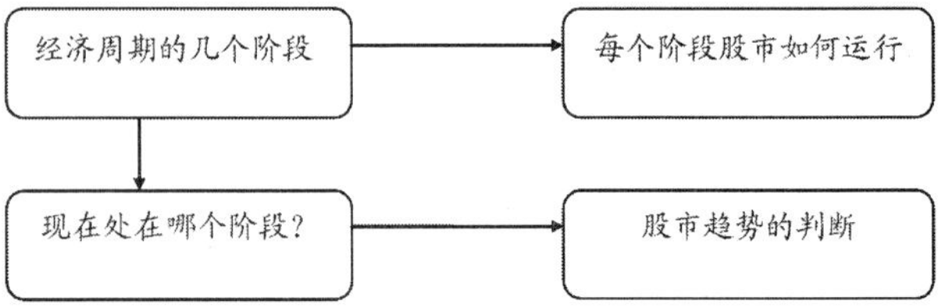

图 2-12　自上而下判断股市趋势的周期视角逻辑

在回调阶段，①平稳衰退阶段上涨后可能出现的回调。积极政策产生效果的时滞过长、经济体仍存在较大的负面因素冲击、外围经济的不稳定等。②触底走向复苏阶段上涨后可能出现回调。复苏阶段表现出基本面好坏因素的交替出现，乐观与悲观的预期交替出现，如果复苏阶段向繁荣阶段转变的时间较长，则会出现调整。③繁荣阶段上涨后的调整。紧缩政策后经济回落或者经济自然回落后带来的熊市。

上述的分析框架仅适用一般性周期，但是股市和经济周期的关系判断更多是一门艺术而不是科学，比如科斯托兰尼在《 最佳金钱故事 》中就有两个类比。一个是狗和主人关系的类比。“有一个男子带着狗在街上散步，这狗先跑到前面，再回到主人身边。接着，又跑到前面，看到自己跑得太远，又折回来。整个过程，狗就这样反反复复。最后，他和狗同时抵达终点，男子悠闲地走了 1 公里，而狗走了 4 公里。男子就是经济，狗则是证券市场。”另外一个是二手车市场和新车的关系的类比。每当大汽车公司推出新车型时，汽车销售商便异常活跃，这时二手车的价格就会下跌；反之，如果新车交货期要拖延或者新车型不吸引人，二手车市场就会活跃，价格也随之攀升。股票市场类似二手车市场，经济萧条时，企业可能放弃或者拖延投资计划，它们并未通过增资来发行新股票，反而用剩余资金买回自己公司的股票以留住股东，股票市场反而看涨。德国的战后发展就是典型的二手车市场例子。1952 年，工业大规模扩张，企业家将资金全部投入实业，企业取得骄人的业绩，但是证券投资却无人关注。而当工业扩张速度放慢，甚至出现停滞时，股票市场却重新活跃起来，证券价格直线上升。

不过，搞清楚证券和经济逻辑关系比较简单，更重要的还是熟读证券史和经济史，然后结合当时情况进行分析判断。

第二节　中国的经济周期

一、中国存在典型的“朱格拉周期”

根据学术方面的研究，中国经济周期波动具有以下特征：

(1)经济周期波动的幅度逐步变小，稳定性逐步增强。改革开放以后，尤其是在 20 世纪 90 年代中期以来，宏观经济波动明显趋缓，体现在经济增长率峰谷间落差明显下降。

(2)经济周期波动的非对称性逐步增强。1990 年之前的经济周期中，经济上升和下降阶段的时间和幅度基本一致。1990 年之后，非对称性逐步增强。1990 年开始的周期中，只用了两年时间，1992 年就达到增长峰值，然后出现长达 9 年的缓慢下降。而最近一轮投资周期，从 2001 年开始，经过 6 年的缓慢上升，在 2007 年达到峰值，随后 2008 年陡降。如果经济在 2009 年见底回升，该轮周期正好与上一轮形成镜像对称。

(3)中国经济潜在增长率在 9%～10%左右。观察改革开放以来中国潜在经济增长率基本在 9%～11%区间运行(图 2-13)。考虑未来以房地产和汽车为代表的消费需求升级和环境资源约束等正负面因素，在未来 5～10 年的中期内，中国经济的潜在增长率仍可以在 9%～10%左右。当经济增长超出 10%，就容易出现经济过热和严重通货膨胀，而当经济增长低于 8%时，就会出现通货紧缩，就业压力明显增大。

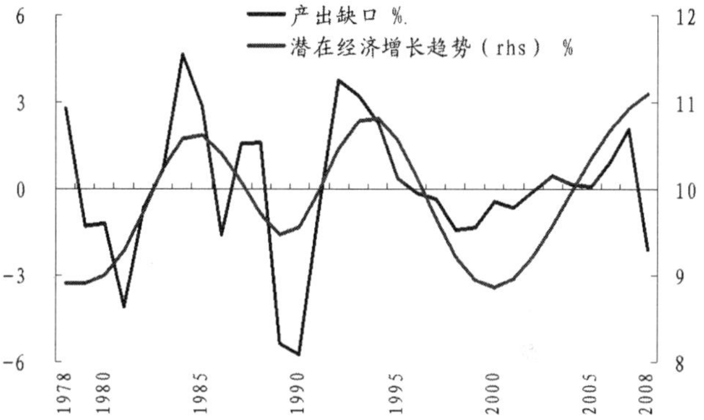

图 2-13　改革开放以来中国经历三个投资周期

改革开放以来，中国经济总体上呈现 9 年左右的中周期波动，符合典型的“朱格拉周期”规律。和总产出相比，存货、出口、固定资本形成、财政支出、信贷等变量的波动性更大，尤其是存货和出口。

1978 年以来，投资基本同步领先于总产出周期波动(图 2-14)，造成中国经济周期波动的最主要因素是投资冲击。而投资与货币信贷供应波动也紧密相关(图 2-15)。因此，货币信贷冲击是引起中国经济波动的重要外生性因素。

为更好地理清货币信贷与其他重要经济变量的关系，对 1986～2008 年去趋势后总产出与各变量间进行横截面相关分析可以发现：

(1)M2 与总产出、进口、全社会固定资产投资保持较高的当期正相关，且具有较强的领先性；(2)M2 对物价(包括 CPI 和 PPI)水平有较强的领先性。这种领先性在 1～2 年表现出

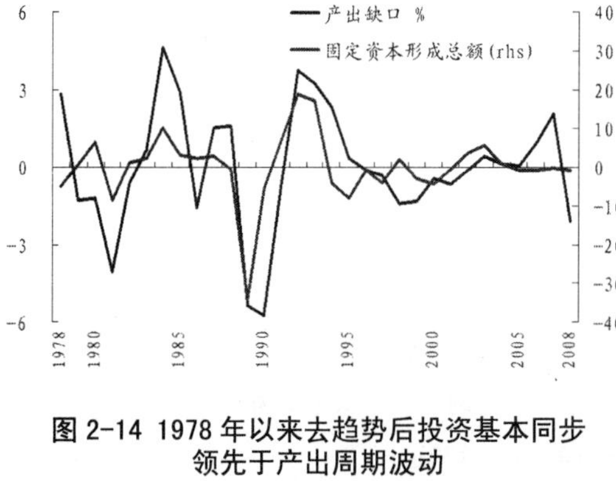

图 2-14 1978 年以来去趋势后投资基本同步领先于产出周期波动

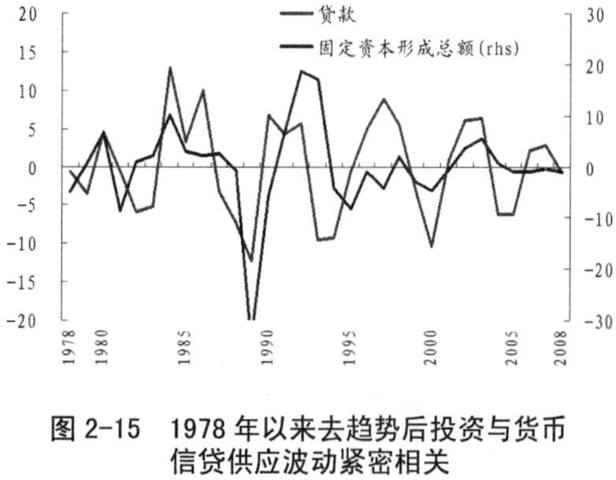

图 2-15　1978 年以来去趋势后投资与货币信贷供应波动紧密相关

来；(3)M2 与财政支出有一定的当期相关，略微滞后于财政支出。这种弱滞后可能是由于政府在调控经济的政策选择上，财政政策的行动效率更高，货币信贷往往扮演配套角色有关。

既然投资与货币信贷冲击是导致中国经济周期波动的最主要原因，那么机理何在呢？根据奥地利学派对商业周期的理解(图 2-16)和李嘉图效应原理，在中国经济价格存在黏性、市场不完善背景下，政府控制的货币信贷的放松收紧极易造成经济的大起大落。

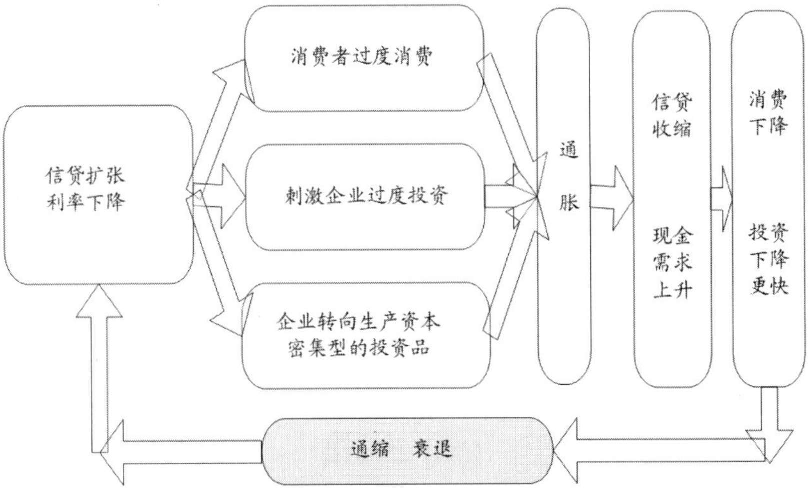

图 2-16 奥地利学派宏观经济周期框架

当流动性超量供给(表现为实际利率下降、获取贷款的难度下降)，整体社会就陷入货币幻觉，居民开始过度消费，企业也利用廉价资本进行大规模投资，并转向生产资本密集型的投资品，此时投资的增长快于消费，投资 / 消费比例上升。经济繁荣时期总是充斥了浪费和错误的投资。但经济的假象不可能长期维持，涨价效应的扩散，最终使全社会出现通货膨胀(即过热)。为了保持稳定的实际经济增速，需要更大的货币投放，但货币供给不可能一直无限制上升，而过热的时候货币投放速度反而会低于需求，于是企业和居民开始收缩投资和消费规模，导致整个经济进入衰退，有时会伴随通缩(图 2-17)。

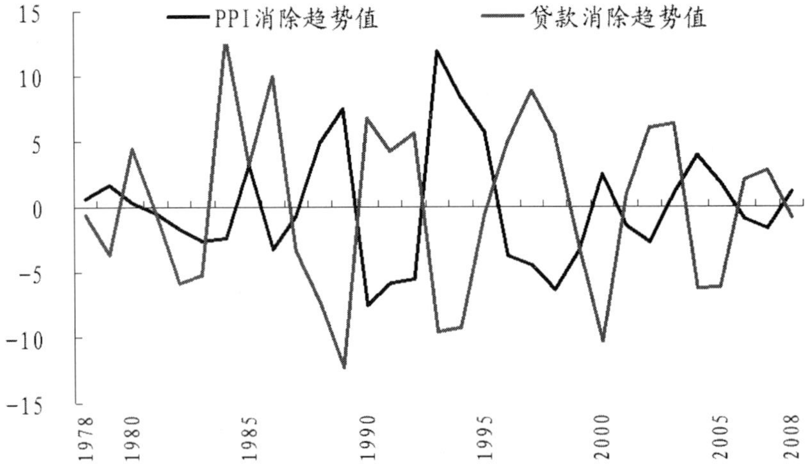

图 2-17 货币信贷与物价水平反向相关：通胀下过度的信贷增长难以为继，但针对通胀水平的信贷调节往往容易滞后和过度

因为固定资产投资的杠杆比例远高于消费，因此投资对货币更敏感，当经济繁荣时，投资 / 消费会上升，当该比例严重失衡到需要调整时，危机就到来了。奥地利学派认为衰退是对经济在繁荣时期的浪费和错误的调整，是经济健康发展所必需的。

奥地利学派坚定不移地信仰市场经济，与凯恩斯主义和货币主义不同，其认为在衰退期间政府所做的一切，如放松货币、积极的财政政策、阻止企业裁员、给银行注资等，都将延缓经济恢复的进程，进一步扭曲市场结构，并在将来导致更大的危机。在萧条中，不当的投资项目和低效的机构被清除出市场，经济将“恢复”正常，因此繁荣需要萧条，而政府不应该干预市场。

奥地利学派多次成功预测经济大衰退，1929 年 2 月哈耶克因为对即将发生的大危机做出预测引起社会关注，后被聘为伦敦经济学院的教授。2007 年 6 月，国际清算银行的奥地利学派经济学家威廉•怀特发表报告，认为资产泡沫预示着一场全球经济危机即将来临(国际清算银行的网站 www.bis.org 值得看一看，有不少值得一读的经济工作论文，另一个值得推荐的海外经济研究工作论文的网站是美国经济研究局 www.nber.org)。

奥地利学派认为次贷危机的主因不是贪婪的金融家和衍生金融工具，而是过度宽松的货币政策。因此奥地利学派反对加强金融管制、救助金融企业和放松货币供给，认为经济调整得越快，问题解决得也越快。奥地利学派的理论对中国的经济现状有相当好的解释能力。2008 年金融危机后，与其他国家仍在去杠杆化不同，中国财政金融状况良好，因此可以注入大量流动性，政府也希望用一个更大泡沫来消除上一个泡沫破灭带来的痛苦，这在短期会带来经济反弹，但是长期会导致更严重的资源错配。

二、库存周期

在美国，消费决定库存周期。库存主要受消费周期影响，在消费增长旺盛之时，社会库存(主要指零售商、分销商和生产厂商的分销渠道库存)增加，导致工业生产较消费以更快速度增长；同样，消费增长放缓后，社会库存也开始减少，这使得作为供应方的生产下降幅度经常超出预期。我们将三者之间调整的先后顺序归纳为：消费增速变化→社会库存变化→工业生产变化。社会库存是消费滞后指标，却是生产领先指标(图 2-18)。

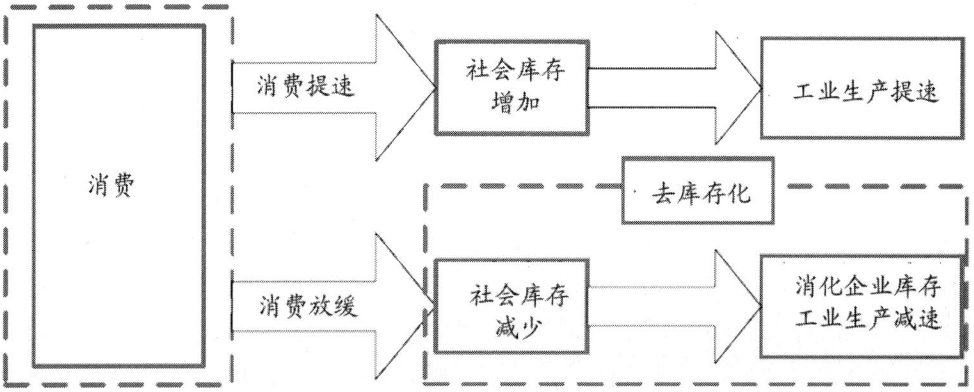

图 2-18 美国消费、库存和生产三者关系简单示意图

美国60年以来消费和生产周期证明库存周期确实稳定存在，周期长度一般持续4～6年(图2-19)，20世纪90年代起因于互联网革命的长期增长可视之例外。从2007年中期开始，美国私人消费增速快速下滑，到2008年中期，消费开始出现负增长，同期，工业生产以更快的速率下降，库存变化则领先于工业生产，于2007年3月份开始负增长(图2-20)。

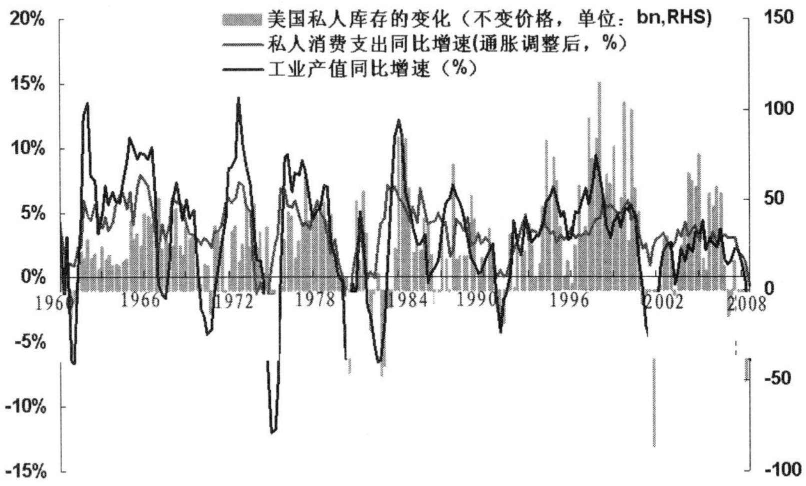

图2-19 美国60年以来的库存周期是4～6年

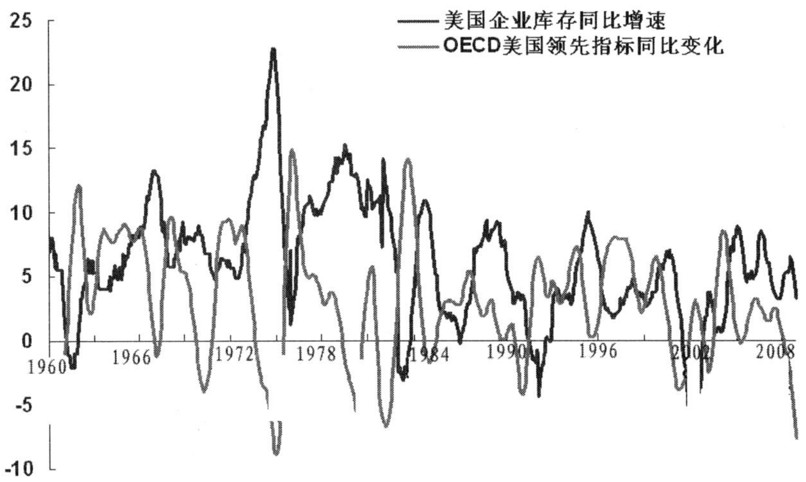

图2-20 美国OECD领先指标是库存变化很好的领先指标，领先1年左右

在美国，消费平均占GDP近七成，是经济波动的主导因素。随着全球化和外包，中国工厂越来越承担美国库存功能。因此，在中国，投资和出口主导中国GDP波动，从而成为决定库存周期的主要决定因素。存货的大幅波动一方面对应的是货币供应的大幅波动(货币是实物存货的对立面)，另一方面，中国企业，从上市公司存货来看，原材料占比过大，超过50%，因此原材料价格波动通过企业库存会计政策以及涨跌价准备来对利润波动产生重要影响。

从历史数据来看，库存变动与投资变动关系密切，年度数据相关系数0.53，而与私人消费的相关性明显较弱，相关系数仅为0.37。工业增加值变动的数据更证实了该结论。1995年以来，工业增加值变动与社会消费品零售总额变动的相关性仅有0.2，而与出口增速相关系数为 0.47，与资本形成额同比增速相关性高达 0.72，这充分说明了中国经济依赖投资和出口的结构性特点(图 2-21 和图 2-22)。

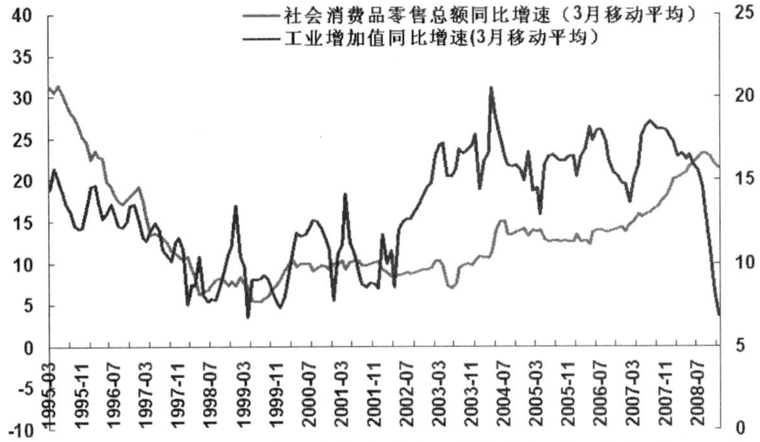

图 2-21 中国工业增加值与消费品零售总额增速相关性低

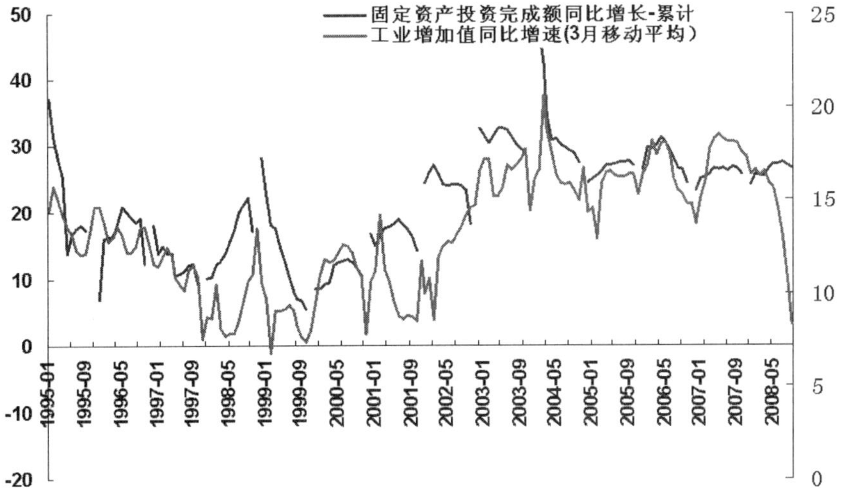

图 2-22 中国工业增加值与投资累计增速高度相关

改革开放以来，国际经济形势变化对中国库存周期影响显著，每轮周期的起始和终结都可以发现重大国际经济形势变化的影响。

我们将改革开放以来中国的库存周期划分为 5 轮，前 4 轮平均时间是 6 年(表 2-2)。

中国库存形成机制直接影响了我国的行业划分(图 2-23)。

三、中国的政府换届周期

政府换届周期往往带来 GDP 特别是投资较快反弹。其主要解释是，因为中国的增长模式主要是依靠“扭曲要素价格”补贴工业，因此地方和企业可以通过投资套取中央的要素价格补贴，再加上地方官员的政治晋升刺激，使得地方政府及其掌控下的企业具有强烈的投资动机和资金需求。只要中央政府稍微放松约束，地方政府的投资冲动就会演变为投资过热和整

表 2-2　中国库存周期的大致划分

年份	起点	终点	峰值年份	长度(年)
1982～1987 年	卡特衰退(1980)、里根衰退(1981～1982)	美国股灾、美元创纪录下跌	1985 年	5
1987～1992 年	美国股灾结束	老布什衰退(1990～1991)、东欧剧变	1989 年	5
1992～2000 年	老布什衰退结束(1991)、“南巡”讲话	亚洲金融危机(1998～1999)、网络泡沫破灭(2000～2001)	1996 年	8
2000～2005 年	亚洲金融危机结束(1999)、网络泡沫破灭(2000～2001)	国内宏观调控	2004 年	6
2005～?	国内宏观调控放松	次贷风暴(2008 至今)	2008 年	?
平均年限(除去 2005 年以来)				

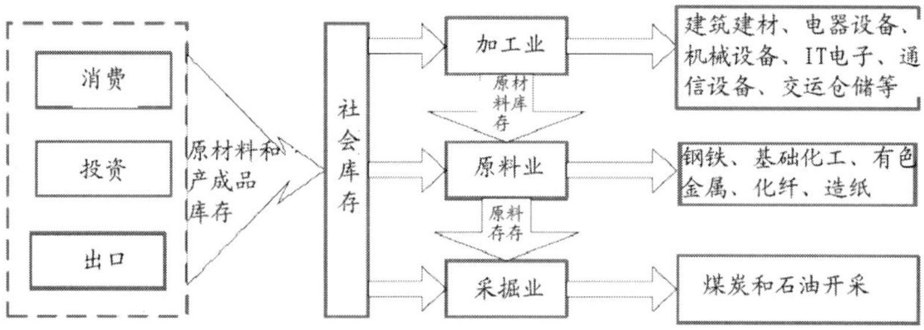

图 2-23　中国库存形成机制和影响行业划分

体经济过热，最终中央政府进行强力约束迫使经济降温。这种中央与地方博弈的“怪圈”解释了为什么中国经济存在“一放就乱，一收就死”的循环，和为什么中国经济存在所谓“政府换届效应”(图 2-24 和图 2-25)。

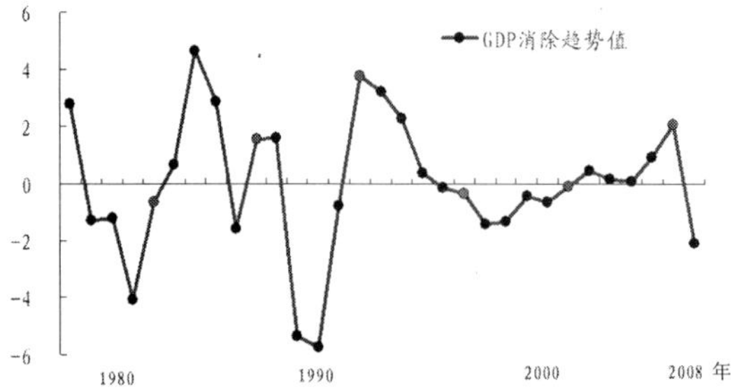

图 2-24　中国经济周期的“政府换届效应”
(灰色点为政府换届年份)

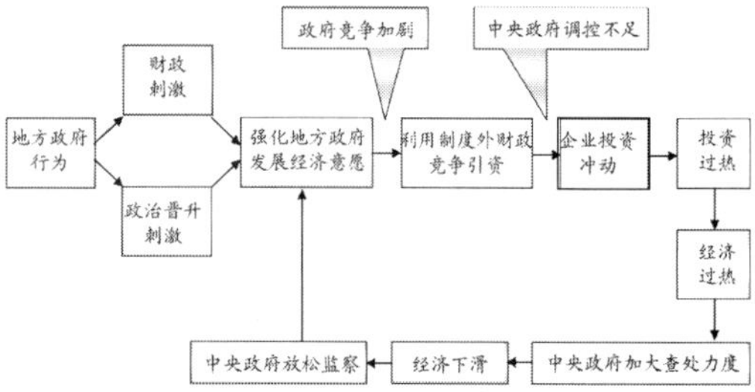

图 2-25　地方政府行为对宏观经济稳定产生冲击的基本机制

四、地产与汽车销售周期

随着居民收入的提高，2002 年以来，以房地产和汽车为主的大额耐用品消费结构升级推动了中国经济进入新一轮增长。房地产和汽车作为大额可选消费品，又具有较强的波动性，并且由于相关产业链的传导和放大，对整体经济波动也会产生较大影响。因此，可以判断，未来房地产、汽车等大额可选消费正日益成为影响中国经济周期波动的新的重要因素。因此投资者需要了解房地产和汽车销售月度数据的波动周期和领先性(图 2-26)。

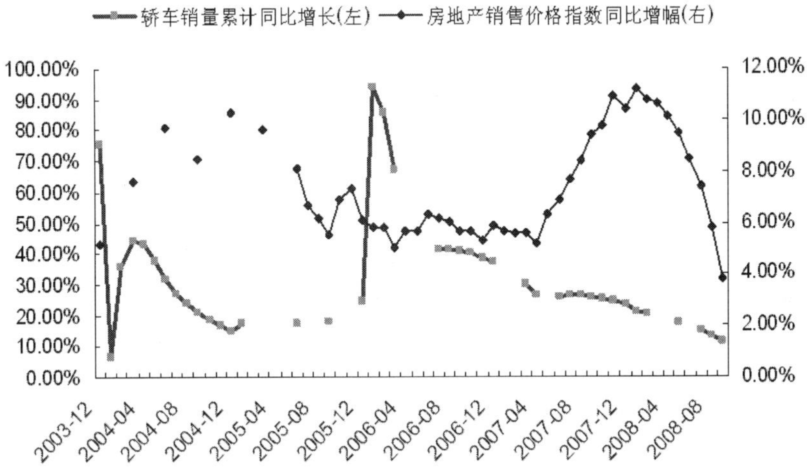

图 2-26 商品房与轿车消费具有较强的波动特征 (2003～2008 年)

根据 2007 年的数据，房地产开发投资占到整个城镇固定资产的将近 1/4，仅次于制造业的 30%。房地产投资与城镇固定资产投资和货币供应具有较强的同步性，已经是影响中国投资增速的重要因素(图 2-27)。商品房新开工面积增速一般滞后销售面积 3～6 个月。因此，根据当期商品房销售数据，可以判断 3～6 个月后房地产投资情况，进而对整体经济投资形势判断有所帮助(图2-28)。

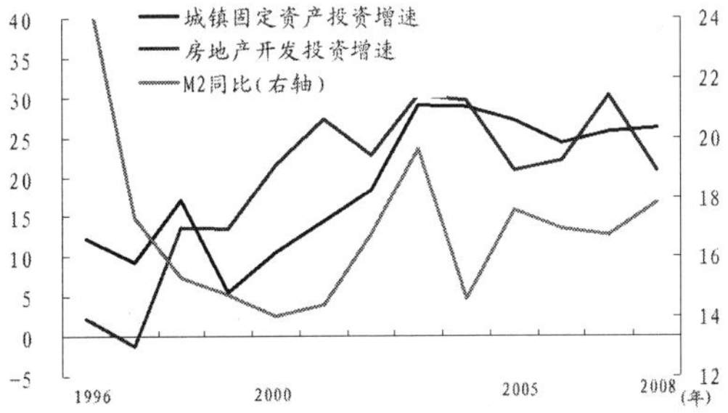

图 2-27 房地产投资与城镇固定资产投资和货币供应具有较强的同步性

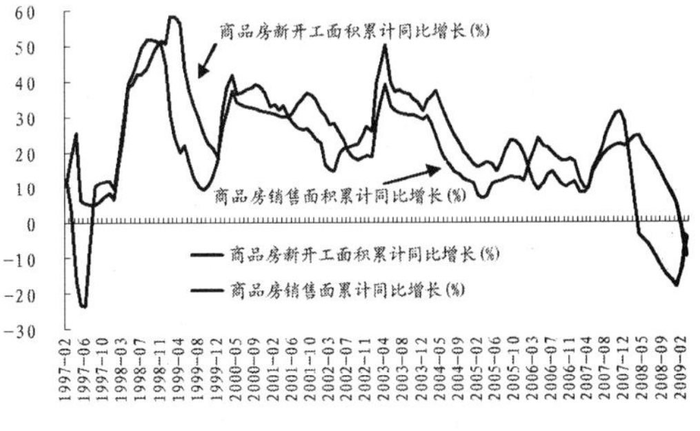

图 2-28 商品房新开工面积增速一般滞后销售面积 3～6 个月(数据经过季度平滑处理)

上述研究讨论了中国的经济周期，特别是投资周期、库存周期以及汽车地产销售周期。对于流动性周期和上市公司业绩周期，则放在第四章去研究。

第三节 级别与幅度

周期的时间重要，周期的空间也很重要，研究周期波幅空间最早的是道氏理论，道氏理论应用到股票市场是认为市场的波动有三种趋势：长期趋势、中期趋势及短期趋势。

其中长期趋势持续数个月至数年，大部分股票将随大市上升或下跌，幅度一般超过20%。中期趋势持续数个星期至数个月，幅度为基本趋势的1/3～2/3。短期趋势只反映股票价格的短期变化，持续数天至数个星期。

道氏理论认为任何市场中，这三种趋势必然同时存在，彼此的方向可能相反。长期趋势最为重要，也最容易被辨认、归类与了解，它是投资者主要的考量因素，对于投机者较为次要。中期与短期趋势都属于长期趋势之中，唯有明白它们在长期趋势中的位置，才可以充分了解它们，并从中获利。

中期趋势对于投资者较为次要，但却是投机者的主要考虑因素。它与长期趋势的方向可能相同，也可能相反。如果中期趋势严重背离长期趋势，则被视为是次级的折返走势或修正走势。次级折返走势必须谨慎评估，不可将其误认为是长期趋势的改变。

短期趋势最难预测，唯有交易者才会随时考虑它。投机者与投资者仅有在少数情况下，才会关心短期趋势。在短期趋势中寻找适当的买进或卖出时机，以追求最大的获利，或尽可能减少损失。

了解长期趋势是成功投机或投资的最起码条件。一位投机者如果对长期趋势有信心，只要在进场时机上有适当的判断，便可以赚取相当不错的获利。

道氏理论主要的功劳在于提醒投资者去有意识地思考周期趋势的级别与幅度，而具体的级别和幅度则没有明确的预测方法。不过这可以利用历史上的价格走势资料，以统计方法归纳。

这里，我们统计了熊市的级别和幅度。熊市可以分为四种：第一种是技术性熊市，对趋势没有影响，调整幅度小，属于市场自发调整；第二种是事件性熊市，这种熊市持续时间很短，但是被外力作用；第三种是周期性熊市，其根本是一个经济周期与货币现象；第四种是系统性熊市，其根本原因是资源的错误配置。

周期性熊市的波动与经济周期的波动基本一致，并领先半年，受到货币政策的影响，调整时间比事件性熊市要长，但是比系统性熊市要短。周期性熊市是一个货币现象，主要与经济周期和信用周期联系在一起。一般来说下降的利率会导致熊市结束。

系统性熊市的根本在于资源的错误配置，比如2001～2005年整个市场的价值回归，在于以前的市场将资金错误的配置到不该配置的股票上，也可以说是价格严重脱离了价值，因此需要长期的价值回归。

下跌的不同股票处于不同的熊市，投资者应该认真分辨清楚。很多投资者错误地把周期性熊市的股票也看成系统性熊市的股票，有错把李逵当成李鬼的嫌疑。比如，对优秀的周期类股票给予了最悲观的预期定价，一旦实际情况好转或者没有投资者想象的那么悲观，周期性股票就存在投资价值。这为有远见的投资者提供了投资机会。

美国1900年以来证券市场多数的熊市为周期性熊市，与经济周期和利率高度相关。但是1929年的大崩溃、1940的战争熊市、1973年的漂亮50和石油危机熊市、2000年的网络泡沫熊市均是系统性熊市，调整力度大，时间长，并且与经济周期和利率无关，主要是受到资源错配的影响(图2-29)。

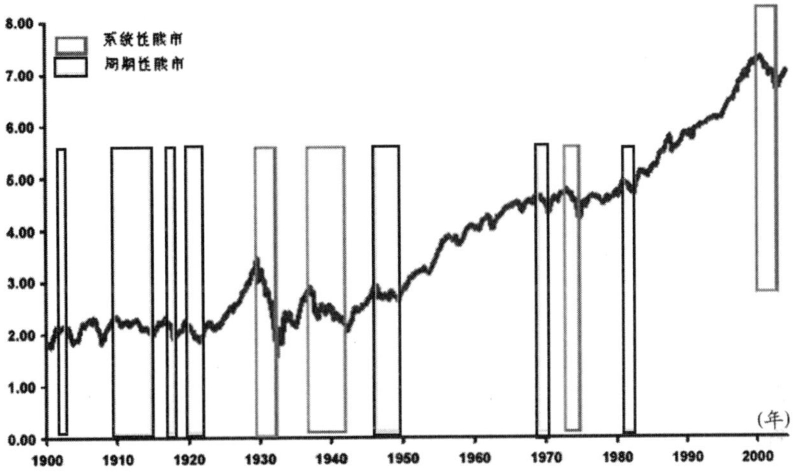

图2-29 美国百年股票市场的系统性与周期性熊市

英国1900年以来最大的系统性熊市长达20年之久，主要是1900～1920年之间，受到了战争和世界经济格局变化(美国成为第一强国，英国逐步衰落)的重要影响(图2-30)。

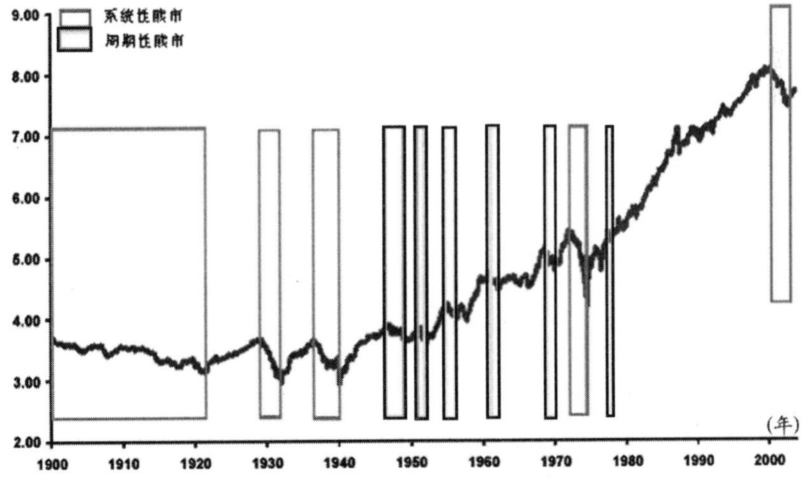

图2-30 英国百年证券市场的系统性与周期性熊市

综合美国百年熊市历史，可以发现最长的熊市长达5年，最大的跌幅是1929大崩溃，跌幅达85%。一般的事件性熊市持续时间很短，但是短期跌幅并不小(表2-3)。

周期性熊市平均跌幅达到30%左右，从最高点到最低点持续一年半左右。

英国二战后经济经历了黄金时代，20年内英国股市经历了5次周期性熊市，从高点到低点的平均持续时间为16个月，最大下跌幅度为25%左右(表2-4)。

表 2-3 美国各种熊市的持续性

特征	高点时间	低点时间	持续时间(月)	下跌最大幅度(%)
周期性	1902.9	1903.10	13	-29
事件性	1906.9	1907.11	14	-38
周期性	1909.12	1914.12	60	-29
周期性	1916.11	1917.12	13	-33
周期性	1919.7	1921.8	25	-32
系统性	1929.9	1932.6	33	-85
系统性	1937.2	1942.4	62	-57
周期性	1946.5	1948.2	21	-22
事件性	1957.5	1957.12	5	-17
事件性	1961.12	1962.6	6	-22
周期性	1968.12	1970.6	18	-29
系统性	1973.1	1974.9	20	-42
周期性	1980.11	1982.7	20	-19
事件性	1987.10	1987.10	1	-31
事件性	1990.7	1990.10	3	-20
事件性	1998.7	1998.8	2	-19
系统性	2000.8	2003.3	31	-43

表 2-4 英国二战后 20 年的周期性熊市

特征	高点时间	低点时间	持续时间(月)	下跌最大幅度(%)
周期性	1947.6	1949.6	24	-25
周期性	1951.10	1952.6	8	-25
周期性	1955.7	1956.11	16	-21
周期性	1961.4	1962.7	15	-27
周期性	1969.1	1970.5	16	-31

美国股票市场 20 世纪 60 年代的上涨和 20 世纪 70 年代的滞胀与上市公司 ROC 正相关。20 世纪 70 年代的全球经济动荡和石油危机也许是重要原因。等到 20 世纪 80 年代后，美国经济重新调整，ROC 提高后，股票市场继续上涨(图 2-31)。

中国 A 股股市特有的地方在于下跌过程中，系统性熊市股票和周期性熊市股票并存，因此分析系统性熊市需要研究判断的是资源是否重新配置，是否股票价格到达价值区域。分析周期性熊市的核心仍然在于分析经济周期与信用周期。

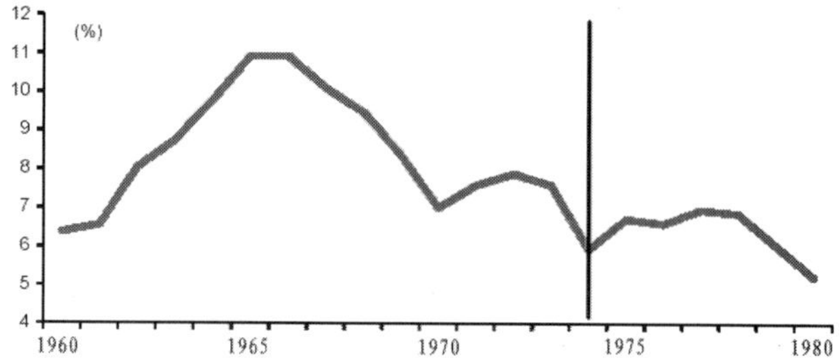

图 2-31 美国 1960～1980 年企业 ROC

对于周期性熊市，当收益动量到达高点后，市场一般会停止上行，甚至会大幅度下跌。我们这里用美国 ISM 指数来代表收益动量(用每股收益季度变化，没有美国 ISM 指数数据敏感)，研究的是美国市场(表 2-5)。

表 2-5 ISM 指数与标普 500 的关系

ISM 高点	SP500 3 个月后表现	6 个月后表现	12 个月后表现
1955.5	12%	19%	22%
1959.5	2%	-3%	-6%
1961.12	-2%	-23%	-14%
1966.3	-6%	-16%	-2%
1968.11	-10%	-7%	-18%
1973.1	-10%	-10%	-24%
1976.2	-1%	-0%	-5%
1978.7	-9%	-5%	-7%
1980.11	-9%	-10%	-18%
1983.12	-5%	-9%	-2%
1987.12	4%	8%	8%
1994.11	7%	14%	29%
1997.7	-5%	2%	15%
1999.12	2%	-3%	-13%
2002.6	-18%	-13%	-4%
平均	-5%	-5%	-5%

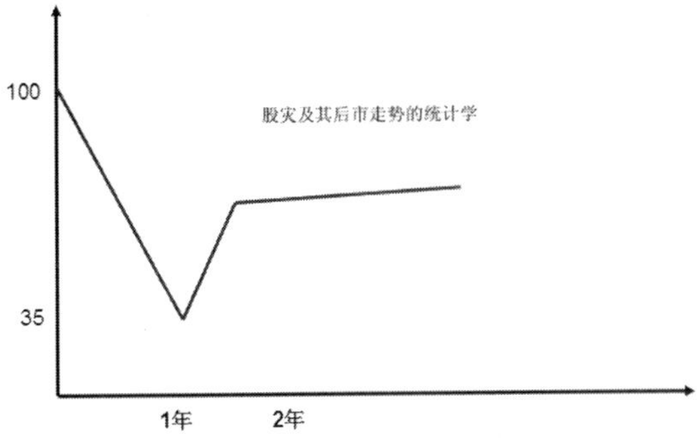

图 2-32　系统性熊市出现后的恢复路径

周期性熊市与系统性熊市的恢复时间是否有规律呢？一般来说，系统性熊市第一年大幅下跌，其后是一年的反弹，第三年走平，彻底回到原来的高点需要 7 年时间。周期性熊市一般是第一年下跌，然后逐步恢复(图 2-32 和图 2-33)。

具体来说，周期性熊市的恢复路径可以这样分析：美国和欧洲证券市场一般提前宏观经济 7 个月见底，因此证券市场是宏观经济的晴雨表和领先指数。一般来说，第一年的下跌基本已经释放了大量风险，其后只是如何筑底。证券市场一般在货币放宽之后 3～6 个月见最后的底，其后逐步回升。市场指数是经济的领先指标，因此市场要先于经济恢复和见底。而资金的变化领先于市场。一般来说，宏观紧缩后市场下跌，但是下跌一年之后更多是波动性获利机会，大的机会没有了，不过大幅度下跌的风险也并不大。这里需要指出的是，系统性熊市对于利率的变化往往是无效的(图 2-34)。

系统性熊市的结束和开始难以用固定时间判断。但是 ERP 可以作为判断是否系统性熊市出现和结束的一个指标(图 2-35)。比如 2000 年后的美国市场，ERP 几乎达到 0，这显示资源非理性错配，而其后经过 3 年的调整，ERP 逐步达到长期正常水平，说明调整基本结束，

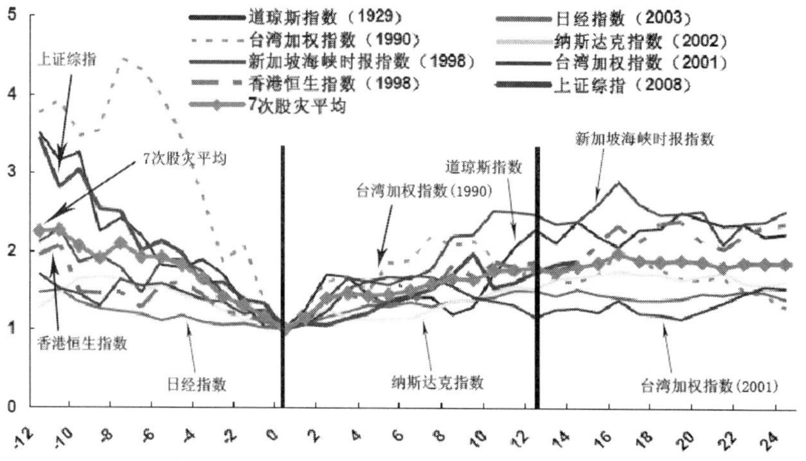

图 2-33　一些系统性熊市的恢复路径距离

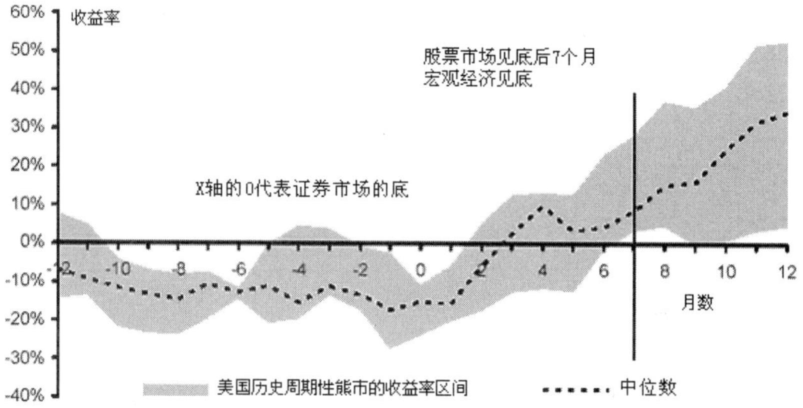

图 2-34　周期性熊市的恢复路径

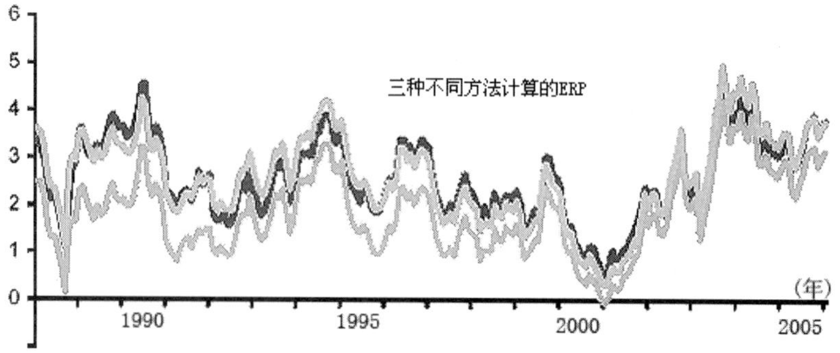

图 2-35　用风险溢价水平辨认系统性熊市的开始

2007 年重新创出新高，但是新一轮系统性熊市又开始了。

一般常识认为，根据 DCF 模型，加息提高了贴现成本，导致市场 P/E 乘数下降。但是实际上加息不仅提高贴现成本，而且也改变公式的其他因子，因此并非一个固定系数。历史数据表明，扣除通货膨胀率后的美国 10 年期国债收益率在 2%～4%支持最高的 P/E 乘数，上升和下降对证券市场乘数都不利(图 2-36)。

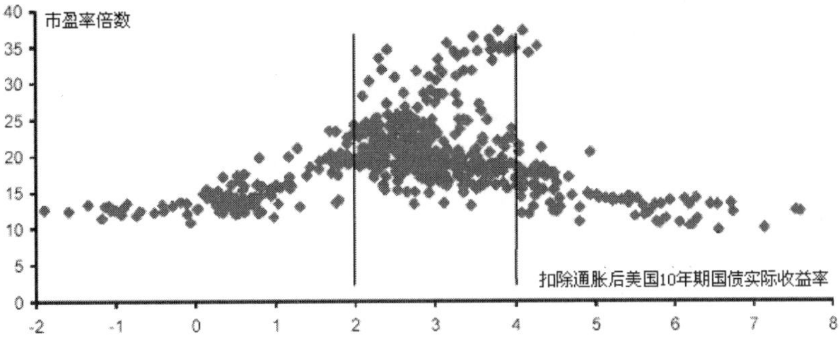

图 2-36　美国股市市盈率与通胀调整后 10 年期国债的关系

研究了系统性和周期性级别的周期以及其幅度，很多投资者关心的一个问题是技术性级别的周期和幅度能否清楚判断出来，也就是周期能够压缩到多短？

海外很多策略型投资专家的研究表明，投资期限放的越短，错误的概率越高。比如在《魔鬼投资学》中，该书作者选择 1926～2005 年的平均收益和标准差做模型，但是假定不同的投资期限，投资周期越短，收益或者损失的概率越接近 50%，如果考虑到交易成本问题，则收益率肯定更低(表 2-6)。

表 2-6　时间、收益和效用

投资时间	收益率(%)	标准差(%)	正收益的概率(%)	效用
1 个小时	0.01	0.48	50.40	-0.488
1 天	0.04	1.27	51.20	-0.464
1 个星期	0.18	2.48	53.19	-0.404
1 个月	0.80	5.92	56.36	-0.309
1 年	10.0	20.5	72.6	0.177
10 年	159.4	64.8	99.9	0.977
100 年	1377961	205.0	100.0	1.000

也就是说，要保证正的效用，投资周期至少要大于 6 个月，周期在 1 年，正收益的概率达到 72.6%，并且效用显著为正。

该书作者应用美国基金换手率和收益率统计的实证数据也支持了这个看法(表 2-7)。比如，1 年换手率小于 20%的基金，其 3 年期年回报率在 4.5%；而 1 年换手率大于 100%的基金，其 3 年期年回报率只有 2.8%。

表 2-7　美国基金换手率与收益率

换手率	3 年期回报率
<20%	4.5%
20%～50%	5.4%
50%～100%	3.8%
>100%	2.8%

对更短周期的把握靠的不是分析技术。我们从以上分析可知，对短周期的把握意味着你放弃更多的赢面概率，因为更短周期的把握依靠的是对市场资金动量的敏感、对市场信息的敏感、对技术的敏感和对市场心理敏感，甚至对市场热点的敏感。在这么多难以把握的多变的维度下，仍然能够获得长

期成功的投机人士，我觉得其经验往往没有办法复制，只能说更具有博弈的天分和正确的交易策略。

策略投资者必须自觉反复思考的问题是目前处于哪个级别的周期，周期驱动力是什么，该周期的幅度如何，以及本轮周期目前处于何种位置。

在下面两章，我们将介绍传统的分析工具和方法，一个是经济增长和通胀区间资产配置背景分析，一个是市场内含的三要素(流动性、业绩和估值)分析方法。由于这些分析方法依赖于更频繁的数据(比如定期公布的月度数据)，可以对中短期投资决策提供相互验证和不断修正微调的重要依据。

关于经济和证券史以及市场心理的研究均放在其他部分，本章节可以扩展参考下面的书籍：《逃不开的经济周期》、《下一轮经济周期》、《华尔街的华尔兹》、《经济分析史》。

其中《经济分析史》是熊彼特的巨著，阅读起来需要花很多时间。

《投资者的未来》、《股票长线法宝》是同一作者的两本书，对于长期投资者来说，值得阅读。该作者从历史和长周期的角度来考察股票市场的发展脉络、周期规律、走势变迁。最主要的是考察历史规律的作用周期年限以及历史规律的适用性，这对于长周期投资具有极其重要的指导性意义。本书阅读相对轻松，其超长的视角可以让我们对证券市场的规律有更为宏观的认识。

能找到的中文的、有价值的、有关周期的书籍只有这些，其他的过于学术，而国内对于周期的研究还很落后，有很多书，但是不太值得推荐。

如果有读者认为自己有能力去研究挑战股市更精细化周期，则请阅读江恩的五本书《江恩股市定律》、《江恩测试法则》、《江恩选股方略》、《挚爱成就梦想》和《江恩华尔街 45 年》。

第三章　通货膨胀与经济增长

第二章强调周期，特别是经济周期的重要性，但具体分析一轮经济周期，则需要密切追踪经济增长和通货膨胀数据。

经济增长和通货膨胀的不同组合方式构成了证券市场最重要的投资背景，决定了不同阶段不同大类资产配置的重要性。

宏观经济增长的变化通过需求变化维度，特别是量的变化维度来影响企业的回报率和股票的收益率，而通胀周期的变化则通过价的变化维度影响企业的回报率和股票的收益率。其中通货膨胀通过价格一方面影响商品的供求平衡，另一方面也影响货币的供求平衡。通货膨胀通过这种双重影响能够改变不同经济资源的配置方式——经济增长在理论上创造价值，但是通货膨胀在理论上将这种价值进行分配。在价格水平和幅度变化较快的环境中，通货膨胀的未来表现对资产配置就具有更决定性的影响。在发展中国家市场，由于经济增长机会多，市场对通胀和增长比较敏感；在发达国家市场，由于经济发展成熟，成长性相对较弱，因此对于利率与通胀的变化更加敏感。

对于宏观策略投资者，在大结构和周期的指导下，其后的关键投资步骤应该是：①首先确定未来宏观经济状况，主要是考察通胀水平和经济增速；②在确定宏观背景的前提下，选择相应资产构筑投资组合。

关于通胀和经济增长的组合可以有不同的划分方法，这里采用适用证券市场的简单有效的四象限分析方法(图 3-1)。这只是一种视角，很多组合管理的书也提供其他的分类视角，比如小詹姆斯•法雷尔在《投资组合管理：理论和应用》的第九章专门对资产配置框架进行了研究，他单纯按照通货周期进行划分(并且划分标准也与这里有不同)来进行资产配置。其采取数量研究方法，而这里采用框架确立情况下的历史研究方法。

本章分为两节，第一节主要研究不同通胀区间对各类型资产的影响以及机理，也就是通胀背景的重要性研究，这是本章重点部分；第二节并没有在如何分析经济增长和通货膨胀上费太多笔墨，经济学家已经从各个角度进行了大量分析，策略投资者能够采取有效判断就足够了。无论经

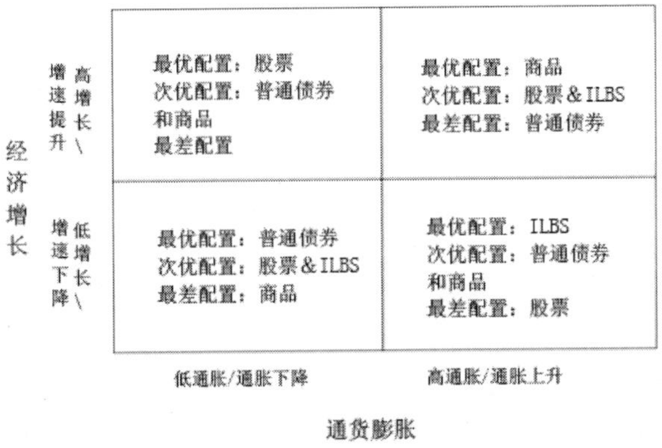

图 3-1　双维视角下的资产配置(ILBS 指“通胀联系债券”)

济学家用什么经济指标去分析和预测，都应该落实到经济增长和通货膨胀上，这是对证券市场最核心的宏观形势分析。

第一节 通胀区间的重要性

通货区间分成四个部分(图 3-2)，一个是通货紧缩(deflation)，也就是通胀从低位走向更低的趋势；一个是通货膨胀(inflation)，也就是通胀从低位走向高位的趋势；一个是反通货膨胀(disinflation)，也就是通胀从高位走向低位的趋势；最后一个是高通货膨(runaway inflation)，也就是通胀从高位走向更高位的趋势。更简单化，就是通胀的上升趋势和下降趋势，以及通胀的高位状态和通胀的低位状态。长期来说，分析通货膨胀周期是战略资产配置的核心。

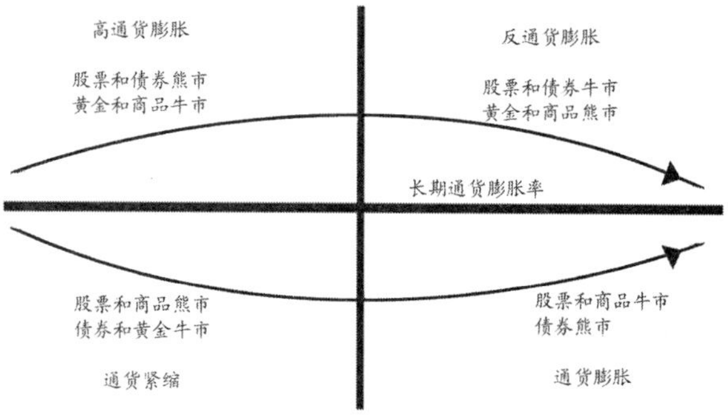

图 3-2 通胀象限及其资产类型表现

正如之前所说，从微观上，不同的通货背景决定了不同企业的业务模式和盈利能力以及投资机会，从宏观上，不同的通货背景决定证券市场走牛还是走熊与不同的资产配置。因此，我们需要了解的是不同的通货背景下，证券市场是如何表现的，利率、商品是什么情况，企业在不同的通胀背景下如何盈利，以及如何在不同的通货背景下选择企业，我们主要是采用经验主义的研究方法，观察美国过去 100 年的情况和其他国家出现的一些情况来作为未来投资的参考。不同的通货背景区间的演变带来不同资产类型的拐点。

在中央银行和纸币本位出现前，全球普遍采用金本位制度，在货币一定的情况下，经济增长越快则物价越低。通货紧缩的衰退周期造成的社会代价非常大，以致整个经济体系和社会体系无法容忍，甚至会造成全世界的危机。因此，投资股票的风险大，投资者要求的股利回报率和风险溢价要高。

最终中央银行成立，脱离金本位，并且可以合法发行货币对冲通货紧缩的影响，严重通货紧缩经济周期的消失意味着股票持有人长期风险的下降和债券持有人长期风险的上升。标普 500 指数股利回报率开始长期低于美国长期国债收益率——股票收益率开始长期高于债券。中央银行出现后的另外一个结果是，每个大背景下的市场波动都存在央行和财政部的作用。以上特点导致了通货膨胀有明显的周期性和一定规律性。

通胀周期下资产价格的不同表现最有说服力的证据还是来自金融史。过去近百年来，全球证券市场在不同的通货情况下呈现不同的运行特征。战后的黄金时代是温和的通货膨胀时期，通胀从低位趋势向上，但是经济增长更强，企业盈利持续增加，美国证券市场表现优异。

在 20 世纪 60 年代末期和整个 20 世纪 70 年代是高通货膨胀时期，这个时候的股票市场如果以金本位计算价值的话，则市值损失可以超过 80%以上。

在 20 世纪 80 年代以后，随着通货膨胀预期的降低，经济的重新增长，证券市场迎来反通货膨胀的大牛市。

但是在 1997～1999 年左右，世界进入通货紧缩时代，证券市场开始系统性走熊，尽管 2000 年有网络股的结构性机会，但是除 NASDAQ 指数外，其他指数有提前形成头部的特征。不过因为有中央银行，可以采用通货膨胀的策略，导致 2002 年开始，通胀重新上升，经济增长，证券市场迎来牛市，但由于是人为促成的增长，商品表现最佳，随着通胀持续上升，央行加息，次贷危机出现，全球衰退，并且重新开始担心通货紧缩，2008 年全球股票市场大跌。

2008 年下半年开始，央行重新采用促成通货膨胀的策略，2009 年经济开始逐渐恢复，通胀缓慢上升，股票市场表现较好。2010 年呢？如果经济增长放缓，同时通胀继续上涨，这就不利于股票市场。

通过研究通胀史，可以发现：

(1)高通胀会扰乱资源配置效率，基本上对应的是经济停滞或者衰退，典型的是“一战期间及其后”、“二战期间及其后”和“20 世纪 70 年代滞胀”，在高通胀阶段，股市和债市走熊，大宗商品处于牛市——这也是 2007 年下半年和 2008 年上半年短暂发生的情景，经济增长趋势下行，但是通胀较高且上行，股票市场下跌。

(2)通货紧缩并不意味着经济一定陷入萧条，通缩可以分为“好的通缩”和“坏的通缩”，在“好的通缩”下，实体经济或者快速发展，或者轻微衰退，股市和债市有不错的表现，其中不同信用等级的企业债利差扩大，优质企业债表现更好。在“坏的通缩”下，经济伴随物价下跌进入衰退，股市和债市都是熊市。

如果通胀从高位回落，经济也回落，则不利于股票市场，但是如果这种回落是因为央行把控制通胀作为货币政策的首要目标而造成的回落，则被称为反通胀阶段，反通胀如果显示有利于经济增长，则股票市场会迎来牛市。温和通胀如果伴随着经济平稳增长，股票市场也表现不俗，典型的是二战后的“黄金 20 年”(图 3-3～图 3-7)。

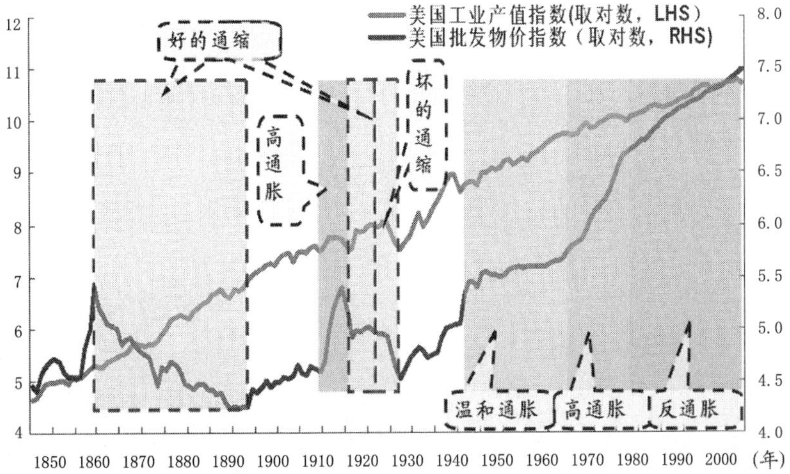

图 3-3 美国历史上典型的通胀周期及其工业产值(1850～2008)

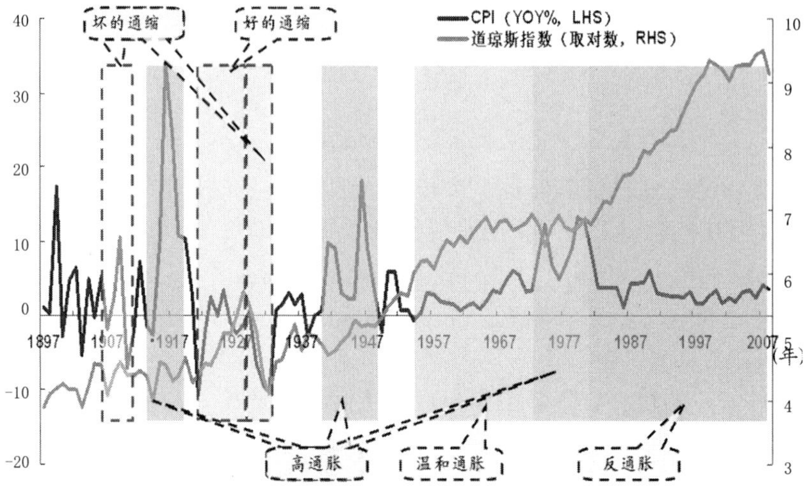

图 3-4　美国历史上典型的通胀周期及其股市表现（1897～2008）

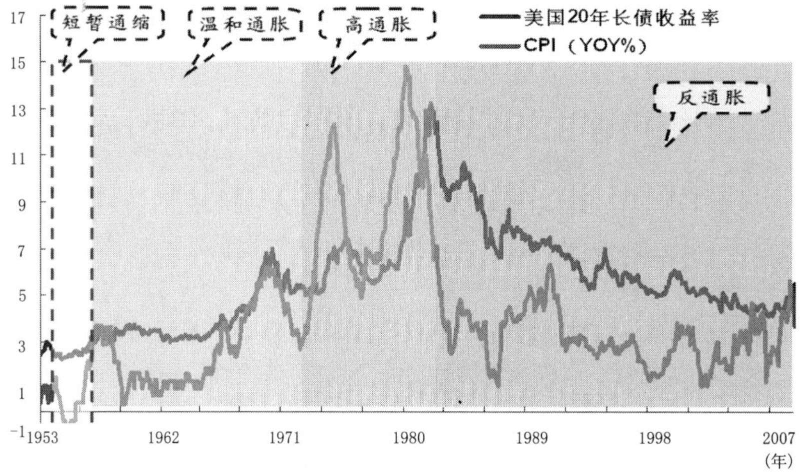

图 3-5　美国历史上典型的通胀周期及其长期国债表现(1953～2008)

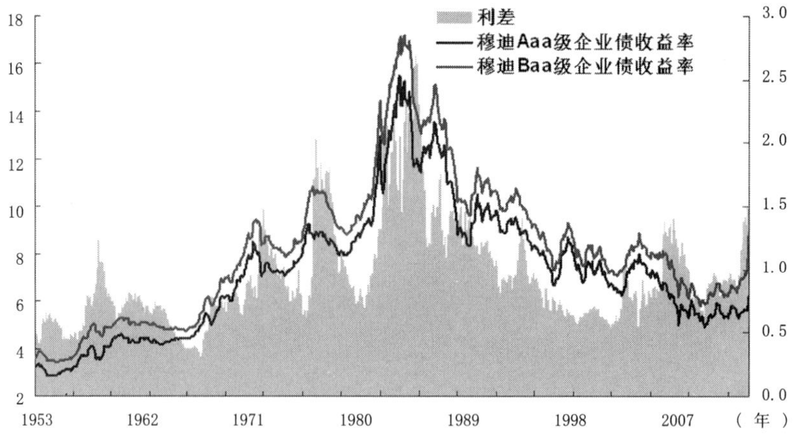

图 3-6　美国企业债收益率及其不同评级之间利差变化(1953～2008)

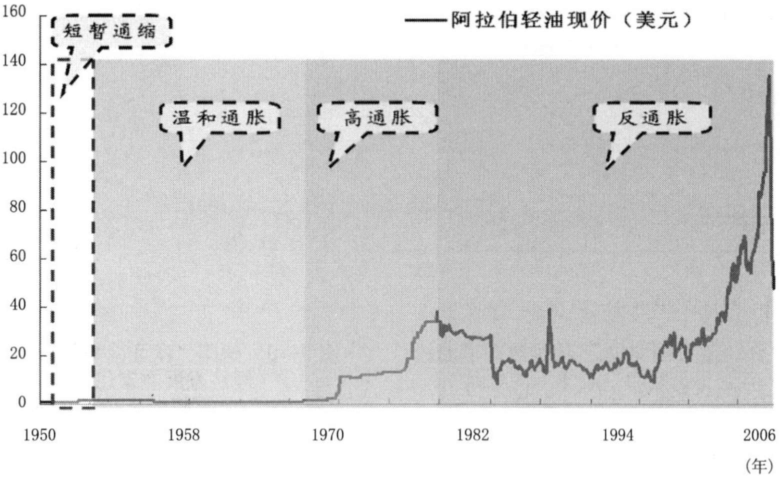

图 3-7　美国通胀周期及油价表现(1950～2008)

研究通货紧缩以及其背景下的经济增长，和研究高通胀同时经济停滞这两个比较极端的例子对理解通胀的作用非常有帮助。

一、通货紧缩

考察美国近 150 年经济史，我们发现二战前，通货紧缩是全球经济正常现象，发生概率超过 30%，通缩并不意味着一定陷入经济萧条，通缩也有“好坏之分”，区分“好坏通缩”的关键在于分析通缩与产出之间的对应关系：

“坏的通缩”(图 3-8)：当需求下降时，需求曲线下移，低收入者损失的比例更大，需求曲线变得更为陡峭(需求弹性降低)，同时，劳动力和原材料成本大幅下跌，供给曲线下移，但供给曲线的下移幅度不如需求曲线大，因为有些成本是固定成本，由于高成本厂商已经倒闭，供给曲线更加平坦，两者相权，导致价格和产量同时下降，“坏的通缩”具有自我加强效应，一旦发生存在演变为长期的经济衰退的可能，股市则对应大熊市。

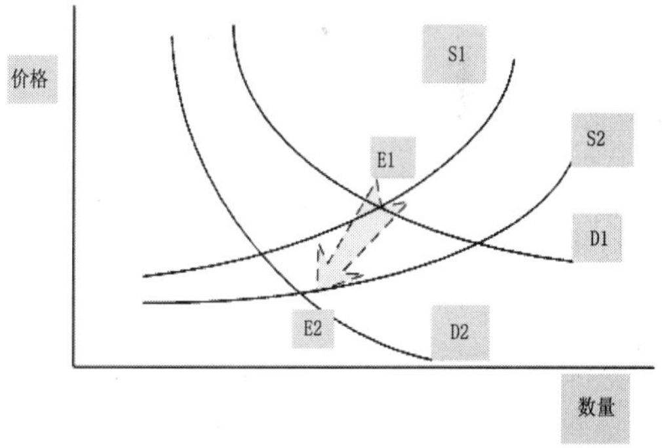

图 3-8　“坏的通缩”：收入下降导致需求曲线左移，并且更为陡峭；成本下降导致供给曲线右移，且更加平坦，结果导致价格和产量同时下降

如美国 1837～1843 年，1919～1921 年，1937～1938 年和 1948～1949 年，通货紧缩与衰退同时发生，1929～1933 年的大萧条是最为严重的坏的通货紧缩，在许多国家都发生了价格和产出的剧烈下降。日本 20 世纪 90 年代也发生了典型的“坏的通缩”，经济长期陷入衰退。

“好的通缩”(图 3-9)：即使需求不下降，只要供给增加的速度超过需求，也容易引发通缩，这在信用货币出现之前经常出现，主要原因在于世界货币黄金的供给不能满足对其需求造成的，如美国“南北战争”后 20 年经济高速增长而物价平稳回落的情形(图 3-10)。1914 年以

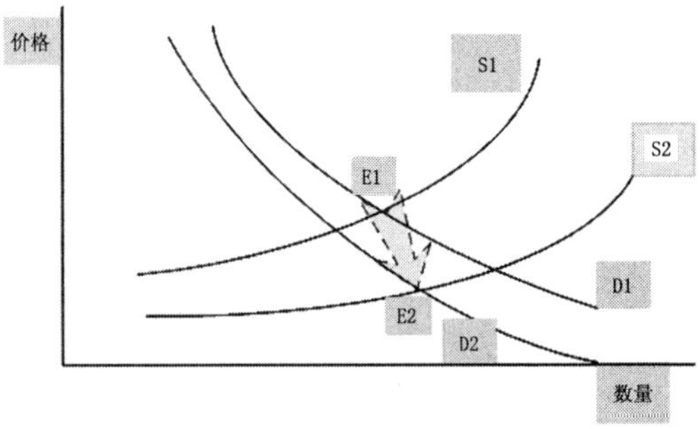

图 3-9 “好的通缩”：收入下降导致需求曲线左移，并且更为陡峭；成本下降导致供给曲线右移，且更加平坦，结果导致价格下降，产量增加，两者的不同在于供给曲线

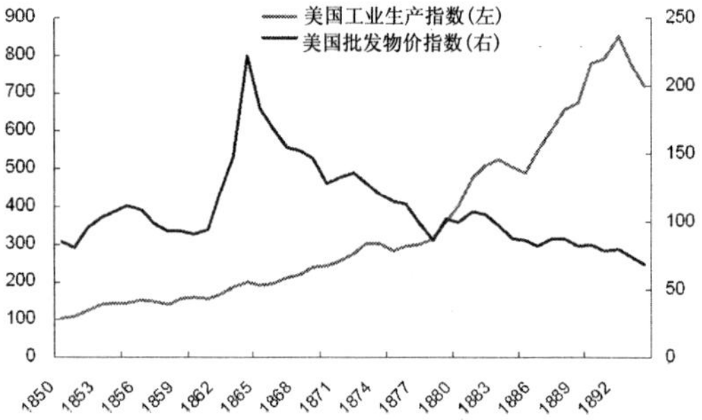

图 3-10 美国“南北战争”后（1865～1879 年），经济发展非常迅速，但物价水平下降一半(“好的通缩”)

前的通货紧缩往往伴随着经济增长，而两次世界大战之间通货紧缩往往伴以经济衰退。好的通货紧缩如 1873～1896 年，1921～1929 年，温和的通货紧缩与产出的迅速增长并存(图 3-11)，“好的通缩”往往伴随着经济增速仍然平稳增长或者轻微衰退(图 3-12)。

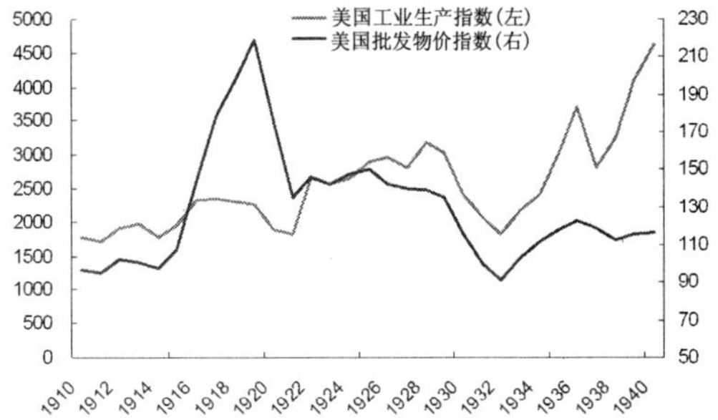

图 3-11 美国 20 世纪 20 年代发生“好的通缩”，随着金融危机爆发，20 世纪 30 年代出现史上最严重的“坏的通缩”

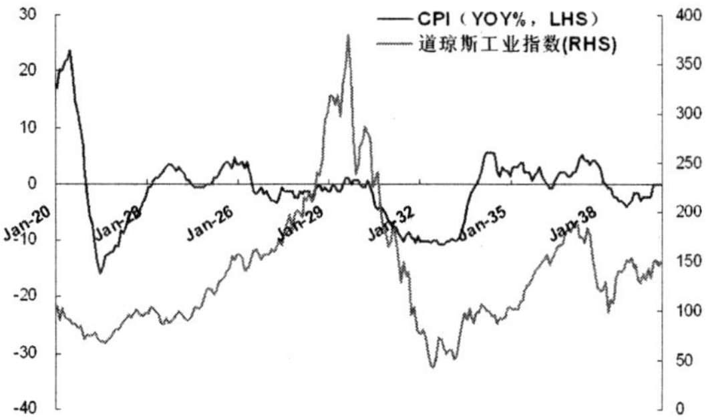

图 3-12 20 世纪 20～30 年代美国股市很好地体现对“好的通缩”和“坏的通缩”的不同反映

信用货币出现后，这种形式的通缩极少出现，货币当局可以通过扩大信用货币供给解决产量增加后对货币需求的增量。二战后更加常见的是通胀回落，这主要是由于需求下降导致，之所以没有变成“坏的通缩”，主要是因为发展中国家的巨大出口和竞争性贬值(美国利用了美元独特的地位)，推动供给曲线下移并使其更趋平坦，导致虽然价格下降，但均衡产量却增加了。

那么通缩下股票市场如何表现呢？统计美国 11 次通缩状况，结果显示：

(1)通缩期间绝大多数都获得正收益，仅 1913～1915 年和 1930～1933 年例外(我们认为主要源自两次主要事件性因素：一战和大萧条)，平均来说，通缩持续时间 20 个月，道琼斯指数平均收益率 18%；

(2)平均来说，股市在通缩发生前下跌，通缩真实发生后开始上涨，通缩后 1 年道指平均收益 17%；

(3)对于严重通缩历史的考察，我们发现“坏的通缩”后 1 年，仅有大萧条期间，股市继续下跌，其他所有时段均取得正收益。由历史数据得出结论，只要不发生大萧条(经济严重下滑)，通缩发生后 1 年股票市场可以取得正收益，股票市场已经通过下跌提前反映了经济紧缩的悲观预期。

二战后，全球的最大通缩发生在日本。从 1995～2007 年，日本不断发生间歇性通缩，GDP 增速也出现多次季度负增长，日本发生长期通缩的导火索是金融泡沫破灭后出现的经济金融危机。日本陷入长期萧条的原因是多方面的，其中重要原因在于：

(1)日本银行业在金融泡沫中损失惨重，银行危机导致 20 世纪 90 年代日本银行贷款增速连续出现负增长，这对日本实体经济无疑等于雪上加霜。

(2)日本陷入“流动性陷阱”，实际利率即使下调到负数，经济状况也无法好转；

我们比较相信克鲁格曼对此的解释，即“由于公众深信中央银行坚决反对通货膨胀，因而导致公众的预期进入某种‘陷阱’状态，即公众认为任何扩张性的货币政策都是暂时的”，这使得政府任何刺激措施都难以发挥作用，典型的体现在日本私人消费支出增速不断下降。而美国 20 世纪 30 年代上升的通胀预期使得真实利率下降，才正式结束了大萧条。

(3)通缩具有自我加强效应。一旦经济陷入通缩，消费者推迟购买，持币待购，而生产能力过剩，这将导致经济陷入通缩的恶性循环。

和日本类似，瑞士同样在 20 世纪 90 年代发生通缩，失业率不断上升，其发生通缩的主要原因在于瑞士法郎的不断升值，严重依靠出口和旅游业的瑞士因此陷入经济疲软。但不同的是，瑞士金融机构保持完好，依然吸引全球资金不断涌入，瑞士虽然经济疲软，但并未出现显著的衰退，是一种较为典型的“好的通缩”。日本和瑞士的股市表现更能说明问题，1989 年 12 月至 1997 年 12 月，日本股市下跌 58%，同期瑞士股市上涨 270%(图 3-13)。

图 3-13　日本和瑞士的股市表现更能说明问题，1989 年 12 月至 1997 年 12 月，日本股市下跌 58%，同期瑞士股市上涨 270%

值得一提的是，日本在发生通缩后 1 年内，股市的涨幅全部来自市盈率提升的贡献，而业绩贡献则全部为负，这在绝大多数发生通缩的国家中一再重演，我们认为主要是由于投资者在经济陷入通缩后，开始关注和憧憬未来经济复苏，提前反应了复苏的预期。因此，除非发生长期大萧条或经济衰退，股市在陷入通缩后 1 年一般表现不错(图 3-14～图 3-18)。

金融危机是“坏通缩”的导火索。弗里德曼在《美国货币史》中详细分析了美国历史上 6 次重要的经济紧缩，分别是：1873～1879 年、1893～1894 年、1907～1908 年、1920～1921 年、1929～1933 年以及 1937～1938 年，其中最严重的紧缩发生在 1929～1933 年，每一次的经济紧缩都伴随着货币存量的显著下降，出现严重的通缩。弗里德曼对于原因的解释为：

在六次严重紧缩期内，四个时期以发生银行扰动或者货币扰动为特征，在另外两次严重通缩期内，即 1920～1921 年和 1937～1938 年，货币存量的下降是联邦储备体系的政策行动

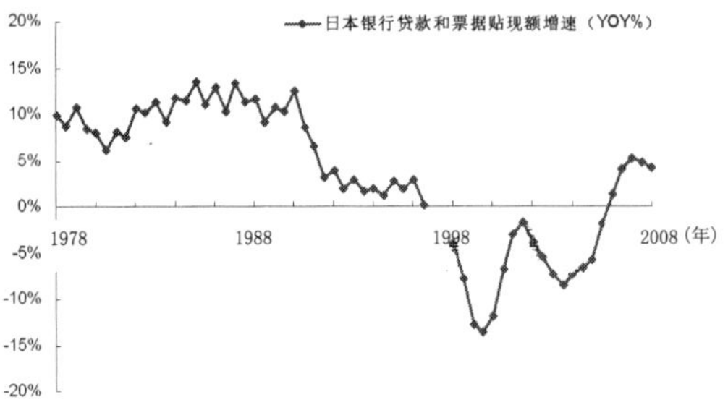

图 3-14 日本银行信贷增速连续出现负增长是日本陷入长期通缩的重要原因

图 3-15 通缩具有自我加强效应，日本在通胀水平不断回落以致通缩后，居民消费增速出现负增长

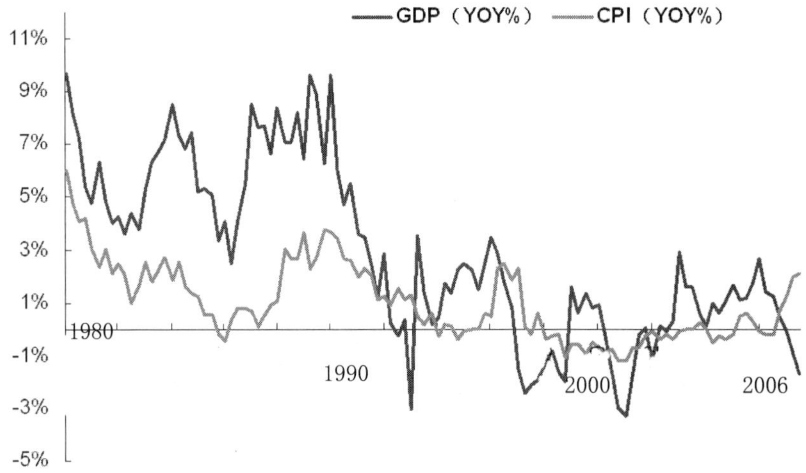

图 3-16 因为金融危机，日本 20 世纪 90 年代发生“坏的通缩”，经济同时出现衰退，被称为日本“消失的十年”

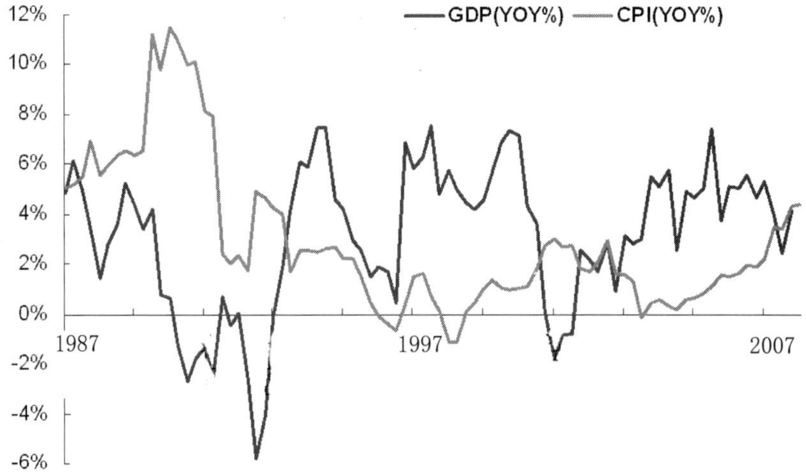

图 3-17 瑞士 20 世纪 90 年代同样发生通缩，但瑞士金融机构保持完好，通缩期间经济未显衰退，属于“好的通缩”

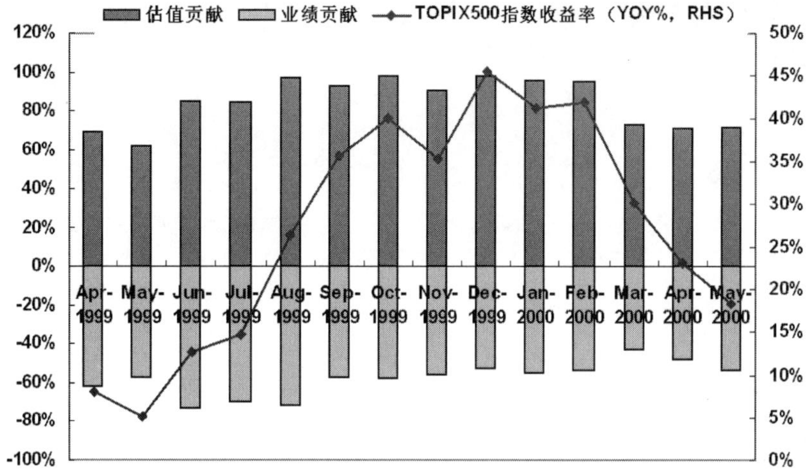

图 3-18　日本 20 世纪 90 年代末陷入通缩后，指数涨幅几乎全部来自估值水平提升

的后果，货币存量的下降都伴随着严重的经济紧缩，但没有演化为银行危机。由此可见，美国历史上主要的通缩均是银行危机和货币政策扰动的结果，金融危机是“坏的通缩”主要导火索。

表 3-1　美国 20 世纪通缩期间股市表现(物价指数 1897～1919 年为批发物价指数，1920～2008 年为消费者价格指数)

时间	持续时间(月)	道指数涨跌幅	通缩前后市场表现							
			-4Q	-3Q	-2Q	-1Q	1Q	2Q	3Q	4Q
1900～1901	12	32%	-21%	-11%	-4%	4%	13%	28%	21%	9%
1903～1904	10	14%	-32%	-31%	-30%	-12%	10%	9%	16%	41%
1907～1909	12	52%	-38%	-27%	-27%	-13%	15%	24%	36%	47%
1910～1912	16	1%	-14%	-8%	-3%	9%	0%	-2%	1%	-11%
1913～1915	16	-30%	-14%	-6%	0%	0%	6%	1%	-9%	/
1921～1923	26	44%	-27%	-19%	-12%	-11%	3%	-10%	-4%	7%
1926～1929	35	94%	20%	3%	2%	11%	-6%	-2%	3%	13%
1930～1933	45	-67%	-15%	-9%	-29%	-13%	1%	-11%	-33%	-30%
1938～1940	23	12%	-47%	-42%	-36%	-18%	35%	43%	56%	33%
1949～1950	14	20%	-12%	-7%	-2%	-3%	6%	14%	21%	33%
1954～1955	12	39%	37%	28%	19%	8%	12%	14%	25%	29%
均值	20	18%	-15%	-12%	-11%	-1%	9%	10%	12%	17%

微观上，通货紧缩与通货膨胀时期，企业在价格、销量、成本与收益呈现不同特征(图 3-19 和图 3-20)。

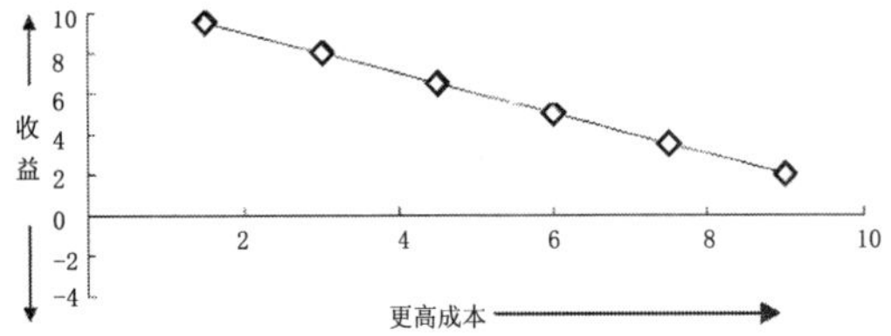

图 3-19　在通货膨胀环境下，成本和收益呈线形关系，成本提高，企业收益线性下降

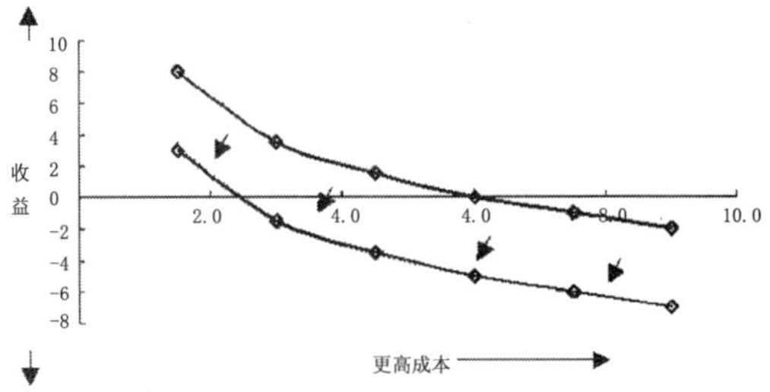

图 3-20　但在通货紧缩环境下，企业的成本与收益呈非线性关系，收益向低成本企业倾斜

物价稳定略有上涨的环境对于企业来说是非常好的信号，对未来产品价格走势更有预见性和信心。通货膨胀对于资本密集和垂直整合企业是利好，比如船运公司对于通货膨胀环境是利好，企业敢于去投资(而在通缩和高通胀下则不敢)。

通货膨胀意味着企业的销售 / 固定资产值上升，现金流 / 资产上升，而通货紧缩则相反。因此在通货紧缩期间，投资者喜欢投资轻资产公司，但是通货膨胀，则是重资产公司。

在通货膨胀的环境下，如果价格上升，则企业利润显著增加。而如果在严重的通货紧缩情况下，价格下降则只有更低成本的企业才可以生存。因此，在通缩期间，品牌和差异化并不能充分保证企业持续运转成功，无论采取何种经营策略，低成本是必须的。

在通货膨胀情况下，如果毛利率下降，企业也许试图纵向整合，收购上游供给商和下游分销商，或者进入其他行业，也许会进行战略联盟来阻止价格下跌。但是在通货紧缩环境下，企业采取多元化、横向与纵向整合策略并不能增加企业的净资产收益率，只会带来更多的竞争过剩的产能和继续下跌的产品价格。因为这些策略的问题在于：你的竞争对手，你的上游供应商，你的下游分销商和你一样基于同样的原因在做同样的策略，这只能导致更残酷的价格战。而进入一个新的行业(上游、下游或者其他行业)，需要适应新的规则，这降低了企业效率。在通货紧缩的情况下，整合是错误的策略。无论如何整合和多元化，只会意味着资产负债表的扩张，这会进一步降低资产收益。对于垂直整合的企业，利润率会继续下降，导致企业现金流脆弱，从而导致继续的价格战，最终出现企业的信用危机。

温和的通货膨胀中短期对多数企业都是利好，资本市场特别奖励素质差的企业，因为素质差的企业“弹性大”。但是从更长期的角度来看，通货膨胀降低了产业集中度，并且种下了产业过剩的种子。

因为成本和收益的非线性关系，在通货紧缩环境中，唯一适用的企业规则就是从林法则，也可以称为经济达尔文主义，企业只能通过降低存货、尽可能降低成本、规模化、产业升级和产品创新来获得增长。如果一个经济体在通货紧缩情况下可以有效奖励高效率企业，惩罚低效率企业，那么经济仍然可以获得增长。只不过，通缩期最具有竞争力的、最受资本市场喜欢的企业具有创新、产业升级和低成本特征。另外一个不受通货紧缩影响的是非贸易品的消费和服务。商品可分为贸易品和非贸易品。通货紧缩下，产品定价权出现分化和差异。贸易品的价格在大幅度下降，但是服务的价格下降并不显著。

表 3-2 20 世纪 90 年代发生通缩的部分国家或地区概况

时间	国家或地区	跨度(月)	GDP 增速	物价水平	通缩前股市	通缩原因
1988～1999	新加坡	11	连续 3 季负增长	-0.4%	熊市	金融危机
1998～2004	香港	68	9 个季度负增长	-13.8%	熊市	亚洲金融危机和 2001 年经济衰退
2001～2002	台湾	21	连续 3 季负增长	-0.2%	熊市	2001 年经济衰退
1998～2006	日本	78	16 个季度负增长	-3.5%	熊市	金融泡沫破灭、亚洲金融危机、全球经济衰退
1996～1998	瑞士	17	平稳增长	-0.6%	牛市	瑞士法郎升值
1998～2000	中国	25	增速大幅下滑	约 -2.2%	牛市	亚洲金融危机和劳动生产率提高

表 3-3 美国历史上主要通缩历史概况(引自弗里德曼：《美国货币史》)

时间	工业产值跌幅(%)	批发物价水平最大跌幅(%)	通缩前股市状况	通缩原因
1873～1879	-1.5%	-36.8%	/	人们争论是使用美钞还是恢复硬币支付，1873 年银行危机
1893～1894	-7.2%	-6.8%	/	1890\1893 年银行危机
1907～1909	-15.6%	-1.7%	1906 年异常繁荣，投机严重	银行恐慌导致货币供应量急跌，1907 年 M2 增速 -3.51%
1921～1923	-2.9%	-36.6%	1919 年股市投机活动不断	1920 年贴现率由 4.75%提高至 7%利率提升影响投资，货币存量下降
1929～1933	-39.6%	-37.8%	1929 年演绎最后的疯狂	货币供给大幅减少，M2 连续 4 年负增长，银行破产
1938～1940	-12.6%	-10.1%	1937 年股市走牛	M2 负增长，法定准备金上升 1 倍，削减财政开支

表 3-4　Gary Shilling 提出的导致通缩的 14 条因素

导致通缩的因素	
1. 冷战结束导致全球军费支出削减	8. 大众行销降低成本与价格
2. 主要国家的政府支出和赤字下降	9. 管制放松，价格下降
3. 中央银行持续不断地进行反通胀斗争	10. 资源在全世界范围内配置，将使成本降低
4. 七国集团国家退休人员激增，将导致福利下降，收入和支出增长速度放缓	11. 全球实行市场经济制度，导致全球供给增加
5. 英语国家不断地进行结构性重组，全世界都跟进	12. 美元继续保持强势
6. 高新技术将降低成本并提高劳动生产率	13. 亚洲的金融与经济危机将加剧全球供过于求，使得全球物价下跌
7. 网上信息推动竞争	14. 美国人将从举债消费转为储蓄

二、高通胀和滞胀

一般来说，产能过剩、经济衰退、老龄社会和局部战争都会给各国的中央银行以理由来通胀整个经济体系。一个例子是美国历史上的战争，如越南战争，在纳税人反对征税的情况下，总得有人为战争支付代价，那么中央银行只有多印钞票了。日本面临老龄社会，储蓄逐渐下降，中央银行也会采取激进的通货膨胀来化解风险(但是由于开放体系，资金全部外逃，本土仍然是不良通缩)。

可是经济的长期进步是因为创新和生产力提高，而不是简单印钞票就可以解决的。印钞票短期会有货币幻觉，但是长期会导致高通胀。最坏的财富破坏(反复强调，通货对资源和财产有重新分配功能)不是来自于通货紧缩(名义资产价值的减少)，而是来自于失去控制的通货膨胀，也就是高通货膨胀。

表 3-5　通货紧缩环境下投资机会对比

失败者	胜利者
一般股票	AAA 级债券
商品生产者	商品消费者
产品中间商	产品外包商
完全竞争性企业	垄断型企业
高成本生产者	低成本生产者
单纯产能扩张企业	产品升级企业
保守型企业	创新型企业
多元化和横向纵向整合	同业并购
无定价权企业	有定价权企业

通货膨胀是货币现象，高通货膨胀也就是过度使用货币的现象。历史上有不少极端的案例，比如德国一战后的高通货膨胀。不过最经典的研究案例是 20 世纪 70 年代。

其出现的背景是，20 世纪 60 年代后期，技术革命的效力开始消失，但是美国政府在进行越南战争，并且在国内进行“GREAT SOCIETY”运动，并且还希望将人送上月球，但是又不敢提高征税(当时财政赤字 /GDP 是处于警戒线之内的)。因此只能求助于美联储的货币政策，多印刷货币。1969 年是一个明显的转折点，债券收益率和股票价格相关性开始变成负的，也就是说，在那个时刻起，上升的利率对于股票来说是坏的消息。这与 20 世纪 50～60 年代的通货膨胀期不一样，那时股票的价格和利率的变化是正相关的。

在 1973 年，美国政府面临着衰退和动荡的国际形势，因此美国当局选择了通货膨胀(图 3-21)。一旦印钞机开始疯狂工作，股东财富被严重破坏，当然未必从股票价格的名义下降看出来。但是如果股票指数以黄金计价的话，则对于股东来说是残酷的价值破坏(图 3-22)。高通货膨胀相当于对股票的持有者大大提高了收税。因此股票持有人开始变卖金融资产，开始囤积黄金和商品。高通货膨胀对于债券来说是坏的，对于股票来说也是坏的。20 世纪 70 年代的大通胀造成资产类别的波动性大增，结果股市风险溢价提高，市盈率很低。另外一个例子是 1993、1994 年中国 A 股市场，当时市场背景也是高通胀，股市市盈率不到 10 倍。

图 3-21 道琼斯指数呈现震荡

图 3-22 但以黄金计价的标普 500 下跌了 85.5%，接近大萧条 89%的跌幅

高通货膨胀造成的微观企业效应是：企业盈利在国民收入中的份额在下降，主要是因为尽管企业可以提价，但是成本(包括资源和劳动力)涨得更快。高通货膨胀时期，价格信号彻底失真，企业的盲目投资和混乱的财务管理开始出现。企业通过持有更多存货来提高企业盈利，而不是依靠生产。在 20 世纪 70 年代，美国利率上升，但是美国企业的净资产收益率在下降。美国企业税后利润占美国 GDP 的份额也在持续下降。

通货膨胀改变的是利益格局。严重的通胀则具有极大危害性，在高通货膨胀情况下，企业经理和投资者不能很明确地知道眼前盈利究竟是多少，很难预料将来盈利水平，企业利润变得不稳定，使新投资停滞不前，这会使股价上升缺少实质性的支撑，因此资金短期化，囤积存货或者直接投机，最终对经济造成沉重打击。

滞胀全称，是停滞性通货膨胀(Stagflation)，在经济学中，特指经济停滞(Stagnation)与高通货膨胀(Inflation)同时存在的经济现象。《现代经济词典》把停滞解释为：“实际产量或收入不变、下降或虽增长但大大慢于所能达到的增长速度”(图 3-23)。

滞胀主要是因为美国政府试图利用货币政策工具，意图刺激经济，这造成美国货币供应量频繁变动，结果对经济的扰动也增大。弗里德曼对美国 1867～1960 年货币史的研究得出的结论是：货币供给变化率比总体经济将近早 16 个月达到高峰，而货币供给变动率比总体经济早 12 个月以上达到低谷。

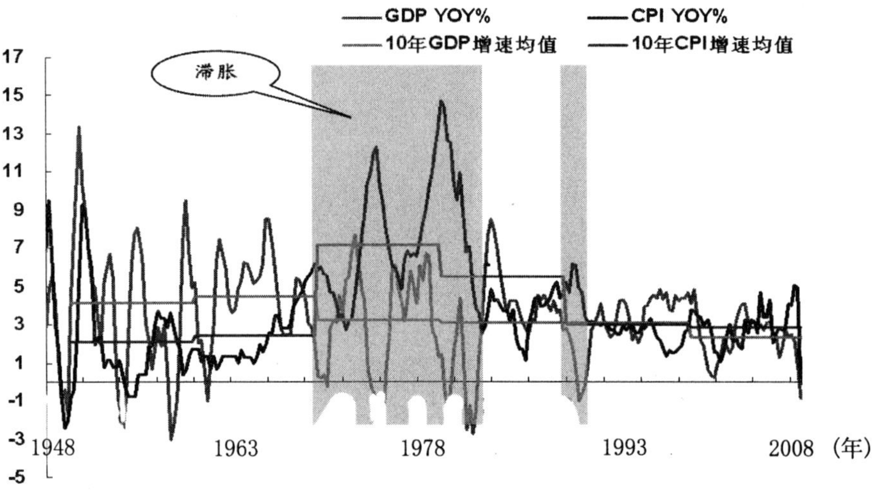

图 3-23　美国 1969～1982 年发生持续时间约 13 年的“滞胀”

为了证实弗里德曼理论在 20 世纪 60 年代后的有效性，我们将 1960 年后 M2 增速、工业产值增速、GDP 增速与 CPI 的峰值与低谷进行分析，发现：1969～1983 年间，货币供给量都领先于 GDP 增速变化而变化，同样领先于物价变化而变化，并且领先 GDP 增速变化的时滞要远小于领先 CPI，我们认为这可能是由于黏性的物价和工资性质造成的。这表明“滞胀”时期货币学派具有很强的解释力(图 3-24)。

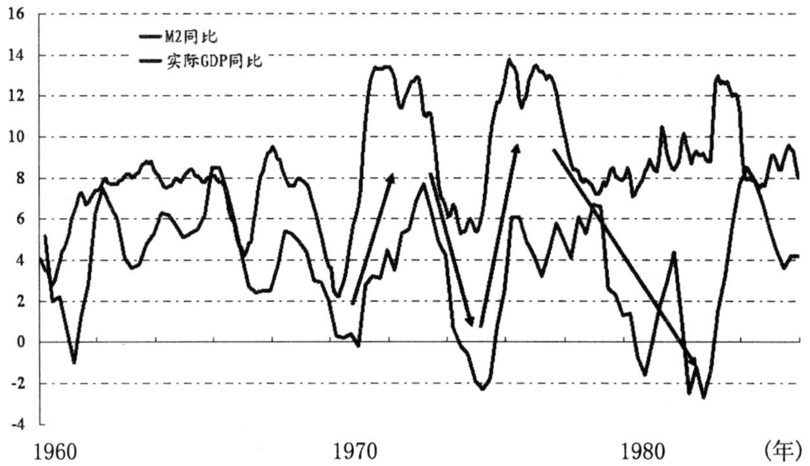

图 3-24　M2 与 GDP 增速

根据弗里德曼对美国 1867～1960 年货币史的研究，通胀无论何时何地都是货币现象。弗里德曼认为正是变化无常的货币供给速度，破坏了人们的通胀预期，政府更加广泛地干预定价，共同降低了经济体系的效率，导致所有的市场不断发生摩擦，并且很可能提高登记失业率。

对于 20 世纪 70 年代“滞胀”的节奏，可以梳理为四个阶段：

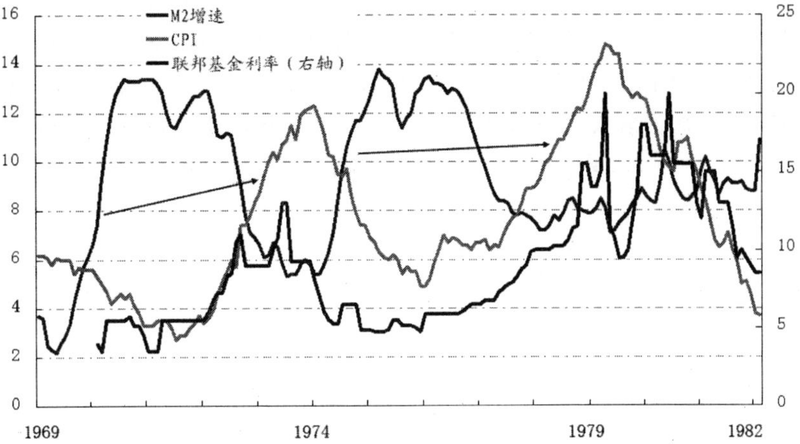

图 3-25　美国货币供应、Fed 利率、CPI，货币供应推动 20 世纪 70 年代的通胀

表 3-6 美国 M2 增速与工业产值增速、GDP 增速之间的对应关系

M2 峰值	工业生产峰值	GDP 高峰	时差	M2 低谷	工业生产低谷	GDP 低谷	时差
1963 年 11 月	1965 年 11 月	1964 年 6 月	7	1967 年 2 月	1967 年 6 月	1967 年 9 月	4
1968 年 2 月	1968 年 7 月	1968 年 9 月	9	1970 年 3 月	1970 年 10 月	1970 年 12 月	7
1971 年 12 月	1972 年 12 月	1973 年 3 月	15	1974 年 6 月	1975 年 5 月	1975 年 3 月	11
1976 年 2 月	1976 年 5 月	1978 年 12 月	3	1979 年 3 月	1980 年 7 月	1980 年 9 月	16
1983 年 3 月	1984 年 2 月	1984 年 3 月	11	1986 年 3 月	1987 年 1 月	1987 年 3 月	10
1987 年 2 月	1988 年 1 月	1988 年 6 月	11	1989 年 6 月	1991 年 4 月	1991 年 3 月	10
1999 年 2 月	2000 年 6 月	2000 年 6 月	16	1993 年 4 月	1996 年 1 月	1995 年 12 月	21
2001 年 12 月	2005 年 6 月	2004 年 6 月	30	2000 年 7 月	2001 年 12 月	2001 年 12 月	5
				2005 年 5 月	?	?	
平均			12.8				10.5

第一阶段(1970～1972)，这一阶段是美国在 20 世纪 60 年代末经济增长放缓后开始刺激经济的一个阶段，货币增速开始大幅攀升，经济也开始恢复，但是其他经济体受制于布雷顿森林体系和后来的史密斯协定，而被迫接受扩张政策，这带来了全球流动性的上升，这阶段的末期也就是 1972 年时就已经出现了商品价格的上涨。

第二阶段(1973～1974)，在通胀开始上升后，1973 年初美国便开始加息，其他央行也几乎同时开始加息，但 1973 年 10 月第一次石油危机爆发，油价开始飙升，商品价格在流动性的带动下继续上涨；而股市开始下跌，全球经济也开始下滑，失业率开始上升。

第三阶段(1975～1977)，看到经济下滑，还是处于凯恩斯主义统治的政府思想开始指导货币政策再次放松，流动性开始增加，为第二次通胀埋下种子，股票市场也开始了一波反弹。但从1977年起，通胀又再次在流动性的推动下上升，所以在这一阶段的末期，央行开始逐步依次加息。

表 3-7 美国M2增速与CPI之间的对应关系

M2 峰值	CPI 峰值	时差(时)	M2 低谷	CPI 低谷	时差(月)
1963年11月	1966年11月	36	1967年2月	1967年10月	8
1968年2月	1970年1月	22	1970年3月	1972年8月	29
1971年12月	1974年12月	36	1974年6月	1976年12月	30
1976年2月	1980年4月	51	1979年3月	1983年8月	54
1983年3月	1984年4月	13	1986年3月	1986年12月	9
1987年2月	1990年12月	47	1989年6月	1992年2月	33
1999年2月	2000年6月	16	1993年4月	1994年5月	13
2001年12月	2008年7月	80	2000年7月	2002年2月	19
			2005年6月	2006年10月	16
平均		38			24

第四阶段(1978～1982)，在第二次石油危机前，商品价格已经开始进入上涨通道，美国于1978年颁布了所谓的《汉弗莱·霍金斯法案》(Humphrey Hawkins Act)，要求美联储在二战后制订的“全面就业”的原始政策目标之上，再加入价格稳定。这为后来的美联储主席保罗·沃尔克在解决两位数通胀时采取果敢行动奠定了法律基础。等到1979年石油危机再次爆发，通胀已经难以控制，宣告了全球博弈以失败结束，美国和其他央行们只得将利率提高到两位数，才结束了20世纪70年代历史般的全球大通胀。

在“滞胀”阶段，美国共经历了4次经济危机，按照NBER的统计资料，经济谷底分别为1970年11月，1975年3月，1980年7月，1982年11月，平均GDP同比增速-1.7%，持续时间平均在1年左右(表3-8)。

表 3-8 美国“滞胀”期间GDP增速(单位：%)

	1970:4Q	1975:1Q	1980:3Q	1982:3Q	均值
-4Q	2	0.7	2.3	4.4	2.4
-3Q	0.3	-0.2	1.3	1.2	0.7
-2Q	0.2	-0.6	1.4	-2.5	-0.4
-1Q	0.4	-1.9	-0.7	-1.2	-0.9
底部	-0.2	-2.3	-1.6	-2.7	-1.7
1Q	2.8	-1.8	0	-1.4	-0.1
2Q	3.2	0.8	1.7	1.5	1.8
3Q	3.1	2.5	2.9	3.2	2.9
4Q	4.5	6.1	4.4	5.7	5.2

在“滞胀”阶段，CPI 同比在 6%～10%范围波动，在经济陷入低谷之后，物价水平有所下降(图 3-26，表 3-9)。

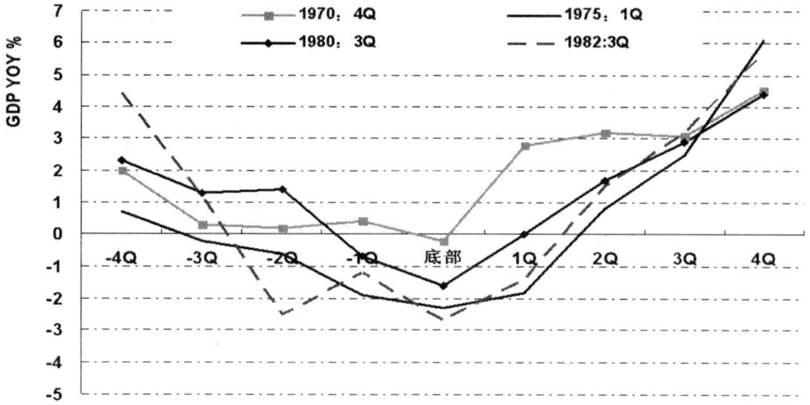

图 3-26 滞胀期间美国出现 4 次衰退

表 3-9 美国“滞胀”期间 CPI 增速 (单位：%)

	1970:4Q	1975:1Q	1980:3Q	1982:3Q	均值
-4Q	6.2	10.39	12.18	10.95	9.93
-3Q	5.82	10.86	13.29	8.92	9.72
-2Q	6.01	11.95	14.76	6.78	9.88
-1Q	5.66	12.34	14.38	7.06	9.86
底部	5.57	10.25	12.6	5.04	8.37
1Q	4.71	9.39	12.52	3.83	7.61
2Q	4.64	7.91	10.49	3.6	6.66
3Q	4.08	6.94	9.55	2.58	5.79
4Q	3.27	6.07	10.95	2.86	5.79

在“滞胀”阶段，企业利润变化同步于 GDP 变化，在经济低谷 1 年后，平均业绩增速约为 31%(图 3-27～图 3-28，表 3-10)。

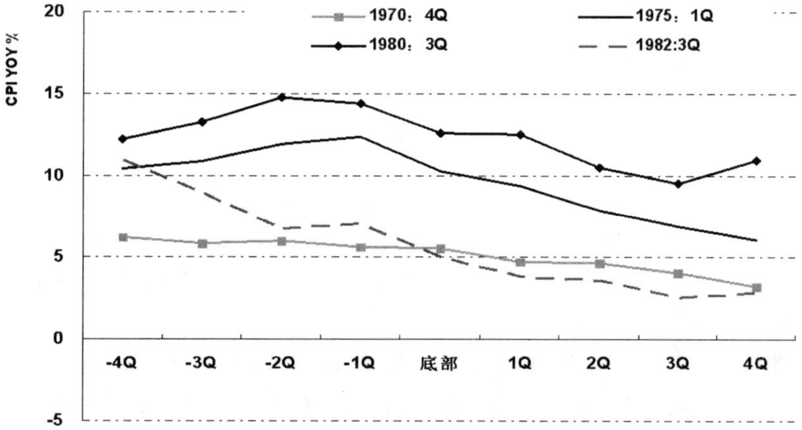

图 3-27 滞胀期间 4 次衰退中物价走势

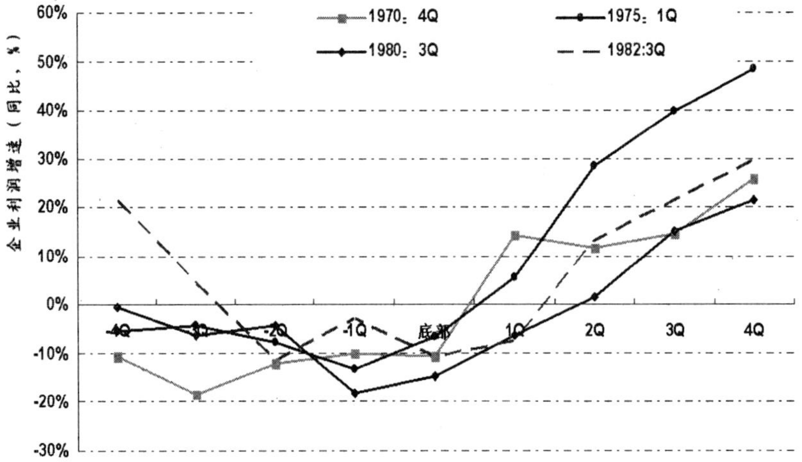

图 3-28 滞胀期间 4 次企业盈利增速变化

表 3-10 美国“滞胀”期间企业盈利增速变化

	1970:4Q	1975:1Q	1980:3Q	1982:3Q	均值
-4Q	-10.66%	-5.42%	-0.54%	21.65%	1.26%
-3Q	-18.48%	-4.18%	-6.29%	4.48%	-6.12%
-2Q	-12.15%	-7.67%	-4.10%	-11.34%	-8.82%
-1Q	-9.90%	-13.29%	-18.14%	-2.69%	-11.01%
底部	-10.57%	-6.49%	-14.70%	-10.57%	-10.58%
1Q	14.32%	5.64%	-6.21%	-7.41%	1.59%
2Q	11.80%	28.45%	1.67%	13.16%	13.77%
3Q	14.58%	39.63%	15.24%	21.46%	22.73%
4Q	25.92%	48.33%	21.65%	29.64%	31.39%

商品价格受流动性钟摆的推动，利率的大幅波动也造就了债券市场的巨大机会和风险(图 3-29)。由于黄金同时具备“货币 + 商品”双重属性，使得“滞胀”期间黄金大涨，其真实价格一度超过历史均值的 3 倍。除去原油和农产品(歉收导致农产品价格上涨)后的商品价格真实指数在第一次石油危机前，差不多在 1972 年就出现飙升，而原油价格直到 1973 年晚期才开始上涨。同样的情形也发生在第二次石油危机期间，但石油价格的涨跌幅要远大于普通商品。

通过研究 1969～1982 年期间美国大类资产收益率(表 3-11)，以 CPI 作为参考，可以总结发现：

(1)石油和黄金是最优配置资产。其中石油的表现最为优异，这与两次石油危机期间的油价暴涨和布雷顿森林体系崩溃后黄金价格暴涨有关，但 CRB 指数并未跑赢 CPI，说明大多数工业金属和农产品表现不佳；

(2)房产略输于 CPI。说明即使是房产，也难以在“滞胀”期间保值；

(3)债市绝大多数期间是熊市，跑不赢 CPI。但 1982 年开始降息后，国债和企业债才取得超额收益；

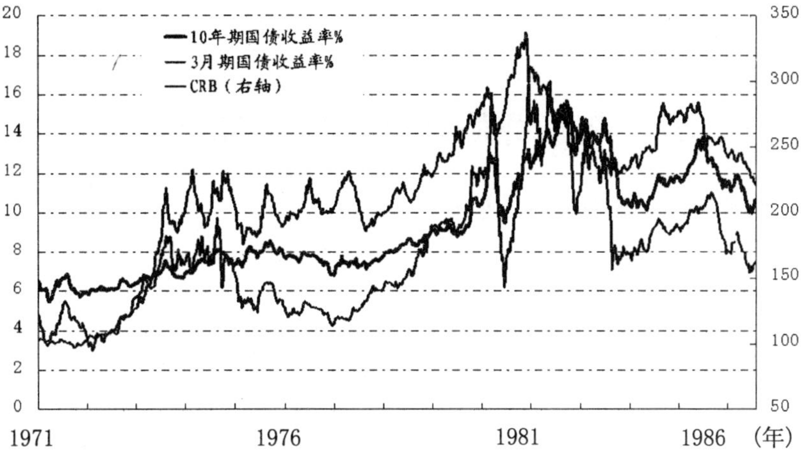

图 3-29 CRB 与国债收益率

表 3-11 典型滞胀年份大类资产收益率比较（单位：%）

	1969	1970	1973	1974	1975	1979	1980	1981	1982	均值	标准差
标普500指数收益率(不含股利)	-11.4	0.1	-17.4	-29.7	31.5	12.3	25.8	-9.7	14.8	1.8	20.6
标普500指数股息率	3.1	3.2	3.2	3.4	3.6	5.1	5.7	6.2	6.7	4.5	1.5
CRB 指数收益率	3.5	-1.1	48.6	0.5	-6.2	22.9	9.4	-18.4	-7.9	5.7	19.8
标普500收益率(含股利)	-8.3	3.3	-14.2	-26.3	35.2	17.4	31.5	-3.5	21.4	6.3	21.3
企业债持有期收益率			2.0	-4.7	15.7	-2.2	0.5	2.3	35.5	7.0	14.2
房价指数收益率	6.5	8.0	2.1	7.5	12.3	14.7	9.3	5.8	4.9	7.9	3.8
CPI	5.5	5.7	6.2	11.0	9.1	11.3	13.5	10.3	6.2	8.8	2.9
国债持有期收益率						5.3	4.9	9.9	28.0	12.0	10.9
现货黄金价格涨跌幅	-14.4	6.5	67.0	72.3	-23.7	126.5	15.2	-32.6	14.9	25.7	52.5
Arab 轻油价格涨跌幅	0.0	0.0	103.2	123.2	10.0	88.9	33.3	-0.5	-12.4	38.4	52.2

(4)即使考虑股息，股市也难以跑赢 CPI，基本呈现熊市震荡格局。

综合来说，投资者必须明白，通货的变动就是资源和资产的重新分配，而通缩和高通胀都是不利于股市的分配，只不过高通胀更不利。高通胀纯粹是因为生产力停顿且经济遇到多种不利因素，央行为了对冲不得不狂印钞票，结果扰乱了经济和企业正常运行，造成了大波动。在这个背景下，股市一定没有牛市，估值受到压抑。而在通货紧缩背景下，通过自然选择的残酷竞争，最终优质的、采取低成本的、能够创新的企业会获胜，结果是经济仍然会出现繁荣，这或许就是奥地利学派所主张的吧。

第二节　分析经济增长和通货膨胀

分析经济增长和通货膨胀的具体方法见经典的宏观经济学教科书。即使策略投资者不善于对宏观经济进行分析，也可以阅读诸多市场经济学家定期的各种预测数据，深入阅读并探求其假设的基本逻辑，然后选择最合逻辑的，并且不断根据公布的数据微调。

另外，对于已经形成的数据，则需要不仅了解其同比、环比增速，还要了解其绝对量数据，以及过去同比数据出现拐点的背景和原因——特别注意的是，宏观经济学家和市场人士一样，预测趋势比预测拐点更擅长，一旦公布的数据出现异常(比如违背了趋势)，投资者需要判断这是否是一个拐点，但往往很多经济学家会找各种理由安慰自己趋势未变。

2010 年年初，国泰君安证券的经济学家预测(图 3-30～图 3-32)，GDP 同比增长前高后低，CPI 持续向上(图 3-31)。站在宏观策略的角度，完全有理由认为，这并不是有利于股票投资的宏观背景。

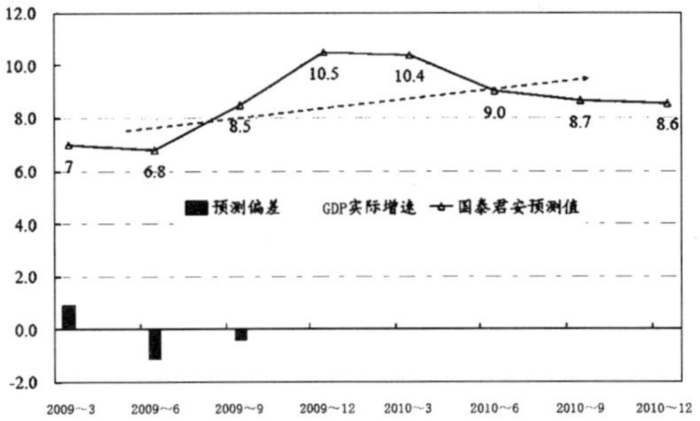

图 3-30　国泰君安 2010 年年初对当年 GDP 走势的预测

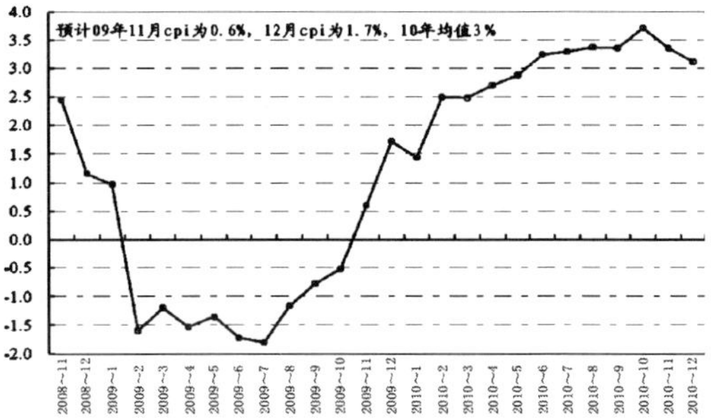

图 3-31　国泰君安 2010 年年初对当年 CPI 走势的预测

到第一季度末，国泰君安的经济学家们修正了观点，认为下半年 GDP 企稳，存在 2010 年第四季度见底，然后 2011 年重新上行的可能，走势见图 3-33。

参考其他券商经济学家的预测，差异主要体现在两处，一个是经济增长在 2010 年第四

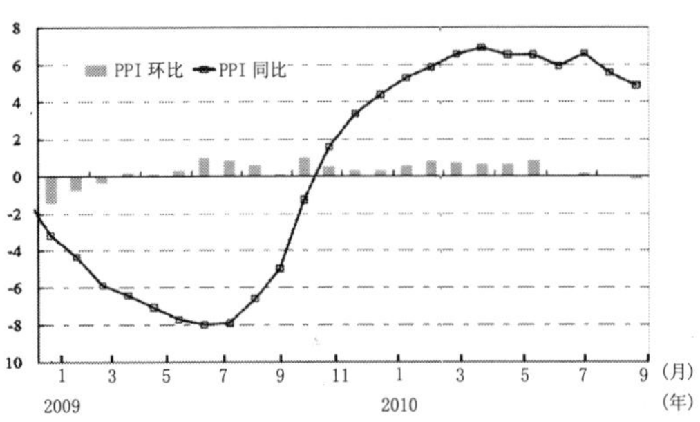

图 3-32　国泰君安 2010 年年初对当年 PPI 走势的预测

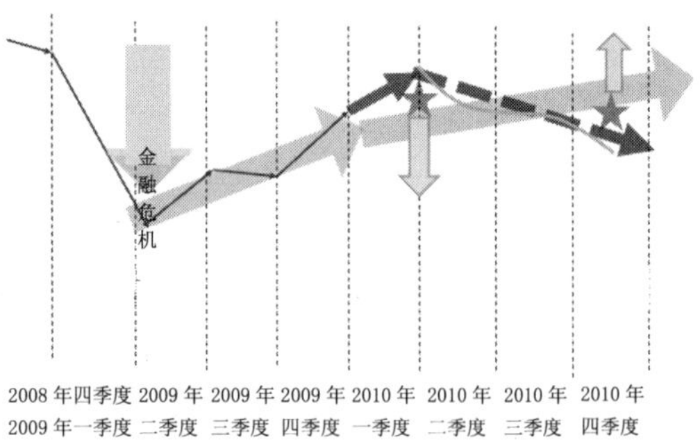

图3-33　国民经济增长走势示意图

季度是否见底、2011 年重新上行？另一个是 CPI 的高点到底在几月份出现，是 7 月，是 10 月，还是全年持续上行？幅度问题则成为次要问题，比如一季度 GDP 增长的高点是 12%、11%还是 10%，回落到第四季度是 8%、8.5%还是 9%，通胀的高点能够超过 5%，还是 6%等。

当然，仅看两个预测的数据组是没有办法直接下投资决策的，必须深入分析经济增长走势的驱动力，同时也必须深入分析通货膨胀的影响因素。在这里，月度数据可以提供更精细化的帮助。需要了解的是，尽管对应的月度经济数据和 GDP 增长数据内容含义有差异，但是各种数据都还是归结为对两个维度的相互验证和判断，一个是增长，一个是通胀(图 3-34～图 3-37)。

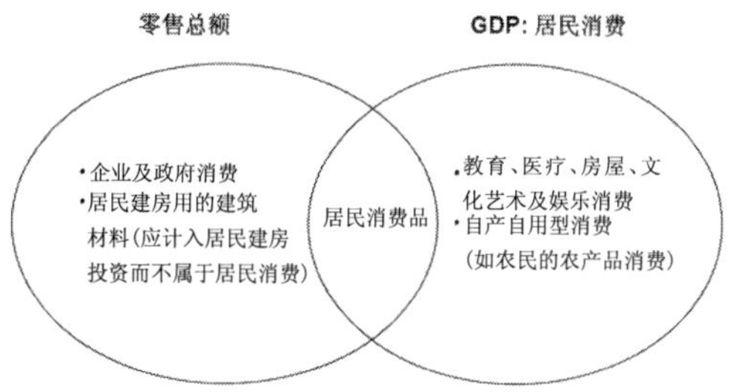

图 3-34　月度数据中零售总额和 GDP 中居民消费的差异

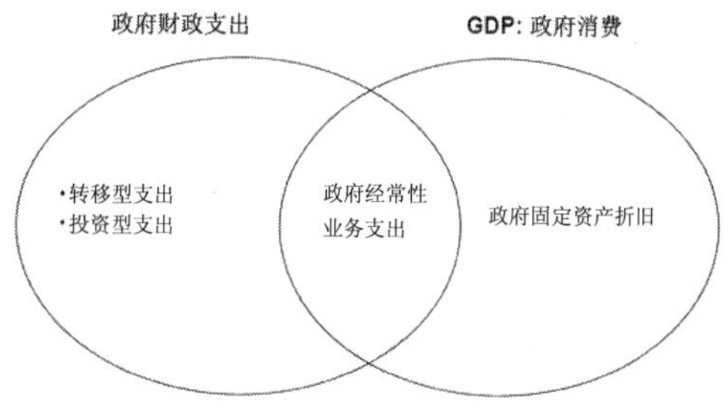

图 3-35　政府财政支出和 GDP 中政府消费的差异

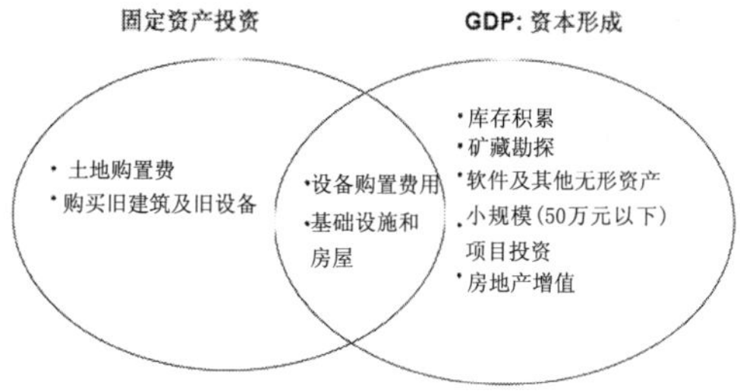

图 3-36　固定资产投资数据和 GDP 资本形成的差异

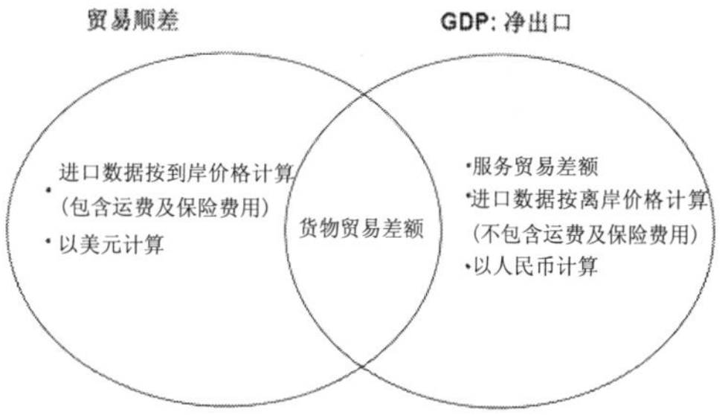

图 3-37　进出口和 GDP 净出口的差异

一、分析经济增长的规范方法

分析经济增长有多个角度，不过传统的还是 GDP 增长的三角度分析：关于投资、消费和出口的分析(图 3-38，图 3-39)。

1995 年以来，从消费、投资、政府支出和净出口对 GDP 的拉动来说，消费对 GDP 增速的拉动一般在 2.5%～4%左右；政府支出对 GDP 的拉动在 1%～2%左右，两者的波动幅度相对较小；而投资和净出口波动幅度相对较大，从而成为决定 GDP 增长的关键因素。

一般来说，城镇固定资产投资(FAI)占据我国全社会 FAI 主体(图 3-40)，占比超过 85%以上，并且占比近年来不断扩大，城镇 FAI 增速多年来也快于农村。从增速来看，中部地区的投资增速最快，西部地区其次，东部地区投资增速低于全国投资增速。这种投资的差距与

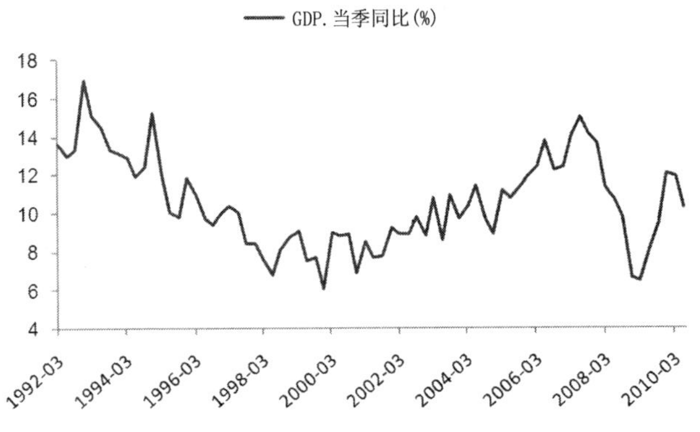

图 3-38　1992 年开始的 GDP 季度同比变化

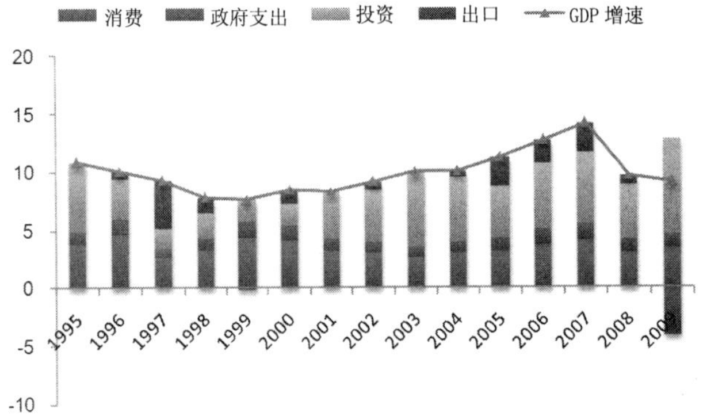

图 3-39　投资和净出口对 GDP 增速拉动的幅度变化最大

近年来出口增长放缓、资源价格上升和西部大开发有较大关系。这也导致近年来，中西部地区的 GDP 增长快于东部。在行业分布上，东部以房地产和制造业投资为主(图 3-41)，中部的采矿业和基建行业投资占比较高，制作业投资占比略低，而西部地区则是以基建投资为主，电力交运水利等占比较高，采矿业投资也非常发达，制造业占比较低。

房地产业和制造业占全社会 FAI 比例接近 50%(另外一个是基础设施建设投资，主要和政府，特别是与地方政府行为有关)，而且这两个行业周期性较为明显，是影响全社会 FAI 的关键行业。

固定资产投资和工业企业利润变化相关，这也是其作为分析重点的原因之一(图 3-42)。

固定资产投资增速中，新开工项目具有一定领先性，有参考意义(图 3-43)。

制造业投资不具有独立性，首先，其快速发展与房地产业密不可分(图 3-44)。据不完全统计，与地产业相关的细分行业多达 70 种之多，尤为重要的如钢铁、水泥建材、电力等，从相关关系来看，房地产投资增速与制造业投资增速相关系数达到 0.7，房地产开发投资增速下滑将导致制造业投资增速下降。其次，制造业也与出口高度相关。两者相关系数也达到 0.7，在出口形势每况愈下的背景下，制造业形势不容乐观，1997～1999 年亚洲金融危机之际，制造业 FAI 曾连续 3 年负增长(图 3-45)。

制造业投资主要是企业行为，基本算是最理性的投资。企业投资扩张的动力依赖于以下

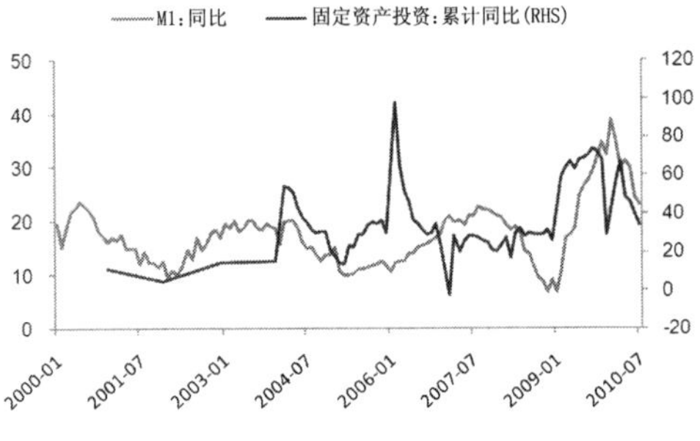

图 3-40　固定资产投资增速和 M1 相关性很高

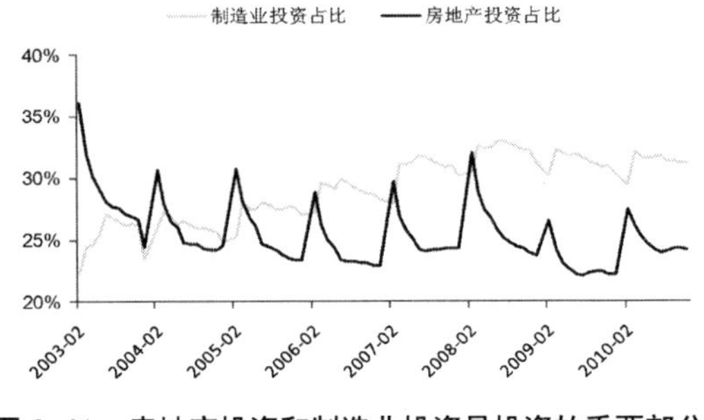

图 3-41　房地产投资和制造业投资是投资的重要部分

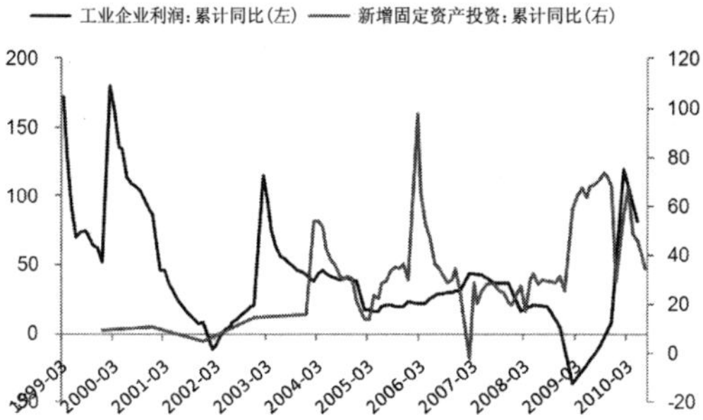

图 3-42 固定资产投资和工业企业利润变化相关度高

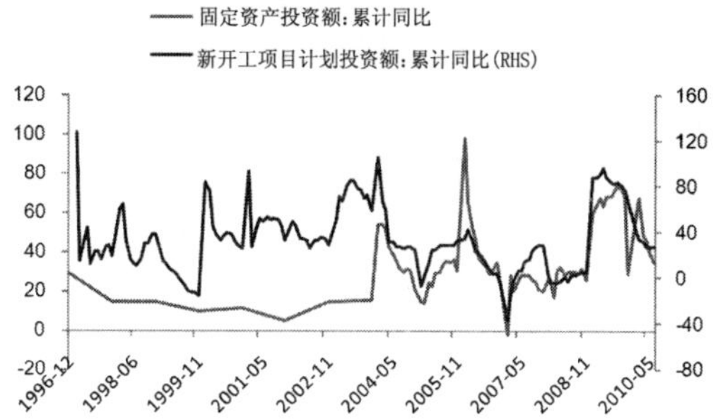

图 3-43 新开工项目的领先作用

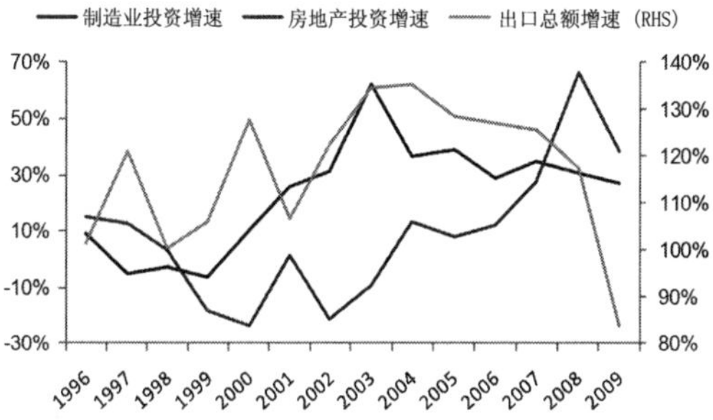

图 3-44 制造业投资与房地投资、出口增速关系密切

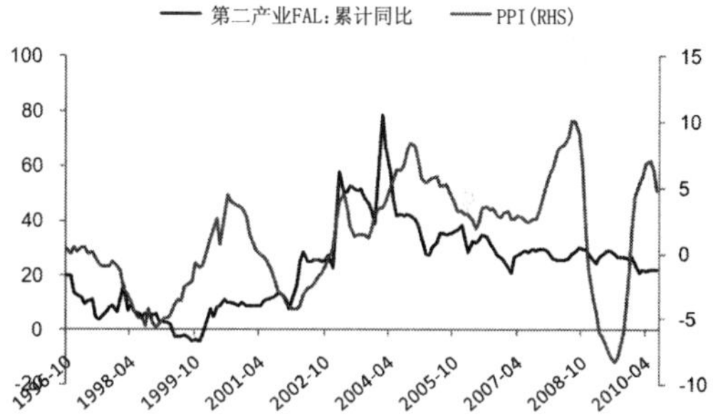

图 3-45 PPI 对工业投资影响大

几个方面，一是原有需求持续增长，企业自然的进行产能淘汰扩张和设备更新；二是需求忽然扩大或者出现新增需求；三是出现某种技术革命投资。以此来看，站在 2010 年初，出口和城市化是原有需求的变化因素；未来可能的新增需求来自农村，农民资产的盘活和农民消费的启动有非常重大的意义；在政府创新计划的引导下，对于新技术的投资，比如生物科学、信息技术、新材料和新能源低碳等；垄断行业放开。

房地产投资取决于流动性情况、房屋销量和存货水平(图 3-46～图 3-48)。

在制造业、房地产业投资下滑之际，政府将动用财政和窗口指导等相关手段，提高基建等相关行业投资增速，以平滑制造业和房地产业投资下滑过快给实体经济造成过大影响。

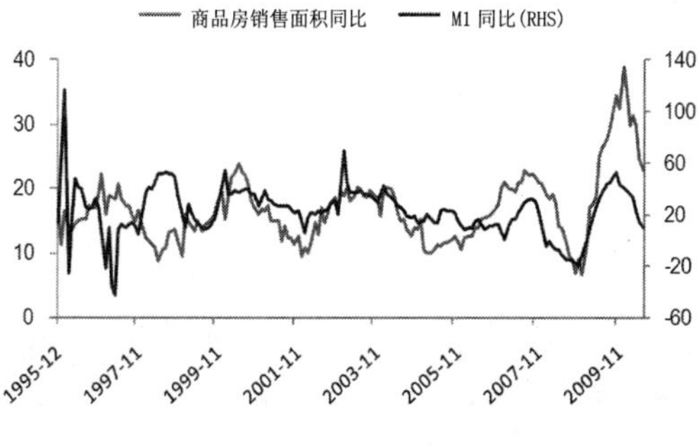

图 3-46 商品房销额增速和 M1 同比增速密切相关

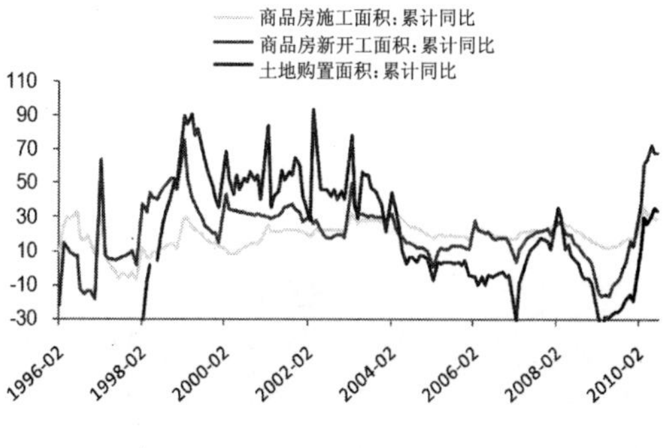

图 3-47 商品房供给增速

基建项目主要分由中央主导和由地方主导。中央的重点项目有国家信用和财力保证，实现的问题不大。通过杠杆放大作用，估计政府投资在全社会 FAI 中的比例可以扩大至 20%～30%，因此，政府支出对整个宏观经济的导向作用不容忽视。

不过，分析地方项目比中央项目更为重要，地方的投资冲动取决于：地方财政情况、银行贷款松紧和国家政策情况(图 3-49～图 3-51)。

图 3-48　商品房开发投资于国房景气指数

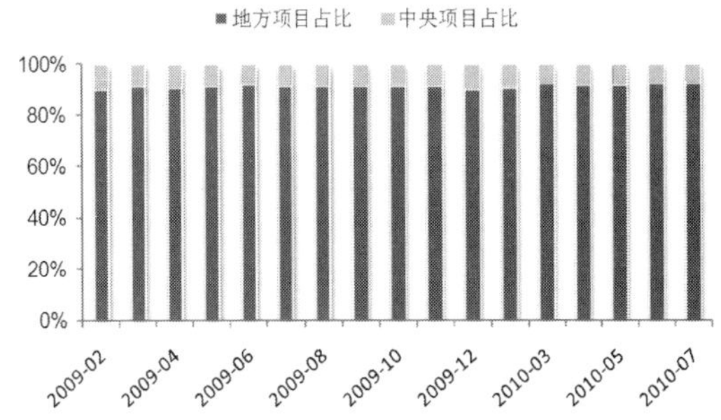

图 3-49　中央和地方投资性支出占全社会 FAI 比例

图 3-50　中央和地方项目投资增速

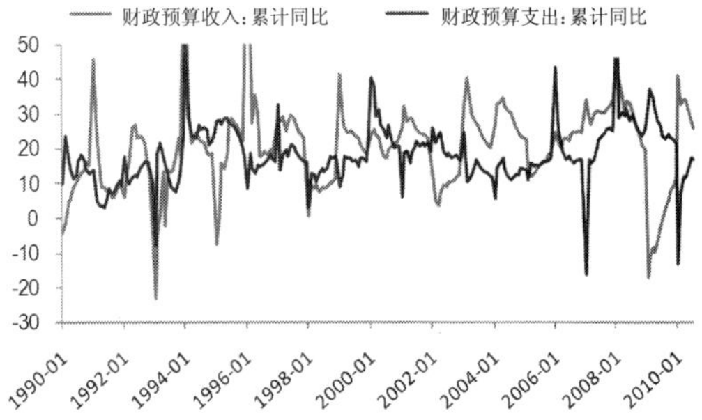

图 3-51　财政收入同比增速

消费对经济的拉动总体上一直比较平稳(图 3-52)，消费的决定因素分为四个方面：一方面是流量财富，关注的指标是居民收入和就业；另一方面是存量财富，关注的指标是储蓄率和资产价格；再一方面是通胀预期，主要体现在居民对经济的信心如何；最后一方面是国家政策，对消费的优惠如何。最核心的指标是居民收入增长。因此，消费整体具有一定的滞后性。消费构成中，汽车、家电和石油及其制品的消费具有周期性，而食品饮料、服装和日用品增速比较稳定，如果该部分出现大幅度增加，一定是制度变革的结果(图 3-53～图 3-58)。

中国出口的主要驱动因素是发达国家的经济，欧、美和日本总计占到中国出口的 50%，其中欧洲和美国的比重都很大，各占 20%以上。由于美欧经济的联动性，发达国家经济的好坏很大程度上取决于美国经济的情况。另外汇率变化对出口有半年的领先性(图 3-59～图 3-61)。

二、如何分析通货膨胀

通货膨胀主要看 CPI 和 PPI，对于中国这样的制造业经济体，PPI 的变化更重要。我们对中国 PPI 行业权重进行了估算，可以看出，除了机械外，中国 PPI 的变化主要源自冶金、煤炭炼焦、石油和化工制成品价格的变动，因此投资者需要密切追踪这些分行业产品价格的

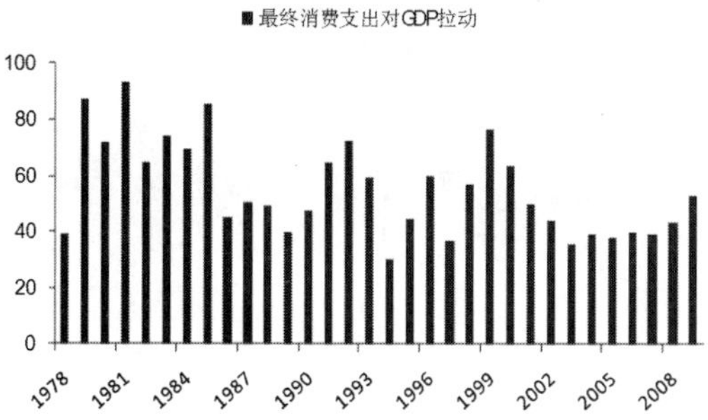

图 3-52　消费对经济的拉动一直比较平稳

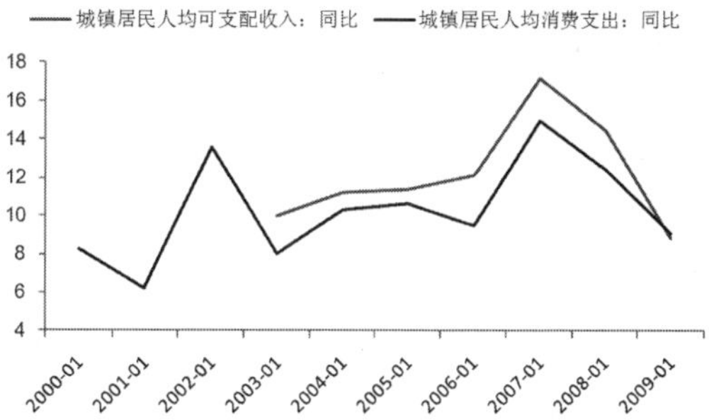

图 3-53　城镇人均可支配收入和消费性支出相关度最高

图 3-54　社会消费品零售总额同比

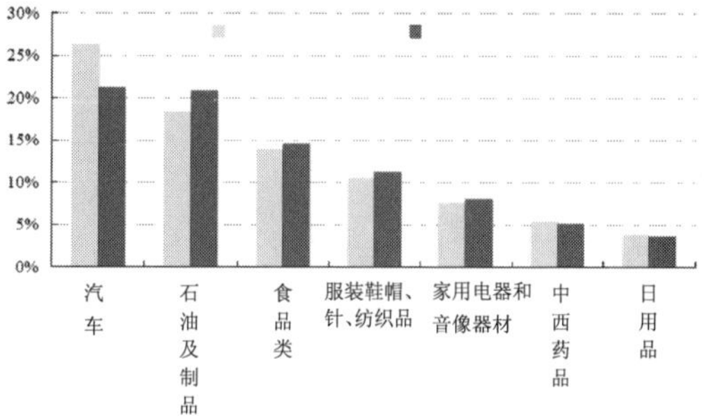

图 3-55　中国限额以上零售分项占比(2008～2009 年)

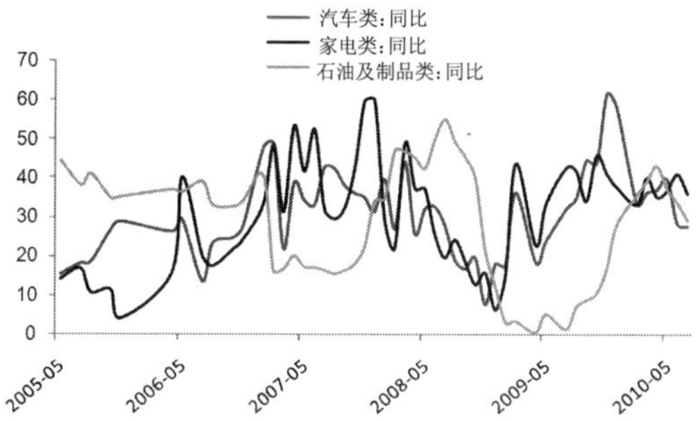

图 3-56　汽车、家电、石油及制品类等是消费中的周期性部分

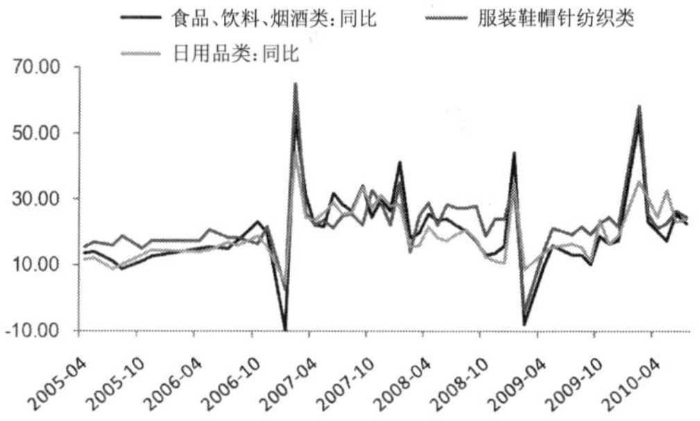

图 3-57　食品饮料、服装、日用品等是消费中的稳定部分

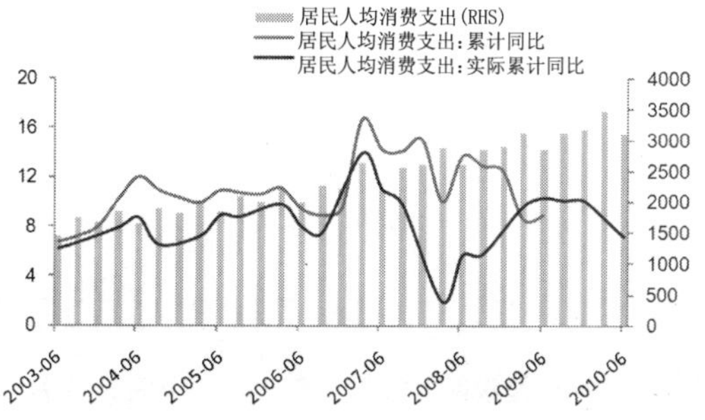

图 3-58　居民人均消费性支出数据

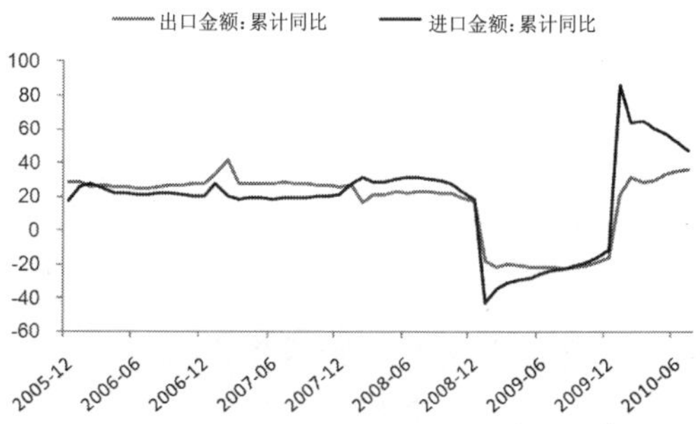

图 3-59　进出口增速变动

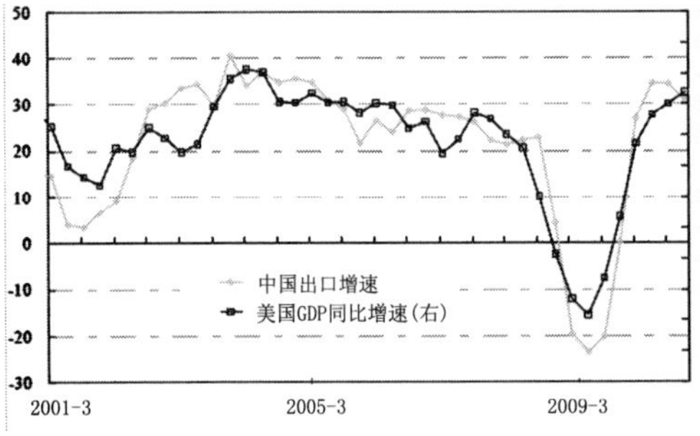

图 3-60 中国出口和美国 GDP 高度相关

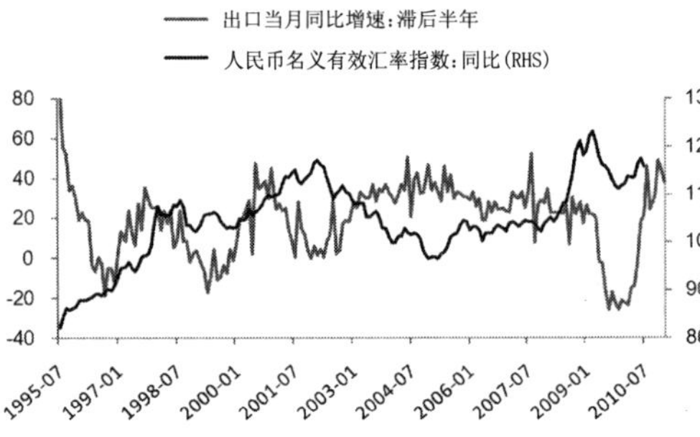

图 3-61 中国出口比人民币汇率滞后半年

变动(图 3-62)。

国内的 PPI 还与 CRB 商品指数相关(图 3-63)。

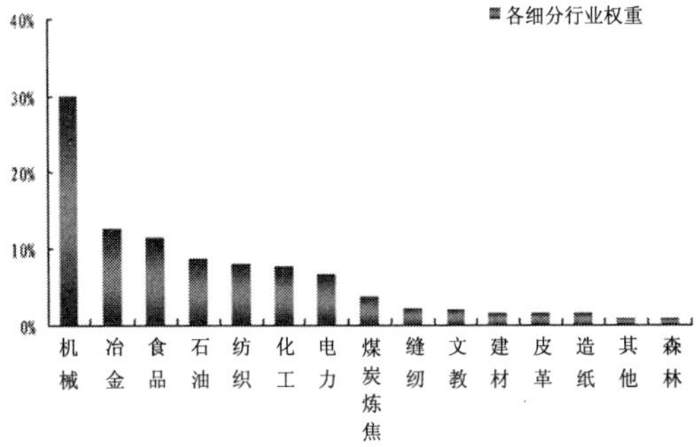

图 3-62 中国 PPI 行业权重估算

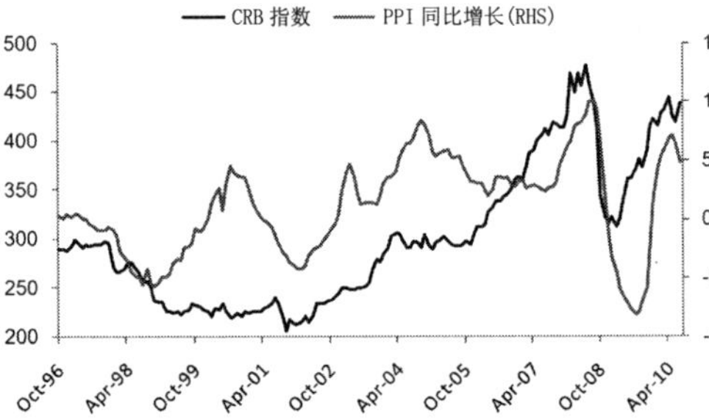

图 3-63 中国 PPI 当月同比和 CRB 指数

值得一提的是，商品价格对宏观经济冲击并非对称。经济下行可以归因于高油价冲击(如 20 世纪 70 年代两次石油危机)，但经济上行不能归因于低油价启动(如 2002～2004 年的情形)，这也是仅油价下跌不足以促使市场大涨的原因。相反，在经济下行周期，如果油价严重下行，其原因是商品市场预期经济将严重衰退。

另外，中国 PPI 对 CPI(非食品)传导机制并不顺畅。这主要是由于：我国对中间产品实行价格管制，下游工业消费产品市场总体供大于求，导致 PPI 向 CPI 的传导在很大程度上被弱化，PPI 上涨对 CPI 的影响更多是在心理层面(图 3-64)。

另外基数因素对于预测 PPI 走势较为重要，比如，由于工业品价格 2009 年初快速回稳，2010 年基期数值呈现前高后低，2010 年前两季度上升压力较大(图 3-65)。

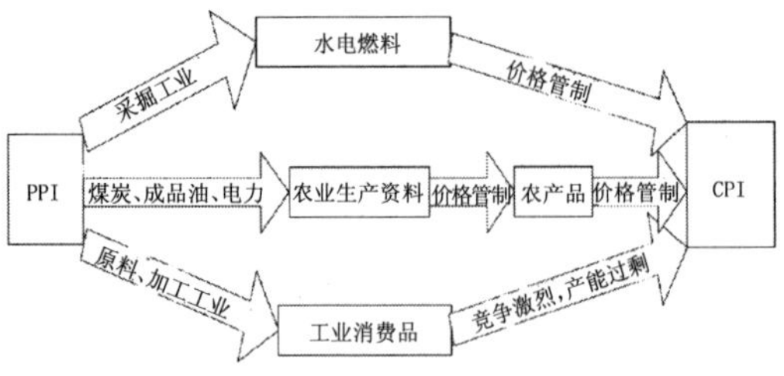

图 3-64 PPI 向 CPI 传导机制及其传导不畅的主要原因

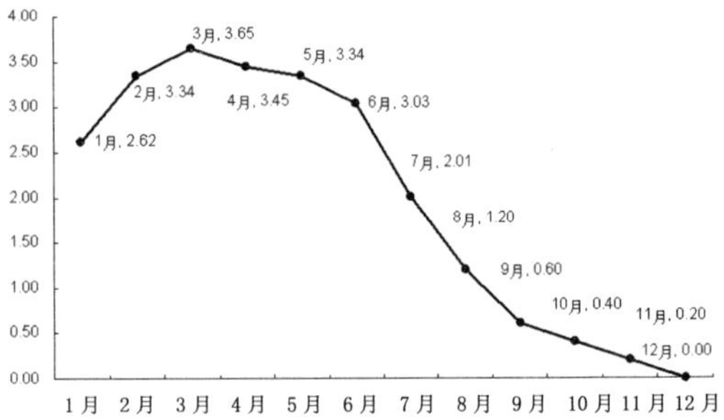

图 3-65 PPI 呈现前高后低走势(假定 10 月、11 月、12 月均环比 0.2)

中国CPI编制过于偏向食品，其中食品和居住类占比接近50%(图3-66)。而食品中，肉禽和在外膳食占比较大(图3-67)，这也是为什么经济学家都关心猪肉价格走势的原因。

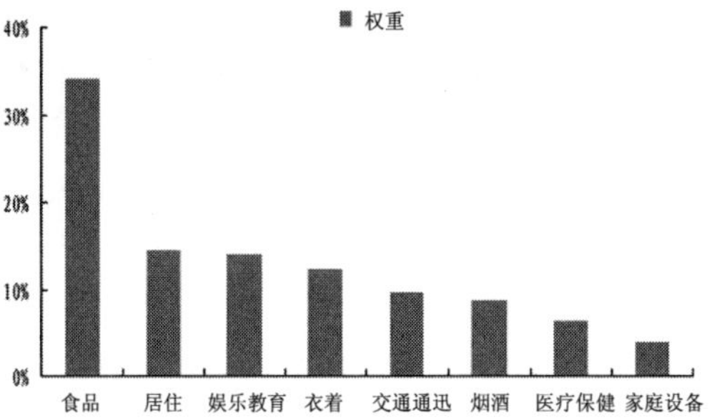

图3-66 CPI权重估算：食品和居住类占比接近50%

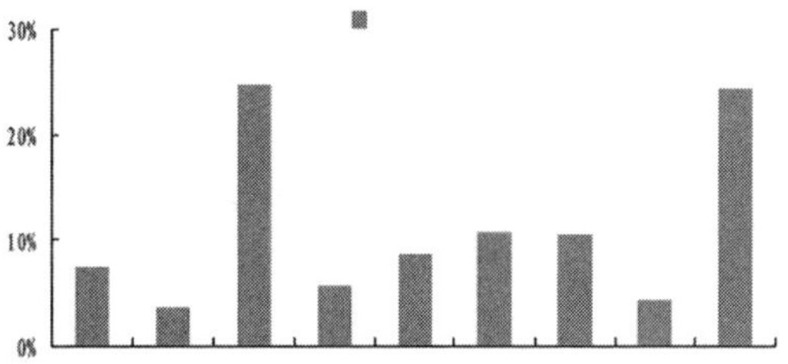

图3-67 CPI食品子项权重估算

CPI主要看农产品和猪肉。CPI的扰动主要是来自食品，非食品项历来缺乏大幅上涨的动力。投资者需要密切关注农产品价格走势(比如商务部、发改委的数据，也包括期货市场农产品价格数据)。另外，由于中国CPI数据编制的可靠性一直受到怀疑，因此看趋势比绝对高低更重要(图3-68)。

CPI也有翘尾因素，2008年、2009年和2010年3年的同比数据趋势都会表现为“V”型的变动。从CPI看，仅基期效应影响2010年同比1.16个点，呈现明显的倒“V”型走势(图3-69)。

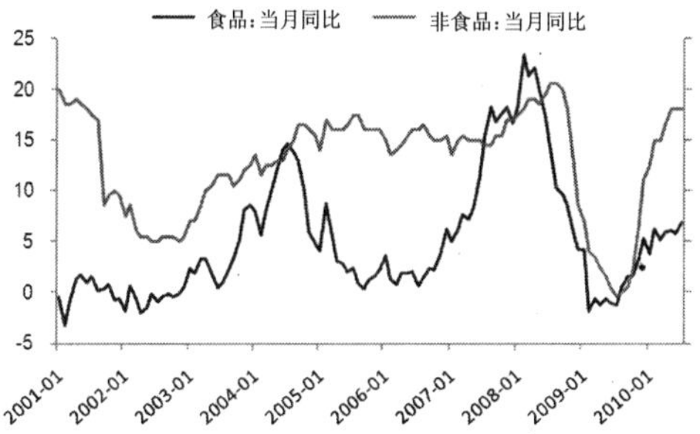

图3-68 CPI分项走势

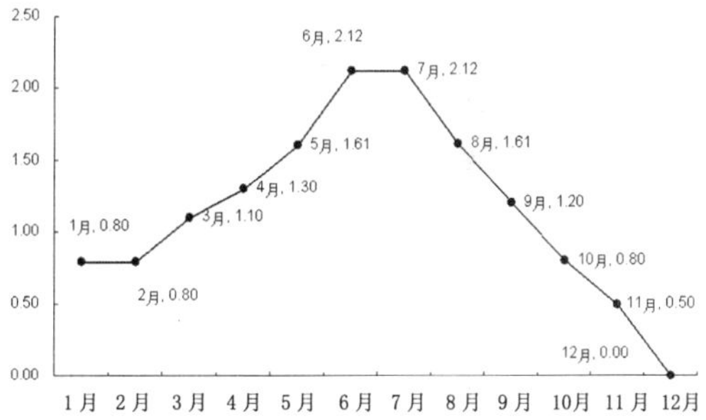

图3-69 2010年(假定10月环比0.4、11月0.3、12月0.5)CPI翘尾

三、总结

经济增长和通货膨胀的月度数据关注与分析是宏观策略投资者必须做的功课，本文并没有给出如何做预测和数据的深入分析，只是陈列了重要注意事项和基本情况，具体分析需要多阅读(研究报告)和从不同角度多思考。

不过这里需要强调的是视角问题，很多经济学家的工作是预测这些数据，而策略投资者是依照多个角度的多种数据做投资判断。因此，没有必要对具体数据讲求精确性，趋势和拐点以及背后逻辑才是关注核心，而这需要的是长期经验的积累。

另外要强调的是，并不是每个时间段，总能够较为精确地判断出未来经济增长和通货的走势从而有效进行资产配置，遇到这种情况，策略投资者需要进行战略风险管理和多情景分析，并且也包括利用其他分析工具交叉判断，比如第四章中的三要素工具。

本章和宏观经济分析密切相关，读者应该首先掌握一本基础的宏观经济学教科书，了解各类数据的来源。此外，这是实践工作，多阅读市场经济学家的研究报告更为重要。纯粹的宏观经济学专题研究对于市场投资者来说过于深入，只有有兴趣才建议阅读，比如《中国通货膨胀成因的研究》。而关于解说各类经济指标的书籍，多数是美国背景的，仅作为参考，比如《经济指标解读》。

值得阅读的几本书是：《通货紧缩》、《投资组合管理——理论和应用》、《美国货币史》、《货币的祸害》、《财富引路人》等。

第四章　三个核心因素：流动性、业绩与估值

本章是市场策略趋势分析的主体部分，也就是市场策略的三要素分析，这三个要素是股票市场的内在、中期的核心驱动因素，分别是流动性、业绩和估值。一般来说，很难建立非常准确的三因素模型去量化市场的波动，但是拇指原则是，流动性，业绩和估值都有向上的加号(大于等于三个加号)的时候，一定是大级别的牛市；都有向下的减号(小于等于三个负号)的时候，一定是大级别的熊市；三个因素出现相互抵消的加减号的时候，一般是无趋势波动。

不过，为什么众多的投资者按照这三个因素分析得出迥然不同的结果呢？我认为首先是对历史数据的客观性认识不够，另外是对于未来赋予了太多主观的看法，尤其是估值。比如在假定业绩预测是准确的话(实际上分析师预测下一年度业绩很少有准确的时候)，给定估值就可以给出市场目标位，而投资者总是不基于客观现实就人为幻想一个 20 倍或者 30 倍的市盈率，这样得出的目标价位也是幻想。极端的例子就是 2008 年初，市场处于很高的估值，不过很多投资者还是幻想未来估值可能更高，但从长期历史区间来看，60 倍估值算是上限了。

因此，根据研究三要素的体会，我认为首先要对历史数据的客观性有充分的认识(很简单的一个问题是，相对历史来说，目前的数据是不是一个高点？)，然后进行合理外推，并且仅作一种外推是不够的，要进行多情景分析，这是策略投资所必需的。当然，做投资决策的时候，一定是基于你认为最可能的一种情景，然后设定超出预期的风险控制机制，随着日后新信息和数据的出来，进行调整。

一个例子是 2009 年投资策略的制定。2009 年年初，我根据三要素分析，认为最可能的情景是“N”型走势，全年向上，但是中间有个调整，并且“N”型的第一波上涨大概也就在 2500 点左右，第二波上涨能够超过 3000 点。不过，因为政府政策刺激的力度在二季度严重超出事先的预期(我认为刺激过猛是犯错了，但这种错误使我在市场策略判断上犯了错)，后来调控过早也超出事先的预期，结果全年第一波上涨最猛，调整也很剧烈，全年确实上涨超过了 3000 点，不过形成的不是“N”型走势，而类似“双头”走势。我的年初判断事后看是“错误”的——尽管在悲观的 2009 年年初，我在大力“全年看多”。

好在策略投资不是预测具体点位，那没有半点用处。策略投资不仅要求对趋势进行把握，而且需要研究相对确定性的具体投资机会(多保险机制保证局部看错或者不确定的情况下，仍然能够做出正确的具体决策)。2009 年年初，我推荐了第一波上涨时比较确定的机会，称之为“结构性机会”，而市场整体在 2009 年年初对第一波上涨还没有抱以信心，更不用说寻找“结构性机会”了。最终显示第一波上涨不是结构性机会，而是全体性机会。不过，这不重要，因为毕竟把握住了能够把握的更确定的机会，这样持股就会有信心。2009

年上半年股票换手率很高，也就是说，尽管最终证明是全体性机会，但是投资者也不敢确信，快进快出而影响了收益。

另外的一个例子是2010年投资策略的制定。2010年年初，我根据三要素分析，同时结合其他分析框架，认为市场全年没有大机会，最大的可能是弱势震荡。如果存在外力的作用，这种外力只会使得市场超预期下跌，而不是超预期上涨。在制定2010年二季度策略的时候，就开始考虑超预期因素，对二、三季度变得更加谨慎起来。

需要强调的是，不要幻想一个指标就可以预测市场，策略投资在市场要素分析方法上的意义在于从三个角度，参考各种不同指标去测度市场的背景，并进行合理的外推。

第一节　流动性

流动性指标是大类资产配置的度量器，本部分不会像上一章为了强调通胀区间重要性花费过多研究一样来强调流动性的重要性，因为流动性的重要性过于显然。研究流动性就是要回答一个问题：流动性从哪里来，要配置到哪里去(图4-1)？

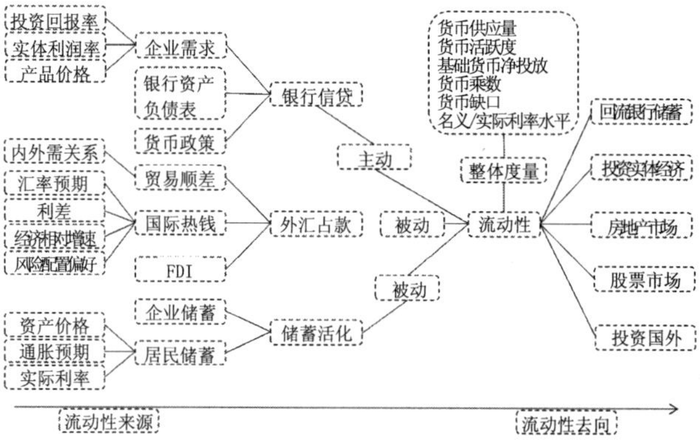

图4-1　流动性从哪里来，要流到哪里去——分析框架图

不过，要回答这个问题，需要定义、度量流动性。

我国现行货币统计制度将货币供应量划分为三个层次：

(1)流通中现金(M0)，是指银行体系以外各个单位的库存现金和居民的手持现金之和；

(2)狭义货币供应量(M1)，是指M0加上企事业单位在银行的活期存款；

(3)广义货币供应量(M2)，是指M1加上企事业单位在银行的定期存款和城乡居民个人在银行的各项储蓄存款以及证券客户保证金。

M2与M1的差额，即单位的定期存款和个人的储蓄存款之和，通常称作准货币。

首先要有总量观。我国M1和M2的总存量，截至2009年年底，分别为22万亿和60.62万亿，这是个什么概念？按照2010年年初汇率水平，M2(还有基础货币)的总量比美国还要多(图4-2)。实践中，各国对M0、M1、M2的定义不尽相同，不过都是根据流动性的大小来划分的，比较没有绝对意义，但是仍然有一定参考价值。

然后要有比价观，比如M2/GDP，M2/总市值等。2009年全年GDP为33.53万亿元，货币指标M2总量2009年增加13万亿，达到60.62万亿元，M2与GDP的比值达到了历史最高值1.8。1990年0.8元的M2就能产生1元的GDP，如今要1.8元M2才能产生1元的GDP(而美国仅用0.6元M2就能产生1元GDP)。这反映中国货币投放的效率越来越低，靠印钞票，拉动投资来带动经济增长的效率越来越差，最终只能走到技术带动效率的增长上。如果保持1990年的水平，2009年的M2只需要有26.8万亿元，多出来的34万亿元，成了热钱，由此

表 4-1　流动性的度量

度量方向	指标	频率	出处
货币供应量	M1、M2	月度	央行
货币活跃度	M2-M1	月度	
货币乘数	货币预期	季度	央行
基础货币投放	基础货币净投放	季度	央行
货币缺口	M2- 名义GDP增速	季度	央行和统计局
利率水平	一年期存货贷款利率	日	央行

造成虚拟经济(如房地产、股市、古董或者其他市场)被严重冲击。关于超额货币的研究，感兴趣的读者可以阅读《中国经济发展中的超额货币：原因、度量与政策选择》。

关于货币，还要有增量观。货币在资产配置的重要性既包括总量，也就是存量概念，还包括增量(流量)概念。

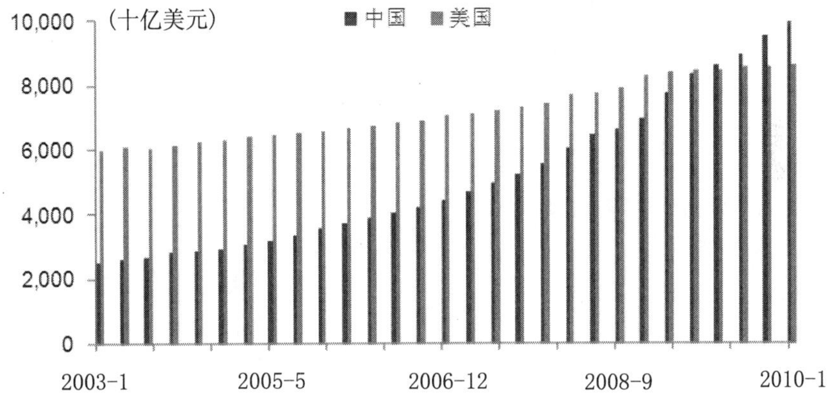

图 4-2　中国 M2 和美国 M2 的比较

这涉及两个资产配置，一个是存量资产的替代配置，比如同样处于 M2 中，但是居民储蓄搬家到股票市场变成保证金(当然也可以消费、买房地产等)，M2 总量不变，只是资产之间的配比发生变化。有研究表明，广义货币内货币资产和其他货币性质的金融资产之间有较高的替代性，这种替换会使得以 M1 为代表的货币需求函数变得不稳定，不过这种替代主要是由公众的资产选择行为决定的，政府部门只能适当引导，而这些资产之间的相互替代很可能就会导致经济的总供需失衡，并引致货币市场的非均衡(图 4-3、图 4-4)。

另外一个是增量资产配置，也就是新增货币(每月公布数据)将配置到什么资产中去。一般来说，货币职能可以大致分为两类，一个是流通媒介，一个是价值储藏，而狭义货币多执

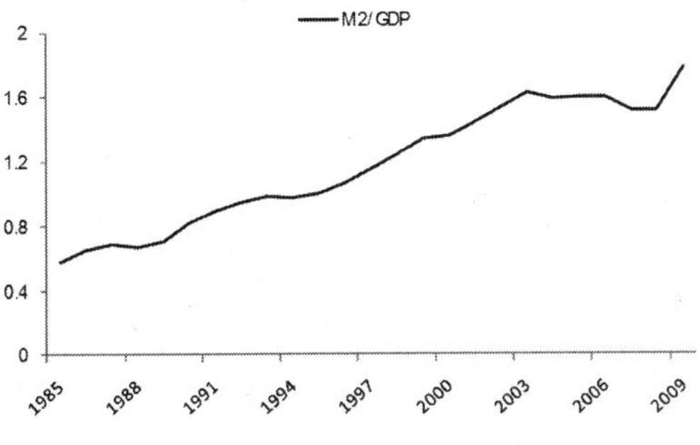

图 4-3　M2/GDP

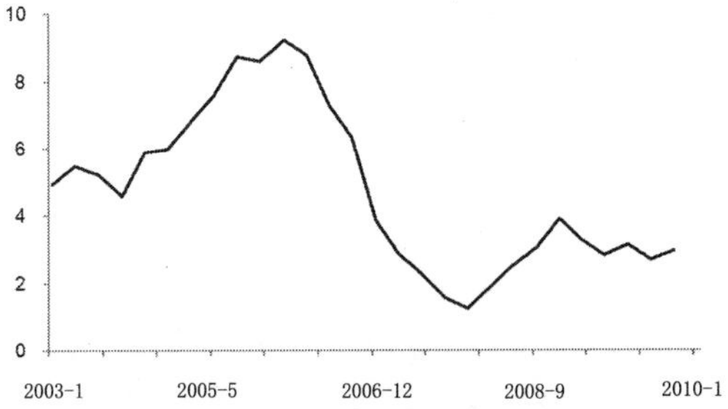

图 4-4　M2/ 股市总市值

行流通手段，广义货币中准货币则大致发挥着价值储藏的功能。因此，这里新增货币最佳的度量是 M1 同比增长和 M2-M1(图 4-5)。

观察 M1 同比增速以及其波动的特征，自 1992 年以来，我国货币 M1 的均值为 20.7%。但在 1993 年后，M1 增速一般在 10%～25%之间波动。2009 年 9 月 M1 达到 29.5%，超过这个区间(图 4-6，图 4-7)。

但 M1 同比增速的回落并不一定意味着股市的周期性回落，只有当同比数据正确反映了环比累计的时期，同比数据与股市的周期性特征较为一致，但当同比数据反应的是基数效应，则同比周期可被视为无效周期，对股市不会产生影响，而此时的环比数据更具参考意义(图 4-8)。

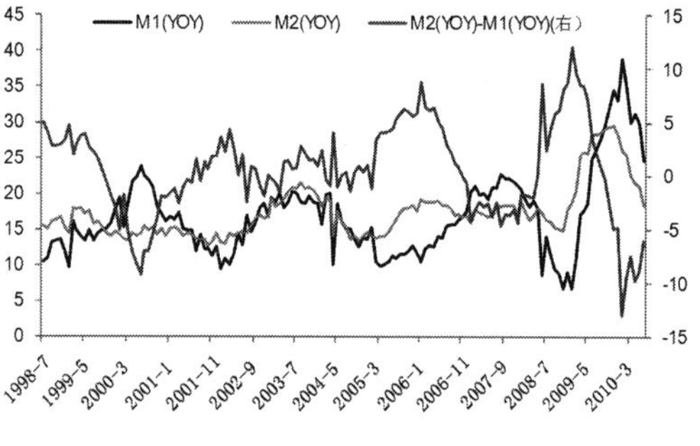

图 4-5　M1 和 M2 同比增速变化反映的是货币的增量概念

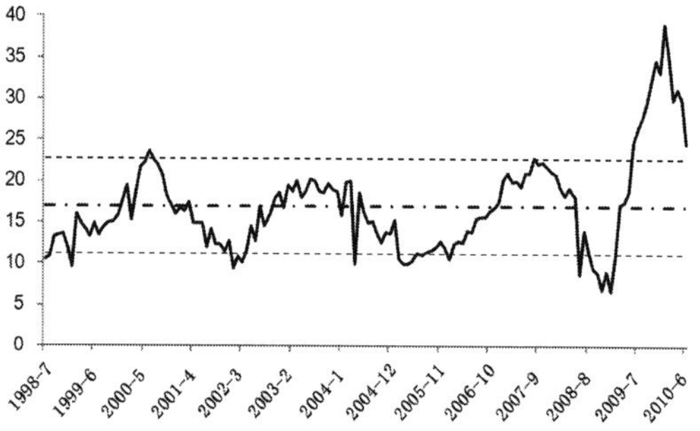

图 4-6　M1 的历史波动周期

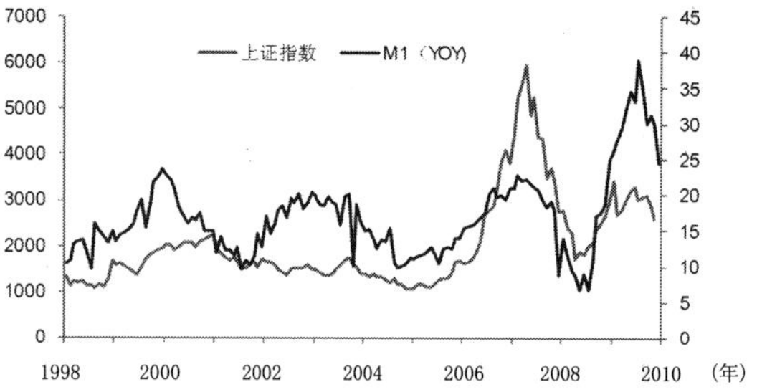

图 4-7　M1 同比增速与股指相关性更强是必然的

比如，2000～2001 年就出现这种情况，2000 年 6 月份 M1 同比指标达到高点并开始回落，但股市的下跌却延后了 1 年。从 2001 年的情况来看，股市并非滞后 M1 同比，而是完全背离。造成这种背离现象的原因是 M1 同比回落反应的是基数效应，2000 年 6 月后，M1 和企业活期存款环比仍保持较高的增速(图 4-9)。

2010 年由于基数原因，也会出现这个问题。从 M1 的翘尾估算看，呈现出明显的前高后低的趋势，2010 年贡献同比 12%。考虑季节因素，2010 年 M1 同比增速的拐点将发生在 2

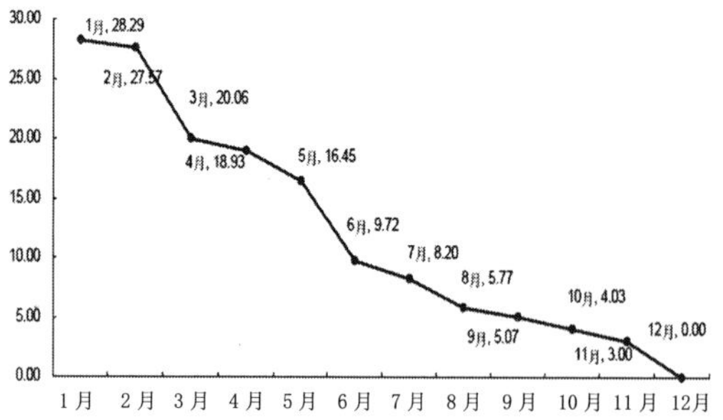

图 4-8　M1 翘尾因素估算(10、11 月环比 1%，12 月月环比 3%)

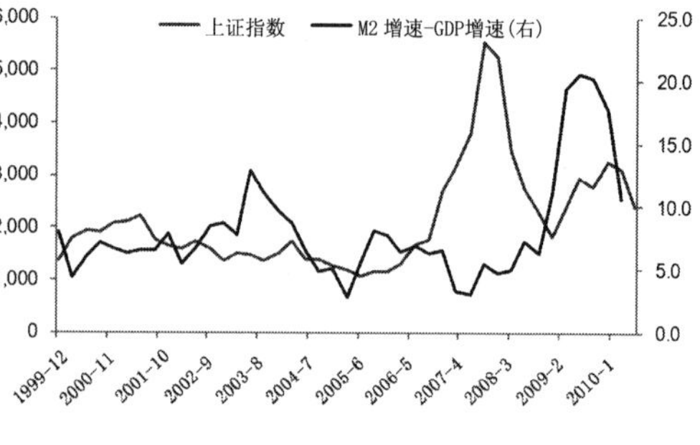

图 4-9　上证指数和 M2-GDP 反相关

月份。因此，观察M1，也就是流动性的源头至关重要。

M2 季度增速 - 名义 GDP 季度增速的分析意义在于有理论认为 M2 季度增速反映的是经济(包括实体经济和虚拟经济)新增的货币需求，而名义 GDP 季度增速反映的仅是实体经济新增的货币需求，两者相减反映虚拟经济(比如股票市场)新增的资金宽裕度。比如，2007 年第三季度公布的数据显示 M2-GDP 缺口闭合，资金开始不充裕，结果 2007 年 10 月份股市见顶。

我国的货币乘数具有明显的顺周期特征，这在一定程度上使货币供应内生于经济的周期波动。该数据仅具有一定意义的参考价值，也就是测算流动性的时候，考虑到其助涨助跌的特性(图 4-10)。

存贷款利率和通胀预期对于存量资产的变化更具有意义(图 4-11)。其中，存款利率的变化可能改变居民存量资产配置，而贷款利率的变化可能改变企业存量资产配置(这里所说的可能仅指必要条件，非充分条件)。

M1-M2 增速差。我国对货币供应量的定义中，M1 主要代表流通中的现金和企业活期存款等，而 M2 则在 M1 的基础上增加了居民储蓄存款和企业定期存款等内容。由于广义货币供应

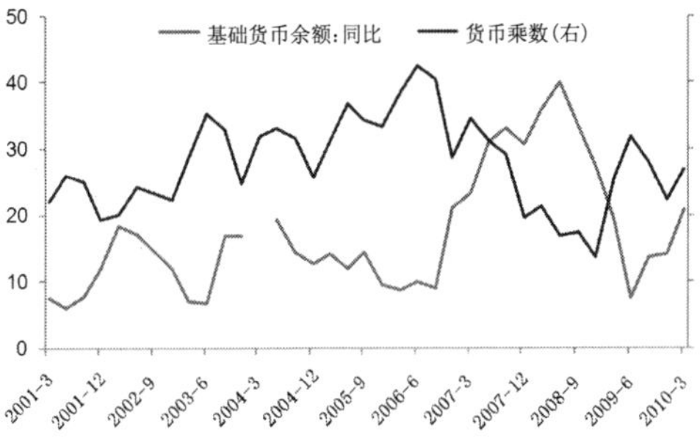

图 4-10　基础货币和货币乘数

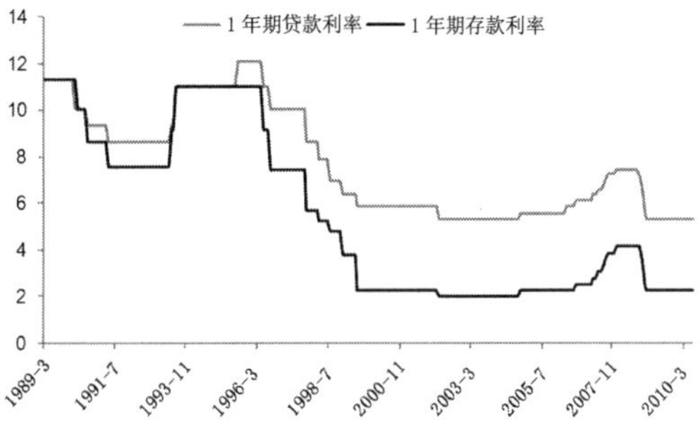

图 4-11　一年期存贷款利率

量 M2 中，居民储蓄存款占比 43%，企业定期存款占比较小(13%)；而狭义货币供应量 M1 中，企业活期存款占比 63%，所以 M1-M2 增速差又可视为企业存款 - 居民储蓄存款的增速差，而后者的周期性特征与股市也较为相关(图 4-12，图 4-13)。

M1-M2 增速差也与我国股市的周期性特征统计上较为相关，这主要是因为两者的增速差是信贷投放、宏观经济、企业利润的综合反映：

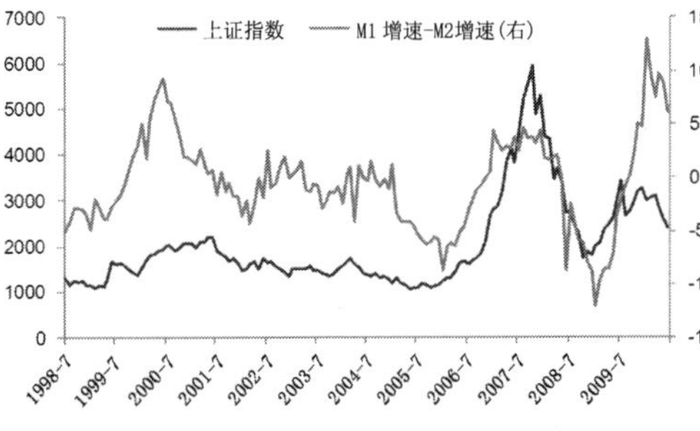

图 4-12　M1-M2 与股市的变化相关

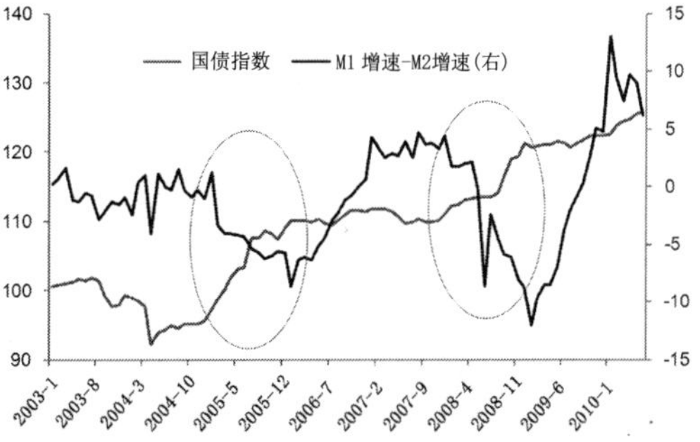

图 4-13　M1-M2 与债券的变化也相关

信贷投放扩张：新增企业贷款增加，企业活期存款回升的速度要快于定期存款，(M1 增速＞M2 增速)；

宏观经济改善：居民消费意愿增强导致居民储蓄存款向企业存款(定期或活期)转化(储蓄搬家)(M1 增速＞M2 增速)；

企业利润回升：企业经营活动改善，活期存款回升的速度大于定期存款(存款活期化)(M1 增速＞M2 增速)。

在了解观察流动性的指标后，则需要了解流动性的来源，其中信贷是重要来源，其决定因素主要是：货币政策约束、银行资产负债表和风险偏好、实体经济需求(表 4-2)。

表 4-2　信贷的决定因素列表

信贷驱动因素	观察指标		频率	出处
	决策层表态	无可跟踪性		媒体
货币政策	利率和存款准备金调整	不定期		
	公开市场操作	现金净投放	月	央行
		央票利率	日	央行
	超额准备率		月	央行
	贷存比		月	央行
	资本充足率		季度	根据上市公司报表测算
银行资产负债表	银行间同业拆借利率		日	央行
	银行间回购利率		一	央行
	银行间国债收益率		二	央行
	银行间长短期回购或国债间的利差		三	央行
	中长期贷款		月	央行
实体经济需求	固定资产投资中来自国内信贷部分		月	统计局
	趴账部分		月	统计局

我国央行的货币政策目标是，既考虑通货膨胀又考虑经济增长，这决定货币政策不稳定，会发生变化，会出现时而亲市场的货币政策，时而反市场的货币政策。公开市场操作是日常观察指标，关于这方面的解读，股票市场投资者可以多看债券市场方面的分析报告(图 4-14～图 4-16)。

银行的放贷要考虑其结构性因素，中长期贷款更多用于消费和长期投资，而票据融资和短期贷款则更能为市场提供短期流动性，比如 2009 年 7 月份票据融资出现负数，股市见顶(图 4-17)。

中长期贷款和实体经济密切相关，相互作用。下面是 2009 年年底关于中长期贷款的分

图 4-14　贷款存量的同比增长

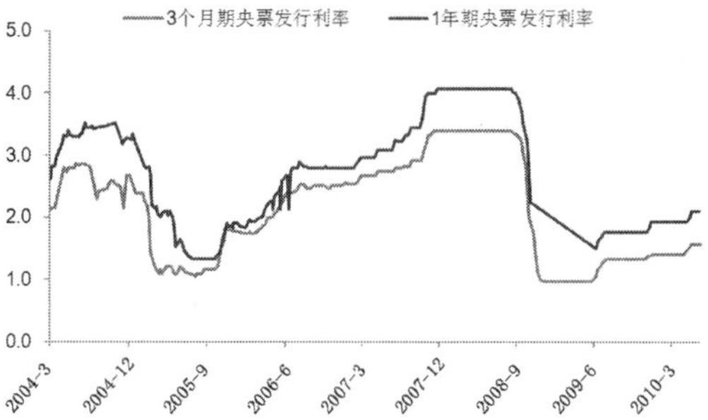

图 4-15　央票发行利率

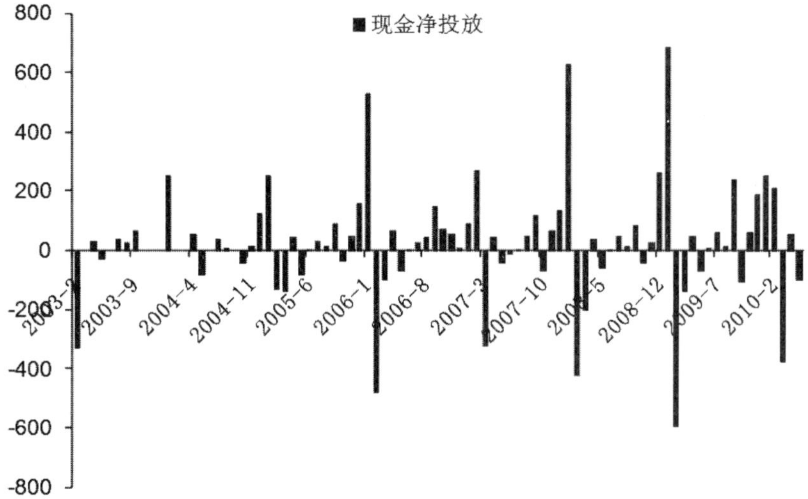

图 4-16　现金净投放(月数据)

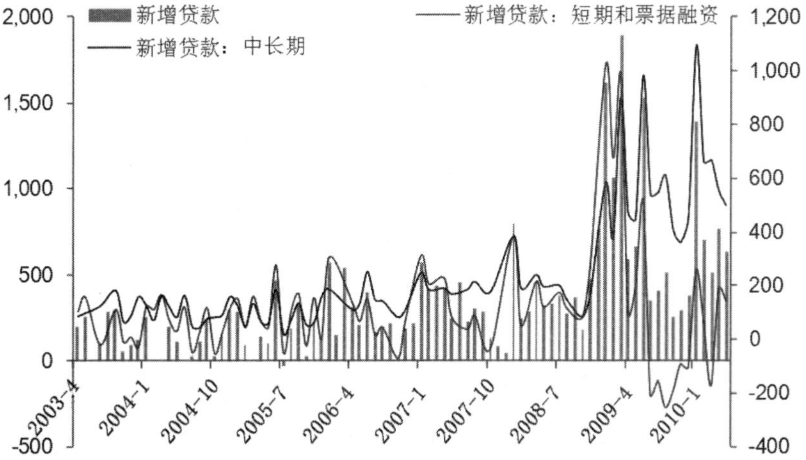

图 4-17　票据融资变动对短期流动性影响至关重要

析(图 4-18)。

2009 年 1～10 月份共投放中长期贷款 58811 亿元，占总新增贷款的 65.9%。中长期贷款的过量投放也使得金融机构贷款余额中中长期贷款的比重快速提升，2009年10月达到了54.5%，比2008年同期提高了3.2%。定期存款在整个存款中的比重从2009年1季度开始持续下降，二者的缺口持续扩大，2009年10月缺口达到了8.5%，这给商业银行贷款与存款期限的匹配性带来了一定的问题(表4-3，图4-19～图4-21)。

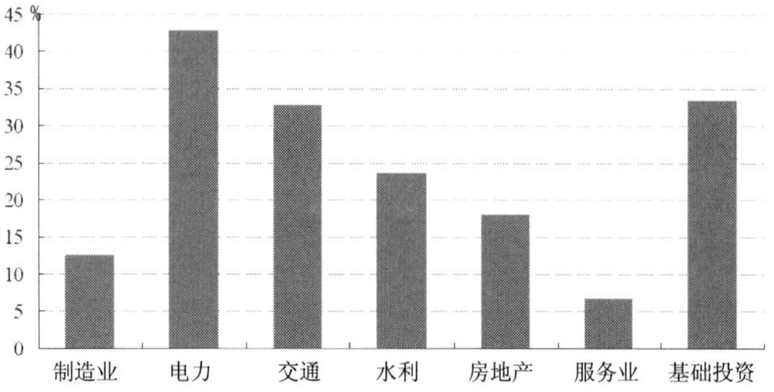

图 4-18　各行业固定资产投资资金来源中贷款的占比

表 4.3　国泰君安首席经济学家关于2010年固定资产投资增速的测算

		不考虑2009年未流入实体的中长期贷款			考虑2009年未流入实体的中长期贷款		
货币增长目标(%)		17	19	21	17	19	21
新增贷款(亿元)		68000	76000	84000	68000	76000	84000
中长期贷款占比(%)	60	3.52	15.70	27.88	16.21	28.39	40.56
	55	-5.11	6.06	17.22	7.58	18.74	42.59
	50	-13.73	-3.58	6.57	-1.05	9.10	31.94

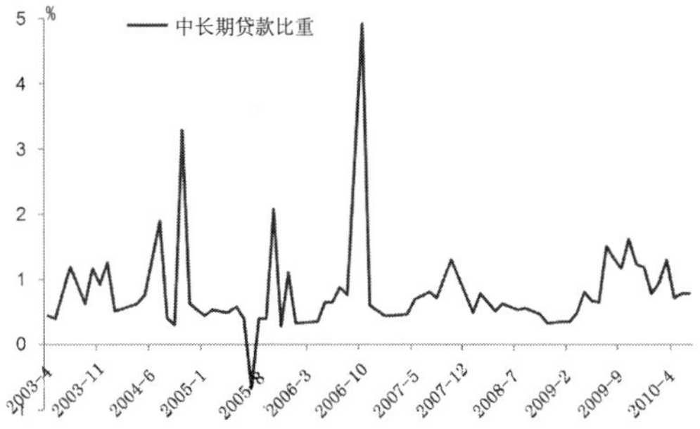

图 4-19　新增贷款中的中长期贷款比重

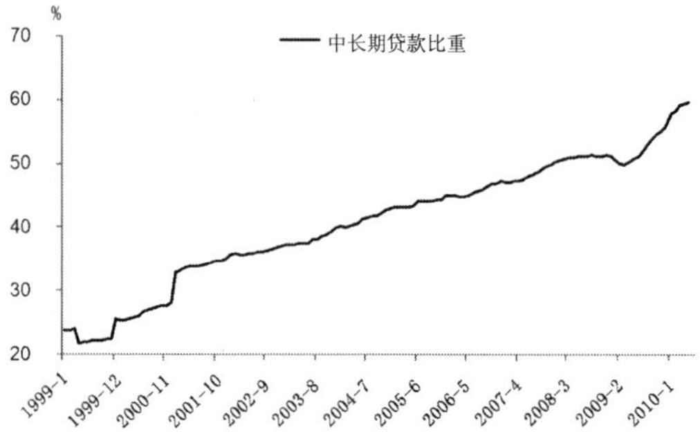

图 4-20　中长期贷款占贷款余额的比重

从中长期贷款的流向看，过多集中在企业部门。从2007年底流向居民的中长期贷款比重持续下降，直至2009年二季度之后有所回升。居民消费性贷款主要是住房按揭贷款，其比重如此之高与中国的消费信贷市场的欠发达有关，但居民消费性贷款如此高比重集中在中长期贷款上，实际上大大压抑了居民的其他消费支出。企业部门的贷款快速向中长期贷款集中，增加了银行体系未来的风险，一旦银行体会到风险，贷款可能会迅速收紧。

中长期贷款集中配置在制造业、交通运输行业、房地产业、电力燃气、水的生产和供应行业以及水利、环境公共设施管理行业，共占中长期贷款的94.8% 。中长期贷款过度地集中在公共投资和房地产行业，一方面极大提升了中长期贷款的风险，另一方面使得制造业缺乏产业升级的信贷资金支持。中长期贷款投向过度集中的原因在于中国经济高度依赖基础设施投资和房地产投资的增长模式以及间接融资规模过大的金融结构(图4-22)。

由于主要大银行均已上市，因此关注银行自身的情况和约束也很有意义。比如，存贷

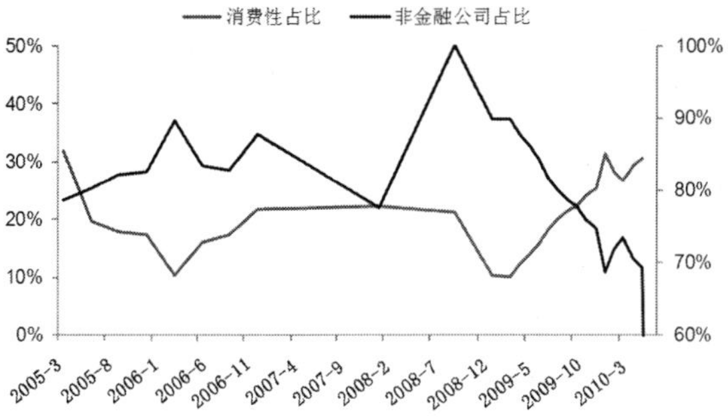

图 4-21　中国中长期贷款结构

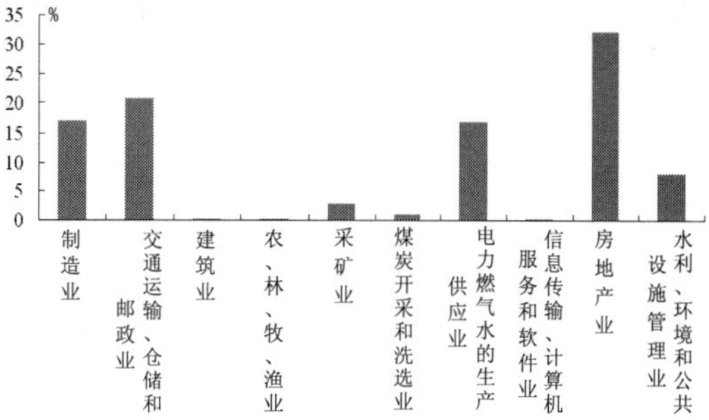

图 4-22　固定资产投资贷款资金的行业投向

比、资本充足率、坏账等指标。这方面多阅读各券商机构银行业分析师的观点(有人说银行业分析师顶半个策略分析师)，注意仅看其客观分析，不要被具有主观情绪的结论所影响(图 4-23～图 4-25)。

流动性的其他来源包括：贸易顺差、国际资本流入和储蓄活化等(表 4-4，图 4-26)。

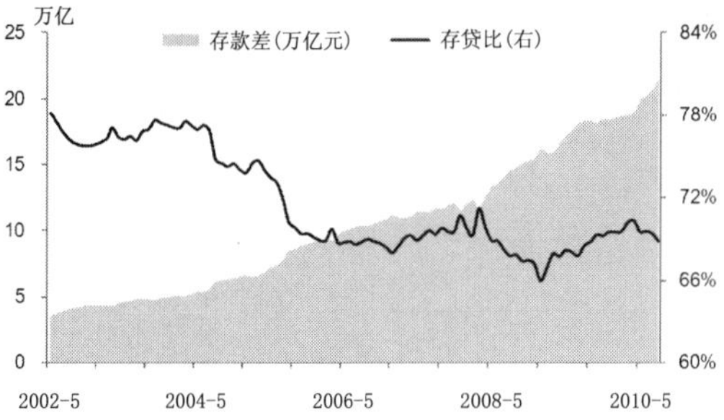

图 4-23　存贷比和存贷差

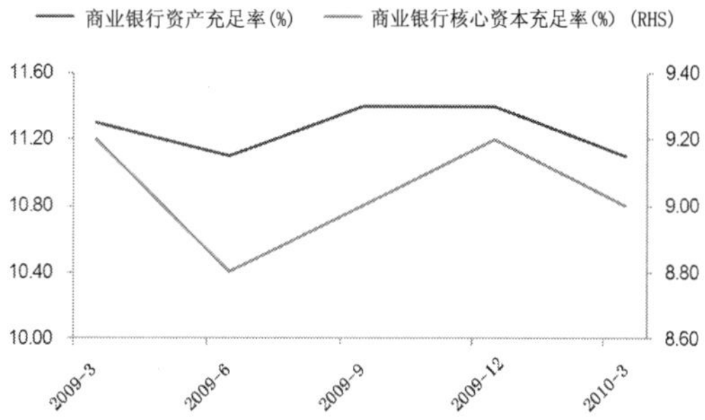

图 4-24　上市银行资本充足率和核心资本充足率

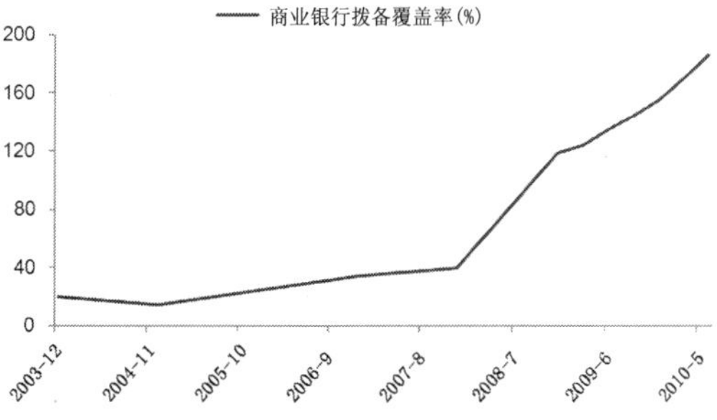

图 4-25　上市银行拨备覆盖走势

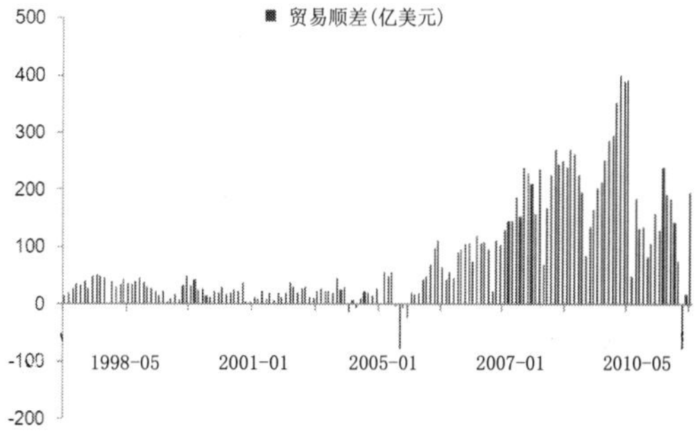

图 4-26　我国贸易顺差情况

外部流动性影响股市的动力在于顺差，而不是热钱。大量的顺差会使获得顺差的国内企业和居民在国内重新进行资产配置。而热钱与 A 股相关性不高，这是因为热钱流入中国，主要目的是固定收益套利，存在银行风险最低，而直接买风险资产如地产、股票，将拖长投资时间，加大风险，尤其是在目前如此小的升值预期下。热钱流入更多导致了银行存贷差扩大，更利好债券市场。

2005 年 7 月 21 日开始的升值是渐进式升值，升值预期明确，大量热钱长时间流入。

表 4-4　其他流动性的关注要点

来源	影响因素	观察指标	频率	出处
		月新增顺差	月	央行
		进出口数据	月	海关
		固定资产投资	月	统计局
贸易顺差	内需和外需关系	美国零售数据	月	Bloomberg
		美国个人支出数据	月	Bloomberg
		美国企业库存销售比	月	Bloomberg
		美国企业产能利用率	月	Bloomberg
FDI	中国的投资回报率	企业ROE和毛利率		Wind
	实体经济投资回报率	企业ROE和毛利率		Wind
国际热钱	利差	中美利差	日	
	风险配置偏好	TED 利差变化	日	Bloomberg
	升值预期	12 个月美元/人民币NDF	日	Bloomberg
	资产价格	股票和房地产价格	日	Wind
储蓄活化	通胀预期	银行间不同期限产品的利差	日	Wind
	实际利率		日	央行

尽管美国有经济学家认为按照 2010 年第一季度的汇率水平，人民币仍需升值 40%才合理，但从中国的承受能力和政府意愿来看，3%～5%已经是极限，这和 NDF 反映的升值预期基本一致。2010 年 3 月 18 日人民币 1 年期升值预期只有 2.4%。

2005～2007 年汇改时的经济背景是顺差的过快增长。从 2005 年开始，顺差进入高速增长期，2005、2006 和 2007 年的同比增速分别为 21%，74%，48%。这一方面带来了大量外部流动性，另一方面升值压力大增。但 2010 年情况完全不同，随着国内基建陆续开工，进口大增，虽然出口增长能达到 20%～30%，但 2010 年顺差增长并不乐观。也就是说即使升值预期带来一定量的热钱，但顺差增长较低，外部流动性从增速上来看也非常有限，远达不到 2005～2006 年的水平(图 4-31)。

因此 2010 年一季度市场看人民币升值、热钱流入、重回汇改大牛市的想法并不现实。因为这和 2005～2008 年汇改时的情景大不相同(热钱和股市相关性并不高，同时顺差增长非常有限)——并且我认为人民币大幅升值的概率极低，国家完全可以通过调整出口退税来调节进出口。如果升值，更可能是一次性升值并且空间很小，而不是渐进式升值。如果升值到位后，热钱流出，将会造成股市波动，而市场预期到这种后果，将提前有所反应，所以市场涨幅会非常有限。如果和预期相反而不升值，市场还可能下跌。

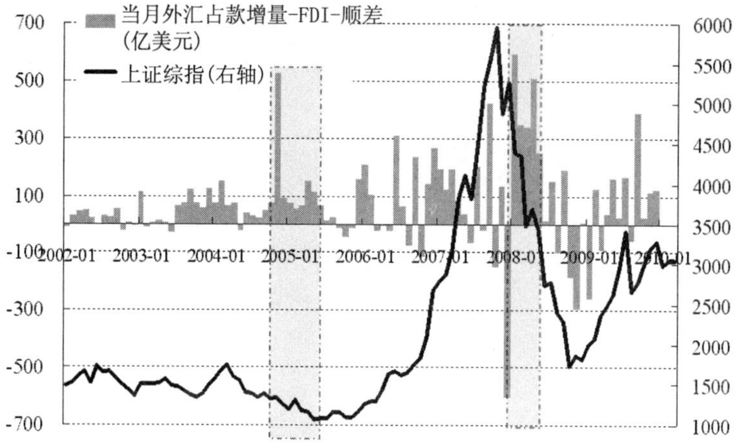

图 4-27　热钱和股市相关性很低，2008 年热钱大量流入时股市暴跌

图 4-28　升值预期与热钱走势息息相关

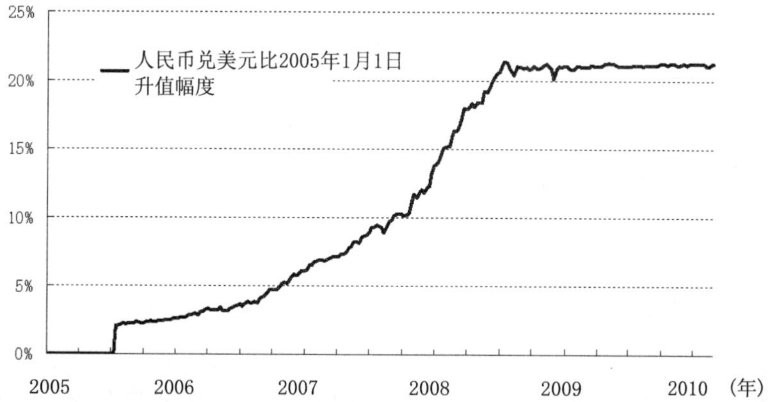

图 4-29　2005 年开始的人民币升值持续 3 年，累计升值 21%

图 4-30　2010 年初人民币 1 年期升值预期只有 2.4%

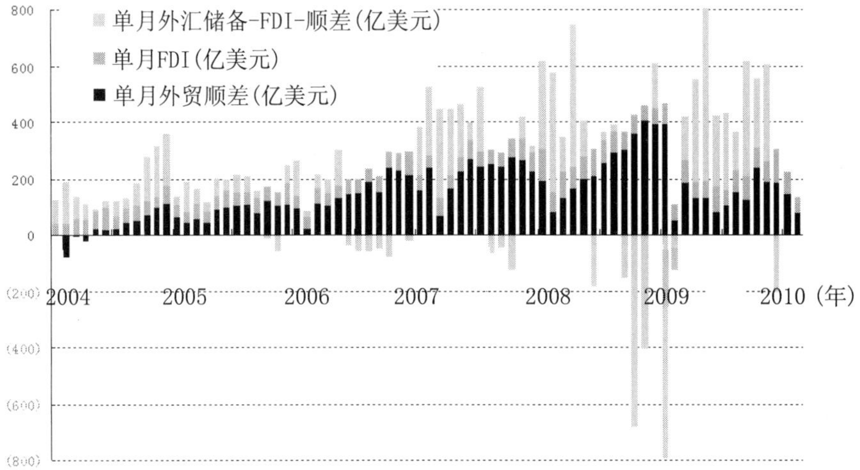

图 4-31　2005 年开始顺差暴增

储蓄活化也是流动性源头之一。国内股市历史上的两次牛市，一次是 1999～2000 年，一次是 2007 年，都是因为居民将新增储蓄资金转配股市带来的。不过 2009 年储蓄资金增速的下降，我认为主要是居民将储蓄资金转配房地产，这可以和居民中长期消费性贷款相互印证(图 4-32，图 4-33)。

从各方面数据来看，我们并没有看到 2009 年有储蓄资金大量入市的迹象。储蓄资金入市需要两个必要条件，第一个是实际利率足够低且趋势向下；第二个是股市存在显著的赚钱效应，同时相对其他资产类型的投资收益有明显优势。2009 年这两个条件并不显著。

另外，储蓄资金每次进入股市都以严重套牢而告终。从心理学角度，我认为在 2007～2008 年入市的储蓄资金的创伤很难在两三年内就得到修复——除非政策采取什么措施强行把储蓄资金赶入股市。

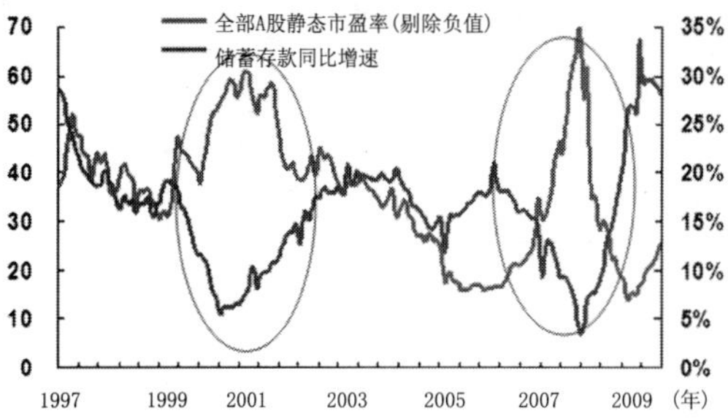

图 4-32　历史上 2000 年和 2007 年股市泡沫都是因为储蓄资金大量入股市

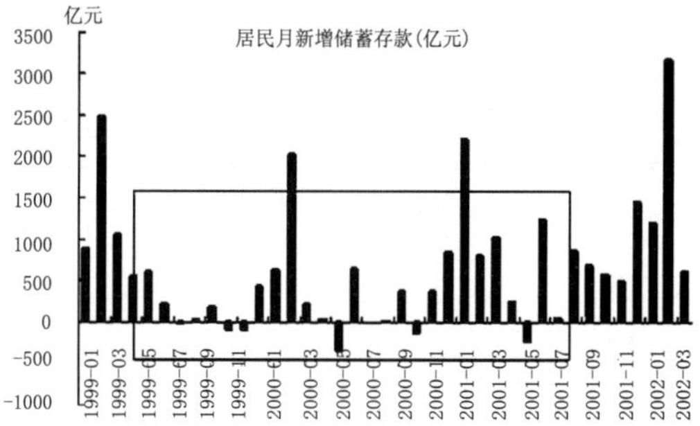

图 4-33　1999～2001 年新增储蓄远低于之前和之后水平，市场泡沫由储蓄资金贡献

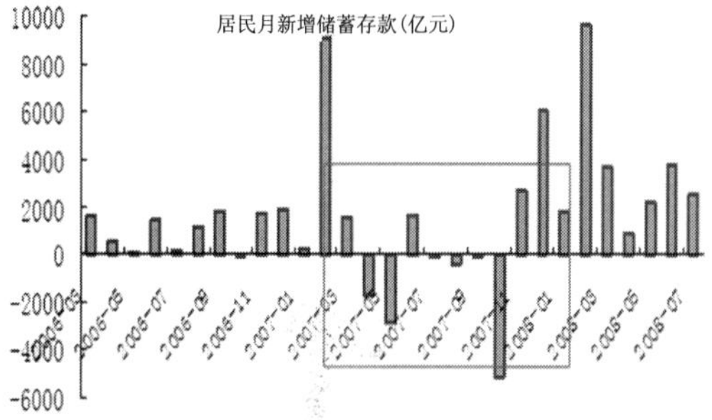

图 4-34　2007 年储蓄资金也出现持续负增长

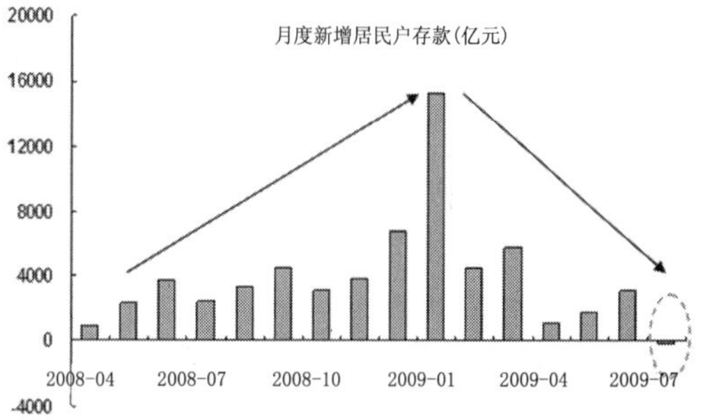

图 4-35　2009 年新增储蓄下降，资金流入房地产市场

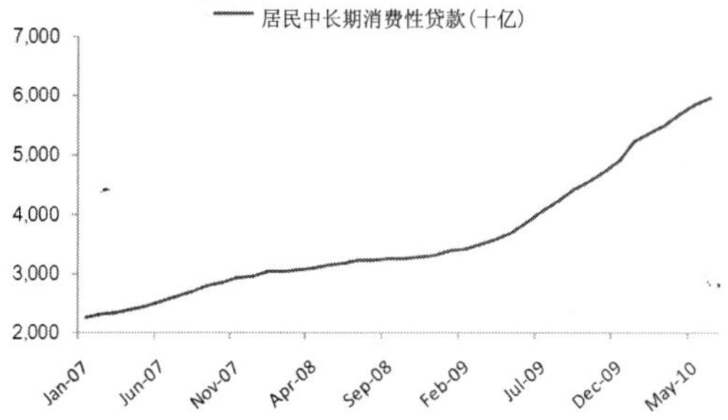

图 4-36　与之相对应的是 2009 年以来中长期消费性贷款大幅增长

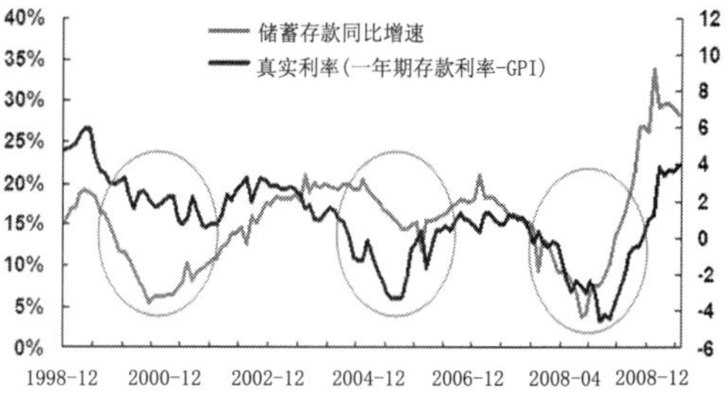

图 4-37　储蓄资金进入股市，需要真实利率下降，同时股市有相对赚钱效应

流动性的配置一般来说有如下类型：①实体经济投资；②回流储蓄；③房地产市场；④股票市场；⑤债券市场；⑥海外投资。这需要关注各类资产的收益率，比如中长期贷款利率、企业现金流、PPI、工业企业利润率、ROE、债券收益率等。考虑完收益比较后，还要比较风险和过去一段时间的波动率，最后可以找出新增流动性的配置主方向。这需要和当时的经济背景和当时的各资产类型风险收益特征有关，这里就不多叙述(表 4-5，图 4-38)。

表 4-5　流动性的配置渠道

来源	影响因素	观察指标	频率	出处
	对经济的预期			
回流储蓄	利率水平	一年期存款 名义/实际利率		央行
	风险偏好			
	中长期贷款	月新增中长期贷款	月	
	官方和民间 贷款利率	一年期贷款 利率	日	
投资实体经济	企业现金流 松紧	上市公司 现金流水平	季度	
	实体经济投资 回报率	工业企业/上市 公司ROE&ROA	季度	
	实体经济 利润率	工业企业/上市 公司毛利率	季度	
	产品价格	PPI,CPI		
	实体经济投资 回报率	企业ROE和 毛利率		Wind
资产市场	股票和房地产 价格		日	Wind
	通胀预期	银行间不同期限 产品的利差	日	央行
对外直接投资	量很小,可忽略			

在了解如何度量流动性的基础上，通过研究流动性来源，以及分析流动性配置的风险收益特征，应该可以判断出大背景下股市流动性资金的充裕程度。比如2007年年初是中性偏负，但是随着储蓄资金入市，则改为一个正号；2008年年初应该是一个负号，后来的紧缩造成两个负号；2009年年初是一个正号；2010年年初应该算是中性偏负一些。

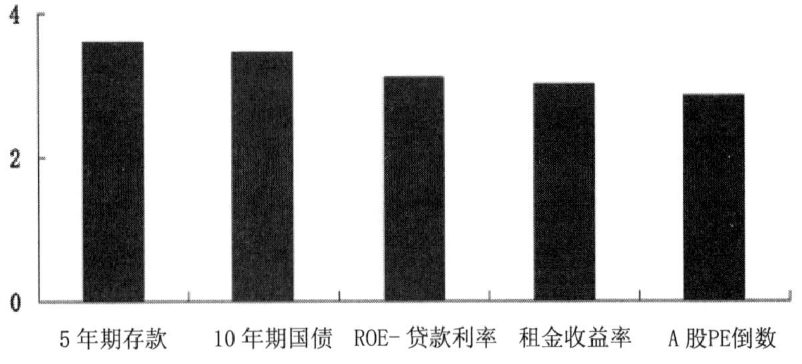

图 4-38　安信证券在大类资产配置上做的收益率比较图(2010年年初)

第二节　业绩分析

在业绩分析方面，应关注三个要点：①首先需要了解的是业绩总量概念、业绩同比变化、业绩环比变化的历史数据，值得关注的是业绩同比的周期性，以及业绩环比的季节性；②需要掌握基础的财务分析知识对每季度公布的数据进行分析；③需要对未来业绩的变化做出预测，自下而上的行业研究员汇总的业绩增长数据存在锚定和滞后性，因此需要和自上而下的业绩预测以及产业数据相互印证。

上市公司单季度业绩的同比增长具有典型的周期性。一般来说，根据拇指规则，单季度业绩显著下滑的阶段，股票市场往往表现较差；业绩大比例负增长的时候，往往是最好的市场进入时机；而在业绩同比的增长高点，则千万不要盲目乐观(表 4-6，图 4-39～图 4-41)。

表 4-6 业绩增长与股市变化

年份	全部A股EPS(期末股本摊薄,整体法)	EPS 同比增速(%)	A 股同比涨跌幅(%)
1996	0.24	6	121
1997	0.25	6	35
1998	0.19	-25	-7
1999	0.21	9	18
2000	0.21	2	56
2001	0.15	-30	-24
2002	0.15	0	-19
2003	0.20	34	-4
2004	0.23	16	-15
2005	0.20	-12	-10
2006	0.24	17	113
2007	0.42	76	174
2008	0.34	-20	-63
2009	0.41	21	110

分行业的数据和占比变化有时候也可以为策略投资者提供一些行业相对吸引力方面的洞察力。另外在 A 股市场，银行股和石油石化利润占比超过 50%，并且是属于国内的特殊的和受监管与管制的部门。因此，在研究上市公司利润变化的时候，经常要剔除该两个行业，一般是剔除银行或同时剔除银行以及石油石化(图 4-42，图 4-43)。

一、上市公司历史业绩的财务分析

业绩是企业运营的结果。策略投资者可以通过作为结果的财务进行分析，来判断过去一段时间企业的状态是否正常或者异常，以及根据这个结果可以对未来一段时间企业的状态进

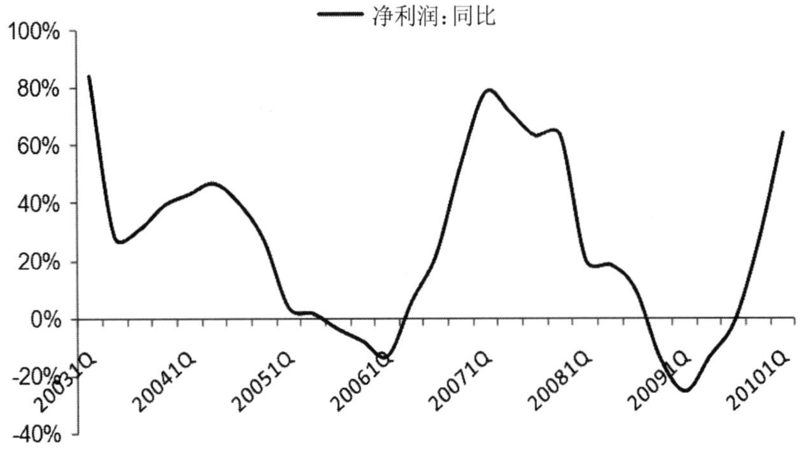

图 4-39　上市公司业绩单季度同比增速（使用同期可比公司）

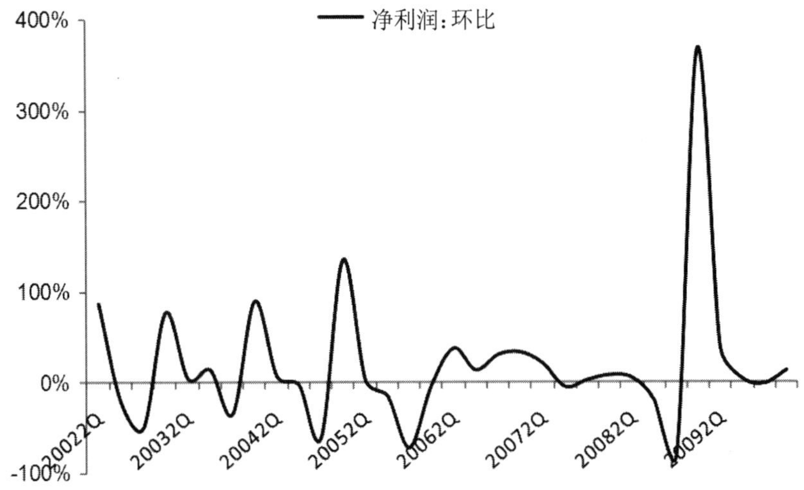

图 4-40　上市公司单季度业绩环比变动图

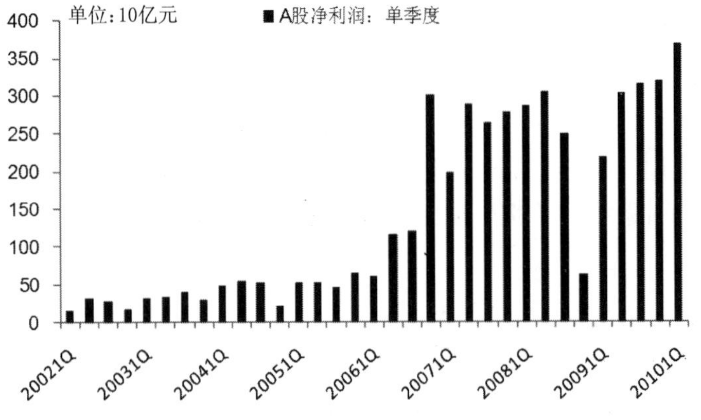

图 4-41　上市公司净利润单季度绝对额

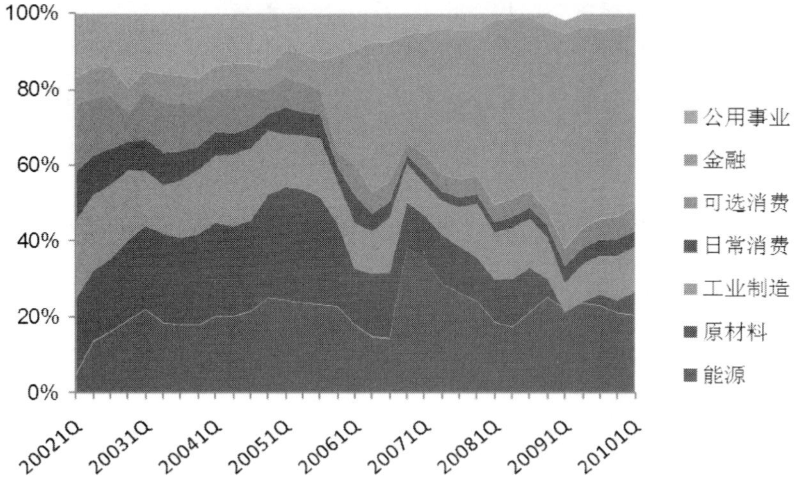

图 4-42 上市公司分行业净利润结构变化

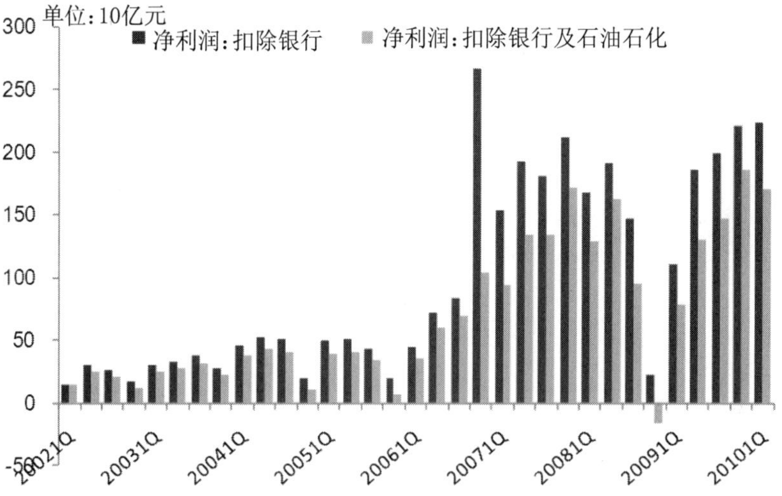

图 4-43 扣除银行以及扣除银行与石油石化后上市公司单季度绝对额

行判断。每个年度以及每个季度，策略投资者需要对上市公司已公告业绩进行整体性分析，因此策略投资者也是一个全市场的财务分析师。

财务分析的维度有三方面：增长维度。比如分析整体收入的季度同比增长、毛利率的变化、净利润的变化、费用率的变化、税收的变化、净利润率的变化；质量维度。主要是进行ROE 分解和杜邦分析；风险维度。包括分析经营性现金流、固定资产周转、负债率、应收账款周转、存货周转等指标。

其中 ROE 分解为：

- ROE= 销售净利率×资产周转率×权益乘数
- =(归属母公司净利润 / 利润总额) ------- 税负
- ×(利润总额 / 息税前利润) ------ 利息负担
- ×(息税前利润 / 营业总收入) ------ 经营利润率
- ×(营业总收入 / 平均总资产) -------- 资产周转率

• ×(平均总资产 / 归属母公司权益)-------- 权益乘数

比如，下面是 2009 年年报出来后上市公司业绩的整体分析。

2009 年，全部 A 股净利润共计 10798 亿元，较 2008 年增长 27.5%，除金融外的 A 股公司 2009 年净利润同比增速 26%，除金融和石油石化外的上市公司 2009 年净利润增速为 31.6%。

2009 年营业收入同比增长 7.27%，营业成本增长了 6.8%，而营业利润显著增长 40.5%。

其中 2009 年第四季度单季度盈利 2732 亿元，2008 年第四季度单季度净利润只有 378 亿元。从除金融石油石化外的同比公司样本来看，2009 年第四季度单季度盈利 1125 亿元，而 2008 年同期则亏损 417 亿元。单季度营业收入同比增速 32%，较三季度环比增长 17.9%，营业利润较三季度环比下降 8.5%。

从环比情况来看，2009 年 Q4、Q3、Q2 净利润增速分别是 -4.8%、2.9%和 36%(图 4-44～图 4-48)。

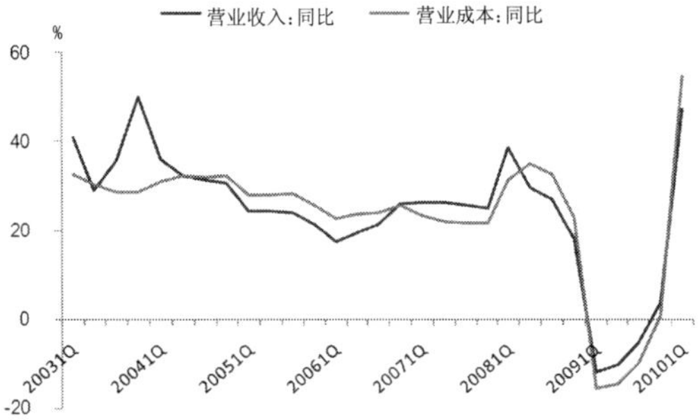

图 4-44 单季度上市公司营业收入和营业成本同比变化

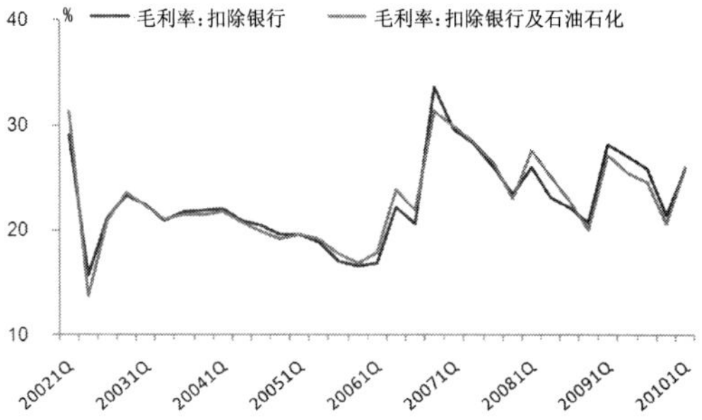

图 4-45 毛利率变化

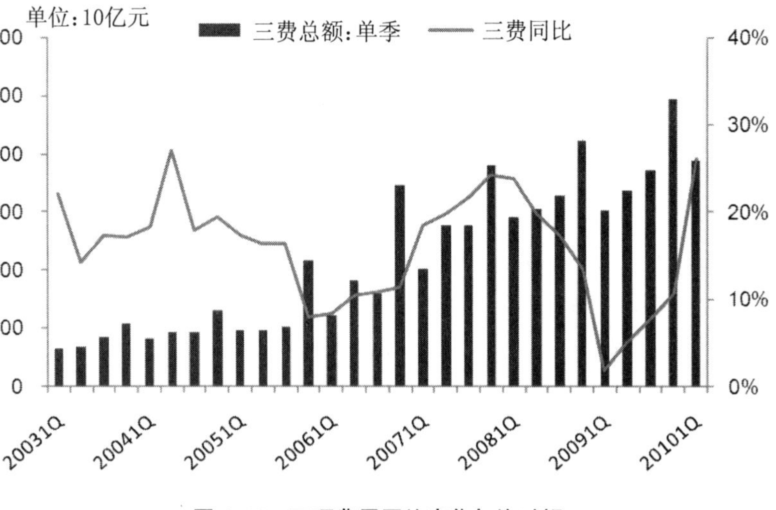

图 4-46 三项费用同比变化与绝对额

2009 年全部上市公司 ROE 水平为 12.6%，除金融后降低至 10.05%，2010 年一季度上市公司 ROE 水平为 3.78%，除金融后有 3.01%，即简单年化季度 ROE 后 2010 年较 2009 年有 20%的增长。ROE 的提高主要来自于销售净利率的显著提高，从 2009 年 9.38%的水平上升至

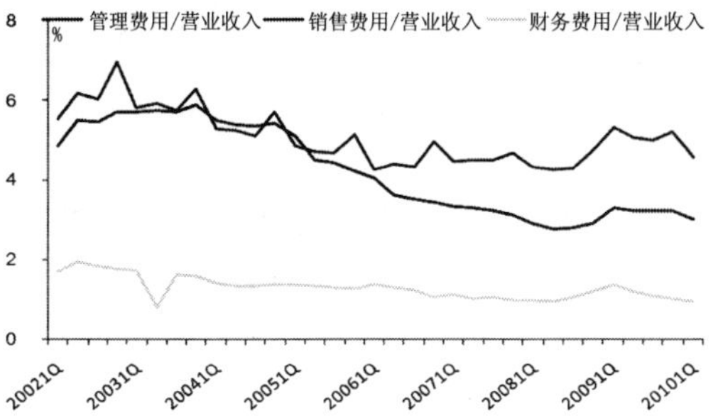

图 4-47　三项费用占营业收入比例分析

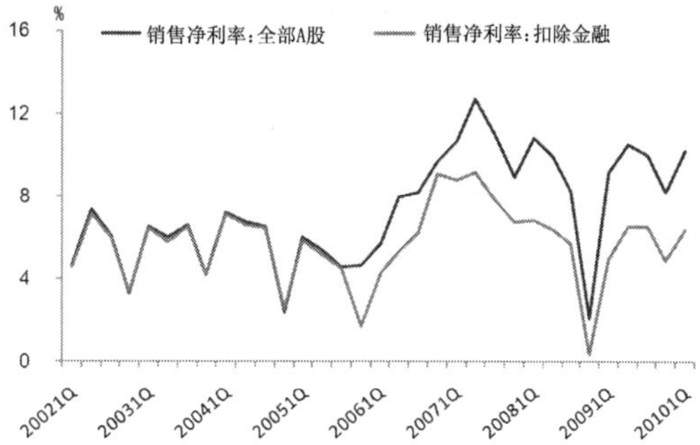

图 4-48　销售净利润率

10.22%，毛利率则没有太大变化反而略有下降。销售净利率的提高又主要是因为销售费用率的连续降低，从 2009 年一季度到 2010 年一季度，销售费用率依次为 4.19%、4.02%、3.98%、3.82%和 3.63%。

可以看出 ROE 相比 2008 年同期下降的主要原因是经营利润率和资产周转率的下降，尤其是资产周转率下降尤为明显。因此，营运能力的提高是决定下阶段企业盈利能力的关键因素(图 4-49)。

2009 年除金融外全部上市公司资产负债率高达 58.6%，是 2002 年以来的新高，充分体现了宽松的货币政策对上市公司融资的促进作用(图 4-50～图 4-54)。

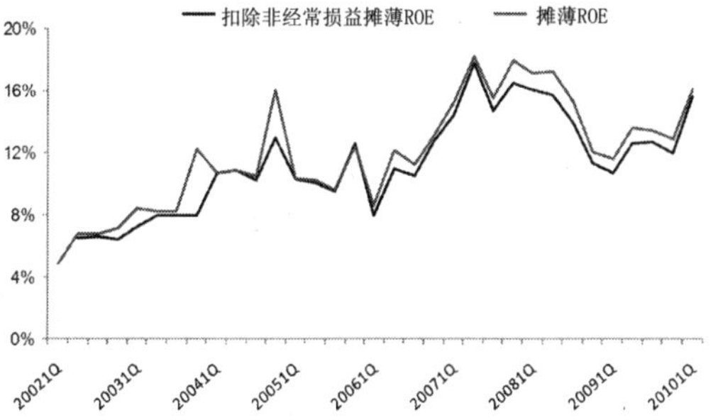

图 4-49　ROE 变化

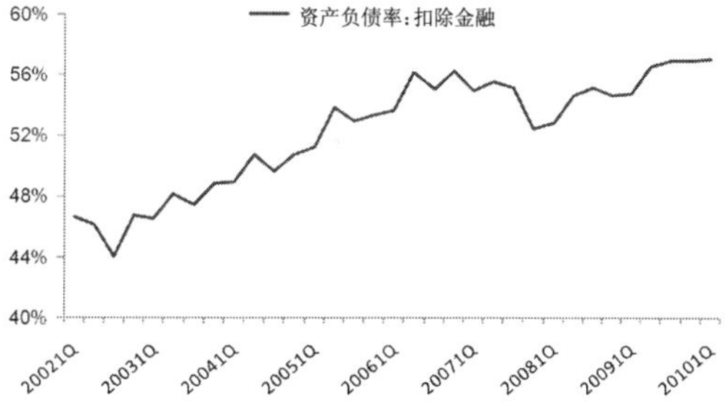

图 4-50　资产负债率

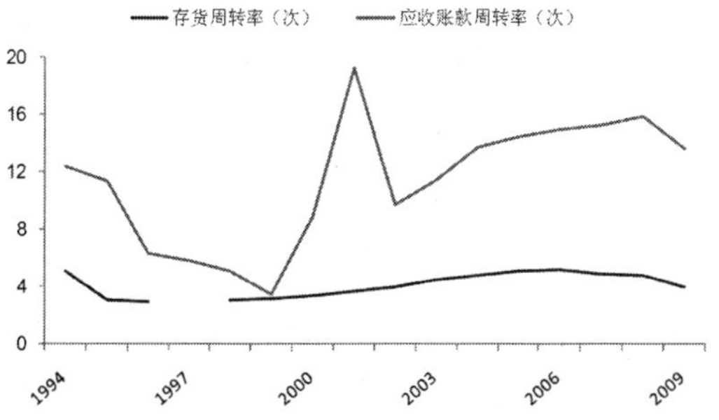

图 4-51　存货周转和应收账款周转

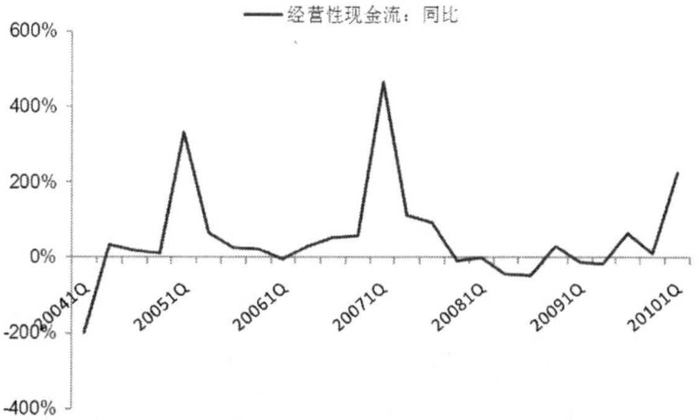

图 4-52　经营性现金流同比变化

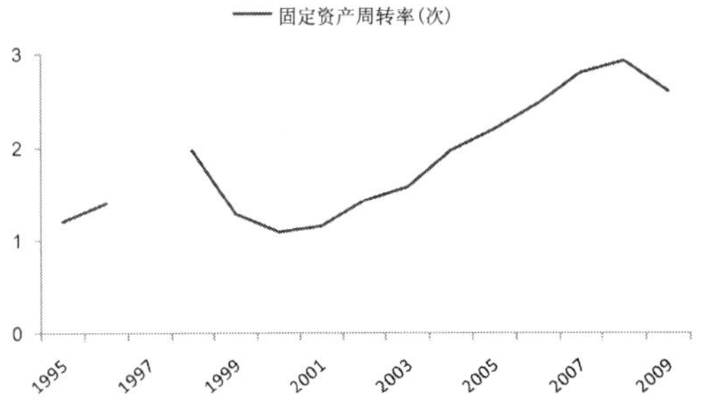

图 4-53　固定资产周转率

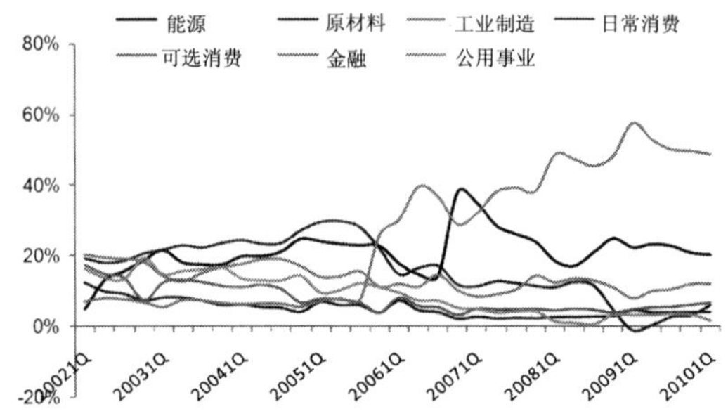

图 4-54　各行业利润在整体利润的占比变化

另外，业绩的微观分析和第三章的宏观分析可以有效结合起来，感兴趣的读者可以参考国泰君安证券的一篇研究报告——《触底、复苏和繁荣的经济回升趋势——2009 年和 2010 年一季度财报分析》(时伟翔、张昂，2010/5/10)，该报告将微观数据与宏观相互验证。

二、对未来盈利的预测

需要强调的是，自下而上行业分析师汇总的预测业绩具有滞后性和非客观性，因此仅可以参考，但是千万别当真。另外，行业分析师调整盈利预测数据的变化(比如上调业绩家数／总家数)只能体现在趋势市的动量，不能作为预测业绩的依据(图 4-55)。

图 4-55　分析师盈利变化具有滞后性

比如，我曾经分析过，2006 年、2007 年，分析师整体对上市公司业绩出现显著低估，连续两年低估后，分析师开始胃口增大，对 2008 年业绩显著高估，但是理想和现实差距过大，2009 年大幅度显著低估业绩，2010 年分析师预期市场业绩增长 28%，我结合历史分析和总量以及分项数据，认为预期可能被高估。

自上而下的预测。主要是工业企业利润和上市公司利润的相关性很高，因此基于宏观数据的预测可以作为上市公司盈利预测参考。

为了观察工业利润的增长，我们从两个角度来观察利润的产生及分配，即经济增长以及货币投放代表了产生工业企业利润的总需求，而工业产品的价格变化在上下游之间甚至中国和国际企业之间分配总需求改善带来的利润。由于在价格的传导过程中一些环节并不包含在中国的企业利润之中，比如上游的许多原料依赖于进口，因此整体的工业企业利润增长情况同时受到来自总需求和价格变化的影响。

因此，以量价关系的框架来分析企业盈利、企业利润的驱动因素还应包括 GDP 数据、货币增长数据、PPI 数据。

从分项历史数据来看，上中下游的价格涨幅决定了总需求增长带来的利润如何在不同环节分配，上游的价格变动幅度最大，中游次之，而下游的价格波动幅度最小。因此，通过分析认为，上游 PPI 变动对上游工业企业利润具有决定性影响，中游工业企业利润受制于上游和中游 PPI 之差。对于下游工业企业利润，由于下游 PPI 波动幅度不大，所以需求对其利润影响最大。因此可以建立自上而下的多因素业绩预测模型以及进行敏感性分析(图 4-56～图 4-59)。

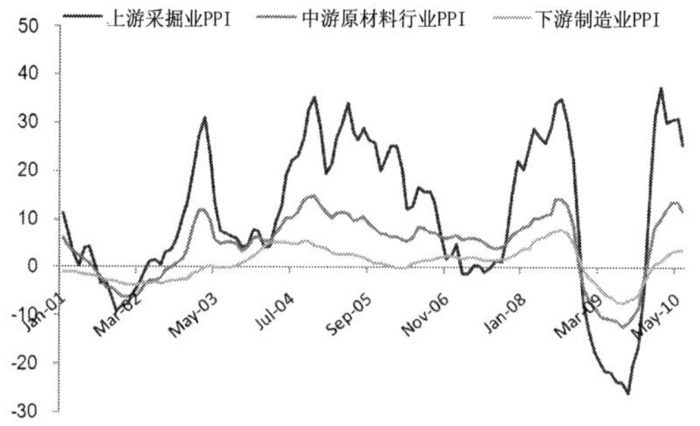

图 4-56　不同产业链的 PPI 波动幅度不一样

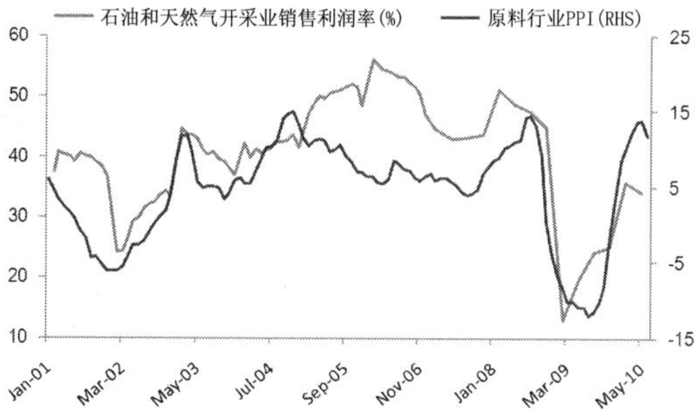

图 4-57　上游工业企业利润率和原料 PPI 走势相关

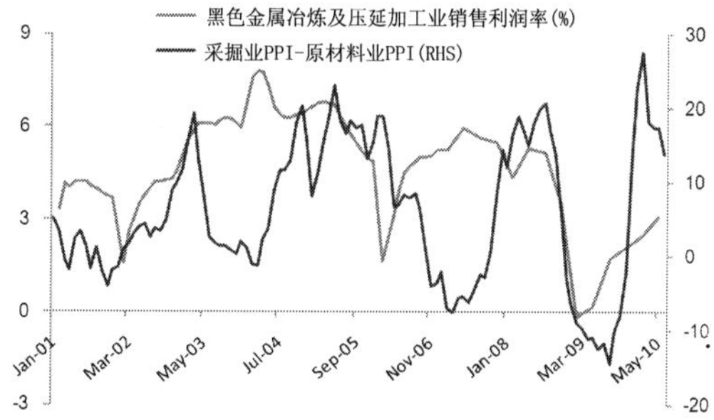

图 4-58　中游工业企业利润率和采掘业 PPI 与原料 PPI 之差相关性最大

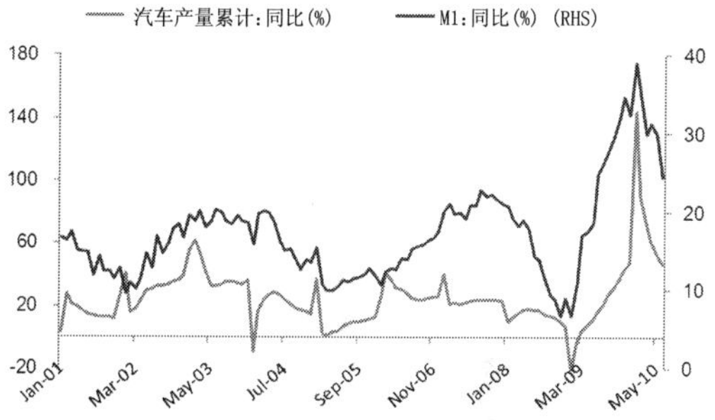

图 4-59　下游制造业往往和需求相关性更大

另外，因为与企业盈利水平高度相关的增值税和企业所得税数据是按月公布，所以还可以用增值税和企业所得税同比增速数据来追踪企业未来的盈利状况。

三、总结

自下而上的业绩预测往往不准确，因此需要结合历史数据和分项数据去分析，另外也需要结合自上而下分析，不过这也不能提供精确判断，仍然需要敏感性分析。值得注意的是，单季度利润增长的低点往往是进入市场的时机。

第三节　估　值

证券市场最常用的估值是相对估值指标，主要是市盈率(包括 P/ 去年 E，P/ 今年预测 E，P/ 过去四个季度 E)和市净率。不过，就这么两个指标，在分析时也充满太多主观性。

一、估值的基本情况

策略投资者首先需要了解的是估值的基本情况，一个是与历史比较的估值。比如，美国股市具有长期历史记录，可以认为其合理区间在 10～20 倍(图 4-60)。

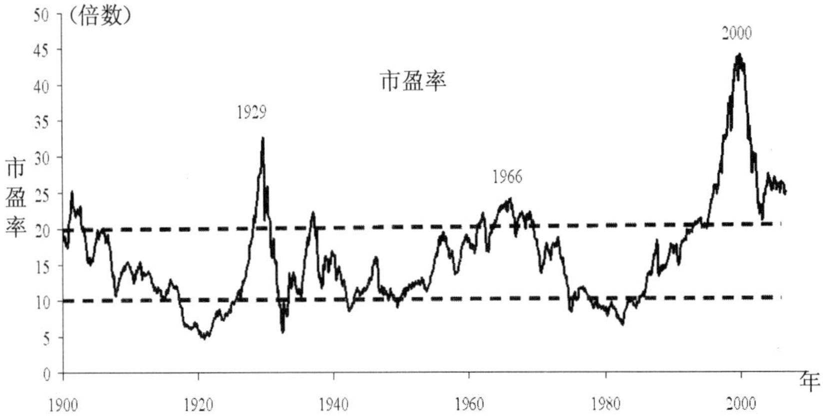

图 4-60　美国股市 PE 变化

市盈率的计算一般采用整体法，也就是上市公司总市值和除以总利润和。计算的时候，可以扣除亏损，也可以不扣除亏损。不过，不扣除亏损更能反应总体情况，毕竟亏损也是企业的特征之一。从历史比较，可以认为，2010 年 4 月份，A 股市盈率处于低位，A 股相对于 H 股溢价也处于历史低位(图 4-61～图 4-64)。

图 4-61　A 股市盈率处于历史低位

另外一个是与国际比较的估值。比如，在 2010 年 4 月底预测值，从市盈率角度，中国主要指数市盈率略微高于其他国家，英国和西班牙最低；从市净率角度，中国与美国相当，法国最低(图 4-65，图 4-66)。

另外一个需要了解的是市场的结构性估值差异，分别为不同指数、行业和风格估值差异。

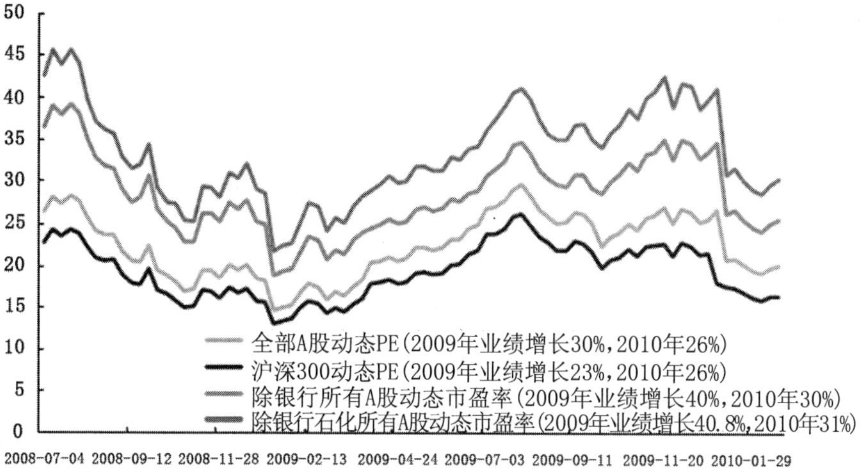

图 4-62　扣除银行石油石化的估值

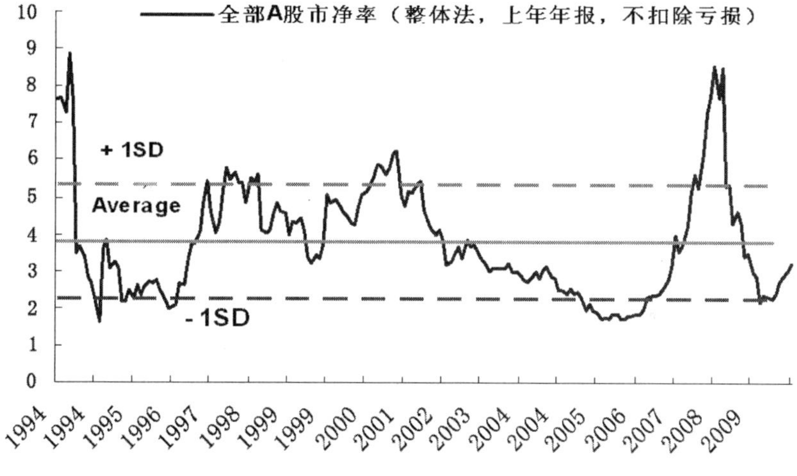

图 4-63　全部 A 股市净率

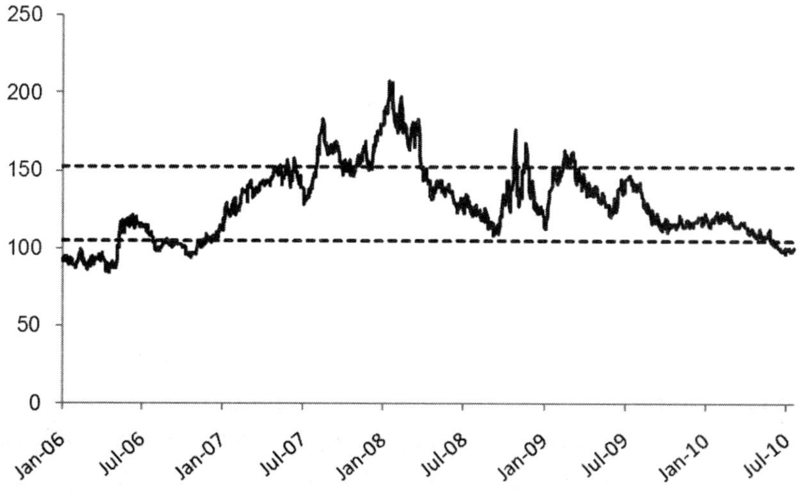

图 4-64　A/H 股溢价持续走低

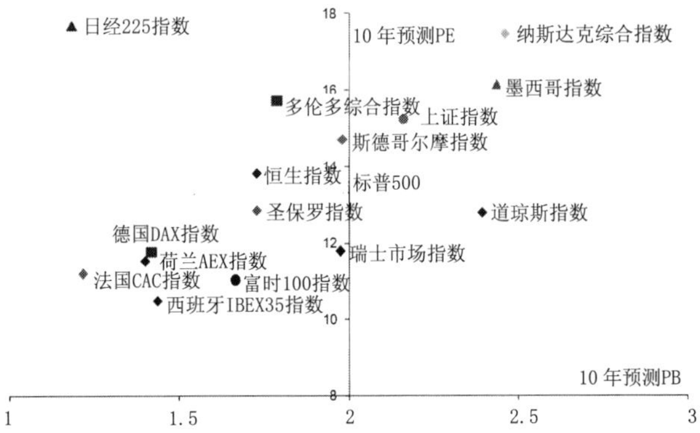

图 4-65　估值的国际比较

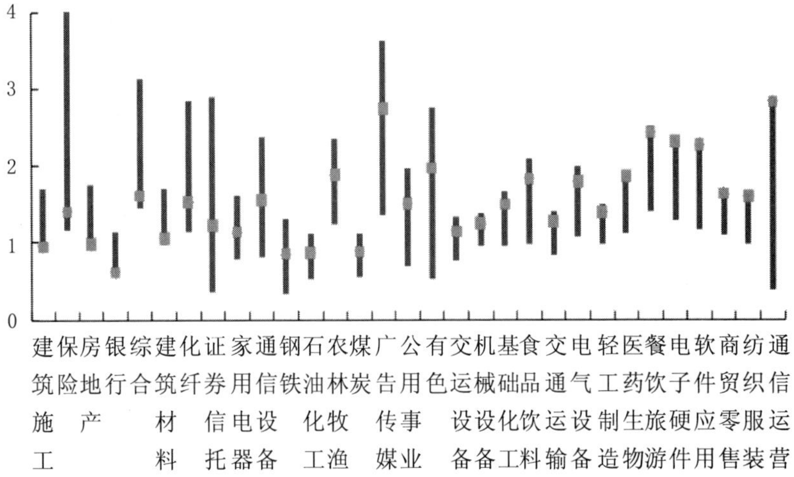

图 4-66　剔除奇异值后行业市盈率比较

比如，2010 年 4 月底，对比各个行业的市盈率和市净率及其历史波动水平，按市盈率与历史最低水平相对位置关系排序，银行、建筑材料、房地产、农业、证券信托等行业处于相对历史估值水平偏低位置。按相对市净率与历史水平比较，钢铁、银行、保险、建筑施工、石油石化等行业处于偏低位置。周期性行业相对指数估值在历史低位，而稳定增长的行业相对指数估值在历史高位(图 4-67～图 4-69)。

二、A 股市场估值波动大的解释

从历史上看，A 股是估值相对较高且波动很大的市场。1994 年以来的平均静态估值水平为 40 倍(不扣除亏损)，PB 平均 3.8 倍，A 股大部分时间处于 PE20～50 倍、PB2～5 倍区间波动。为什么 A 股的估值波动要远比海外成熟市场甚至一些新兴市场要大得多，整体估值要贵很多？我提供如下解释。

根据 M-M 定理，没有摩擦的情况下，股权和债权市场的融资应该是无差异的。比如在美国，债券市场更发达，企业可以在股权和债券市场同时融资，因此，尽管存在一些摩擦，但是最终根据无套利定理，两个市场的收益率中枢应该差距不大。一般来说，只要通胀或者信

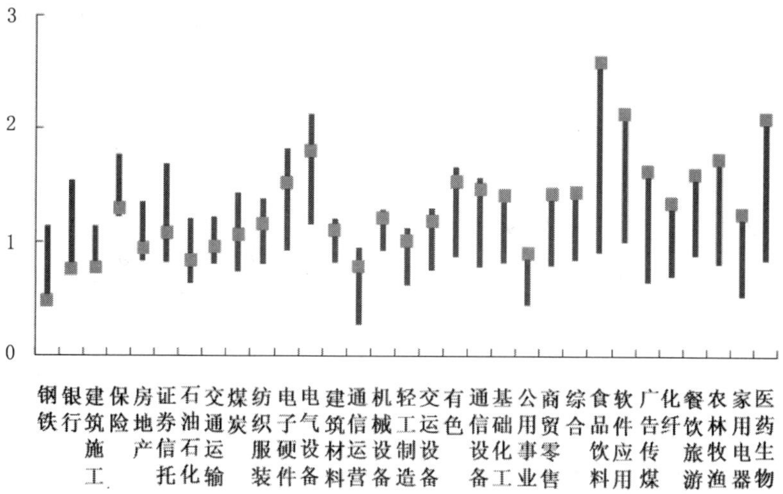

图 4-67 剔除奇异值后行业市净率比较

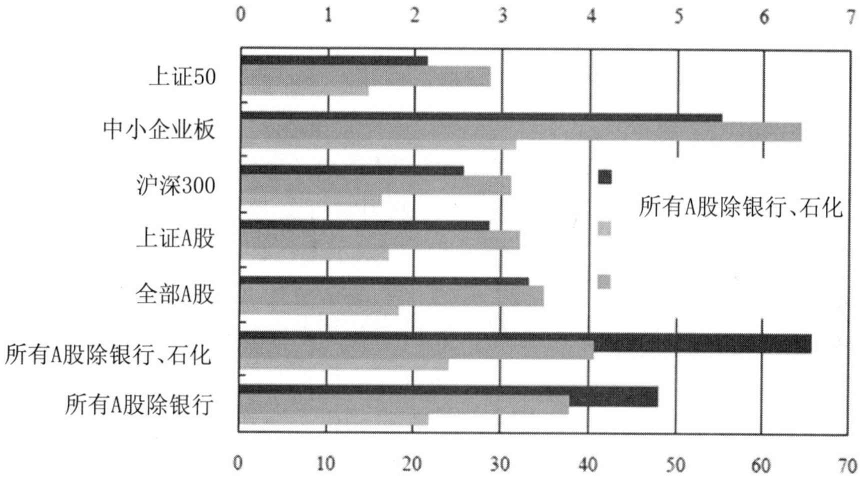

图 4-68 不同指数的估值比较

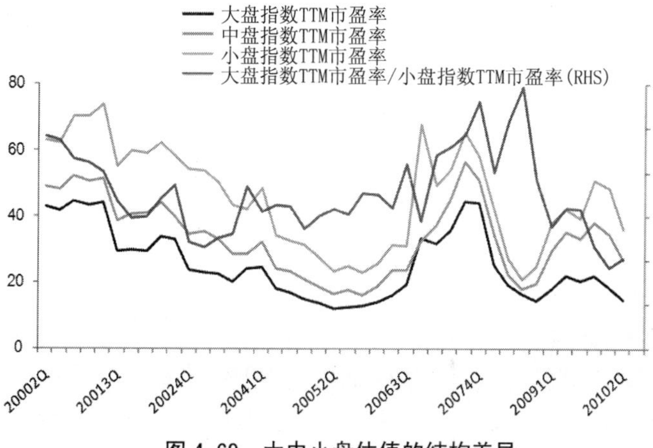

图 4-69 大中小盘估值的结构差异

用风险等因素波动不大的情况下，公司债券市场收益率变动较小，因此也带来股权市场估值中枢比较稳定(图 4-70)。

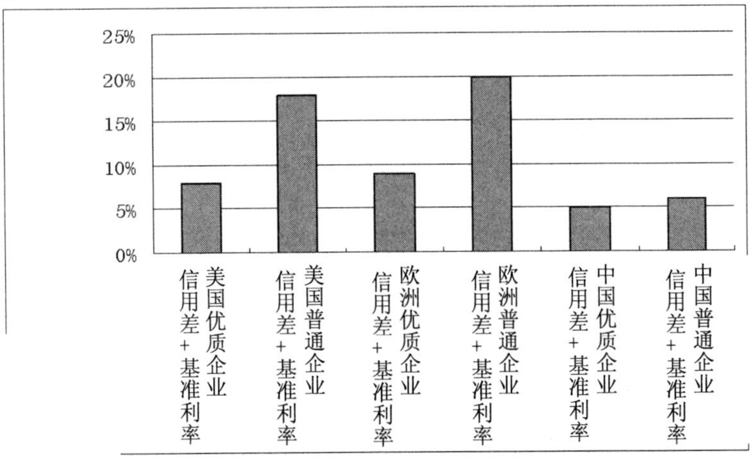

图 4-70　不同国家企业债券收益率比较（2008 年）

而国内债权和股权市场分割，两个市场间对于多数企业来说很难套利，因此股票市场很难按照股权资产本身的收益作为参照，而只能根据投资者的收益作为参照。也就是说，中国股市的估值波动主要取决于投资者之间的资金博弈。在全流通之前(真正全流通是 2010 年年底之后的情况)，散户和投资机构的结构比例变动以及其机会成本变动剧烈，因此市场估值波动就大，机构投资股市的机会成本主要是 10 年期国债收益率，而散户的机会成本主要是一年期银行存款储蓄率，另外，很多散户不考虑机会成本，仅看重赚钱效应。这样，散户所要求的估值可以更高。并且，机构和散户的参与比例经常变化，比如 2007 年大量散户进入市场，市场参与主体的结构迅速向散户倾斜，散户主要是考虑赚钱效应和存款利率，因此，散户大量入市一定会把估值推到接近存款利率的水平，也就是能够超过 50 倍市盈率。而一旦大量散户撤出市场，仅有机构参与，则市盈率在机构机会成本的约束下会在 20～25 倍的水平。

不过，随着全流通，产业资本的占比增加，我认为未来估值中枢将下移并且更加稳定。主要理由是，产业资本在股权结构中占据主要比例，产业资本的机会成本是贷款利率。比如一年期贷款利率，根据其倒数，未来股票市场将趋于 16～17 倍市盈率(图 4-71)。

另外，2009 年年初，根据我的实证数据和案例研究，即通过对如下几个方向研究产业资本估值方式：二级市场大股东增减持行为、大宗交易市场的交易行为、上市公司对非上市公司兼并收购行为、产权交易所的交易行为、PE 股权投资基金的投资行为、外资对国内资产的并购行为，发现产业资本的估值按照两倍市净率进行估值，考虑到净资产收益率，大概也支持上述 16～17 市盈率这个估值水平。

三、估值的影响因素

除了上述的“行为”解释外，正常影响估值的主要因素在于分红率、无风险利率、股票风险溢价和盈利增长速度，即：股价 =，其中，= 支付比例，= 无风险收益率，= 证券风险溢

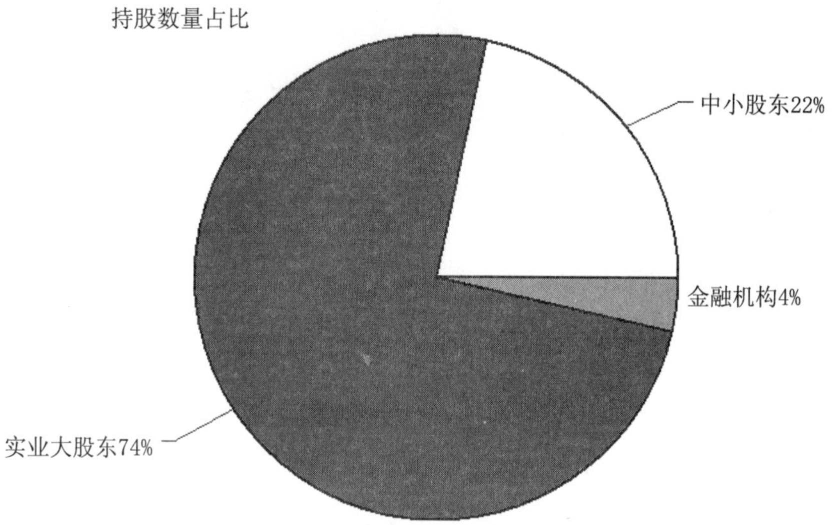

图 4-71 全流通后产业资本持股数量占比有绝对优势

价，＝增长率。支付比例是个受制于制度变化的因素，正常情况下不变；而在中国因为市场分割，资金的价格不如资金的数量，因此货币数量，比如用 M1/M2 指标度量的货币数量与估值更相关；另外，因为中国大范围制度变迁的特殊国情，估值也难以用永续业绩来贴现计算，只能反应短期业绩波动。因此，从历史上来看，A 股的 PE 变化和短期 EPS 增速变化同步，没有背离过(图 4-72，图 4-73)。

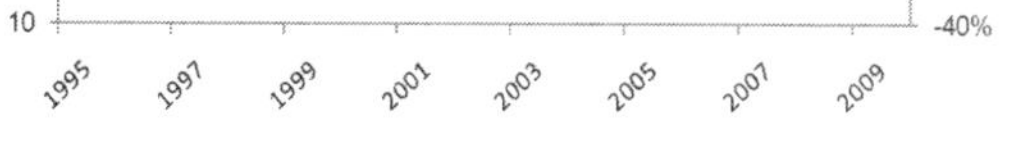

图 4-72 A 股估值的变动受到业绩变动制约，高利润增速对应高估值

图 4-73 A 股估值的变动与单季度业绩变动高度相关

对整个市场来说，PE 和 PB 高度正相关，A 股没有发生过“PE 高时买入，在 PE 低时卖出”的故事。这种情况只是在某些强周期板块上发生过，如有色和券商股。总的来说，A 股的高 PE 对应高风险，需要高利润增速的支撑(图 4-74～图 4-75)。

货币的数量比价格与估值有更很好的相关性(图 4-76)。

四、总结

估值是最具艺术性的分析工具，往往被主观化，不过，每年年初，对估值还是可以做出合理判断的。比如 2006 年年初，估值对市场肯定贡献一个加号；2007 年年初，估值水平不

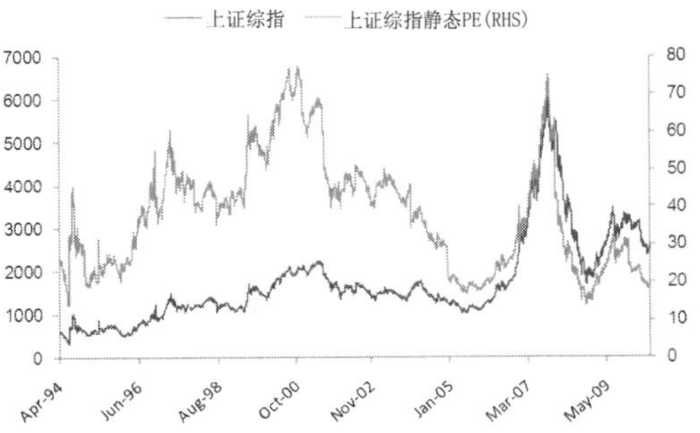

图 4-74 A 股市盈率与股指高度正相关

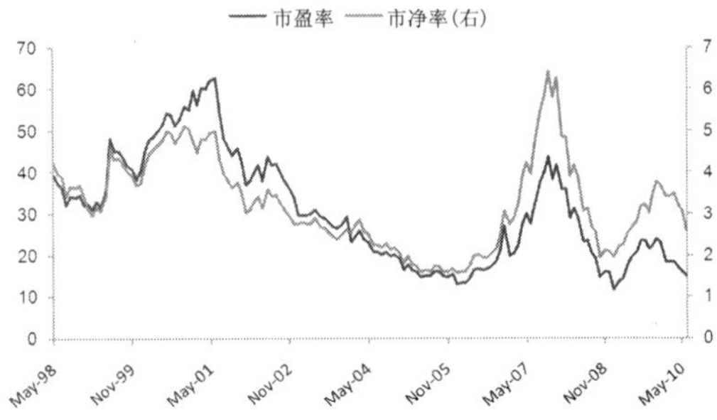

图 4-75 A 股市盈率与市净率正相关

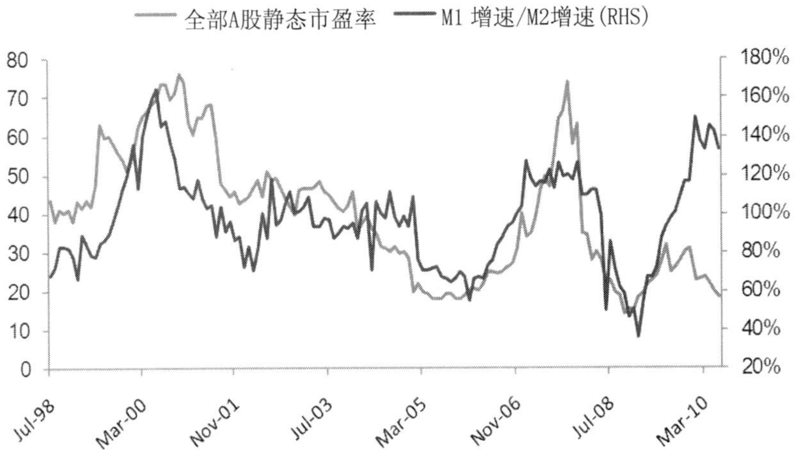

图 4-76 市盈率和 M1/M2 正相关

便宜，可上可下，应该是中性；2008 年年初，估值一定会下行，所以应该是负号；2009 年年初，估值处于历史平均的一个标准差之外，综合考虑后，应该是一个加号；2010 年年初，考虑到年底后全流通开始，中国股市未来长期合理市盈率应该在 16～17 倍，因此估值偏中性，并且结构不合理。这只是年度分析，放短时间窗口，季度分析也可以。

本章是证券分析的基本分析工具，简单，但是需要客观。对于参考资料，关于流动性的，可以看《西方货币金融学说史》、《从渐进到突变：中国改革开放以来货币和信用周期考察》等——注意，关于货币经济学和学说史的书有很多，多读有好处。另外，原摩根斯坦利首席策略分析师写的《对冲基金风云录》也值得一看。

第五章 政策分析

阅读西方的证券投资书籍，很少有涉及政策研究的，不知道是写书的作者有意忽视还是难以研究，好像政策分析仅见于经济学的教科书。但是在凯恩斯革命后，西方政府对于经济甚至市场的干预越来越大，各种出台的政策都深刻影响着经济和证券市场的发展。另外，政府本身也是经济的参与者，甚至是最大的参与者。

里昂证券的策略分析师就在研究报告里说，(美国债券市场)哪里是市场，这个市场哪里体现的是市场经济行为，而分明体现的是政府行为。而政府行为算不算理性的，能不能分析？奥地利学派学者，比如罗斯巴德甚至认为，经济学家在正常的自由市场经济中根本没有分析预测意义上的用处，只有教育上的用处，有企业家就够了。不过，当政府深度参与市场的时候，经济学家就有了用武之地——确实，好像每次大萧条都被奥地利学派经济学家预测成功。奥地利经济学家认为在受到政府妨碍的市场经济中，经济学的推理(奥地利学派认为这个推理不仅需要具体数据的洞察力，还需要人类行为学的漫长推理过程)变得重要，比如分析信贷扩张和所得税效应对经济的影响以及对企业和证券市场的影响。奥地利学派认为政府参与经济的混合经济具有内在的不稳定性，因此可以分析也可以利用这种不稳定性获利。

在中国经济中，国有经济占有相当比例，同时中国证券市场，具有先天的政策决定色彩，因此各类政策对市场的影响更大，可以认为政策是除了三个核心因素之外，最重要的影响变量。

本章是试图研究如何分析政策的部分，涉及三节内容，第一节主要研究政府是什么，政府通过什么来影响经济和社会，第二节研究货币和财政政策，第三节研究其他政策。

第一节 政府与政策

一、何种政策能够分析

中国处于大范围制度变迁的时代，加上目前的国有经济体制，政府以及各种政策深刻参与经济活动之中，所以中国股市被冠以“政策市”的称号不足为奇。更有甚者，专门有书对此进行了研究，如《战胜政策市——A 股套利秘诀十日谈》。书中作者根据自己多年经验，明确认为，中国股市近 20 年的风风雨雨一再证明，理论上的投资原则和纯粹的技术分析都难以在国内股市获得长期成功，中国股市是政策市、主力市和消息市。政策市的本质，是调控当局能够影响甚至决定市场走势，从多年前的人民日报社论、到 2007 年的股市“5•30”暴跌、再到 2008 年政策推动下的大涨，无不印证这一逻辑。

不过书中还认为，如果完全以政策市来看待这个市场的话，又不难发现，政策也绝非能够完全驾驭市场，上涨过程预警而市场往往续涨，下跌之时托市而市场却未必止跌，政策逻辑与市场逻辑之间往往会存在偏差。政策变化不过是市场趋势变化的必要条件但非充分条件。

“政策市”实际上包括两层含义：一是指我国股票市场的运行主要受到国家宏观政策的影响。这是一种关于“政策市”的中性认识，不包含“政策市”好坏或是非的价值判断。二是指政策过多地干预了股票市场运行，导致了股票市场的频繁波动。这是一种关于“政策市”的带有“批判性”价值判断的认识。

我国股票市场是否存在“政策市”呢？这很显然。相对投资者的感觉，有学者用“异常波动点”方法和“事件研究”方法结合来判断中国股票市场是否是政策市。研究结果表明，无论上海股市还是深圳股市，与宏观政策事件对应的异常波动点平均方差都比较大，特别是在股票市场发展初期，这表明，宏观政策引起的股票市场价格波动幅度大。并且无论沪市还是深市，在国家宏观政策颁布前几日，市场就有预期反应，不同程度地出现了累积平均异常收益率的上升(利好政策)或下降(利空政策)。在利空政策颁布后的3个交易日中，累积平均异常收益率急剧下降，并在此后较长时间内延续着下降的趋势；在利好政策颁布后的3个交易日中，累积平均异常收益率急剧上升。

这表明我国股票市场存在着很强的政策敏感性，每一次宏观政策的实施，都会引起股票市场的剧烈波动，对市场造成较大的冲击。中国股票市场是“政策市”的判断至少能得到统计上的验证。

实际上，如果读证券史就可以发现，美国也有政策市，不过，美国“政策市”的含义中，第一种的含义偏多。而中国股票市场作为计划经济向市场经济转轨过程中政府主导的产物，从其产生之日起，就带有浓厚的“政府办市场”色彩，因而不可避免地会体现着较多的政府行为，并且考虑中国具体的特点，两种形式的政策市并存。

比如，对于直接干涉股市的政策市，实际上符合我国政治特征，在我国，政府为了贯彻某种政策意图，经常借助媒体制造舆论，以及颁布临时性政策措施等形成政策导向，引导股票市场沿着其期望的政策目标运行。当股票市场低迷时，政府往往制造“托市”舆论或采取措施，充当“救市主”的角色；当股票市场出现持续上涨时，又往往制造相反的政策舆论或采取相反的政策措施，去有意“打压”市场。

中国证券史充满了这种情况。1993年2月至1994年7月，由于深沪股市持续低迷，1994年7月30日，管理层通过各大媒体发表《中国证监会与国务院有关部门就稳定和发展股市作出决策》的新华社通稿，推出暂停新股发行与上市、严格控制上市公司配股规模、采取措施扩大入市资金范围的“三大救市政策”，结果带来了沪深股市的大涨，并创下股价放开后的涨幅之最。1996年，中国股票市场持续走高。从10月起，证券管理部门连续发布了后来被称为“十二道金牌”的规定，当年12月16日，《人民日报》发表特约评论员文章《正确认识当前股票市场》，根据沪市平均市盈率达44倍，深市达55倍，指出中国股市市盈率过高，存在过度投机，并指出股票市场“暴涨是不正常的和非理性的”，结果带来了沪深股市的暴跌，文章发表后的两天中，两市几乎全面跌停。然而，当1999年5月19日开始，中国股市出现大幅上涨行情时，管理层为配合扩大内需，刺激经济增长的宏观经济政策目标，在6月15日通过《人民日报》发表特约评论员文章“坚定信心，规范发展”，指出股市上涨属于“正常的恢复性上升”，是“理性投资”，不是“过度投机”，结果掀起了一轮股市的井喷行情。可是从市盈率看，1999 年 6 月，上海股市市盈率高达 45 倍，深圳股市高达 48 倍。同是暴涨，同是过高的市盈率，为何前次是“不正常的”、“非理性的”，这次却是“正常的”、“理性的”?前次是“过度投机”，这次却是“理性投资”？

直接干预中国股市的政策带有明显的功利化倾向。为了某种政策“目的”或“需要”，为了找到干预市场的“正当”理由，往往又对股票市场运行状况做出带有很强的主观色彩的评价。结果是股票市场是否投机过度“似乎”没有客观的标准，而完全取决于政府的政策意愿。这必然给股票市场造成一种“暗示”，即：股票市场的运行并不决定于市场本身，而决定于政府的政策偏好。

于是，在我国股票市场上，形成了一种特殊的市场与政府之间的“博弈”关系和“依赖”关系。一方面，市场始终保持着对政策的警惕性，揣摩着政策意图，当嗅到政府意欲“打压”市场时，往往就会出现恐慌性抛盘，导致股价暴跌；而当嗅到政策的“鼓励”性暗示时，市场又会形成疯狂的投机，导致股价暴涨。2000 年以后的市场尽管好了很多，但是这种事情举不胜举。

另一方面，市场又对政府存在着“政策依赖”，特别是当股票市场出现低迷时，市场就会期待政府“托市”和“救市”，市场低迷持续时间越长，这种政策期待和依赖就越强烈，市场甚至通过各种渠道向政府施加压力，“呼吁”和“催促”政府采取政策措施，拯救市场，而一旦利好政策出台后，市场又演绎出一轮暴涨行情。

这种政策市，问题太多。首先，由于股票市场对宏观政策存在着预期反应，这说明，我国股票市场上存在着大量的“内部人士”，他们拥有提前获取“政策信息”的特殊渠道，在每一次博弈中，靠近政策资源者就会成为暴富者。“政策市”的漏洞还不仅于此。由于游戏规则是不定的，强势的利益主体只需要实现与权力者的嫁接，即可以提前获取游戏规则的漏洞，即使偶尔触犯规则也往往受到保护。“政策市”中一个不朽的主题是题材炒作。而题材炒作，一个是炒作政策(权力层面)，一个就是炒作相关信息(上市公司层面)。在这方面，强势利益主体具有得天独厚的优势。

2007 年下半年最短命的股市政策是让天津的中国银行代理内地股民试行香港直通车，没多久宣布暂停。但香港恒指却早从 2 万多点炒到 3 万多点，然后又暴跌回 2 万多点。对于资本市场这一个信息至上的市场，一旦强势利益主体的特权地位得以确立，其他投资者很难摆脱被屠宰的命运。“政策市”理论上增加不确定性，提高市场风险溢价。

对于直接干预证券市场的政策，几乎很难进行“经济人”的理性分析，能分析的也就是时刻关注国家主要领导人的讲话和报告，揣摩其中的含义，但是这并不容易，并且揣摩本身就容易犯很多错误。每年的政府工作报告可以带来大量有效信息，因为投资者的假定是政府，特别是中央政府掌握的信息比市场还多。比如，从过去 10 年的政府工作报告来分析，基本上可以把握股市的大致脉络(表 5-1)。

本文主要分析的是第一种政策市，即分析宏观经济政策对证券市场的影响，最经常分析的政策是货币政策和财政政策框架，另外能够分析的政策是产业、区域和社会政策，其他则很难用理性去分析。不过在分析政策之前，需要先了解政府，毕竟政策是政府制定和实施的。

表 5-1　政府工作报告与股市

时间(年)	政府工作报告表述	股市
2001	规范和健全证券市场	反复强调规范的三年恰恰也是股市打黑最严厉的一段时间
2002	进一步规范和发展证券市场	
2003	规范发展证券、保险、货币市场	
2004	推进资本市场改革开放和稳定发展，扩大企业债券发行规模，逐步提高企业直接融资比重	这两年强调改革、加强基础建设。也正是在2004 年，推出了中小板，2005 年，终于推出了股权分置改革
2005	加强资本市场基础建设，建立健全资本市场发展的各项制度，切实保护投资者特别是公众投资者的合法权益，营造资本市场稳定和健康发展的良好环境	
2006	着力提高上市公司质量，继续搞好证券公司综合治理，依法强化市场监管，努力营造公开公正公平透明的市场环境，继续推进上市公司股权分置改革	这两年，着力于提高公司质量、发展资本市场，迎来了两年的大牛市
2007	大力发展资本市场。推进多层次资本市场体系建设，扩大直接融资规模和比重，稳步发展股票市场，推进股票债券发行制度市场化改革，切实提高上市公司治理，加强市场监管	
2008	优化资本市场结构，促进股票市场稳定健康发展，着力提高上市公司质量，维护公开公平公正的市场秩序，建立创业板市场	大好之后，提优化结构，内部调整
2009	推进资本市场改革，维护股票市场稳定	推进改革，维护稳定，股市颤巍巍中涨了一年
2010	积极扩大直接融资，完善多层次资本市场体系，扩大股权和债券融资规模，更好地满足多样化投融资需求	首提“积极扩大”直接融资，2010年，看来是新股年

二、政府的角色——政府与市场的关系

对政府的实质的讨论，可以用政府的双重身份、三只手和政府问题本质两难这三组相关的概念来概括。这三组概念，都是用政府与经济的关系，来定义和理解政府的实质。

任何政府都拥有双重的身份。首先，政府和其他所有市场经济中的主体一样，是一个经济人。其次，政府还是一个强制性的机构。

说政府是一个经济人，是因为它占有资源，雇用劳动力，有大量的消费，而且也生产许多的产品，其中既包括像国防、法律体系这样的公共物品，也包括某些私人产品。政府占有

资源，为社会提供劳务和产品，需要消费，在这些方面，和普通经济人有很大的相同之处。

作为经济人的政府，和普通经济人的不同之处在于，它的规模非常巨大。在世界上很多国家，政府都是最大的雇主；政府也是很多最重要的资源的最大占有者，比如土地、矿山；它的收入是无人能比的。比如，个人通过多年努力，有了一亿元钱，那他就进入了占总人口百分比很小的亿万富翁的行列，算有钱人了。但是中国政府 2009 年一年的财政收入，就是 66230 亿元人民币。这 66230 亿元财政收入中，将近 7749 亿元是 2009 年新增加的。仅增加的数字，就远超过世界首富比尔•盖茨通过几十年努力积累的财富。政府有这么多的资源，这么多的收入，那么当它作为一个消费者时，它的购买力也是个人或其他机构所不能比的。

认识政府作为经济人“大”这一特点，对于理解为什么制约政府如此困难，理解为什么那么多人要通过争夺和获得政府资源而致富，非常重要。

政府的第二重身份是，它是一个强制性机构。政府对强制力，具有垄断地位，也就是说，这个身份，是他人所不能具备的。政府垄断强制力，拥有武力，是为了起两个作用：对内保证合同的执行，对外保证国家安全。政府对内要保证执行的合同，包括私人间的合同和公共合同。私人间合同指个人之间，企业之间或个人与企业之间的交易合同。公共合同即我们通常所说的法律法规，比如，任何人都不能暴力侵犯他人，都不能卖假货，都不能污染环境，等等。

政府的强制力不仅仅能用于保障合同的执行，也能用来表达自己的意志。比如说，税收的实现就是以强制力为基础。个人为了获得收入，必须向别人提供有用的劳务或产品，换取对方的报酬。而政府为了获得收入，却不需要与别人交换，只需使用自己的强制力。虽然政府也为居民提供国防等公共产品，但这些产品与政府收入之间，并没有完全的对等的交换关系，也无需遵守双方自愿的原则。

政府在经济活动中应该或者实际起什么作用？对这个问题，一般来说有三种答案，都可以概括地用“手”来比喻：可概括为无为之手、扶持之手和掠夺之手。

1. 无为之手

政府应该是一只“无为之手”的理论，来自亚当•斯密。他把市场比喻成一只“看不见的手”，认为自由竞争的市场可以导致社会福利的最大化。在市场上，所有个人都是主观为自己，客观为别人、为他人、为社会服务。通过市场交换，经济资源实现最优分配、最优配置，社会福利实现最大化。

亚当•斯密对政府的作用和动机表示极大的怀疑，在其“自私的动机、私有的企业、竞争的市场”这个自由制度的三要素基本之上，他规定了政府的三个任务：提高分工程度；增加资本数量；改善资本用途。由此，亚当•斯密认为有一只看不见的手在操纵着社会的运行，使得人人为自己的经济活动，最终产生一个大家都获利的社会结果，因此对市场经济的任何干预都是不可取的，不断增加国民财富的最好办法就是给经济以完全的自由。进而，对政府的义务作了三点限制：保护社会，使之不受侵犯；保护社会上的每个人，使之不受其他人侵犯；建设并维持某些公共事业及设施。政府只要能像“守夜人”那样，防止外来侵略和维持国内治安就行了。基于此，他提出了税收方面的“公平、确定、简便和征收费用最小”四原则；支出方面要厉行节约和“量入为出”。廉价政府，成为财政所要追求的最高目标。

亚当•斯密的这一种理论，在实践中被美国人长期奉为经典。1776 年英属北美 13 个殖民地独立。1781～1787 年这 13 个州组成联邦国会。此时这一松散的州际联盟并没有征税权，部分州只对有些船舶征收吨位税或限制关税。在全部财政收入中，税收比重极低。1787 年，美国制定新宪法，规定联邦政府享有独立征税权。关税成为联邦的主要收入来源，此外还征收少量消费税及一些直接税，各州政府主要课征财产税和人头税等。19 世纪中后期至 20 世纪初，联邦政府实行扩大消费税和提高税率的政策，消费税比重急剧上升，关税退居次要地位。至 1902 年，消费税占联邦税收入总额的比例高达 95%。在州一级税收收入中，财产税仍居于主导地位。在这以后很长时间里，政府对经济的干预都非常有限。以税收为例，直至 1913 年第 16 次宪法修正案通过以前的一百几十年间，联邦政府甚至无权征收个人所得税。由于收入有限，1803 年，杰弗逊总统需要筹集 1500 万美元，从法国手上购买路易斯安娜(密西西比河以西 200 多万平方公里的辽阔土地)，都感到非常困难。1913 年，第 16 次宪法修正案赋予联邦政府以所得税征收权，美国税制开始向以所得税为主体过渡。这以后，所得税法几经调整和完善，税收收入增加很快，到 1982 年，在联邦全部税收收入中，个人所得税收入占 47.6%，具有所得课税性质的社会保险税收入占 32.9%，公司所得税占 7.5%，形成上述 3 种所得税为主体的税制格局。

在美国，大政府是在两次世界大战和罗斯福“新政”期间发展起来的。但至 20 世纪 70 年代，大政府的种种弊端以及它所带来的很多问题，都变得非常清楚。所以，1980 年里根总统一上台，就着手大刀阔斧地改变这种状况。里根最有名的执政理念，在他的一句名言中得到最充分的体现：政府不是问题的答案，而是问题的根源。

所以，亚当•斯密关于市场是看不见的手，政府应当成为无为之手的理论，并不只是停留在书本上的理论。现实生活中，在美国这样的国家的多数时间里，占主导地位的治国理念是，小政府就是好政府。

2.扶持之手

国家的第二只手是“扶持之手”。20 世纪 30 年代的世界经济危机导致了西方经济学说的一次重大转变，即占统治地位 100 多年的斯密自由市场经营论为中心的经济自由主义学说让位于凯恩斯的经济干预主义，财政学也因此在资产阶级经济学体系中占据了显赫的位置。虽然凯恩斯总体上认为自由市场制度是一个有效的机制，它能保证个人自由并激发个人释放其创造性，但他认为市场本身存在缺点，只有扩大政府机能才能改正市场缺点，以保持市场经济的正常运转。因此，凯恩斯认为，如果政府不加干预就等于听任有效需求不足的继续存在，就等于听任失业与经济危机的继续存在，他认为财政支出直接就可以形成社会有效需求，弥补自由市场的有效需求不足。凯恩斯首次系统地论证了财政赤字的经济合理性，冲击了古典的“量入为出”原则。关于财政支出，他在卡恩的“乘数理论”基础上，论证了政府投资具有“倍数”扩张社会总需求的作用，力主政府负起直接投资之责。由于凯恩斯主义强调财政的作用，人们通常对他及其信奉者的理论冠以“财政学派”的名称，一直到 20 世纪 70 年代。

20 世纪 70 年代西方出现了“滞胀”局面。以米尔顿•弗里德曼为代表的一批经济学家借此发动了一场对凯恩斯主义的“反革命”。他们首先责难凯恩斯主义造成了 20 世纪 70 年代的“滞胀”局面。“财政最重要”的政策主张也受到攻击，代之以“货币最重要”的政策结论。

最新的扶持之手的手段和思想来自福利经济学。福利经济学研究的基本框架是，首先定义社会福利，确定福利最大化的目标，然后讨论市场失败的可能性和由此造成的社会福利损失。他们认为，自由市场制度是建立在交换的等价原则之上的，只有那些具有排斥性质的可交换的财产权利的私人产品才能进行市场交易。而公共产品不具有这些性质，所以公共产品的交换行为难以产生，消费者与供给者之间的联系由此中断，虽然存在市场需求，但却没有市场供给，这时政府应予以介入，提供这种产品，弥补市场的这个局限性。

政府干预的手段可以有如下措施，采取诸如反垄断和消除信息不对称的措施，来帮助增加社会福利。这类讨论所假设的基本前提都是——政府的目标是使社会福利最大化。政府是善意的，是对市场不足的必要补充。政府干预的手段和程度，可以有相当差别。在最低的干预层次上，政府可以通过价格机制，比如通过税收和补贴，来改变企业的成本收益结构，从而改变其行为。税收和补贴、转移支付这些方法，有时也用来作为调节社会收入分配手段。在中等的层次上，政府可以通过行政和法律手段，鼓励、禁止和规范产业和企业的行为。在最高层次上，政府可以拥有并直接管理和操作企业，将企业资源直接用于实现政府的就业、居民收入和其他经济或非经济目标。

无论是扶持之手的财政学派，货币学派还是公共福利学派，最终都导致政府介入之后，公共财政支出不断膨胀。19 世纪 80 年代，德国经济学家瓦格纳就提出，随着经济的发展，公共和国家活动将不断增加，被称为“瓦格纳定律”。这一定律最初仅是归纳的结果，后来被许多国家的经验所证实。在第二次世界大战之后，到 20 世纪 90 年代初，大多数国家的政府规模达到了最大，即该国政府支出占 GDP 的比重达到了最大值。此后，在各国家，这一数值基本上围绕某个值变动而没有进一步越升越高，也就是说政府规模并没有无限制地扩大。

在许多国家，政府规模表现出了不断扩大的趋势，特别是第二次世界大战之后。这不仅表现为政府支出规模的绝对增大，而且表现为政府支出占 GDP 的比重不断提高。有研究表明，在 14 个工业化国家中，政府支出占 GDP 的比重，在第一次世界大战之前的平均值为 8%～9%；在第一次世界大战结束到 1920 年，这一平均值上升到了 15.4%；1937 年，又提高到 18.3%；在第二次世界大战之后的和平时期，这些国家的平均支出规模显著增长，从 1960 年占 GDP 的 28.5%到 1980 年占 GDP 的 43.3%，再提高到 1994 年占 GDP 的 49%(表 5-2)。

表 5-2 美国政府支出占 GDP 的比重

年份	政府支出（百万美元）	政府支出/GDP(%)	年份	政府支出（百万美元）	政府支出/GDP(%)
1929	3100	10.0	1993	129100	38.0
1939	8800	19.4	1994	1325500	37.0
1949	38800	23.0	1995	1369200	37.0
1959	92100	26.8	1996	1416000	36.5
1969	183600	30.4	1997	1468700	35.4
1979	503500	31.1	1998	1518300	34.7
1984	851800	34.4	1999	1620800	34.3

续表

年份	政府支出（百万美元）	政府支出/GDP(%)	年份	政府支出（百万美元）	政府支出/GDP(%)
1985	1074200	34.8	2000	1721600	34.2
1988	1039000	36.2	2001	1825600	35.3
1989	1099100	36.1	2002	1956600	36.3
1990	1180200	37.1	2003	2075500	36.7
1991	1234400	37.8	2004	2183800	36.4
1992	1271000	38.5	2005	-	36.6

在美国，1929 年的时候，美国联邦、州和地方开支之和占 GDP 的比重仅为 10%，1949 年的时候升为 23%，1985 年的时候这一数字高达 34.8%，再到 1992 年则高达 38.5%的最高值，此后政府支出占 GDP 的比重虽有下降，但最低也在 34%以上。

OECD 国家的情形也是如此。比如，瑞典和荷兰在 1985 年政府支出超过了 GDP 的 60%，其他国家最低也在 30%以上。表 5-3 列出了主要 OECD 国家 1960～2004 年的一般政府支出和收入占 GDP 的比重。

表 5-3　OECD 国家一般性政府支出和收入占 GDP 的比重(%)

国家	1960		1985		1990		1995		2000		2004	
	支出	收入	支出	收入	支出	收入	支出	收入	支出	收入	支出	收入
澳大利亚(1960～1984)	21.4	25.4	36.6	33.3	36.2	34.5	39.2	35.3	35.7	36.7	35.9	36.9
奥地利	35.7	34.4	50.7	47.7	51.5	49.0	56.0	50.3	51.4	49.8	49.9	48.8
比利时	30.3	27.5	54.4	46.5	51.9	45.3	51.4	47.2	48.6	48.7	48.7	48.7
加拿大	28.9	26.0	47.0	38.9	48.8	43.0	48.5	43.2	41.1	41.1	39.9	40.6
丹麦	24.8	27.3	59.5	57.0	55.9	54.6	59.5	56.7	53.9	56.2	55.1	56.8
芬兰	26.6	29.7	41.5	40.5	48.3	53.7	59.0	55.1	48.8	55.9	50.8	52.7
法国	34.6	34.9	52.4	48.5	49.3	47.7	54.4	49.0	51.6	50.1	53.5	49.8
德国	32.4	35.0	47.2	45.4	44.5	42.5	48.3	45.1	45.1	46.4	47.0	43.3
希腊	17.4	21.1	43.2	34.6	50.2	34.5	51.0	40.9	52.1	47.9	49.8	43.3
冰岛	28.2	36.4	35.6	33.4	41.7	38.5	43.0	40.1	42.7	45.2	47.3	47.3
爱尔兰(1960～1984)	28.0	24.8	54.6	44.3	42.9	40.1	41.2	39.1	31.5	35.9	33.7	35.2
意大利	30.1	28.8	58.4	44.1	54.4	42.6	53.4	45.8	46.9	46.2	48.7	45.4
日本	18.3	20.7	32.7	31.2	31.8	33.9	35.9	31.2	38.3	30.8	37.5	31.0
卢森堡(1960～1982)	30.5	32.5	56.4	53.0	43.3	48.1	45.0	47.6	38.6	44.6	45.2	44.6
荷兰	33.7	33.9	60.2	54.4	52.5	47.4	49.3	45.3	43.4	45.6	46.6	44.5

续表

国家	1960		1985		1990		1995		2000		2004	
	支出	收入	支出	收入	支出	收入	支出	收入	支出	收入	支出	收入
挪威	29.9	33.1	48.1	56.1	54.0	56.2	51.5	54.9	42.7	58.2	46.7	58.1
葡萄牙（1960～1981）	17.0	17.6	43.9	33.3	40.6	34.2	43.4	38.1	43.7	40.8	46.5	43.5
西班牙（1964～1984）	18.8	18.1	39.3	33.2	42.5	38.6	44.1	37.8	38.9	38.1	38.8	38.6
瑞典	31.0	32.1	64.5	59.4	61.9	65.3	67.7	60.8	57.4	62.4	57.3	58.7
瑞士	17.2	23.3	30.9	34.4	30.0	30.6	34.6	33.3	33.9	36.3	36.7	35.2
英国（1960～1984）	32.3	30.0	47.8	42.8	42.2	40.7	45.0	39.1	37.5	41.3	43.9	40.7
美国	17.0	26.3	36.7	31.1	37.1	32.8	37.0	33.8	34.2	35.8	36.4	31.7
平均值	26.6	27.7	47.3	42.9	40.2	37.3	42.1	38.2	39.1	39.4	40.8	37.3

从上面的数据可以看出，OECD 国家在从 1960～1995 年之间政府支出和收入占 GDP 的比重有较大幅度的提高，但在 1995～2004 年之间，政府支出和收入占 GDP 的比重变化不大，有的略有上升，有的略有下降。在大多数国家，1995 年的时候，政府支出和收入占 GDP 的比重最高。

综合美国和部分 OECD 国家政府规模变化的趋势，可以看出：在 20 世纪 90 年代之前，各国家的政府支出占 GDP 的比重不断上升，此后一直在振荡，有些国家的政府支出占 GDP 的比重略有下降。那么，政府支出占 GDP 比重不断上升的根源是什么？

除了有学者认为的官僚体制冗余和利益集团把持等解释外，一个主要原因是公共产品需求的收入弹性＞1。随着家庭收入的增加，收入中用于食品等“生理需要”的开支比例越来越小，而用于非生活必需品等“精神需要”的开支比例将越来越大。当个人收入越过一定水平时，越是非必需品就变得越来越重要，人们就需要越来越多的政府服务。这时，医疗保健、文体设施、交通运输、社会保险、公共安全等优效型公共产品就开始日益“侵蚀”和“挤占”消费结构中的私人产品的相对份额。公共产品的社会需求的不断提高，成了推动公共支出不断膨胀的原始动力。

另外一个原因是乘数效应。公共资本存量与私人资本存量之间有一种密切的内在函数关系。战后以来，西方国家对公共基础投资的每一次胀或缩无不刺激着或影响着私人投资趋势的波动，从而对宏观经济的总量运行发生着巨大作用。

像公路、街道、机场、排水和供水等基础设施的政府投资，是与私人投资相互补充的，不注意国家基础设施的数量和质量，将严重阻碍整个经济的运行。美国战后以来前 20 年经济增长之所以能够达到 10%以上，是因为政府扩大了对基础设施的投资，后 20 年经济增长率之所以持续下降，其主要原因在于公共设施的投资净额几乎处于停滞状态。

政府支出占 GDP 的比重上升到一定的高度后基本不再上升，这是否意味着政府支出有最高上限呢？为什么有的国家政府规模大，有的国家政府规模小？

研究表明，政府规模并非越大越好，但也并非越小越好。经济发达国家都采用了市场经济体制，但采用市场经济体制的国家并非都繁荣。奥尔森等人曾经研究了许多国家政府支出占GDP的比重和经济增长率之间的相关关系，结果发现，政府支出占GDP比重最低的国家，不是世界上经济增长速度最快的国家，反而是世界上最贫穷的国家。这些国家虽然试图建立起能良好界定并充分保护产权的政府，但政府支出的规模根本不足以实现这个目标。

个人财产不能以任何形式被征用的另一层含义是政府也不能够随意侵犯个人产权，这就决定了政府的规模不可能无限扩大。政府可以征收适当的税收，但税率不能过高。“拉弗曲线”说明如果税率过高，就可能导致税基下降，进而导致税率提高但税收总额未必提高的情形。宏观经济学中的“挤出效应”也可以解释政府规模并非越大越好。

3.掠夺之手

近些年来越来越多的学者们在研究中注意到，政府在经济中发挥作用，并非总是出于善意的——为了增加社会福利。所谓公共财政从其结果而言必定不是公共的，政府天然是不同利益集团博弈的场所。政府也有自身利益，并会使用强制力来实现自身利益。政府这样做时，它就成为掠夺之手。

这方面的研究，最有名的代表人物应是曼库尔•奥尔森。他指出，在人类社会，总有一些人会想，去生产财富不如去掠夺财富来得容易。而要掠夺财富就要有武力。武力和掠夺获得财富的人有两种：掠夺地域是稳定的，或者是不稳定的，奥尔森称之为坐寇和流寇。流寇抢完就走，所以他对完全摧毁一地的经济在所不惜。而坐寇则要考虑到，今天抢光了，明天就没有了，不能杀鸡取卵。奥尔森把政府视为一个坐寇。比如过去的皇帝，他要归要，但一般还是会提供许多公共产品，维持和增加自身的长远收益。对社会来说，胜者为王的坐寇比败者为寇的流寇要好。所以在流寇横行的地方，人们宁愿欢迎坐寇出来战胜流寇。

另外一个讨论掠夺之手的主要人物，是安德烈•施莱弗。施莱弗强调，不能天真地假设政府的目标是使社会福利最大化。掌握国家机器的人，都有自己的目标，有自身利益。要理解政府的种种行为，一定要理解掌握国家机器的人的自身利益和利己行为。施莱弗等研究了英国王位继承的历史后发现，实际上国家统治者的利益经常并不长远。这里有王位继承中的斗争和不确定性的问题，也有统治者个人当前对高消费需求的问题。统治者当前和短期利益的需要，经常会驱使他们去过度掠夺。这种现象，在中国和其他国家历史上都层出不穷。在中国历史上，新王朝的开国之君对旧王朝的亡国之君横征暴敛、掠夺无度所产生的后果常常体会更加深刻，他们因此会强调节俭，也以此教育自己的子孙。但子孙往往不可避免地又成为过度掠夺之手，导致王朝的覆灭(中国的案例参见“血酬定律”)。

奥地利学派，比如学者罗斯巴德，也赞同掠夺之手的看法，坚持回到无为之手。他的逻辑是：民众倾向于认为政府的专家是神圣的，是无私的圣诞老人的组织，这是令人称奇的。政客不是因为才干，也不是施予关爱，而是为了动用暴力，通过煽动性言论赚取选票维护其统治利益。政府干预的支持者会陷入一个致命的自相矛盾，既然市场和个人没有办法和能力管理好自己，然后他们又假定，同样是这些个人却有能力投票选举出专家。而这些专家更不值得信任，一方面政府工作人员缺乏提高效率的激励，另外，政府工作人员发展出来的技能，不会是经济性才能，而是政治才能——如何逢迎好上级，如何煽动选民，如何最有效地运用权力。这些技能与市场才能有巨大的不同，因而能够爬到政府高层的人显然不会是那些能够在市场上获得成功的人。因此他们的决策只会干扰市场效率，只会使事情更复杂。

在奥地利学派，政府被犀利的定义为一个为了满足需求依靠强行占有而采取政治手段的组织。政府任何措施都是不良干预，这种干预有三种类型：第一种是，政府可能命令一个个体去做或不得做特定的事情，这个行为只直接涉及这一个体的人身和财产，这是一元干预，比如政府向所有个人下达法令；第二种是，政府强制该个体与政府进行一项强制性交换，这是二元干预，比如征税、政府开支；第三种是，政府可以强迫或者禁止一些个体对象之间的交换，这是三元干预，比如价格管制、生产管制、特许权、国家征用权、执照、质量与安全标准等。

从现实和客观地来看，多数时候，政府都同时扮演了三只手的角色。有时候，在某些领域，市场自己运行良好，不需要政府过多介入，政府也甘当无为之手，没有过多介入。也有很多时候，政府采取了措施，促进了社会效益和社会福利的提高，起到扶持之手的作用。然而最后，历史和现实生活中，也不乏政府过分掠夺的例子。比如，虽然按理说“坐寇”不应该掠夺太过，但我们很容易可以找到大量的例子，说明“坐寇”经常也会掠夺太过。

政府在市场运作良好时充当无为之手，在市场失败时充当帮助扶持之手，都有利于社会财富总量的增加，不会引起太大的争论和社会矛盾。但当政府成为掠夺之手时，对社会和经济来说是破坏性的，有时甚至是灾难性的。

对于中国政府来说，不仅具有上述三只手特征，另外，由于历史因素，政府还具有“闲不住的手”的特征。因此，有投资者认为，中国股市太难做：你要对付上市公司圈钱作假，你要对付机构和庄家陷阱设套，你要琢磨商业周期，这些关卡通过了，你还得应付政府这只奇怪的闲不住的手。如果按牌理出牌，也就罢了，但它是匪夷所思，还美其名曰——出其不意。

从三只手来看，政府具有本质上的两难性。如果政府仅仅是无为之手，它越小越好。如果政府仅仅是扶持之手，它越强大越好。如果政府仅仅是掠夺之手，对它的限制越多越好。但政府同时有多只手，该如何设计国家制度、发挥政府在经济生活中的作用，就陷入一种两难的局面。

关于政府作用的“本质两难”，政治学家巴里•温加斯特这样表述：政府需要足够强大，才能具有足够的强制力，去做它该做的事，即执行合同；但政府又不能过分强大，以至于它可以不受约束，滥用自己的强制力，任意侵犯公民的财产和权利。经济学家施莱弗把政府需要足够强大、但又不能过分强大的思想，表述为政府问题上的本质交换关系。

在发挥政府作为合同的强制执行者作用的同时，防止政府成为掠夺之手，解决政府问题的本质两难的方法，可分为现代国家制度和传统方法两类。现代国家制度注重在国家制度内部找到制衡，其基本手段是法治、民主和分权。对经济发展和经济繁荣来说，法治是最重要的，但现代国家制度作为一个整体，实现内部制衡，法治、民主与分权，三者缺一不可。而传统方法也很多，总体来说，多是使用各种外部力量，来限制一个内部缺少制衡机制的国家机器，包括国家之间的竞争、国家武力的分散、行会的力量、信息和信用等等。不过，这些传统的制衡手段，都有很大的局限性和副作用。像欧洲国家之间的竞争，虽然遏制了君主的过分掠夺，但它也导致了国家之间的诸多战争，而战争的破坏力是十分巨大的。中央和地方的武力平衡，也有很大的代价。它导致了市场的分割，不利于形成有足够规模的统一市场。

本质两难在传统的和国有经济占主导的国家显得尤为突出。国有经济占主导地位，有一定优势，比如可以集中力量办大事。但也存在很多问题：

(1)权力寻租。寻租是所有国家官僚机器都共同具有的特点。寻租是在两个层次上进行的，一个是机构的寻租，一个是机构中个人的寻租。国家之间的区别只在于，官僚机器有大有小，相应的，寻租的机会和数量也就有多有少。不难想象，政府管的事情越多，它的官僚机器就越庞大。国有制为主体的国家，官僚机构都十分庞大，寻租活动也随之膨胀。

(2)对代理人的监督。所有者和管理者分离的所有企业，无论在哪个国家，公有还是私有，都普遍存在代理人的问题。但在国有企业，也就是政府控制的企业中，这个问题要比非国有企业中更加严重。之所以如此，是因为在国有制下，政府与企业的关系更加密切，软预算约束问题因而更加突出。密切的政企关系和软预算约束，破坏了对管理人员的市场监督，使得监督的效果，受到很大的限制。

(3)对经理人的保护。与对代理人和监督问题相对应的，是对经理人利益的保护问题。优秀的经理人，是经济中非常稀缺的资源，对一个企业的成功，往往具有无可替代的重要性。因此，如何保护经理人的利益，调动他们的积极性，是现代企业制度设计中，与如何设计监管机制同样重要的问题。作为理性人，国企经理人在缺乏安全感时，他们的注意力，就不会放在提高企业效益，而是放在采取措施，来保护自身利益。

首先，经理人会把和上级领导的关系，看得比企业的经营效益更重要，因为他的前途不是取决于效益，而是取决于关系。其次，因为企业已经办好了，经理人的价值就过时了；油水大了，来争夺这个位置的人就多了。这样现有的管理人员就会有危险。所以，除了要和上级领导搞好关系外，经理人保护自己的另一个重要措施，就是不把企业办得太好，而是要尽量把企业办得大、乱、虚、杂，让企业内部关系，包括债务关系，变得错综复杂。这样，政府一般就不会轻易去动这个企业的高层管理人员了。因为一动，企业有可能会办垮，随之而来产生的就业问题、偿还银行贷款的问题、地方形象受影响的问题，都会使政府非常头痛。做成这么一个局面，经理人的利益就得到最好的保护了。最后，企业做好之时，就是个人下台或退休，过清贫生活之日。这一前景，也使经理人更加容易产生干好不如多捞的想法，有权不用，过期作废，为了保护自身利益，能捞时要尽量捞。经理人这些保护自身利益的措施，都有损企业长期和短期利益。经理人要采取措施保护自身利益，这是所有企业中的共同现象。当存在特别强大的大股东，经理人利益特别没有保障时，这一问题就变得更加严重和突出。

(4)行为扭曲。政府控制大量资源时，社会成员一定存在强烈的争夺政府资源(包括获得土地、资金、政策和国企的业务合同等等)的动机和行为，而这种行为往往是扭曲的，从而有损效益的，这就是行为扭曲。比如，按照效益的原则，一个企业应该有一个适当的发展速度。但如果按照这个速度去发展，该企业却进入不到几强或龙头企业的行列，从而无法获得政府的特殊支持——如无偿或者低价土地、优惠利率贷款、一些保护性政策等等。在这种情况下，企业宁可在效益方面受些损失，也要超速增长，赶快做大，成为龙头企业，得到政府资源的支持，这样下一步的发展就容易了。在这种动机的驱使下，一大批高速增长却效益低下的企业也就与时俱进，应运而生了。有时政府出于好意要做的事情，也会导致人们行为的扭曲，做出有损效益的事情。政府掌握的资源，会导致争夺这些资源的行为和效益的损失，这也是世界各国的共同现象。在19世纪的美国，政府为了鼓励铁路的发展，将铁路两侧的土地无偿赠与铁路投资人。结果，为了获得土地，很多人盲目投资，甚至出现两个城市之间存在多条铁路并存，分别属于不同公司的现象，造成巨大浪费。国家之间的差别，在于扭曲的程度。不难理解，这种扭曲的程度，是和政府掌握多少资源成正比的。政府掌握的资源不多，人们就不会多费心机和投入，去争取政府资源。政府掌握的资源特别巨大，人们就会不遗余力，去争夺政府资源。行为扭曲造成的社会资源的浪费和损失，和政府掌握的资源多少是成正比的。

(5)政府目标错位。实际上，政府还有很多非经济的目标。国家之间的不同之处只在于，政府有多少手段可以实现其非经济目标。在一个以私有经济为主体的经济体中，政府的举动如果需要私人掏腰包，那就不容易得到支持。比如，要老板付工资、员工在工作时间搞政治学习，这样的事私人企业是不愿意干的。而在以公有制为主体、政府直接控制了大量资源的经济中，国企的管理者通常会很高兴、很乐意、很积极地拿出不属于自己的资源，去满足政府的非经济目标。这样做，他们牺牲的是企业利益，换来的是个人的光明前途。这大概就是国有企业为主时，各种政治运动都很容易搞得轰轰烈烈的主要经济原因。大家很容易将企业效益不佳与国企存在代理人问题，政府无法更有效的监管管理者联系起来。而这里我们看到的，不是管不住，而是国企管理者的行为，太容易与国家保持一致，太愿意去迎合政府的各种政策需要了。这可以算是公有制的一种政治代价。

政府在经济生活中，具有双重身份。它既是具有消费和生产功能的经济人，也是经济规则的制定者和强制执行者。不同政府对经济的介入力度和政策也不一样。了解了政府的基本概念，对于认识投资，把握机会和防范风险有很大作用。

三、经济政策的操作次序

经济政策是指政府为实现一定的政治和经济任务，或为指导和调节经济活动，所规定的在经济生活上的行动准则和措施。一般来说，经济政策的制定和实施会保持一段时间的连续性，这是判断政策趋势的重要立足点。各种经济政策在具体实现手段上可以是各不相同的。例如财政政策主要是通过运用政府开支与税收等工具来干预经济的运行，而货币政策则主要运用公开市场业务、调整再贴现率和存款准备金比率等三大工具来实现政策目标。

经济政策分析的首要步骤是了解政府在各经济政策中出牌的次序，然后才是各种经济政策的功能特性，即，对各种经济政策的目标、政策手段、政策工具、种类等等有全面认识。这样投资者才能知道在何种经济形势下应采取何种政策措施，以及对证券市场有何种影响。

政府主要是通过财政来贯彻其政策意图和实现其特定利益，正常的政府具有财政最大化的意图。因此即使实行“宽松”的财政政策，也会有很多水分。比如，2009年下半年，我们调研发现很多企业觉得2009年税务局上门越来越频繁，让我们觉得有必要重新研究“财政政策”。毕竟，财政政策一方面是财政支出政策，另一方面是财政收入政策。在经典的经济学理论里，理想的财政政策应该是逆周期的，在经济衰退的时候，政府应该主动扩大支出(或者同时降税等政策)，从而产生较大的财政赤字；在经济景气时尽量节余，以便在整个经济周期上追求财政收支平衡，而在单个年份财政盈余却可能有很大的波动。

但是中国政府的财政政策在很大程度上似乎却是在尽量回避产生大的财政赤字，即便是在上一次经济陷入严重困难需要实施“积极财政政策”的1998～2000年，产生的预算赤字以国际标准来看都是极小的。截止 2009 年 9 月，2009 年全国财政已经实现了 7284 亿元的盈余，如果政府有盈余的话，产生支出就是积极的财政政策，但是如果为了避免扩大赤字通过各种手段增加收入，可能会挤占了非政府部门的支出(图 5-1～图 5-3)。

图 5-1　中国财政赤字占 GDP 比例

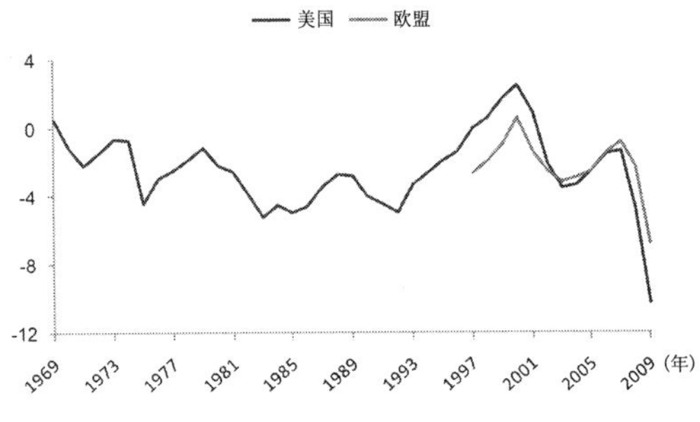

图 5-2　欧美国家的财政盈余 / 赤字占 GDP 的比例有很强的周期性，而且波动非常大

图 5-3　财政盈余和新发国债两项合计导致了 2009 年以来财政存款激增

同时政府是风险厌恶型的，具有风险最小化特征。比如官员的行为指南经常是“不求有功，但求无过”，只有在遇到经济特别是财政危机的时候，才愿意冒风险，愿意变革。

因此，能用短期政策操作获得极大效用的时候，政府一定不会采取长期制度建设，即使在短期政策操作上，政府采取的也是即期收益最大化和支出最小化。并且其支出的轻重缓急来源于社会不同利益集团的压力、受众对公共收益的敏感度以及其争取利益的能力。政府的财政是一种权利的分配，不同的利益集团的谈判能力不同，因此政府没有办法做到中立(比如 2009 年的宽松财政政策并不是所有人同等得利)。特别是在威权体系中，大多数人需要的社会支出一定是不足的，比如中国在教育支出和医疗支出上就是各国里最低的，可是在这方面的“话语强调”却很高。根据他国经验，这些社会开支要提高只能在社会运动的推动下才能进行(图 5-4，图 5-5)。

在经济平稳的时候，影响经济的政策就比较少；在经济过热的时候，干预性政策就比较多；在经济遇冷的时候，政府首先采取的是货币政策，然后是财政政策，接下来是产业和区域政策，最后才是制度性变革。

对于政策的分析，比较简单，把握两点，第一点是目前的政策是否出现了根本性转变，第二点是这些政策只有影响了经济增长、通货膨胀和流动性才会对证券市场产生实质性影响。

不同的政策对民众权利的影响是不同的，由此引起的政府收支的成本和收益也是不同

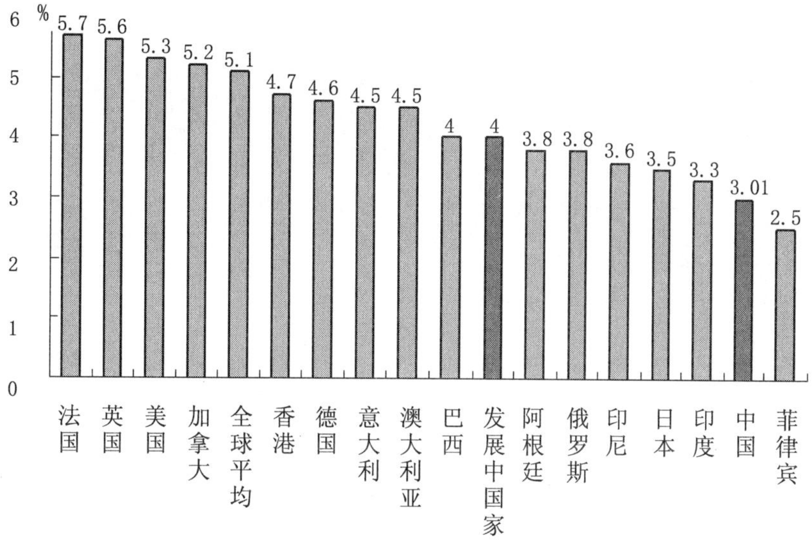

图 5-4 教育支出 /GDP：中国大幅落后于发展中国家和地区

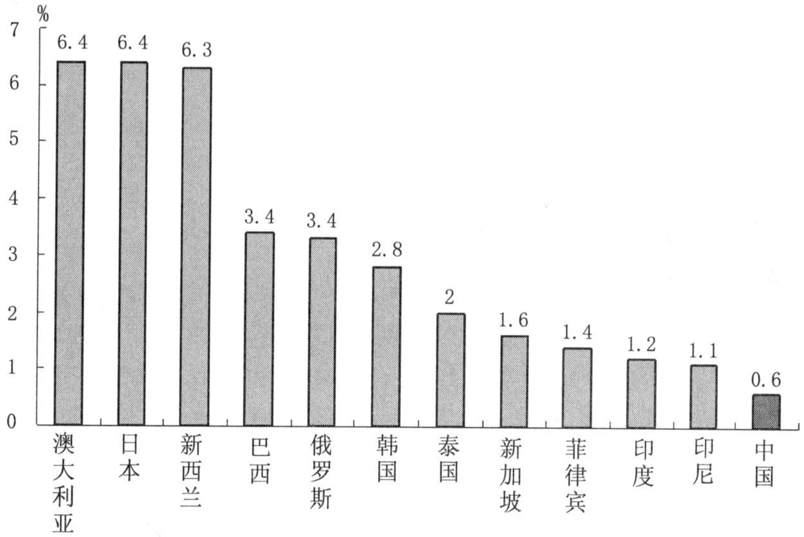

图 5-5 医疗卫生 /GDP：中国远远落后于其他国家

的。这对政策的出牌会有影响。根据瓦格纳法则，政府支出是刚性的，需要分析的仅是政府支出的方向阶段性的变化，政府的收入分析则至关重要。也就是，政策的出发点要分析政府的财力，没有财力就没有积极一说，财力透支，就会出现危机(图 5-6～图 5-8)。

比如，铸币税，也就是货币政策往往是首先被采用的。中央银行不是银行业发展的自然产物，而是外部力量强加和政府偏好的结果。在不兑现货币制度下，中央银行扩张高能货币存量是财政收入的直接途径，因此根据财政专家卢麟元(他的博客值得关注)的观点，货币政策仅是财政政策的金融表达而已。政府通过发货币来进行政策操作是普遍的做法，对民众资产的福利损失要比税收要小，因为会产生一个货币幻觉。只有当货币幻觉逐渐消失，并转化

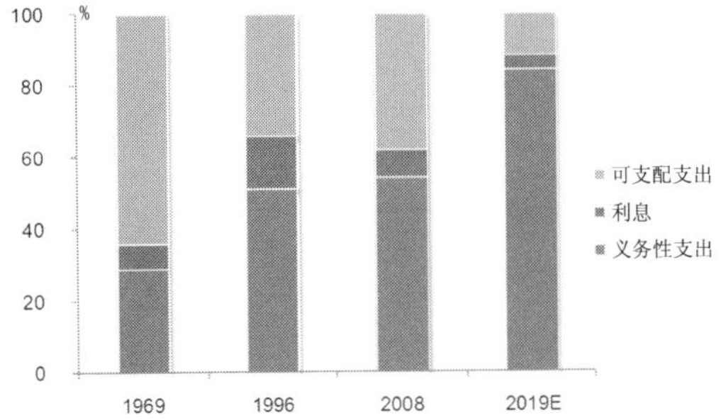

图 5-6　美国政府的义务性支出占比越来越高

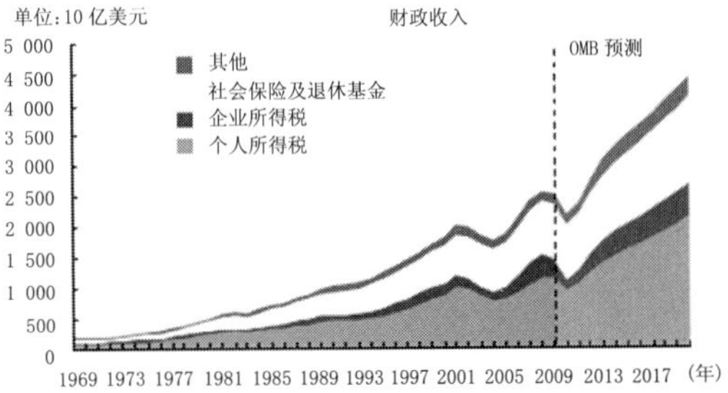

图 5-7　美国政府的财政收入增长

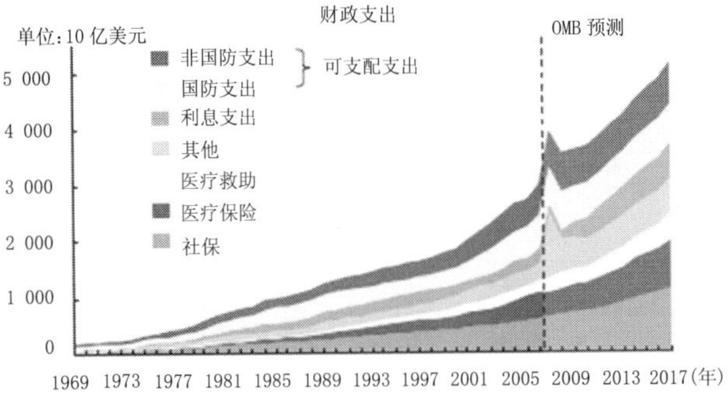

图 5-8　美国政府的财政支出的增长

成通货膨胀或者货币大幅贬值的情况下，货币政策才会被替代。

发国债进行的财政政策也是一个选择，国债是延期的税收，不过在宏观经济学中将债务看作是一笔财富(图 5-9)。地方政府在国内不能发债，未来估计也很难被允许，因为这会动摇中央集权统治。而国债的投入往往都是大项目，很少被用于国计民生，这也是政府的本质决定的。如果发国债超过安全边界，则该类财政政策也会被替代。比如，如果当年财政预算支出大于预算收入，通常会把预算赤字占 GDP 的比重作为衡量财政风险度大小的指标。比如，2009 年预算赤字 9500 亿，就是按照其占当年名义 GDP 比例 3%来确定的，而 3%就是所谓的国际通行安全警戒线，说明我国财政政策的宽松度已经用到极致。

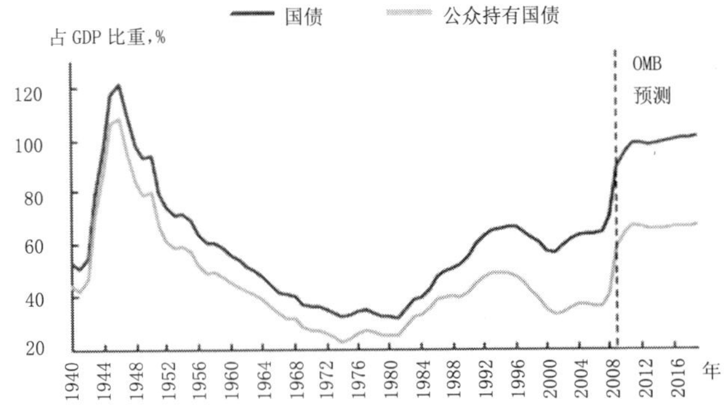

图 5-9　美国政府的国债 /GDP

税收政策。由于税收具有强制性、无偿性和固定性的特征，它的修改成本相比其他收入来源来讲最高，对社会民众福利影响最大。因此增加即期税收不会是政府首选的工具，应该算是三选工具，某些税收只能以宏观调控的名义进行。比如物业税或者房产税，资源税等。对于收费政策来说，规费的收取规模往往与政府的级别成相反的关系，读潜规则和血酬定律你就会深有体会。所以，规费的收取占比会越来越低。

在政府的收益表不能扩张的情况下，政府如果需要解决财力问题，则需要检查自己的资产负债表。权益资本是否足够大也是衡量政府财政能力的一个重要指标。

我国政府的资产负债表是怎样呢？政府掌控的国有资产，应该包括经营性资产、行政性资产和资源性资产三类。根据财政部提供的数据，到2007年末，不包括金融机构的国有及国有控股企业总资产为34.7万亿，2007年末总资产扣除负债和少数股东权益后，国有股东的权益为11.2万亿，如果按国际证券市场上平均1.5倍的市净率来估算，这些国有资产大概值16.8万亿。如果加上2008年末已上市金融企业中的国有股权市值(约为4.45万亿)，我国经营性国有资产中属于国有股东的资产价值大约为21.25万亿元。至于行政性资产，由于它的公益性，一般是难以进行转让，难以成为政府财政收入的一大来源。相反，由于到2006年末事业单位还有2.06万亿的负债，实际上构成了政府(主要是地方政府)的隐形负债。这已成为有些地方政府的一大负担，影响其财力。

资源性资产是政府最大的一块资产，因为我国的土地、江河、森林、矿产等资源完全是国有的，而且，就土地而言，在过去10多年中土地批租或拍卖收入已成为地方政府预算外收入的主要来源，成为拉动地方经济发展的一大法宝。随着目前土地拍卖价格的回落，地方政府的财政能力会有所削弱(表5-4)。

表5-4 2008年末中国政府资产负债表(万亿)

资产		负债	
经营性资产		经营性负债	
国有及国有控股企业总资产		国有及国有控股企业负债	
(1)非金融企业	34.7	非金融企业	20.2
(2)金融(属国有部分按市值估)	4.45	行政性负债	
行政性资产		其中:事业单位负债总量(2006年末)	2.06
事业单位国有资产总量(2006年末)	5.96	财政支出	6.24
资源性资产		国债余额	5.33
土地(粗略估算)	50		
矿山及水资源	—	所有者权益	—
财政收入	6.13	其中(1)非金融经营性资产国有股东权益	
		(2)金融(属国有部分按市值估)	11.2

因此，政府调整其资产负债表无非是：甩掉包袱，以资源性资产为抵押的特别国债，出让专营权或者垄断权等。这涉及产权改变，短期收益最大化的政府在很大程度上倾向于自身掌握着专营权，那是可以直接控制财源。出现财务危机，产权改革才会被用来解决财政压力，这种变革对于缓解财政压力可能中期产生效果。但是对于经济振兴的作用时滞可能会比较长，比如“国九条”，“新非公三十六条”等。

第二节 货币政策与财政政策

最经典和常见的政策就是货币政策和财政政策以及这两种政策的混用。千万注意的是，由于中国采取盯住美元的汇率制度，因此中国的货币政策不仅由中国人民银行决定，还取决于美联储的货币政策，这就是有时候央行货币政策貌似失效的原因。

一、货币政策与财政政策的配合使用

货币政策指中央银行为实现既定的经济目标(稳定物价，促进经济增长)运用各种工具调节货币供应量和利率，进而影响宏观经济的方针和措施的总合。通过中央银行调节货币供应量，影响利息率及经济中的信贷供应程度来间接影响总需求，以达到总需求与总供给趋于理想的、均衡的一系列措施。货币政策分为扩张性的和紧缩性的两种。扩张性的货币政策是通过提高货币供应增长速度来刺激总需求，在这种政策下，取得信贷更为容易，利息率会降低。因此，当总需求与经济的生产能力相比很低时，使用扩张性的货币政策最合适。紧缩性的货币政策是通过削减货币供应的增长率来降低总需求水平，在这种政策下，取得信贷较为困难，利息率也随之提高。因此，在通货膨胀较严重时，采用紧缩性的货币政策较合适。

财政政策是指国家根据一定时期政治、经济、社会发展的任务而规定的财政工作的指导原则，通过财政支出与税收政策来调节总需求。增加政府支出，可以刺激总需求，从而增加国民收入，反之则压抑总需求，减少国民收入。税收对国民收入是一种收缩性力量，因此，增加政府税收，可以抑制总需求从而减少国民收入。反之，则刺激总需求增加国民收入。财政政策也分为扩张性财政政策和紧缩性财政政策两种。扩张性财政政策是指通过财政分配活动来增加和刺激社会的总需求；增加国债、支出大于收入，出现财政赤字来实现；紧缩性财政政策是指通过财政分配活动来减少和抑制总需求。

财政政策的手段主要包括税收、预算、国债、购买性支出和财政转移支付等手段。货币政策调节的对象是货币供应量，即全社会总的购买力。运用货币政策的主要手段包括：控制货币发行；控制和调节对政府的贷款；推行公开市场业务；改变存款准备金率(中央银行通过调整准备金率，据以控制商业银行贷款、影响商业银行的信贷活动)；调整再贴现率(再贴现率是商业银行和中央银行之间的贴现行为，调整再贴现率，可以控制和调节信贷规模，影响货币供应量)；选择性信用管制(对特定的对象分别进行专项管理，包括：证券交易信用管理、消费信用管理、不动产信用管理)；直接信用管制(中央银行采取对商业银行的信贷活动直接进行干预和控制的措施，以控制和引导商业银行的信贷活动)。

财政政策与货币政策在实践中往往要配合使用。财政政策与货币政策的配合使用，一般有四种模式：

1. 扩张性的财政政策和扩张性的货币政策，即“双松”政策

松的财政政策和松的货币政策能更有力地刺激经济。一方面通过减少税收或扩大支出规模等松的财政政策来增加社会总需求，增加国民收入，但也会引起利率水平提高。另一方面通过降低法定准备金率、降低再贴现率、买进政府债券等松的货币政策增加商业银行的储备金，扩大信贷规模，增加货币供给，抑制利率的上升，以消除或减少松的财政政策的挤出效应，使总需求增加，其结果是可在利率不变的条件下，刺激了经济，并通过投资乘数的作用

使国民收入和就业机会增加。这样可以消除经济衰退和失业，比单独运用财政政策或货币政策更有缓和衰退、刺激经济的作用。扩张性的财政政策和扩张性的货币政策搭配所适用的经济初始状态是：①存在比较高的失业率；②大部分企业开工不足，设备闲置；③大量资源有待开发；④市场疲软、没有通胀现象；⑤国际收支盈余过多。在此状态下，这种搭配模式一方面会刺激对进口产品的需求，减少国际收支盈余，另一方面对推动生产和降低失业率有促进作用。这种模式能够短时间内提高社会总需求，见效迅速，但运用时应谨慎，如果掌握的尺度不好会造成通货膨胀的危险。

2. 紧缩性的财政政策和紧缩性的货币政策，即“双紧”政策

当经济过度繁荣，通货膨胀严重不足时，可以把紧的财政政策和紧的货币政策配合使用。这就是说通过增加税收和减少政府支出规模等紧的财政政策压缩总需求，从需求方面抑制通货膨胀。而利用提高法定存款准备金率等紧的货币政策增加商业银行的准备金，会使利率提高，投资下降，货币供给量减少，有利于抑制通货膨胀。同时，由于紧的财政政策在抑制总需求的同时会使利率下降，而通过紧的货币政策使利率上升，从而不使利率的下降起到刺激总需求的作用。其结果可在利率不变的情况下，抑制经济过度繁荣，使总需求和总产出下降。实施紧缩性的财政政策和紧缩性的货币政策搭配的初始状态是：①经济处于高通货膨胀；②不存在高失业率；③国际收支出现巨额赤字。削减总需求一方面有利于抑制通货膨胀、保证货币和物价的稳定，另一方面有助于改善国际收支状况，减少国际收支赤字。但是，这一模式如果运用不当往往会造成经济停滞的后果。

3. 扩张性的财政政策和紧缩性的货币政策

这种政策组合的结果是利率下降，总产出的变化不确定。具体说来这种模式在刺激总需求的同时又能抑制通货膨胀，松的财政政策通过减税、增加支出，有助于克服总需求不足和经济萧条，而紧的货币政策会减少货币供给量，进而抑制由于松的财政政策引起的通货膨胀的压力。实施扩张性的财政政策和紧缩性的货币政策搭配适宜的条件是：①经济停滞不前，甚至衰退；②社会总需求不足；③物价稳定，没有通货膨胀迹象；④失业率高；⑤国际收支赤字。在这种条件下，用松的财政政策来拉动内需，对付经济衰退，用紧的货币政策来减少国际收支赤字，调节国际收支平衡，从而有助于促进宏观经济的内外均衡。

4. 紧缩性的财政政策和扩张性的货币政策

同扩张性的财政政策和紧缩性的货币政策相反，这种政策组合的结果是利率上升，总产出的变化不确定。一方面，通过增加税收，控制支出规模，压缩社会总需求，抑制通货膨胀；另一方面，采取松的货币政策增加货币供应，以保持经济适度增长。实施紧缩性的财政政策和扩张性的货币政策搭配的适宜条件是：①经济过热；②物价上涨、通货膨胀；③社会失业率低；④国际收支出现过多顺差。在此状态下，采取紧缩性的财政政策和扩张性的货币政策的配合是适宜的，前者可以用来对付通货膨胀，后者可用来减少过多的国际收支盈余(通过刺激进口和以低利率刺激资本流出)，从而有助于促进宏观经济的内外均衡。

可以看出，上述四种组合各有特点，在现实生活中，这四种政策搭配与选择是一个很复杂的问题。采取哪种形式，应视当时的经济情况而定，并且灵活、适当运用。而且对证券市场的影响也需根据第三章和第四章的逻辑来分析。

关于双政策的论述，可以参见各类宏观经济政策的教科书，以及实时的宏观经济政策分

析报告。IS-LM的分析，是宏观经济政策的理论基础。比如，LM形状不变，IS形状对财政政策效果的影响中，如果IS陡峭，移动IS曲线，政策效果大，如果IS平缓，移动IS曲线，政策效果小。我国的IS曲线与IS-LM模型的描述没有明显的不同，只是更加陡峭一些而已。之所以如此，重要原因在于我国投资的利率弹性比较小，储蓄水平相对较高。政府投资、包括国有企业的投资还是我国投资的主要部分。这两部分投资在很大程度上受政府宏观调控目标的影响，所以对利率的反应不敏感，这决定了投资曲线IS陡峭。另一方面，我国居民的储蓄倾向较高，导致边际消费倾向较低(图5-10)。

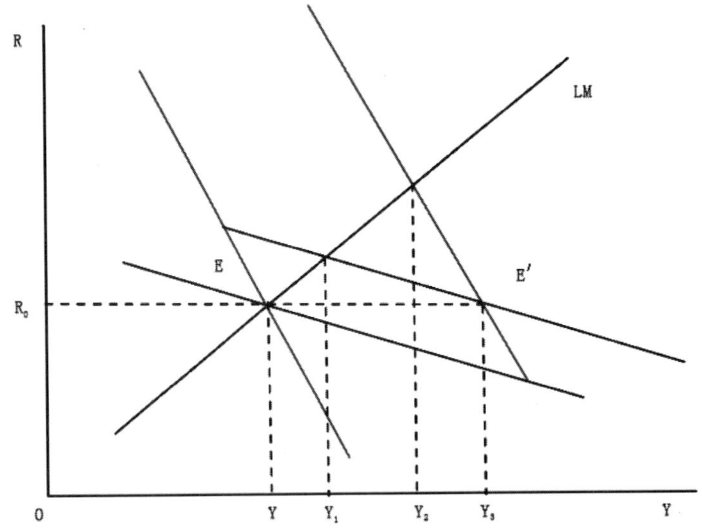

图5-10　IS曲线的陡峭度对政策的效果程度

对于货币政策来说，难点在于理解传导机制和把握政策时滞。货币政策传导机制，是指货币政策工具实施以后，通过什么途径传递使最终目标发生预期的显著的变化。传导机制非常复杂，一般通过以下机制来传导(图5-11)：

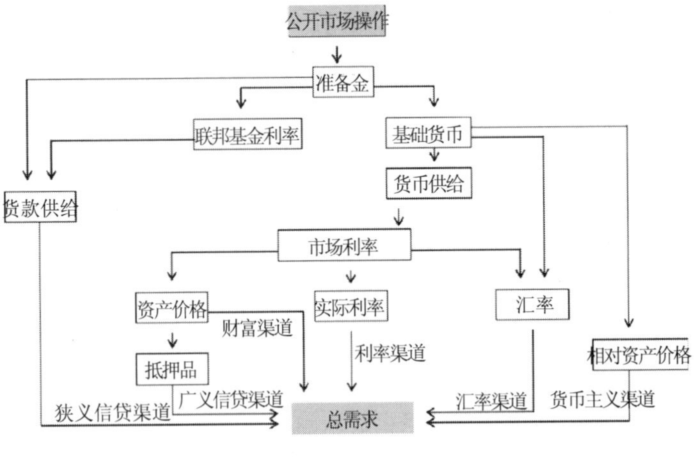

图5-11　货币政策传导机制

利率传导渠道：传统宏观经济学模型的主要思想，即利率上升将增加资本成本，因此将推迟消费者的消费行为以及减少投资。

财富传导渠道：根据生命周期模型，居民财富是决定消费行为的一个关键性因素，政策性引致的利率上升造成了长期资产(股票、债券、房产等)的贬值，造成居民财富缩水并减少消费。

狭义信贷渠道：减少货币供应即减少银行贷款，居民及企业融资都将受到压制，从而减少总需求。

汇率传导渠道：汇率渠道是传统开放经济模型的一个主要因素，本国汇率上升将降低净出口数量，从而减少总需求。

货币主义传导渠道：货币主义者指出，利率仅仅是改变投资组合中资产的相对价格，从而对总需求产生影响。

信贷渠道：某种(扩张或紧缩)货币政策的实施，会改变授信条件，以至影响信贷规模，从而影响经济增长。

社会预期：人们根据货币政策工具的变化对未来的经济形势进行预测，调整自己的行为，结果导致货币政策最终目标的变化。

货币政策时滞也难以度量。对于某一项货币政策行动的外部时滞，一般只应说该政策行动在(比如)4 个月后产生了 30%的效应，12 个月后产生了 60%的效应，18 个月后则全部产生效应。20 世纪 80 年代中期以来，中国经济学界和政府部门开始研究中国货币政策的时滞问题。经常被提到的时滞主要有：贷款－现金发行时滞。一般认为，从贷款规模变动到货币供应量 M0(现金)发生变动，平均须经 6 个月左右。货币供应－经济增长时滞。一般认为，从货币供应发生变动到经济增长率和(或)物价上涨率发生变化，平均须经 9～10 个月。

货币政策有多个手段，在不同时间，央行采取不同的政策，或许投资者知道什么是正确的政策，但是最重要的还是分析央行出了政策后对证券市场的影响(表 5-5，表 5-6)。

表 5-5 金融货币政策的综合运用

	1998	1999	2000	2001	2002	2003	2004	2005	2006	2007	2008	2009	2010
调整准备金率	+	+	0	0	0	−	−	0	−	−	+	0	0
调整利率	+	+	0	0	+	0	−	0	−	−	+	0	0
调整汇率	−	+	−	−	−	+	−	−	−	−	−	+	−
道义劝说	+	+	−	+	+		−	−	−	−			
控制信贷总额	+	+	−	+	+		−	−	−	−	−	+	−
房地产贷款条件	+	+	+	+	+		−	−	−	−	+	+	−

注：其中：“+”表示“松”，“-”表示“紧”，“0”表示当年没有调整。

表 5-6 存款准备金率的历年调整情况

次数	时间	调整前	调整后	幅度
30	2010 年 5 月 10 日	14.5%	15%	0.5%
29	2010 年 2 月 25 日	14%	14.5%	0.5%
28	2010 年 1 月 18 日	13.5%	14%	0.5%
27	2008 年 12 月 25 日	14%	13.5%	-0.5%
26	2008 年 12 月 5 日	16%	14%	-2%
25	2008 年 10 月 15 日	16.5%	16%	-0.5%
24	2008 年 9 月 25 日	17.5%	16.5%	-1%
23	2008 年 6 月 25 日	17%	17.5%	0.5%
22	2008 年 6 月 15 日	17%	17.5%	0.5%
21	2008 年 5 月 20 日	16%	16.5%	0.5%
20	2008 年 4 月 25 日	15.5%	16%	0.5%
19	2008 年 3 月 25 日	15%	15.5%	0.5%
18	2008 年 1 月 25 日	14.5%	15%	0.5%
17	2007 年 12 月 25 日	13.5%	14.5%	1%
16	2007 年 11 月 26 日	13%	13.5%	0.5%
15	2007 年 10 月 25 日	12.5%	13%	0.5%
14	2007 年 9 月 25 日	12%	13%	0.5%
13	2007 年 8 月 15 日	11.5%	12%	0.5%
12	2007 年 6 月 5 日	11%	11.5%	0.5%
11	2007 年 5 月 15 日	10.5%	11%	0.5%
10	2007 年 4 月 16 日	10%	10.5%	0.5%
9	2007 年 2 月 25 日	9.5%	10%	0.5%
8	2007 年 1 月 15 日	9%	9.5%	0.5%
7	2006 年 11 月 15 日	8.5%	9%	0.5%
6	2006 年 8 月 15 日	8%	8.5%	0.5%
5	2006年7月5日	7.5%	8%	0.5%
4	2004 年4月25日	7%	7.5%	0.5%
3	2003 年9月21日	6%	7%	1%
2	1999 年11月21日	8%	6%	-2%
1	1998 年3月21日	13%	8%	-5%

在中国，因为体制原因，经济活动对利率并不敏感。比如，正常情况下，对企业来说，降息意味着企业借贷资金成本的下降。在一个较低的利率水平下借款，如果未来的利率走势呈上升趋势或企业相对盈利水平提高，都给借款人提供了一个隐含的借款收益。从这一点上说，企业在降息政策出台后都乐于向银行借款，这是一般规律。中国的情况却有某种特殊性，很多国企和民企资金严重短缺，但是许多商业银行都不愿意向它们放款，对于他们来说，紧迫的问题是贷款的可得性和量而不是资金成本的高低。

在国企中还有相当一部分经济效益较好或很好的单位，还有数量较为可观的国资或国资控股上市公司，对这些企业来说，它们并不很依赖银行贷款，因为这类企业中经济效益好的，自有资金大多都很充裕；如果是上市公司，还可以通过配股或增发新股等手段不断从证券市场拿到大量的、没有还款付息压力的永久性营运资金。所以，效益好的国企或上市公司与银行的关系几乎是颠倒的。另外，非国有企业在借贷市场是受到严重歧视的，银行体系也有信贷的偏好性。

扩张内需政策目标下所要刺激的投资支出定义为生产性、经营性投资支出，而不是包括金融工具投资支出含义在内的“泛投资支出”。那么我们会发现，这种投资支出的政策动员对象并不是那些在银行储户中占很大比例的资金所有者——有能力、有资金的民营企业家。这些人的投资意愿并不取决于银行存款利率的高低，而是取决于稳定的制度、政策背景，取决于预期投资收益以及投资创业或企业发展过程中的信贷资金的可得性。结合中国的宏观制度安排，比如汇率制度，可见利率政策具有一定的低效性(表 5-7，图 5-12)。

表 5-7 央行历次调整利率的时间和幅度

	调整时间	调整内容
17	2008 年12月22日	一年期存款基准利率下调0.27个百分点
16	2008 年11月26日	一年期存款基准利率下调1.08个百分点
15	2008 年10月30日	一年期存款基准利率下调0.27个百分点
14	2008 年10月9日	一年期存款基准利率下调0.27个百分点
13	2008 年9月16日	一年期存款基准利率下调0.27个百分点
12	2007 年12月20日	一年期存款基准利率上调0.27个百分点 一年期贷款基准利率上调0.18个百分点
11	2007 年9月15日	一年期存款基准利率上调0.27个百分点 一年期贷款基准利率上调0.27个百分点
10	2007 年8月22日	一年期存款基准利率上调0.27个百分点 一年期贷款基准利率上调0.18个百分点
9	2007 年7月20日	上调金融机构人民币存贷款基准利率 0.27个百分点
8	2007 年5月19日	一年期存款基准利率上调0.27个百分点 一年期贷款基准利率上调0.18个百分点
7	2007 年3月18日	上调金融机构人民币存贷款基准利率 0.27个百分点
6	2006 年8月19日	一年期存款基准利率上调0.27个百分点 一年期贷款基准利率上调0.27个百分点
5	2006 年4月28日	金融机构贷款利率上调0.27%，到5.85%
4	2005 年3月17日	提高了住房贷款利率
3	2004 年10月29日	一年期存款利率均上调0.27个百分点
2	1993 年7月11日	一年期定期存款利率9.18%上调到10.98%
1	1993 年5月15日	各档次定期存款年利率平均提高2.18%； 各项贷款利率平均提高0.82%

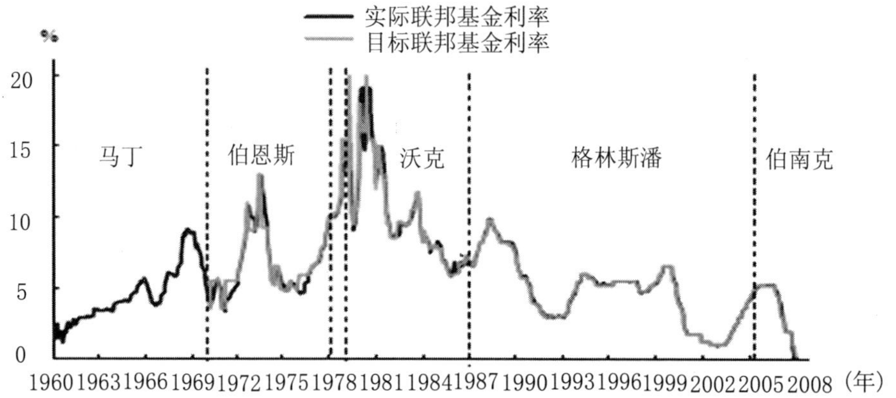

图 5-12　美联储对基准利率的理念调整

这里有必要回顾两次货币政策的分析，一次是2005～2008年的紧缩政策，一次是2008年第四季度的放松政策。

在2008年第四季度，我就认为政府一定会采取积极的货币政策，并且这个政策会非常有效，主要理由是银行体系没有出问题很健康，外部美联储中短期不会干扰中国的货币政策，大家都会心齐的一起刺激。另外就是根据之前分析的政府代理人问题，四大行一定会响应政府号召。股市对货币政策非常敏感，因此2008年第四季度市场一定会见底。

实际上，刚开始，四大国有银行对经济下行的反应曾经和其他银行一样——收缩业务。央行从2008年9月开始逐步放松对信贷规模的控制，银行作为一个整体却一度收缩贷款。新增贷款在2008年9月是3500亿元，10月陡降至1800亿元。

2009年1月之所以会出现创纪录的贷款井喷，部分归于年初效应。年初效应均匀作用于各家银行。在1.62万亿元新增信贷中，四大行贡献了7667亿元(工行和建行各自贡献了2500亿元以上)，13家股份制商业银行贡献了4985亿元新增贷款。贷款井喷的另一个原因是政策干预。其实干预的效果早在2008年的最后两个月就显现出来。2008年11月贷款增幅为4769亿元，12月达到7400亿元。贡献主要来自四大行。四大行在1月底和3月底集中发放贷款的行为也显示出急于做大数字、完成任务的动机。

2009年2月和3月的贷款增长显示四大行是这一轮信贷增长的领头羊。四大行的贷款增幅2月份小幅下降到5510亿元，3月大幅增长到9943亿元；同期13家股份制商业银行的贷款增长幅度分别为2732亿元和4061亿元。两类银行的贷款增幅相差一倍以上。四大行的扩张能力已经运用到极致。

过度宽松的货币政策在二季度已经发生了具有中国特色的微调，对四大行的干预也随之转向。一季度信贷数据公布之后，人民银行网站刊登了央行副行长易纲撰写的《坚定不移地落实好适度宽松的货币政策》一文，指出“金融危机情况下的货币信贷较快增长利大于弊”。随后公布的《一季度货币政策执行报告》表达了同样的态度。然而一个月后，货币政策“口头上没有变，但实际上已经在收缩”。周小川说，货币政策可以根据需要微调。有些国有银行已口头要求分支行严格执行信贷投放标准、平缓放贷。因此，四大行的贷款增速从二季度开始降低，四五两个月仅略高于2200亿元。

但是羊群效应使股份制商业银行模仿四大行成为扩张性货币政策的传导机制。股份制银行接过扩张接力棒。在2009年二三季度，股份制商业银行填补四大行收缩后空出的市场。四大行一季度的贷款井喷对其他银行产生了挤出效应。而为了维持市场份额和经营收入，其他银行注定要奋起直追。经济低迷让股份制银行谨慎贷款，但四大行的示范作用解除了他们的警惕，因此四五两个月的信贷增长总量还是达到了5918亿元和6645亿元。

不过，由于利益集团的干扰，最终信贷的获得具有不平等性。还是按照奥地利学派的观点，最终可以判断，这一轮不谨慎的信贷扩张一定会有后遗症，比如银行需要从市场再融资吸收市场流动性，并且可能要消化一定的坏账，影响下一次积极货币政策的效果。

同样，由于固定汇率制度，中国有时候，货币政策效果会很差，需要很长时间才能起作用。比如2005～2008年的紧缩货币政策，期间央行采取了众多措施，但是政策时滞很长。

(1)大幅度提高利率。2005年中央银行没有对人民币利率进行调整；2006年两次上调金融机构贷款基准利率，由5.58%提高到6.12%。一次上调金融机构一年期存款基准利率由2.25%提高到2.52%；2007年中央银行5次上调金融机构人民币存贷款基准利率，一年期存款基准利率由2.52%上调到4.14%。一年期的贷款基准利率由6.12%提高到7.47%。

(2)频繁提高存款准备金率。2005年中央银行调整金融机构在人民银行的超额准备金存款利率，由现行年利率1.62%下调到0.99%，法定准备金存款利率维持1.89%不变；2006年3次上调存款类金融机构人民币存款准备金率各0.5个百分点，调高到9%；2007年中央银行10次上调存款类金融机构人民币存款准备金率，前9次每次上调0.5个百分点，第10次上调1个百分点，到2007年底执行14.5%存款准备金率；2008年1月16日和3月18日中央银行又两次上调存贷款准备金率，各0.5个百分点。

在我国存在巨额超额存款准备金的条件下，依靠提高法定存款准备金率来收缩货币扩张的效应是有限的，多次提高法定存款准备金率，只是使超额准备金对应减少，很难对经济运行中的货币供应量产生实质性影响。所以，存款准备金率的上调只是冻结了部分商业银行超额准备，从而在一定程度上抑制金融体系内过剩的流动性，对整体经济没有太显著的影响。而且随着存款准备金率的一再创出新高，中央银行利用该货币工具收紧货币供给的空间也越来越狭窄。

(3)多次大规模发行央票。2005年中央银行4次发行农村信用社改革试点专项中央银行票据，总额达1237亿元；向工行发行4587.9亿元专项中央银行票；2006年对农村信用社发行专项中央银行票据，总额度为56.66亿元，同时开始兑付94.58亿元，相当于增加货币供给量37.92亿元，中央银行采用中央票据回笼货币的压力和成本开始表现出来；2007年继续兑付农村信用社专项票据，总额达691亿元；并于2007年8月29日，从境内商业银行买入财政部发行的第一期6000亿元特别国债，支持了扩张的财政政策；2007年12月20日，对新疆维吾尔自治区辖内41个县(市)农村信用社发放专项借款7亿元，致力于我国经济发展结构失衡问题。

中央银行票据的大规模发行会造成货币供给的增加。这是因为中央银行票据只是推迟了货币的投放，在票据到期还本付息时，中央银行要么投放货币，使货币供给增加，要么增发新票据来偿还旧票据，虽然当时货币供给不增加，但是总的票据发行量增加了。滚动到期的中央银行票据需要还本付息，此时还是会使货币供给大幅增加。这说明在流动性过剩的情况下，需要谨慎地发放中央银行票据，以免在流动性过剩有所改善时，累积的中央票据到期需集中偿还，被动的大幅度增加货币供给，导致下一轮的流动性过剩。

(4)加快人民币汇率市场化。2005年是人民币汇率市场化成效显著的一年，人民币汇率从7月21日的8.1100升值到年末的8.0702。市场化历程如下：5月18日，批准银行间外汇市场正式开办外币买卖业务；同日，中国外汇交易中心推出八项对外币买卖业务；7月21日，发布自2005年7月21日起，开始实行以市场供求为基础、参考一篮子货币进行调节、有管理的浮动汇率制度；自2005年7月21日19：00时，美元对人民币交易价格调整为1美元兑8.1100元人民币，作为次日银行间外汇市场上外汇指定银行之间交易的中间价；9月23日，扩大银行间即期外汇市场非美元货币对人民币交易价的浮动幅度到上下3%，美元现汇卖出价与买入价之差不得超过交易中间价的1%，现钞卖出价与买入价之差不得超过交易中间价的4%，银行可在规定价差幅度内自行调整当日美元挂牌价格。另外，还取消了银行对客户挂牌的非美元货币的价差幅度限制；2007年5月18日，中央银行再一次放宽人民币汇率浮动范围，自5月21日起将银行间即期外汇市场人民币兑美元交易价日浮动幅度由3‰扩大至5‰；8月17日，发布通知，允许在银行间外汇市场开办人民币兑美元、欧元、日元、港币、英镑五个货币的货币掉期交易，为企业和居民提供了更全面灵活的汇率、利率风险管理工具。

最终，货币政策起作用。但是累计的政策效用呈几何级数叠加，对证券市场造成了冲击。

另外，除了货币政策对经济增长、通货膨胀和流动性的影响外，货币政策的利率因素对于上市公司业绩也有重要影响。我们用这个方法来(1-利润总额/息税前利润)衡量企业的利息负担，2008年三季度，除金融外上市公司整体的利息负担为14%。

从历史上看，上市公司利息负担的变化都与宏观调控密切相关。1992～1996年，企业利息负担经历了一个大幅增长的过程，1996年更是达到接近20%的历史高点。这是因为1992年小平同志“南巡”讲话后，各地经济发展迅速，到1993年，由于投资急剧膨胀，特别是全国掀起了一股房地产热和开发区热，全社会固定资产投资同比增长61.8%，商品零售价格同比上涨13.2%，居民消费价格同比上升14.7%。到1994年，商品零售价格同比上涨21.7%，创下新中国成立以来的最高纪录，出现了改革开放以来最严重的通货膨胀。为了抑制经济过热，1993年下半年，中央针对固定资产投资增长过快，采取了带有严厉行政色彩的信贷控制措施。1996年开始，国家实行逐渐宽松的货币政策，特别是亚洲金融危机后，国家积极的货币政策有效降低了上市公司的利息负担。2002年后，随着经济周期的上行，而国家货币紧缩政策的缓行，企业利息负担进一步降低。直到2008年开始上市公司利息负担有所加重，这同样与2007年年尾开始的持续紧缩的货币政策下的加息周期有关，期间政府共加息12次。

由于次贷危机以及经济周期下行，预计我国会继续实行宽松的货币政策。因此上市公司实际利息负担可能逐渐减轻，我们认为未来会降至2007年11%的水平(图5-13)。

同样，积极的投资政策可以给企业，特别是上市公司带来收入，而税收政策的变化则直接关乎政府和企业的利益分配问题。我们用这个办法(1-归属母公司净利润/利润总额)来衡量上市公司的实际所得税水平。2008年三季度全部A股实际所得税率为25%，除金融外上市公司实际所得税率为28%。从历史上看，1992～2002年我国上市公司实际所得税负水平持上升状态，而2002年以后实际所得税负进入下行通道。

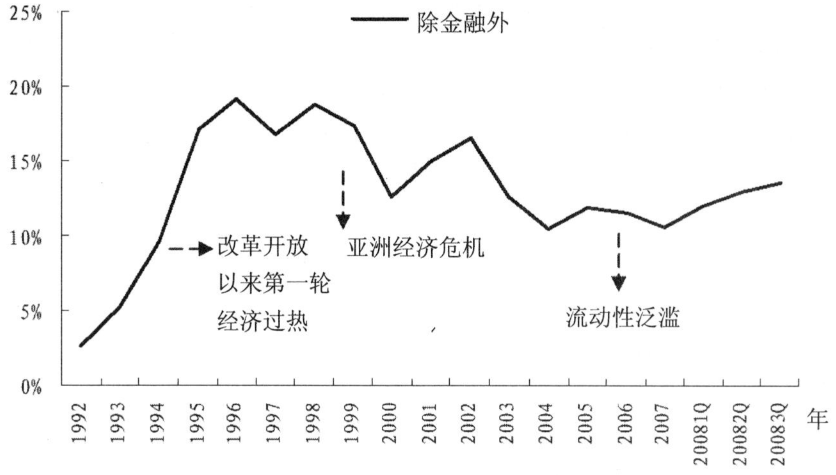

图 5-13　上市公司的利息负担与宏观调控密切相关

期间我国进行了三次比较大的税制改革。第一次是在 1993 年实行的分税制改革，地方政府为提高财政分成而抬高税收基数，导致税负有所提高；第二次是在 2002 年所得税改为中央与地方共享税，中央与地方各得 50%，这一政策的调整，使得上市公司无法再得到变通的返税，实际所得税率明显提高。第三次大规模税收改革出现在 2008 年，法定税率从 33% 降为 25%。此外，2009 年 1 月 1 日实行增值税转型改革。一系列税收制度的变革说明本轮税制改革的重要内容已基本完成，未来除金融外上市公司实际税率可能存在略微下降的空间，但是空间很小。因此不像过去几年，未来税负水平变化对中国上市公司 ROE 提高非常有限(图 5-14，图 5-15)。

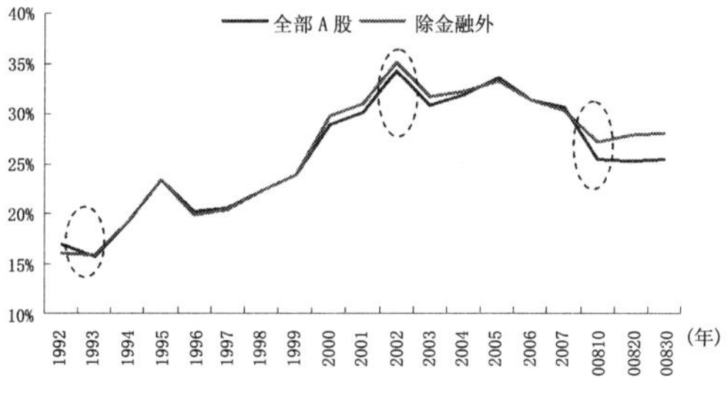

图 5-14　1992 年以来上市公司所得税经历了三次比较大的改革

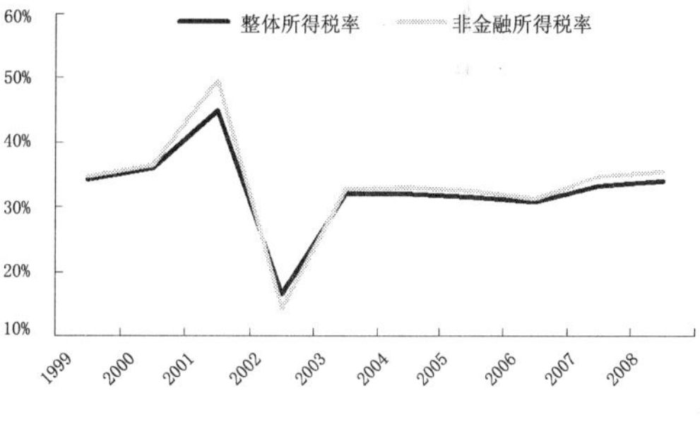

图 5-15　标普 500 公司 2008 年实际所得税率为 34%

二、反思宏观经济政策的后果

政策短期可以刺激经济，但是却存在后遗症。肆无忌惮的宽松货币政策短期效果特别明显，对经济增长率、就业水平等都会产生立竿见影的影响。但是，长期“服用”必将产生很多不良后果，并且激进的货币政策造成的短期繁荣也定会以衰退而告终。这些不良后果包括：

1. 财富分配的扭曲

大量印钞票进入市场是不均匀的，必然导致分配上的扭曲，谁获得货币谁获益。而工资受到契约的限制，其变动总是落后，所以工资收入者的实际收入相对货币供应将会减少。

2.降低了自愿储蓄

由于各国货币当局致力于货币利率的控制，特别是发展中国家的实际利率几近于零，甚至为负。这时人们手中的货币便不再作为储蓄流入银行，而是被用于各种实际商品的消费、购置贵金属和不动产以及国外资产和国外通货等非生产性投资。这样，生产性资金将会减少，企业生产性资金短缺现象一般都比较严重。

3.投资无效率

利率低就意味着获得资金的成本低。这样，人们便不再将它视为一种稀缺的生产要素。利率作为价格体系的一部分，也就无法实现其应有的有效配置资金的功能。

在资本市场无法吸引自愿储蓄的情况下，当利率很低时，要满足企业的巨大的投资需求，保持一定的经济增长水平和就业水平，政府只能求助于更大规模的流动性供给。这将导致更大规模的资金无效率使用，最终信用体系将遭到破坏，使整个经济结构普遍带有一种扭曲的、非均衡的性质，经济运行将逐渐走向紊乱。

4.扭曲资本结构，增加社会总体风险

以米塞斯和哈耶克为代表的奥地利学派对过度宽松货币政策所导致的投资行为扭曲的分析颇有特色，他们是从投资时期结构以及经济运行的总体风险这个角度来展开分析的。其理论核心是，货币和信用扩张会扭曲市场利率，发出错误的价格和利润信号，会误导企业家；进而导致资源向错误方向流动，资本配置失当，储蓄与投资失衡，导致经济行为主体的生产和消费计划的错误匹配，诱导企业家们从事本来不会有利润的经营活动。信用扩张导致的资本结构的扭曲首先表现为“过度繁荣”(boom)，然后，随着生产的时间形态调整到经济的储蓄和消费的真实形态，又表现为“紧缩”(bust)。

极度宽松的货币政策往往导致王朝兴衰，这样的历史案例数不胜数。这里举一个日本的王朝兴衰史。

说的是日本德川幕府史。打游戏看漫画的人都知道德川幕府第一任将军是德川家康，不仅开创了自己的时代，并且是个非常善于理财的人。德川家康通过垄断进出口贸易、独占矿山、征收各地大名的徭役使得德川家康将军家里很有钱(当然也可以理解为国库有钱)。好景不长，第三代将军是德川家光，名不虚传，几乎把家里败光。从花销上，德川家光被认为是名君，喜欢动不动就巡游，要成为名君称号，自然是银子撒了很多，对于与京都和各地大名的斗争，德川家光喜欢用金钱来诱之以利，结果大量金钱有借无还。另外，垄断对外贸易，但是没有商人的量入为出约束，导致大量进口奢侈品，却想不出出口什么，结果造成巨额贸易逆差，金银大量外流。

从收入来看，已发现矿山很快就开采告罄，那个时候地质学家不多，贵金属本位制度出现致命弱点，货币供应量受到金属开采量的严重制约。

家光时代并没有出现大的危机，因为德川家康留下来的财产被家光挥霍的源源不断流入市场，这好比幕府暂时性充当了中央银行的角色，成为整个经济的最后贷款人(给京都和大名)，并且以一家之财力向经济体系注入货币供应量，经济还算繁荣——通缩繁荣。

第四代将军德川纲吉继位时，幕府金库已经没有钱了。开始出现严重通货紧缩和经济衰退的苗头。

好在纲吉也不是笨蛋，重用大臣荻原重秀的"现代货币理论知识"，轻松解决了危机。很简单，采取回收货币，予以重铸，改变货币的金银含量。这就是金本位时代的货币政策。通过此政策增加货币供应量带动经济增长，解决财政危机。

强制回收所有货币，重铸后纯度下降一半。幕府爆赚600万两金币。同时货币供应量10年时间扩张一倍，解决了通货紧缩和财政危机。

荻原重秀自豪地说："通货此物，赖政府信用而畅行矣。苟信而立，则何必铸金，虽瓦土可谓货币也。"

这实际上道出了现代fiat money制度的本质。政府信用毕竟是虚无之物，而立得起来，说到底还是需要货币本身有一个可以依赖的本位作为价值的本源。古代金本位制度下，货币的价值自然而然的来自贵金属，无需政府去立信用。但如果要实行"赖政府作用而畅行"的fiat money制度，政府就必须要选择一种既能大致准确反映整体经济状况，又没有贵金属供应量约束性太大的缺点的商品或商品组合来作为货币的本位，以其价值作为货币价值的来源。所谓政府的信用，并不是货币的本位或价值来源，而只是保证货币与其本位之间的比例稳定的承诺。

当时，日本社会的财富主要体现为大米，交税吃饭和民间比富都以此为标的。由于德川家康时代以来，社会稳定，社会财富和经济持续增长(表现为大米产量的增长)，并且速度要高于金银供应的增长(还因为逆差而大量外流)。结果家光后期开始出现通缩，但还算繁荣(财富在增加，货币在减少)——金本位无法适应社会经济快速增长的毛病暴露无遗，这跟西方世界进入工业化大生产后，金本位无法维持下去，本质上类似。

假如，当时重秀明白fiat money制度，发行的货币盯住大米，看着大米产量的增长来调整货币的成色，从而也就调整着货币供应量，那么他会成为伟大的现代中央银行家，这相当于根据GDP增长来调控银根的货币政策。

可悲的是，幕府将军没有这个现代货币理论知识，他的动机是通过通货膨胀来掠夺社会财富。由于财政增收来得容易，幕府的挥霍更变本加厉。几年以后，发生大歉收和大地震，社会财富减少，但是将军采取的是加大货币发行策略。于是出现严重通胀，民不聊生，前几年繁荣的经济泡沫破灭，财政危机不仅没有解决，反而更加严重，最终这成为幕府统治衰落的转折。德川纲吉成了日本独断专行、骄奢淫逸的昏君之恶名。

社会经济与财富的增长源泉是生产要素的增加、技术的进步。货币政策只是从旁协助，而不可能喧宾夺主地长期主动带动经济增长。过度的支出消费，无论是通过印刷钞票，还是间接的通过举债融资，都只能短期利用尚未被认识的通胀来取巧，最终得以社会财富来填补。如果政策过度，只能导致王朝衰落。

同样，依靠投资的积极财政政策问题也很多。1998年和2008年政府都采取积极的财政政策，但是对比两次财政政策，事后专家的总结出乎意料的有一致性。比如1998年之后，有专家总结：积极财政政策的实施虽然取得了明显的成效，但政策的作用效果同我们的预期仍存在一定程度的反差，这说明积极财政政策在其决策及实施过程中客观上仍面临着一定的风险。导致政策风险的原因主要有：①就积极财政政策的目标而言，集中在拉动经济的年度增长上，对国民经济可持续发展关注不够。②在分析经济增长速度连年下滑的原因时，认为是内需不足造成的，因而拉动经济增长的政策着力点只是放在扩大内需上，而对社会供给方面存在的问题缺乏充分的认识和应有的重视。③在政策工具的选择方面，主要是通过增发国债、扩大财政支出规模来扩大内需，带动经济增长，其他政策工具很少使用，不同的财政政策工具之间缺乏有机配合。④在经济增长速度已经开始回升的情况下，我国财政政策的重点仍然放在扩大需求上，而没有适时地进行战略上的转移，财政政策显得严重滞后。⑤在处理财政政策作用和市场机制作用的关系方面，片面强调前者的作用，而忽视后者的作用，没有摆正财政政策在市场经济中的地位和作用，致使财政政策的力度偏大，财政风险尤其是国债风险进一步加大。⑥积极财政政策没有体现其应有的公平性，而是过于向国有经济倾斜，对其他所有制经济存在明显的歧视，尤其是在财政投入方面。这不符合市场经济的要求，不利于经济增长目标的实现。⑦由于层层截留、挪用，据估计，约有20%的国债资金不能到位，致使通过国债投资项目拉动经济增长大打折扣。

通过投资来推动的GDP增长，短期可以带动经济增长，但是最终必然导致居民收入差距的拉大，必然会导致社会保障的缺失和巨大的资源浪费，同时也是寻租行为屡禁不止的主要原因。因此，积极的财政政策的支出，应尽可能地用于社会保障、医疗卫生和教育等与民生直接相关的领域，但是这又缺少制度安排。

依靠投资的积极财政政策，只能缓冲经济下行的短期痛苦。但是如果经济真的出现问题，比如大周期性质的下行，那么就是经济体出现结构性矛盾导致的经济下滑，依靠投资的积极财政政策只会导致更多问题。政府遇到上述经济下行情况，应该着手的是改革经济体的结构性矛盾。一个很好的例子又是日本，只不过这次是现代日本。1974年石油危机后，日本积极调整经济体的结构性矛盾，几年时间公司经济转型的势头就出现了。而1990年后，日本政府没有认识到结构性问题，仅是通过积极的财政政策修路建桥，结果是建筑商利益集团把持政府，仅换得较为充分的就业。但是政府债务问题越来越大，根本问题越发严峻，这或许和日本政治环境有关。20世纪70年代属于一党“精英”统治，有能力和魄力进行长期转型，但是20世纪90年代后，政府换届频繁，越来越多的政府追求短期行为，错过了长期转型的机会。

《比较》杂志2010年2号刊刊登了一篇《反思宏观经济政策》的文章，文章认为之前西方国家的一个政策就是用货币政策，一个目标是稳定的通胀，一个工具是利率工具，结果没有防止危机出现，也没能解决危机中的问题。

文中认为，财政政策效果有限，因为发达国家面对的是降低高企的债务水平，发展中国家债券市场缺乏深度。财政政策的问题在于债务的可持续性，如果把经济危机出现的问题用国家债务去扛，则最终经济危机会演化为主权危机和财政危机，不能解决任何问题。对于财政政策来说，政府应该首先做的是提前充实财政账户，为即将到来的老龄化社会做准备，尽量降低违约概率，限制顺周期的财政政策，避免经济大起大落。

不过，文中认为，其他政策被忽视了，未来货币政策应该和金融监管政策结合。有其他学者认为货币政策需要有系统性的大调整，一个货币政策目标不够或者需要调换目标，比如不能仅盯住通货膨胀或者汇率了，需要以控制货币和信用增长作为目标(如果这个转向成功，则股票市场未来数年很难出现系统性的牛市，因为流动性全部被盯住了)。需要使用各类行政手段，比如不断改变资本充足率、保证金、抵押乘数、流动性比率、直接干预信贷等等。

实际上，我国的宏观调控一直是综合运用经济、法律和行政三大手段，实施宏观调控“组合拳”。2010年上半年，因为2009年政府使用财力过度，市场上出现了“中国会出现财政危机”“资本将大量外流”的言论，这种情况可能性是存在的。但是我认为，由于我国是威权体系，政府可以动用的手段很多，特别是行政手段，尽管未来可能存在一些财政问题和资本外流问题，并且对经济也会产生负面影响，但是政府有能力阻止其成为严重的“危机”。

第三节 其他政策

其他政策，包括区域政策、产业政策、贸易政策、社会政策等等。这些政策较易分析，主要的立脚点是对整个经济、某个区域或者某个行业是利好还是利空，利好利空的程度有多大，影响有多久。

比如2010年出台的区域振兴政策里，对于新疆的振兴，中央政府既出钱又出政策，因此中短期效果就会比较明显。另外，新能源政策对新能源产业的发展有巨大带动作用，家电下乡政策则对家电行业具有正面意义，打压房地产的政策，则对房地产行业的发展和房地产股有不利的影响。

一、区域政策

现实的中国是一个地域辽阔、政府层级繁多的国家，各地之间的利益存在竞争关系，而地方利益也不总是和国家的整体利益完全一致。这里特别值得一提的是财政分权和地方竞争，它是中国高速增长和制度变革的主要动力之一。关于地方的问题以及中央和地方的关系的研究，请参阅《为增长而竞争——中国经济增长的政治经济学》。

负有多种使命的地方政府的行为更具多样性。在中国，地方政府既是中央政府利益在地方上的代表，又要从地区经济与政治利益出发来安排自己的经济与政治行为。利益的多重取向决定了中央与地方之间的关系不可能是纯粹的上行下效，而是附加各自利益函数的多重博弈。在博弈过程中，地方政府虽然拥有更多的现场决策信息，但是改革的主动权却始终掌握在中央政府手中，为了取得中央政府的政治信任，地方政府的所有决策都被要求遵守中央政府的大政方针政策，否则会产生可置信的经济与政治惩罚成本。

改革开放30来，中国地方政府行为的变迁基本上是沿着使上述交易费用最小化的方向前进的。正是这种力争交易费用最小化的行为变迁方式，使地方政府顺应并推动了市场化改革，同时又主动地进行了政府机构改革和政府职能的转换。地方政府之所以会选择充当经济增长和制度变迁的“第一行动集团”，原因大致有两点：一是通过发展地方经济增强地方财力，以提高自己与中央政府讨价还价的能力；二是在“以经济建设为中心”的政绩考核机制下取得较好的经济成绩以增加政治晋升的筹码。与其他主体一样，地方政府也面临着经济增长和制度转换的成本，这些成本在经济体制转型过程中表现为：诸如价格双轨制派生的“租金”及其政治腐败，地方政府之间的财政竞争所带来的诸侯经济及其危害，单纯以GDP和财政最大化为导向而忽视民生利益等。通过不完全由人能左右的市场试错，地方政府获得了经济增长和制度变迁的最大的净效益。

中央和地方的关系特别体现在分权导向的财政体制改革上。

虽然同属分权导向的财政体制改革，但是1980年的财政包干制改革、1994年启动的分税制改革和2006年以后的公共财政体系建设有着不尽相同的激励与约束机制。因此，不同时期、不同层级和不同地域的地方政府行为存在显著的差异。计划经济体制下的地方政府作为中央政府在地方上的代理机构，本身并没有独立的经济行为能力，地方政府的行政效能和主动性大打折扣。为了解决这种弊端，更为了促进地方政府的积极性，中央政府对地方政府进行了财政分权，即中央政府将财政控制权交给地方政府，并把相应的事权移交给它们以提高经济效益。财政分权改变了地方政府在权力结构中的地位，地方政府借此得到了经济与政治上的利益。在财政包干制时期，地方政府通过与中央政府订立上缴一定金额或比例的税收(也有少数边远贫困地区反而获得了中央财政补贴)契约，提高了地方政府推动地方经济发展的积极性，因为这一时期地方政府财政能力的大小取决于自身的经济活动水平，同时地方政府之间的财政竞争也有利于减轻软预算约束的症状。财政包干制的实行虽然增强了地方政府的资金自筹能力，但却加剧了中央财政能力的衰退和地方预算外资金的扩张，并在价格扭曲和税收信号紊乱的情况下因重复建设和社会非理性投资而浪费了大量资源。

正因如此，中央政府适时地引入分税制改革。分税制改革成功地提高了两个比重(即中央财政收入占GDP 的比重、中央财政收入占全国财政收入的比重)，从而一定程度上缓解了中央与地方的财政冲突和地方政府之间的财政竞争，降低了地方政府支付的交易费用。地方政府囿于财政激励与约束机制的改变而逐渐减少了直接经济活动。这是对市场与政府之间关系的一种正确回归，但如果考虑到非预算因素，则以上结论是武断的，因为分税制改革所派生出的预算外资金和制度外资金比预算资金更重要，而这恰恰是分税制改革的缺陷(关于政府的土地财政问题，可以参见《中国土地财政问题研究》)。要解决分税制的制度弊端，迫切需要将预算外资金和制度外资金内化，这既是未来公共财政体系建设的重要使命，也是规范地方政府行为的有效途径。

1994年分税制改革提高了中央财政收入比重，但加重了省和省以下地方政府的支出负担，中央转移支付仍无法为基础性服务提供充足资金。分税制后，中央财权不断集中，但地方财政支出占比却不断上升，地方承担了社会保障、基础教育、医疗卫生和公共安全等方面支出，2007年，中央和地方财政收入比率为54∶46，支出比率则为23∶77(图5-16，图5-17，表5-8)。

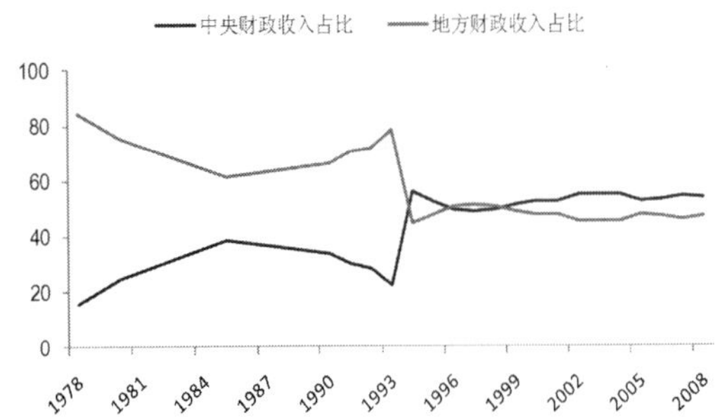

图5-16 分税制改革后中央财政收入占比大幅提升

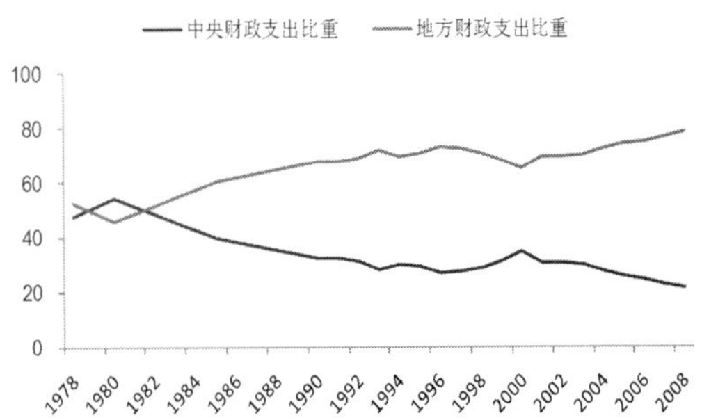

图5-17 地方财政支出占比不断上升

表 5-8 地方政府承担了大部分社会保障、教育医疗等方面支出(2006 年)

	中央支出(亿元)	地方支出(亿元)	中央支出占比	地方支出占比
教育	295.23	4485.18	6.18%	93.82%
医疗	24.23	1296	1.84%	98.16%
支农支出	194.39	1966.96	8.99%	91.01%
抚恤和社会福利救济费	5.61	902.07	0.62%	99.38%
社会保障	241.2	1882.7	11.36%	88.64%
全部(2007)	11445.04	38120.36	23.09%	76.91%

目前政府间的开支分配规则大体还是延续了计划经济时期的结构，并且开支份额更为明显地向地方倾斜。但由于各地政府财力参差不齐，中央转移支付又很难有效地直接传导至地方，造成贫困地区基本公共服务严重缺失(表 5-9)。

表 5-9 部分国家各级政府支出责任分配：只有中国把失业保险、教育、医疗、社会福利的主要责任划归地方

	国防	外交	环境和自然资源	失业保险	工业和农业	教育	医疗	社会福利	警察	高速公路
中国	F	F	F,S,L	L	F,S,L	L	L	L	L	F,S,L
美国	F,S	F	F,S	F,S	S	S,F	F(S)		F,S	F,S
日本	F	F	——	——	——	L	F,L	F,L	F,L	——
德国	F	F,S	C	C	C	C,S	C,F,S	C	C,S	C
加拿大	F	F	F,S	F	C	S	S(F)	F,S	F,S	S
澳大利亚	F	F	F,S	F	F	F,S	C,F,S	C	F,S	F,S
瑞士	F	F	C	C	F,S	C,F,S	S,C	F,C	S	F,S
印度	F	F	F,S	F,S	F,S	F,S,L	S,L	F,S	S	F
越南	F	F	F,S,L	——	F,S,L	S,L	S,L	F,S,L	F	F,S,L
马来西亚	F	F	L	——	F,S	F	F,S	F,S	F	F

其中：日本、印度、马来西亚按照财政供给计算，F= 联邦 / 中央政府，S= 州 / 省政府，L= 地方政府，C= 共同负责。

每个地方政府换届都希望有政绩，每个地方都希望被振兴，结合中国的区域发展规划，从 2008 年以来，国家推出了众多区域振兴策略，希望带动相应区域的增长。具体振兴政策区域见图 5-18。

区域振兴的动力可以分为几个层次：①中央给钱；②中央给钱、给政策；③中央给政策，不给钱；④中央不给政策，也不给钱。第一种和第二种情况可以称之为外生性增长，第三种和第四种情况可称之为内生性增长。比如，海南、新疆、重庆、安徽等可以称之为外生

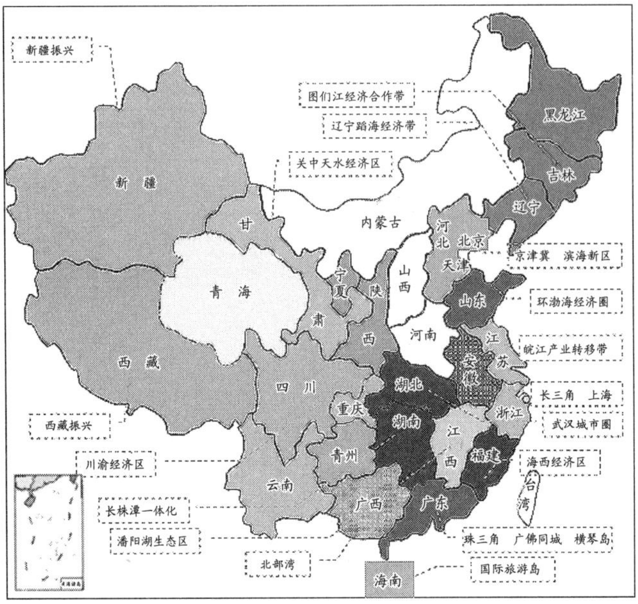

图 5-18 区域振兴规划

性的振兴，而山东、江苏、广东、上海等可以称之为内生性的增长。外生性增长的区域主要位于工业化中期，而内生性增长的区域主要位于工业化后期或者后工业化阶段。处于不同工业化时期的地区自生的能力是不同的，中央的政策与财政补贴从来是处于次要位置的，只具有中短期效果。只有自身具备振兴的能力，中央的倾斜措施才会起到作用。这种自生的能力主要表现为地方的财政汲取能力、机制创新能力、企业自身产业升级能力等(表 5-10)。

表 5-10 区域发展阶段

区域	阶段	全国	四大经济板块	七大经济区
五、后工业化阶段	三市四省	京、沪、津、粤、浙、苏、鲁	东部	长三角 珠三角
四、工业化后期	后半阶段 两省	辽、闽		环渤海
	前半阶段 7 省	晋、吉、内蒙、鄂、冀、黑、宁	东北	东北
三、工业化中期	后半阶段 12省	青、湘、豫、新、渝、皖、赣、川、甘、云、桂、琼	中部 西部	中部六省 大西北 大西南
二、工业化初期		黔		
一、前工业化阶段		藏		

分税制改革后，中央集中了大部分的财力，将地方政府的税收与融资权限上收。更甚之，央企获取了大部分的垄断利润。地方政府通过预算外的土地收入与支持出口获得的贸易顺差维持着地方支出，并推动着 GDP 的增长。

随着 2010 年中央对泡沫和地方政府融资平台偿付能力的担心，整体对地方的政策应该是以收紧为主。因此，在这种背景下，内生性增长的区域都难以招架，外生性增长的区域怎么会有持续性呢——尽管某些区域中短期仍有政策和资金的支持。相比较而言，内生性增长的区域腾挪的余地相对大一些。

因此，区域政策不仅要看对其的振兴，还要进一步分析其区域的具体情况。比如哪个区域的财政压力小一些，哪个区域的内生增长动力便会强一些，哪个区域的城市化动力会更强一些，哪个区域具有产业结构调整和升级能力等。

股票市场上，每个区域板块的表现和当地经济发展有关。如果把 2009 年各省份板块表现和当地 GDP 增长做个相关分析，可以发现存在基本的相关性。比如 2009 年内蒙古经济表现最好，其省份的股价表现也名列第三。新疆经济表现倒数第二，其省份股价表现也名列倒数第三。

那么区域振兴计划是不是适宜短炒呢？我们分别对比了区域振兴计划推出前后一定长度的时间窗口内的超额收益情况，从整个地域板块的角度来看，似乎只有在振兴计划推出以后的两周内可能因为获利回吐而存在负的超额收益，其他时间区间超额收益并不明显(图 5-19)。

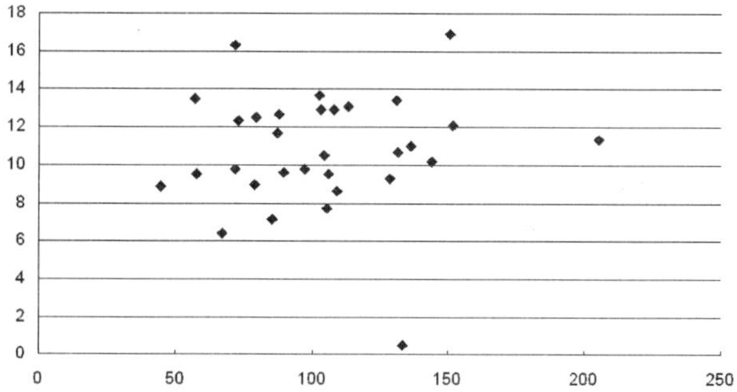

图 5-19 地域板块的收益率和经济增长速度还是存在正相关的关系

二、产业政策

产业政策有两个类型，一个是产业振兴和打压政策，一个是产业管制和解禁政策。产业振兴政策是一种用来将资源转移到政府认为重要的产业的政策。有些政府奉行市场比政府对未来产业有更好的指导作用，因此产业振兴政策采用较少。但是各国均有管制政策，比如对航空业、金融业的管制等。

比如，2009 年年度，政府开始第一轮对房地产行业的调控政策，2010 年 3 月底 4 月初开始第二轮对房地产行业的调控政策。

第一轮具体政策有如下：

2009 年 12 月 7 日，召开中央经济工作会议，提出要增加普通商品住房供给，支持居民自住和改善性购房需求。该会议“定音”扩张楼市消费仍是主基调，同时也给年前“购房优惠可能取消”的传闻画上了句号。同时，房地产行业第一次不再被当做支柱产业描述。

2009 年 12 月 9 日，个人住房转让营业税征免时限由 2 年恢复到 5 年。其他住房消费政策继续实施。有业内人士指出，此次政策的变化剑指高房价，我国将完善住房消费和调控政策，增加中低价位和限价商品房的供应，抑制投机性购房。

2009 年 12 月 14 日，国务院常务会议提出增加供给、抑制投资投机、加强监管、推进保障房建设等四大举措。这则被业界俗称“国四条”的政策明确提出要遏制部分城市房价过快上涨势头。

2009 年 12 月 17 日，财政部等五部委出台《关于进一步加强土地出让收支管理的通知》，要求开发商拿地首付至少 50%。并将土地出让收支全额纳入地方基金预算管理，将土地出让收入全额缴入地方国库，支出通过地方基金预算从土地出让收入中予以安排，实行彻底的“收支两条线”管理。

2010年1月5日，央行工作会议，提出不断提高金融市场的广度和深度，并加快开展房地产投资信托基金(REITs)试点有关工作。

2010年1月10日，国办发布《国务院办公厅关于促进房地产市场平稳健康发展的通知》，提出增加供给、抑制投机、加强监管、推进保障房建设、落实地方政府责任。这个被业界俗称为“国十一条”的通知，成为了“本轮房地产调控政策的纲领性文件”。其中，二套房贷首付比例不得低于40%受到格外关注。

2010年1月12日，央行公布存款准备金率上调0.5%。

2010年1月13日，国新办六部委联合会议，住房城乡建设部副部长齐骥表示，今年房地产市场调控中，以增加供给、合理引导投资消费、加快保障性住房建设三件事为重中之重。综合出台的措施，以增加有效供给为最终目标。

2010年1月20日，财政部《投资性房地产评估意见(试行)》明确指出，对投资性房地产进行评估主要采用“市场法”和“收益法”。

2010年1月21日，国土部《关于改进报国务院批准城市建设用地申报与实施工作的通知》，对于“批而未征”、“征而未供”等问题，提出了明确的申报流程，从源头上控制了房地产商囤地和炒地现象。

2010年1月25日，由住房和城乡建设部、财政部等9个部委组成的联合督查组抵达河南，开始对河南省贯彻落实“国十一条”情况进行督查。

2010年1月31日，国土部指出今年重点清理小产权房和高尔夫球场，成立专门领导小组，负责小产权房的摸底和清理工作。就小产权房问题，国务院要求：一是所有在建及在售小产权房必须全部停建和停售；二是将以地方为主体组织摸底，对小产权房现状进行普查；三是责成领导小组研究小产权房问题，拿出相关处理意见和办法。

第二轮具体政策有如下(未列全)：

2010年3月22日，国土资源部提出，今年住房和保障性住房用地供应计划没有编制公布前，各地不得出让住房用地。

2010年3月23日，国资委要求78家不以房地产为主业的中央企业退出地产业，并在15个工作日内制订方案。

2010年4月2日，财政部发通知，对两个或以上共同购90平方米及以下普通住房，若其中一人或多人已有购房记录，该套房产的共同购买人均不适用首次购买普通住房的契税优惠政策。

2010年4月7日，国家发改委提出，要进一步加强房地产市场调控，增加普通商品住房的供给，支持普通自住和改善性住房消费及大力整顿房地产市场秩序。

2010年4月11日，银监会主席刘明康表示，银行不应对投机购房做出贷款，如无法判断，则应大幅提高贷款的首付款比例和利率水平。

2010年4月14日，温家宝总理主持国务院常务会议称，坚决遏制房价过快上涨，实行更加严格的差别化住房信贷政策，抑制投机性购房，加快研究制定合理引导个人住房消费的税收政策。

2010 年 4 月 15 日，国务院颁令，二套住房贷款首付款不低于 50%，利率不低于基准利率的 1.1 倍；首套住房且建筑面积逾 90 平方米的，首付比例不低于 30%。对贷款购买第三套及以上住房的，大幅度提高首付款和利率水平。

2010 年 4 月 17 日，国务院出台《国务院关于坚决遏制部分城市房价过快上涨的通知》。通知要求遏制房价过快上涨，实行更为严格的差别化住房信贷的政策。

2010 年 4 月 19 日，住房和城乡建设部发出《关于进一步加强房地产市场监管完善商品住房预售制度有关问题的通知》，要求未获预售许可项目的开发商不得收取订金。

比如，国泰君安房地产行业分析师孙建平分析：房贷政策紧缩构成行业实质利空，原因在于：①2003 年以来历次调控证明，房贷政策非常有效；②二套房首付提高到 50%，高于首次出台的 2007 年 9 月；③首套房超过 90 平方米首付提高到 30%；④首次提出可大幅提高三套房等多套购房首付和利率，严格限制炒房和投机性购房；⑤相较首套房 7 折利率，本次调整相当于加息 238 个基点，相较普遍执行的二套房 85 折利率，相当于加息 149 个基点。

调控的结果是 2009 年下半年和 2010 年上半年，整个房地产板块远跑输市场。

而家电下乡政策则是促进家电行业消费的政策，2009 年的家电下乡政策使得家电板块跑赢指数。

家电下乡政策试点从 2008 年开始，国泰君安研究员就已经开始对其进行了深入研究。研究思路是：首先，通过分析国内外消费，指出家电下乡政策提出的必要性；其次，对试点实施细则和中标情况等方面进行了分析；然后，假设家电下乡全面推广，根据补贴资金、农村人口、收入、家电保有量、市场占有率、生产企业财务指标等，逐步测算整体市场规模、各个产品的市场规模、各个企业的销售增量、对生产企业的业绩影响；最后，指出对测算结果的影响因素。

我们对家电下乡政策可能带来的农村市场规模的初步测算结果是：假设家电下乡全面推广，由此带动的彩电、冰箱和手机的年销售规模分别为 139.83 亿、182.85 亿和 241.42 亿。总体来说，对各个生产企业的总收入和毛利都存在正面影响，对冰箱行业上市公司影响相对显著(图 5-20)。

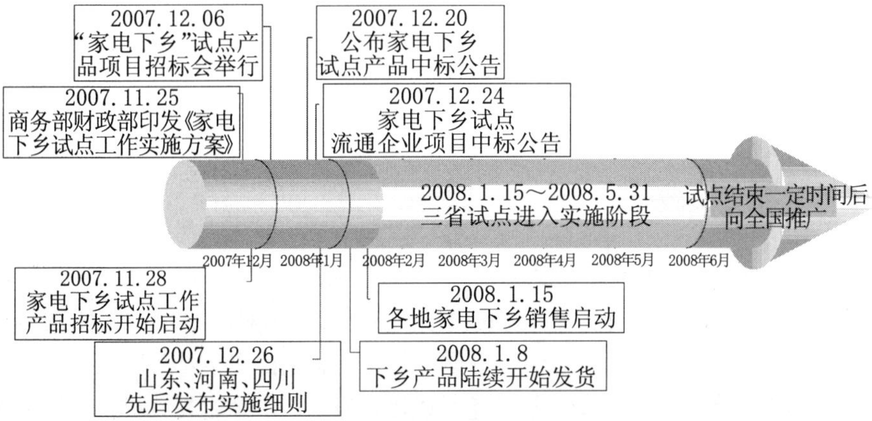

图 5-20 家电下乡试点进程

根据对农村家电消费现状进行分析，我们当时对家电下乡政策非常乐观。历年各产品的城镇保有量明显高于与农村保有量，说明农村购买力与城镇还存在明显差距。尽管近年农民人均现金收入持续增长、住房条件改善、农网改造完成、用于耐用消费品的支出也在持续增加，但是大多数省份人均现金收入仅在 3000～4000 元，我们认为这是限制农村消费的主要原因之一。因此我们对保有量与收入的关系进行了分析(图 5-21～图 5-26)。

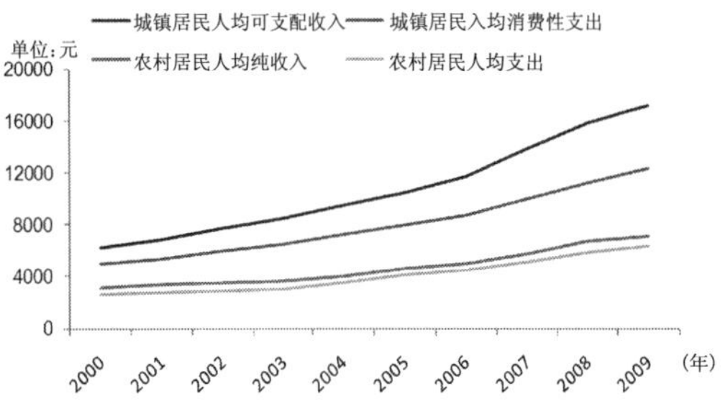

图 5-21　城乡居民人均收入与支出逐年增长

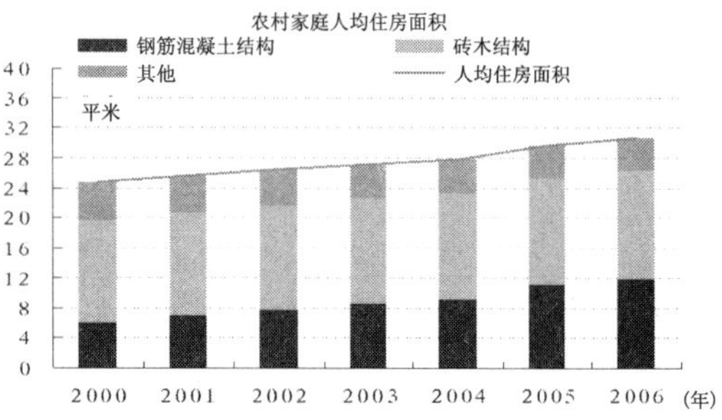

图 5-22　人均住房面积与结构也在改善中

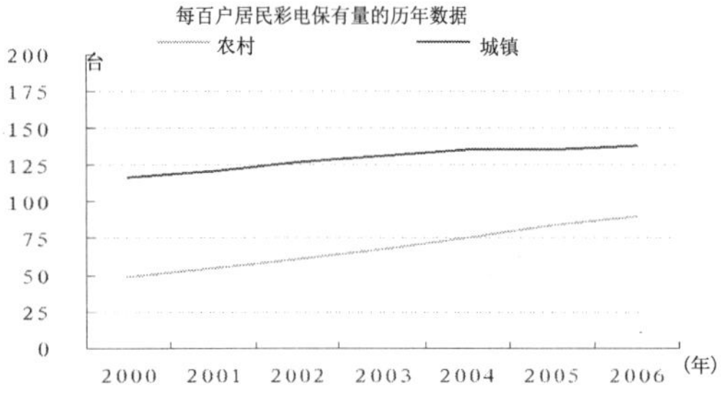

图 5-23　农村居民彩电保有量快速提高

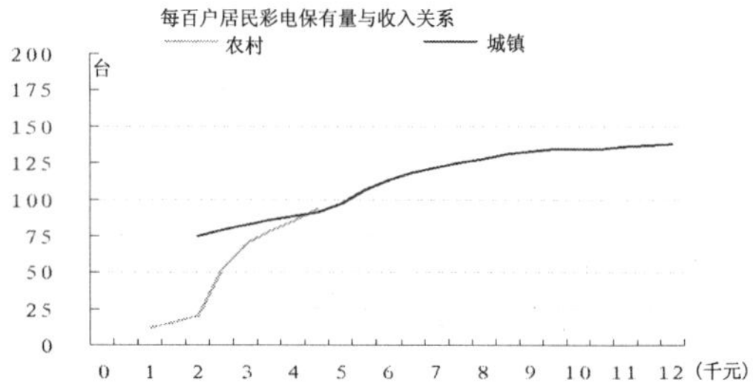

图 5-24　目前农村居民彩电保有量已经赶上当初城镇居民人均收入处于同等水平时保有量

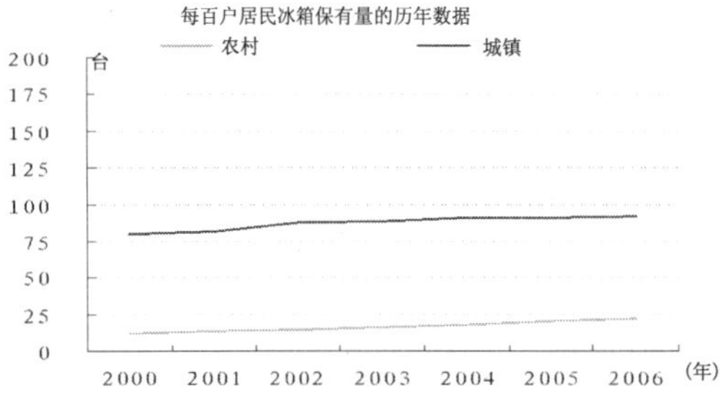

图 5-25　目前农村居民冰箱保有量快速提高

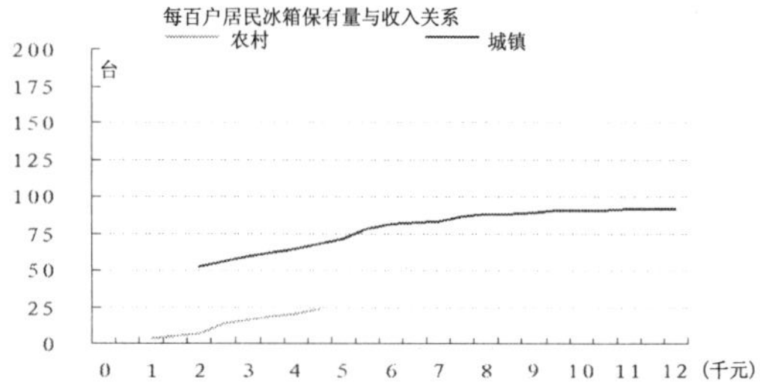

图 5-26　目前农村居民冰箱保有量明显低于当初城镇居民人均收入处于同等水平时保有量

可以看出，不同产品的城镇保有量与农村保有量曲线存在明显差异，特别是保有量与收入的关系。这说明农村居民家电消费与消费习惯(倾向)、家电消费条件(住房、供电、通讯、气候等)、产品普及程度等有关。比如，近几年手机迅速普及，广播电视“村村通”工程等等。

既然保有量与消费习惯(倾向)、家电消费条件等有关，那么不同地区居民的家电消费也应该呈现不同特点，我们对不同省份的家电(冰箱、彩电)保有量与收入水平等也进行了分析。整体上保有量与收入水平存在正向关系，但是城镇与农村居民的保有量存在较大差距。比较人均收入处于同等水平的不同年份的保有量数据，农村居民冰箱保有量普遍低于城镇水平，而农村居民彩电保有量普遍高于城镇水平。由以上数据，我们判断，未来几年的农村市场，冰箱消费很可能提速，而彩电消费的增长空间相对有限。

我们对家电下乡政策可能带来的农村市场规模的初步测算结果是：假设家电下乡全面推广，由此带动的彩电、冰箱和手机的年销售规模分别为 139.83 亿、182.85 亿和 241.42 亿（表 5-11～表 5-15）。

表 5-11　家电下乡可能带来的农村销售规模测算步骤

	测算步骤
1	根据国家财政对家电下乡试点投入补贴资金的数额(6.6 亿元)，我们测算出由此推动农村家电市场销售 63.46 亿元
2	根据试点三省的农村人口、人均收入、总收入以及保有量等，我们测算三省农村市场占全国农村市场的比例区间
3	假设家电下乡政策全面推广，以补贴资金倒推的销售 63.46 亿元为基准，我们对由此带动的全国农村市场年销售规模进行了测算。以 22.5%的全国市场占比作为中位数，我们判断由此带动的农村市场年销售规模可达 564.1 亿元
4	由前面结论，我们认为试点三省乃至全国的冰箱和手机销售规模增长将快于彩电。我们测算假设家电下乡全面推广，由此带动的彩电、冰箱和手机的年销售规模分别为 139.83 亿、182.85 亿和 241.42 亿

表 5-12　家电下乡试点的农村销售规模测算表——国家财政对家电下乡试点投入补贴资金 6.6 亿元

	中央拨款	地方拨款	总补贴款	补贴比例	推动农村销售
金额(亿元)	6.60	1.65	8.25		63.46
比例	80%	20%	100%	13%	

（注：标底色的单元格内为测算数据）

表 5-13　试点三省农村占全国农村人口、收入及耐用品保有量的比例（单位：万人，元，亿元）

农村	人口数／万人	比例	人均收入／元	总收入	比例	冰箱保有量／台	比例	彩电保有量／台	比例
全国	73742	100%	3587.04	26451.60	100.00%	22.48	100%	89.43	100.00%
山东	5018	6.80%	4368.33	2191.83	8.29%	33.62	10.18%	98.36	7.48%
河南	6342	8.60%	3261.03	2068.28	7.82%	15.50	5.93%	88.76	8.54%
四川	5367	7.28%	3002.38	1611.39	6.09%	14.73	4.77%	86.40	7.03%
三省总计	16727	22.68%	3510	5872	22.20%	20.69	20.87%	90.88	23.05%

表 5-14 假设家电下乡政策全面推广，由此带动的全国农村市场规模测算表及敏感度分析(亿元)

三省占全国比例试点阶段的市场规模	22.00%	22.20%	22.50%	22.68%	23.00%
55.00	500.00	495.56	488.89	484.94	478.26
60.00	545.45	540.61	533.33	529.03	521.74
63.46	576.92	571.80	564.10	559.55	551.84
65.00	590.91	585.66	577.78	573.11	565.22
70.00	636.36	630.71	622.22	617.20	608.70

表 5-15　假设家电下乡政策全面推广，考虑不同市场的增长情况，由此带动的彩电、冰箱与手机市场规模测算

	保有量(台/百户)		增长率		产品价格(元)		
	2006 年	与城镇差距	三年复合	2005～2006年	下乡均价	市场规模	占比
彩电(农村)	89.43	48.00	10.63%	6.36%	936.00	139.83	24.79%
冰箱(农村)	22.48	69.27	13.82%	11.84%	1744.50	182.85	32.42%
手机(农村)	62.05	90.83	54.01%	23.51%	788.10	241.42	42.80%
彩电(城镇)	137.43		1.77%	1.95%			
冰箱(城镇)	91.75		1.13%	1.14%			
手机(城镇)	152.88		23.24%	11.59%			

注：销售收入基数取 564.10 亿元。

在 2008 年年底，我们又重新点评了家电下乡政策。家电下乡在各地区实施的时间统一暂定为 4 年。“家电下乡”工作分三批进行：第一批，山东、河南、四川、青岛三省一市继续执行到 2011 年 11 月底；第二批，内蒙古、辽宁、大连、黑龙江、安徽、湖北、湖南、广西、重庆、陕西等 10 个省(区、市)，从 2008 年 12 月 1 日开始实施，执行到 2012 年 11 月底；第三批，其余 22 个省(区、市)及新疆生产建设兵团，从 2009 年 2 月 1 日起，执行到 2013 年 1 月底。

我们认为此消息确实有些超过预期，主要是这么快就要在全国范围内实施家电下乡。根据前期组织工作来看，从活动公告、企业招标，到中标公告、正式实施，都需要相当长一段时间准备。由此可见，如此快速地开展家电下乡的全国实施，更加表现了政府在三农问题上的支持力度，也表明政府为扩大内需的积极态度，与商务部之前下发的做好扩大消费工作的七点指导意见是呼应的。

三农问题关系到中国现代化和城市化的全局战略，统筹城乡发展是解决中国经济问题的根本路径；而农村家电消费将带动钢材、铜材、塑料等原材料的需求，拉动产业链(包括流通)的各个环节。我们认为，在全球经济放缓、房地产成交低迷的情况下，农村市场已经成为家电行业的重要支撑。家电下乡行动将明显增加农村需求，进而有效消除市场对2009年家电销售的悲观预期。我们谨慎地认为，2009年二季度初家电下乡实施效果可能明显体现，而且，2010年之后农村市场还将因婚庆等活动而有较大增长。

据报道，家电下乡的政策目标是："用4年左右时间，基本可使农村主要家电产品拥有率达到城市2000年水平。"有测算结果显示，家电下乡政策实施4年，可实现家电下乡产品销售4.8亿台，销售额6200亿元，增加其他消费性支出3000亿元，累计可拉动消费9200亿元。

根据我们用收入保有量法、支出法的测算，家电下乡全国实施后的销售额的期望值约1200亿元/年。这样看来，乐观一些，4年6200亿元销售额是完全有可能实现的。我们认为，除了家电下乡产品的补贴之外，如果后续还有更多的政策切实提高农村人均纯收入，加强农村基础设施(电网建设)等，那么农村家电市场还有较大的释放空间。因此家电类股票可以积极看多。

另外行业政策中重要的是管制与解除管制的政策，这方面有众多的学术和案例研究。一般来说解除管制带来一个行业的投资机会，管制则容易使行业失去活力。

在国内，很多行业存在事实管制，其事实管制的程度自严至宽分别是：国有资本要保持绝对控制的七大行业；国有资本要保持较强控制力的九大行业；国有资本不需要有控制力，但是重要资源直接来自于国有背景(比如加油站或是房地产)的行业；对国有背景的资源依赖较少的行业——主要是非生产性的服务业(这些行业的另一个共同名称是充分竞争行业)。

除非发生政府财力危机，否则从2010年后的几年，垄断国企主导核心产业是中央认可的发展模式。

我们认为未来中央的政策就是两条主线，一条是在关系到国家经济命脉的重点行业上要能够实现企业实力、技术实力上的突破。在重点产业上强化国有企业的实力，通过整合，做大做强这些企业，实现产业升级，并带动民营的部门在相关的产业链中取得发展。

另一条是要纠正过去发展累积下来的问题，即要维持社会正义，实现和谐社会，这需要在财政上对民生有投入。垄断国企的大发展也是有助于实现社会正义的，毕竟名义上来说国有企业是全民所有的，而且政府可以更容易地要求国有部门承担更多的社会责任(比如各种管制价格的调整，或是允许有充足资金的国有企业建立股权投资基金)。

有充分的证据表明在许多行业都出现了实质上对民营部门的挤出。钢铁行业有铁矿石进口的代理制，日照钢铁被兼并；落后产能淘汰在许多行业都在发生；政府主导的国有企业之间的整合冲动远大于以往；金融资源的分配仍然是在向大型企业倾斜。4万亿财政投资以及积极货币政策的信贷也是以政府为主导，我们目前还很难看出民间资本在经济下滑中能够起到重要作用。

因此，在2010年以后的几年中，在制造业的产业链条上，利润池的分配或许会向上游和垄断国企愈加集中。促成这种情况形成的核心推动力，是在上游国有资本绝对控制的行业中的国企整合对民营投资的事实管制和挤出效应。

在制造业的中游和下游，政府对于支柱产业的国有需要保持较强控制力的企业的整合加强，也使得这些企业获取各种资源的能力要远远强于民营背景的企业。

对于非生产性的服务业，由于是充分竞争的市场，绝大多数企业难以获得超额利润。我们不否认随着国家对于技术领先型的中小企业的重视，会使得许多民营背景的技术型企业脱颖而出，并且，如果国家对于融资方面歧视民营中小服务企业的限制取消，则部分新业务模式的民营服务性企业将可以变大。但是这仅是企业层面上的机会。

三、本章总结

写了这么多，觉得还是没有说到位，主要是政府、政策与政治这个问题太难研究，即使有了证券市场的基点，也并不容易。不过政府出台的政策只有两类，对证券市场是利好还是利空，影响程度多大，有无影响到更大的趋势。

本章认为政策市中部分是可以分析的，并且通过理论分析辨认出政府出政策的次序和逻辑，然后分析了货币政策和财政政策，同时对其他政策进行了一些总结。不过我还是建议读者还是多读书，其中奥地利学派的书值得阅读。除了经典奥地利学派书籍外，奥地利学派译丛的五本书也值得阅读，包括《经济学方法论探究》、《货币、方法与市场过程》、《官僚体制》、《货币的非国家化》、《权力和市场》。

另外，提高政治与政治经济学素养的书也值得阅读，比如《货币论》、《掠夺之手》、《正义论》、《国家与市场》、《社会选择与个人价值》、《自由、市场和国家》、《赤字中的民主》、《产业组织和政府管制》、《伦理学与经济学》、《君王论》、《变化社会中的政治秩序》、《权力与繁荣》、《集体行动的逻辑》、《国富过穷》、《掠夺之手——政府病及其治疗》、《吴思作品集(潜规则与血酬定律)》等，这些只是我这个类型藏书的部分，并不全。

关于研究现实政策的，则可以阅读《财政政策》、《货币政策》、《中国财政制度研究》、《中国土地财政制度研究》等。关于研究当前中国政治和中国政府的，一时找不到可看的书，不过生活在这个社会，每个读者都会有体会。

两本政策分析的好书是：《20 世纪 80 年代美国的经济政策》和《美国 90 年代的经济政策》。两者都是由美国总统经济顾问委员会人员负责编写，政策制定者和经济学家撰写的论文集。两本书都是讲述不同年代美国经济政策的变迁背景及分析。由于许多都是当事人，是政策制定者，而作者们的深厚功底又让我们得到了很多不可多得的专业知识。

一本关于政策制订的好书是《峭壁边缘——拯救世界金融之路》。

关于中国的政治和经济体制改革以及未来发展探讨的，可以看一看的包括：《中国模式》、《攻坚》等书。

关于产业政策的书籍，可以看《经济社会学》的几本书，以及《管制经济学》等。

第六章　市场供求分析

市场供求分析研究的就是市场中资金和筹码的关系。理论上，了解了资金和筹码的配比，就可以很清楚地了解价格的波动趋势。不过很遗憾的是，目前资金和筹码的研究只能静态分析或者局部动态分析，而市场是动态运行的。因此，市场供求分析目前来讲只能作为投资决策的重要参考依据。

有三种角度分析和度量市场供求，一个角度是从资金面分析，一个角度是从股票供给面分析，另外一个是从市场价量统计中洞察供求。不同角度分别对应不同的观察指标。

股票市场对外的资金连通渠道，也就是社会资金与股市资金的连通渠道主要有三个方面：

(1)居民和企业存款直接流入或流出股市；

(2)居民和企业存款通过购买基金和保险间接流入和流出股市；

(3)实业从股市抽离资金。

根据这三条连通渠道，我们可以把全部A股的参与者分为三大类：实业大股东、金融机构股东和中小股东，根据2010年一季报，我们汇总得到当前三类参与者在A股中持股占比如下：

实业大股东持股我们采取前10大股东剔除金融机构来汇总估算，由于到2010年末流通股占比超过85%，我们在此不考虑限售股和解禁股差别(图6-1～图6-3)。

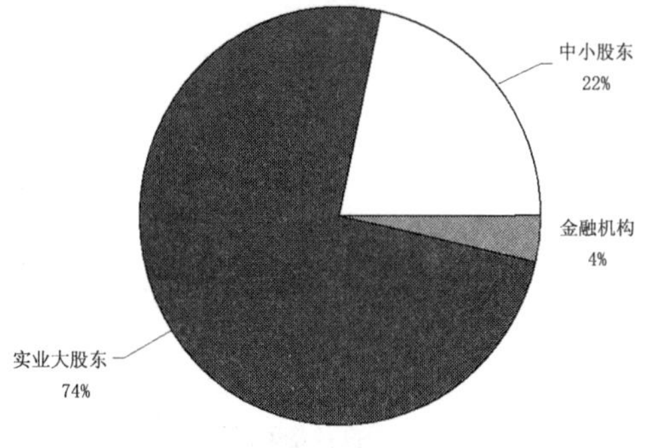

图6-1　持股数量占比

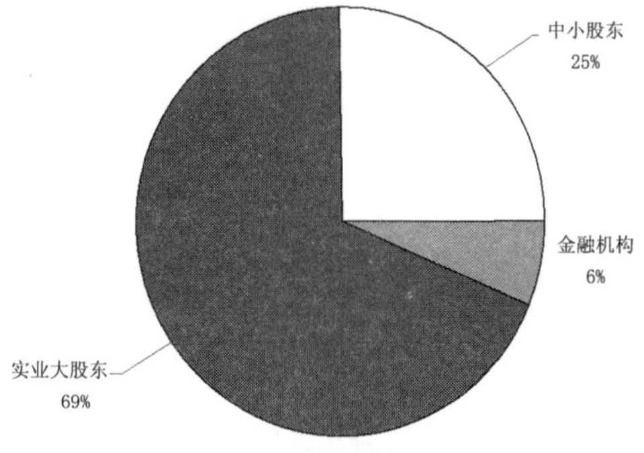

图6-2　持股市值占比

一、股票供给

实业大股东主要是从股市抽离资金，虽然实业大股东占据了A股市场绝对的话语权，但由于大部分时候他们为了保持控股比例，并不会频繁增减持股票。因此对A股资金面的影响并不像想象中那么大，具体来说，他们抽离资金的方式主要有三种：IPO、再融资和净减持(增持)。

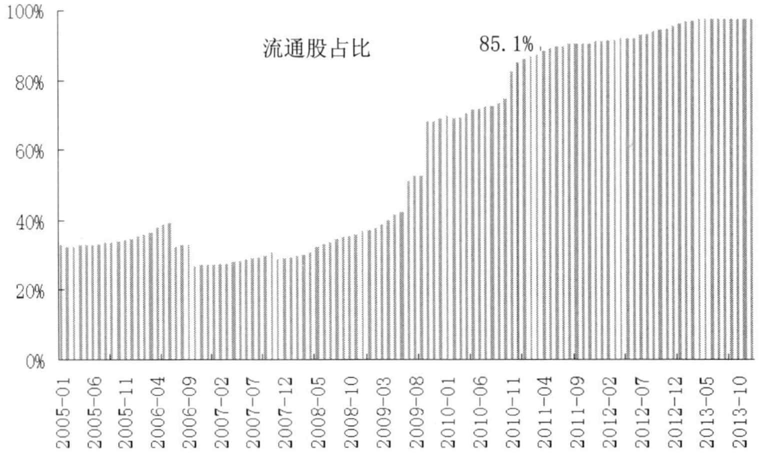

图 6-3　全流通的过程

IPO 融资与大盘指数有一定相关性，但是很难说清楚因果性。不过，从已发生的事实，可以得到很重要的结论。比如我在写 2009 年第四季度策略报告时认为：“截止 9 月份，2009 年融资(包括 IPO、增发、配股)额为 2842 亿元，相比 2006 年的 2677 亿，2007 年的 7985 亿，2008 年的 3516 亿来看，融资额相对并不大。不过，考虑到 2009 年的大规模融资从 6 月份开始，按照这个速度计算，2010 年的融资额或许将超过 2007 年的融资额。市场的供给不能消灭牛市，但是可以有效遏制泡沫出现。因此，我们预计未来两年 A 股估值站在历史平均市盈率水平之上是非常困难的。”而年初从政府工作报告那里，又得出重要的信息——2010 年是“融资年”(图 6-4，图 6-5)。

图 6-4　IPO 募集资金与上证指数

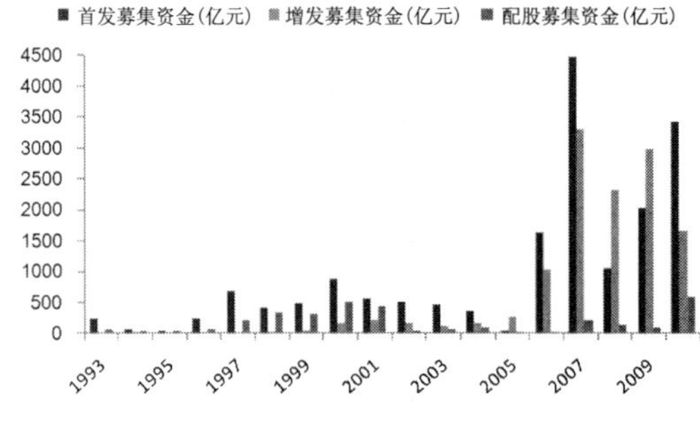

图 6-5　历年的融资和再融资总额

再融资包括公开增发、定向增发和配股三种方式，一般来说对再融资是整体考虑，2009 年 7 月到 2010 年 4 月，大盘都在 3000 点附近盘整，期间月均再融资额在 300 亿元左右。根据各种已经公布的再融资方案以及测算，我们预计 2010 年剩下的时间大盘的盘整中枢要下一个台阶，对应月均再融资额下降到 250 亿元左右，算下来 2010 年再融资尚需资金 2000 亿元左右。

实业大股东有锁定期，因此有必要关注其每月解禁情况，至少这会带来心理上的影响(图 6-6，图 6-7)。

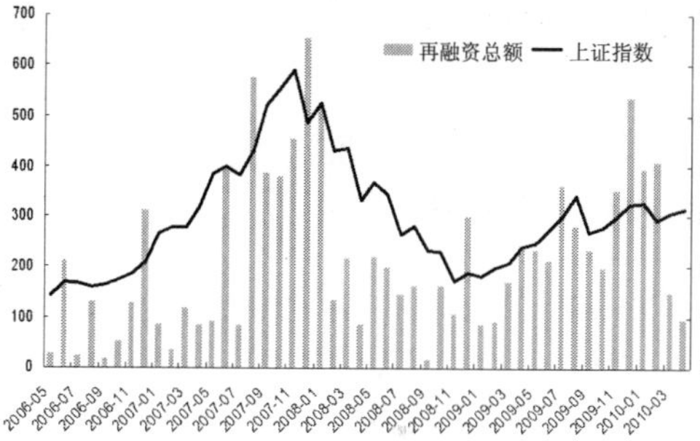

图 6-6　再融资与上证指数

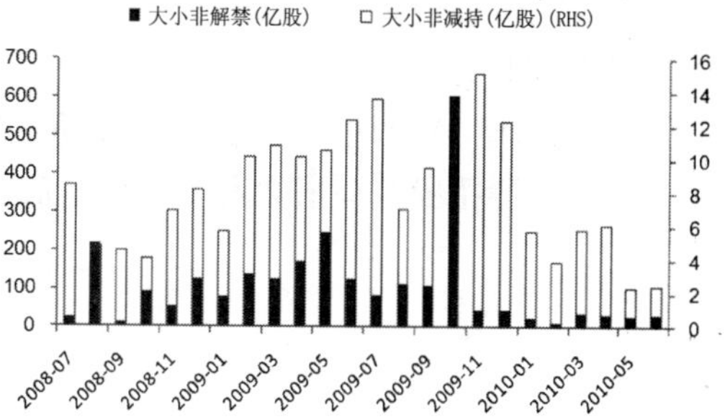

图 6-7　大小非月度解禁和减持情况

实业大股东需要控股权，同时对市场估值有评价，一般认为股价偏高时会有减持行为，认为股价偏低时有增持行为。历史统计数据显示，当全部 A 股 PB 值在 2 倍左右时，增减持金额大致平衡，高于 2 倍 PB，减持额度大于增持额。从 2009 年 7 月至 2010 年 5 月，A 股 PB 值在 3 倍附近波动，产业资本月均净减持额约为 50 亿元左右。我们假设 2010 年内剩余时间 A 股 PB 值中枢下降到 2.5 倍左右，对应净减持额下降到每月 30 亿元，则年内实业资本减持将给市场带来 240 亿元左右资金压力(图 6-8，图 6-9)。

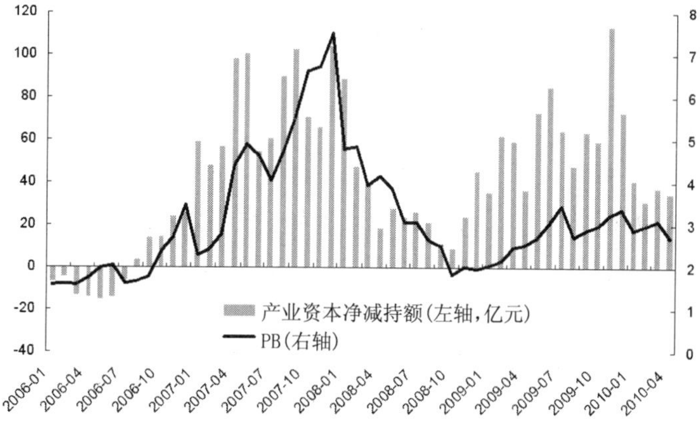

图 6-8　产业资本净减持额

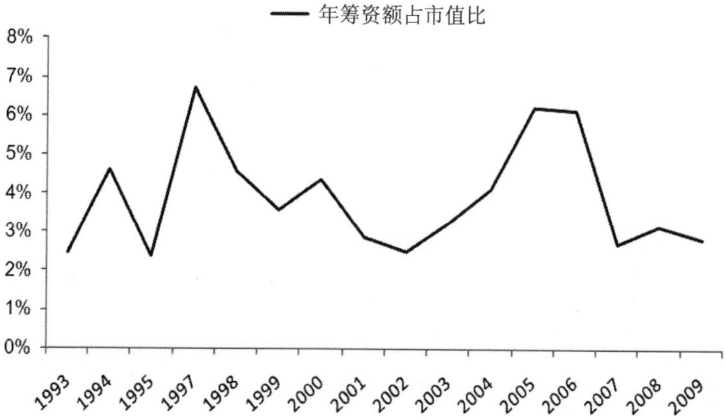

图 6-9　融资占市值比例

对于两个比值指标也值得长期关注，一个是年度融资占股票市值的比例，一个是年度沪深市值占 GDP 比重。

对于市场供给的短期因素，每周新股上市情况以及每周新股发行情况，甚至是证监会网站上每日新股招股意向书数量多寡都是值得关注的短期动量指标(图 6-10)。

图 6-10　市值比 GDP 比例

二、资金供给

股市资金供给进入股市的意愿应该取决于三个方面：①股票市场有赚钱效应，比如 2007 年年初；②股票市场具有较高分红收益率，比如，即使采用较乐观的分红预计，2010 年的 A 股的分红收益率也并不具备较大吸引力；③股票资产相对其他资产的收益率具有较大优势，2010 年 6 月来看，股票市场的收益率整体仍然不具有优势(表 6-2，图 6-11)。

表 6-2　分红收益率测算

	全部A股	上证A股	深圳A股	全部A股分红金额（亿元）	上证A股分红金额（亿元）	深圳A股分红金额（亿元）
	分红增速	分红增速	分红增速			
2005				795.2326	603.5395	191.6932
2006	65.20%	72.30%	42.80%	1313.559	1039.808	273.7505
2007	116.80%	139.80%	29.40%	2847.572	2493.467	354.1057
2008	20.10%	24.90%	-13.80%	3418.527	3113.262	305.2643
2009	13.80%	11.70%	35.40%	3890.08	3476.682	413.3984
2010E	30.57%	30.00%	35.40%	5079.428	4519.687	559.7414
2010 年 4 月30日总市值				267388.1	204289.1	63098.97
2010 年预期分红收益率				1.90%	2.21%	0.89%

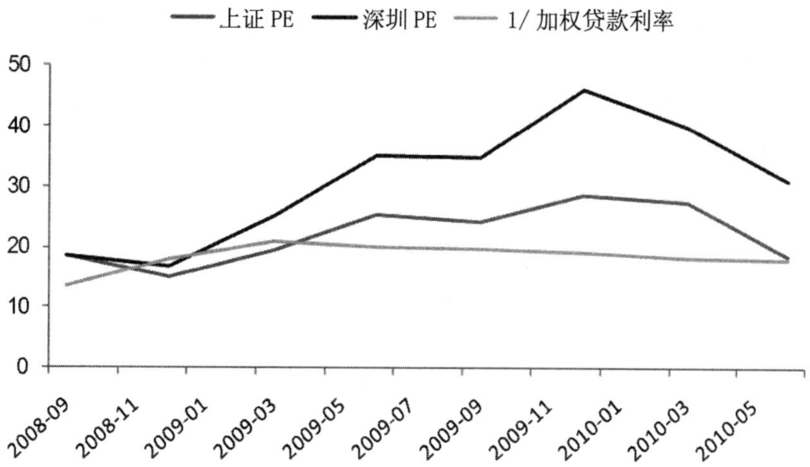

图 6-11　相对来说，在 2010 年 6 月份，股票市场收益率吸引力还不足够高

证券市场的四类参与者主要包括个人投资者、企业、证券保险机构和基金。

中小股东虽然从持股数量上看在 A 股市场并不是主导，但他们是交易最为活跃的一个群体，且由于金融机构的资金也主要来自于他们，因此他们的资金流入与流出对整个股市资金面有重大影响。反映他们行为的较为敏感的指标是新增股票开户数，该数据是周数据，具有较高的及时性。从 2008 年底至 2010 年 4 月底，该指标虽然有所起伏，但中轴基本保持在每周新增开户 30 万户左右的水平。

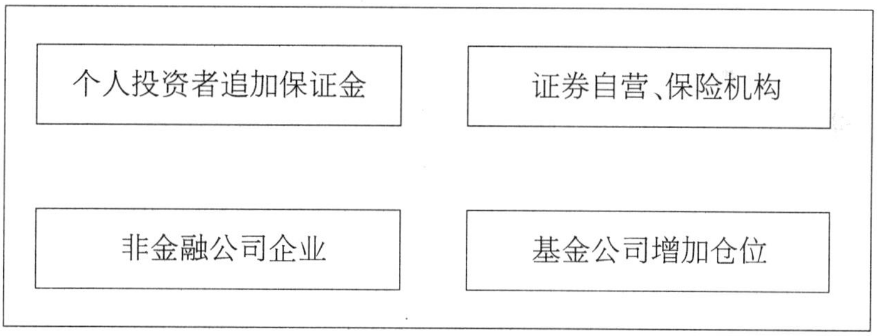

但是并非每个新增账户都能带来资金流入，空仓账户很多。比如根据 2009 年数据，约有 62%的账户是空仓，因此每周新增 30 万开户数中的有效开户数只有 18.6 万户左右(图 6-12，图 6-13)。

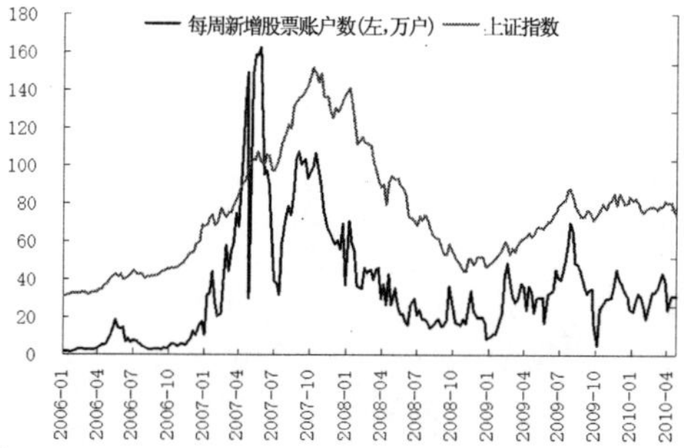

图 6-12　每周新增股票账户数

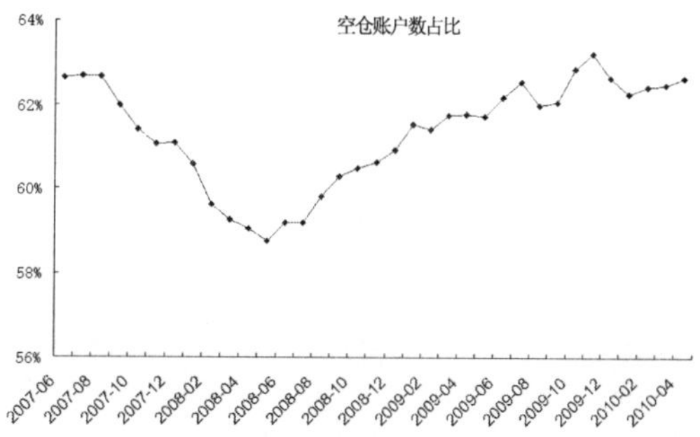

图 6-13　空仓账户占比（月度数据）

根据另一组数据，我们可以估算出单个账户的资金余额。表 6-3 对“账户平均流通市值”的估计，我们采用各个流通市值统计区间的中值进行计算，如 1～10 万元，我们采用 5.5 万元代替，100～500 万元，我们采用 300 万元代替，再用其对应的占比加权，计算得出平均单个账户的持仓市值在 10～12 万元之间。我们假定为 11 万，这样算来每周新开户数带来的资金流入大约为 18.6 万户×11 万元 =200 亿元左右。

表 6-3　自然人账户持仓分析

	2009-06	2009-09	2009-12	2010-03
自然人账户数占比:A股流通市值:1万元以下	35.02%	35.88%	31.15%	30.55%
自然人账户数占比:A股流通市值:1～10万元	51.19%	50.68%	52.32%	52.43%
自然人账户数占比:A股流通市值:10～50万元	11.67%	11.40%	13.76%	14.14%
自然人账户数占比:A股流通市值:50～100万元	1.29%	1.25%	1.66%	1.73%
自然人账户数占比:A股流通市值:100～500万元	0.75%	0.72%	0.99%	1.03%
自然人账户数占比:A股流通市值:500～1000万元	0.05%	0.05%	0.07%	0.08%
自然人账户数占比:A股流通市值:1000万元以上	0.03%	0.02%	0.04%	0.04%
账户平均流通市值(万元)	10.68	10.26	12.70	13.07
持仓账户数(万户)	4752.34	4954.65	5012.88	5177.05
持仓总市值(亿元)	50774.25	50831.25	63670.37	67642.78

另外观察投资者资金状况的一个指标是证券保证金。不过该指标实际上用处不大。我们统计了 2006 年 1 月到 2009 年 6 月的上证指数涨跌与保证金月环比数值，用 EVIEWS 进行格兰杰因果检验，发现股价与保证金的一阶差分具有协整关系，表明两者具有长期的稳定关系；检验结果为股价在滞后 1～7 阶均是保证金变动的原因；而保证金变动不是股价变动的原因(图 6-14)。

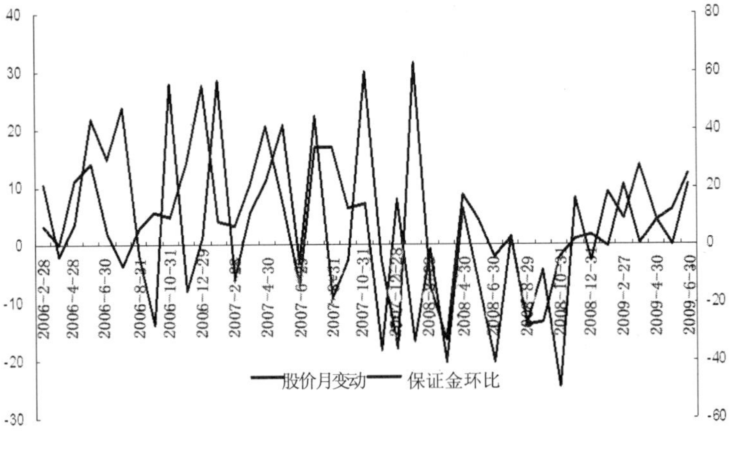

图 6-14　上证 A 股指数涨跌幅与保证金月环比变化

另一方面，我们从两者之间的直观图观察：从 2006 年 9 月到 2009 年 6 月资金对行情出现了 6 次错判，从资金与股价的变动关系看，在牛市阶段出现了 4 次谨慎性判断，从时间看，均发生在季度末，表明存在存款等流动资金流入股市的可能。在熊市阶段出现了两次乐观。综合以上两方面分析，我们可以明显地发现：股价变动预期是原因，保证金变化是现象；另一方面，保证金的变化也出现了对股价趋势的误判(图 6-15)。

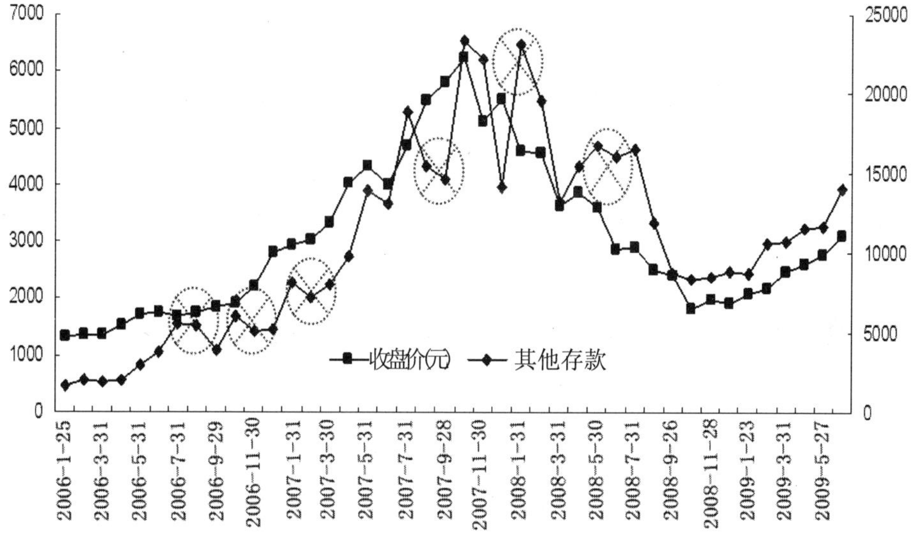

图 6-15　上证 A 股指数和其他存款额（证券公司客户保证金）

另外，观察每周参与交易的账户和持仓账户，对于短期动量交易或有帮助。

金融机构虽然是股市三类参与者中权重最小的一类，但对股市的话语权却丝毫不弱，主要原因在于其持股的集中，通过其一致的行为可对股价产生重要的趋势性影响。

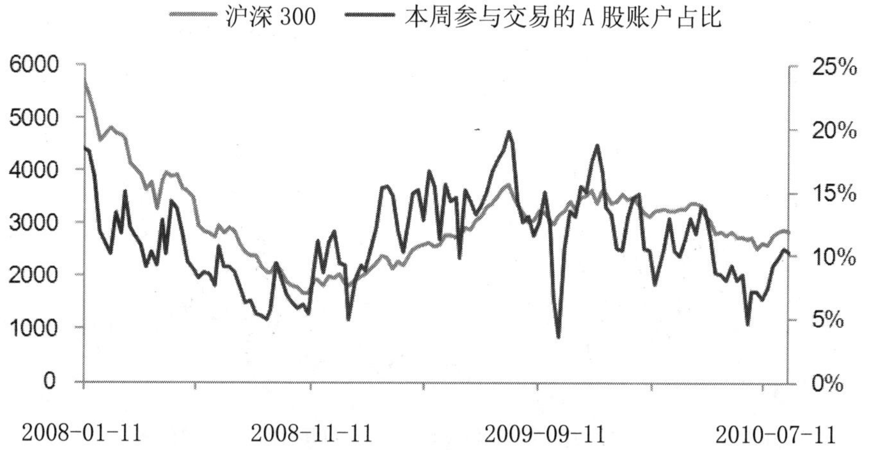

图 6-16　每周参与交易的投资者账户占比

图 6-17 每周持仓账户占比

基金的认购主要是来自个人投资者。因此，每周基金新增开户也是一个观测指标(图 6-18)。

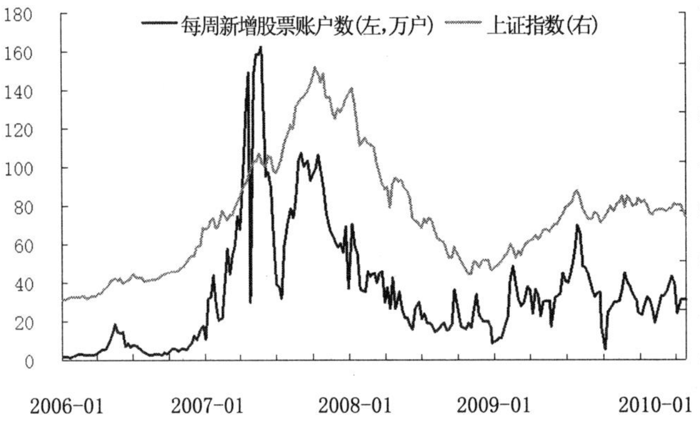

图 6-18 每周新增基金开户数

另外就是每月基金发行数量和规模指标(图 6-19)。

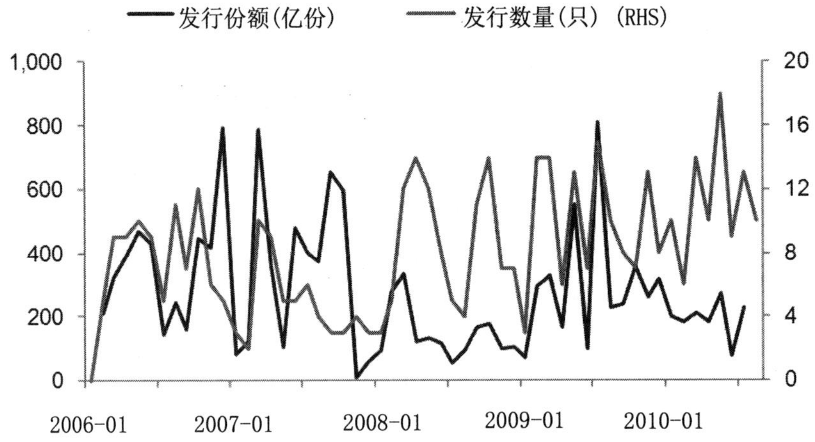

图 6-19 每月基金发行数量和规模

偏股型基金份额和基金仓位水平反映了该类投资者资金流向。

以股票和混合型基金加总来表示偏股型基金份额，则从2007年底开始。该份额就维持在一个非常稳定的水平，期间虽有新基金发行，但也有老基金赎回，我们预计在大盘没有出现趋势性上涨的情况下该份额仍将维持，故2010年年内通过金融机构间接流入股市的资金为0(图6-20)。

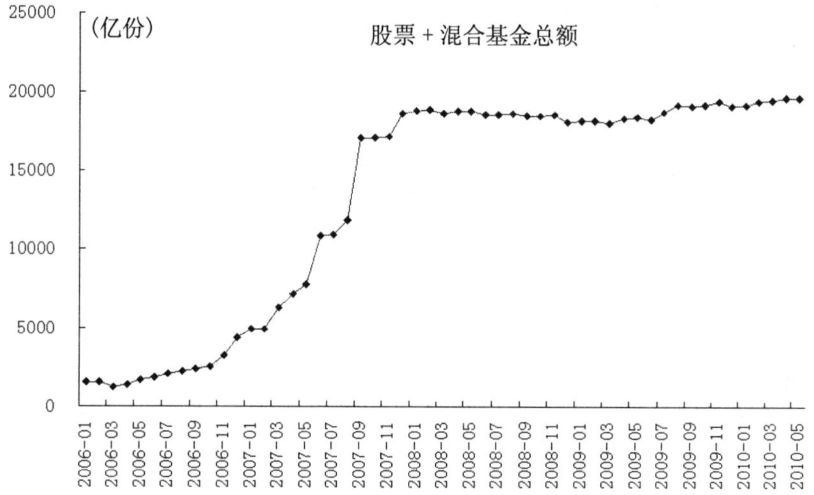

图6-20　股票和混合型基金总份额

从基金仓位水平来看，经过2010年3～4月份的一波下跌，股票型基金已经将仓位降到近一年来的低位，该低仓位有可能在今后维持，也有可能会在大盘反弹时有所提高。乐观情况下假设仓位上升到80%，能新增资金1000亿元(图6-21)。

图6-21　基金的股票投资比例

三、价量度量

第三个角度是通过市场本身的价量统计来度量市场的流动性状况。

2007年年底，我做了一个市场流动性指标，发现市场的流动性实际上在下降，用的是月交易量/月M2来表征市场流动性，可以看出，自从2007年8月份以来，该指标在下降，最高值是15%左右。而韩国、中国台湾、日本股票市场投机氛围极高的时候也就是这个水平(图6-22)。

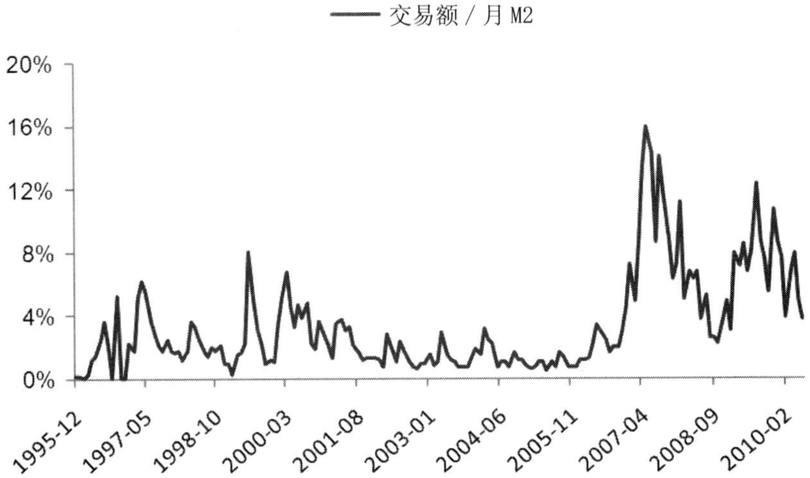

图6-22　交易量/月M2为代表的市场流动性在下降

当时的另外判断是，市场宽度在逐渐变得狭窄。指数趋势向上，但是如何解释越来越多的股票跌破半年线？普通投资者在“5•30”暴跌后并没有恢复，而机构投资者在投机大盘股上也出现了问题(图6-23)。

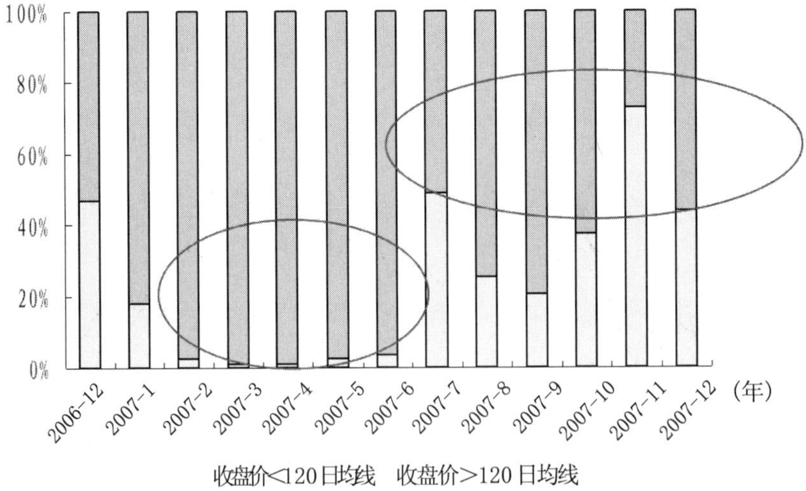

图6-23　收盘价低于半年线的股票比例明显增加

用30日均线上方股票数占比可以作为参考指标。历史上看，处于30日均线上方股票数占比接近90%时，往往会有短期调整。不过，这个幅度可大可小，市场调整能让该比值迅速降低(图6-24)。

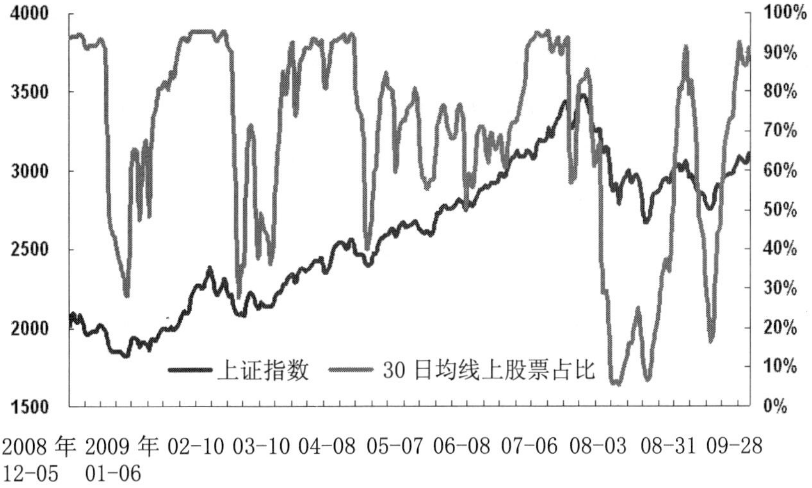

图 6-24 30 日均线上方股票数占比与上证指数

另外的指标是超越大盘的宽度。该指标代表的是超越大盘股票数占比，我们做了 10 日平均，都可以发现在 6000 点的时候，各指标都发出强烈的警告信号：市场的宽度不足，牛市的基础开始动摇(图 6-25)。

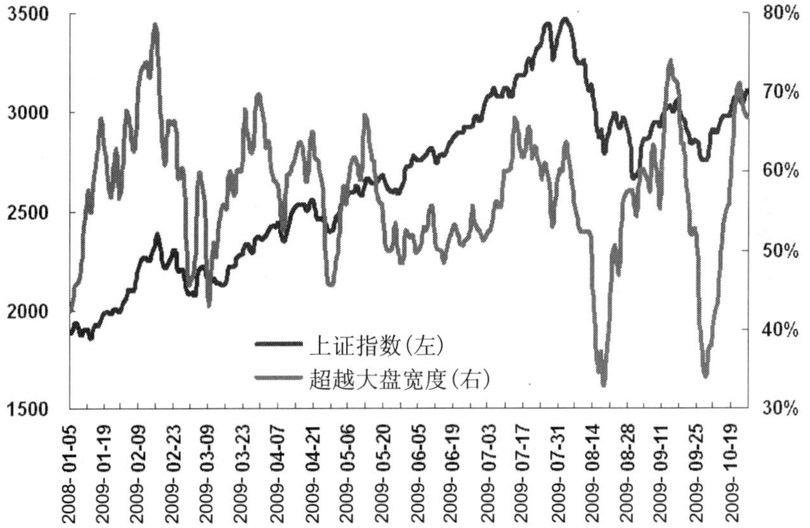

图 6-25 超越大盘宽度与上证指数

类似的指标包括腾落指标，也就是上涨家数减去下跌家数的指标，《股票大作手回忆录》的利弗莫尔曾经雇佣 40 名统计员计算这个指标(那个时候可没有计算器)，1929 年大崩溃前，指数涨势喜人，但是他们发现广泛选取的 1002 只股票中，有 614 只同一时期实际是下跌的，只有 338 只上涨，依靠此观察，利弗莫尔逃过了随之而来的大崩盘。

还有新高 / 新低指标，同样是表征市场宽度，也就是股票创过去一年新高的数量 / 股票创过去一年新低的数量。

这些指标与市场趋势出现背离，则往往代表市场的流动性开始出现问题，值得谨慎或者乐观。

另外，股市的成交金额和换手率指标也具有一定的短期市场动量参考意义(图 6-26)。

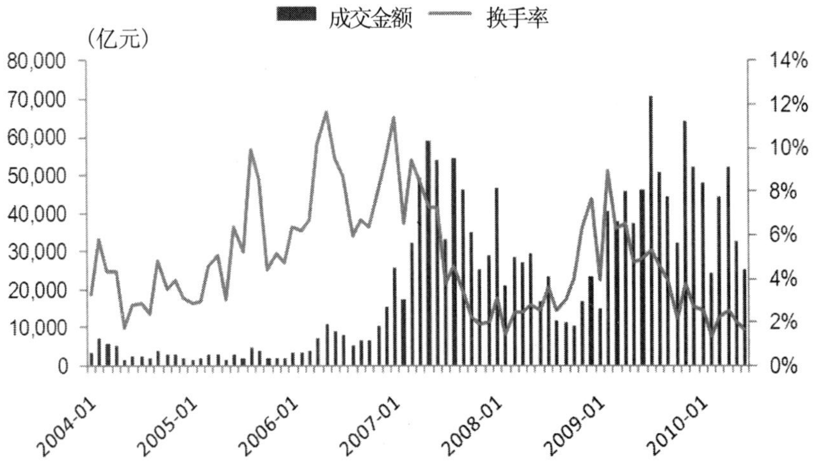

图 6-26　成交金额和换手率

四、总结

本章没有额外的参考资料，重要的是对于 WIND 分析软件的熟练运用。上述三种类型(分别是股票供给、资金供给和市场价量)的指标均可以观测和预判，不同时间尺度的指标对于把握稍长期或者稍短期市场流动性均有帮助。但要记住的是用处不是很大。

第七章 国际金融

实行对外开放、融入全球分工体系是中国经济近30年快速增长的重要推动力。中国的进出口总额从1978年的206.4亿美元，扩大到2007年的21738亿美元。中国在全球贸易中的比重，从1978年的2.9%，提高到2006年的7.2%，排名从第32位，上升到第3位。中国已经是一个兼具世界工厂和世界市场双重特征的重要开放经济体。因此，我们所面对的经济和市场必然受全球化主导，特别是以美国为主制定规则和以美元为主进行国际资本流动的体系所主导。这个体系变化所带来的冲击，以及美元汇率变化对国际贸易、大宗商品、流动性和资产价格等的巨大影响，都使得投资者在做国内股票市场趋势判断的时候，不能不了解国际金融，以及预判美元汇率的长期走势。

第一节 全球宏观体系

研究国际金融，出发点在于大局观，也就是必须思考现有世界的全球宏观经济体系是如何运转的。

按照国家间禀赋优势不同，在目前的国际分工体系中，形成了以资源国、制造国、消费(货币)国(也可以称之为核心国)相互依赖，国际商品市场和国际金融市场循环运转的国际宏观经济体系。其中，以欧佩克、巴西、澳大利亚为代表的拥有矿产资源能源优势的，是资源核心国。资源主要出口供给制造国和消费国，资源价格是影响它们经济增长的关键因素。

中国、印度和东南亚等国拥有劳动力资源优势，是制造核心国。制造国产出需求相当比例来自于外部，外需成为其经济增长的关键因素。

而美国、欧元区、日本等国是消费核心国。拥有最先进的技术，产出小于消费，但占据国际经济金融体系的主导地位，行使“规则”的制定权，币值的变动是其调节经济的关键。

除非全球宏观经济体系的游戏规则出现根本变化，比如新列强的兴起确立了新的国际规则。否则任何国家的发展只有通过融入目前的体系来获得(图7-1)。

正常情况下，这个体系的国际商品市场有效运转，因此我们不用去刻意关注。不过每个部分都可能出现问题，这些问题会带来投资的机会和风险。由于我们的视角是中国，因此，从制造核心国的位置来看，可能遭遇到的冲击主要有四种，其中前三种来自国际商品市场，后一种来自国际金融市场。

一、资源端出现问题

资源端出现问题主要是指上游资源价格上涨带来的成本上升冲击(这种上涨可能来自需求，

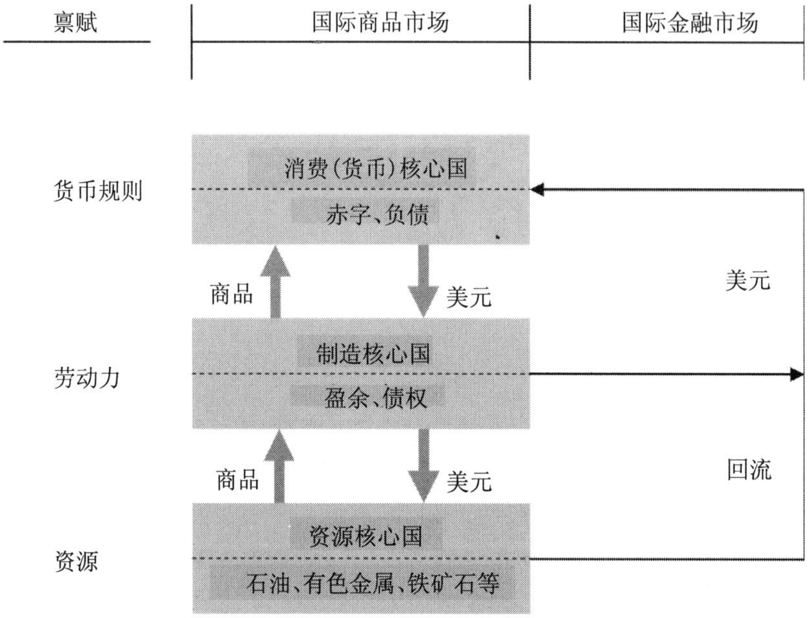

图 7-1　国际宏观经济体系

也可能来自上游资源国的垄断溢价权，如“石油危机”，“铁矿石谈判”等)。资源品的可贸易性质，使国际资源价格的上涨很容易传导到国内，形成成本推动型的通胀压力。2007～2008年，中国经济就遭遇过这样的成本上升冲击。

另外，大宗商品与流动性和企业业绩变化也息息相关，因此需要密切关注大宗商品价格的走势(图 7-2，图 7-3)。

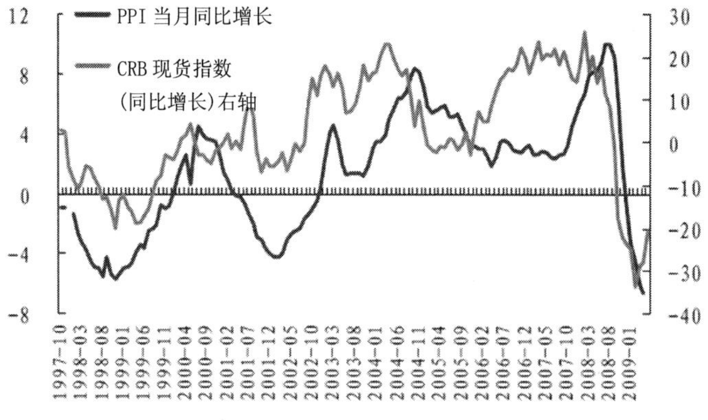

图 7-2　中国 PPI 与 CRB 现货指数走势保持略微滞后的相关性　(%)

二、制造核心国之间的相互竞争(供给端挤压冲击)

劳动力禀赋相对矿产资源和规则禀赋，门槛较低。当“出口导向”发展战略为很多国家所选择时，制造国间会相互挤压。这种挤压体现在出口导向战略国家产业结构比较雷同(如在 2003 年，中国与整个东盟的产业结构相似度高达 0.995)，竞争激烈，出口型企业盈利能力下降。如果不能实现产品的升级进步，反而过度利用外部资金来刺激经

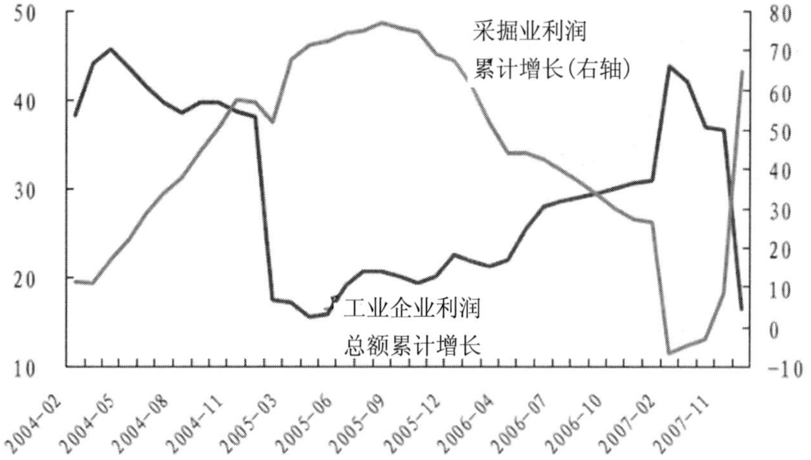

图 7-3 工业企业整体利润增速和采掘业利润增速呈反向关系

济，就容易形成经济金融危机。这就是 1997～1998 年亚洲金融危机的深层次背景(表 7-1)。

表 7-1 中国与东盟各国产业结构相似度(2003 年)

ASEAN	印尼	文莱	泰国	越南	马来西亚	菲律宾	柬埔寨	新加坡	老挝
0.995	0.98	0.98	0.97	0.97	0.94	0.92	0.89	0.81	0.74

注：根据 www.aseansec.org 数据计算。

亚洲金融危机并没有直接波及中国。美国、欧盟等消费国正处于新经济繁荣期，国际分工中的需求端并没有出现调整。但在其他货币纷纷对美元贬值情况下，中国坚持人民币不贬值，因此，1997～1998 年人民币实际有效汇率上升了 14%。中国出口增速大约滞后半年反映人民币币值变动压力，所以 1998 年下半年开始，单月出口增速大幅回落，出现负增长(图 7-4，图 7-5)。

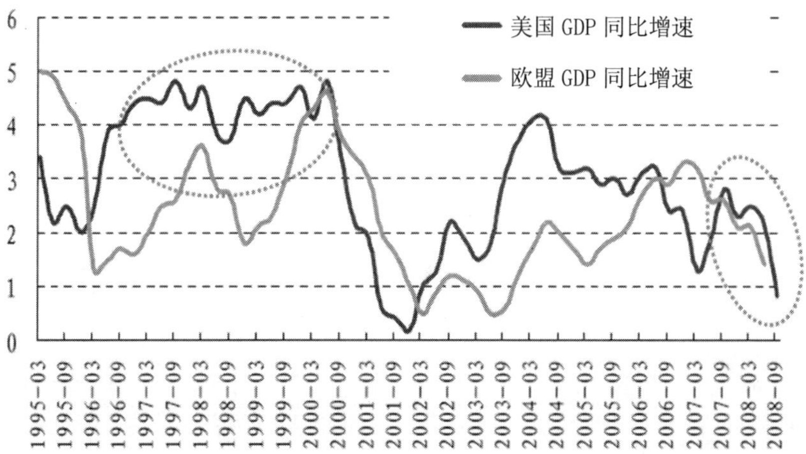

图 7-4 1997～1998 年，消费国经济正处于新经济繁荣期，需求端并没有问题

图 7-5　1997～1998 年，人民币实际有效汇率上升 14%；出口增速滞后半年反映

由于缺少追踪和深度研究其他制造国的详细数据，观察制造国之间的相对竞争力一般是看是否存在大的该国结构性变化(制度、生产力等)，以及通过直接观察不同制造国货币与美元的相对汇率变化(如韩元兑美元)来进行分析。

三、消费核心国需求端调整带来的“再平衡”冲击

美国和其他发达国家(如欧洲和日本)是全球最终产品的主要消费地，其中，国际经济货币体系的实际美元本位制很容易诱导美国出现过度消费。过度消费带来的需求过度扩张以及其后的消费收缩带来了全球的经济周期波动。

观察美国经常账户占其 GDP 的比重，可以发现，布雷顿森林体系崩溃后，美国人的“过度消费”已经经历过两次大的“再平衡”调整：1978～1980 年，1987～1991 年。2007 年，在全球通胀压力和美元的大幅贬值影响下，美国经常账户占比 GDP 出现回升，同时个人储蓄率也出现回升。第三轮需求端“再平衡”调整出现。我认为，次贷危机只是这种不平衡下信用泛滥破灭的附带产物或者导火索(图 7-6)。

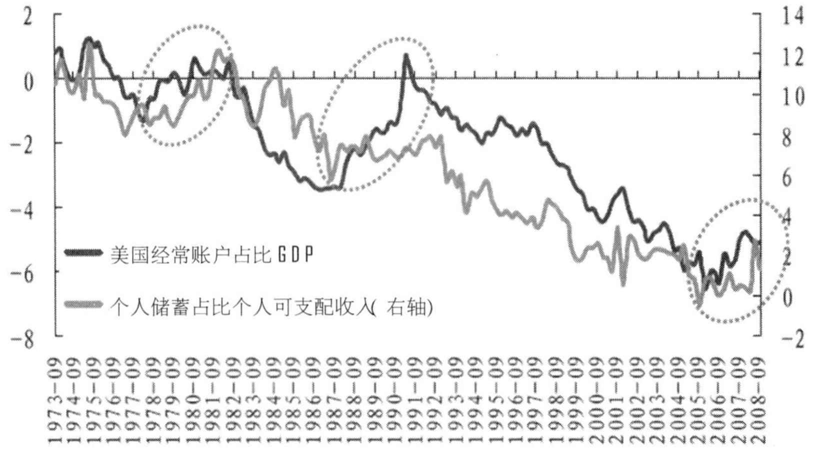

图 7-6　美国的“过度消费”正经历新一轮“再平衡”调整

“再平衡”调整严重影响核心制造国的经济周期和资产价格。20 世纪 80 年代末，日本是美国“再平衡”调整的主要对象。从 1985 年 2 月到 1988 年 11 月日元升值了 113%，再加上国内政策应对失当，日本经济泡沫破灭，陷入“失去的 10 年”困境。

中国是当前最大的外汇储备国、最大的贸易顺差国，是美国过度需求的最大受益者，自然面临承担新一轮“再平衡”调整的主要压力。也就是说，2008 年中国面临消费核心国发生调整带来的需求端“再平衡”冲击。而 1997～1998 年亚洲金融危机背景下，中国遭遇的是制造核心国相互间的供给端挤压冲击。这是外部冲击视角下，两个阶段的根本不同。在当时情况下，由于消费国需求没有降低，因此，通过国内的货币和财政刺激可以挺过难关，而如果本次消费国美国长期需求没有恢复，则短期可以通过国内的货币和财政刺激带动经济反弹，但是二次探底一定会来。此观点为作者大的逻辑判断(图 7-7，图 7-8)。

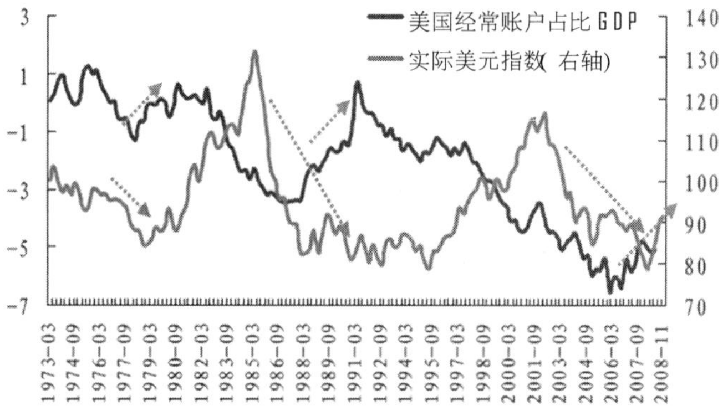

图 7-7　美元贬值推动“再平衡”调整

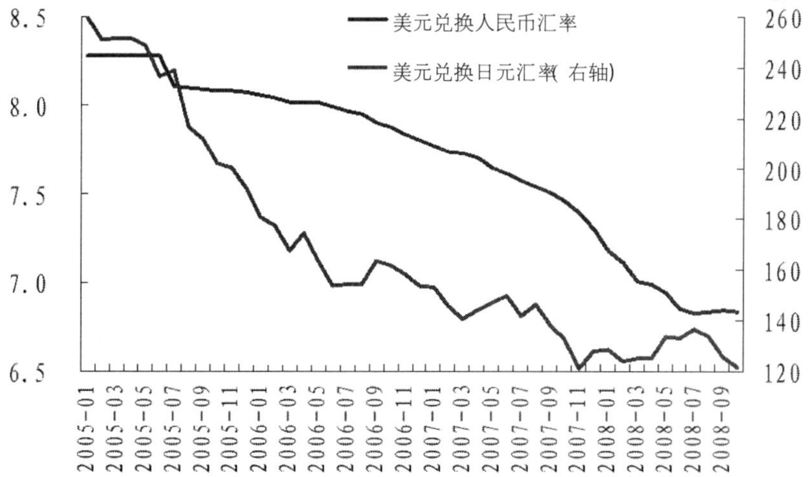

图 7-8　美国“再平衡”过程中，日元或人民币的升值

图中日元升值是从 1985 年 2 月到 1988 年 11 月数据，期间日元升值幅度为 113%；
人民币从 2005 年 5 月开始兑美元升值，到目前升值幅度约为 21%

观察消费国(核心是美国)的主要数据在于消费。因此以下数据值得关注(表 7-2)：

表 7-2 关注就业、收入，消费和领先指标等数据

指标	彭博代码	描述	频率
美国工厂订单及耐用消费品	FODG	制造业订货量和销售量综合指标	月度
美国实际个人消费支出	PCE CHNC	实际个人消费支出环比，季调	月度
美国个人收入	PITL YOY	个人收入同比，季调	月度
美国零售	RSTAXMOM	零售销售月增幅(汽车除外)季调	月度
美国新房销售额	NHSLTOT	新建住房销售，季调年率	月度
美国抵押贷款申请	NBAVBASC	周度抵押贷款申请	周度
美国首次失业救济申请	INJCJC	首次失业救济申请，季调	周度
美国非农就业人口总数	NFP T	非农就业人口总数，季调	月度
美国失业率	USURTOT	失业率，季调	月度
OECD 美国领先指标 12 个月变化率	OLE3US	OECD 美国领先指标12个月变化率	月度
ECRI 美国领先指标变化率	ECRDUSWL	ECRI 美国领先指标变化率	周度
OECD G7领先指标 12 个月变化率	OLE3G7	OECD G7领先指标12个月变化率	月度

四、汇率变动与国际资本流动造成的巨大冲击

汇率是最重要的全球宏观变量，其变化一方面是全球实体经济的结果，另一方面也是全球金融市场和实体经济的关键推动力。比如，每次美元汇率的剧烈波动都会导致全球金融市场的剧烈波动，如拉美货币危机、东南亚金融危机、日本的衰退，背后都有美元大幅波动的推动。

汇率的波动会导致进出口和资本流入发生变化，进而影响一国经济和资本市场。在浮动汇率制下，汇率的正常波动会起到稳定器的作用，能使一国经济重回平衡状态。但随着金融市场的发展，汇率的波动放大，而且有时走势会偏离基本面，这使汇率成为影响经济、大宗商品、房地产以及股票市场的重要因素。

要了解汇率变动的冲击，首先要了解国际货币体系。国际货币体系的建立与变更是一个世界经济政治格局变动的问题。国际货币体系经历了金本位制、金汇兑本位制、布雷顿森林体系和牙买加体系等历史发展阶段。

二战后到 1971 年之间，各国采用布雷顿森林体系作为全球汇率体系，该体系是一种国际金汇兑本位制，又称美元—黄金本位制。布雷顿森林体系要求各国实行可调节的盯住汇率制，而美国保证 35 美元可兑换 1 盎司黄金。在该汇率体系下，美元是全球货币的中心，各国实行有调节的固定汇率制，美元汇率比较稳定。但随着美国经济实力的相对下降和逆差导致的美元大量外流，1971 年 8 月 15 日尼克松宣布美元贬值和美元停兑黄金，布雷顿森林体系瓦解。

1973 年 3 月美元危机以后，牙买加体系取代了布雷顿森林体系，以美元为中心的固定汇率制度被浮动汇率制度所代替。值得注意的是，实行浮动汇率制度的国家大都是世界主要

工业国，如美国、英国、德国、日本等，其他大多数国家和地区仍然实行盯住的汇率制度，其货币大都盯住美元、日元、法国法郎等。牙买加体系有以下五个特点：

(1)解决了储备货币不足的问题，尽管美元仍然是重要的国际储备资产，但地位有所下降，欧元、日元地位上升。而黄金作为储备资产的作用大大削减，各国货币价值也基本上与黄金脱钩。

(2)多样化的汇率安排适应了多样化的、不同发展水平的各国经济，为各国维持经济发展与稳定提供了灵活性与独立性，同时有助于保持国内经济政策的连续性与稳定性。

(3)汇率波动急剧扩大，多次发生货币危机和金融危机。这种现象产生的重要背景是，在多元化国际储备格局下，储备货币发行国仍享有“铸币税”等多种好处，而在多元化国际储备下缺乏统一的稳定的货币标准，这可能造成储备货币发行国滥发货币，进而导致国际金融的不稳定。

图 7-9　1971 年之前美元汇率比较稳定

(4)浮动汇率可以帮助各国平衡国际收支，但事实上全球性的国际收支失衡问题很难解决，其和经济结构与国际分工更相关，各国央行仍对汇率实行或多或少的干预，但控制力下降。

(5)无论体系如何变化，美元仍然是这个体系的核心，并且在可预见的未来，其地位仍然不可动摇。要知道，一国货币国际地位的确立通常包含三个方面：国际化的贸易货币、国际化的金融交易货币和国际化的储备货币。

从当今的国际货币体系格局来看，在国际贸易结算当中，美元所占比重超过 60%，而日元、欧元都低于 10%；在国际储备货币中，美元所占比重超过 40%，而日元、欧元加总仍然低于 20%；在外汇交易货币中，美元占比超过 40%，而日元、欧元加总不过 30%。整体看来，美元仍然是最为国际化的货币。

另外，任何其他国家之所以愿意持有该国货币，一个主要的理由就是这种持有可以使得储备保值增值。因此具备良好且足够庞大的能提供投资机会的国内金融市场至关重要。相比之下，日本的股市、债市规模远小于美国，欧盟的金融市场虽然也较为庞大，但却是各国相互割裂且各国风险溢价也不同，削弱了欧元作为储备货币的吸引力。

第二节　全球最重要的变量——美元汇率的作用

从逻辑上来讲，美国是经济系统的中心，而新兴市场是系统的外围。美元汇率是全球最重要的宏观变量，其对外围国家(这里主要是指新兴市场，不是发达国家，也不指美国)的对外贸易、货币供应和资产价格、通货膨胀、全球大宗商品价格都有主要影响。因此，我们首先要知道，如果美元汇率变化，对其他宏观变量有哪些重大影响。在第三节，我们再来探讨美元汇率如何变化。

外围央行的一个特点是喜欢干预外汇市场使得外围货币与美元同步。毫无疑问，如果美元下跌，资金流入外围，为了保持同步，外围央行需要向本国注入流动性，同时会通过对冲操作来降低通胀。但其实外围央行的货币政策独立性是非常有限的。即使外围央行采取完全对冲外汇占款，这也只是限制了银行的二次信用扩张，不能阻止外汇结汇后，非银行部门将这部分资金进行的直接投资和消费。也就是说印钞票是在所难免的。所以，这就会带来外围市场的牛市。

美元的这些作用是相互影响的，弱势美元导致外围经济体信用宽松，同时也伴随着贸易条件的改善，资金从中心流向外围倾向于放大的作用。反之，美元升值，停留在外围市场的资金流回，推动整个循环发生逆转(图 7-10～图 7-12)。

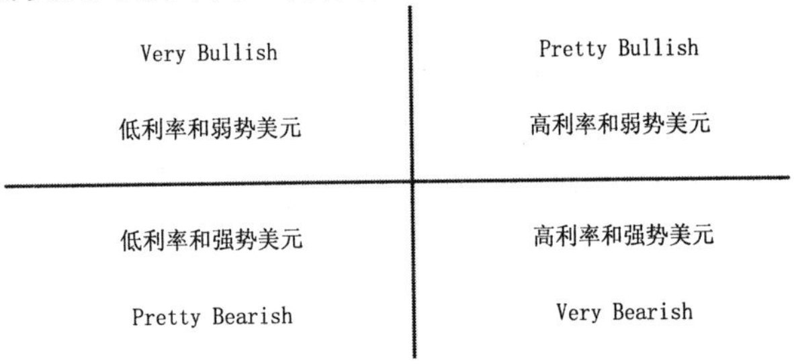

图 7-10　新兴市场的外部环境受到美国利率和美元的重要影响

一、美元汇率变动对外围国家流动性和资产价格的影响

从外围各国经验来看，货币升值往往能带来外汇储备和流动性的增长，

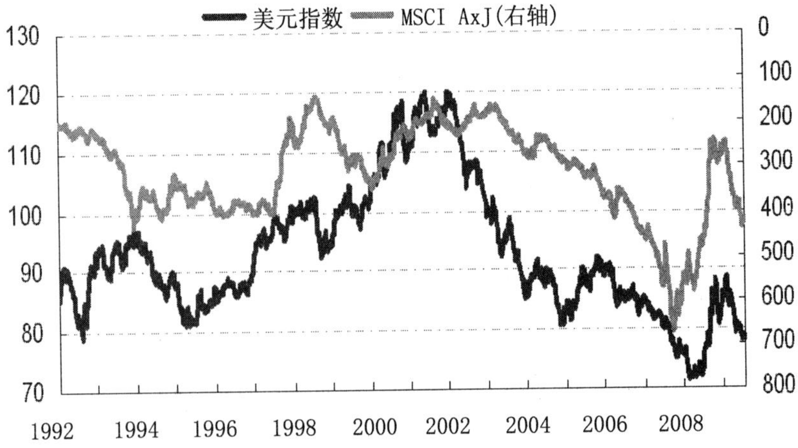

图 7-11　美元指数与 MSCI 亚洲除日本指数

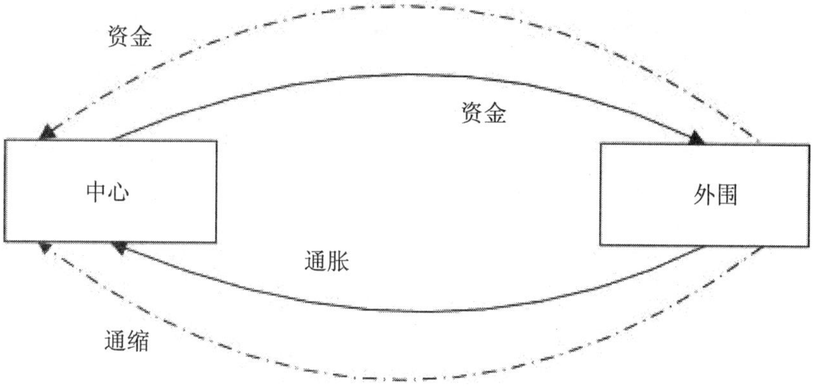

图 7-12　整个体系的资金与通胀运作

进而推动资产价格的上升。如果相反，则可能带来资产价格的下降。

美元汇率的长期变动对亚洲经济体流动性和资产价格的具体影响可以建立起三周期分析框架：早周期、中周期和后周期。后周期泡沫破灭后是市场熊市。然后经过经济的调整和市场的下跌，一轮新的周期开始。

由于美联储(全球的中央银行)要解决美国的通货紧缩和经济衰退问题，采用货币政策扩张同时导致的美元贬值将总需求曲线向上推，这对外围国家企业来说是利好(美元贬值扩大其流动性和出口竞争力)，体现在曲线上是价格上涨，需求增加。企业产能使用率提高，利润大幅度增加，这导致了亚洲市场的繁荣和大宗原材料的繁荣。这个时期，最好的企业是周期敏感的企业，比如钢铁。这就是早周期。

而在早周期结束后，现在中央银行面对一个两难，因为通货膨胀出现，中央银行必须进行货币紧缩，如果紧缩过慢，则担心出现不可控制的通货膨胀，但是如果紧缩过快，则会带来经济萧条。紧缩导致企业利润开始下滑，当过量的产能开始释放时候，企业利润下降将更快。因此无论紧缩力度如何，外围股票市场在这种情况下都会出现中周期调整(图 7-13，图 7-14)。

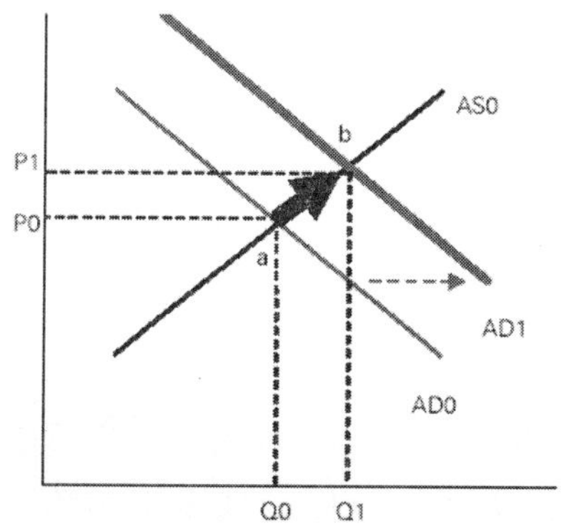

图 7-13　第一阶段刺激有效

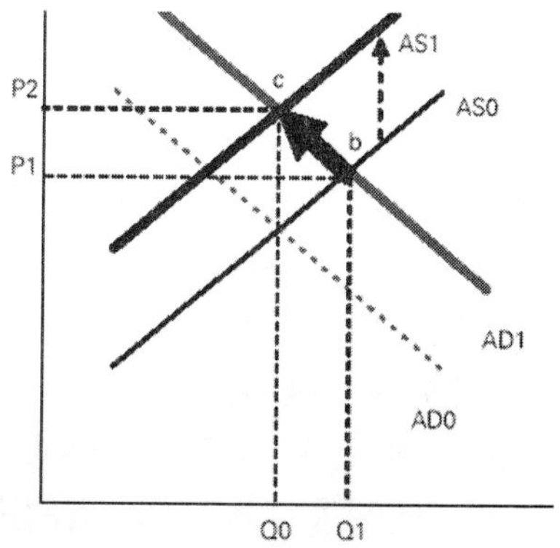

图 7-14　第二阶段出现通胀

市场调整导致外围国家担心通货紧缩，外围国家为了保持持续稳定的经济增长和经济结构的改革与调整，重新开始释放信用和货币，然后造就新的行情。但是这很难持续，一旦美元进入长期升值通道，最终都或多或少地引发外围某些国家的经济和金融危机，而在这个“危机”后，外围证券市场的泡沫结束，证券市场以大幅度下跌来等待新的周期开始(图7-15，表7-3)。

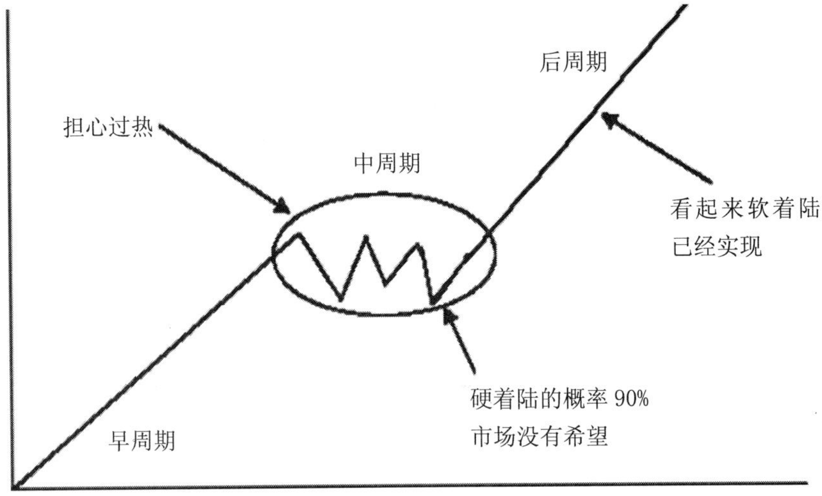

图7-15　美元造成外围股市的三个阶段周期

表7-3　三个周期所对应的不同投资机会

早周期	中周期	后周期
现金流弱的公司	现金流强的公司	解除管制类公司
质差公司	质优公司	概念型公司
周期类公司	防御类公司	高成长公司
商品消费类公司	商品生产类公司	商品消费类公司
有剩余产能的公司	大权重类公司	新业务类公司
专业化公司	垂直整合类公司	并购类公司
财务杠杆大的公司	服务类公司	创新与产业升级类公司

韩国的例子能非常好地反映韩元走势和外汇储备之间的关系。每当韩元大幅贬值时，外汇储备都会出现较大下降；而当韩元进入升值趋势时，外汇储备则会增长。显示了升值及升值预期对韩国流动性有很好的刺激作用(图7-16)。

而韩国的M2与有效汇率也高度正相关。韩国开放程度高，当韩币升值时，外汇储备大幅增加，对M2有很强的推动作用(图7-17，图7-18)。

具体分析流动性的构成，我们发现韩国的流动性受贷款影响较低，受币值和外汇储备影响更高。尤其是受金融和资本账户收支的影响，每当韩币大幅贬值都会出现资本外逃，进而严重打击资产价格和经济(图7-19。图7-20)。

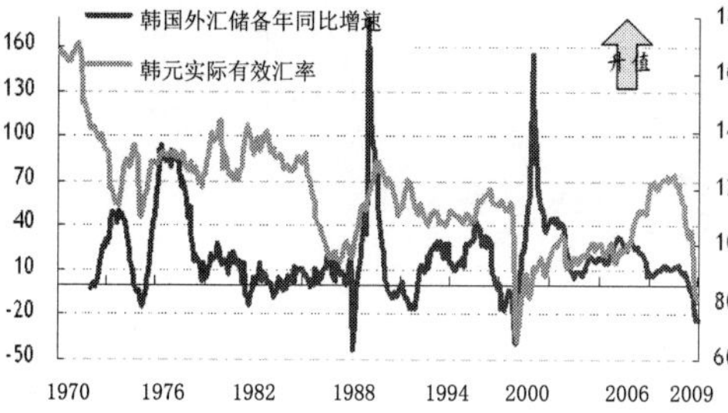

图 7-16 韩币和外汇储备同方向波动

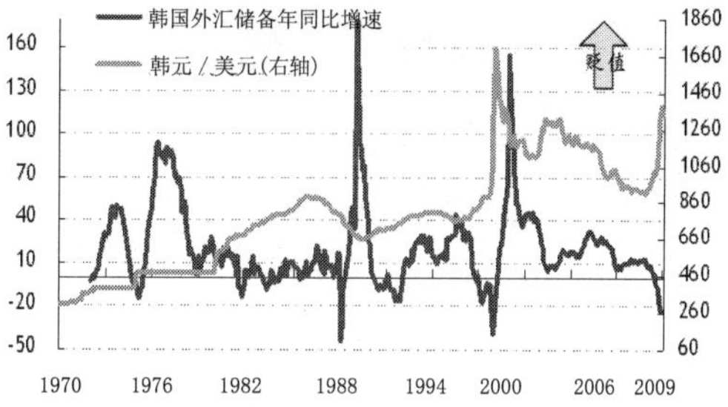

图 7-17 韩币和外汇储备同方向波动

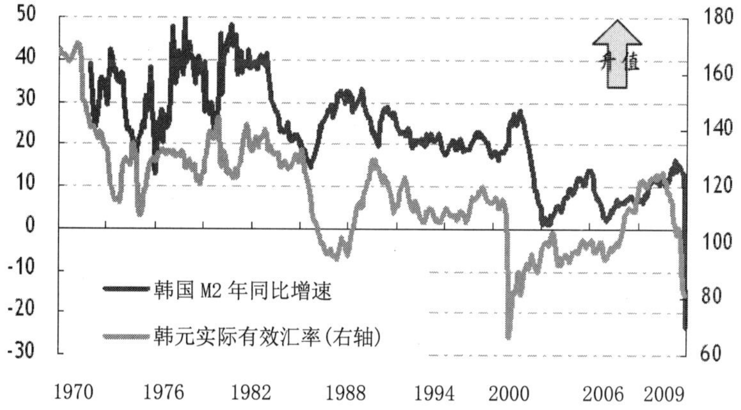

图 7-18 韩币和 M2 同方向波动

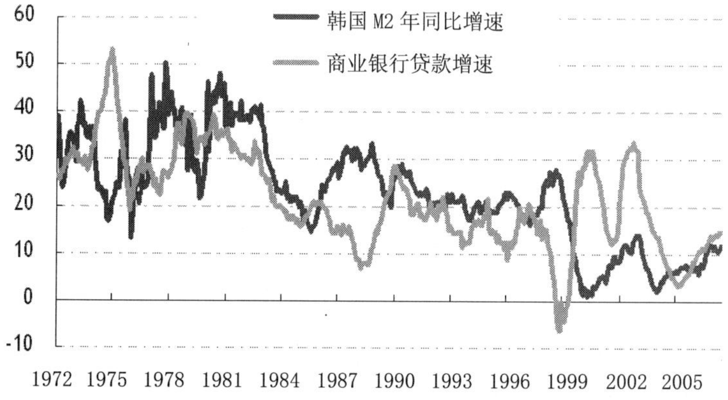

图 7-19 韩国贷款和 M2 增速相关度较低

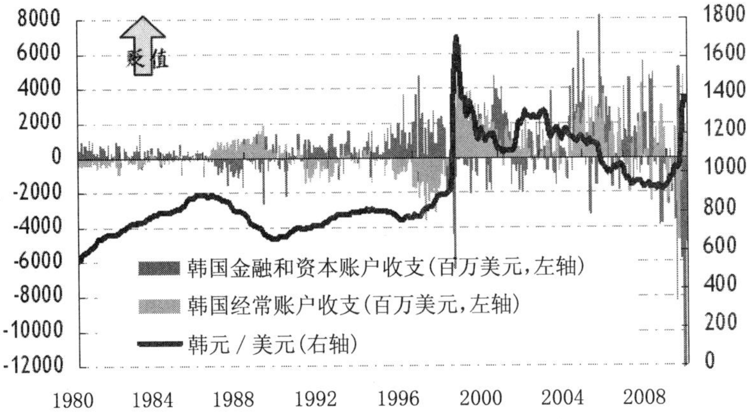

图 7-20　韩币贬值，金融和资本账户收支会出现外逃

也因此，韩国股指和汇率有非常好的正相关关系。当韩币贬值时，市场往往下跌，当韩币升值时，市场上涨(图 7-21)。

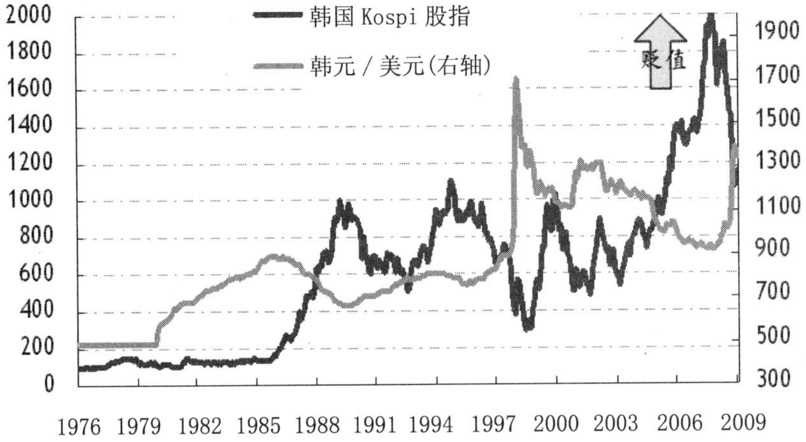

图 7-21　韩币和股市正相关

实行货币局制度的资金自由港香港的资金流动对美元的敏感性更为明显。我们不妨再看看 2003～2004 年的历史，美元从 2003 年 8 月开始了一轮贬值，热钱流入从 2003 年 10 月开始，到 2004 年 1 月美元中期贬值趋势结束，随后在 2 月热钱流入也告终止。同时，港股先是大涨，其后随着热钱流入减慢而调整(图 7-22)。

中国 2005 年以后的升值导致贸易顺差(可能混杂热钱)大量增加，由于采取结汇制，央行买入大量外汇，向经济体注入大量一次流动性，而通过发行央票对冲，仅是阻止银行的二次注入流动性。因此，升值对国内流动性有非常正面的意义，这部分导致了 2006 年股票市场的牛市。

二、对进出口的影响

一般来说，当一国货币相对另外一个货币升值，其对该国出口将下降，从该国进口上升，

图 7-22 美元对香港资金流动的明显作用

顺差将缩小。但是在产业升级顺利和外需旺盛的环境下，也会发生货币升值伴随顺差上升的现象。比如，日本有多个阶段出现升值的同时顺差增长，并且尽管汇率经历长期升值，但一直保持顺差。这一方面和日本有意识的压低汇率保持经济发展有关，另一方面也和国际分工的定位相关(图 7-23，图 7-24)。

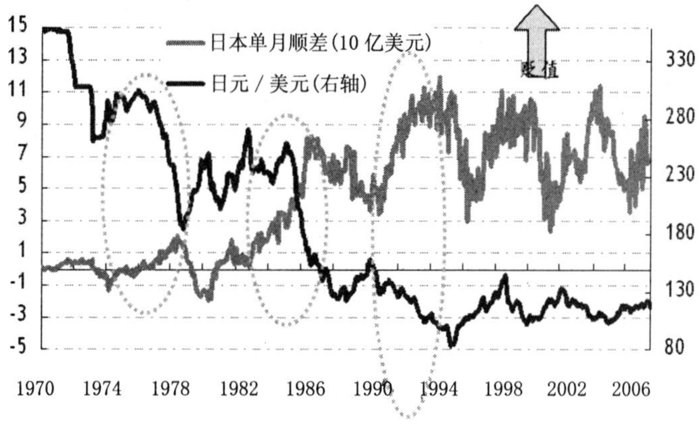

图 7-23 日本汇率与顺差

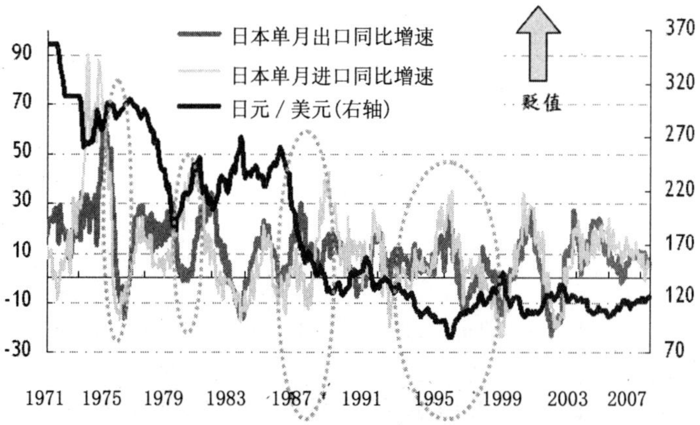

图 7-24 日本汇率与进出口

中国顺差的高增长期是在2004～2008年。这期间人民币保持了较低的汇率水平，也就是除对美元外，相对多数国家汇率仍然是贬值的，主要原因是美元相对其他货币贬值，而人民币与美元挂钩，所以人民币相对其他货币贬值。这有利于对其他国家的出口，并且即使后来人民币相对美元升值，但是由于美元相对他国货币贬值速度快于人民币相对美元升值速度，所以人民币实际有效汇率仍然贬值，这仍然有利于中国的出口。

可以预计的是一旦美元相对他国货币进入长期升值通道，人民币由于与美元挂钩，人民币的实际有效汇率将上升，中国相对他国的出口将大幅度下滑，并且如果在美元升值的过程中，人民币还在政治压力下相对美元升值，那么中国的出口将面临重大问题。

比如，1997年后，亚洲货币相对美元贬值，但是人民币对美元汇率不变，人民币实际有效汇率大幅升值，中国出口遇到严峻问题(图7-25，图7-26)。

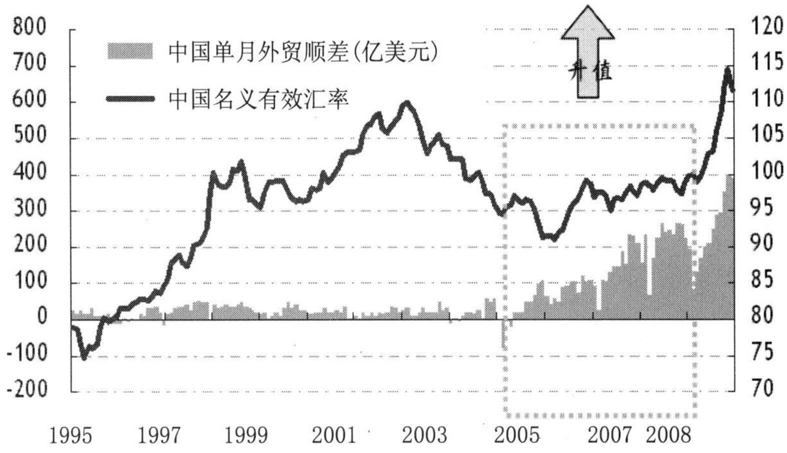

图7-25 中国顺差与汇率

图7-26 中国出口增长率和汇率相关性很高

三、对通货膨胀的影响

实际有效汇率(这里主要讲升值场景，贬值反之)对物价有三方面的影响：①升值本身是一种货币紧缩，导致资金外流，流动性下降；②升值导致出口下降，实体经济需求也下降；③升值通过进口商品价格下降来抑制物价。因此开放度较高的经济体的物价走势和汇率往往相关度很高。

从日本和韩国的例子都可以看到，汇率和CPI相关度很高，当汇率大幅升值时，CPI下行(图7-27，图7-28)。

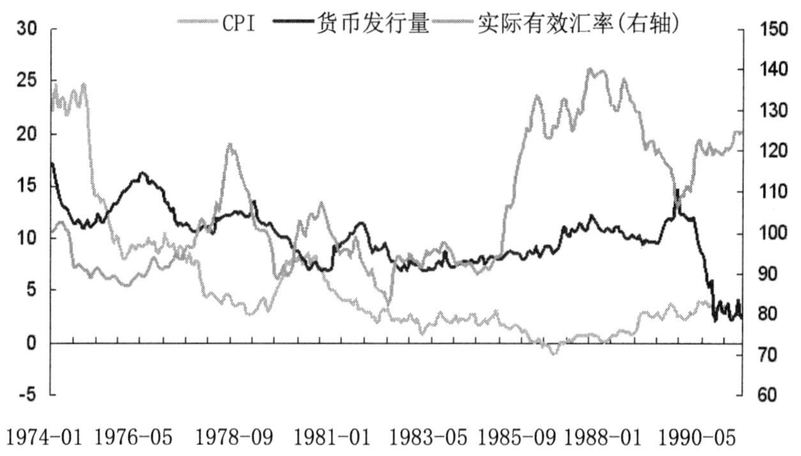

图7-27 日本的汇率、物价水平与M2增速

图7-28 韩国CPI和汇率比较正相关

中国的物价和实际有效汇率负相关性较高。当人民币实际有效汇率大幅度升值的时候，中国的CPI都迅速下行，在1998年甚至出现通货紧缩(图7-29)。

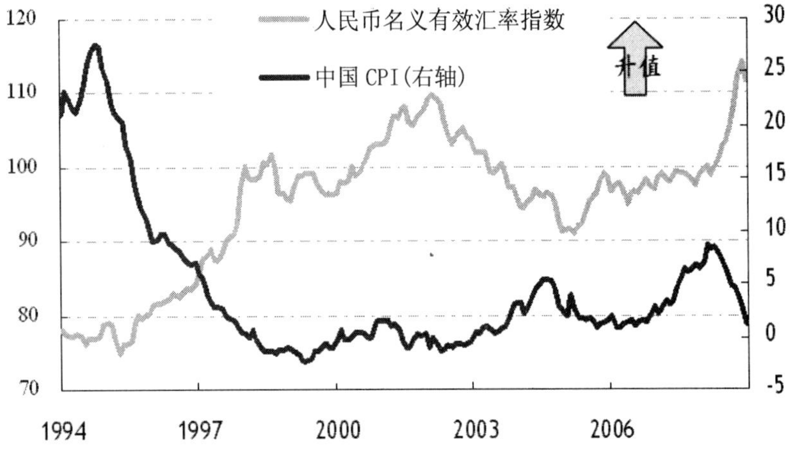

图 7-29 中国CPI和名义有效汇率高度相关

四、对大宗商品价格的影响

大宗商品主要包括黄金、能源(如石油)、资源(如有色金属)和农产品。

从短期走势来看，油价与美元汇率相关性明显。根据2007年6月以来和2008年9月以来WTI期货价格和欧元、美元汇率数据进行的回归分析，可以发现美元、欧元走势对油价的解释力度很高，有88%左右(图7-30)。

图 7-30 油价与欧元、美元汇率趋势相关

从1970～2000年，金属商品出现了4次牛市，分别在1973～1974年、1977～1981年、1986～1989年、1993～1995年，平均持续时间为33个月(以价格底部上升开始，至顶部出现转折结束)。本轮商品牛市从2003开始，持续时间近4年。分别考察5次金属商品牛市运行的时期，美元指数(汇率)均经历着2～5年的持续下行周期(图7-31，图7-32)。

从微观的层面，美元影响商品价格，商品价格又会左右输运价格，再传导到航运股票(图7-33)。

图 7-31　工业金属与美元指数相关

图 7-32　相关性有减弱的趋势

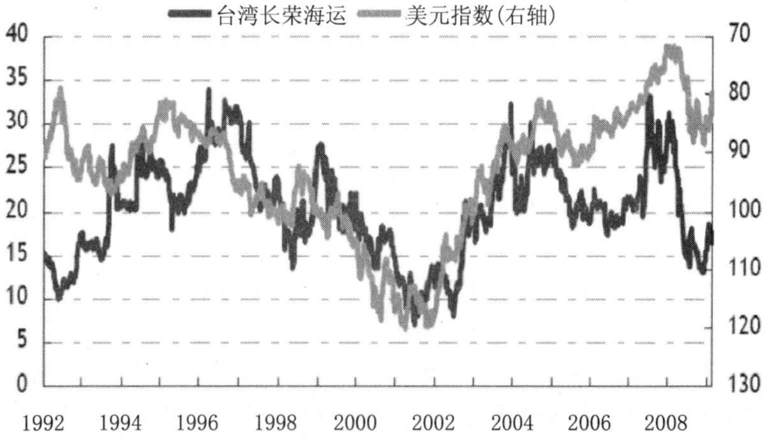

图 7-33 美元对股票价格的影响

第三节 美元汇率走势的因素分析

美元是世界货币，因此美元是全球信用，而其他货币的信用基本上都是在一国内部的，这意味着美国信用扩张可以扰乱其他国家的生产结构，而美国可以避免自己受到最终的伤害，因为生产资本化主要发生在其他国家。这些国家自身信用和美国信用也是共振的，因此生产结构会更为畸形。在信用宽松的时候，资本品扩张的最厉害，这些国家就更繁荣；而在信用收缩的时候，资本品收缩得最厉害，这些国家经济波动也就更大。

考虑到美元汇率变化对其他经济体以及各资产类型的重要影响，投资者必须判断美元汇率的中长期走势。

首先要声明的是汇率具有周期性，也就是均值回复性。当汇率走向任何极端的时候都有向正常回归的必然性，因此当美元贬值到一定程度，主流媒体一致继续看空的时候，投资者就要当心(图 7-34)。

图 7-34 尽管美元指数长期走弱，但是周期性波动特征明显

在以美元为中心的汇率体系中，核心汇率是各国货币与美元的汇率。影响汇率的因素非常多，无法一一穷尽，我们认为最重要的因素包括：经济增长、贸易顺(逆)差、资本流动与风险偏好、各国央行行为与汇率政策、利率变化(利差)、物价水平、外汇储备、财政赤字和政治(极端情况下战争)等。目前国际汇率决定理论有十几种之多，从各方面研究了汇率走势的影响和决定因素。某种因素对不同国家的汇率影响的角度是不同的，而且时间段的不同，效果的力度也不一样，在某个特定阶段 1～2 个因素主导汇率的走势。因此，汇率走势难以有效预测。不过，对于不同的国家，汇率决定因素的重要性是不同的：在消费核心国内部，各国汇率主要是由资本流动决定的；而制造核心国与资源核心国的汇率更主要是由贸易，即经常项目决定的。

值得注意的是，美元汇率本身不仅是经济金融问题，也是政治问题。别忘了尼克松的财长纽翰•科诺利在 1971 年的经典名句：美元是我们的货币，是你们的问题。并且可以认为，华盛顿可以部分控制美元汇率的中期走势，其方向依赖于当时的美国国家利益，其手段则可能通过政治方式、战争方式、国际金融代理人或者其他方式来完成其意图。因此，无论阴谋论成立与否，站在美国政府角度(美国利益或者其核心利益集团利益)思考是必不可少的，尽管分析起来非常困难。

对于经济金融因素来说，把握起来相对较为容易。经济增长，一般来说一国经济的高增长都伴随着该国货币的升值。对核心消费国，如美国和欧洲来说，经济的快速增长更多意味着股市上涨和利率的提升，实体经济的投资机会也更多。其他国家对该国货币的投资需求上升，包括 FDI 和证券投资，进而导致升值。因此，美元在美国经济强劲增长时一般表现较好，如 20 世纪 90 年代美元和美国经济同步上涨，2000 年网络泡沫破灭后美元一蹶不振。

这种统计关系长期来看比较显著，但短期容易受其他因素的影响。如 2000～2001 年美元走势和 GDP 走势背离，当时美国经济增长低于全球平均水平，但美元反而上涨并在高位徘徊。这主要是因为当时美国实体经济增长放缓，但是互联网投机潮导致的各国资本滞后性涌入让美元仍然强势(图 7-35，图 7-36)。

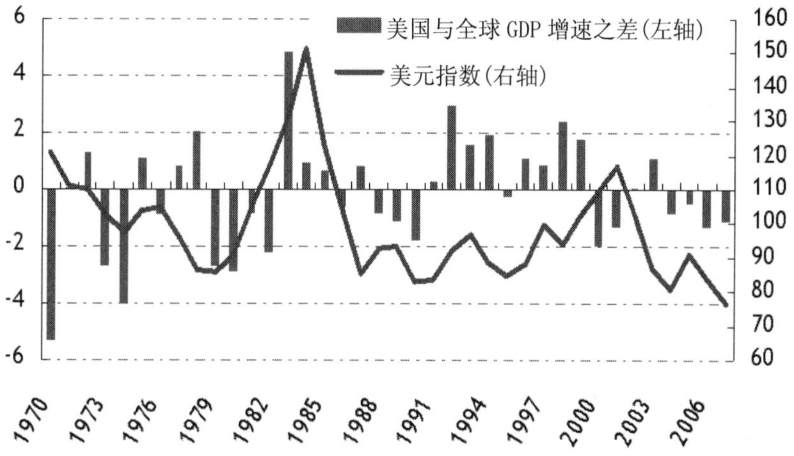

图 7-35 美元在美国经济好时表现较好

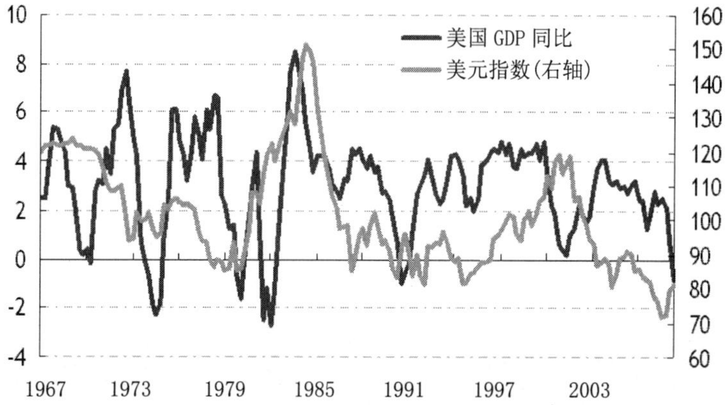

图 7-36 1999～2003 年，美元走势与 GDP 负相关

美元指数的这种变化还可从欧元／美元汇率窥见一斑(美元指数中 57.6%为欧元)，1998～2003 年欧洲和美国之间的经济增长与欧元／美元汇率负相关(图 7-37，图 7-38)。

图 7-37　欧元和经济的联系 2003 年后才开始正相关

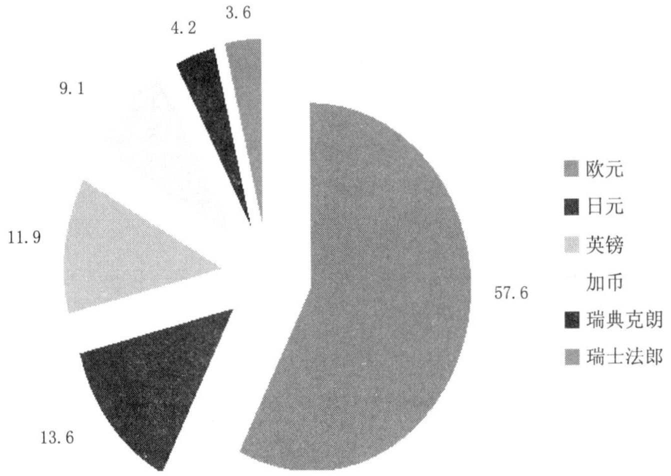

图 7-38　美元指数构成

使用经物价调整的美元指数也可以对美元走势进行很好的预判，从购买力角度出发 2008 年中期的美元过于便宜。另外，美国核心消费国的地位决定了其汇率与贸易顺差正相关(图 7-39，图 7-40)。

经济并不能完全决定汇率，金融市场相对变化(特别是利差)对中期汇率走势起到很大的作用。美联储基金利率对于美元指数就具有一定的领先正相关性。英国利率和英镑走势也高度相关(图 7-41，图 7-42)。

汇率走势也受到两国相对短期和长期利差的影响。美元兑欧元的汇率与利差之间有着非常紧密的联系。2000～2001 年期间尽管美国大幅降息，但欧洲利率仍低于美国(因为之前美国经济远好于欧洲)，直至欧洲 3 月 LIBOR 利率大幅高于美国 LIOBR 利率并维持一段时间，资金才开始从美国流往欧洲(图 7-43，图 7-44)。

利差和汇率走势相关相当一部分原因是机构投资者息差交易造成的。因此，如果投资资

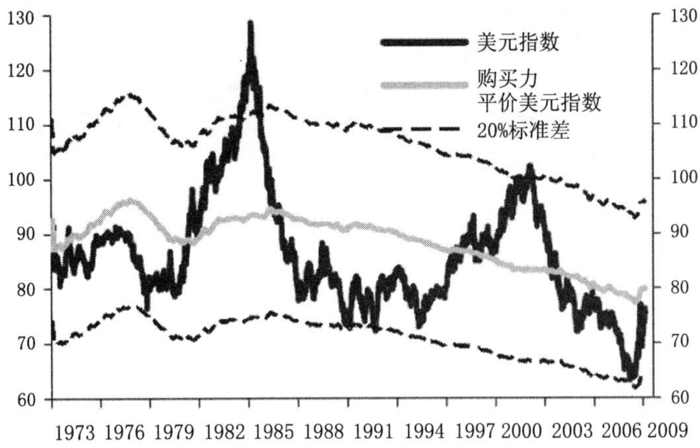

图 7-39　购买力平价调整的美元指数

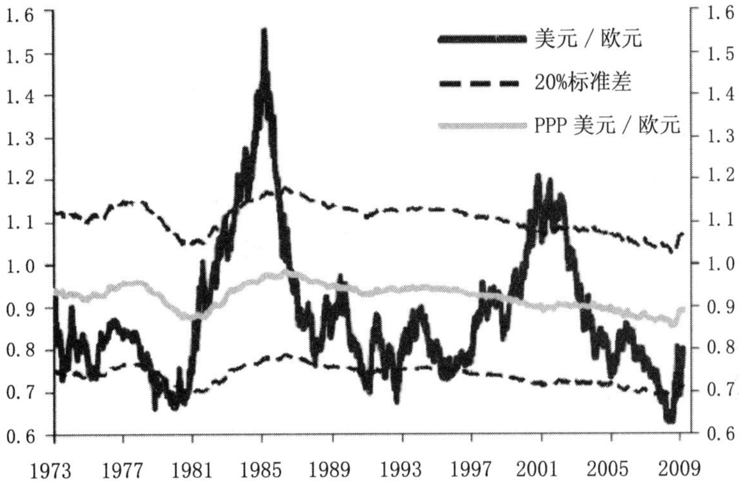

图 7-40　购买力平价角度看欧元略显昂贵

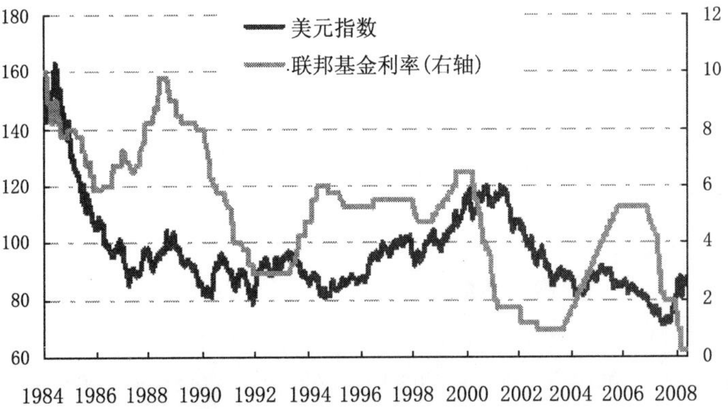

图 7-41　美国利率和美元指数有一定领先正相关性

图 7-42　英国利率和英镑走势相关

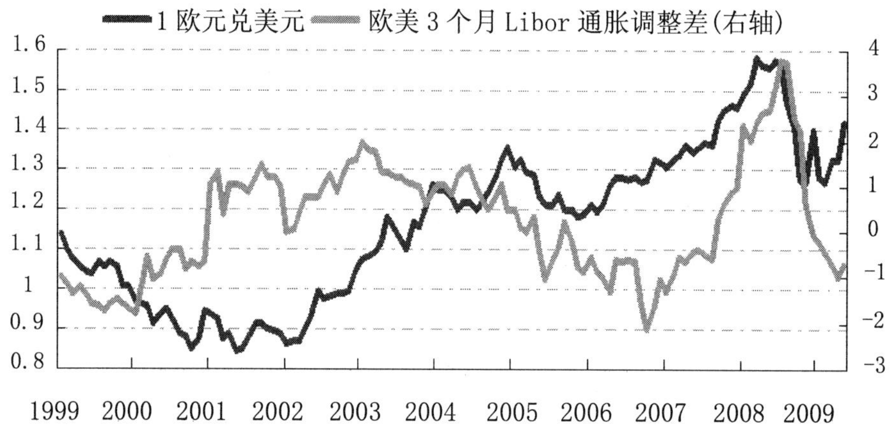

图 7-43　欧美短期利差和美元 / 欧元的正相关性

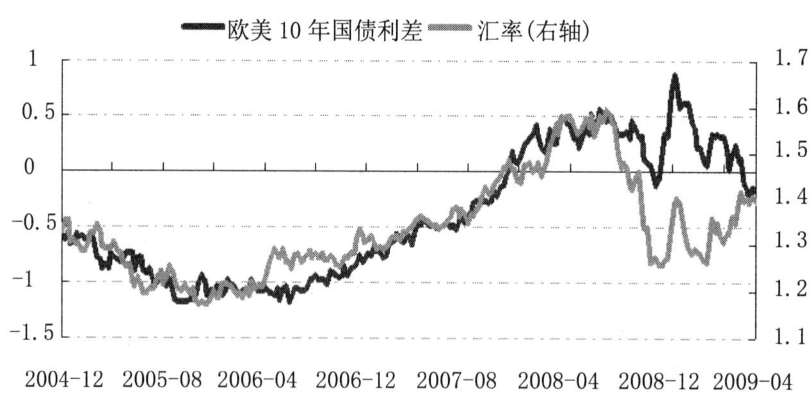

图 7-44　欧美长期利差与汇率的正相关性

产风险上升或是拆入货币的融资成本上升都会导致息差交易的解体，而带来外汇波动性的大幅上升。反之又带来息差交易的继续解体。比如，1998 年和 2008 年日元息差交易的解体对全球金融市场有重大影响，同时导致日元急速升值(图 7-45，图 7-46)。

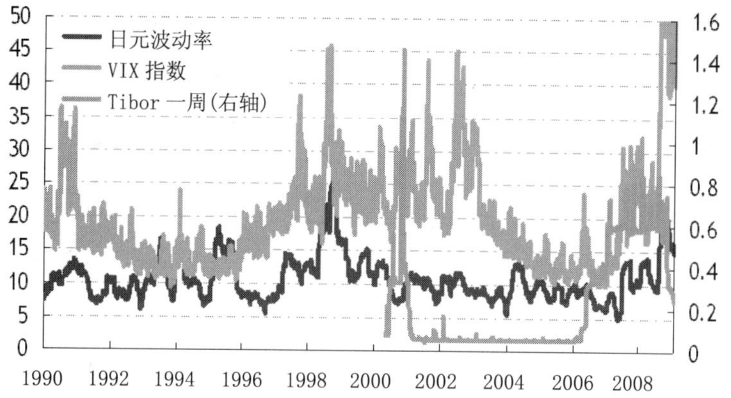

图 7-45 日元波动对应着利率上升和股市波动加大

图 7-46 美元 / 日元与 SP500

发达国家经济体货币占美元指数主要权重，因此资本流动对美元走势至为重要。资本流动分为央行资本流动和私营资本流动。研究表明，各国央行购买美国国债与美元之间并没有正相关的关系，在 2007 年前，央行没有跳出来指责美国，而是埋头买国债，美元从 2002 年一直贬值到 2007 年。影响美元走势的并不是其他各国央行的购买行为(是汇率政策)。相对之下，私营资本对于美元资产兴趣的变化才与美元互为相关。比如，网络泡沫时期，即 1998～2003 年，股票投资资金流和美元指数相关性非常明显，而且资金流是滞后股市下降而下降的。

私营资本流动受制于风险溢价的变化。风险偏好程度是一个难以量化的概念，自从代表着股票市场波动性的 VIX 指数在 1990 年问世以后，VIX 成为风险偏好的候选指标之一(图 7-47)。从 1990 年至今，VIX 和美元指数基本保持着很好的相关性，背后的逻辑还是资金的流动(图 7-48，图 7-49)。

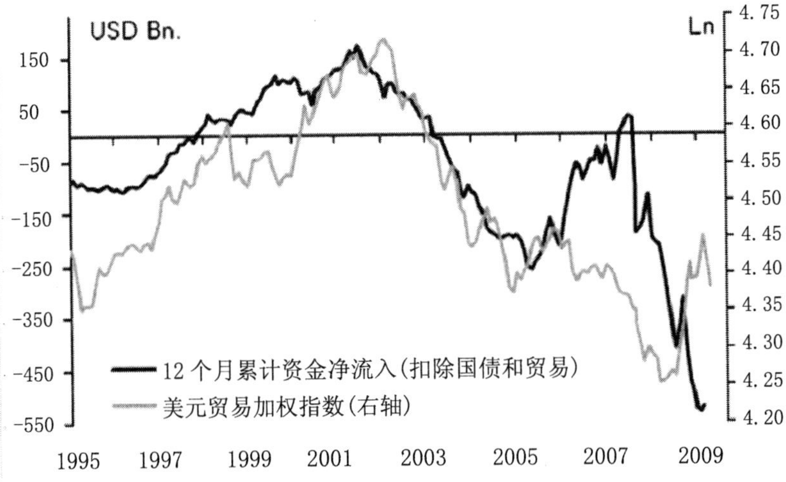

图 7-47　私营资本流动与美元互为相关

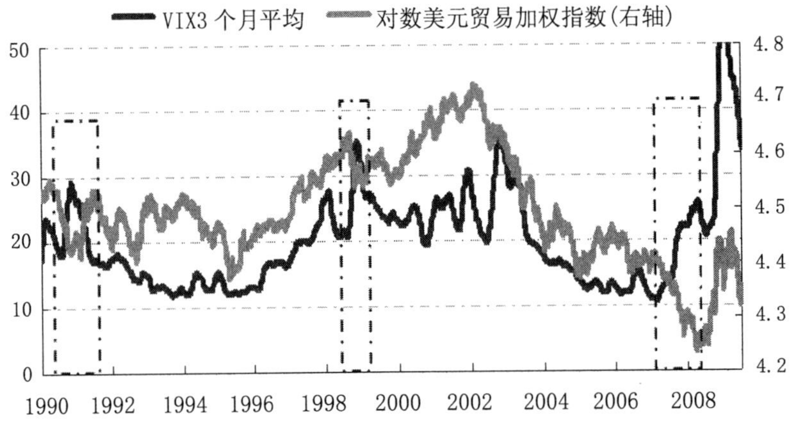

图 7-48　VIX 指数与美元指数

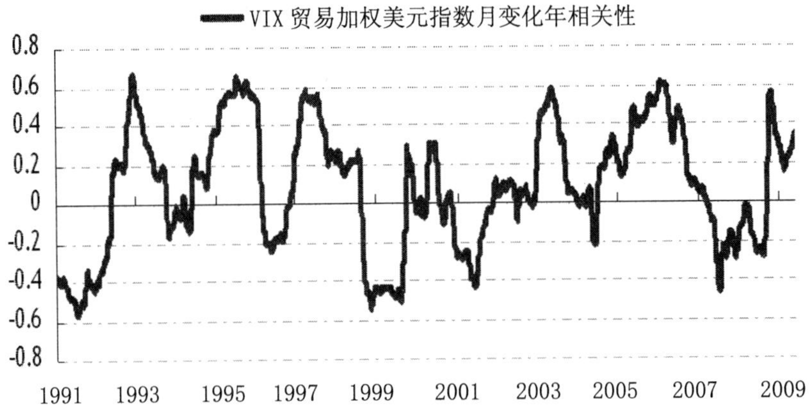

图 7-49　VIX 与美元的相关性

风险偏好与美元表现之间的正相关性在2007年2月到2008年4月间出现背离，这样的背离也曾经在1990～1991年和1998年出现过。从1990～2007年，美元与VIX3个月移动平均相关系数达到71%，随后在2007年2月至2008年4月，相关系数变为了-97%。之后，相关性又恢复到82%。历史上的几次背离说明了风险偏好对美元作用的复杂性。

风险偏好会影响到美国投资者在国外投资的热情，也会影响到国外投资者在美国的投资热情。从美国投资者角度出发，风险的上升往往伴随着资金回流本土。在亚洲金融危机和现在的信用危机中，可以目睹美国投资者将在其他国家的投资回流美国。但这并不完全因为美国市场的安全性，还和美国投资者的本土偏好有关(图7-50，图7-51)。

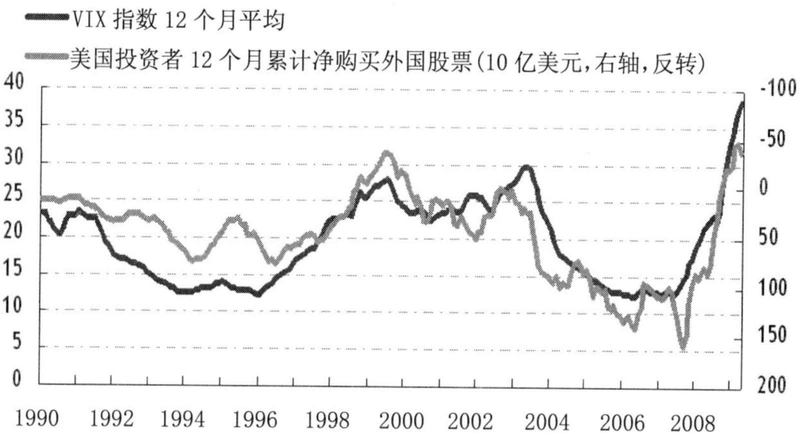

图7-50 VIX与购买外国股票

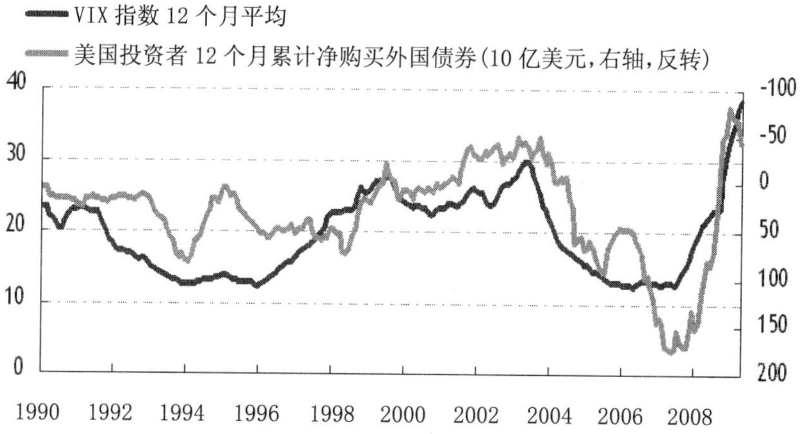

图7-51 VIX与购买外国债券

从其他国家投资者的角度出发，美国市场风险上升(这一般都伴随着全球风险的上升)后，各国投资者对美国风险资产的投资兴趣是减弱的，而在危机之后风险下降的途中，投资者加大购买美国风险资产的速度。

另外，汇率变化还受市场参与者的影响。因此，另外需要观察的变量是CFTC公布的美元指数投机净头寸(图 7-52，图 7-53)。

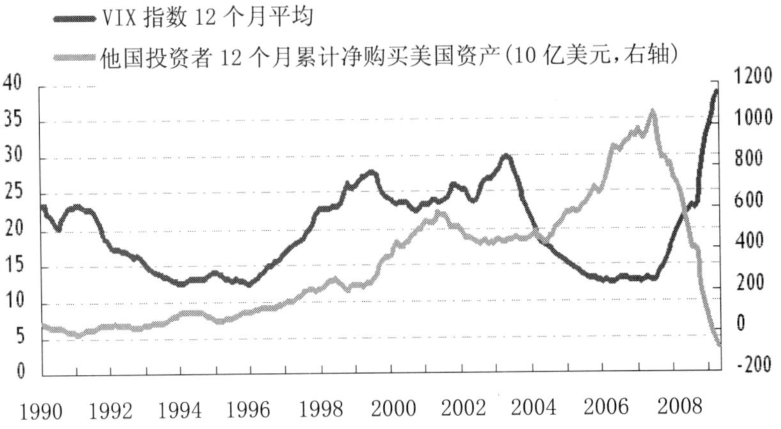

图 7-52　VIX 与外国购买美国资产

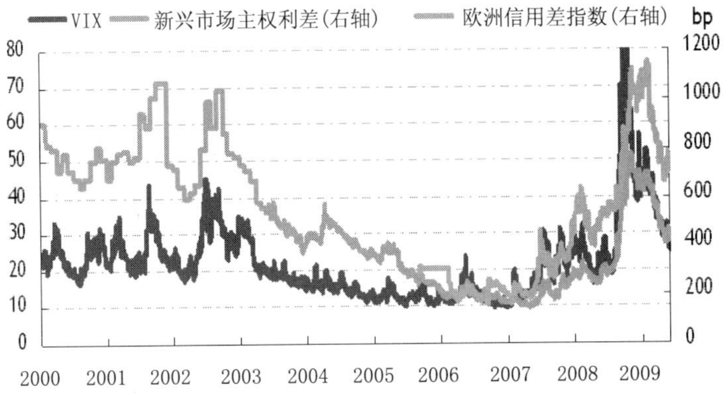

图 7-53　VIX 与新兴市场利差和欧洲利差

很多投资者认为美联储投放货币会导致美元贬值。但是这需要相对来看，比如 2009 年上半年投资者都预期中国人民币要升值，可在 2008 年中国的 M2 增加远比美国快，并且按照当前汇率的中国 M2 总量要比美国的还多。

美国是资本市场主导的信用通道，欧洲(还有日本、中国等)是银行体系主导的信用通道。所以，货币政策和效果都是有差异的。美联储的货币政策是干预资本市场，例如货币市场工具(AMLF)和资产证券化市场工具(TALF)，因为这些是美国企业和消费者融资的主要渠道。欧洲央行主要则是向银行体系注入资金，例如向欧洲银行体系投入 4420 亿欧元的 12 个月资金(图 7-54，图 7-55)。

从流动性角度，很难去对比美国和欧洲的多寡。所以，投资者会把关注的焦点聚集在狭义的流动性上，也就是央行资产负债表的规模。虽然美联储的资产负债表扩张了 130%，而相应的欧洲央行的资产负债表的扩张幅度为 30%，但是从绝对量上，美联储的资产负债表规模依然小于欧洲央行的规模。而且，从 2002 年到 2008 年 9 月前的 6 年时间里，欧洲央行资产负债表的扩张幅度(160%)远高于美联储的 30%(这是在美元单位下)，即使是在欧元单位

图 7-54　美元指数和欧元投机净多头（合约数）

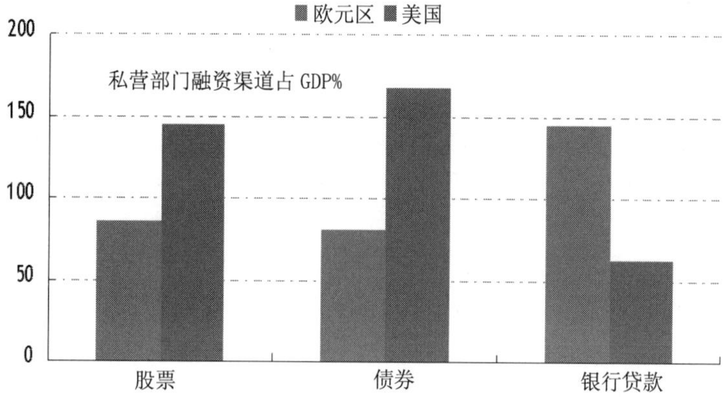

图 7-55　欧美信用体系比较

下，也是要快于美联储，而同一时间段里，美元相对于欧元是贬值了 50%(图 7-56)。

再看基础货币，从 1999 年欧元诞生之后，基础货币就没有成为汇率变动的驱动力。美联储在 2001 年释放流动性，美元并没有下跌，而在 2002 年开始回收时，美元却开始下跌。在 2003 年之后，美联储基础货币的增速大部分时间是低于欧洲的，但美元是渐渐贬值的。

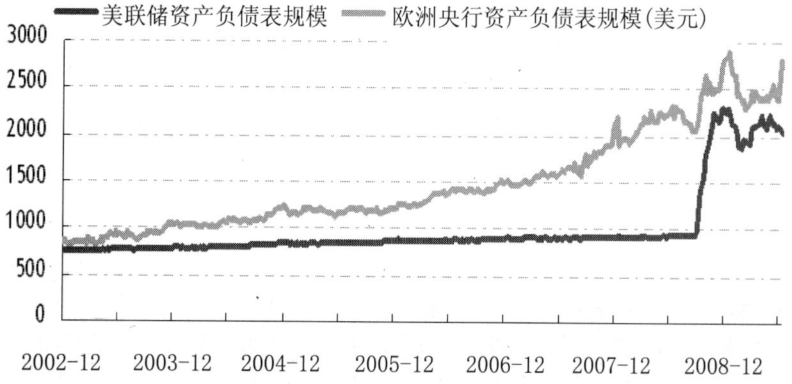

图 7-56　欧美央行资产负债表比较

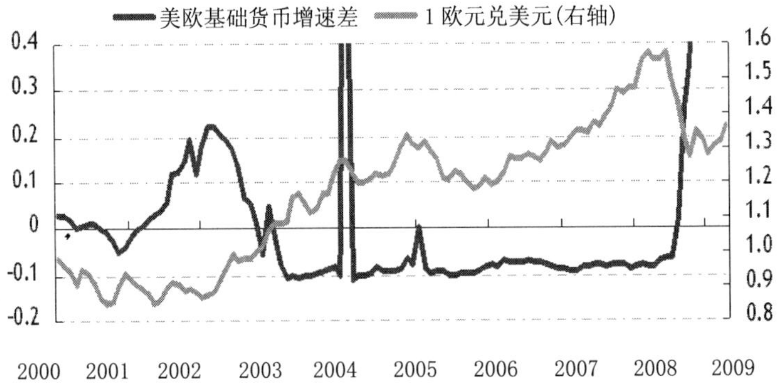

图 7-57 欧美货币供给差与汇率

从 2008 年 9 月后，美国基础货币增速开始远远高于欧洲同行，但美元是经历了一段时间的升值，到了 2009 年 3 月出现了复苏萌芽后，投资者才开始担忧起了货币过多。

一、扩展学习与阅读

本章认为，对一国资本市场的了解必须考虑全球宏观经济体系及其变化，以及美元汇率变化对其他国家和其他资产类型的重要影响。美元汇率分析起来非常复杂，注意的是在极端情况下不要人云亦云。

这里需要强调的是，如果 2009 年开始美元持续升值两年，由于人民币对美元挂钩甚至可能还要升值，则中国很有可能贸易顺差大幅度下降或者转为逆差。前几年因为顺差而投放的流动性扩张变为收缩，这对国内经济和资产类型有着破坏作用，这是超预期因素。

本章对于国际宏观体系和美元的研究仍然不足以满足读者需求。因此，建议对国际金融继续感兴趣的读者，可以参考如下资料。

《金融炼金术》、《金融帝国——美国金融霸权的来源和基础》、《石油大博弈》、《一个经济杀手的自白》、《十年轮回——从亚洲到全球的金融危机》、《美元刀：美元全球经济殖民战略解析》、《石油石油》、《华盛顿的全球赌博》、《黄金屋：对冲基金顶尖交易者如何从全球市场获利》、《国际政治经济学：解读全球经济秩序》、《全球性转变：重塑 21 世纪的全球经济地图》、《设计新欧洲》、《战后欧洲史》、《被绑架的中国经济：多角世界的金融战》。另外《大国的兴衰》也值得阅读，这是一部广泛论述国际政治、经济、军事外交和历史的巨著。作者反思 500 年来世界各大国兴亡盛衰、成败得失的经验教训，强调经济和科技的发展是社会发展的基础，经济力量是军事实力的后盾。大国兴起，起于经济和科技发达，以及随之而来的军事强盛和对外征战扩张；大国之衰，衰于国际生产力重心转移，过度侵略扩张并造成经济和科技相对衰退落后。关于国际贸易、经济和金融的基础知识可以参阅克鲁格曼的《国际经济学》。

二、附录阅读：全球对冲基金和全球金融市场

布雷顿森林体系瓦解后，汇率和商品的波动性大幅增加，全球重大金融市场的动荡存在内部关联。而在每一个环节上，全球对冲基金都是市场的主要参与者，同时也是历史的创造者。每一个事件孤立地来看都是黑天鹅事件，但事实上都是由所有的市场参与者共同造成的。

对冲基金在20世纪90年代开始登上皇冠的顶端，索罗斯在英镑危机的黑色星期三之后仿佛成为摇滚明星。英国在1990年才加入了建立于与1979年的欧洲汇率机制，汇率中间价锁定在1英镑兑2.95马克。适逢德国统一，德国为控制通胀而采取高利率政策，衰退中的英国雪上加霜，到1992年9月，英镑接近波动幅度下限时，为了应对日益增加的抛压，英格兰银行入市干预，无限制购入英镑，并将英镑利率从10%提高到12%，事与愿违，9月16日英镑被迫退出欧洲汇率制，索罗斯的基金通过卖空英镑赚得10～20亿美元的利润，“全球宏观”也首次进入了公众的视野。在1997年，索罗斯卷土重来，攻击了脆弱的东南亚盯住美元的固定汇率机制，不单是索罗斯，罗布森的老虎基金在亚洲危机中也获利70亿美元(图7-58，图7-59)。

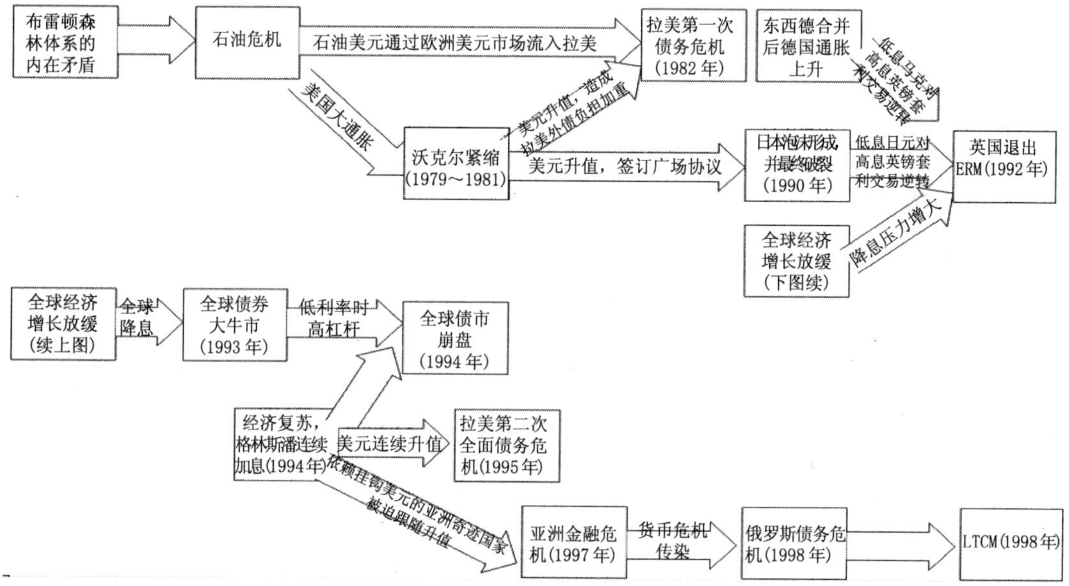

图7-58　布雷顿森林体系瓦解后，国际金融市场上的主力是对冲基金

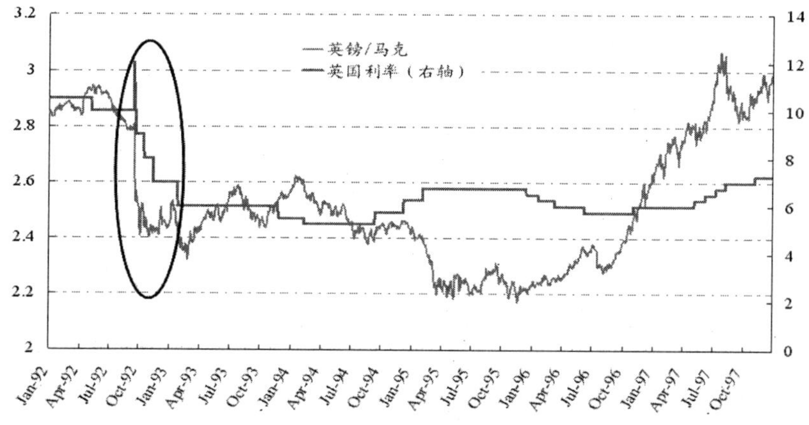

图7-59　索罗斯对英镑的攻击

还有一个简单的操作案例，就是在东南亚危机期间抛空股票，同时卖出抛空股票获得的本币，从而放大了单边赌本币贬值的收益。尽管这种以宏观方向判断为基础的投机方式在20世纪70年代初就开始发展，但是一直到20世纪90年代全球货币体系再一次大动荡的时候才达到了声望的巅峰(图7-60)。

图7-60　1997年7月1日以后菲律宾的汇率和股票指数走势高度相关

1998年8月当俄罗斯发生了主权违约之后，投资者开始了一轮猛烈的逃回安全资产，风险溢价飙升，最终造成了数学模型压注在风险溢价会回归平均，并高度杠杆化的长期资本管理公司(LTCM)爆仓。顺便说一句，在LTCM的模型里，利差会继续扩大的概率是60亿分之一。换句话说，自从有地球以来，这种事情就不应该发生。

在20世纪90年代的对冲基金黄金时期，依然有着众多的失败者，1994年美联储的意外加息逆转了利率下降的趋势，在此基础上建立的杠杆头寸，尤其是在新兴市场建立的衍生品头寸，在墨西哥债务危机下崩溃，包括加州的奥兰治县都因此破产，《诚信的背后》是对此最为生动的描述。除了面对拥挤的行业挤压的利润，1998年的俄罗斯债务危机带来了不可一世的长期资本管理公司(LTCM)的崩溃(图7-61)，《营救华尔街》可以让我们窥到此时固定收益交易模式已经与1994年之前产生了巨大区别。在此之后网络股泡沫将老虎基金送入历史，索罗斯说道："我们最佳下注的好日子，已经一去不复返。"

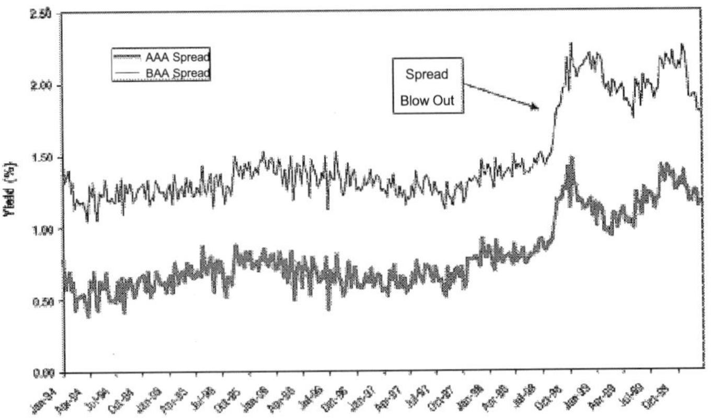

图7-61　信用差突然扩大导致LTCM破产

好日子真的过去了吗？电影“华尔街”，麦克道格拉斯饰演的弋登•哥克可能是历史上最有名的华尔街套利人，他的格言是“贪婪是美德”，这同时也是一整代华尔街人的座右铭(似乎现在还是)。这使得对冲基金都被看作罪恶的化身。但是只要贪婪仍然是人性的一个最重要部分，那么对冲基金就必定会昌盛下去，尽管它可能是以不同于现在的一种面目存在。

所以真正的问题应该是：对冲基金的未来策略会发生什么样的演化？关于对冲基金未来可能发生什么样的变化，其实是一个非常个人化的问题，就好比问一个人：“如果你是对冲基金经理，你现在会去做什么？”而这又取决于每个回答的人对于所处的世界正在如何演化的思考。

全球对冲基金分为模型对冲和宏观对冲。汇率以及风险溢价波动的突然加大会使对冲基金行业面临萎缩，尤其是模型对冲基金——市场的波动越来越大，意味着价格的扭曲会持续存在。因此依赖于历史数据对金融产品建立模型进行套利的“相对价值型”对冲基金可能会遇上大麻烦。这类基金赌的就是模型的有效性，利差的偏离会及时回复到模型范围，但是过度偏离间歇性存在，比如俄罗斯的债务危机导致的偏离就将 LTCM 打倒，而 2008 年次贷危机将更多模型对冲基金打倒(图 7-62)。

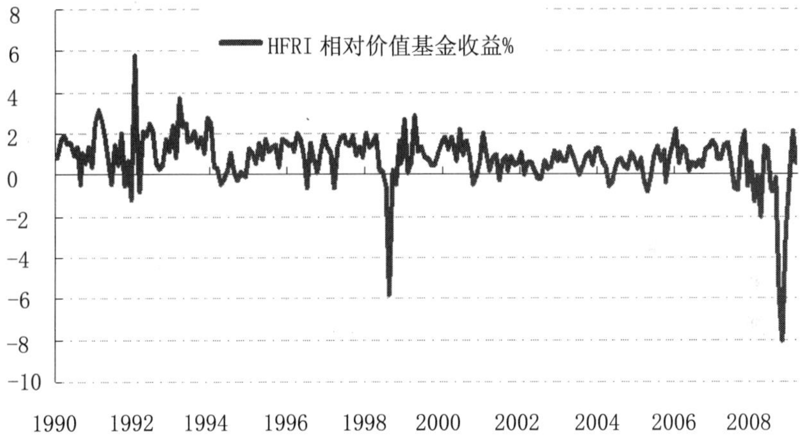

图 7-62　相对价值基金在市场大波动时收益总会很差

另一方面，低息货币的大幅升值且波幅上升将给参与套息交易的对冲基金以打击。日元套息交易的流向主要是加勒比海地区，这个离岸金融中心就是对冲基金的据点，所以，一方面对冲基金面临着收益的风险增大，一方面面临着融资成本的上升(图 7-63)。

但是“相对价值型”的模型对冲基金并不会就此退出历史舞台，就像 LTCM 并没有造成该类基金灭绝一样。只是在一段时间里，他们的影响力会变得更小，而对应的，就是因为这些提供流动性并不断消灭“错误定价”的基金的暂时衰败，更会加剧资产价格扭曲的持续性(图 7-64，图 7-65)。

另一方面，波动为全球宏观对冲基金提供发展机会，就好像布雷顿森林体系垮台后带来了外汇市场的剧烈波动，这使得 1971 年之前只专注股票市场的对冲基金开始投身全球货币和债券市场，掀起了全球宏观对冲基金发展的热潮。次贷危机后不单是外汇市场的大波动，

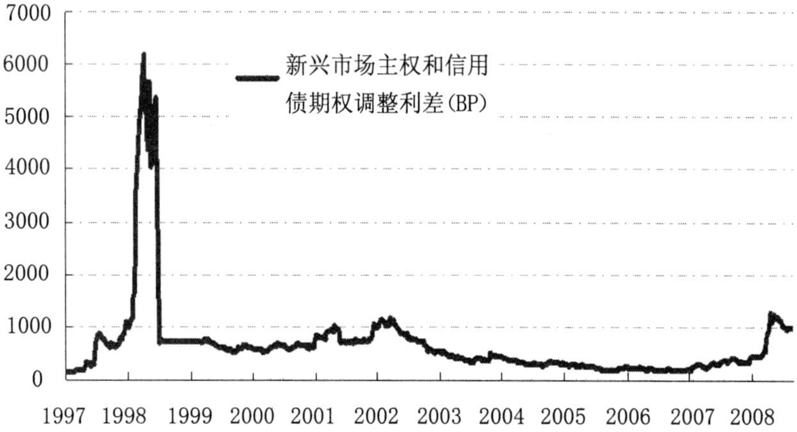

图 7-63　新兴市场货币贬值和信用差的扩大将加剧模型驱动基金的风险

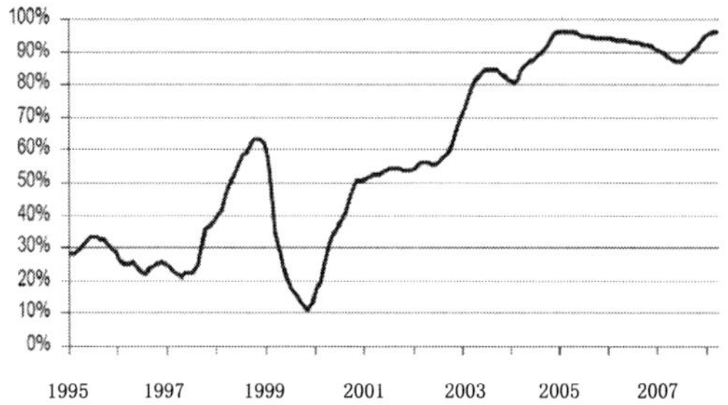

图 7-64　对冲基金指数与标普相关密切

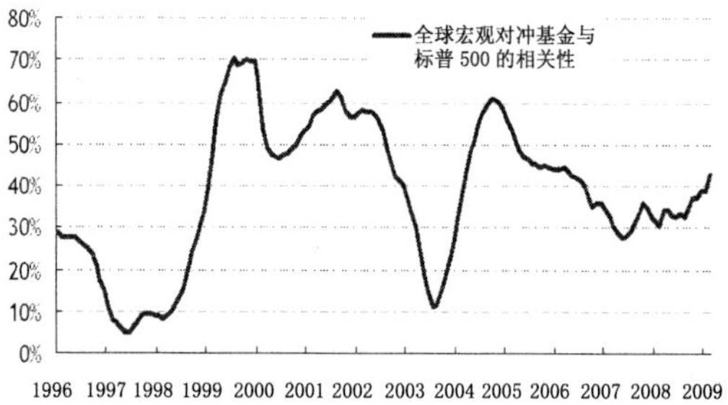

图 7-65　全球宏观对冲基金相关性弱些

也是股票、债券、商品等等市场的大波动，还是新金融范式建立的时机，在模型对冲基金暂时衰败的基础上，宏观对冲基金热潮可能再临——外汇市场仍然是最精彩的金融舞台。

另外，方向性对冲基金会成为主流。因为混乱的另一个产物就是恐惧，因此资产的波动率会上升，某些资产可能会出现持续的价格扭曲，因此敢于在扭曲的价格上逆市场下大注的方向性对冲基金也会越来越主流(尽管这不等于他们每一个都能赚钱)。

对冲基金核心策略发生的演化，首先肯定是顺应了时代变化。但是反过来，由于对冲基金只是人类表达贪婪的一种手段，而贪婪是无所不在的。因此无论对冲基金如何行动，最终还是会反映到时代的变化上。如果未来国际金融市场继续出现大的混乱，这个混乱可能是由某种主要货币的崩溃，或是某些主要的主权国家大规模破产所造成的，对冲基金必然会扮演着至关重要的角色。

第八章 跨市场分析

本书所研究的策略投资，主战场是A股股票市场，但是从系统论的角度，各个市场是相互关联、相互影响的，并且股票市场是个大众市场，有多种类型的投资者参与其中，存在众多投资标的——上市公司，而其他市场则更加纯粹和专业，比如商品市场，大众是很难持续参与其中的，比如BDI市场，几乎就是专业人士参与。

除了各地股票市场之间的关联性不可忽略外，其他市场的投资者，尽管也会有判断错误或者贪婪恐惧，但总体来说，其他市场的噪音远比A股股票市场少，因此对某些信息的看法比股票市场要准确。

这里所说的其他市场包括国际股票市场，特别是美国、金砖四国、亚太地区的股票市场；全球商品市场、全球货币市场、全球债券市场，特别是美国和本国的债券与货币市场；全球外汇市场，特别是美元的走势；衍生品市场，比如股指期货；甚至还包括BDI以及一些产业相关市场。

需要强调的是，对于其他市场，A股的投资者要有大局观，但是仅作为一个客观的观察者，需要关注三类情况，第一类是各个市场之间的相互确认，就好比道氏理论中所说，如果各个市场走势相互确认，则行情的趋势可靠性会增强；第二类是发现跨市场基本走势的突然变化，分析这种变化对A股市场的影响，这个得具体问题具体分析；第三类是关注跨市场之间的背离和一致关系，然后探讨背后的成因。通过研究其他市场，并结合A股市场，则可以更为准确判断全球背景下经济和市场发展的阶段，并可以通过关联市场的变化有效捕捉投资机会。

比如，在《投机者养成教育》里面，尼德霍夫就认为：其整个投机生涯的基础是把不同市场间的相互关系量化。这些关系的复杂性似乎极为惊人，其意义的随机性质总是让人困惑，复杂程序几乎难以计算。但是，有一个简单的经济事实把它们全部结合在一起。如果资产的价格和利率在一个地点变动，那么由于对各种货币的需求变动，世界上所有相关财产的吸引方便会受到影响。

相关关系从古就有，尼德霍夫认为：不同市场之间的联系似乎总是投机客关心的事情。1890年，著名的巴林公司因为在阿根廷的巨额亏损，第一次破产时，美国证券市场立刻出现了空前的恐慌。少年奇才利弗莫尔在交易人下船或下火车后，问别人的第一个问题是，“伦敦市场的情况怎样？”而少年奇才喜欢预测伦敦之外的行情，因为他可以更接近其所预测的地点。在特别剧烈的股市动荡中，如1907的恐慌时期，他搭乘第一艘横越大西洋的航船去直接目睹这场灾难，然而什么都没有改变。现在每个称职的投机商都会密切注视在伦敦和东京交易的美国股票、亚洲市场从开盘到收盘的交易情况，以及纽约股市收盘后，欧洲股票市场做出些什么样的反应。这一切都是了解美国股市会有什么变化的症结。相反，在芝加哥交易的外国股票市场上的期货随着道琼斯指数和美元的运动而变化。“新兴市场静候美国的音信”等大标题，在财经报纸上随处可见。

对于各市场相关关系出现的原因，有太多解释，语言、能量、碳、遗传、社会关系以及经济学，都在其中发挥着作用。

尼德霍夫认为美国股市的典型波动可能是这样开始的。美国国债市场上涨，原因可能是最大的债券场内交易商汤姆•伯德威已经觉察到了一直虚弱的空头停止在市场上凭信用卖空的情况，美国债券因此开始上涨，美元便随之跟着上涨。美国股票市场立即上涨，因为更低利率使股票升值。接着，主要的工业用金属高级铜，在投资支出增加的预期中价格开始上涨。由于此时美国资产对外国投资者更具有吸引力，这样日本股市开始下跌。这又导致黄金价格下跌，因为随着美元的走强，通货膨胀可能降低。通货膨胀的降低，一些东西失去了原有的吸引力。由于只存有更少的剩余购买力，这时肉、粮食和软商品的价格便出现下跌。但是如果欧洲和日本的资产会下跌，很快会拉低美国股市。这个循环不断重复。

尼德霍夫还发现一种比较复杂但是更为明显的关系。例如日本的工业活动增加，对日本股市是有利的，因为这将为股票持有者带来更多的收入和利润。然而，经济的扩张会导致对信贷需求的增加，由此对债券市场产生不利影响。1994～1995 年间，日本债券和股票价格的变化相关性大约为 -0.18。经常有报道指出，日本通产省坚持日本保险公司出售持股，转而购买债券，以便符合法令规定。这种谣言在统计上相当可信。到 1995 年 6 月 30 日为止的连续 18 个月里，日本 10 年期债券收益持续下跌，从 3.5%的年收益率下跌到 1.9%。同时，日经指数从 20000 点下跌到 14000 点。日本经济活动增加时，对美元的需求会增加，这样才能应付更多进口美国商品所需的资金，这将导致美元升值，相应导致日元贬值。当美元升值，日本的出口便变得更有竞争力，从而使日本股市前景看好。

尽管我们认为市场间是存在“关系”的，但是有四个因素影响这些关系：

(1)相互关系总是变化的。当投资者认为糖是影响大豆的关键因素，或者石油是影响美元的关键因素时，这种关系恰好产生了变化，而投资者可能还蒙在鼓里。

(2)所有美妙而明显的相互关系一出现，就被投资者充分吸收。

(3)《跨市场分析》之类的书籍，加上专业刊物上探讨市场分析的文章，被认为是新进市场玩家的必读材料。这些材料如果真是如此普通，其真正价值倒是颇值得怀疑的。跨市场分析这个领域如此迷人，但是在《跨市场分析》这本厚达 456 页的书籍中，只有 41 页提到跨市场分析。而在那 41 页之中，还展示了 19 张关于市场之间相互影响的图表，彼此硬套在一起。由于有用的内容过于分散，这只能算是一本有关分析趋势联系和相互作用以及正相关性的过于冗长的书。作者挑出 TED 价差交易、货币指标、14 周统计、180 日以及 150 日移动平均线的差别，用相互关系把这些东西整在一起。但是，难以找到一种方法、相关系数或是其他的数字来总结这些图上的联系。作者用这一行常见的说法写出下列结论：经济、基本面和技术面对于预测债券和股票走势至关重要，有一些重要的跨市场关系不能忽略。例如，原油价格是决定通货膨胀、利率和固定收入市场的重要因素……而利率敏感的市场倾向于跟随债券市场的发展。黄金是通货膨胀的指示器……清楚了解这些市场间的相互联系，有助于市场定位和股票选择。如果不考虑市场间的相互关系，分析显然是片面的。

(4)所有市场参与者现在普遍可以利用计算机软件，来即时追踪所有重要的相互关系。

还要注意虚假的相互关系。史蒂夫•斯蒂格勒指出，英国经济学家威廉姆•斯坦利•杰文斯在19世纪初发现，太阳黑子与商业周期之间有某种联系，随后的分析证明了这种联系只不过是对太阳黑子和商业周期发展趋势的人为判断(用商业周期预测太阳黑子，就像用太阳黑子预测商业周期一样)。杰文斯发展出一套复杂的解释，说明太阳黑子和降雨量、印度季风、欧洲贸易以及英格兰经济状况之间的相互关系。斯蒂格勒认为，从统计学意义上讲，其间的联系从总体上讲确实存在，但个别来看便不会是这样的了。

关系不限于短期关系。把影响市场长期波动的力量归纳起来是很危险的，看起来堂而皇之的相互联系，常常可能是用随机数据复制出来的。如果一个市场是另一个市场加上一个错误项后的随意倍数，那么部分重叠的图像看起来便具有高度的可预测性。两个时间序列的视觉相互关系有99%是假的，原因就在这里。

大部分跨市场分析图表犯了这种统计上的基本谬误。记录不同市场价格的图表彼此可以重叠，通常也会展现相同的趋势，尤其是在这些图表没有经过持有成本的调整时。例如，所有有关生产的数据都会随着人口的增长而增长，而且几乎所有的系列价格都会由于通货膨胀而上涨。如果一张5年期的图表只有10个半年的数据点，那么在每个连续系列出现3个以上的转折点是不可能的。这个系列和另一个系列比较时，看起来自然会像是和另一个系列同时上升或下降，或是在另一个系列之前或之后变动。

所有认真研究事物间相互关系的人最后都会断定：这些关系都很短暂，顶多是不稳定的现象。因此，生态学家说："要先了解，才能处理这么复杂的相互关系。"

因此，很难说市场的相互关系具有非常精确的特性，而应该是具有零乱琐碎、捉摸不定和随机的特性，但是仍然有适当的规律在其中。

一、国际市场相关性的一些情况

尼德霍夫研究了20世纪90年代中期市场的相关性，认为美国和欧洲的固定收益市场呈现高相关性。同样欧洲的股票和债券市场几乎一起波动，但与货币市场的移动反向而行。相互关系最高的是欧洲各国间的固定收益债券市场，德国与法国债券表现出最高的相关性，居然达0.78，美国股市与英国股市、英国股市和法国股市的相关性达到0.5，但与日经指数只有0.13的相关性。

所有外汇汇率(以美元计价的每单位货币的期货价格)都与它们各自的股票和债券市场负相关。例如，英镑与英国股票的相关性为-0.26，日元与日经指数的相关性为-0.13，所有固定收益市场与本国股市的相关性为0.5，当然，日本股票与债券要除外，其相关性为-0.18。欧洲国家的股市和欧洲固定收益市场之间呈正相关系数为0.5，而且英国和法国股票市场相关性达0.73。日本债券和欧洲债券价格之间有一个相当高的正相关，显示想追求资产回报率的人拿这些债券当做替代品，从而使世界各地的利率联动。

从描述性的观点来说，知道同一时期内不同变化之间的相关系数很有用，但更具价值的问题是可否预测超前与滞后的现象。例如，是否今天日经指数的变化会对明天的德国股票市场产生影响？通过测试所有诸如此类的超前的内在相关现象，但没有一个相关系数的绝对值超过0.10，而且，同步波动出现的机会只有55%。

如果不比较同类市场，股市和其他每一个市场都是负相关的。其中，与糖市场的负相关

系数为 -0.07，与货币市场的为 -0.15，而与黄金市场为 -0.23。类似的，债券市场与所有的其他市场负相关，甚至与黄金的相关性达 -0.27。糖与黄金同其他商品联系最少，除了黄豆与黄金之间具有惊人的 25%相关之外，在其绝对价值的范围之内是无相关性的。

除了同类市场，相关性最高的是债券和黄金，负相关系数达到 -0.27，因此证明了一般人认定黄金是通货膨胀指标的想法，但也打破了同样陈腐的看法——认为债券价格下跌时，黄金会下跌，因为买卖资金成本太高。令人惊异的是，黄金与股票之间负相关系数为 -0.23，而与大豆之间正相关系数为 -0.25。

下面是我们绘制的几个股市的相关关系图，可以看出，市场之间的相关性并不稳定，从平均来看，中国 A 股市场是少有的与美国股市相关性较小的大市场(图 8-1～图 8-4)。

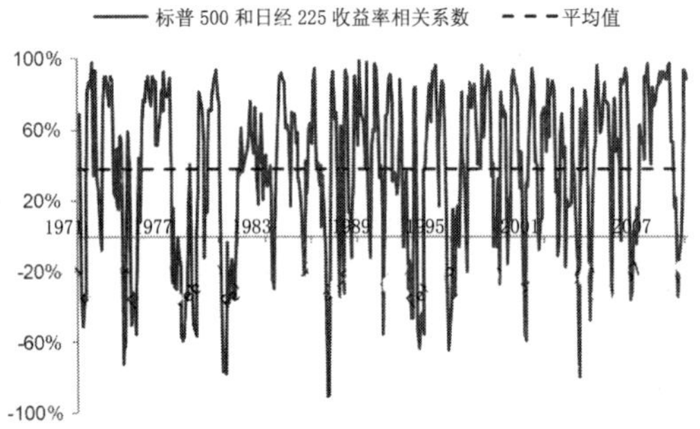

图 8-1　日本股市与美股关联度周期性变化

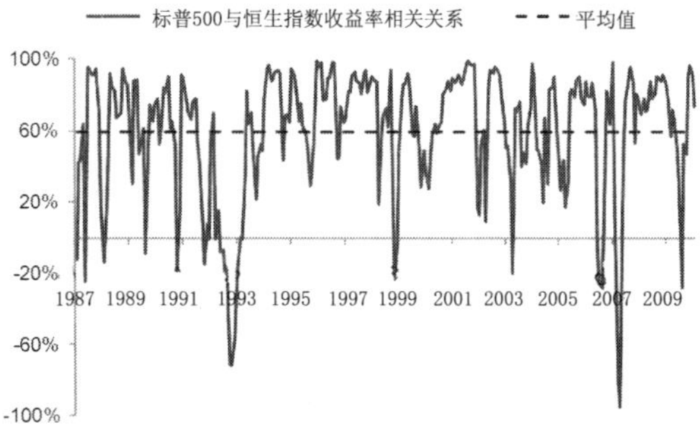

图 8-2　香港股市与美国股市高度相关

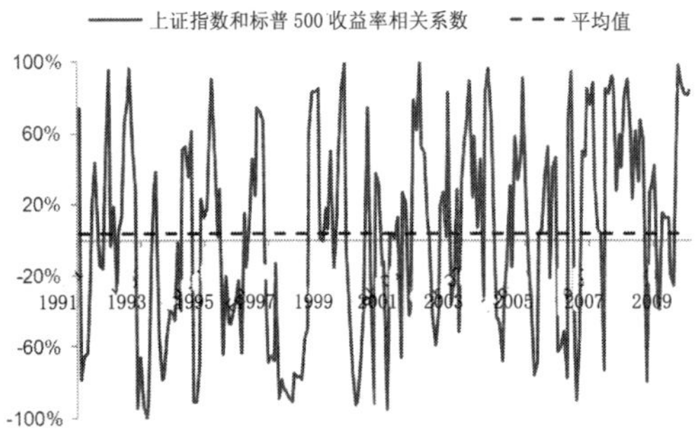

图 8-3　A 股历史上与美股关联度很小，2006 年以来相关度提高

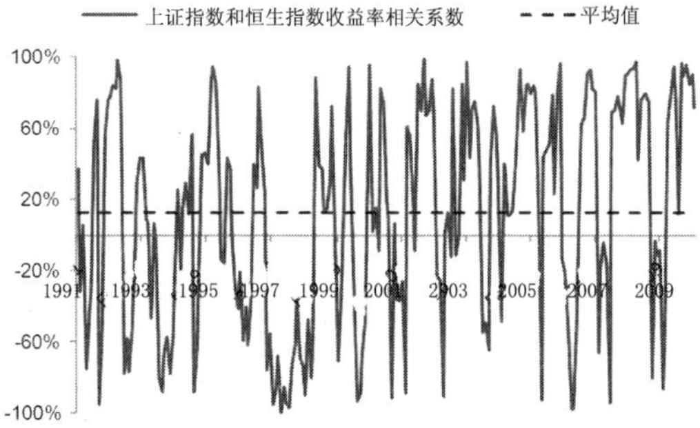

图 8-4　A 股和港股历史相关度并不高，2007 年后相关性大幅攀升，这和 QDII 以及两地资金流动增多密切相关

二、股票市场的相互影响

分析股票市场在于观察重要市场的走势，特别是美国股市的走势，不仅包括三大股指，还包括主要的行业走势，有助于为其他市场的投资提供思路，美国市场是最能产生投资点子的市场。

除了定期观察全球股票市场走势外，也要注意分析美元 - 港股 -A 股影响扩散的逻辑，尽管这个逻辑时常不起作用。香港实施的是货币局制度，资金的流入会在金管局的基础货币

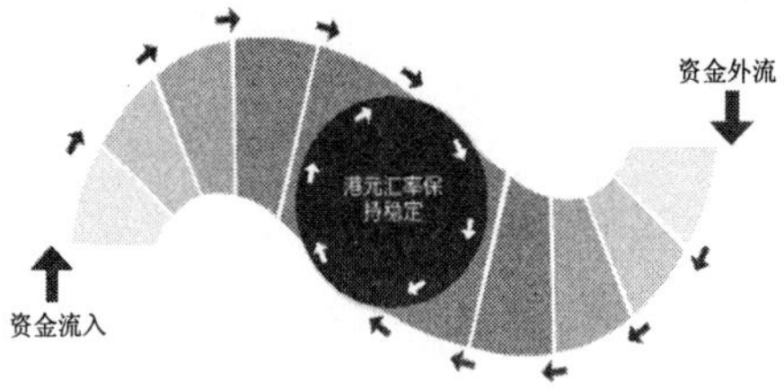

图 8-5 货币局制度

中反映出来，资金流入导致了银行在金管局的结算户头总结余增加，为了应付总结余大幅增加带来的对外汇基金票据和债券的需求，金管局只得增加未偿外汇基金债务(图 8-5)。

从持牌银行在金管局结算账户的结余总额来看，2008 年末以来热钱流入的数量和速度都是史上未有的，上一次热钱的大规模流入是在 2003 年下半年。2003 年正值从 1998 年开始的通缩中走出来，迈向早期通胀的阶段，美联储此前将联邦基金利率降至 1%，这些都成为了推动热钱进入香港的动力，而随后的 10 个月内，恒生指数上涨了 60%。但当在 2004 年 2 月热钱流入停止后，恒生指数就开始出现一波 20%的调整。

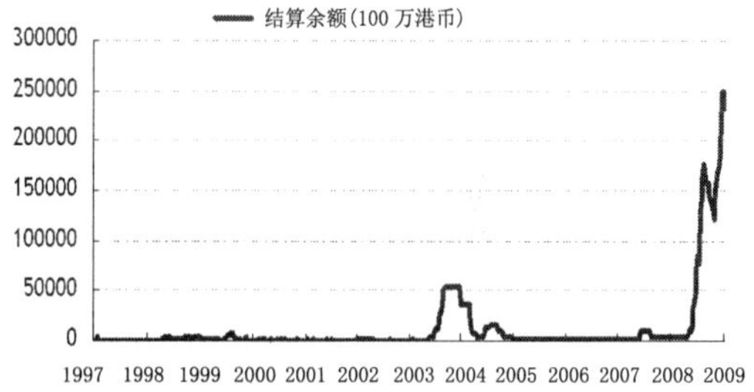

图 8-6 香港金管局中银行结算余额

2008 年底前后的情形和 2003 年底有很多相似之处，美联储降息至零，通缩预期被通胀预期所取代，热钱快速流入，从而推动股市上涨(图 8-6)。

2003～2004 年的历史，美元从 2003 年 8 月开始了一轮贬值，热钱流入从 2003 年 10 月开始，到 2004 年 1 月美元中期贬值趋势结束，随后在 2 月热钱流入也告终止(图 8-7，图 8-8)。对于货币局制度而言，美元的强弱和美联储的货币政策就是香港资金松紧的阀门。

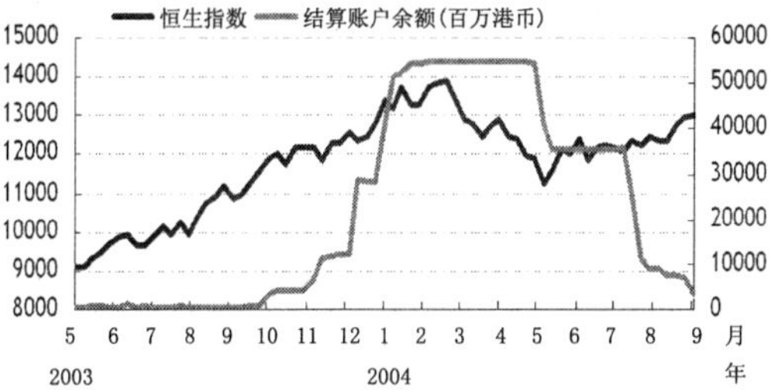

图 8-7 结算余额与恒生指数（2003～2004 年）

图 8-8 结算余额与恒生指数（2008～2009 年）

2008～2009 年周期依然如此，在 2008 年 10 月后的半年内，美元经历了一个半周期，热钱的流入也追随着这样的周期而变化。所以，对于香港热钱的流动和港股的波动，美元扮演着重要的角色。

从理论上来说，港币兑美元为固定汇率，当美元升值时，港币不会贬值，因此汇率方面不存在动力迫使资金从香港外流。另一方面港股中上市的主要是香港本地企业和中国公司，很多公司受益于内需，从基本面角度看其股价也不因受美元汇率的波动而波动(图 8-9，图 8-10)。

图 8-9 美元与结算余额(2003～2004 年)

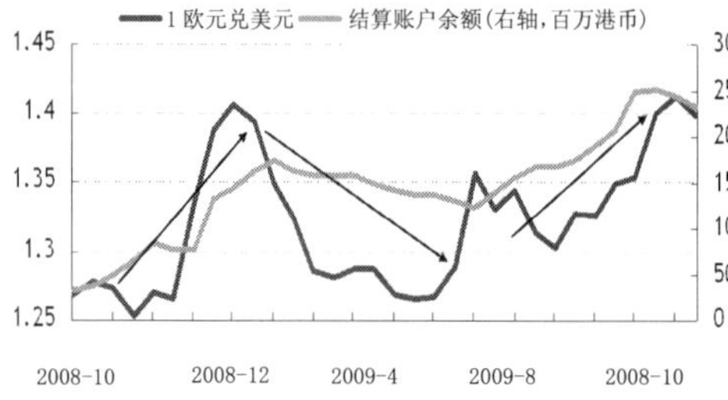

图 8-10 美元与结算余额(2008～2009 年)

但事实上，从市场投资者构成来看，香港市场的外地投资者占 41%，其中主要来自欧美。这些欧美投资者的仓位变化极其剧烈，而且港股的成交金额也不大，即使牛市也只有 500～800 亿港币／天，因此港股股价变化和汇率关系密切。美元汇率的变化一方面代表市场的风险偏好程度变化，另外一方面显示资金从美国流入流出的方向和速度(图 8-11，图 8-12)。

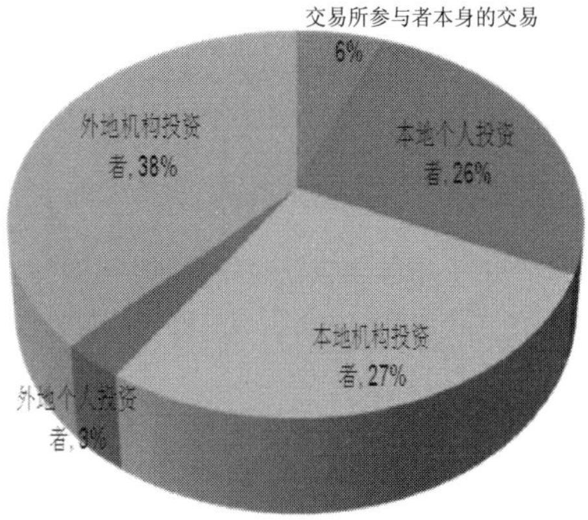

图 8-11 2007 年 10 月至 2008 年 9 月港股现货市场外地投资者占 41%。

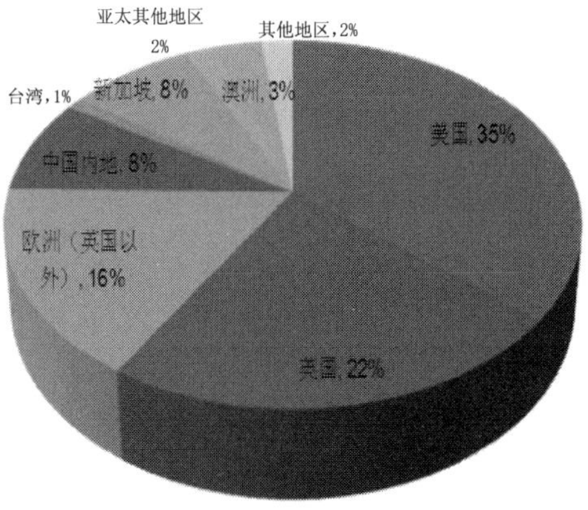

图 8-12 2007 年 10 月至 2008 年 9 月港股现货市场外地投资者的交易金额按资金来源分

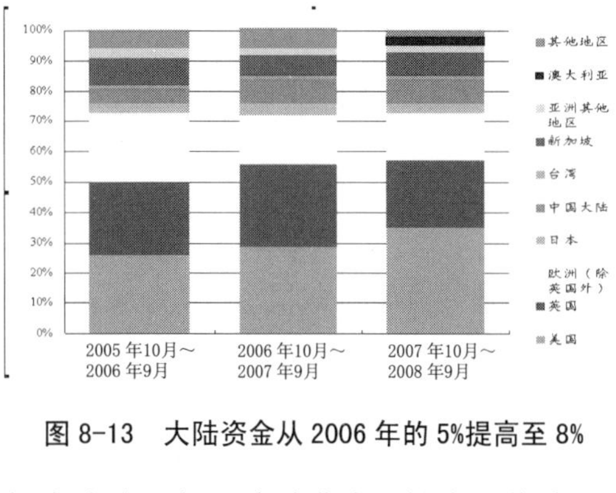

图 8-13 大陆资金从 2006 年的 5%提高至 8%

大陆资金在港股的参与度也在提高，但只有 8%(实际值可能比统计值高，有部分大陆资金可能用香港本地账户操作)。港股仍是外资的天下(图 8-13)。

港股对 A 股的传导机制呢？1990 年以来恒生指数与 A 股走势大致类似，但也有 3 次和上证综指大幅背离，而每次市场走势背离的背后都是国内外流动性状况巨大的差距。

1997 年的东南亚金融危机和 2000 年的网络泡沫破灭都导致香港流动性大幅收缩，而国内流动性仍较不错。而 2005 年 A 股下跌的背后是国内流动性处于宏观调控带来的低谷。

但是大部分时候，中国内地和香港的流动性状况基本上是同步增长的，其走势也能相互影响。尤其是2006年以后，随着中国的国际化和在港股上市的国内企业增加，这种趋同性大为增强，没出现AH股走势全年背离的情况(图8-14)。

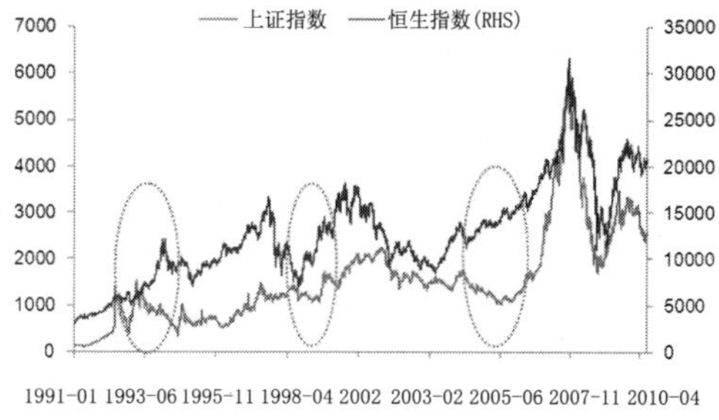

图8-14 上证指数多次和港股走势背离

但从恒生AH股溢价指数中可以看出，其实AH股的差价波动非常大，2006年以来的3年半中，也曾出现过5次AH股走势背离的情形，时间持续都不长，短则半月，长则1个半月。

这些AH股的背离行情发生时有以下两个特点：①H股下跌幅度不大，不超过15%，如果跌幅较大，一般都会带动A股下挫；②AH股市场流动性变化有巨大差别。国内流动性远比香港充裕，国内经济基本面一般也较好(图8-15，图8-16)。

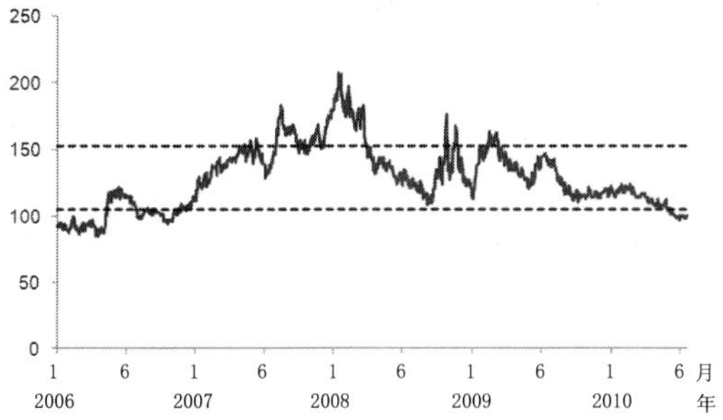

图8-15 恒生AH股溢价指数

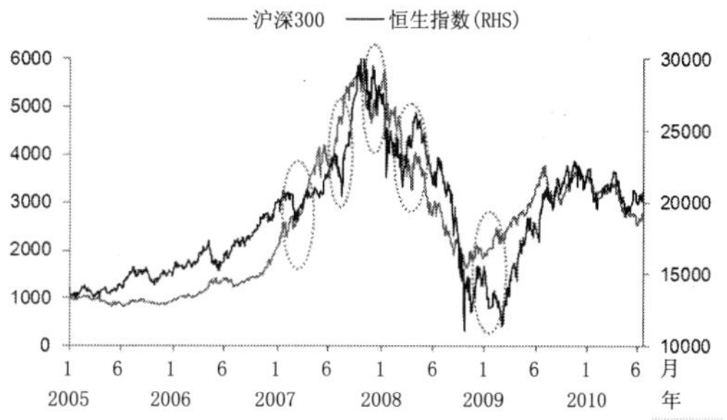

图8-16 2006～2009年年中沪深300曾5次和港股走势背离

港股对A股的影响，主要是通过对大盘股，尤其是AH两地上市的大盘股股价的影响而实现的。港股走势和A股风格转换高度正相关。从长期来看，当港股不断上涨时，大盘股跑赢市场(2003～2007年)，当港股下跌时，大盘股跑输市场(2008～2009年)。

尤其是大盘银行股，从时间上看，港股的银行股反弹较晚，A股银行股的上涨更加滞后。很可能未来市场运行也遵照类似的模式，即A股调整滞后港股调整(图8-17～图8-19)。

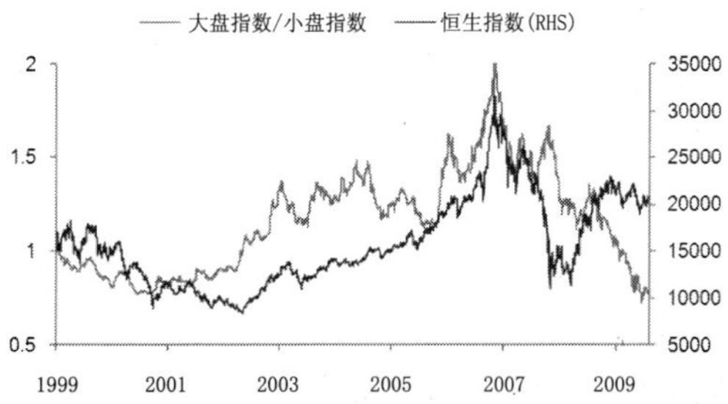

图8-17 港股走势和A股风格转换密切相关

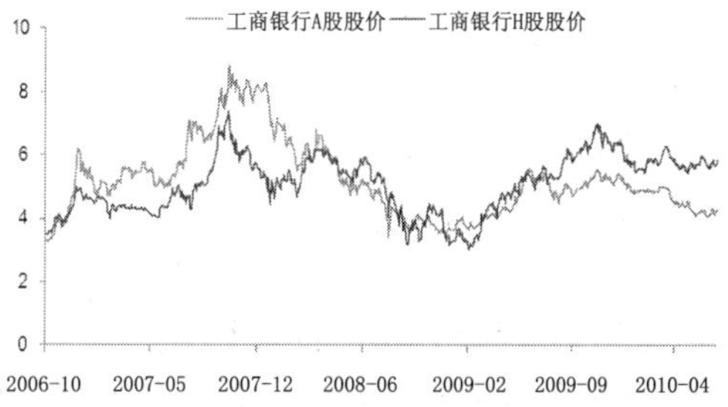

图8-18 工行AH股走势高度一致

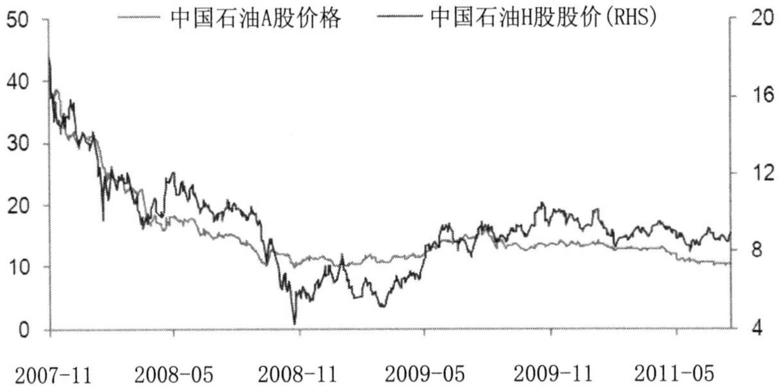

图 8-19 中国石油 AH 股走势高度一致

由于存在相关关系，但是相关性又不稳定，因此，在考虑 A 股是否能走出独立行情的时候，做出判断的压力会很大。比如，我在 2008 年 11 月 28 日写到：目前，不少投资者关心在周边政治经济危机四伏、股市迭创新低的背景下，A 股能否走出独立行情。对于这一问题，我们认为分析思路应该是：

第一，如果国内经济可以走出依靠出口增长的旧模式，把全球经济“再平衡”的影响减小到最小，内需成功启动，那么，国内大部分依靠内需的上市公司业绩就能够在很大程度上摆脱国际经济剧烈波动的影响，这是 A 股能否走出独立行情的基本前提。日本股市在 20 世纪 70 年代中期之后曾走出十几年的大牛市，与日本成功实现产业升级和经济结构调整战略密不可分。

现实情况是，全球经济“再平衡”深刻影响中国，我国外贸出口增速已经并将继续下降(2009 年预计增速 0%)，靠投资拉动具有滞后期和时效性，消费启动更绝非一日之功。因此，从基本面角度，在外贸依存度不断提高的前提下，国内上市公司业绩深受国际经济波动影响，中期看不到走出独立行情的基本条件。

第二，从资本流动角度来看，如果 A 股和海外股市不存在有效的套利机制，则 A 股定价更加容易独立。尽管外盘大跌会在短时期内影响心理，但不会改变 A 股内在的运行轨迹。

我国虽然没有完全开放资本市场账户，但通过 QFII、QDII、热钱等多种渠道，A 股与海外市场的资金实际上存在多种变通渠道。从这个角度看，A 股很难长期享受“估值溢价”，但可以享受“成长溢价”。

不过，如果经济政策和股市政策到位，A 股在相当长时期内可以走出独立行情。市场以“高开低走”迎接央行 108 个基点的超预期大幅降息，凸现了市场疲弱心态和悲观预期，市场仍在期盼直接“救股市”的有效政策出台，后市仍将有利好政策不断出台，我们对纠错性行情仍满怀信心。

三、债券市场与股票市场

债券市场的收益率曲线对于股票市场的影响值得关注，比如领先两年的 2～10 年美国国债利差和股票的波动性有很强的相关关系。一般来说波动性增加会导致市场风险溢价增加，估值下降，这往往是市场调整阶段。这是我判断美国股票市场的很重要的一个分析工具。比如，我在2007年年度策略分析上认为，VIX指数将逐渐上升，到了下半年，美国股市可能会出现问题，而在2008年，继续对美国股市持谨慎看法，在2009年年初，则可以判断，波动性将逐渐下滑，股票市场会迎来上涨(图8-20)。

图8-20　利差与VIX指数

目前，国内没有期权市场，因此难以量化波动性，从利差和指数的走势图看相关关系，也可以作为一个判断工具，但是仍然需要等待检验(图8-21)。

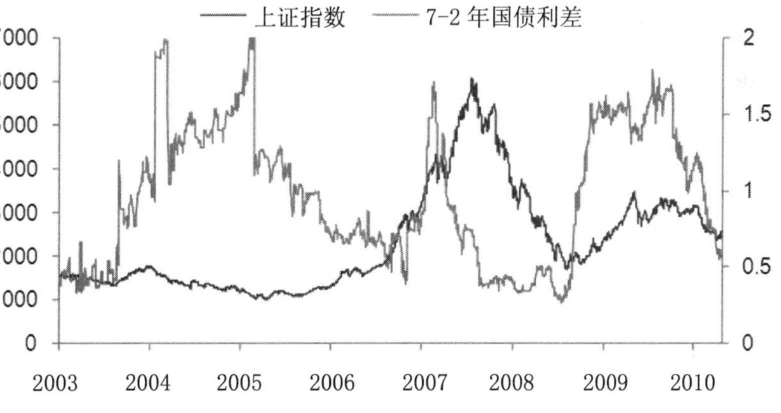

图8-21　利差与A股指数

此外，信用债券的利差也值得关注，一个是10～1年期的金融债期限利差。1年期短融利差和3年期中票利差(图8-22～图8-24)。

交易所信用债市场与股市具有更强“跷跷板”效应，且有相对独立于银行间市场的供求关系。2007年以来，股市对交易所信用债的影响非常明显。以2007～2008年初为例，当时处于加息周期，国内经济形势较好，在信用债供给较低以及无明显信用违约风险的情况下，信用利差仍出现了大幅上升，这主要是由于股市跷跷板效应的影响。2007年11月份股市见

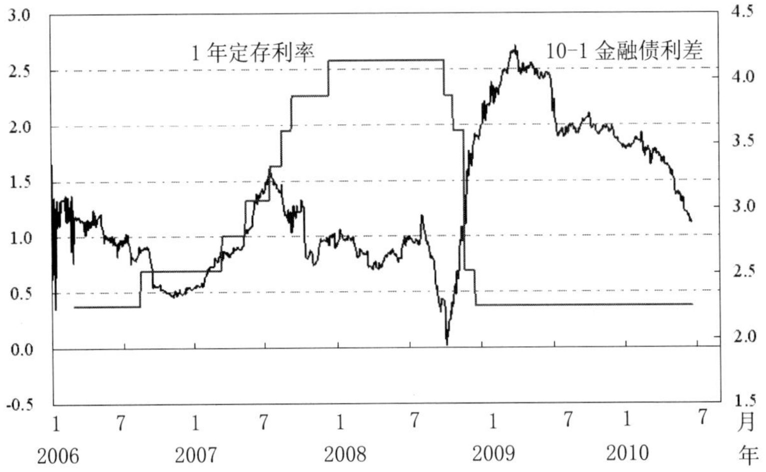

图 8-22　10-1 金融债利差

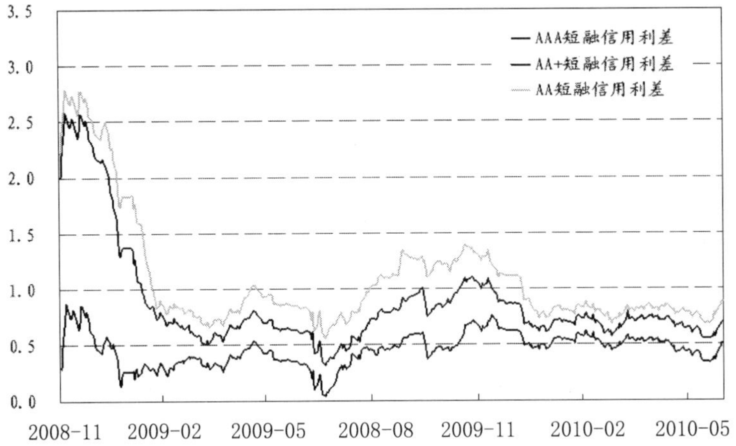

图 8-23　一年期短融信用利差

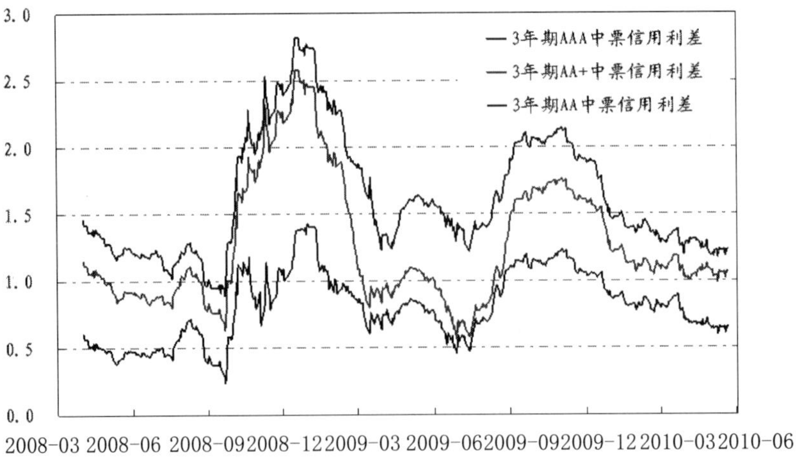

图 8-24　三年期中票信用利差

顶之前，股市大幅上涨吸引了部分债市资金，导致交易所信用债信用利差明显上升；而在之后股市快速下跌的时候，避险资金回归债市，也使得信用利差大幅下降(图 8-25)。

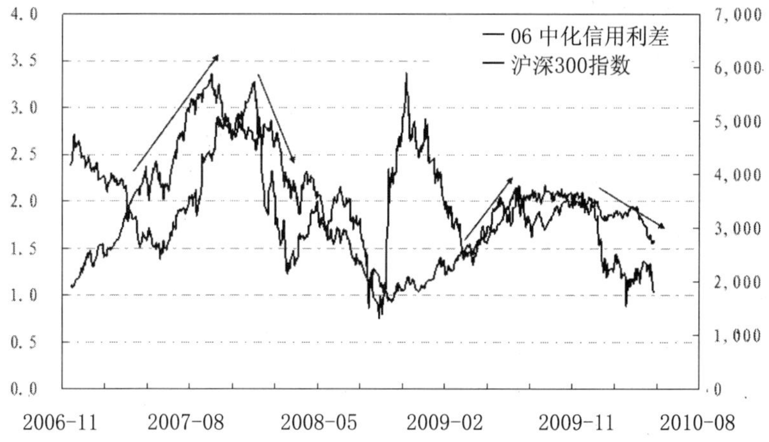

图 8-25 信用债券与股市的跷跷板效应

另外，新股配售与债券也有替换效应。可以以连续发行的中小板新股网下配售机构参与比例(即参购机构占所有合格机构的比例)来显示主力机构对新股及债券等交易所低风险品种的投资偏好变化。比如在 2010 年 6 月份，中小板新股网下配售机构参与比例进一步回落至 10%左右历史低值，表明机构“打新”意愿处于空前低迷状态，而同期公司债指数则持续上涨，表明“打新”机构的低风险投资偏好资金将继续囤积在债市配置中(图 8-26)。

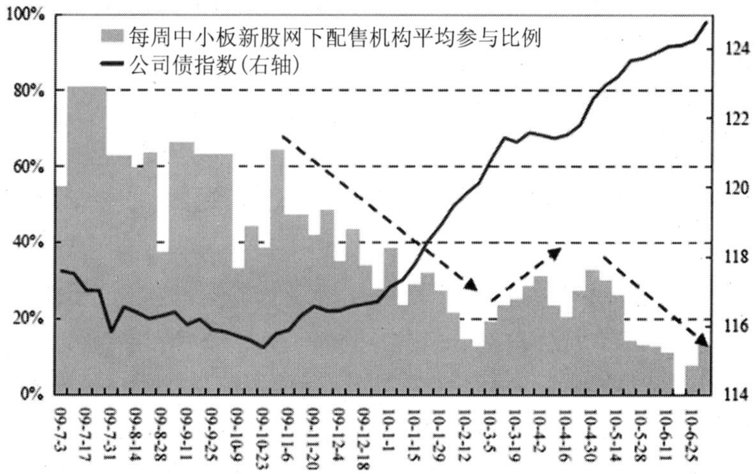

图 8-26 打新资金与债券市场资金的跷跷板效应

另外，对于债券市场来说，内行投资者对其分析非常细致，但是外行投资者主要是观察收益率，特别是 10 年期国债收益率的走势。由于债券市场反映的因素更纯粹，比如债券供求、经济与 CPI 等，往往对于股票市场有领先性(图 8-27，图 8-28)。

对于短期全球市场，还需要观察 LIBOR-OIS 息差，其指标主要反映的是全球银行体系的信贷压力，息差扩大被视为银行间拆借的意愿下滑。隔夜指数掉期(OIS)是一种外汇衍生品，

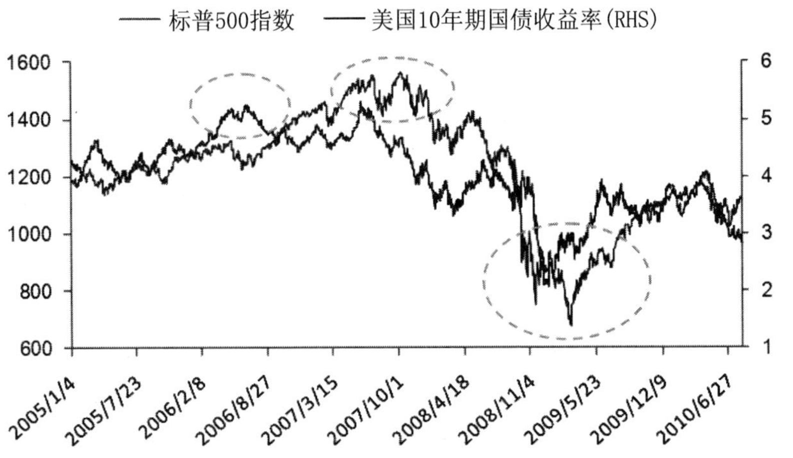

图 8-27 美国 10 年期国债收益率与标普指数

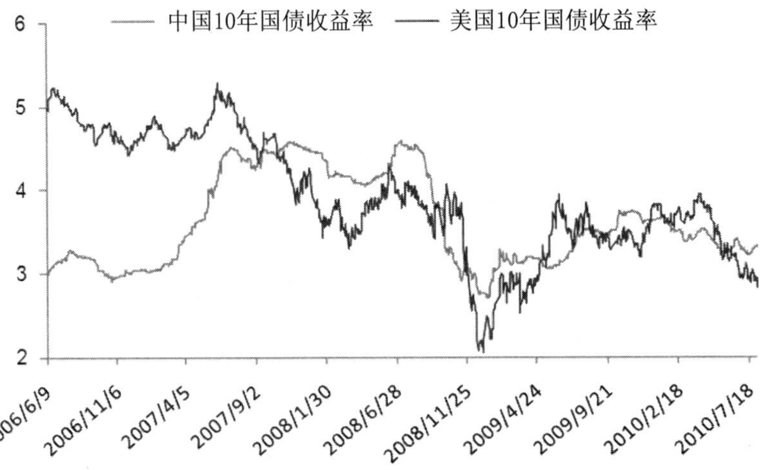

图 8-28 中美 10 年期国债收益率比较

市场参与者同意支付一个固定利率，交换掉期存续期内浮动的央行利率的平均水平。它是衡量市场对中央银行利率预期的指标。

另外一个是泰德利差(TED Spread)，就是欧洲美元 3 个月利率(常以 3 个月期 LIBOR 利率为代表)与美国 3 个月期国债利率的差值。若市场信用出现状况，投资人就会买进美国短期国债以避险，在固定收益模式下，利率自然就下降了；另一方面，银行评估借钱给同业的风险升高，银行间的借贷成本自然提高，导致 LIBOR 上涨，造成两者之间的利差变大。故 TED 利差反应了市场信用风险的高低(图 8-29，图 8-30)。

还有新的市场国家主权 CDS 市场的数据(主权信用违约掉期合约)。从国家主权 CDS 走势，可以观察市场对各国金融与财政状况的评估。例如，如果中国国家主权 CDS 下降，则市场认为中国国债违约风险逐渐下降，也就意味着中国主权债权信用质量进一步上升。

对于国内市场，关注央行公开市场发行利率与银行间 7 天回购加权平均利率，则可以反映银行间市场资金充裕程度(图 8-31，图 8-32)。

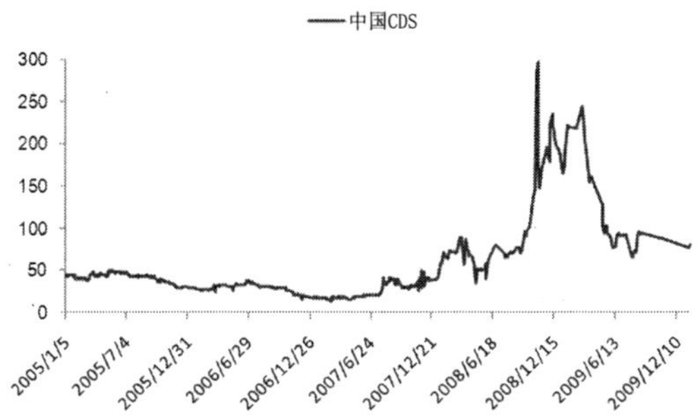

图 8-29　中国 CDS 指数走势

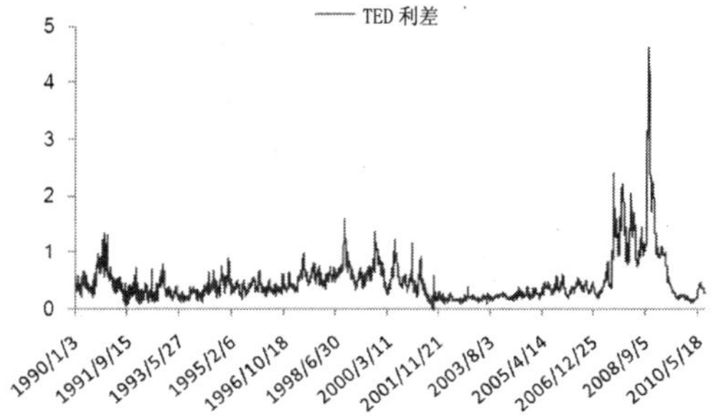

图 8-30　TED 利差

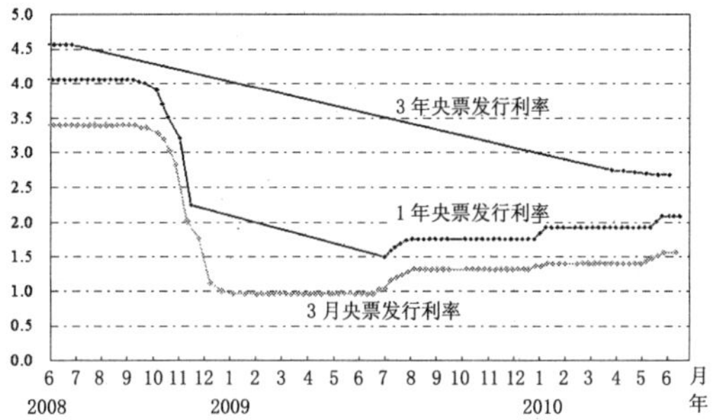

图 8-31　央票发行利率

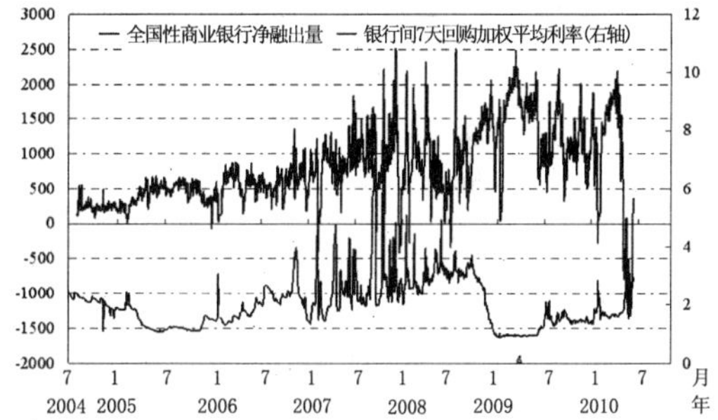

图 8-32　银行间 7 天回购加权平均利率

四、其他需要关注的一些市场走势

对于中国投资者来说，还需要观察资源国货币走势，主要是和商品走势相互验证，毕竟大宗商品价格对国内企业的业绩影响非常重要(图 8-33～图 8-36)。

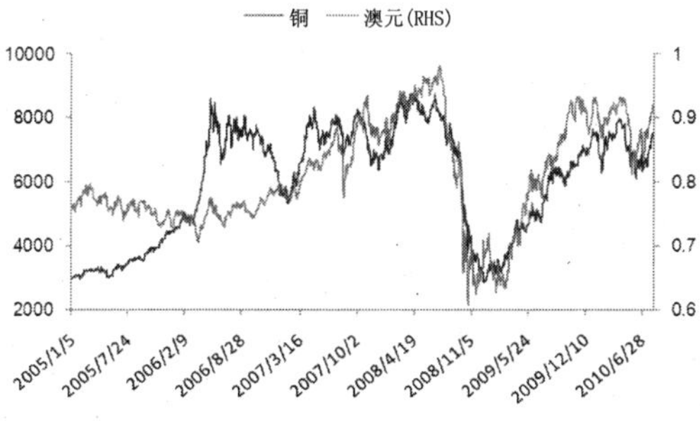

图 8-33　澳元与铜的走势

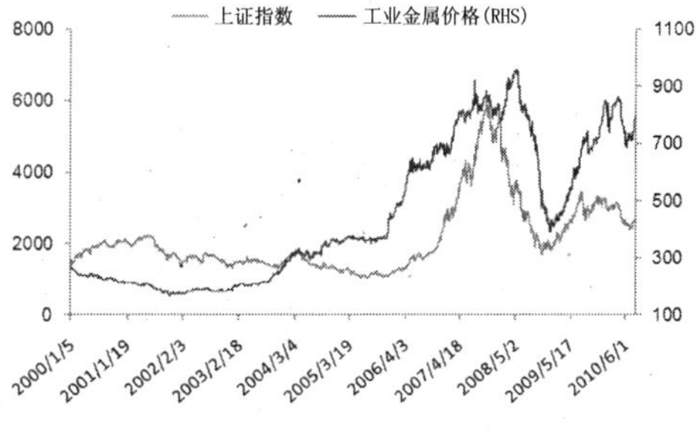

图 8-34　工业金属指数与上证指数的关系

外汇市场的日元息差交易对全球金融市场的影响需要重视，因此日元 / 欧元交叉盘汇率的走势非常关键(图 8-37)。

新兴市场国家作为一个整体来说，新兴市场信用差、新兴市场股票指数、新兴市场外汇指数以及与美国高收益企业债信用差和商品指数之间的关系也值得关注(图 8-38～图 8-40)。

NDF 无本金交割远期外汇也是对一国综合情况的预期。

图 8-35　石油价格与中国国债指数的关系

图 8-36　美元汇率与金属价格的关系

图 8-37　日元汇率与标普指数

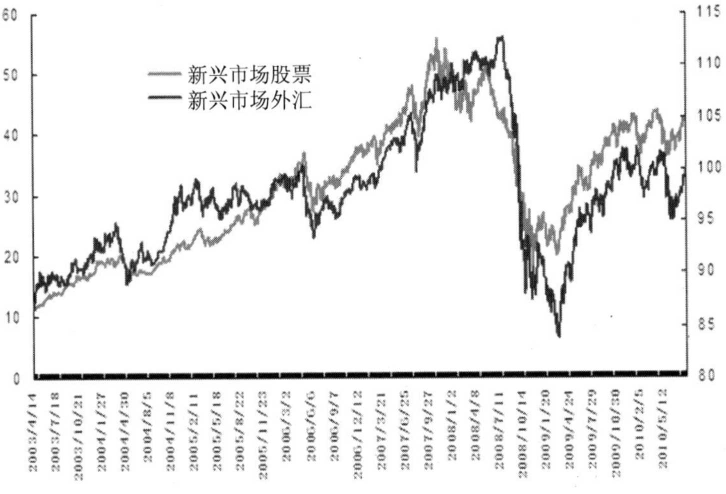

图 8-38　新兴市场股票与新兴市场外汇指数走势的相关与背离

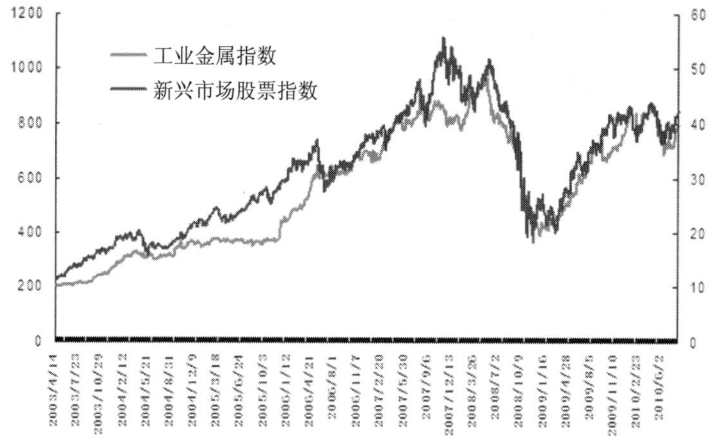

图 8-39 新兴市场股票指数和商品市场指数出现背离

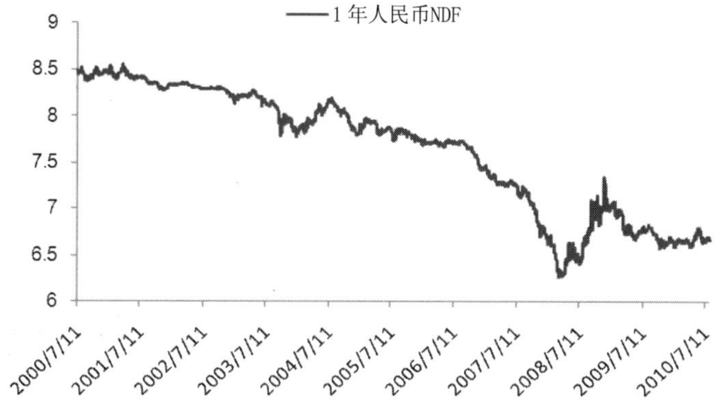

图 8-40 人民币 NDF

波罗的海指数可以近似反映新兴国家实体经济状况，而新兴市场股市，特别是受到全球化影响的新兴市场受 BDI 指数的影响非常大(图 8-41)。

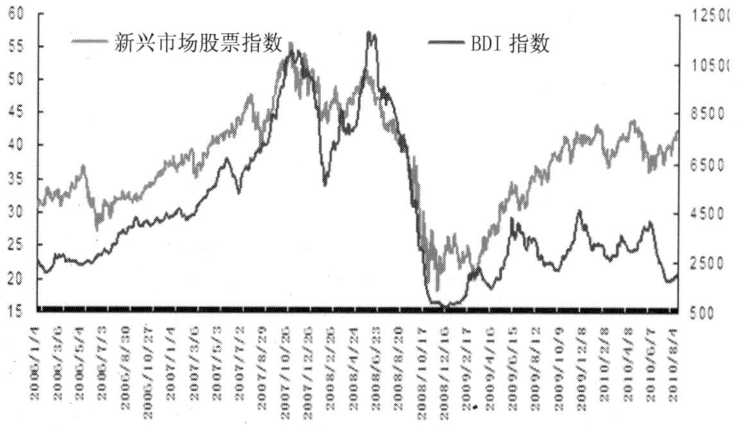

图 8-41 新兴市场股票指数与 BDI 指数

关于跨市场分析，没有固定的理论模式，所以很难说的清楚，更重要的就是做一个客观的观察者，发现变化性和相关性，然后做出决策。关于跨市场分析的书也很少，更多是关于国际投资的，还是《金融炼金术》最好，其他的包括《跨市场分析》，《投机者养成教育》也可以读一读，另外主要是债券市场方面的书，除了基础书籍外，可以看看《悲观博士考夫曼论市场》、《查里 D》、《说谎者的扑克牌》、《固定收益债券手册》等等。

对于外汇和债券市场，除了观察市场外，还需要定期阅读相关的市场分析报告，为股市分析提供不同的角度帮助。

另外，本章没有涉及衍生品，特别是融资融券以及股指期货对 A 股市场的影响，主要是在当前的情况下，这仍然超出作者的能力之外，需要读者自己去努力总结经验。

五、附录：金融市场指标代码

WIND 里面几乎各种数据都有，如果要从彭博里面看跨市场分析的话，我列出了一些常用的代码(表 8-1)。

表 8-1　金融市场指标代吗

	指标	彭博代码	指标	彭博代码
美国	道琼斯指数	INDU	标普500	SPX
	NASDAQ	CCMP	CBOE 标普500指数期权隐含波动率	VIX
	标普500可选消费指数	S5COND	标普500必选消费指数	S5CONS
	标普500能源指数	S5ENRS	标普500金融指数	S5FINL
	标普500医疗卫生指数	S5HLTH	标普500工业指数	S5INDU
	标普500IT指数	S5INFT	标普500原材料指数	S5MATR
	标普500电信指数	S5TELS	标普500公用事业指数	S5UTIL
	美国10年期国债收益率	USGG10YR	标普10年期企业债收益率(AAA级)	SPWC3A10
	美国2年期国债收益率	USGG2YR	标普10年期企业债收益率(BB+级)	SPWC2B10
	美国3月期国债收益率	USGG3M	美元隔夜利率互换利率	USSOC
	美元3个月LIBOR	US0003M	CDX 交叉级信用互换利差(系列10)	CDX XO CDSI S10 5Y
	商业票据发行量	FCPOTOTS	CDX 投资级信用互换利差(系列10)	CDX IG CDSI S10 5Y
	Ted 利差	TEDSP	非金融商业票据发行量	FCPONCS
	标普商业票据指数	SPBDCP	15 日资产支持商业票据利率A1+/P1	ACPA015Y
	联邦基金利率	FDTR	90 日资产支持商业票据利率A1+/P1	ACPA090Y

续表

	指标	彭博代码	指标	彭博代码
	高收益债券信用利差	SP-WC2B10-USGG10YR	投资级债券信用利差	SP-WC3A10-USGG10YR
	收益率曲线斜率(10年期国债-2年期国债收益率)	USGG10YR-USGG2YR	短期流动性(90天资产支持商业票据利率-3月国债利率)	AC-PA090Y-USGG3M
欧元区	DAX 30	DAX	10 年期国债利率	GECU10YR
	3 个月货币市场利率	GETB1	2 年期国债利率	GECU2YR
	收益率曲线斜率(10年期国债-2年期国债)	GECU10YR-GECU2YR	ECB 再融资利率，1 周	EURR002W
英国	FTSE 100	UKX	10 年期国债利率	GUKG10
	3 个月货币市场利率	GUKTB3MO	2 年期国债利率	
	收益率曲线斜率(10年期国债-2年期国债)	GUKG10-GUKG2	BOE 利率	UKBRBASE
日本	NIKKEI 225	NKY	日本央行利率	BOJDTR GUKG2
全球	BDI	BDIY	高盛工业金属价格指数	SPGSIN
	CMX 铝近月期货合约价	LAA	CMX 铜近月期货合约价	HGA
	CRB 商品指数	CRY	布伦特原油近月合约	COA CMDTY
	WTI 原油近月合约	CLA CMDTY	布伦特原油现货	COY
	WTI 原油现货	USCRWTIC	黄金现货	Golds
	EUR/GBP	EURGBP	EUR/JPY	EURJPY
	美元指数	DXY	EUR/USD	EURUSD
	USD/GBP	USDGBP	USD/JPY	USDJPY
	澳元/美元	AUDUSD	美元/巴西里尔	USDBRL
	韩国KOSPI指数	KOSPI		

第九章　市场心理分析

股票投资与心理学的关系十分密切。股票投资的主体是人，而人的任何行为都会受到其心理活动的影响。因此，任何一项投资行为无疑都受到投资者心理的影响。股票市场长期来说是称重机，短期来说是投票机。凯恩斯认为凡是预测市场心理的行为就是“投机”——我称之为“博弈”，凡是预测资产收益的行为就是“实业”。并且凯恩斯还提出其著名的选美理论。其大意是，投资人群普遍看好的股票价格就会上涨，选购股票就类似选美，投资者不应该选出仅是自己看好的股票，由于人气左右市场，所以投资者需要仔细研究类似选美中“评委”看好的股票，按多数人认知的共识操作。选美理论实际上是把心理学考虑进去，也就是大众心理。对于大众心理来说，不同国家的投资者处于不同的社会背景和历史传统，因此尽管有很多心理或者性格是相同的(比如都有贪婪和恐惧)，但是对于中国历史来说，中国人具有一些相对突出的性格，这些性格决定了很多其在决策与选择时的心理特征。

一、中国人的传统性格

在《思想的地理学》中，作者把西方和东方的思维模式进行了比较分析。东方思维中，最高层的是天人合一的生态框架。西方的时间观念是静态的，西方人注重实体和控制，因此他们的时间是线性的，看重范畴和实体，看重逻辑性，从概念中做出逻辑推演。面对事务，西方人寻求实体原因和范畴。东方人注重演化，时间观是动态的和圆形的，注意事件之间的关系和构成世界的要素，这具有典型的中医形式看法，讲求论证，寻求对环境的理解和中庸关系。

比如，在对鸡、草、牛三者的分类中，美国孩子用动物和植物范畴对实体进行分类，将鸡和牛划分为一类；而中国孩子用生态关系对实体分类，将牛和草划分为一类。东方人认识世界的看法，基本是辩证逻辑的，东方人注重过程—时间—场合关系，认为事件是过程在一定时间的连接，有些过程在一定时间范畴内被我们注意到，构成事件，这种过程是凸显出来被我们看到的。

东方人注重量与质的交互作用，注意同一类问题的多元价值观的视角，讲究包容；同时，强调形式与内容的交互作用、作用和反作用以及演化与均衡的关系等。

上述是在认知方面的特征。在情感和行为方面，站在外国人的角度，他们觉得中国人也具有独特性。比如外国人认为有些中国人缺乏诚信和社会责任感；中国人不了解他们作为社会个体应该对国家和社会所承担的责任和义务；普通中国人通常只关心他们的家庭和亲属，中国的文化是建立在家族血缘关系上而不是建立在一个理性的社会基础之上，这种以血缘关系为基础的道德观势必导致自私、冷酷，成为阻碍中国社会向前发展的最关键因素。

外国人认为，有些中国人的思维方式与守法行为格格不入，中国人老想走捷径，不明白这样一个事实：即成就来自于努力工作和牺牲。中国人倾向于索取而不给予。他们需要明白一个道理：生活的真谛不在于你索取多少，而在于你能给予社会和你的人类同胞多少。

外国人认为，较多中国人从来就没有学到过什么是体面和尊敬的生活意义，潜意识里，中国人的生活目的就是抬高自己从而获得别人的认知。这样一来，一个人就会对“保有面子”这样微不足道的欲望感到满足。“面子”是中国人心理最基本的组成部分，它已经成为了中国人难以克服的障碍，阻碍中国人接受真理并尝试富有意义的生活。

中国人习惯接受廉价和免费的事物，他们总是梦想奇迹或者好运，很少有中国人明白一个事实，就是威望和成就是通过一步步努力的工作和牺牲实现的，不付出就没有所得。简单来说，如果是为了谋生，那一个人只有去索取；但如果是为了生活，一个人必须要去奉献。

在有些中国人的眼中，受教育不是为了寻求真理或者改善生活质量，而只是身份和显赫地位的象征和标志。中国的知识分子从别人那里得到尊敬并不是因为他们为了别人的幸福做过什么，而只是因为他们获得占有了相当的知识。事实上，他们中的大多数只不过是一群仅仅通晓考试却不关心真理和道德的人。中国的教育体系很大程度上已经成为一种失败。它已经不能够服务于教育本应所服务的对象：社会。它只是制造出一群投机分子，他们渴望能够受益于社会所提供的好处却毫不关心回报。

亚瑟•史密斯——一位著名的西方传教士，一个世纪前指出，中国人最缺乏的不是智慧，而是勇气和正直的纯正品性。

上述是我看到的外国人描述中国人的性格特征的一些话，尽管有失偏颇，但是值得我们深入反省中国人自己的性格特征。

二、中国社会三重转型下独特的心理特征

中国目前的社会也是独特的，在这种社会背景下，中国人也有一些独特的特征，根据汪丁丁的看法，中国目前正处在“三重转型期”的历史阶段。

第一个转型，是“文化转型”。从19世纪中叶开始，也就是说，从鸦片战争以来，中国和西方这两个文明，前者比较保守，已经蔓延和充满了由天然边界所限定的范围；另一个则比较激烈，扩张的冲动远未消失，足以冲破天然边界的限定。于是两个文明之间就发生了严重的冲撞，导致“千年未有之变局”。然后中国文化传统开始发生重大的转型。这一转型期，现在还远未结束，持续多少年，汪丁丁认为“千年未有之变局”的转型期的长度，大约在200～500年之间。想想确实如此，即使从鸦片战争以来经过150年，目前中国文化远未定型。文化转型是三个转型中最漫长的。

第二个转型，是“社会转型”。这大概需要两代到三代人的时间，这就是由经济发展所导致的社会体制比如家庭和其他社会组织的转型，当然还有法律等方面的体制变革。虽然叫做社会转型，但主要指发展中经济的国家里的社会转型，它主要是由当时当地所面临的经济发展的基本要求和基本原则所决定的。因此，这一类社会转型，更确切的应当叫做发展的转型。

第三个转型，是在更短期内发生的转型，是所谓的“政治转型”。目前，我们还在从所谓的“前中央计划体制”向一种可以叫做“市场社会体制”的形态过渡。这一过渡期，大概20～30年的样子就可以初步完成。这是因为社会对政治体制的遗忘会因为代际更替而遗忘

较快。新的政治体制建立起来了，随之而来的是与新政治体制相适应的意识形态和宣传，后者会很快淹没旧体制的意识形态。

这三种转型——文化的、社会的、政治的——决定了中国社会目前的特征具有唯一性。其他地方，特别是大国，找不到中国社会现在所面临的这种转型，即使把小国考虑进去，他们往往处于大区域的文化传统的边缘，比较容易实行文化的转型，典型的如日本、韩国等。文化转型对于文化传统边缘的社会而言，不那么痛苦，那里原本就是各文化传统相互冲突和竞争着要去充满的区域。比如越南，不仅受到中国文化的影响，还受到法国文化的影响。而生活在文化传统核心区域的人要实行文化转型就痛苦得多。因为以往的一切价值里，就没有异域的，都是本土的，就像生命一样，早就和自我意识融为一体了。突然间，你需要放弃这一生命转到另一生命去，当然很痛苦。

今天，中国人的行为，包括经济行为，不可避免的与上述三重转型紧密联系在一起。

社会转型越是激烈，其成员的目光也就变得越短浅。这是合理的、完全的理性行为。用金融学的道理论证，就相当于把未来可以得到的一元钱贴现到目前来计算。可是由于激烈的转型的影响，未来是极端不确定的，所以这一元钱的贴现值实在太低。那么最符合金融学理性的行为，在这样的转型时期，就会变成“醉生梦死”、不负责任、不顾及信誉的行为了。

发生在我们周边的很多行为，不仅是经济行为，还包括各类型社会行为，都是短期行为。上述的三重转型期，产生了中国社会独特的经济行为的许多模式，而这些行为模式在其他社会里，在稳态社会里，从来不会发生。

除了了解中国人的思维方式，性格特征和社会背景外，投资者还需要具备一些心理学的基本知识。

三、心理过程的两个层次

心理学认为，人的心理活动是有一定规律的。现代心理学是研究人的心理现象以及规律的一门科学。心理现象主要表现在人的各种有意识的活动中，心理学通常把心理现象划分为心理过程和个性心理特征两个方面。认知、情感和意志过程统称为心理过程。人的心理过程，从其活动结构和发生机制来看，具有人类的共同性，它们都受共同的规律所制约。

心理过程中，两个过程值得关注，一个是认知过程，一个是情感过程。这两个过程一个代表理性的市场心理，一个代表感性的市场心理，需要进行不同的研究(图 9-1)。

- 心理现象
  - 心理过程
    - 认识过程：感觉、知觉、表象、思维、想象、记忆等
    - 情感过程：爱、憎、喜、怒、哀、乐等
    - 意志过程：意志、决心、坚持性等
  - 个性心理
    - 个性倾向性：需要、动机、兴趣、信念、理想、世界观等
    - 个性心理特点：能力、气质、性格等

图 9-1　心理现象的分类

首先研究的是股票与投资圈的分析看法，也就是较为理性的层面。

如果没有证券市场，一个公司要转让，那么它的转让价格基本上就是其基本面的反映。质地好、成长性好的公司转让价格高；质地差、缺少成长性的公司转让价格低。即使在产权交易所里，一个公司的转让价格在一段时间内也不会出现很大的变化，毕竟基本面的变化是比较缓慢的。但是在证券市场上，任何一个股票相对于整个股市每次价格的大幅度变化，都是因为投资圈对这个股票的评价发生了变化，导致多空力量不均衡，从而引起股票价格发生大幅度上涨或者下跌。投资圈的评价或者说看法是了解股价大幅度变化的关键。

什么是投资圈的看法，并且如何发现这些看法呢？投资圈的看法不是一个投资者的看法，就好比超女比赛一样，你个人认为的最好未必就是冠军，而大多数人认可的或者评委认可的才是冠军。如果你和评委都有正常的审美观点，则你的选择可能会和结果一样；但是如果评委的审美观点比较怪异，而你的审美比较正常，则你肯定选不对冠军。如果投资圈主流觉得这个公司很差，并且这个公司基本面确实很差的话，那么你认为好，这个股票的价格也不会上涨，相反理论就一点也不管用。因此投资圈的看法必须是主流投资者的看法。要了解主流投资者的看法，有两种方法，一方面可以通过看研究报告和从股票 10 大股东变化中发现看法。如果一个公司没有分析师关注，一般说明主流投资者对其缺少看法；如果有很多分析师关注一个公司，则说明投资圈对这个公司的看法就很多；如果有越来越多的分析师关注这个公司，那么说明对这个公司的看法在增加。另一方面，从市场信息也可以找到目前投资圈的看法，比如可以通过分析股票的差异性、看市盈率、看市值与成交量的变化来确定投资圈的看法。

一只股票的股价变化受到大盘、板块和公司本身三个方面的同时影响。通常的情况是，一只股票随市场或者其所在板块波动，这反映了投资圈对这个公司本身没有特殊的看法，认为这是个随大流的公司。如果一只股票相对于市场和其所在板块表现出了不同的价格图形走势，这就是差异性。通过发现差异性可以发现重要的投资机会，我甚至认为图形分析就是寻找股票差异性的一种重要方法。

一个例子是钢铁股的差异性。一般来说，钢铁股作为一个板块，表现往往大同小异，齐涨齐跌，共同性很高，并且涨跌幅度总是小于市场的涨跌幅度，也就是大盘大涨的时候，钢铁股涨的少，大盘大跌的时候，钢铁股也跌的少，这反映了投资圈认为钢铁股股性差，缺少炒作的故事。但是一旦钢铁股整体强于大盘，表现出了明显的差异性，那就说明钢铁股具有的某种特质使其受到了投资圈主流的关注。比如 2003 年，国内宏观经济周期向上的时候，整个钢铁板块持续地强于大盘，如果一个投资者发现了这种差异，然后深入了解投资圈的看法，确认基本面的情况，认为有持续性，就可以从中获利。另外钢铁股板块内也不总是铁板一块，每年总会出现一两只与众不同的股票，比如以前的阿城钢铁，比如武钢的整体上市，比如鞍钢的整体上市等。我不擅长技术分析，但是我喜欢从图形走势中观察差异性，因为这反映的是事实，而不是预测。一个极端的差异性是，一只股票与市场走势完全不同，强势创出自上市以来的新高，这反映了投资圈非常看好这只股票，如果你从基本面也确定的话，那就是投资机会。差异化是观察投资圈看法的一个简单并且有效的途径，观察到差异后，你再去发现差异化背后的基本面故事，来决定是否值得投资，也是一种很方便的选股方式。

市盈率和市值也是观察投资圈看法的有效方法，不过和差异性相反，这种观察更多是通过发现反向观点来选股。比如一个非周期性股票的市盈率只有 10 倍，反映投资圈对该公司的成长性并不认同，如果你通过研究基本面确认未来几年该公司每年每股收益有超过30%以上的成长，那么这就是投资机会。如果基本面是正确的话，投资圈的看法迟早会发生改变，造成股价的大幅上涨。不能公平有效反映企业真正价值的预期不会持久，P/E本身就是反映投资者对企业未来盈利的一种预测。P/E为20倍的股票说明投资者愿意以相当于该公司去年利润20倍的价格来购买它的股票，因为投资者对该企业增长寄予厚望。股票有10倍P/E表明投资者不看好股票的盈利前景。大家对高P/E股票的成长性寄予厚望，但是这种成长性往往难以实现。比如，雅芳在漂亮50受到追捧的时代P/E一度高达64倍，这意味着雅芳一家公司未来挣的钱要比美国整个钢铁和石油行业挣的钱都多。这个预期是错误的，因此最终股票价格暴跌——尽管很难预测这个具体时机，就像巴菲特那样，可能在32倍P/E就出售了该股票然后看空。

但我们不能忘记，看法是很主观的事，看法不一定和实际基本面有关系，这要看做评价的人相信基本面是什么或者基本面要发生什么。换句话说，任何股票不会因为该公司实际发生的事情或者将要发生的事情上涨或者下跌，它是因为投资圈目前对正在发生或者将要发生的事所持有的共同看法而上涨或者下跌，而不管这种共同的看法与实际基本面相差有多远。比如某段时间内强烈上涨的热门板块，其实基本面前期和上涨的时候也并没有发生什么变化，但是股价却受到投资圈的追捧而出现大幅上涨。

很多投资者会说，如果股票价格的大幅变化只是因为投资圈对它的评价改变，而这些评价有时和现实基本面完全脱节，那么基本面岂不是完全没有必要？心理学比基本面更重要？

这和时机有关系。实际上，基本面仍然是决定一只股票的质地和未来走势的核心因素，投资圈的看法最终总会反映基本面，尽管很多时候是过度反映。市场很多投机者习惯于追随热点、趋势和主流机构，特别是主流机构是投资圈著名的券商或者基金时。并且投资圈总会对某只股票的评价有欠务实，导致它的价格与事实出现差异，但是由于上述原因，这个差异却总能够维持很长一段时间，并且还可能会扩大。由于投资圈的评价和基本面不符，一只股票的价格可以在一段时期远高于或者远低于它的实际价值。甚至一个市场也会这样，比如2005年中，因为投资圈的悲观看法造成了中国A股市场整体低估，而2007年因为投资圈的普遍乐观造成了市场出现整体泡沫。

投资圈对一只股票的评价和基本面的真实情况差距过大的情形，可能会持续几个月，甚至几年的时间。不过泡沫总会破灭，低估也总能够矫正过来。如果因为不切实际的预期，一只股票的价格太高，迟早会有越来越多的持股人厌倦等待，他们的卖盘会蜂拥而出压过仍对该股票有信心的少数新买盘，于是最终股价会下跌与基本面接轨。有时候，一只股票经过长期下跌后，投资圈已经忘记了该股，对其没有任何看法，即使这只股票的基本面发生了巨大的变化，新的正面观点正在形成，但是股价仍然会有一段时间不涨。不过随着令人愉快的基本面数据的节节向好，股价迟早会出现上涨来反映基本面。

因此投资者对某只股票感兴趣时，一定要了解投资圈对该公司和该公司所处行业的看法，另外通过发现投资圈的看法也可以帮助投资者更好地选择股票。下面我们探讨的是如何利用投资圈的看法同时结合自己对基本面的把握来选股。

1.没有看法或看法少的股票

彼得林奇说过他喜欢选择那些基本面不错，但是缺少机构关注的股票。实际上，他买的股票很多是投资圈缺少看法的股票。他喜欢调研上市公司，并且总是喜欢问上市公司，有多少机构关注该公司，如果这个公司说很多年没有机构关注了，他会非常高兴。

投资圈没有看法的股票，一般体现为没有或者很少有研究机构的报告关注，并且从10大股东变化中很少看到机构投资者的身影，这时候该公司的市值非常低或者市盈率比较低。而如果你有看法，认为公司的盈利未来几年将要大幅度提升，那么你买入后，如果未来每股收益稳定增加，机构开始对其有持续的正面看法，也开始买入，会导致股票市值的持续增加。该股票每股收益的增加和看多机构的增加，两者的共同作用导致股价大幅上涨。

实际上，投资圈从没有看法到有非常正面的看法，本身造成的股票价格上涨往往比每股收益实际的增加造成的股票价格上涨更重要。假如每股收益增加50%造成股价上涨50%，但市盈率从10倍涨到30倍，会使得股价上涨200%，两者的综合作用造成股价上涨350%，也就是涨至4.5倍。

因此，对于中长线的投资者和机构投资者来说，应该首先选择投资圈缺少看法、股票市值低、且基本面确实很好或者正在变好的股票。这样可以获得双倍收益，不过所需要的就是耐心等待。

此外，从没有看法到有一点看法，这样获得的信息优势就非常大。因为对于一个被投资圈深入了解的股票，你的看法必须比投资圈的看法更深入深远才可以获利，而这非常困难。当一个没有被投资圈挖掘的股票突然有一家研究机构开始强烈推荐，投资圈容易无所适从，受到这个看法的左右，因为操纵一个投资圈没有看法的股票比操纵一个投资圈充满看法的股票要容易得多。因此，对没有看法的股票需要仔细研究其基本面，除非这只股票的基本面确实在改变，否则即便这个研究机构短期可以改变股票的走势，中长期也仍然不行。

每轮行情总会有一些新锐投资机构变得出名，很大程度是研究发掘了以前熊市中被投资者抛弃遗忘、但是仍然有价值或者正在发生变化的股票。

2.看法多的股票

看法多的股票可以分成以下几种情况，不过一旦投资圈对一只股票有大量看法，你必须有更深入的信息才能超过投资圈，否则大家都受到“有效市场理论”的制约。

第一种是，投资圈一致看多。实际上，一只股票如果几乎所有的研究机构都一致强烈看多，所有的基金都买了这个公司的股票，甚至即使原来表示怀疑的机构都配置了不少该股票的话，就算这个公司可能仍然是个好公司，涨幅也会有限。并且如果一个公司被所有投资者追捧，就很容易变成巨大的泡沫，最著名的是美国的漂亮50泡沫。

第二种是，投资圈一致看空。实际上，如果所有研究机构都强烈看空一只股票，并且基金全部从这只股票中出来，那么这只股票最大的跌幅已经过去，但是也难以出现上涨。也就是说，不要轻易去碰投资圈强烈看空的股票，这时候做反向投资者并不明智，仍然需要等待。

第三种是，投资圈看法高度分歧。这最终导致的是股价的巨大波动，并且这个分歧最终会随着基本面的兑现而发生方向性的转折。这时候研究看法本身没有用处，要么等待最终的基本面兑现，形成趋势，要么有更加深入的基本面判断。有些公司具有很好的业务，但是本身也存在治理和高负债问题，机构的看法就容易产生分歧，这个分歧只能随着基本面的转折发生变化。如果问题严重影响了公司未来的发展，则股价向下；如果公司成功解决了那些问题，则股价会持续走好。这个例子是基本面属于优劣各半的股票，机构分歧难免，而另外一种分歧造成的波动则是投资机会。比如在某一段时间机构对某只股票出现分歧，认为其财务报表有问题，子公司不可能获得那么高的盈利，这种情况下调研就足以解决问题，空头的错误看法在这种情况下则变成了多头的买入机会。

不过总体而言，在机构看法太多的情况下，这只股票是个非常有效率的股票，要么一切听从未来无法预知的基本面变化，要么你有更深入的看法，否则很难获得超额收益。

3.投资圈看法的变化与股价波动的关系

当一只股票价格充分下跌后，反向投资者和价值投资者开始关注这样的股票，但是多数投资者不关注这只股票，因此其股价很难上涨。接下来这个低盈利预期的公司公布了更多乐观的信息，开始得到部分投资者的注意，研究这个公司的研究员开始增加，股票价格开始对正面信息进行反映，但是并不充分。当该公司收益向上加速时，越来越多分析师研究该股票，越来越多投资者购买该股票。随着该公司盈利动量持续增加，被市场认为是成长股，市场预期开始膨胀，股票价格出现暴涨。然后，基本面收益增长减速，该股票的盈利(也许仍然在增长)已经开始低于膨胀的市场预期，股票价格开始下跌。当基本面收益增长出现下降的时候，机构开始逐渐将其放入卖出名单。由于盈利逐渐令人失望，分析师开始降低这只股票的盈利预期，股价也跟着下跌。当一系列的失望出现后，越来越多投资者讨厌这只股票，会有一些关于这只股票的谣言传出，也会影响股票价格下跌，同时越来越多投资者开始离开这只股票。最终投资者对这只股票失去兴趣，分析师或许已经将其剔除研究范围，基本上市场缺乏关于该公司的信息，这预示一个新周期的来临。

因此记住，不要轻易做反向投资，因为不被投资圈看好并不意味着这只股票利空出尽。了解投资圈看法的变化与股价波动的关系，对于那些喜欢趋势和动量的投资者非常重要。特别是要把握住投资圈观点变化带来的机会，例如对某只股票看多的机构越来越多，某只股票会出现加速上涨的机会。

作为一个出色的投资者，投资圈的看法是必须要仔细研究的，并且要知道造成股价大幅波动的关键还是投资圈的看法。也就是说，只看基本趋势可以是实业投资者，对于股票投资者来说，则需要找到基本面和心理结合的方法。变化的股价图形反映的是人的贪婪和恐惧，如果依靠低买高卖盈利，那么就必须精准地把握人性。而任何分析，如果不能够对人性有个准确的刻画(比如有人用成交量的变化来刻画，有人用价格本身的变量来刻画)，那么这个方法就是没有任何意义的，特别是技术分析。不可否认的是，通过股价图形对人性的准确了解是非常困难的，是天才做的事情。不过将股价变化与基本面结合后，来观察刻画人性可以总结出一定规律。

索罗斯的反身性模型是一种市场认知和基本面相互关系的“模型”。该模型认为：市场总是表现出某种偏向，市场能够影响他预期的事件。索罗斯还引入“主流偏见”的概念。他认为正的偏向导致市场上涨，负的偏向导致市场下跌。他还定义了“基本趋势”的概念，这个假定是无论投资者意识到与否都将影响股票价格变化的基本面“价值”。

在股票市场中，首当其冲受到影响的就是股票价格，股票价格的变化反过来对参与者的偏向和基本趋势同时施加影响。也就是说，股票价格取决于两个因素——基本趋势和主流偏向——这两个又反过来受股票价格的影响。股票价格和这两个因素之间的相互作用不存在常数关系，其中没有一个变量(股票价格、基本趋势和主流偏向)可以保持不变。

首先假设存在着尚未意识到的基本趋势，这意味着主流偏向在开始是消极的(市场预期首先落后于基本面的变化，这是市场行为对信息的滞后反映)，起初是市场参与者意识到了基本趋势，认识上的变化将通过投资决策影响股票的市场价格，股票价格的变化可能影响也可能影响不了基本趋势。后一种情况中，问题到此为止，无需要进一步讨论。前一种情况，股票进入自我加强过程的起点。

加强的趋势可能在两个方向上左右主流偏向，它将导致进一步加速的预期或者矫正的预期。如果是后者，经过股票价格变化的矫正，这个基本趋势可能继续也可能终止；如果是前者，则意味着一个积极的偏向发展起来，它将引起股票价格的进一步上涨和基本趋势的加速发展。只要偏向是自我加强的，预期甚至比股票价格还要升得快。最后，股票价格的变化无法维持主流偏向的预期，于是进入矫正过程。失望的预期对股票价格有一种消极的影响，不稳定的股票价格变化削弱了基本趋势。如果基本趋势过度依赖股票价格的变化，那么矫正就可能成为彻底的逆转。在这种情况下，股票价格下跌，基本趋势反转，预期则跌落得还要快一些。这样，自我加强的过程就朝相反的方向启动，最终，衰落也会达到极限并使自我重新反转过来。

典型的情况是，一个自我加强的过程在早期会进行适度的自我矫正，如果在矫正之后仍然得以持续，这一偏向将有机会得到加强和巩固，且不易动摇。当这一过程继续下去时，矫正行为就会逐渐减少，而在趋势顶点逆转的危险则增大了。

索罗斯给出其中一种路径模型的简化图例中，基本趋势用每股收益替代，主流偏向是股票价格和每股收益的差距。在现实中，基本趋势可能不止一个，市场主流偏向内部也会有各种微妙的差别，股票价格的变化也会有不同的路径(图 9-2)。

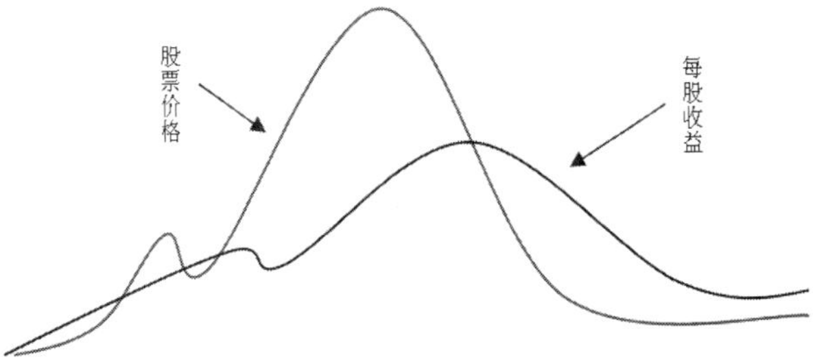

图 9-2　基本趋势与主流偏向

盈利预期周期模型也属于将基本趋势和市场心理结合起来的模型。盈利预期周期模型是一个研究股票价格、股票价值和投资者如何预期股票的行为模型。虽然并不是所有股票一定适合模型的所有步骤，并且每只股票价格在每个阶段的前进速度也并不一样。另外股票的价格也可能经历大的周期模型，也可能经历小的周期模型。但是价格、价值与投资者预期的基本步骤包含在盈利预期周期模型之中。

模型见图 9-3，我们从图的最下端开始。

(1)当一只股票价格充分下跌后，反向投资者和价值投资者开始关注这样的股票，这样的股票有较低的盈利预期，但是多数投资者不关注这些股票。

(2)正收益惊奇：这个低盈利预期公司公布更多乐观的信息，股票开始得到部分投资者注意，研究这个公司的研究员开始增加。

(3)收益惊奇模型表现为正：这个公司开始进入数量型投资经理的选股模型。

(4)收益向上调整和加速：越来越多分析师研究该股票，越来越多投资者购买该股票，

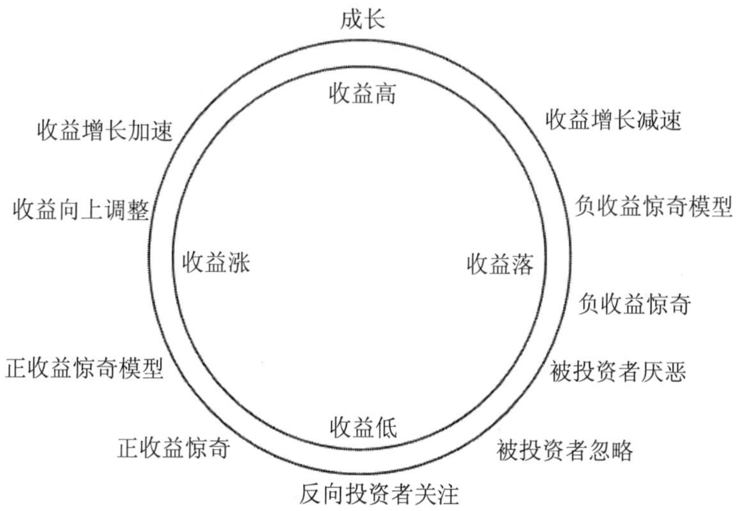

图 9-3　盈利预期周期模型

该股票业绩不断提升。

(5)成长：当盈利动量持续增加，该公司被市场认为是成长股，市场预期开始膨胀。

(6)收益增长减速：该股票的盈利(也许仍然在增长)已经开始低于膨胀的市场预期，股票价格开始下跌。

(7)盈利惊奇模型表现为负：收益出现负的收益惊奇，被数量型模型发现，开始进入卖出名单。

(8)负盈利调整：由于盈利令人失望，分析师开始降低盈利预期。

(9)被投资者厌恶：当一系列的失望出现后，越来越多投资者讨厌这只股票，会有一些关于这只股票的谣言传出，也许会影响股票价格，但是越来越多投资者开始离开这只股票。

(10)被投资者忽略：投资者对这只股票失去兴趣，分析师或许已经将其剔除股票池，基本上市场缺乏关于该公司的信息，这预示一个新周期的来临。

与之相伴随的是噪音的表现过程，我们这里有噪音的生命周期图，最下端，噪音最小，信息也缺乏(这为信息投资者提供机会)；随着收益增加和市场越来越多的关注，噪音越来越大；该股票被市场普遍预期为“核心成长股”的时候噪音最大，随后噪音逐渐减少，形成一个循环周期(图 9-4)。

上述是理性认知过程和股票市场变化的一些探讨，而情感过程对股票市场的影响也非常重要。感性的心理对投资的负面影响非常大，这不仅在普通投资者中常见，也常见于整个市场群体中。

心理学的研究为我们了解证券投资中的心理因素提供了很多有益的启示。比如，在实际交易过程中，一些投资者的心理情绪波动很大，有人曾经很形象地描述普通投资者的心理活动类似心电图。第一个阶段是懊悔。投资者看中了一只股票，当他想买的时候，价格却上涨了，这时，他就懊悔未能早买入，却又想等价格下跌到心理价位买入，不料股价继续上涨，懊悔加重。第二个阶段是失望。当股票继续上涨时，投资者开始感到失望，意识到市价并未

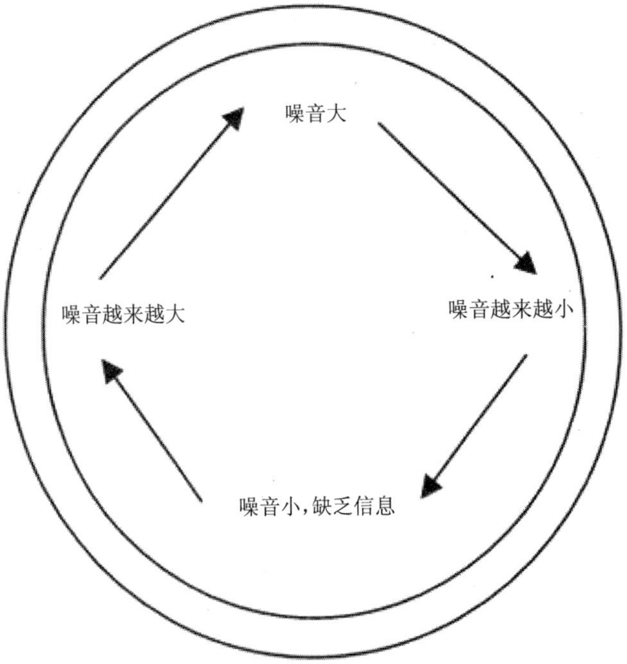

图 9-4 噪音的生命周期图

按照自己的愿望发展。第三个阶段是生气。股价继续上涨，投资者的心理由失望转变为生气，莫名其妙的怨恨这只股票为什么不跌。第四阶段是气疯。股价继续上涨时候，投资者已经被气疯了，情绪剧烈波动，心神不定。第五个阶段是盲目跟风。股价再次上涨，这个时候，投资者来了个一百八十度大转弯，不再生气，反而觉得这只股票值这个价钱，并且还有继续上涨的可能，暗暗责怪自己何苦和自己过不去呢，于是决定买入，其结果往往是高位被套牢，痛苦万分。

有人绘制了典型的散户投资心态(图 9-5)。

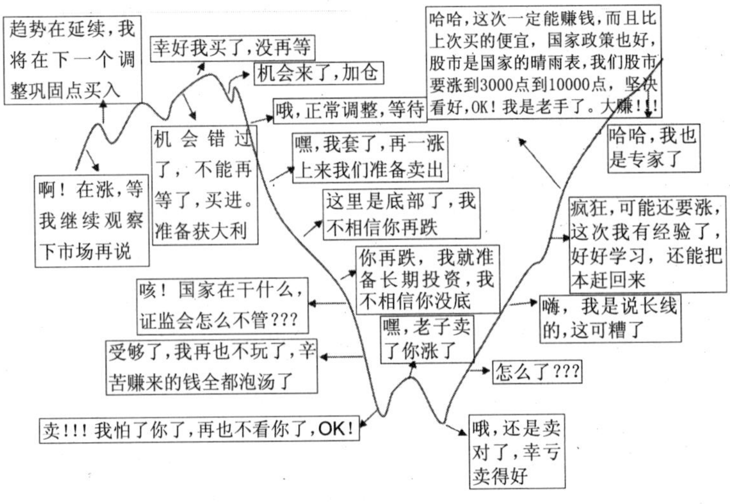

图 9-5 经典散户心态图

股市的波动不仅表现为股价空间起伏的规则性，也表现为时间循环周期的节律性，个体的情绪周期对此产生了很大的影响。统计研究表明，引发股价周期波动的因素中，心理情绪因素占20%以上。造成心理情绪周期波动的原因与人类生物节律周期性有关。科学研究发现，个体的生理周期为23天，情绪周期为28天，智力周期为33天，股市的短周期往往与此较为吻合。

在股票投资中，对市场的认知力求客观是十分重要的。然而做到这一点非常困难。通常，一旦把金钱变成一份金融资产，在心理上，我们就会变得非常感性，在金钱面前，任何非理智都可能表现出来。一旦投资者的心理失去平衡，哪怕只是一小会儿，意志和理性就会消失的无影无踪，完全听凭感情的冲动行事，其表现自然就会和投资大众一样。破坏心理平衡的情绪力主要是恐惧和贪婪。贪婪和恐惧情绪的交替出现：贪婪导致股价超涨时持有者不卖，未介入者则不断追涨，形成超涨。反之，恐惧则促成不断杀跌，使股价由合理下跌转为超跌。股市中两种情绪不断交替。

恐惧是一种复杂的情绪，有多种表现形式，如担忧、害怕、惊慌、恐慌等。当一个人处于恐慌之中，常常混合着其他一些否定性的情绪，诸如愤恨、敌意、愤怒、报复心等，因而会形成一种极大的破坏力。一般来说，投资者中出现的恐惧有多种表现，包括：①害怕招致金钱损失的恐惧。一个人拥有的越多，就越害怕失去；②对信息的担忧。任何一个可能对投资者经济利益构成危险的消息都会引发恐惧感；③对过去恐惧的记忆。当投资者经历着一连串的挫折，由此而引致的痛苦会给他留下深刻的记忆。他会有意无意地担心出现类似的情况。这样，在下一次冒险入市时他会感受更多的精神紧张，判断力也会受此影响。有时候，哪怕是一点轻微的暗示，甚至是凭空想象的困难，也会勾起投资者痛苦的记忆而影响投资；④害怕踏空的恐惧。基金经理们经常是根据市场本身或者其他基金经理的绩效来做出评量。因此，如果伴随着大规模的剧烈波动而没有采取投资行为的话，那么，就会有错失机会的感觉，以致这种踏空的恐惧是如此强烈，常常使他们不顾一切。踏空的恐惧还有其他一些表现形式，比如，偶然的，投资者也会在心理上拒绝承认市场恶化的事实，从而只集中于所谓的利好消息，因为希望市场能回稳；另一方面，对利空消息却加以漠视，尽管后者可能更有意义。不用说，这种拒绝的结果可能导致灾难性后果。

贪婪是由过分自信和试图在短期内获取大利益的欲望构成的混合物。在证券市场，由于价格波动是如此迅速，因而，对于那些试图快速致富的人的确极具诱惑力。问题在于，一旦人们受这些快速致富的欲念所支配，就会招致更多的紧张感，从而容易失掉客观性。在经典投资理论中，有一个信心随着股价波动的信任心理论认为，投资者的信心会随着股价的上涨而增强，随着股价的下跌而减弱。贪婪这种心理常常会以两种情形出现。在一个上升市场中，当投资者购买了一只待涨的股票，而后果然一涨再涨，这时，投资者内心的贪欲也会随着膨胀。与此相反，在下跌市场中，伴随着股价的下跌，投资者的信心也遭受打击，打算购买的欲望大为减弱，常常会期望出现更低的价格再购买，结果是屡屡错失良机。贪婪常常会使一项本来成功的投资失败。因为成功如不加以适当的控制，也能播下失败的种子。投资者在经历了成功的交易之后，会有一种心理愉悦感和不可战胜感，在这种情绪支配下，往往会采取更多的冒险，做出粗心的决策。

除了贪婪和恐惧外，普通投资者还有一些典型心理特征，比如过度交易。很多投资者几乎整天泡在市场中，时刻关注着价格的变化，其中的理由各不相同，有些是为了获利，有些是把市场作为寻求刺激的场所，很多投资者不断地过度交易。过度交易其实是在赌博，并且成为一种“瘾”。须知，有效的投资应该是仅投资能较大概率盈利的仓位和股票。过度交易会损害投资者的洞察力。有俗话说，每年收益一次的是高管，每月都有收益的是员工，每天都有收益的是卖菜的，干活儿就有收益的是零工。普通投资者和专业投资者的根本区别是，普通投资者被自己情绪所控制，每天都在找机会，一天没有收益他就会惶然不安，他最幸福的日子就是每天都能进点儿，所谓的细水长流。而专业投资者依赖于自己的理性，知道机会其实并不多。从时间上不多，所以经常要等；从空间上也不多，所以要耐心寻找。要想有专业投资者的心态，先改变内心的结算周期，不要为每天都有的小收益沾沾自喜，不要为找不到小收益惴惴不安。

还有就是用希望替代理性。希望给人们的生活带来欣慰和遐想。然而，在证券投资中，如果投资者试图以希望作为其投资出发点的话，所带来的不是欣慰，而是一系列财产的损失和灾难。在分析未来市场的时候，希望常常有重要的影响，但不幸的是，希望只能使健全的判断受到歪曲或含糊不清，只能招致更大的损失。在某种意义上，希望的牺牲者在心理上总是力求让市场符合其欲望，而不是根据对市场的正确评价来制订客观的计划。从这点来说，本书的策略投资分析体系也仅是一个体系，需要多角度多层次客观分析，但是根据我的经验，很多投资者不基于客观情况，而是主观就赋予了希望。

上述仅是研究典型普通投资者的情感过程。但是，投资者也并非孤立的存在，在社会经济活动中，人们的思想情感往往受到社会上他人的思想情感的影响。

人类最为明显的特征是作为群居性动物而存在，我们的行为和个性都是由我们所属的群体塑造而成的。群体心理是指群体成员在群体活动中共有的，有别于其他群体的价值、态度和行为方式的总和。群体心理不是独立存在的精神体，但又体现在群体现象之中。

法国学者旁勒比较集中地研究了群体心理现象，并以法国大革命时期群众运动的例子论证他的理论观点。如同个人有精神一样，群体也有精神，即“集群心”。所谓“集群心”是指不受个人意识支配的精神体，这种精神体笼罩着群体行为，具有匿名性、情绪感染性、暗示感受性。群体是受集群心支配的感情现象，这种集体心理可以使人们表现出种种不合理的行为，而且，这种集群心理相当盲目迟钝。任何一个人，只要在群体之中就会丧失理智，盲目追随群体，并难以控制和制止，做出一些他自己在单独情况下从来不会做出的行为。由许多个体聚集而成的集合体，还容易产生相当一致而无意识的集体幻觉，在这种幻觉的支配之下，群体当中的个人，会有一种力量十分强大的感觉，他们很容易接受社会传染，并有模仿别人的倾向，也很容易受到他人的暗示，使理性的判断力降到最低点。

股票市场具有典型的群体“情绪”现象。包括：

1. 流言与暗示

流言是一种普遍的社会心理现象，流言通常没有什么确切的依据，而在人群中相互散布，传播一种特定的信息。流言发生和传播有三个条件：第一，在缺乏可靠信息的情况下，最容易产生流言；第二，在不安和忧虑的情况下，会促使流言产生和传播；第三，在社会面临某种危机，比如出现自然灾害、经济恐慌、社会动乱等，这时候人们的情绪变得激动不安，出人意料的事情不断发生，正常的信息渠道可能中断，流言也就容易传播。

流言重复广泛传播，并且具有消极影响。据说德国纳粹的宣传部长戈培尔有一句名言，谎言重复一千次即成真理。把“谎言”换成“流言”，也差不多。

流言在股票市场有最广阔的用武之地。现在互联网“股吧”是传播流言的重要场所，并且很多传播的流言说的煞有介事，经常对股价造成影响，这使得国内不少上市公司动不动就发布“流言澄清公告”。

股票市场中出现的暗示现象，主要是一种社会暗示，它是在特定的社会环境中，通过人们之间的相互影响实现的。股票市场是一个高风险大众参与市场，置身于其中的投资者对信息十分敏感，每时每刻都有各种各样的消息，传入投资者的耳中，从而对投资行为产生影响，这些往往是通过暗示作用实现的。有时候，投资者之间不经意说过一句话，也可能对他人产生强烈的暗示作用。

普通投资者经常研究那些吸引他们注意的股票，但是注意力是一种有限的资源，由于大多数投资者关注的是同一资源，比如同一只股票软件，大家都看当天涨跌幅排行的第一列，大家都去某固定的财经资讯网站，因此，大量的投资者就追逐少量的被新闻屡屡提到的、或者在涨跌停板前列的股票。我认为这是一种“被暗示”。

专业投资者不会出现这个问题。不过专业投资者往往会利用普通投资者的这个认知缺陷来图利，比如涨停板敢死队。有研究可以证明，在上海证券交易所，普通投资者是那些在股票价格达到涨停板之后一天购买股票的纯粹买家。在那些天里，第一次购买股票的买家比平时买入更大比例的股票。普通投资者购买的这种效应是转瞬即逝的，随后在 10 个交易日内，恢复到预先确定的每日交易水平。研究人员指出，通过利用这种临时的股票价格上涨和需求猛增，一小部分专业投资者在普通投资者亏损的情况下实现了盈利。在纽约股票交易所和东京股票交易所，研究人员也发现了上交所类似的模式。

2. 群体心理感染效应

群体心理的感染效应是指群体的个人受到群体的影响，不由自主地产生相应的情绪反应，而且，这种情绪会在群体中相互传染。感染效应的实质是群众模仿。可以分为两种情况，情绪感染和行为感染。情绪感染是指群体情绪趋于一致的现象，比如观看足球比赛的时候，球迷会被赛场气氛所感染，而做出一些非理智的行为。情绪感染可以相互加强。在行为感染中，动作从一个人传到另外一个人，以致形成群众性行为。

股票市场的投资集群组成的是一个相对无序、心理嘈杂的群体，由于大多数投资者缺乏自制力、自主性以及输赢不计、处变不惊、不以物喜、不以己悲的超脱情怀，因此面对股市变化，投资者情绪相互感染，引发共鸣实属必然。当股市中多数人都对后市表现出浓厚的乐观情绪的时候，很少人能够抵御这种影响，而不被传染。市场交易气氛影响投资者行为，投资者行为反过来又影响股价的效果。在股市中，感染效应使得个人判断常常被群体的影响所淹没，从而失去独立思考和理性判断能力，最终导致盲从。很多投资者往往会做出违反其原来意愿的买卖行为，这是受到投资气氛效应影响的结果。比如，投资者本来决定要买入股票，但是由于当时股市一片卖声，受到其感染，可能其不但没有买进股票，反而将手中持有的股票给卖了。

投资者的感染效应也是不由自主追涨杀跌的一个重要心理因由。在感染效应的作用之下，人们相互之间的情感影响会经历着多次的相互强化，体现在走势上就是行情上涨的时候心情更乐观，行情下跌则更加悲观。所以，大众心理对股票市场行情具有乘数效应，对股价的涨跌有催化和加速作用。

3.时尚与流行心理

在投资界，有一种说法，市场中的热点转换就像服饰的变化那么经常而迅速。这其实就是大众时尚或流行心理的一种反映。社会心理学所说的时尚是指一种群体性的心理现象，表现为群体的成员在短期内纷纷追求某种生活方式，并以此获得满足。

时尚具有以下特征，第一、新奇性。这是流行现象的最显著特征，不过新奇性并不在于流行的事物多么新奇，而主要取决于当时人们的认识和感受。有的事物也许很早就曾经出现过，但是没有引起人们的注意而已。第二、时效性。流行的东西往往表现为突然迅速的扩展和蔓延，又在极端的时间内消失。第三、周期性。很多流行的现象都具有周期性的特征，今天看起来时髦的东西几个月后也许就变得过时；而今天看起来是陈旧的事物，若干时间后会被当作时髦之物。所以说华尔街没有新事物。美国学者研究女性时装的变迁，认为时装的变化大约每5～25年出现一个循环。第四、极端性。流行项目的变化总是从一个极端到另外一个极端。就服装而言，长到极端必会到短，短到极端必会到长，宽到极端必会到紧，紧到极端必会到宽。第五、标杆性。如果某一种流行发生在权威上，则流行速度更快。

关于标杆性，我们在2009年年底，研究了一下A股的名人效应。所谓名人效应我们认为指的是股价只是因为公司暴出可能与某些有名人士沾边，投资者为了追求“时尚”，而把股价抬高使其突然脱离了原有的运行区间。

根据我们的整理，似乎名人效应有三种。一种是名人本来就在资本市场上持续享有擅长选股的名声，能够享有这个地位的人不多，只有最牛的股神——巴非特和最牛的基金经理——王亚伟。但是波及范围相当广；另一种是由于投资者相信某些名人可能享有普通投资者无从知晓的信息，但这种情况比较少，毕竟有相当大的内幕交易的嫌疑；情况最多的属于第三种，即介于前两种间，包括了各种享有“民间股神”、“最牛散户”这类头衔的一群人，由于并非持续公开暴露在资本市场的聚光灯下(是否真有其人都无从知晓)，无从分清跟风者是信奉其选股才能还是相信一些其他原因(图9-6～图9-9)。

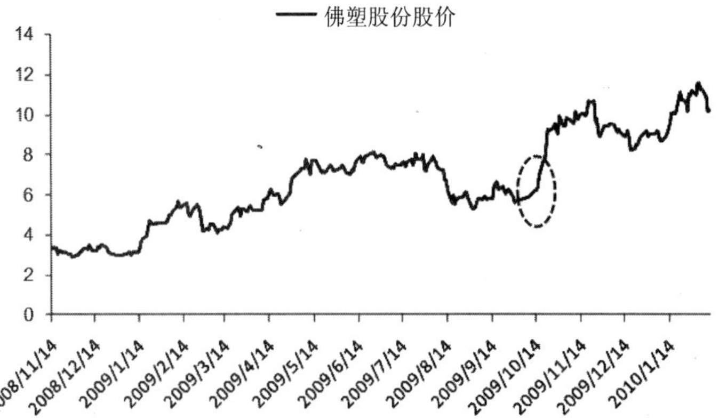

图9-6　比亚迪自从有巴菲特加盟后本身也成为资本市场关注的焦点，佛塑股份联手比亚迪投资动力电池的消息很早就有了，但是在公司公告增资项目之前，股价还是有了剧烈的反应

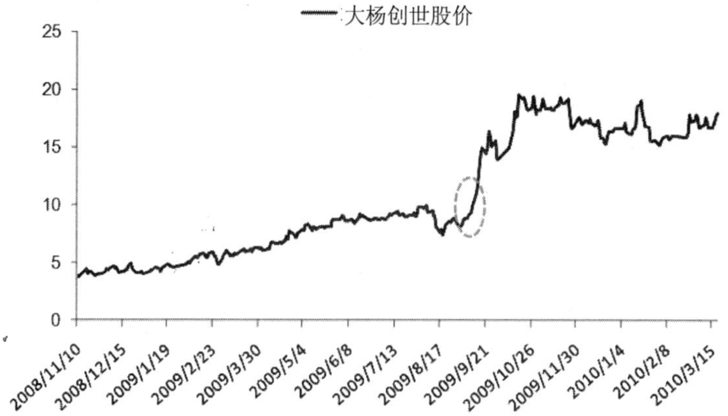

图 9-7　作为为巴菲特定制西装的服饰品牌，大杨创世是另一个名人效应的典型代表

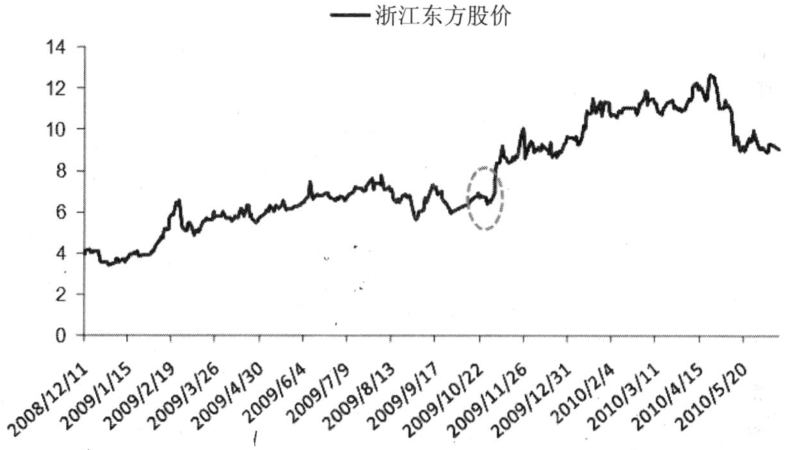

图 9-8　其实我们隐约觉得浙江东方是沾了一点先前华谊兄弟演绎的演艺圈红人转型成为资本市场红人的光……

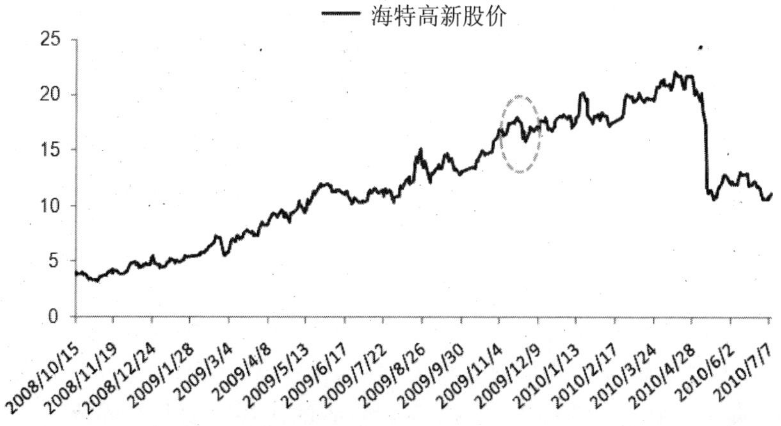

图 9-9　王亚伟也已经成为了资本市场的投资主题之一。海特高新 2009 年 11 月因为王亚伟效应创出年内新高

4.从众心理

人类基本上都自然地具有一种心理倾向，即被大家所公认的，个人也乐于接受。比如法国学者旁勒就认为集群行为的特征是原始的、动物性的、无意识的种族特征的混合物。有三种因果过程决定了集群行为的特征，第一是个人在集群中会感到有一种不可克服的力量使自己屈服于本能；第二是感染；第三是暗示——后两者已经探究过。

群体的讨论可以使群体多数人同意的意见得到加强，使原来同意这一意见的人更相信意见的正确性。在日常生活中，人们常常面临两难抉择的情境。哈姆雷特的一句名言就是：生还是死，这是一个问题。在证券投资中，投资者常常面对的一个问题是买还是卖。这种情况是如此普遍，以致经常使投资者在面临抉择之际左右为难，社会心理学家将这些问题称之为冒险决策。研究表明，人们在独立进行决策时，愿意冒的风险较小，而如果改由群体共同决策，则最后的决定回避个人决策有更大的冒险性。个人单独决策，需要有70%的成功把握才能够进行投资，而群体决策行为的决定把成功的可能性降到了50%。社会心理学家在美国、加拿大、德国、英国、以色列等不同国家进行研究，都发现了这种冒险性转移的现象。

群体在进行决策时，人们的思维会倾向于追求一致，这就是从众效应。股票市场就是一个大众聚集场所，投资者经常以他人的行为作为一种社会参考。一个经典笑话就深入揭示了这种现象：

一位石油勘探者准备进入天堂的时候，圣•彼得拦住了他，并告诉他一个非常糟糕的消息：“虽然你生前的善行足以让你有资格升入天堂，但天堂里可以居住的地方已经爆满了，我无法把你安插进去。”这位石油勘探者听完，想了一会儿后对圣•彼得提出了一个请求：“能否让我进去跟那些住在天堂的人们讲一句话？”在得到同意后，这位石油勘探者就对着天堂里的人大喊：“地狱里发现石油了！”话音刚落，天堂里所有听到这则消息的人都蜂拥奔向地狱。圣•彼得看到这种情况非常吃惊，并请这位石油勘探者进入天堂居住。但这位石油勘探者迟疑了一会儿说：“不了，我想我还是跟那些人一起到地狱去碰碰运气吧，没准儿真有石油呢。”

四、总结

因为天性内向和厌恶与人“博弈”，我属于并不愿意猜测别人心理的人，因此对心理学和心理分析没有什么深入的认识，仅是阅读了大量相关的书籍。不过我最重要的认识在于，股票市场中，心理分析还是极为重要的，特别是认知分析与市场的关系。

心理过程受制于一个社会的文化传承和社会的背景，同时心理过程的两个方面对证券市场至关重要，一个是认知过程，一个是情感过程。认知过程涉及对投资圈的看法，需要建立起看法以及看法与基本面结合的一些模式。情感过程一方面涉及人的共性负面情绪研究，比如贪婪和恐惧，并且市场作为大众心理的集合，大众心理的一些特征也值得关注。

下面一些书值得阅读：《乌合之众——大众心理研究》、《逆向思考的艺术》，《金融市场心理学》、《股市心理学》、《中国人的气质》(当然这是外国人研究中国人的书，关于中国人研究中国人性格的书有很多，都可以作为投资者自省的读物)、《探索智慧——从达尔文到芒格》、《制度分析基础》、《制度分析基础讲义 I》、《制度分析基础讲义 II》等等。

第十章 投资历史研究

获得投资经验有四种方法，理论方法、统计方法、历史方法和实践方法。对于大多数投资者来说，获得投资经验主要是通过实际操作，这当然是必须的，也是最重要的经验获得方法。但是实际操作经验存在时代背景偏差，并且实际操作获得的经验仍然远远不够，特别是对于经历少于一两轮股市周期的投资者来说。

因此，除了实际经验外，投资者需要另外的学习。好的研究方法讲求的是历史和逻辑的统一，因此在培养投资素养和知识的时候，投资者不仅需要掌握分析的技巧和了解当下的知识，还要学习历史。这个历史不仅包括政治军事的历史、社会思想的历史、宏观经济的历史，还包括证券市场的历史，以及证券市场中的人，也就是投资者的历史。学历史就要阅读大量历史研究书籍，把历史经验与自己的实际投资经验相互验证，则相当于站在巨人的肩膀上看问题。

对于投资者来说，读史的益处可分为四种：

一种是经验重复。研究历史的一个信念是“华尔街没有新东西”，“历史总会重演”。比如在《华尔街精神》中，列维发现每个牛市到后来均出现类似的现象，比如保守的基金经理甚至被解雇之类，列维看到信号重复出现，就在大家都狂热的时候，已经开始为未来的熊市做充分的准备了。投资者仔细读历史的话，可以看到很多重复的现象，透过这些现象可以看出一些关于未来的门道。同样，美国证券历史走过的道路，你在中国证券市场会发现没有太多的不同，这样，面对同样的局面，才容易心中有数。

一种是开阔思路。很多投资上的事情，你不看可能就怎么也想不到。比如《对冲基金风云录》的作者巴顿比格斯就说过：我们都是牛市的孩子。在牛市成长的投资者，如果不去读熊市史，其投资不完整，并且出现熊市后或许难以应对而招致失败。

一种是少走弯路。你经过长时间思索得出来的结论可能和过去的投资大师得出来的差不多，甚至可能还不如他们总结的透彻深刻。比如即使你去调研过很多公司，但是对公司的研究体系和深度可能远不如巴菲特、费雪等总结的那么深刻，通过阅读他们的思想，自己的认识可以升华。

一种是掌握规律。分析技术的逻辑基础都是对历史数据以及历史数据之间的逻辑关系进行归纳并外推演绎。比如，欧奈尔对历史规律的总结是，最好的股市表现的平均时间一般只能持续一年或者一年半到两年，一些股票也可以持续 3 年，只有很少股票可以持续 5～10 年。真正的股票领涨股一旦见顶下跌，会大幅度下跌，平均跌幅会高达 70%。

不过，研究历史涉及历史观，有很多历史哲学的书对此进行研究。除此之外，《黑天鹅》一书的新历史观值得关注。书中认为历史背景很难被全部认知，历史出来的均是结果，就好比烧的菜一样，你喜欢餐馆里一盘色香味俱全的菜，想回家自己做着吃，但是你并没有见过厨房里的烹制过程，没有厨师可问，只好通过边吃边琢磨来试图复原过程。而在这个过程中，人类思维会犯三个毛病。第一个是自以为是，人们以为自己知道当时错综复杂的历史背景；第二个是事后诸葛亮，使得历史总在事后被总结得很有条理和清晰；第三个是理想化，历史被“柏拉图化”了，而真实历史未必就是那样。一个典型的例子是近些年流行的穿越类小说，基本都是现代人的思维演绎而并不清晰的古代故事。

新历史观还包括一个重要的观点是，历史不仅会缓慢爬行，还会跳跃。跳跃往往是很难分析的。但是我们的头脑是非常了不起的解释机器，几乎能够从过去所有的事物中分析出道理来，并且能够对各种各样的现象罗列出各种解释。类似的是，有学者研究认为如果错过了过去 30 年股市 10 次当天最大涨幅，则一定会远落后指数。

另外读历史还遇到的一个问题是忽略了幸存者偏差。比如，一本书总结了过去 40 年的大牛股，并进行了分类，试图发现一些规律，但是我发现这些规律有事后诸葛亮的成分，站在事先，这些规律可能会遇到问题，比如零售类股票，事后看沃尔玛成为巨头。但是在 30 年前，根据这些规律，可能并不能选出沃尔玛这只股票。

另外，总结也会遇到很多问题，主要是时代背景问题。比如我们经常总结上一轮市场的走势来判断下一轮市场的情景。须知，从更长的历史阶段来看，在美国，一个本轮行情的领涨股只有 12.5%的概率仍然成为下一轮行情的领涨股。时代背景在发生变化，总结过去几年最牛的股票是地产股的话，不能推导出未来最牛的股票还是地产股。

还有就是历史局限性问题。参与历史的人可能熟悉当时的情况，但是本身存在着历史认知的局限性，而后人尽管没有历史局限性，但是又缺少当时那种情景的感知。因此，对于历史的描述，可能存在遗漏。当我们回望历史的时候，历史是模糊的，你看到的仅是结果，一个点，但看不到导致历史事件发生的幕后原因，因此很容易对这类事件的把握就有片面性。比如日本如何在第一次石油危机后成功进行了产业升级就让人困惑。我们现在看到的是其成功的历史，但是其具体的演化过程在历史学家以及当时亲历者的种种解释中出现了不同的角度和原因，或许有些可能是错误的解读。这在历史研究中非常常见，很多时候，事后的解释观点过多，使得读者无法确定哪个是真正的因果关系。很简单的一个例子是中国社会为什么在历史上没有转变成资本主义，关于这个争论就有无数种，见《兴盛与危机》一书中的介绍。

本章分三部分，一部分举宏观历史的例子，一部分举证券历史的例子，一部分谈论证券人物。对于投资者来说，面对一个宏观背景和一个宏观事件，能够有效地把相似历史背景和历史事件进行对比非常有帮助；了解证券指数走势的历史，可以了解指数涨跌的背景和契机，如果出现类似契机，就会有效把握；向伟大的投资者学习则可以少走很多弯路。

一、宏观历史

社会背景对于证券市场至关重要，宏观经济背景、文化思想背景等都很重要。而社会具有历史传承性，因此这些历史都不能忽视，比如《20 世纪思想史》研究的就是整个 20 世纪思想领域的变化。对于研究社会思潮来看，如果读书读的足够多，你会发现很多有趣的细节问题，比如，你会发现德国很少出现泡沫，我认为这和“社会思想”和“历史传承”有关，看经济学就可以看出端倪。比如德奥学派的经济学家很重视生产过程的研究，而英美学派的经济学家很重视交易过程的研究，比如读《美国工业化时代的政治经济学》，就会对其他正在工业化的国家有借鉴意义。

对于宏观经济的历史，有很多历史可以读，包括全球的和各国的经济史。不过，我们强调读宏观经济史的重要性，但是不能简单进行中外比较、古今比较。

历史需要放到一定高度才能认识清楚，这非常难。比如2007年的次贷危机，我就找历史经验，首先选取的是美国20世纪90年代的储贷危机，我认为非常像。美国储蓄贷款协会是在政府支持下专门从事储蓄和住房抵押贷款业务的机构。20世纪50～70年代，美国住宅市场需求旺盛，储贷协会渡过了发展的黄金期；到20世纪70年代末期，由于持续高通胀推动利率走高，储贷协会的大量低利率贷款资产价值缩水；到了1980年，美国政府取消了对存款利率的限制，金融机构间的激烈竞争导致存款利率的上升，在双重挤压下，大量被过度保护的储贷协会相继破产；到了1989年，一直苦撑着储贷协会的联邦储蓄贷款保险公司破产，意味着储贷危机的正式爆发。美联储开始救助，流动性很充裕，股票市场并没有大幅度下跌，然后危机解决，市场继续向好。

2007年的次贷危机与1990年的储贷危机最为类似。从危机的根源来看，都是因为金融机构房贷经营不当，产生了流动性风险，并通过信用的放大效应影响地产市场，财富的缩水降低了消费，进而形成衰退。而从房价的表现也可以看出，无论是名义跌幅还是实际跌幅，次贷危机与储贷危机也很类似。但是随着认识的深入，我，包括市场，站在更高的历史高度，才发现次贷危机可能是类似1929年的大萧条。对于世界工厂中国来说，大萧条会比美国的服务型经济更为敏感。因此2008年，中国股市跌幅大于美国股市是可以理解的。

无论如何，通过熟读历史，发生了的次贷危机的“新情况”可以被以前的经验所借鉴，即使有时“类比”出现些许问题，但是仍然对投资和当时情况的认识起到重大帮助。比如，在发生次贷危机后，如何确定对国内经济的影响以及国内的政策措施，也可以找历史作为借鉴。比如1998年的亚洲金融危机，我们就对比了1998年和2008年的经济形势(表10-1)。

表10-1　1997～1998年与2007～2008年的经济形势综合对比

	1997～1998年	2007～2008年
外部冲击背景	亚洲金融危机	美国次贷危机
外部冲击性质	制造核心国相互间的供给端挤压冲击	消费核心国发生调整带来的需求端“再平衡”冲击
外部冲击影响	总需求仍在，一年间人民币变相升值14%，出口增速滞后半年出现负增长	总需求萎缩，一年间人民币升值14%（累计升值21%），2008年10月出口增速仍有19.2%，仍有较大下滑空间
外部冲击持续时间	以经济先行指数衡量，下滑时间持续18个月（1997年1月至1998年7月见底）	从2007年8月开始下滑。但参考20世纪80年代末美国“再平衡”经验，“再平衡”过程持续48个月（1987年3月至1991年3月）
所处的经济周期位置	经济已处于持续滑落中，外部冲击雪上加霜，民众困苦	近10年来的景气高峰出现拐点，下滑速度快、幅度大，民众惊愕感大于困苦感
经济结构	最终消费占比超过50%	消费占比下降，资本形成占比上升，重工业比重上升，经济周期性有所加强。加入WTO，出口依赖度上升

续表

	1997～1998年	2007～2008年
外部冲击背景	亚洲金融危机	美国次贷危机
国家财力	财政略有赤字，外汇储备约1500亿美元	2007年财政实现盈余，外汇储备近2万亿美元，政府财力较充裕
微观企业	最困难，2/3的国有企业亏损，全部国有企业的利润总共才213.7亿，大量工人下岗，企业丧失自救能力	企业盈利能力和经营效率出现结构性进步，这有利于企业抵御经济波动冲击，增强了整体经济的韧性
物价环境	通货紧缩	通胀大幅回落
支柱产业	房地产、汽车正处于起步阶段，启动潜力大	房地产、汽车行业自身面临调整

经过比对，我们认为，外部冲击性质具有根本不同。这次是总需求萎缩下的“再平衡”冲击，再加上经济结构本身的周期性加强，经济景气从峰值拐点处下滑，部分拉动作用较大的产业面临调整，使中国经济2008年所面临的挑战，以及经济调整可能持续的时间都要超过1997～1998年。

更为重要的是，“再平衡”冲击要求中国经济增长方式和经济结构进行根本性变革。外需收缩导致制造国产能过剩的压力，必须通过内需消化。经济结构中，消费的比重逐渐上升，投资和出口的比重下降。有利的因素在于政府财力增强，微观企业经营效率提升，通胀回落为政策放松带来空间。

在这种情况下，我们可以得出(2008年下半年)，最终凯恩斯式的刺激经济政策一定会出台，同时国家也会出台重大的对中国经济经济增长方式和经济结构进行根本性变革的政策。

面对经济周期的时候，投资者可以总结历史上的周期表现，面对结构转型的时候，投资者也可以参考其他国家历史上转型的成败以及对股市的影响。

二、证券市场史

证券市场的历史并不长，并且主要的历史书籍记录的也均是美国证券市场的历史。研究证券市场史包括两方面的研究，一方面是市场本身的研究，另一方面是市场背景的研究。

很多杰出的投资者均对证券市场的历史走势及其背景了如指掌，比如吉姆•罗杰斯。他是这么说的：

“我记下各市场过去所发生的所有重大变化。当我在教学时，学生总是为我能说出各个市场过去重大走势变化而感到惊讶不已。我之所以能记下这么多东西，完全是因为我多年来熟读商品、债券、股票等市场过去的资料。例如，我知道棉花市场在1861年进入多头市场，价格从0.5美分涨到1.05美元。我会先观察市场过去多年走势图中的异常现象。例如发现类似于棉花市场1861年的走势，我就会问自己：‘是什么因素使得走势如此？当时到底发生了什么事？’然后我就开始寻找答案，从寻求答案的过程当中，我可以学到许多东西。

“事实上，我在哥伦比亚大学开了一门课，这门课是要学生去寻找市场过去的重大走势变化。学生称这门课为‘牛市与熊市’。我要求学生告诉我，如果处在当时，要根据什么才能预知这个大行情的重大变化。例如橡胶价格在2美分时，大家会问：‘橡胶到底要到什么时候才会开始上涨?’然而它的价格后来竟上涨了20倍。于是我会问学生：‘如果是你，你怎么知道橡胶价格会大幅上扬?’学生也许会回答：‘我知道橡胶价格会大涨，因为当时即将爆发战争。’然而我会追问：‘你怎么知道当时即将爆发战争?’我就是以这种透过对历史的理解，教导学生分析市场走势。

“我曾经研究过数百个，也许数千个多头与空头市场。在每一个多头市场中，其行情上扬总是有原因的。我记得曾经听过无数次这样的谈话：‘这个市场将呈现供过于求’；‘这一回情势会有所不同’；‘油价会涨到每桶100美元’；‘黄金与其他商品不同’，这其实是一种循环。当市场行情在极低点时，有一部分投资人会因为其过低而开始买进，行情于是回升。然后，由于其基本面或技术面看好，买进的人日渐增加，因此促使行情维持不坠。接下来，投资大众看大家都进场买进，生怕自己没抢搭上这班利多列车，于是纷纷跟进。”

罗杰斯喜欢研究“契机”，举过一个案例，他是在1982年底买进联邦德国股票的，然而联邦德国股市早在该年8月份开始迈向多头市场。不过，更重要的是，联邦德国股市自1961年以来，便没有出现过多头市场。在1961～1982年的21年间，联邦德国经济持续蓬勃发展。因此，基本上，联邦德国股市已具有介入的价值。不论是买进或卖出，罗杰斯总会先确定自己不会赔钱。只要买卖标的确实有其价值，即使判断错误，也不致亏损太多。

任何重大事情的形成与发生，总是需要催化。当时，联邦德国股市的催化因素就是联邦德国大选。罗杰斯预测当时执政的社会党将被反对党基督教民主党击败。基督教民主党早已拟订了一套刺激企业投资的计划。罗杰斯的想法是，保守的基督教民主党如果在经过多年挫败后，终能赢得大选胜利，就一定会从事一些重大的经济改革。罗杰斯也发现，联邦德国有许多企业由于预测基督教民主党会赢得大选，因此在1982年都暂时停止资本及设备方面的投资。由此看来，假如基督教民主党真的赢得大选，企业的资本投资势必会呈大幅扩张。结果在基督教民主党赢得大选的当天，联邦德国股市就告大涨。

对于研究证券走势来说，最好的方法就是把美国股市100多年的走势和当时历史对比研究，把中国股市20年的走势和当时情况对比研究。而对于阅读来说，两本书值得推荐，一本是《似火牛年》，讲述了20世纪华尔街的10个牛市，这本书指出，精确地估计股市的未来是一个很不切实际的目标，但是，通过考察历史可以得到一些线索，从而有助于估计下一次股市机会的到来。为了寻找这种线索，该书对20世纪10个最佳年份做了尝试性的考察，从而证明确实存在着一些共同之处。另外一本书是《大熊市启示录——剖析华尔街四次见底》。传统观点认为，市场出现严重衰退后就会见底，这就是毕生难求的进仓机会。但是正如该书作者所述，大熊市有着很长的周期。确定价格是否严重低估的关键就是，在系统内寻找“股价涨幅落后于经济和收益增长步伐的时段”。例如，当1921年股市见底时，道琼斯工业平均指数甚至低于22年前也就是1899年的水平；但当时名义GDP增长了383%，调整通胀后GDP增长了88%。与此类似，1982年8月道琼斯指数并不高于1964年4月的指数，在调整通胀后实际下降了70%。根据该书作者所述，1982年8月是20世纪购买美国证券的第四个大好时机，其他三个时机分别是

1921年、1932年和1949年。该书作者所传递的重要信息就是：从价格高估到价格低估往往需要很长的时间——一般为14年，股价较低时也许并不是购买证券的最佳时机，更为重要的是证券价格的真实水平以及预示股价走低的各种价格指数。所以，尽管1974年12月9日道琼斯指数暴跌至570点以及1982年8月9日暴跌至769点，但是与1974年见底时相比股价实际下跌了15%。投资者试图将市场见底与股民的悲观情绪、恐慌和相关行业内公司的破产以及弥漫的负面情绪联系起来。但是该书作者提出了另一个观点，认为股市见底将带来6～9个月的经济恢复期，而新闻报道普遍认为市场见底时股票都是看跌的；该书作者经过研究表明，经济复苏和积极的新闻使得20世纪四次股市反弹持续了好几个月。对我来说，这是第一本以审慎的眼光追踪100多年间美国股价在低估和高估之间波动的书籍，这本书提供了很多引人深思的观点。

对于香港股市，可以推荐的书籍有《香港股史(1841～1997)》，读者也会发现，2007年牛市最疯狂的时候，和香港之前的牛市见顶没啥区别。

有些书描述的仅是断代史，比如《1907完美风暴》描述的是1907年前后的美国股市背景，《戈尔康达往事》则是1920～1940年的美国股市，《浮华时代》研究的是20世纪20年代美国股市的疯狂，《1929年大萧条》等书讲述的是大萧条前后的美国股市，《沸腾的岁月》、《超级金钱》则是美国20世纪60年代股市的情况。有些书间接描述了股市情况，比如《财富引路人》等等。

通过阅读历史，你会发现各种投资思想的差异，比如《投资存亡战》作者杰拉尔德•勒伯，怀疑存在“对长期投资有效的方法”，他说，“短时期内，以40美元买入一只股票，在100美元时出手，这样要比只是花40美元买入而不再调整安全很多”，这些“频繁的操作”能让投资者得到“内心的平静”。

与巴菲特成长的年代不同，勒伯大部分投资生涯是在波诡云谲的熊市渡过(勒伯因此将股市比作战争)，因此勒伯详细描述了长期熊市如何影响股民，如何影响他们的心理和行为习惯。勒伯的重要而又与当今主流投资理念格格不入的思想是高度重视选时。

勒伯能代表20世纪30年代主流思考者是怎么想的。假如你从1900年开始投资到1932年结束，一定不会赞同股市可以获得长期收益的说法，这是你30多年投资实战的经验总结。同样，你1929年投资至1950年结束，我想结论也差不多。这或许就是勒伯的理论与当今流行的长线价值投资理念有巨大差异的原因——时代背景不同，也是巴菲特的老师格雷厄姆为何成就远不及其弟子的重要原因(图10-1)。

图10-1 道指20世纪前后50年的走势

勒伯高度重视选时，他甚至认为从一开始交易起就应该明确择时卖出是最好的办法。以下给出几个实际案例，说明为何择时如此重要。先看看这段时期美国股市整体情况，可以看出，尽管1929年后，市场没有再创新高，但其间经历了两轮牛熊转换，估值水平在7～17倍市盈率之间波动(图10-2)。

最好公司的股市表现。杜邦公司曾被公认为是成长最快的个股，而且与最好的防守型投资形式——美国政府债券相对应，成为最好的直接投资形式。大体上说，杜邦的收益情况反映了整个国家经济的繁荣(甚至超过)，通过这个具有代表性的个股，能够反映出何时市场情况最好。但即便是最好的股票，如果在错误的时机和错误的价格买入，必将损失惨重。杜邦的案例似乎证明：投资者如果买入类似杜邦这样的绩优股，只要坚持到底就行了(大概20多年就够了！)。但是，现实和理论完全是两码事，一旦突发变故，人们肯定会卖掉股票。而且，在股价跌到谷底时人们总是很悲观。人性本来如此，如果一个人在错误的时机买入了一只股票，那么他很容易就会怀疑自己出错了，然后又在错误的时间卖出，至少绝大多数人是这样。因此，投资股票，即便是最好的股票，也必须要有非常好的判断才能成功(图10-3)。

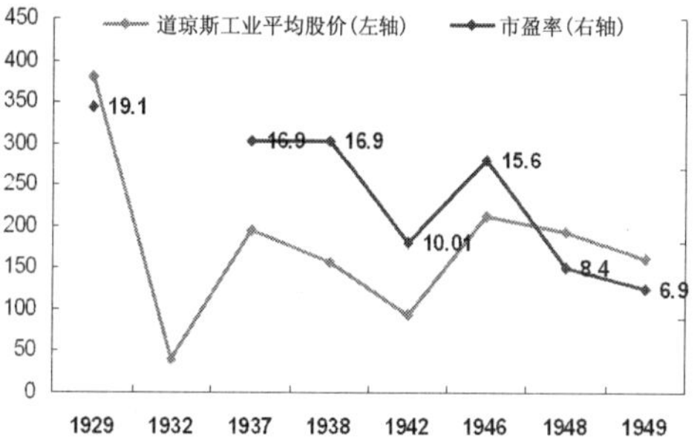

图10-2　道指基本波动情况和市盈率

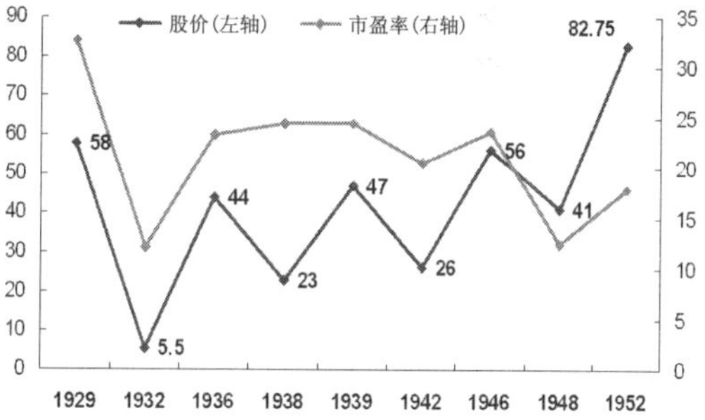

图10-3　杜邦公司1929～1952年股价和市盈率

最有成长性公司的股价表现。当市场没有被超低估时，成长性是非常重要的。道格拉斯航空公司是说明如何利用新兴产业成长来赚钱的非常好的例子。1929年，它的股价为23美元，当然，1932年也随着大盘跌到低点，但1935年就恢复到1929年的水平，而它的收益真正增长是在1940年后。道格拉斯的最高股价出现在国家军费最高时，而不是收益达到最高时。1947年当收益低迷时，它的股价也随之下跌，而且价格也随着大盘的低迷而走低(图10-4)。

蓝筹股陷阱的例子。很显然，真正的蓝筹股都是众所周知的，因此，投资者必须把重点放在实际的选择上。人人都知道通用汽车是家好企业，但是很少有人知道何时买入、何时卖出。成为好公司不能阻止它的收入、红利、股价发生较大涨跌。基于此，勒伯认为在正确的时机买卖那些毋庸置疑的好公司的股票，所冒的风险小之又小。相比较，专门去分析公司或者试图发掘一个新的未经证明过的投机对象要危险得多，尽管这些对象有可能逐渐为大众所了解，而且让成功变成现实。比如国际镍业公司是1937年的大牛股、抵御恐怖战争和通胀保值绝佳品种，其估值溢价程度也同样令人恐怖，如果时机把握不好，再可靠、上涨趋势再明确的股票都可能带来亏损(图10-5～图10-7)。

证券市场不仅包括走势的历史，其他方面的历史也值得关注，比如并购史、监管史、投

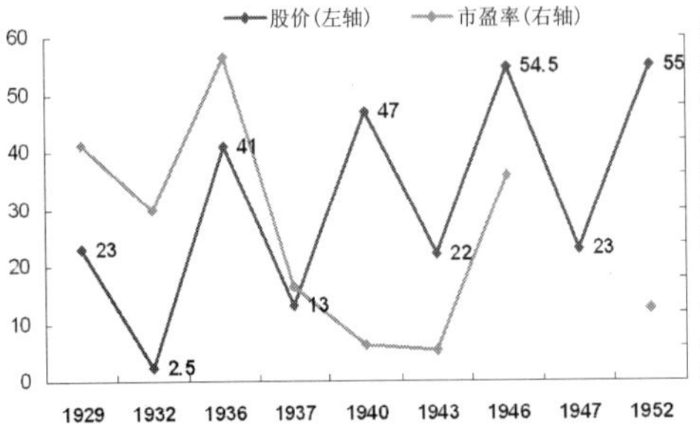

图 10-4　道格拉斯航空公司 1929～1952 年股价和市盈率

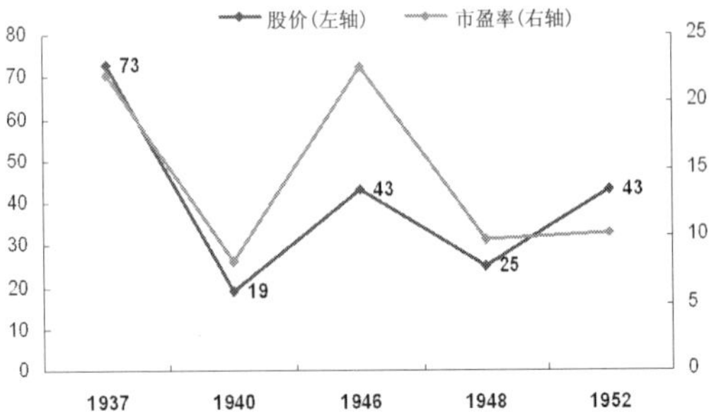

图 10-5　国际镍业公司 1937～1952 年走势和估值

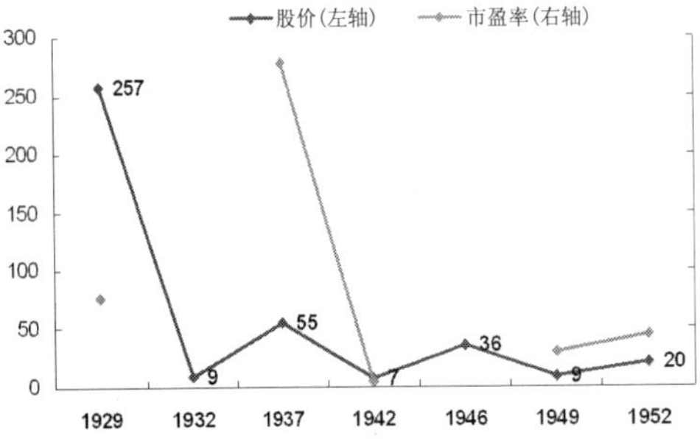

图 10-6　著名的蓝筹股陷阱：纽约中央铁路公司

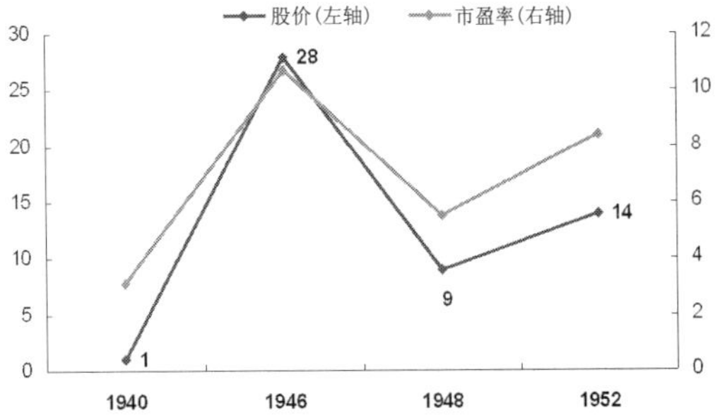

图 10-7　即使是“诸事皆佳”的时代华纳，其股票也会和大盘背道而驰

资银行史等。《华尔街的变迁》研究的是美国证券交易会 60 年家史。该书作者以史讲法，对美国证券交易会家史进行全面披露，以证交会的各届主席为主线，记述了证交会各个时期的工作任务和经验教训。比如，推动公司治理是证交会的主要贡献之一，证交会应该是“投资者的代言人”。这对投资者了解中国证券监管法律的走向起到很大帮助。

在美国证交会的历史上，作者认为，证交会与华尔街的斗争焦点，并不是《证券法》，而是《公用设施控股公司法》。该法的目的就是要打破此类公司的垄断。当时在杜勒斯律师的煽动下，许多控股公司硬是不到证交会登记。直到美国最高法院出来说话，通过电子证券和股票公司诉证交会的判决，明确表示支持证交会，各家控股公司才向证交会低头。

美联储对市场的影响更为重要。《美联储 50 年风云》讲述的是在过去的 50 年中，历任的美联储主席是如何在这个职位上利用学识和个性影响美联储决策的。

《华尔街投资银行史》则是讲投资银行业务的发展。很多投资银行都有自己的历史传记，比如高盛的、美林的，都值得读一读。另外，一些投资银行家的传记和商业银行的传记也可以读一读。

三、投资人物

研究历史，特别对于证券投资者来说，不能忽视的是向历史上和现存的伟大投资者学习。不过，如何判断谁是伟大的投资者，并且凭什么能够判断他的成功是依赖于能力，而不完全都是运气，这值得商榷。

有个很好的例子是，假设几千名驾车旅行者从洛杉矶出发前往芝加哥，随机选择他们各自的行进路线，他们不知道哪条路线中途设有加油站。事实上，只有少数路线设有加油站。那么，在芝加哥的观察者来看，那些最终抵达芝加哥的司机，是理性的，是成功的。可是，如果加油站突然改变了分布，即便是司机们的行为选择完全不变，我们在芝加哥看到的理性行为很可能有一个新的行为模式。很可能原来看起来不理性的司机们，现在变得非常理性了。

你按照生存下来的样本所显示的行为模式，判断符合这一行为模式的行为就都是理性的。但是，没准儿下一年这些理性的行为就都死了，没有办法生存了，因为加油站的随机分布突然改变了。从而，你曾经认为理性的样本，现在看起来根本就不是理性的。

因此，考虑到这个因素，投资者应该尽量选择在市场生存足够长的，经历过很多周期的，有自己明显投资风格的投资者去学习。学习他们，不仅要学习他们的传记，还要去仔细阅读他们的专著，学习他们的成功，也要体会他们的失败挫折之处。

读了很多关于投资大师的书，基本感觉是：投资大师们都有自己独特的投资风格以及与之相应的独特的投资经历。投资大师们在坚守自己基本投资理念的时候，在具体的投资环境中，能够因时而变，因势而变。投资大师们都清晰地了解自己的能力边界。投资大师们都乐于投资，平和看待得失，身体健康且长寿——长寿是必须的，否则没有了复利效应。

下文我列举了一些投资大师的经历和他们相关的传记或著作，或许并不全，但是具有一定代表性吧。

1.利弗莫尔

杰西•利弗莫尔是美国股票史上最负盛名的传奇人物，著名投资经典《股票作手回忆录》一书的主角。这位大炒家天赋异禀，并将稀有的才华不遗余力、百折不挠地倾注于激动人心的投机事业上，在金融市场上进行垄断、轧空、叱咤风云。他的投资时期主要是1900～1930年，曾经四起四落，他的操作经验至今仍为美国的许多职业交易大师所称誉。

关于他的主要传记是《股票大作手回忆录》，是投资领域的经典著作。该书详细讲解了他所身体力行的交易技巧和方法。正因为他是一位数十年征战于证券市场的实践者，写的又完全是自己的实践经验和教训，既讲解了他的实用理论，又介绍了具体做法，因此，该书具有完全不同于理论书籍的独特价值。读他的书，我学到了他看待市场的主要方法，比如，研究市场和股票的表现，分析领头羊板块，把握市场时机，资金管理，情绪控制，等等。

2.格雷厄姆

格雷厄姆是现代证券分析和价值投资理论的奠基人，对于许多投资界的传奇人物，如沃伦•巴菲特、马里奥•加百利、约翰•奈夫、麦克•普瑞斯和约翰•伯格等都产生深远的影响。1934年，本杰明•格雷厄姆与大卫•陶德合著的《证券分析》出版，奠定了格雷厄姆的“财务分析之父”的地位。

1926年，格雷厄姆联手创建格雷厄姆•纽曼公司。虽然格雷厄姆的个人资产在1929年的股灾遭受重创，但格雷厄姆•纽曼公司却幸存下来，并且开始不断成长。到1956年结束时，格雷厄姆•纽曼公司的平均年回报率为17%。格雷厄姆1948年创立的基金(GEICO)到1972年的24年里增长了超过80倍以上，年均复利增长在20%以上。

他的两部书算是股票投资的经典，一本是《证券分析》，也是奠定格雷厄姆声誉的里程碑。书中第一次阐述了寻找“物美价廉”的股票和债券的方法。不过我更喜欢的是其《聪明的投资者》一书。巴菲特说过投资者需要的是一种正确思维模式，其中大部分可以从格雷厄姆所著的《聪明的投资者》学到，然后用心思考那些投资者真正下功夫就充分了解的企业。如果投资者还具有合适的性格的话，其股票投资就会做得很好。巴菲特在纽约证券分析协会的演讲中还指出：“在《聪明的投资者》的最后一章中，格雷厄姆说出了关于投资的最为重要的词汇：安全边际。我认为，格雷厄姆的这些思想，从现在起 100 年之后，将会永远成为理性投资的基石。”

3. 戴维斯家族

斯尔必•库洛姆•戴维斯出生在美国伊利诺斯州皮若亚市的一个中产阶级家庭，和金融相比，他似乎更钟爱历史。1947 年，38 岁的他辞掉了纽约州财政部保险司的官职，拿妻子的 5 万美元用于投资，这成为了他人生的转折。凭借千锤百炼的策略和勤俭节约的风尚，从 20 世纪 50 年代的战后牛市一直到 20 世纪 80 年代，戴维斯积聚了一大笔财富。重要的是他还将成功经验传给晚辈，形成了子孙三代都是成功投资家的辉煌。

儿子斯尔必•戴维斯是在 20 世纪 60 年代的高投机行情下挑战华尔街的。他先是创办了一家小型投资公司，又接管了当时羽翼未丰的纽约风险基金，正是这一基金，在他经营的 28 年中，有 22 年维持了击败市场的表现。对抗 20 世纪 70 年代的通货膨胀可谓棘手之至，但他却毫发未伤。孙子安德鲁和克里斯在 20 世纪 90 年代成为王朝第三代掌门人，也都接受过专访。戴维斯王朝的建立源于“滚利机器”的信条和长期投资即一生投资的理念，经历了两度漫长牛市、两度猛烈、七度轻微的熊市、一次市场崩溃，以及 25 次大大小小的股价回落。除了一些访谈类书籍记录戴维斯家族的投资理念外，其家族整体的传记见《戴维斯王朝》一书。该书在很大程度上可以说成是华尔街在过去半个世纪里的真实写照，记载了美国史无前例且最为成功的投资家族之金融投资方法和理念。

4. 费雪家族

菲利普•费雪是我最喜欢的投资大师，也被市场誉为成长股投资之父，现代投资理论的开路先锋，华尔街极受尊重和推崇的投资专家。我认为买股票就是买成长，而费雪的《怎样选择成长股》恰如其分地对此进行了深刻的研究。另外《股市投资致富之道》是费雪《怎样选择成长股》的姊妹篇，也可以读读。

《怎样选择成长股》这本书我读了许多遍，甚至读坏了好几本。读一本书要知道这本书的写作背景，和我们目前国内投资者能够从中学到什么。费雪的投资能力在于选择股票，特别是制造业升级的成长股，因为他的黄金投资年代是 20 世纪 50～60 年代。那个时候，美国的工业发展如火如荼，很多工业企业不断进行技术升级发明新产品，费雪牢牢把握了其中的机会。而这之前则是美国经济周期的大波动，选股法不如分析经济周期。到了 20 世纪 70～80 年代，美国消费文化开始兴起，巴菲特牢牢把握了这个机会。不过风水轮流转，美国的经济结构也在发生巨大变化，在美国 20 世纪 90 年代和新世纪，最大的投资机会在于技术类股票。从国内目前来看，我们的产业变迁存在于消费升级和工业技术升级的双重作用下，因此国内的投资者都可以从费雪那里学到很多有益的东西。这是你把他的书和国内现实情况联系在一起的根本环节，也是读这本书时候要反复思考的问题。

当然，这本书的意义不仅限于现学现卖，非要立刻将其方法应用到现在的背景下。这本书的三个部分各有侧重，第一部分是投资的原则问题，比如什么时候应该买进，什么时候应该卖出等等，这是最基础的东西，任何投资者都必须去反复坚持的。第二部分是投资的方法问题，前面部分主要是分析企业的方法，也就是费雪所说的三个要素，第一个要素是企业的基本特征，第二个要素是企业的管理能力，第三个要素是企业的业务模式。其实这部分并不难，关键是熟练掌握。最核心的部分费雪花了三个章节讲述，把股票价格、市场预期以及基本面三者紧密结合在一起。如果你把这部分搞清楚了，你在投资层次上可以提高很多。所有的投资流派，上升到这个高度都会形成一致的意见。最后部分是必须读的，那是费雪的经验和哲学的形成过程，包括哲学的起源，从经验中学习，以及投资哲学的成熟。

老费雪的儿子，肯尼斯•费雪也是一位非常成功的投资家，著有《超级强势股》、《股票投资就三个问题》等书。

5. 纽伯格

美国共同基金之父罗伊•纽伯格有 68 年的投资生涯，其中没有一年赔过钱。我个人的感觉：这一历史恐怕会是前无古人后无来者、无人能够打破。巴菲特的投资生涯中，也有年度亏损的时候。纽伯格 1929 年初涉华尔街，是美国唯一一个同时在华尔街经历了 1929 年大萧条和 1987 年股市崩溃的投资家，不仅两次都免遭损失，而且在大灾中取得了骄人收益，被业内人士称为世纪长寿炒股赢家。

《忠告——来自 94 年的投资生涯》一书全面记录了罗伊•纽伯格这位世纪老人神秘且精彩的人生，用自传的形式活灵活现地介绍了金融业界有关投资技术与战略技术的方方面面，还为读者指明了成功投资的十大原则及方法。除了其令人称道的成功投资经验之外，罗伊•纽伯格对于成功、金钱和财富的价值观以及对于新技术的积极态度，也是支持其将近一个世纪处于不败之地的、不可或缺的重要因素。吉米•罗杰斯将罗伊•纽伯格尊为启迪心智的导师——“多年来，他一直在教我那些我自己并不知道我不知道的东西。”

6. 理查德·D·威科夫

理查德•威科夫是 20 世纪初知名、成功的投资者之一，他是很多现代投资大师仿效的典范。他有很多理论，现在依然影响着投资者们的理念和判断。他同时还是一位伟大的杂志作家，他采访了很多著名的投资者，并将他们很多重要的理论记述、发表。

《华尔街 40 年投机与冒险》出版于 1930 年，是理查德•D•威科夫的自传，讲述了他于 19 世纪末到 20 世纪初在华尔街投资冒险的经历。在这 40 年里，他亲身感受着华尔街的繁荣与萧条，并在这段堪称传奇的经历中，确立了自己特有的交易思想和方法，还结识了一些著名的交易商，例如利弗莫尔和基恩。他将这 40 年的投机和冒险经历，全部写进本书。能够在 19 世纪末前后屹立华尔街 40 年，本身就是一个奇迹。作者有关投资的理念和准则，对于今天的投资者来说，依然是把握最佳进入和退出的最有价值的参照。

7. 菲利普·凯睿

菲利普•凯睿活到了 101 岁。他出生于 1884 年，一生经历了 31 次牛市、30 次熊市、20 次经济衰退以及大萧条时期。凯睿先生在 1927 年率先倡导了“价值投资”理念。第二年他就成立了全球第一支共同基金——先锋基金，在半个多世纪内，他所管理的这支基金取得了非凡的成就。《投机的艺术》写于 1933 年，被摩根士丹利网站推荐为投资阅读经典读物。历经 70 多年的世界经济形势的洗礼，新鲜如初、珍贵依旧。

凯睿致力于长期投资，就连巴菲特也称赞他“创下了美国最好的长线投资纪录”。《投机的艺术》向读者展现股票价格涨落的神奇吸引力量和投机型投资本身的魅力，阐述了包括勇气和判断力在内的成功投资的必备要素。用凯睿自己的话说，他所讲的是“投资领域边缘的投机，而不是赌博领域边缘的投机”。与作者在投资界的传奇地位相比，本书的行文风格和论述语气却毫不张扬，中庸平和，娓娓道来，朴素中充满智慧的力量。也许，正如本书一位普通读者所说：“投资不是科学，它不随社会的进步而进步，古代富豪的生意经并不比巴菲特逊色……”

8.巴菲特

沃伦•巴菲特被认为是有史以来最伟大的投资家，他依靠股票市场的投资，成为世界上数一数二的富翁。他倡导的价值投资理论风靡世界。事实上，掌握那些理念并不困难，但很少有人能像巴菲特一样数十年如一日地坚持下去。巴菲特似乎从不试图通过股票赚钱，他购买股票的基础是：假设次日关闭股市、或在5年之内不再重新开放。在价值投资理论看来，一旦看到市场波动而认为有利可图，投资就变成了投机，没有什么比赌博心态更影响投资的。

关于巴菲特的传记很多，比如《滚雪球》等。我喜欢看《巴菲特传：一个美国资本家的成长》，你会了解他小时候的教育，他的成功不仅是他的价值投资哲学，也不仅是他的智慧和惊人的理性，而在于父辈的影响下的优秀品格。当你有了100万美金的时候你会停下来享受生活嘛？1000万呢？1亿呢？100亿呢？当数字已经没有意义的时候，你可以认为巴菲特在挑战极限。事实上如果巴菲特想的话他可以更有钱，他对于伯克希尔帝国有着绝对的控制权。巴菲特的勤奋同样令人惊叹，比如当有人向巴菲特推荐公司的时候发现自己不比巴菲特知道得更多。

关于研究巴菲特的书太多了。我觉得有两本书值得看，一本书是《巴菲特的投资组合》，全书主要讲巴菲特的集中投资方法，并用了很多统计、概率的数据和例子来证明其观点。这本书写到后面，有点哲学的味道出来。另外一本书是《巴菲特之路》，全书通过实例精辟而又详尽地描述了贯穿巴菲特投资生涯的投资哲学、投资策略、公司分析和估价技术，展示了巴菲特投资决策过程中令人神往的所谓“秘密”。书中还收入了贝克夏•哈维公司1977～1994年的年报和若干公司股票在内价值估算过程及结果，有助于读者更深入和全面地了解巴菲特投资策略的精髓，更理性地投身证券市场。

9.欧奈尔

威廉•欧奈尔是华尔街最顶尖的资深投资人，也是我非常喜欢的成长股投资大师，只不过他和费雪的投资角度有不同。他白手起家，30岁时就买下了纽约证券交易所的席次，在洛杉矶创办威廉•欧奈尔公司，也是《投资者日报》的创办人。

欧奈尔的两本书值得阅读，一本是《笑傲股市》，主要介绍CANSLIM投资方法。该方法包含买入和卖出规则，这些规则都是通过对上半个世纪以来每一年最赚钱股票的深入分析中得出的，简单而又有效。欧奈尔还总结出超级强势股票在价格大幅度上涨之前会具有哪些共同特征，以及股价到达顶点后便急剧下跌时股价又如何变化，这些变化包括了所有已知的基本原理、技术性(股价与成交量)变化和实际情况。

另外一本书是《股票买卖原则》，该书中，欧奈尔揭示了他在研究了近一个世纪的股票市场发展过程中所领悟到的道理，他总结出了一个稳定的理性投资方案，帮助投资者在风险莫测的股市中避免遭到沉重的打击，并让投资者摆脱不知所措的状态。

10.彼得·林奇

彼得•林奇是美国，乃至全球首屈一指的投资专家，他对共同基金的贡献，就像乔丹对篮球的贡献，其共同之处在于把投资变成了一种艺术，把投资提升到一个新的境界。给我极深印象的是林奇极其刻苦，同时其对股票“分类”的方法使得对股票的研究变得简单起来。

彼得•林奇 1969 年进入富达管理公司研究公司成为研究员，1977 年成为麦哲伦基金的基金经理人。在 1977～1990 年彼得•林奇担任麦哲伦基金经理人职务的 13 年间，该基金的管理资产由 2000 万美元成长至 140 亿美元，基金投资人超过 100 万人，成为富达的旗舰基金，并且是当时全球资产管理金额最大的基金，其投资绩效也名列第一。13 年间的年平均复利报酬率达 29%。1990 年，彼得•林奇退休，开始总结自己的投资经验，陆续写了《彼得•林奇的成功投资》、《战胜华尔街》、《学以致富》等书。前两本是必读书。

《战胜华尔街》中，林奇用自己一生的选股经历，手把手教读者如何正确选股，如何避免选股陷阱，如何选出涨幅最大又最安全的大牛股。最重要和最精彩的部分——林奇管理麦哲伦基金 13 年的投资自传。这既是一个世界上最成功的基金经理的选股回忆录，又是一本难得的选股实践教程和案例集锦。

11.索罗斯

乔治•索罗斯 17 岁到英国学习哲学，毕业后曾当过烟草推销员及金融职员，后自己组建量子基金会，成为美国最成功的投资经理人、著名国际金融专家。同时他还每年投入上亿美元从事世界范围的慈善事业，成为享誉全球的社会活动家。他既有传记也有专著。

《金融炼金术》非常难懂，但是是需要多读的书。书中索罗斯不仅提供了自己的投资方式和理念，并且还是索罗斯的投资日记。读者可以从中欣赏到索罗斯如何分析个股、如何把握市场转变的时机、如何面对不利的市场行情并及时调整对策，从而在风云变幻的金融市场中立于不败之地的精彩艺术。另外，《超越金融：索罗斯的投资哲学》这是一本集纳索罗斯思维方式的书，而不仅仅像市面上大部分作品那样只告诉你索罗斯过去的所作所为。书中你将感受到索罗斯亲自讲述，他的哲学和他对未来的种种分析——“我在人生过程中逐渐形成了一个理念架构，它既帮助了我经营对冲基金去赚钱，又使我以政策研究慈善家的身份去用钱。”

12.罗杰斯

吉姆•罗杰斯是具有传奇色彩的著名国际投资家和金融学教授。1970 年，罗杰斯与索罗斯共同创立了量子基金，取得了令人瞩目的成绩。1980 年罗杰斯离开量子基金。在哥伦比亚大学商学院讲学，当时的巴菲特听完后盛赞罗杰斯“对市场大趋势的把握无人能及”。罗杰斯不仅是一位投资大师，还是一位旅行家，他的环球旅行也是他的全球投资之路。他在 1989～1990 年完成的第一次环球旅行已被吉尼斯世界纪录记载，在此期间，罗杰斯先后投资德国、奥地利、巴西、新加坡等国家，获得了巨大成功。吉姆•罗杰斯经常告诫他的学生：“学习历史和哲学吧，然后进行全球旅行，这样你才能挣大钱。”

他有传记，比如《水晶球》；也有著作，比如《投资骑士》、《玩赚地球：吉姆•罗杰斯的环球投资之旅》，讲述其环球投资旅游的经验。通过旅行，通过阅读历史和哲学，而不是在商学院来形成自己的投资理念，这就是罗杰斯的哲学。

《投资大师罗杰斯给宝贝女儿的12封信》也是一本不错的小册子，可以用来送给自己和朋友的女儿。这本书包含了他一生学来的投资经验和人生哲学，融合浓浓的父爱，教其女儿在面对未来多变的世界时，应该持有的人生哲学和投资态度。

《热门商品投资》算是罗杰斯从商品的供求基本面出发，深入分析了石油、黄金、铅、糖、咖啡等商品的历史及未来走势的一本好书。

13. 科斯托兰尼

安德烈•科斯托兰尼有德国的巴菲特和德国证券界教父之称。早年学习哲学和艺术史，后父亲送他到巴黎学投资，大部分时间在德国和法国渡过，娴熟金融商品和证券市场的一切，被誉为"20世纪的股票见证人"、"本世纪金融史上最成功的投资人之一"。

我非常喜欢读他的《一个投机者的告白》，在这本书里，以第一人称的叙述方式让安德•科斯托兰尼老先生回顾他80年的股市人生，你可以学到很多在纷繁多变的金钱游戏中稳操胜券的诀窍。另外就是他的《大投机家》系列。该系列正是他钻研、思考，解读政治、经济、新闻、社会、资讯与心理学的精华，是他翻滚于股市洪流时，所见的投机客、股票玩家、狡猾老狐狸的真实缩影，也是他看穿股市心理，得以在无数次战役中，最终获胜的亲身体验。看似简单，仔细读来，可以学到很多。

14. 查理·芒格

查理•芒格也是我学习的榜样，最让我印象深刻的是他阅读的广泛。他是沃伦•巴菲特的黄金搭档，伯克夏•哈撒韦公司的副主席。有"幕后智囊"和"最后的秘密武器"之称。虽然他在普通人中的知名度远没有巴菲特那么高，但他同巴菲特一样，能引领你做出更好的投资和决策，让你对世界和生活有更深刻的理解。关于他的传记有《查理•芒格传》。

《穷查理宝典：查理•芒格的智慧箴言录》汇集了他最出色的演讲、箴言和思想。"芒格主义：查理的即席谈话"一章收录的是他以往在伯克希尔•哈撒韦公司和西科金融公司年会上犀利和幽默的评论。贯穿全书的是芒格展示出来的聪慧、机智，其令人敬服的价值观和深不可测的修辞天赋。他拥有百科全书式的知识，所以从古代的雄辩家，到18、19世纪的欧洲文豪，再到当代的流行文化偶像，这些人的名言他都能信手拈来，并用这些来强调终身学习和保持求知欲望的好处。另外，关于探究芒格思想的书有《寻找智慧：从达尔文到芒格》和《股票投资的大智慧》，第一本书本质上只是一个跨学科的思维训练，第二本书则有些浅。

15. 巴鲁克

伯纳德•巴鲁克通过不断努力，30岁便成了百万富翁，到了1910年，就已经和摩根等一道成为华尔街屈指可数的大亨。他既是白手起家的成功典范，又是善于把握先机的股票交易商；既是手段灵活的投资商，也是通晓经济发展的政治家。人们对他冠以投机大师、"独狼"、总统顾问、"公园长椅政治家"等名号。他的自传是《在股市大崩溃前抛出的人：巴鲁克自传》，在这部回忆录中，巴鲁克分享了他的人生经历，也展示了他的人生哲学和投资哲学如何帮助他解决各种重大的投资问题、政治问题和社会问题。

16. 朱利安·罗伯逊

朱利安•罗伯逊是华尔街的风云人物，有几十年投资的成功与失利的经验值得学习。1980年5月创办老虎基金，专注于全球性投资。在渡过10年的蛰伏期后，20世纪80年代末90年代初，老虎基金开始创下惊人业绩——罗伯逊准确地预测到柏林墙倒塌后德国股市将进入牛市，同时沽空泡沫达到顶点的日本股市。在 1992 年后，他又预见到全球债券市场的灾难。1993 年，老虎基金伙同量子基金攻击英镑、里拉成功。关于他的传记，可以阅读《从 800 万到 200 亿——朱利安•罗伯森和他的老虎基金》。书中引人入胜地追寻着朱利安•罗伯森从北卡罗来纳州到华尔街的足迹。在书中你将会看到罗伯森如何运用他的决断能力、财务技巧和远见卓识让老虎基金发展壮大成一个管理着超过 200 亿美元资产的基金混合体；了解到罗伯森在股票、固定收益证券、商品和外汇市场里发现机会并执行交易的才能；发现他怎样在一个令人难以置信的动荡的市场里坚守期铜合约的仓位，并最终从中获得巨额利润。同时，你还会看到他的一些决策失误和市场不正常波动导致其黯然关闭公司的过程，从中得到更多的启发。你还可以了解他在发展对冲基金的同时，其公司文化如何培养了一批成功的被称作“小老虎”的基金管理人，这些基金管理人和高盛公司培养的基金管理人一起影响着资产管理这个行业一个时代的管理和运作。没有一个基金管理人能够像罗伯森那样在资产管理领域具有如此广泛深入的影响。

17. 约翰·聂夫

约翰•聂夫是比肩彼得•林奇的传奇投资大师。他执掌温莎基金 31 年，22 次跑赢市场，投资增长 55 倍，年平均收益率超过市场平均收益率 3%以上。有些人把聂夫称为价值投资者，有些人称他为逆向投资者，而聂夫更喜欢称自己为低市盈率投资者。他认为，低市盈率的股票既有机会获得更大的上涨空间，又有更小的风险损失。

《约翰•聂夫的成功投资》一书中，聂夫一边生动地讲述自己从事基金投资的半生岁月，一边阐述自己的投资原则和技巧。尤其以第七章最为值得阅读，也是全书的精华部分。聂夫的投资方法可谓非常简单。简单的方法未必无效，但是简单的方法很少有人能长期一如既往的坚持。

还有很多卓越的投资者，或者是失败的投资者，或者是时代造就成功的投资者，读者都可以去阅读，学习和借鉴。不过，要记住的是：投资是一个非常个人化的事业与行为，每个人适合的成长道路不同，其投资方法、投资理念是其人生观、世界观、思维模式的自然延伸，没有适用于所有人的“方法”，投资大师的方法也不能完全去复制挪用。每个人在选择投资方法的时候就已经自觉不自觉地选择适应自己已有观念或者适应自己思维模式的那些内容了。比如，不同的学生因为其基本情况不同，尽管采用完全相同的学习方法，其考试成绩可能大相径庭。

对于国内股市，由于时间较短，现在还很难说谁是真正的“大师”。学习国内的榜样不如结合市场走势把从有市场以来的基本面变化和涨跌因素了解的更清楚。对于研究 20 世纪 90 年代股市历史的投资者，也有不少著作。一本奇特的书是花荣的《操盘手》，这不是历史书，而是一部伪历史小说，但还是很深刻描述了 20 世纪 90 年代的投资环境和投资者，毕竟花荣是 20 世纪 90 年代证券市场很多事件的亲历者，并且目前仍然活跃在股市上。

四、本章总结

读史可以使人明智。除了本章推荐的书籍外，其他章节推荐的书籍也有相关内容，此外还有《华尔街史》、《这次不同：8 个世纪的金融危机史》、《华尔街历史：从开始到安然》、《美国金融 40 年》、《美国金融史》、《利率史》、《历史经济学：艺术还是科学？》、《美国货币和银行史》、《华尔街的华尔兹》、《西欧金融史》、《美国豪门巨富史》、《荣光与原罪》、《美国货币史》、《华尔街传奇》、《投资收益百年史》、《牛市！1982～1999的市场繁荣历史》、《一本书读懂美国财富史》等等。这些远没有列全，读者可以根据自己的兴趣去读和查找。

不过如何从历史中读出感悟和经验来，则靠个人修为了。像索罗斯，他读出的历史就与众不同，他这么说过："经济历史是由一幕幕的插曲构成的，它们都是建立于谬误与谎言，而不是真理。这也代表着赚大钱的途径，我们仅需要辨识前提为错误的趋势，顺势操作，并在它被拆穿以前及时脱身。"

另外需要提醒读者记住的，是历史和未来的关系。历史是点是线，而未来则是非线性的，这个非线性存在于一个充满不确定与随机事件中的球体内，随机与不确定来自球的四面八方。历史无论多么久远，多么宏大，当我们回望它时它都是一个点，这个点就是那个历史时间一个唯一的时刻和事件，而连续的历史就是多点的连线，这根线是笔直的。因此，历史是线性的，简单的，唯一不简单的是解读历史的心态和角度。

未来则不同，它是起伏不定的，充满不确定，更有随机事件。当然，现在的俗语叫做黑天鹅事件来改变一切，在从今天走入未来的时间隧道上仿佛有个球包裹着，球体内制造出不同的可能，来使得每个即将落实的成为新历史的点飘忽不定。并且相对于历史的点的一目了然，未来不管有什么样的预期，那个计划中的终点都是由不同的点构成而连接起来到达的。显然通向未来的是一条非线性的路径。

落实到股票市场，其波动的历史仅有400年，一目了然，从中的确能大体看到未来，这给有历史感的人以巨大的优势。不过仅有历史感还不够，因为就如同停止的钟表一样，放弃思考，被动参与仿佛是轮回般的结果，怎么都不是历史统计上的优胜者，并且就像坏了的钟表一样有一天终会被淘汰。

五、附录：道指百年熊市史

研究熊市史非常重要。道指从1900～2007年经历了11次跌幅超过30%的熊市(这里没有统计2008年的熊市)，从时间来看，下跌时间最短3个月，最长42个月，平均在20个月。对于A股的熊市史，除了20世纪90年代初和2008年的暴跌外，一个值得研究的漫长熊市是2001～2005年，投资者可以去查看当时的走势，探寻当时的历史背景，重要事件，行业风格变化，表现好和差的股票，这样在未来的漫长熊市出现时(如果有的话)，则可以作为很重要的参考和准备。

1.1906.1～1907.11，过度投机的危机

新金矿的出现，农业连续丰收，出口扩大，以及战争和帝国主义的扩张，使美国经济在1900年前后进入了一个快速发展时期，1893年美国的恐慌已经被抛在脑后。1906年初开始，美国的短期贷款利率和商业票据利率的上升表明了经济的热度。伴随商品价格大涨，整体经济活动陷入了过热的局面，股市提前在1906年的1月见顶，但是经济仍然在扩张，并没有出现大幅下滑，所以股市一直在90点左右震荡。在高利率的背景下，市场的资金日见紧张，1907年工业生产指数仍然处在高位，但是市场看见了这种趋势无法持续下去，1907年3月份股指跌破90点，然后开始加速下跌。1907年9月份的时候市场的情绪更加恐慌，10月22日尼克巴克信托公司为了防止挤兑而关闭公司，市场情绪恐惧到了极点，24日摩根

站出来，挽救了这场危机，采取的方法是利用个人的威信筹借到了巨款发放，拯救了金融市场。最后 3 个月，尽管市场平均利率仍然较高，但是已经没有了破产的危险，11 月底市场见底，12 月利率创下新高后回落。由于美国经济的恢复，1908 年市场指数从 60 点重新涨到了 80 点(图 10-8)。

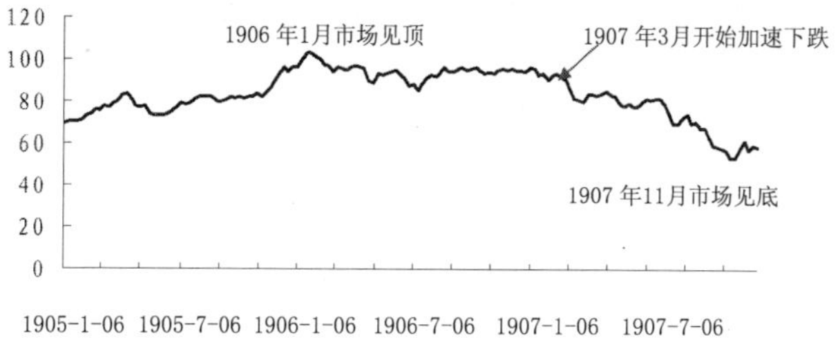

图 10-8　1907 年 11 月摩根救市后 1 个月道指见底

2.1912.10～1914.12，第一次世界大战前的恐惧

解决了过度投机的金融危机以后，美国经济很快就恢复了繁荣，直到 1912 年。进入 1913 年后战争的阴云已经密布，欧洲央行大幅提高利率，并撤出在美国的投资，同时将黄金从美国运回，美国经济已经摇摇欲坠。1914 年第一次世界大战的枪声一响，美国经济立即恶化，7 月道指放量下跌，随着战争爆发，纽交所宣布停市。9 个月以后纽交所重新开市，市场直接低开在 55 点(收盘在 71 点)，刚开市的时候市场仍然非常紧张，成交量也比较小。但是进入 1915 年以后，随着美国逐步受益于战争，市场发现钢铁、汽车、化工等工业完全能够受益于巨大的战争开支，市场立刻开始了一轮快速的上涨，1915 年道指创出了战前的

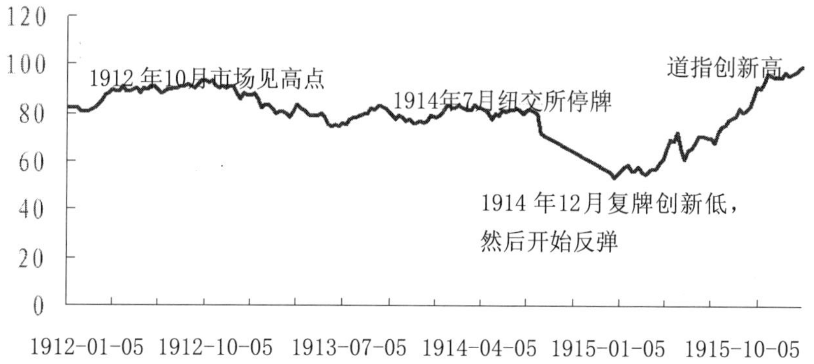

图 10-9　一战熊市

新高，冲击了 100 点(图 10-9)。

3.1916.11～1917.12，美国参战

在经历了中立的甜头以后，欧洲的战场已经两败俱伤，出于政治经济文化等多原因考虑，美国在 1917 年 4 月宣布参加战争，但是准备工作在 1916 年中就已经开始。参加战争以后的劳动力减少，战争开支的增加都对经济有非常大的负面影响，道指也在 1916 年的 11 月上涨到开战以来的最高点，然后开始反映美国加入战争的负面反应(图 10-10)。

4.1919.11～1921.8，战争的后遗症

1918 年战争结束以后，美国经济进入了暂时的小繁荣，工业很快就开始恢复，汽车和房屋建筑再次开始拉动经济，股市上扬到 1919 年的 11 月。1920 年尽管 GDP 高于 1919 年但是经济的问题更加明显，由于信贷增速过快，1920 年初再贷款利率被提高到 6%，欧洲都因为战争而减少了开支。1921 年农业由于出口减少遭受了重大的打击。1921 年以后

由于汽车、电气设备以及住房建筑等行业繁荣，美国进入沸腾的20世纪20年代(图10-11，图10-12)。

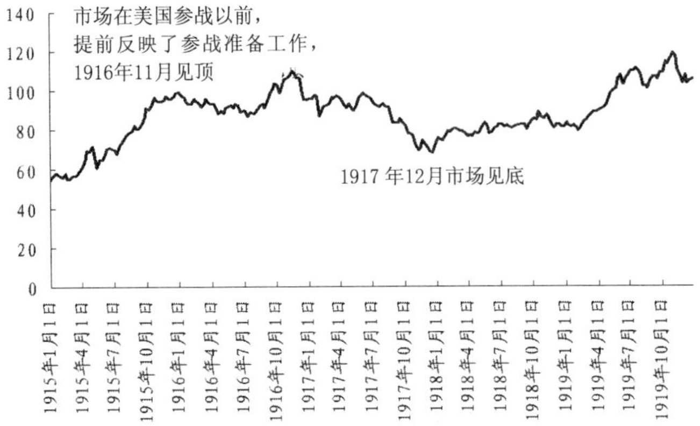

图10-10 道指提前参战见顶，提前战争结束见底

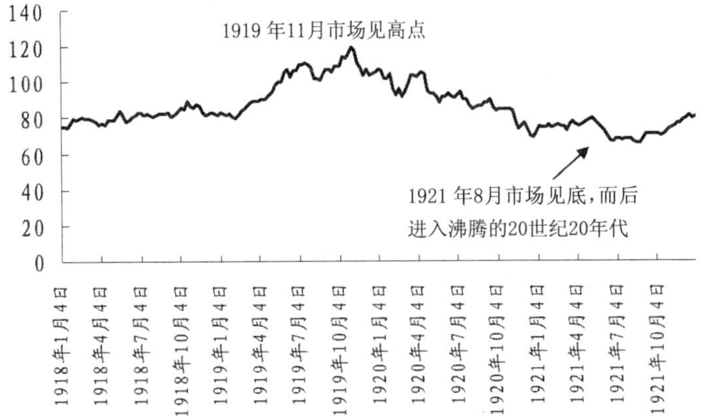

图10-11 一战结束后美国花了两年时间解决战争后遗症，然后再进入沸腾的20世纪20年代

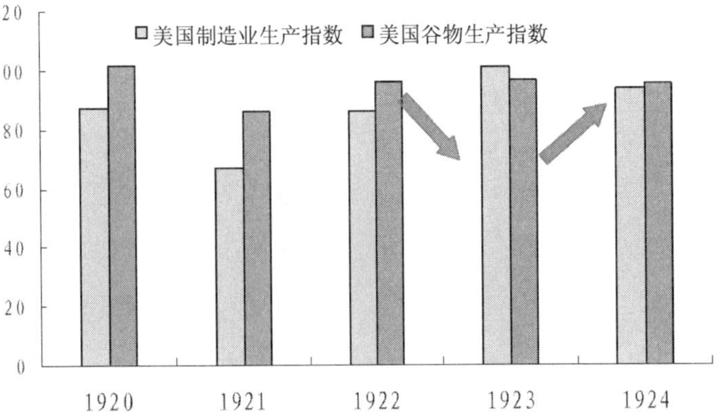

图10-12 美国制造业和谷物生产指数在1921年有所下降，1922年开始恢复

5.1929.07～1929.11，大萧条序曲

经历了整个 20 世纪 20 年代的繁荣以后，道指已经开始逼近了 400 点，1929 年的经济情况应该是不错的，不过经济在 1930 年就差了不少，市场在 1929 年 3 季度以后开始逐步反映 30 年的情况。8 月的最后一周市场见到最高点 380 点，9 月份开始下跌，一个月跌去 10%，10 月份以后市场开始加速下跌，基本上是每周都跌 10%，10 月 24 日是著名的黑色星期四。11 月 23 日，市场终于见底，开始出现反弹，这轮下跌时间较短，但是幅度不小，从 380 点下跌到了 228 点，跌幅 40%。这应该是一轮提前反映经济的暴跌，当然也与之前繁荣的市场有关系，不过这只是序曲，更大的节目还在后面。而后市场从 228 点反弹到 1930 年 4 月 294 点，反弹幅度 29%(图 10-13，图 10-14)。

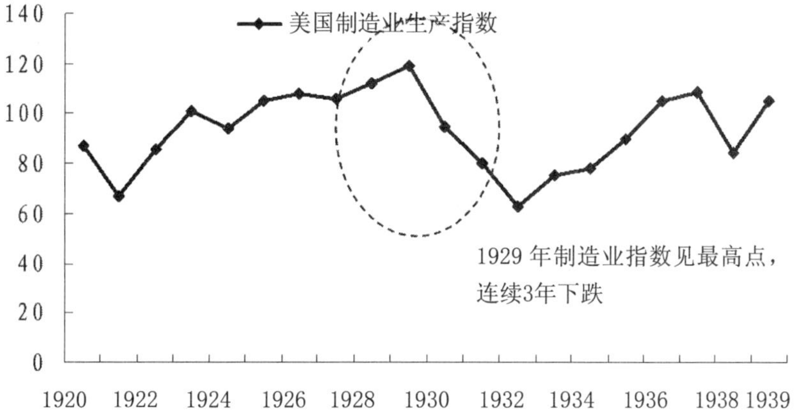

图 10-13　1929 年制造业指数是最高位

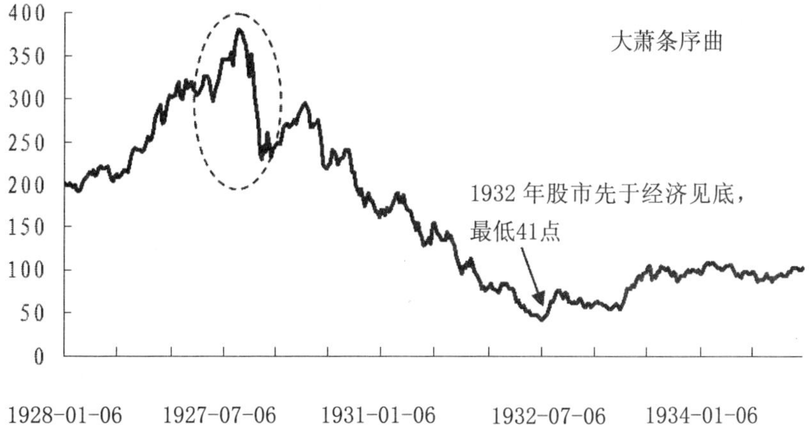

图 10-14　整个大萧条下跌幅度惊人

6.1930.4～1932.7，大萧条

1930 年 4 月，股市正式拉开了大萧条的序幕，工业产值在 1930 年出现了比 1929 年的大幅下滑，从此更是连续 3 年下降。整个大萧条期间到底经济状况有多差就不用我们多费图表了。市场从 1930 年 4 月开始下跌，一直到 1932 年 7 月市场先于经济见底。1933 年股市

出现了一波较大幅度的反弹，1935 年的大反转也是历史上走势最强的年份之一。

7.1937.3～1938.4，紧缩政策导致的危机

走出大萧条后的美国经济其实一直都不是太好，发生在 1937 年的萧条很多人都认为是政府导致的，政府净收入在 1936 年支付退役津贴以后消失了，财政支出出现了减少；同时美联储因为银行的超额储备金过大而担心丧失了对货币的控制力，因此在 1936 年将法定准备金率提高了两倍。这次紧缩来得猛烈而短暂，GNP 在 1938 年有所下降，但是在 1939 年又有所恢复；道指从 1937 年 3 月开始下跌直到 1938 年 4 月触底反弹，指数从 103 反弹到 157 点，反弹幅度为 52%(图 10-15，图 10-16)。

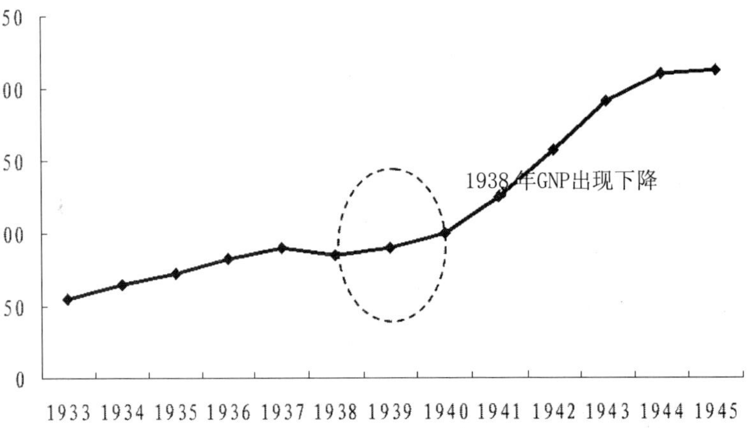

图 10-15　美国经济在 1938 年出现短暂衰退（单位是 10 亿美元）

图 10-16　1937～1938 年的熊市中市场下跌 48%

8.1938.11～1942.5，第二次世界大战

1939 年 9 月 1 日，德国突袭波兰，第二次世界大战爆发。由于美国在一战中获益较大，因此在战争刚开始的时候市场反映是非常正面的，从 9 月 1 日到 15 日，半个月的时间，指数从 135 涨到 154 点。但是随着德国的节节胜利，罗斯福总统在 1940 年的预算咨文中要求增加税收以用于增加国防开支，美国投资者开始出现担心美国经济受到战争的拖累，市场开

始下跌。1940 年德国战胜了法国，并把英国带到了战败的边缘，道指在四五月出现了暴跌的走势，一个多月的时间下跌 24%。1942 年 4 月道指见到底部，这时战争没有结束，但是盟军已经开始扭转战局，同时美国的经济却无大碍，失业率已经大幅下降。市场从 96 点迅速反弹到 1943 年 7 月的 145 点(图 10-17)。

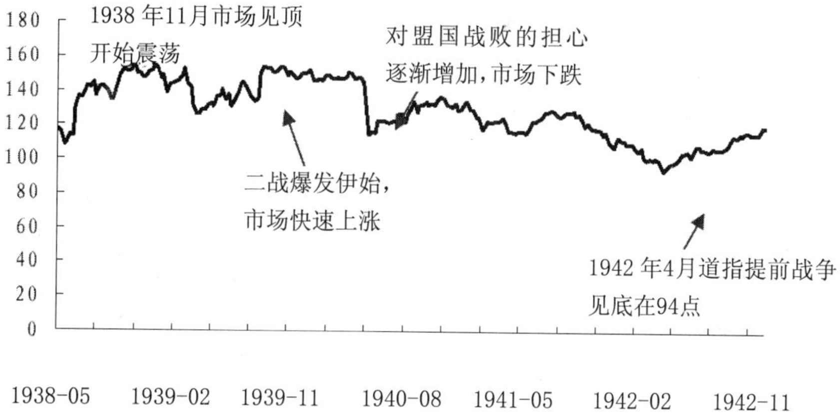

图 10-17 第二次世界大战道指随着战争变动而上蹿下跳

9.1973.1～1974.10，第一次石油危机

经历了整个 20 世纪 40～60 年代的繁荣以后，美国在 20 世纪 70 年代遇到了通胀高企和经济停滞同时存在的难题。结束了 1972 年的大选进入 1973 年以后，美国的价格管制刚被放开，通胀水平立刻开始提高，利率随之大幅提升。股市是在 1973 年 1 月见顶的，1973 年 4 月的“水门事件”使经济的不确定性更加严重，10 月石油危机爆发，油价暴涨以后，市场的反弹被扼杀，开始加速下跌，1974 年 10 月市场最低见到 584 点，构筑双底后开始反弹。1975 年是华尔街历史上有名的牛市年(图 10-18)。

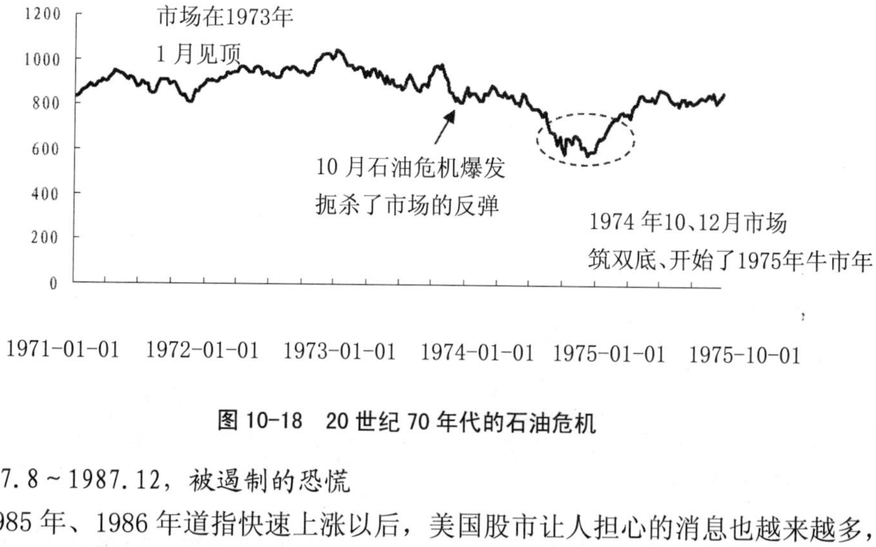

图 10-18 20 世纪 70 年代的石油危机

10.1987.8～1987.12，被遏制的恐慌

经过 1985 年、1986 年道指快速上涨以后，美国股市让人担心的消息也越来越多，军备

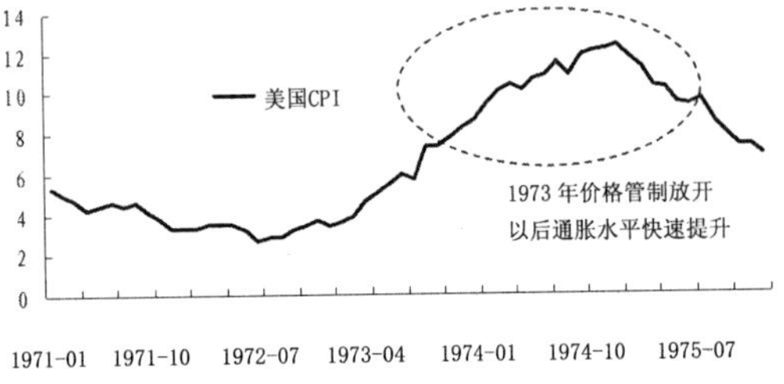

图 10-19　1974 年美国在第一次石油危机期间 CPI 上升到了 11%

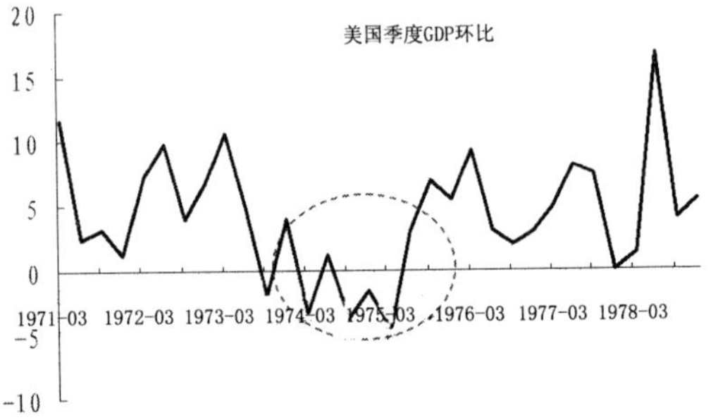

图 10-20　美国经济 1974 年既胀且滞

竞赛的节节攀升，外贸和预算双赤字，市场的快速上涨超过了经济的繁荣。指数从 1987 年 8 月最高 2709 开始下跌，到 12 月最低 1766 点，跌幅 35%，在 10 月份市场出现暴跌走势，并引起了全球市场的动荡。这次美联储主席是格林斯潘，10 月 20 日，美联储在市场大量购买政府债券，随后降低了联邦基金利率 0.75 个百分点，市场的恐慌很快就被阻止了(图 10-21，图 10-22)。

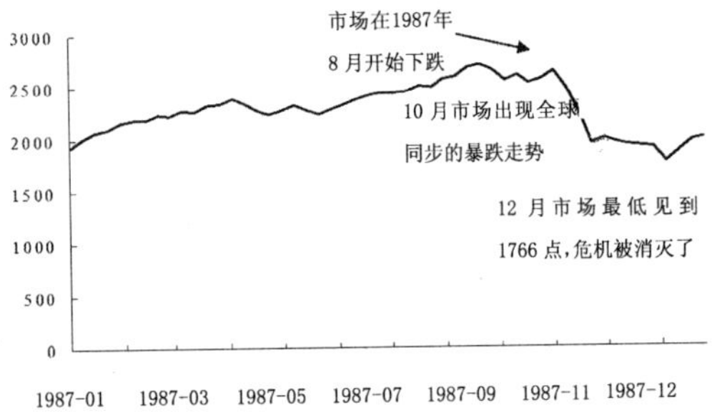

图 10-21　市场短时间出现暴跌后又出现反弹

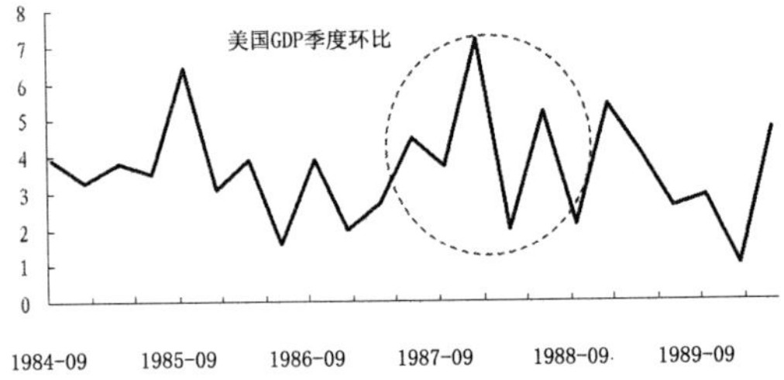

图 10-22　1987 年、1988 年美国经济情况并不差

11. 2000.1～2001.9，科技股泡沫破灭

经历了 20 世纪 90 年代的繁荣以及科技股的泡沫以后，2000 年道指见顶在 11722 点，但是道指并未向纳斯达克一样快速下跌，2001 年道指又恢复到了 11301 点，而 2001 年的美国经济已是强弩之末，整个世界经济不景气的信号已经非常明确。“9•11 事件”发生以后市场出现了一波快速下跌，这次事件延长了美国衰退的时间，市场经过一波反弹以后再次下跌，在 2002 年 10 月见到 7528 点最低点(图 10-23，图 10-24)。

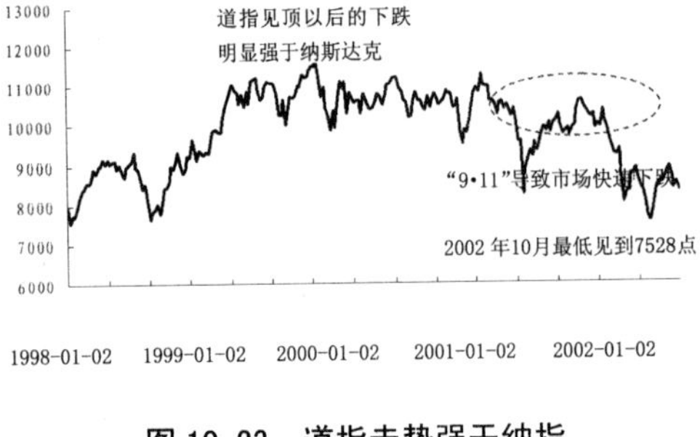

图 10-23　道指走势强于纳指

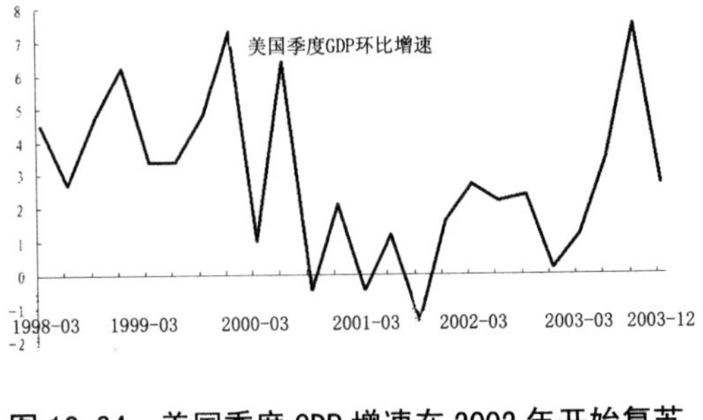

图 10-24　美国季度 GDP 增速在 2002 年开始复苏

我们总结了道指从 1900～2007 年 11 次跌幅超过 30%的熊市，从时间来看，下跌时间最短 3 个月，最长 42 个月，平均在 20 个月。

表 10-2 道指百年熊史总结

	从顶到底时间	下跌时间	跌幅	主跌时间	下跌时间	主跌幅
过度投机的危机	1906. 1～1907. 11	22	50. 5%	1907. 1～1907. 11	10	45. 30%
一战前的恐惧	1912. 10～1914. 12	26	43. 5%	1914. 7～1914. 12	5	33. 80%
美国参战	1916. 11～1917. 12	13	38. 4%	1916. 11～1917. 12	13	38. 40%
战争后遗症	1919. 11～1921. 8	21	45. 1%	1919. 11～1920. 12	12	41. 20%
大萧条序曲	1929. 7～1929. 11	3	30. 4%	1929. 7～1929. 11	3	30. 40%
大萧条	1930. 4～1932. 7	26	84. 7%	1930. 4～1932. 7	26	84. 70%
政策紧缩	1937. 3～1938. 4	13	46. 1%	1937. 8～1938. 4	8	45. 60%
第二次世界大战	1938. 11～1942. 5	42	40. 0%	1940. 4～1942. 5	25	37. 40%
石油危机	1973. 1～1974. 10	21	43. 1%	1973. 10～1974. 10	11	41. 90%
被遏制的恐慌	1987. 8～1987. 12	3	35. 9%	1987. 8～1987. 12	3	35. 90%
科技股泡沫	2000. 1～2002. 10	33	35. 8%	2001. 5～2001. 10	4	27. 20%
平均		20	44. 9%		11	42. 0%
中位数		21	43. 1%		10	38. 4%

注：下跌时间单位是“月”；主跌是指下跌幅度最大的部分。

第十一章 技术分析的缺憾

本章不应该叫技术分析，应该叫技术分析的一些感悟和批判才对。技术分析的书汗牛充栋，作者喜欢读经典，因此感兴趣的读者可以去看本章后面的扩展阅读资料。

我很少将技术分析作为投资决策的立足点，因为我存在一种偏见，认为很难从众所周知的图表中推测出未来，并且这种推测充满主观判断，潜在意识看多的投资者总是从图表中看出多。但是潜在意识看空的投资者总是从同一图表中看出空。

正如第九章市场心理分析中所说，我仅把技术分析，特别是图表分析，作为寻找“差异性”的线索，因为这种差异性反映的是事实，而不是预测。从图表中发现差异化是观察投资圈看法以及发现投资线索的一个简单并且有效的途径，观察到差异后，你再去发现差异化背后的基本面故事，来决定是否值得投资。

技术分析得出的结论最可笑的是2007年年底。我在2007年底的策略报告里面就已经指出这个问题了。当时这么写到：

> “就市场而言，乐观主义主要是图表的趋势论者，只要基本面长期趋势不变，股票市场上涨趋势就不变。因此，按照这个理论，在2006~2007年市场走势的基础上，划一条趋势线，可以看出明年上涨到8000点是没有问题的。另外考虑到2006年收益率为130%，2007年收益率为80%，按照趋势论，2008年平均为70%，股票市场也至少可以达到8000点。毕竟预测不出来拐点的情况下，趋势是最正确的判断。”

但是按照另外流派的技术分析，比如“涨幅相关性”派，可以有一张很可怕的图。就是将纳斯达克指数(或者日经指数)泡沫前后的走势来套用国内目前指数的走势。恐惧者都会联想“A股市场涨幅已经很高，出现泡沫，而日经和纳斯达克泡沫都在涨幅很大的情况下破灭了，A股市场走势和它们破灭前类似，这是不是很危险?”如果相信这样的“技术分析”，中国股市下跌空间不小，特别是1990年日本泡沫的破灭令投资者感到胆怯(图11-1，图11-2)。

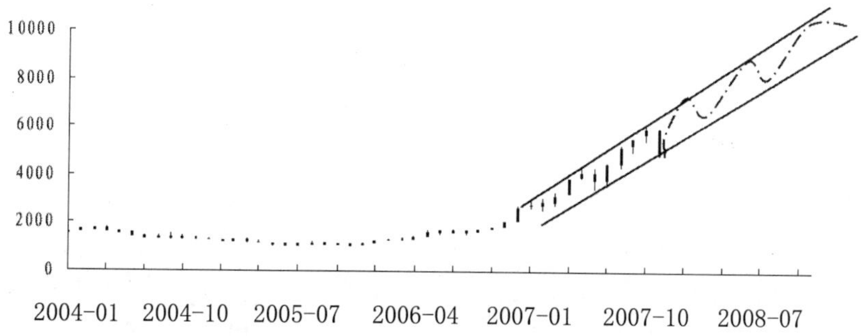

图11-1 趋势画图，2008年收到8000点，但是否太平滑了

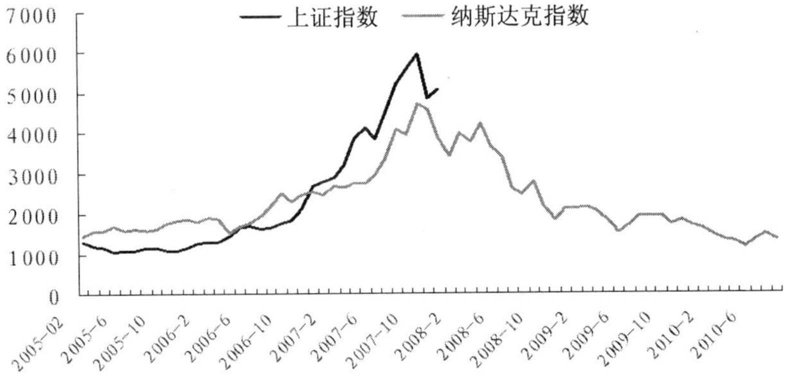

图 11-2 用纳斯达克指数泡沫破灭前后曲线来模拟上证指数曲线未来走势

(注：纳斯达克指数数据从 1997 年 6 月底开始)

不过，从逆向思维的角度看，如果市场 2008 年底就维持在 8000 点以上，并且考虑到到明年新股上市增加的市值因素，我们认为明年 A 股估算的总市值有 70 万亿人民币以上，这远超过了日本的总市值，居世界第二位。而我们的经济体要到几年后才能超过日本，证券市场可以提前这么多年预期经济走势？

技术分析存在几个难以解释的现象观察缺陷。第一，市场宽度在逐渐变得狭窄，指数趋势向上。但是难以解释越来越多的股票跌破半年线。

第二，是市场的流动性实际上在下降，我们用月交易量 / 月 M2 来表征市场流动性可以看出，自从 2007 年 8 月份以来，该指标在下降，最高值是 15%左右。而韩国、中国台湾、日本股票市场投机氛围极高的时候也就是这个水平(图 11-3，图 11-4)。

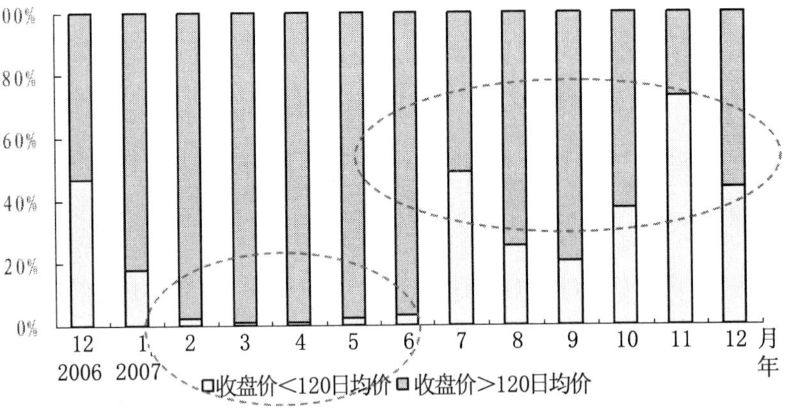

图 11-3 近几个月收盘价低于半年线的股票比例明显增加

第三，估值的提升是无限的还是会受到制约？毕竟 20 世纪 90 年代股票市场的上涨与供给受限和投机行为有关，但是现在的股票市场规模更大，对宏观经济更有代表性。从这几年的市场走势来看，估值的提升与业绩表现具有高度相关性。尽管中国股市未来高估值是常态，但是合理估值水平是多少仍然受到上市公司业绩增长的制约，并且随着市场规模的扩大，估值和业绩相关性会更高。2008 年上市公司业绩还能有 2007 年一样的涨幅吗？根据我

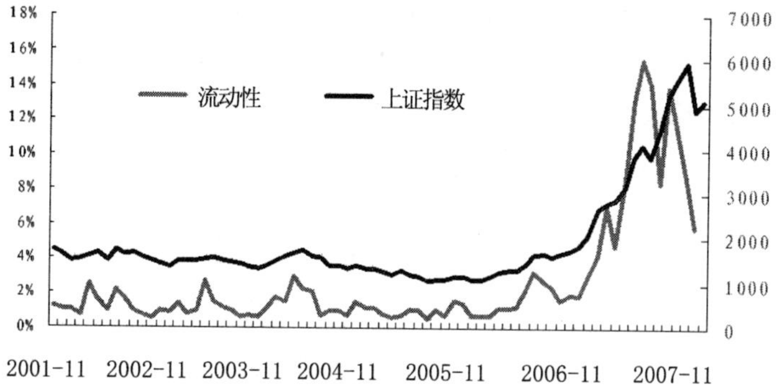

图 11-4　交易量/M2 为代表的市场流动性在下降

们的分析，业绩增长一定低于预期(图 11-5)。

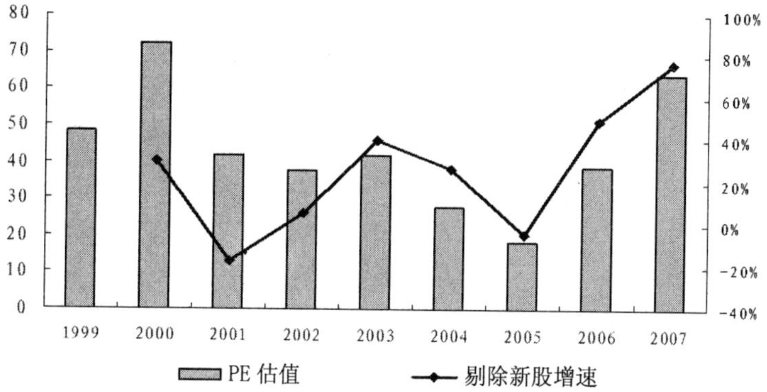

图 11-5　近几年估值随业绩增速变化而变化，周期性相关度很高

趋势分析和统计分析有时候得出的结论是相左的。海外投行一篇关于新兴市场走势统计分析的研究报告认为，过去两年一个新兴市场涨幅超过 50%，那么未来两年该市场的总收益在 10%以内；而如果过去两年一个新兴市场的跌幅超过 50%，那么未来两年该市场的总收益也超过 50%。从感情上，我们希望 2008 年市场到 10000 点以上。但是统计上，最多只有温和的收益(图 11-6)。

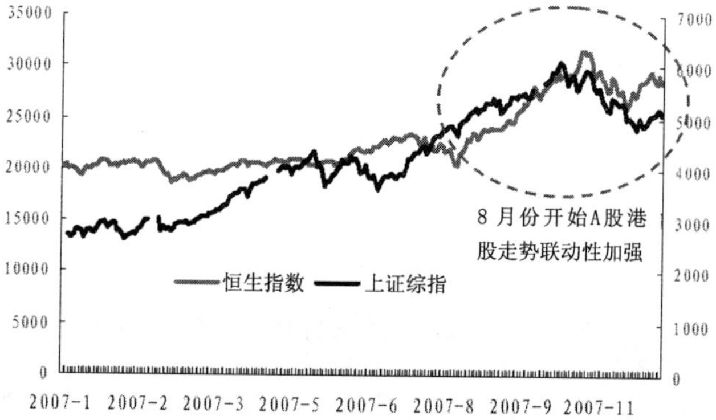

图 11-6　国内走势与国际走势的相关性在提高

另外，随着国内股市代表性的增强，国际国内市场的相关性开始增加。

而从国际上来看，我们判断股票市场的波动性明年将进一步增加(波动性增加往往意味着下跌)——这是非常确定的。因此从某种意义上说，2008 年对波动性的把握对于增加收益更重要(图 11-7)。

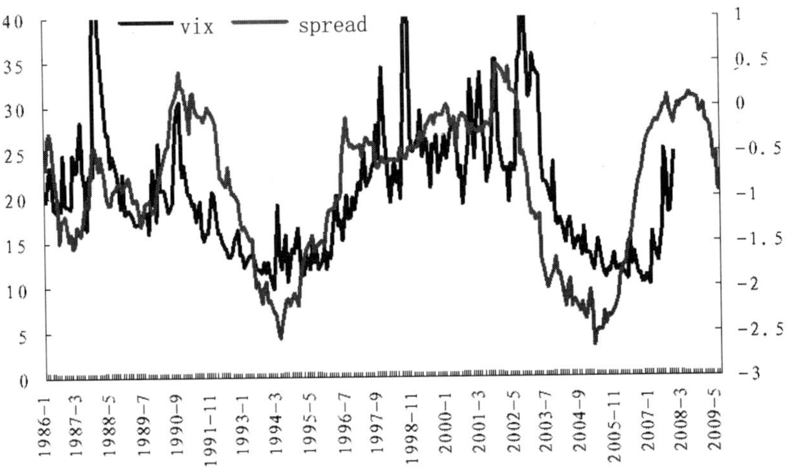

图 11-7　利差预期美国指数波动性仍在上行，最快 2008 年下半年才逐渐降低

我们根据分析只能得出：2008 年不会有趋势投资者那样的市场。可以判断的是，市场中枢收益率水平不高，而波动率加大。

牛市前半场结束，有一个中场休息。20 世纪 70 年代日本股市的中周期调整也类似国内目前情况。日元升值，日本指数连续两年大幅度上涨，通货膨胀高企，日本央行开始宏观调控，但初始效果并不佳。随着第一次石油危机的出现，外部需求减弱，调控累积效应出现，日本市场出现两年的调整，等到调整完毕，股市继续上涨，不断创出新高(图 11-8)。

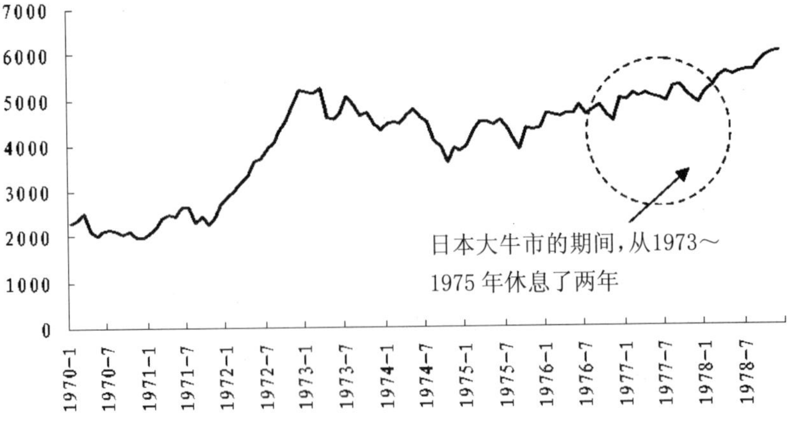

图 11-8　日本日经指数的 1970～1978 年走势

国内现实情况也支持中场休息。因为目前面临的新情况是：①社会流动性的依然充足与市场流动性的相对下降；②上市公司业绩增长依旧，但是增速下滑；③国外市场需求下降，内需提升但是或许存在转型期阵痛；④估值高的持续，但是更高估值也难以持续。

也就是说，在 2007 年年底，技术分析的预测功效就应该破产了。但是有反驳意见是，或许那是个波澜壮阔的大牛市，大牛市使得技术分析的预测方法无效，或者可以说那些趋势投资者本身存在问题。

在《金融怪杰》中，布鲁斯•柯凡纳是顶尖的外汇交易员，他对技术分析的看法和我类似：

> “有些技术分析相当具有可信度，然而，也有很多根本就是胡说八道。有些技术分析师宣称可以用技术分析预测市场未来走势，这根本是不可能的。技术分析只能用来追踪市场过去的轨迹，而不能预测未来。你必须运用智慧，根据市场过去的走势与变化，来判断下一步会怎么走。对我而言，技术分析有如体温计。光靠基本分析，而不注意市场走势的相关图表，就如同医生为病人治病，而不替病人测量体温一样荒谬。假如你要完全掌握市场情势，你必须了解市场大势所趋，亦即市场行情是旺盛还是清淡。你必须知道有关市场的一切资讯，才能在进场时占到优势。技术分析不但可以反映市场大势所趋，也可能凸现市场异常的变化。以我而言，研究市场价格走势图是一项非常重要的工作，我可以靠它判断市场未来可能发生的变化并预做准备。
>
> “我不会只靠技术面消息从事交易。虽然我经常使用技术分析来帮助我进行市场判断，但是除非我了解市场变动的原因，否则我不会轻易进场。每笔交易后面必定都有基本面因素的支持。技术分析通常可以使市场的基本面情势更加明朗化。
>
> “举例来说，去年上半年有人说加拿大元会升值，也有人说加拿大元会贬值，而我根本无法判断加元的走势。不过如果硬逼我做选择，我会选择加拿大元贬值。后来美加贸易协定签署，市场情况才逐渐明朗。事实上，在美加贸易协定签署的前几天，加拿大元就已经开始扬升，而我直到这时候，在市场大势逐渐明朗的情况下，才敢断言加拿大元将会上扬。
>
> “在美加贸易协定之前，我觉得加拿大元已经涨到高价水准，因此无法确定加拿大元会上扬，或是下跌。我也只有等待市场变动，然后再跟随市场变化的方向做动作。我之所以如此，主要是因为两项关键性的判断，一项是市场的基本面产生变化(虽然我不能确定这个变化对市场情势可能造成的影响)。另一项则是市场的技术面显示加拿大元已经突破上档压力区。
>
> “美加贸易协定的签署对加拿大元并不一定完全是利多，我可以从利空的一方面来解释。美加贸易协定取消了双方之间的贸易障碍，这意味美国产品将可大举入侵加拿大市场，而会对加拿大经济不利。我举这个例子的重点是要说，市场上许多消息远比我灵通的交易员，早在其他交易员之前知道加拿大元会上扬，因而先行买进。我只是紧跟他们进行之后，搭上加元上涨的第二班列车而已。”

在《技术分析和主动交易》这本书里，该书作者谈到澳大利亚的期货交易商，最多有 6% 的技术交易者从他的分析中赚钱，因此很难证明这是一种成功有效的分析形式。很多优秀的技术分析书均承认：技术分析应该被视为一门借助多种科学的研究指标，评估特定证券的技术面状况的一门艺术(作为一门艺术，就服从金字塔原理，也就是最高明的艺术家总是最稀缺的)，技术分析是在相对较早的阶段识别趋势的反转，并且牢牢把握住这种趋势，直到有足够的证据显示或证明这种趋势的反转，并且牢牢把握住这种趋势，直到有足够的证据显示或者证明这种趋势已经反转为止。

人类的天性是倾向于保持不变，而且在类似的情况下趋向于产生一致的反应。所以技术分析基于如下的假设：人们将重复过去相同的错误。比如总是犯贪婪的错误，总是犯恐惧的错误。但是人类的行为又十分复杂，从来不会以完全一致的方式重复。因此作为反映人类行为的市场，其特征也永远不会完全复制过去。另外，没有任何一个指标能够有完全的预示信号作用，因此技术分析才发展出一系列的工具(表11-1)。

表 11-1　技术分析的假设和质疑

技术分析的假设	质疑
技术工具和一些图标形态，比如头肩形态，是可靠的，技术分析研究市场心理和情绪	研究表明，即使头肩形态的可靠性也很差。不过图表背后体现的是市场的心理和情绪的正反馈作用，并且只有形成正反馈，技术分析才有效。但是形成正反馈的条件，技术分析不能解决
交易量分析很重要	研究现在还不能证明交易量和市场方向存在技术分析者所认为的那种直接联系
技术分析可以用于所有产品	尽管人类心理和情绪有共性，但是不同市场的心理和结构可以有很大差别
类似的分析工具可用于上升市也可用于下降市	上涨和下跌市场的心理当然会不一样，而且市场与市场之间的心理也有很大差别。研究表明，技术分析在做多交易中比做空交易中优异
市场是重复历史的	行为金融学的研究表明很多技术交易者根据过去的交易活动交易，而不是根据交易时刻可以获得的信息进行交易，这就好比依据兵书战史去打仗，而不是根据战场形势与情报去打仗
很多技术指标可以通过历史数据测试	研究表明，历史数据测试方法不具有获利能力

不过，在技术分析的工具中，关于去预测的分析工具基本不靠谱。比如波浪理论，特别缺乏客观性，每一位波浪理论家无法确切的了解每一波浪的走势，波浪的可能性其实是无限多种排列的。所以最终还是需要考虑基本面，以基本面为确定依据。

比如，我们策略小组内部在 2009 年 8 月底进行了波浪理论论市，最终对未来走势形成四种意见，单纯从技术分析来说，谁也说服不了谁，比如我选择第二种，其他人会说凭什么第一种就不能实现。所以，最终波浪理论还是依附于基本面的最大可能分析。

我们当时这样写道：事实上市场对浪形的划分分歧很大，正所谓千人千浪。但脱离宏观经济大背景的波浪划分，单纯看图说话，无疑缺少了坚实的基本面支撑。根据基本面的可能情况，结合波浪理论，未来市场走势有如下四种可能：

第一种：就结构而言，市场目前运行在 4 浪回调中，1664～2402 点为 1 浪，2402～2037 点为 2 浪，2037～3478 点为 3 浪。从 1664～3478 点完成了一个大的 N 字转向，这样，随后而来的调整就是 4 浪调整，幅度通常不会超过 0.382 的黄金分割点(2772 点)，极限位置在 0.5 的位置（2553 点)。在第 4 浪结束后，市场会起步运行第 5 浪，在股市中第 5 浪的涨势通常小于第 3 浪，且经常出现失败的情况。此时对应的宏观经济复苏明确并有超预期的数据出现。点评：根据我们第四季度的策略报告，这种可能性很小(图 11-9)。

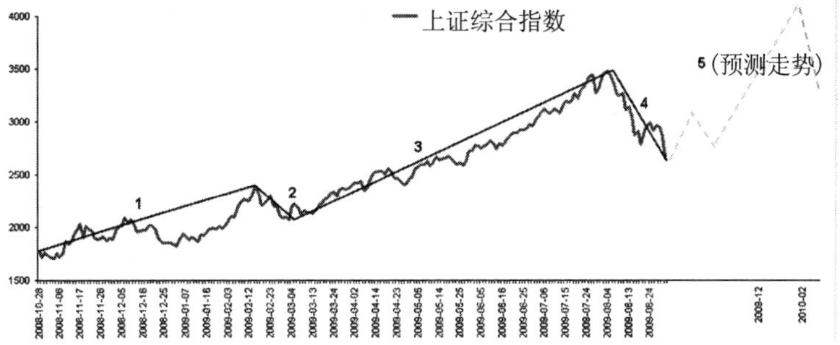

图 11-9　大盘波浪划分和未来预测（第一种）

第二种：按这种浪形划分，目前市场已完整运行完上升 5 浪，正处于 A 浪下跌中。A 浪下跌目标位置在 2500 点左右，此后并运行 B 浪反弹。B 浪表现经常是成交量不大，一般而言是多头的逃命线，通常 B 浪反弹高度不会超出 3200 点。此时对应的宏观经济属于缓慢复苏。点评：在 2009 年第四季度策略报告里面，我的观点基本和这个划分类似，但是我认为是“双头”，因为最符合基本面的情况(图 11-10)。

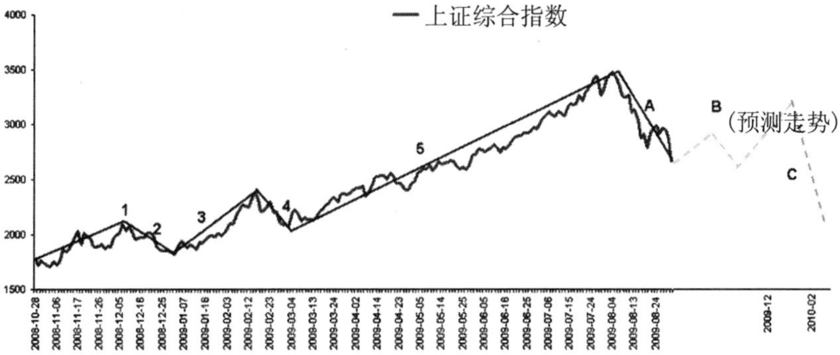

图 11-10　大盘波浪划分和未来预测（第二种）

第三种：此种浪形划分是 2 浪调整，这种看法是把 1664～3478 点看作 1 浪，这样 2 浪调整的幅度通常会低于 0.618 的黄金分割位置(2350 点)，调整时间会持续三四个月左右，然后开始运行第 3 浪，属于跨年度行情，3 浪上升幅度会超出 1 浪，对应的宏观经济是显著过热。点评：当时我就认为，显著过热不一定股市大幅上涨，显著过热引起宏观调控反而会出现第二种走势(图 11-11)。

第四种：此种浪形划分是把当前调整当成大 C 浪下跌，这种看法把 6124～1664 点看作大 A 浪下跌，1664～3478 点看作 B 浪反弹，现在属于恐惧的大 C 浪调整，调整时间会在 6 个月以上，并最终破掉 1664 点，此种情形对应的是宏观经济二次探底，甚至进入萧条。点评：这个在当时就可以否决，因为从经济数据来看，不太可能 2009 年下半年就会二次探底(图 11-12)。

因此，我认为图表分析应该主要作为观察现状差异性的线索。这种差异不仅在于股票，在大资产类型中也存在。比如，我在 2006 年年初观察到的图表显示，大宗商品价格一旦突

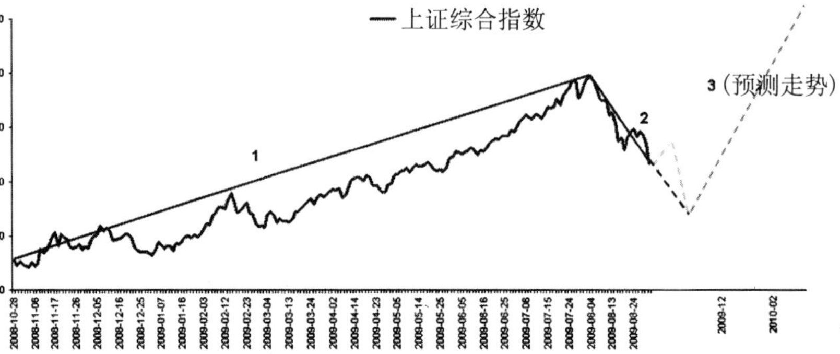

图 11-11　大盘波浪划分和未来预测（第三种）

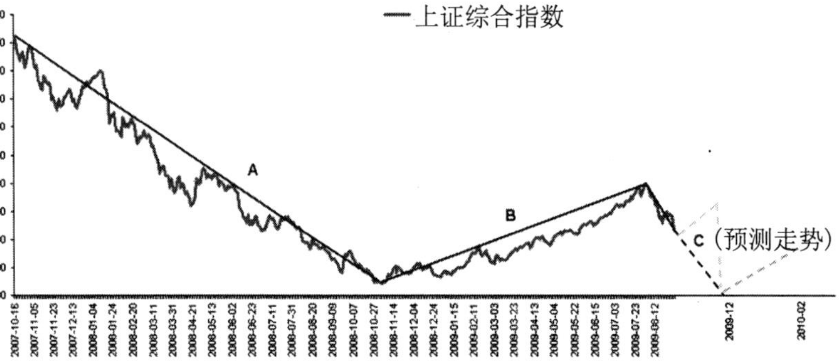

图 11-12　大盘波浪划分和未来预测（第四种）

破可能会有超级周期来临，因为这也可以和基本面相互验证。

另外在 2008 年年底，我这样写道：几个月前我们看空商品和原油，然后看多美元，主要是基本面的原因，但是看多的时点选择了美元突破长期趋势线的那几天。

现在美联储将利率降到不可思议之低点，其他资产类型是否会有大的变化？基本面情况要研究，图也要看，特别是看长期图表。

美元走势开始不乐观，美联储释放了太多货币，当利率降低到零，我们担心美元会取代日元成为套利交易的主要货币，那么美元会出现相当长的一段贬值期(崩溃的可能性不大)，毕竟现在美元彻底跌破了前期的上升趋势。

欧佩克在不断减产，但是原油在短时间内的下跌幅度仍然超出预期，并且油价已经远跌破其生产成本，能源供给短缺的故事仍然存在(特别是在各国明年基础设施建设大开工后)，在油价跌到长期支撑的附近，我们不再看空油价，油价未来会有一个急速回升的过程(毕竟，全球主要原油股票已经先期油价上涨)，但是现在还只能理解为超跌纠错。

在美元本位出现问题的时候，尽管黄金不是计价货币，但是在所有大宗商品里面跌幅最小。所以黄金股票在大幅下跌后存在投资机会，而参与黄金的投机利润则尚不清楚(图 11-13～图 11-15)。

A 股走势目前是所有国家里最先走出下跌趋势的，考虑到三座大山的两座已经消融，政府在大力刺激需求，这使得越来越多的资金会逐渐看好 A 股。

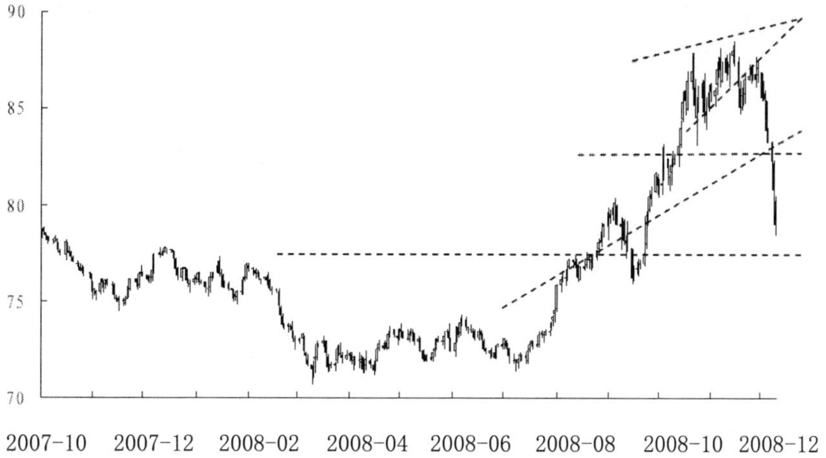

图 11-13　美元走势日图——跌穿上升趋势

图 11-14　美元走势周图——遇到强大阻力

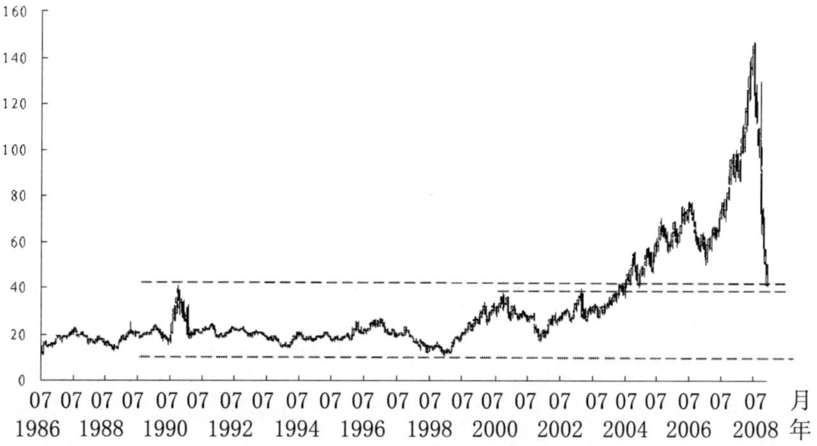

图 11-15　原油期货周图——长期支撑

技术分析不能作为投资决策的核心依据，但并不是说技术分析一点都没有预测“用处”。由于相当多数的投资者使用技术分析，所以有时候出现某些“图形”的时候，你可以判断“技术分析者”会如何思考。比如，2009 年春节后，我们继续看多，不仅是之前的各种分析判断，而且我们认为，这几个月，A 股走势非常符合墨菲《期货市场技术分析》里面经典的熊市衰竭形态，而一月份以来 A 股已经走出了近似完美的衰竭形态。因此，对于那些之前不相信熊市已经结束的技术分析者来说，现在也到了改弦易张的时候了。在技术分析者资金的推动下，结合基本面，也可以判断出市场会继续上涨(图 11-16，图 11-17)。

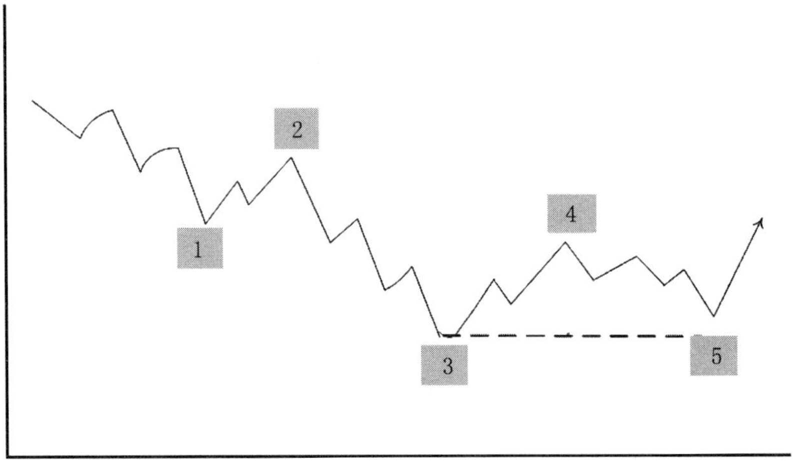

图 11-16 《期货市场技术分析》 里面典型熊市衰竭形态

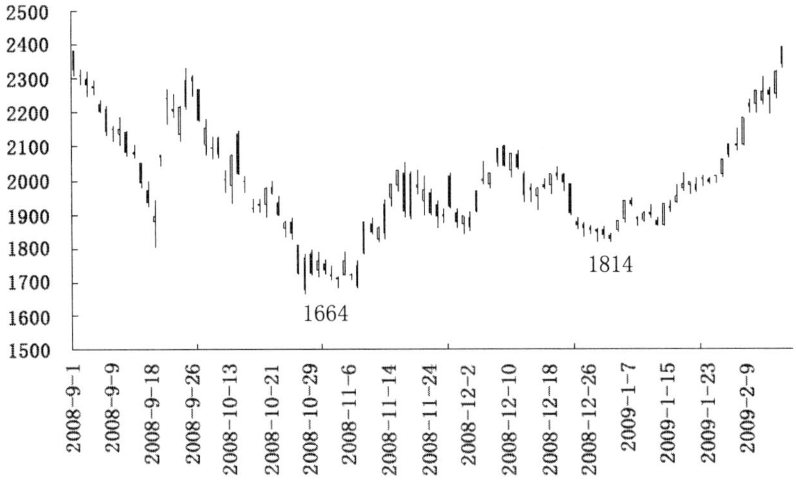

图 11-17 A 股已经走出完美的熊市衰竭形态

很多技术分析工具被人为赋予了太多主观性。比如说有人喜欢给图形划各种线——从前面的图就可以看出。我也喜欢画线，可要知道的是“线”被赋予了画图者的主观性，因为原始的图表并没有那根线。趋势线、通道线、黄金分割线，不能说完全没有道理，但画线容易将其绝对化、主观化。这就如看一个女孩儿身条好，用不着去计算其上半身与身高的比是不是0.382一样，只需用眼睛打量够了。看K线也是如此，看一两根K线能说明什么问题呢？这就好像看人家好看不好看，不能就盯住一两个青春痘不放。

因为，我认为能够尽可能消除主观性和随机性的技术分析，应该遵循“看大不看小”和“看粗不看细”的原则。也就是说，技术分析把握一个“大”字，从大处看，从长远看，去看大形态、长周期、大尺度、宽线条，并且与基本面的变化一起给出最大的机会或风险，同时技术信号将比基本面变化本身更为精确地给出机会或风险的来临点。

可是，就如《技术分析》一书所说：“从20世纪70年代以来，几乎所有市场参与者的时间期限都大大地缩短。因此，技术分析越来越多地被运用于实现短期时效策略，这种运用方式可能会导致严重的失误：根据我的经验，在技术指标的可靠性与所观察的期限长短之间存在着相当大的相关性。因此，本书中的讨论以中长期趋势为主。”

投资者的短视为长周期技术分析提供了一种“认知套利”。另外，由于财务、资金、经济、心理、交易制度等多方面力量综合形成了某种“市场漏洞”，被技术分析识别，在没有被大多数人发现以前，这种方法可能会存在并给投资者以超额收益。不过，这需要的是对市场有更综合的背景认知，而不只是对技术分析的认识。否则某些应用了某种技术分析而成功的投资者只能归结为运气，只是因为他的这种方法恰好在当时的背景下把握住了某种他自己都不清楚的“市场漏洞”。

另外，很多所谓的市场交易性投资者认为自己是技术分析派，我认为并不是因为其纯粹依据技术分析去“预测”市场，而是根据一个交易系统去“交易”市场。也就是说，其采用的不仅是技术分析的某种工具，而且还包括了一整套投资交易的流程，包括纪律性、仓位控制、风险控制等，并且其采用的技术分析工具不是作为“预测”市场，而是作为交易“信号”。

比如，下面就是我们研究的一个非常简单的基于一个技术指标的交易系统，而我们并没有根据这个指标去预测什么，而是出现了这个指标，我们就去交易。

案例是40周均线交易系统，其买卖的原则很简单：当周收盘价高于40周均线之时，选择下周开盘买入，直到周收盘价低于均线，选择在下周开盘价卖出，其间不做换手。时间选择1996～2009年年中，排除了1996年之前股市初期的异常波动状况（图11-18）。

我们发现：在如此简单的技术指标下，投资者竟然可以取得超额的收益，该指标最大的好处在于可以捕获大多数主要上升趋势，同时又能规避大多数熊市下跌，尤其是2006年以来的大波动市场。实际上，以上的收益率低估了收益，这主要是因为该指标提供的持有的时间要远远小于按照“买入并持有”策略，大量闲置时间使得资金可以获得不菲的无风险收益，这将大大提高投资回报。该指标的主要问题同大多数技术指标类似，即在震荡市中表现较差，而且成功率不高，18次仅有6次获得正收益，成功率34%，但是这个买卖原则并没有预测“什么是震荡市”（图11-19，表11-2）。

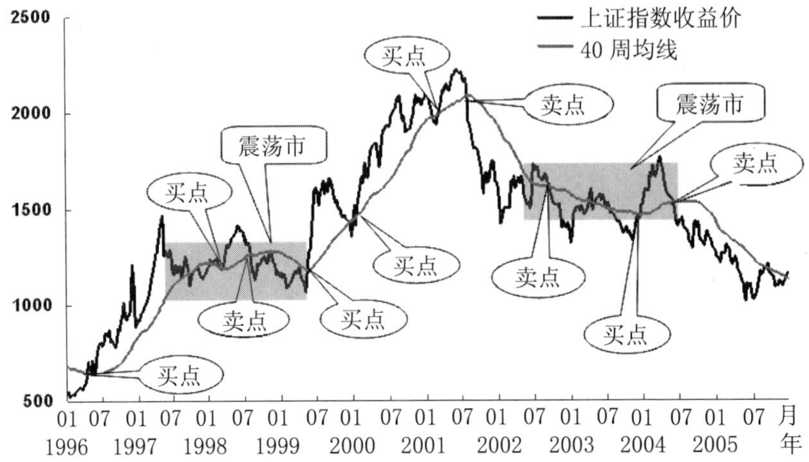

图 11-18　40 周均线可以捕获多数主要上涨，规避主要下跌，但震荡市表现较差

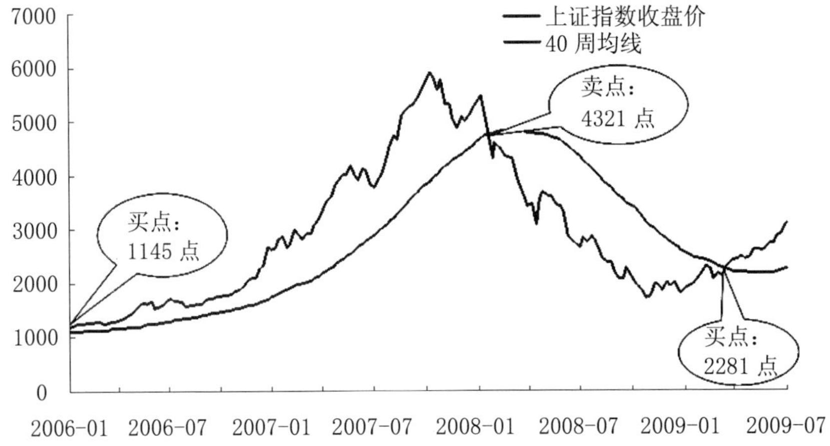

图 11-19　2006 年以来，市场趋势很明显，40 周均线效果更好

表 11-2　40 周均线的投资效果

买入时间	卖出时间	期间收益率	1 元投资终值	投资指数 1 元终值
1996-5-3	1996-5-24	-11%	0.89	0.89
1996-6-7	1997-9-26	72%	1.52	1.54
1998-1-16	1998-1-16	-2%	1.49	1.68
1998-2-13	1998-3-13	-6%	1.40	1.64
1998-4-3	1998-8-14	-6%	1.31	1.62
1998-11-20	1998-11-20	-1%	1.30	1.77
1999-6-4	1999-12-17	10%	1.44	1.96
2000-1-14	2000-1-14	-8%	1.32	1.95
2000-1-28	2001-2-9	28%	1.69	2.71

续表

买入时间	卖出时间	期间收益率	1元投资终值	投资指数 1元终值
2002-7-5	2002-9-20	-8%	1.56	2.22
2003-4-18	2003-4-25	-6%	1.46	2.06
2003-5-23	2003-6-27	-4%	1.40	2.07
2003-7-11	2003-7-25	-2%	1.38	2.04
2003-12-19	2003-12-19	-2%	1.35	2.00
2004-1-2	2004-6-11	0%	1.35	2.04
2005-9-16	2005-9-23	-3%	1.31	1.59
2005-12-30	2008-2-1	285%	5.04	5.98
2009-3-27	2009-7-6	28%	6.47	4.32

移动均线并不能预测市场的转折趋势，其仅仅是与市场指数走势相匹配而言，从实际表现来看，40 周均线交易系统在很多时间也跑输大盘，也许更短的周期效果更好。比如 5/20 日均线系统，但依据简单的 40 周均线交易法则，确实有效地超越了市场指数。

在《海归交易法则》中，提到的一种简单的交易法则是“突破”。书中，海龟们得到了两种不同却有关系的突破系统法则，称这两个系统为系统一和系统二。海龟们完全可以按照自己的意愿自行决定将净值配置在何种系统上。海龟们中的一些人选用系统二交易所有的净值，一些人分别用净值的 50%选择系统一，50%选择系统二，而其他人则选择了不同的组合。其中，系统一的含义是：以 20 日突破为基础的偏短线系统；系统二的含义是：以 50 日突破为基础的较简单的长线系统。

突破定义为价格超过特定天数内的最高价或最低价。因此，20 日突破可定义为超过前 20 天的最高价或最低价。

海龟总是在日间突破发生时进行交易，而不会等到每日收盘或次日开盘。在开盘跳空的情况下，如果市场开盘超过了突破的价位，海龟一开盘就会建立头寸。

系统一入市，只要有一个信号显示价格超过前 20 天的最高价或最低价，海龟就会建立头寸。如果价格超过 20 天的最高价，那么，海龟就会在相应的商品上买入一个单位，建立多头头寸。如果有一个信号显示价格跌破了最近 20 天的最低价，海龟就会卖出一个单位建立空头头寸。

海龟被告知在接受入市信号时要非常连续，因为一年中大部分利润可能得注意。海龟交易法则的核心原则就是找到一个期望值为正的相对简单的交易策略，控制住风险，坚定不移地执行策略。

我认为单准则交易系统不如多准则交易系统好，毕竟一维坐标远不如三维坐标的定位更准。比如在《史丹•温斯坦称傲牛熊市的秘密》一书中，温斯坦把股价走势划为四个阶段，这具有主观性，但是其交易系统的规则，相对客观，并且是多维的。比如要符合下图的模式，即 30 周均线走势向上，股价在 30 周均线上，相对强弱向上，成交量放量等(图 11-20)。

交易系统已经超出了纯粹的技术分析，范•K•撒普在《通向财务自由之路》基本上就是《海归交易法则》的抽象版，就是抽象研究如何建立相对优异且符合自己投资风格的“投资交易

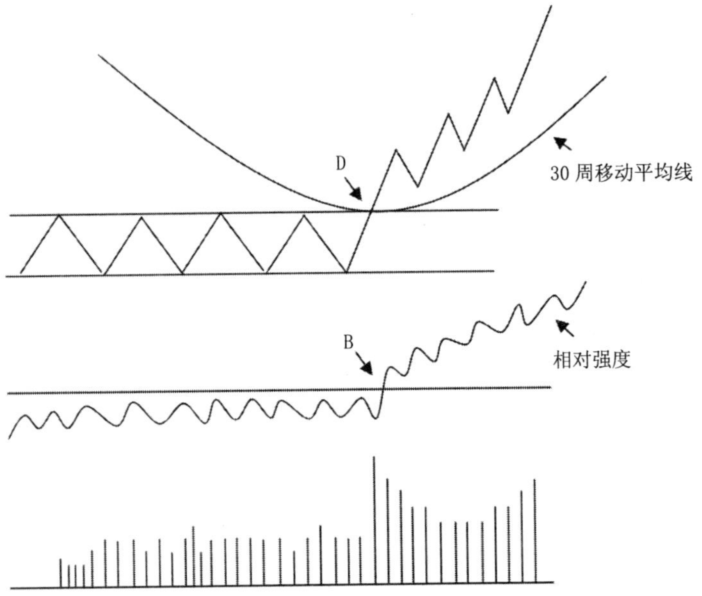

图 11-20 温斯坦的三重维度交易系统

系统”了。不过，在《市场奇才》中，退休的丹尼斯也承认海龟交易法则的突破法则由于被投资者大量采用，市场上价格向上突破的假象越来越多。这种现象与电脑交易系统日益普遍应用有关，而有太多人使用这类系统，结果反而使这类系统无法发挥功用。丹尼斯也承认，他花了好几年时间解决这个问题，但是到他退休的时候，才解决出来。

技术分析，甚至投资可能都是一门艺术，而远称不上是科学。因此，我个人认为，并不是每个人都能成为艺术家。艺术家需要天赋，对于相当多的人来说，通过努力或许仅能成为优秀的工匠——这就已经够好了。

《海龟交易法则》中有个故事讲的是理查•丹尼斯与他的朋友威廉•厄克哈德两人在期货交易方面配合得天衣无缝，一同创下美国期货史上少有的佳绩，但他俩在人生哲学方面却有很大差异。

理查•丹尼斯高中毕业后一直做期货，是在实践中杀出来的。威廉•厄克哈德却是饱浸文墨，他们经常争执不休的问题是：“究竟一个成功的交易员是天生的还是练出来的?”理查•丹尼斯认为是可以培养的，威廉•厄克哈德则认为更多的是靠天分。两人谁也说服不了谁，干脆打赌验证。为此，他们在 1983 底和 1984 年初《华尔街日报》上登寻人广告，寻找一些愿意接受训练成为期货交易者的人。工作条件是：交易者必须搬到芝加哥，接受微薄的底薪，如果交易赚钱可以有 20%的分红。慕名前来应聘者上千人，他们从中挑选了 80 人到芝加哥面试，最后选定 23 人从事此项训练计划，这 23 人的背景、学识、爱好、性格各不相同，具有广泛的代表性。

理查•丹尼斯花了两周时间培训，毫无保留教授他们期货交易的基本概念，以及他自己的交易方法和原则。他教导学生追求趋势，先分析决定市场是多头还是空头，进场交易时必须做好资金管理，适当控制买卖单量，并选择时机获利出场。理查•丹尼斯在亚洲参观一家水产养殖场时发现该场繁殖乌龟很有一套，回来后一时兴起称他的徒儿们为“龟儿”。课程结束后，理查•丹尼斯给每人一个10万美元的账户进行实战练习。这些“龟儿”还真争气，在4年的训练课程中，23名学生有3人退出，其余20人都有上乘表现，平均每年收益率在100%左右，而他付给这些学生20%的分红就达3000～3500万美元。其中最成功的一名学生，4年下来替理查•丹尼斯赚了3150万美元。名声传出去后许多大基金会纷纷出高薪来挖人，如今大部分“龟儿们”要么被挖走，要么拉出去单干，手头都控制着上亿元美金，成为期货市场的一支生力军。“乌龟帮”的名声也越叫越响。丹尼斯认为，他的观点是正确的：成功的交易者是可以通过训练与学习而得的，这无关乎聪明才智，全在于交易者的方法、原则。

但是，我觉得他忘记了一个最重要的问题，就是他们从应聘者上千人中最后精心挑选了23人。如果似乎随机挑选的，才能更让人信服。关于这个故事，可以看《海龟交易特训班》。其实丹尼斯自己就已经证明了些道理。在《新金融怪杰》中被采访的福克纳看到丹尼斯后，这么描述丹尼斯：“当时我离他很近，我可以清楚地看到他的脸上刻满了沧桑的痕迹，而且他一定也不怎么关心自己的外表。这一切都令我的心中感慨万千：没有理论支撑，没有艰苦奋斗，怎么可能成为一名成功的交易员？看看眼前的这个人，他的成功让他付出了多少代价！”

实际上，尽管我批评了一些技术分析的缺陷，以及指出技术分析的一些用处，但是现实中，每个人会根据自己的背景、状态、性格等各种特征，选择不同的投资方法。技术分析也确实被很多人推崇和采用，这是一个客观现实。

比如巴菲特在著名的演讲《价值投资为什么能够持续战胜市场》中谈到：“让我感到非常奇怪的是，对于以40美分的价格买进1美元纸币这种价值投资理念，人们要么是马上就接受，要么就是根本不接受。这就像接种预防注射一样。如果一个人无法马上理解这个投资理念，即使你以后对他谈上几年，并且出示各种投资业绩记录，结果仍然没有什么不同，他还是不会接受。这种投资理念如此简单，可是他们就是无法领悟。像李克这样完全没有接受过正式商业教育的人，马上就领悟了价值投资策略，并且在5分钟之后就开始学以致用。我从来没有见过一个人是在10年之内才逐渐地皈依价值投资理念的，这似乎和智商或学术教育无关。要么顿悟，要么永远无法领悟。”

而范•K•撒普就在《通向财务自由之路》上坦言了对价值投资和基本面分析者的不屑：“华尔街高薪聘请股票分析师来确定股票价值何时被低估了，这些分析员分析诸如公司将要推出的新产品，这些产品的潜在市场以及这种产品的销售对公司下一年价格的影响等等。他们对一摞摞的基本面数据进行筛选，以对未来收益进行预测。根据预测，他们可能会说这只股票的价值被低估了，或者这只股票的价值被高估了。以我作为交易教练多年的经验，我还未曾听到说这种方法被证明是有效的。大多数分析员只是就其分析的很多变量进行猜测，他们说公司的官员对其撒了谎，但是即使公司官员没有撒谎，也仍然没有证据证明(在我看来)他们有关未来收益的预测就股票将来的表现而言，是多么有意义。因此，如果你要我给出建议，我的建议是不要玩这种价值投资的游戏，它不是衡量价值的真正标准。”

长期趋势跟踪、各类基本面分析、波段交易、价差、套利都可能取得成功，都可以学，但是重要的是找到自己适合的“方法”，摆正心态，这样才能达到财务自由的境界。

因此在这方面，没有必要总是众口一词地声称自己是“价值投资者”，也没有必要因为自己看技术图形行事就怕遭人鄙视。关键的问题是，要适合自己，并且对自己“系统”的优缺点有深入认识。

本章并没有对技术分析本身做更多介绍，假定投资者对此都有一定了解，经典的入门书包括《期货市场技术分析》(墨菲)、《股票市场趋势分析》(迈吉)。

普林格写的《技术分析》更为专业和精深，可以作为进阶读物。这本书并不是一个指标荟萃和简单讲解的混杂，很多问题的分析非常深入并且没有太多公式化的东西，并且其对“周期”的研究也非常耐看。

关于交易系统研究的书籍，可以阅读《海归交易法则》和《通向金融王国的自由之路》。另外，波涛的三本书也值得阅读：《系统交易方法》、《证券期货投资计算机化技术分析原理》、《证券投资理论与证券投资战略适用性分析》。

《史丹•温斯坦称傲牛熊市的秘密》仅提供一种系统交易模式，这种模式我还比较喜欢。《短线交易秘诀》中尽管也是称为技术分析，但是给我印象最深刻的还是其不仅是“技术分析”，而且是包含了复杂精巧的交易系统设计，同时其在资金管理与交易信号的紧密结合上也值得学习。

《交易冠军》的作者马丁•舒华兹被称为现代版股票作手，但我觉得他是纯粹的交易天才，正常人基本上无法模仿，并且其交易行为的弱点在于无法运用大资金。真正的好书还是《股票作手回忆录》。

还有欧奈尔的书，比如《股票买卖原则》等，其也有图表分析，并且讲杯形买入模式等，但是我一直没有领会。不过，其基本面的内容对我来说易于理解，并且还可以进一步发挥。书中其他一些市场图表分析对我也很有帮助。我还是认为欧奈尔选股的出发点是基本分析，特别是成长股分析，其图表分析仅是用来发现线索的。

《专业投机原理》里面的技术分析值得借鉴，比如趋势线的画法，比如关于突破的定义，还有著名的2B法则。不过，我认为保证该投资成功的并不仅是技术分析，而是心理学、经济学、统计学、技术分析等的综合运用。

第十二章　市场结构分析

宏观市场策略是把市场整体作为研究对象，但是所谓市场结构分析，则是把股票市场进行细分研究，比如分成不同的风格股票类型、不同的行业股票类型、不同的主题股票类型。这样做的好处，一方面是自上而下帮助选择投资标的；另一方面，可以和市场趋势相互验证，相互补充。比如，在市场整体趋势不明朗但是预判风险不大的情况下，可以把股票市场进一步细分，选择细分类型具有相对确定性的机会。在对市场趋势预判可能存在较大误差和争论的时候，如果发现并能确定众多市场细分类型(中观角度)具有投资机会，则也可以加总判断整体性的机会。同样，如果发现从主题风格行业均不具有较大的投资机会，则市场整体看多的判断则可能存在较大的问题。

一般来说，市场可以无限细分，也可以有不同的细分标准，但是市场无限细分不仅没有意义而且无法研究。只有成熟的经过长期检验的有行业、风格和主题的细分才有意义。

更进一步来说，对于风格，可以细分的较为粗糙，投资者主要监控的风格包括大小盘风格、价值成长风格、高价低价风格、优质劣质风格等。这些一般都有风格指数可以监控。

对于行业，划分标准不一样，国际标准的行业划分是 10 大行业，但是划分的过于粗糙，30 个行业的指数可以监控，并且投资者不仅可以监控行业指数，还可以监控每个行业的龙头股，这样指示器可以相互确认。

对于主题，没有一定的筛选标准，需要和当时的特定环境相结合，因此主题的抽象弹性大，主题投资更难把握。

千万记住的是，股票市场的一切都在变化，没有永远表现好的行业和主题。有些投资者往往因为受益于某个行业或者主题，因此对其一直看好，而忽视了特定环境发生的变化，最后反而将其之前的收益吐出来。

另外，根据我的研究，投资历史上尚未发现基于中观投资成为大师的人物，主要原因是自上而下的宏观投资有规律可以探寻，自下而上的选股投资更有规律探寻，但是中观投资的规律基本没法把握，只有一些思维框架，这些思维框架也是较为长期的和不确定的。因此或许尽量扩展投资期限的长度，才能略微提高中观分析的投资精度。

本章分两节，分别研究行业和风格。

第一节　行　业

要进行行业优选分析，则需要知道市场上有哪些行业，如何划分。在 WIND 软件里，有众多行业划分。不过，无论哪种行业划分模式，都需要了解行业交互之间的逻辑，比如下游消费品有哪些行业，包括哪些周期消费品和非周期消费品等；上游资源品有哪些行业，比如，石油石化、煤炭、电力等；中游投资品有哪些行业，比如化工、钢铁、建材、有色、机械等；还需要了解支持经济运转的服务行业，比如金融系统、信息系统、物流系统(公路、铁路、港口、机场、航运航空)等；还要知道下游的需求是如何传导到上游的。不同的行业有不同的驱动因素，宏观经济运行中有多个产业链。

A股市场的行业结构和利润由于不断的新股上市，变化迅速，比如2001年同方股份算是大盘股了，但现在银行股才是真正的巨无霸(图12-1，图12-2)。

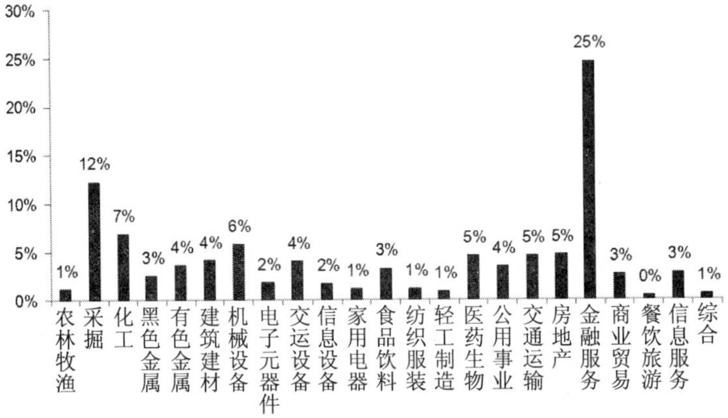

图12-1　2010年的行业市值结构

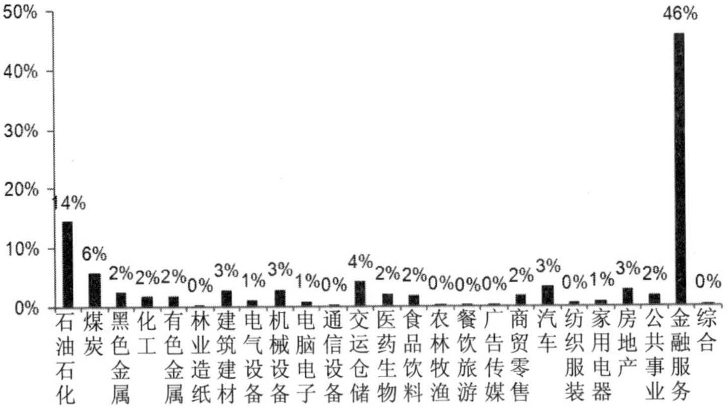

图12-2　2010年的行业利润分布结构

中观分析上，最重要的是对一段时间内优势行业的把握。但是结合这些年的研究以及前人的研究成果，我没有找到规律化的、经得起检验的、能够选出一段时间内表现最佳行业的方法。

不过，我认为两种行业选择的思考方式值得借鉴。一是Black-Litterman的行业选择方法。其思路非常简单，就是如果未来一段时间内，投资者对每个行业都没有看法，则最好的看法就是在配置上和市场权重表现一致；如果对某些行业有看法，并且概率上比较高，则可以配置。一般来说，在一个季度内，选择最确定看法的三个行业重配就可以获得相对超额收益。

这个思维体系的优点在于仅押注在未来一段时间投资者具有高概率看法的几个行业，但缺点是需要对行业进行深入的研究，要形成超出市场的看法。而大多数人不具有深入研究众多行业的能力，同时也不具有比较众多行业的能力。

在这种情况下只能要求投资者探讨并能够对行业核心投资规则进行高概率把握。也就是站在策略角度对行业核心投资规则进行研究，特别是行业核心驱动力的研究。

这个过程没有取巧的方法，只能一个一个研究。对于大型研究机构来说，可能深入研究和追踪的能力会强，但是对于多数投资者来说，能够高概率了解几个行业的核心驱动因素已经很了不起了。

对于周期性行业和非周期性行业的研究方法不一样。这里以水泥行业为例来探求周期性行业的分析方法。水泥是国民经济建设中不可或缺的建筑材料，从产业链来看，水泥行业的上游主要是煤、电，占成本构成的 60%左右；而原材料如石灰石由于价格低廉，在成本中只占 12%～17%的比例。水泥行业的下游主要集中在房地产、交通建设、采矿等(图 12-3～图 12-5)。

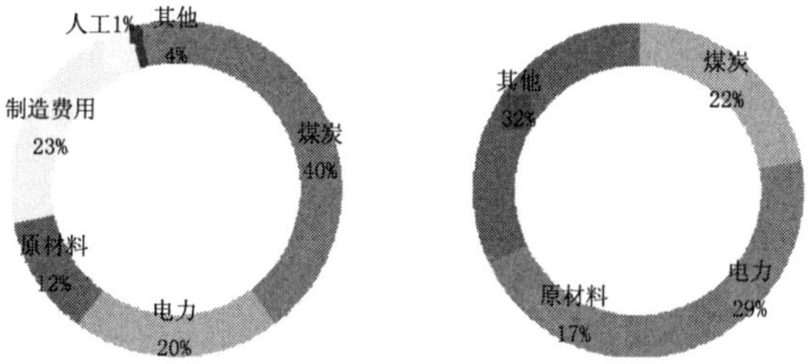

图 12-3 水泥的成本构成：煤电成本占 60%左右

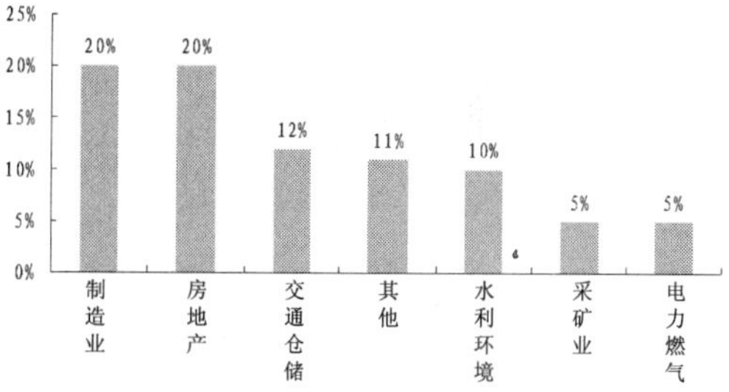

图 12-4 水泥的下游需求构成：制造业、房地产和交通仓储是最主要的需求端

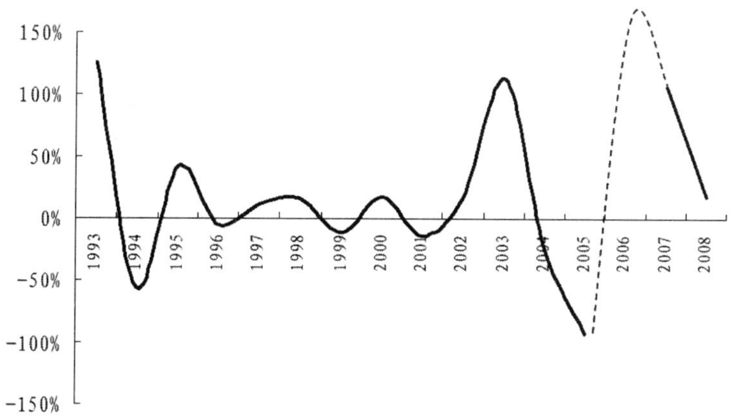

图 12-5 水泥行业上市公司 1993 年至今营业利润同比增速波动
(注：2006 年上市公司营业利润同比增速 938%)

水泥行业具有明显的“区域性”和“季节性”。“区域性”是指水泥生产工艺简单、技术门槛不高、产品价格低廉，但体积较大、运费高、利润薄，这决定了水泥生产消费的区域性。水泥生产与市场的陆地距离一般在 300 公里以内。“季节性”是指随建筑施工的开展，

1～2 月份是全年生产的淡季，3～4 月份开始进入旺季，全年产量的高点出现在 5～6 月份。

作为周期投资品的水泥行业，理解水泥行业的周期性很简单，从其行业上市公司的营业利润同比波动就可以看出来，并且水泥行业属于早周期行业(表 12-1)。

表 12-1　部分周期性行业上轮周期景气调整对比，水泥属于早周期行业

行业	景气开始调整时间	调整持续时间	调整幅度
煤炭	2005 年3月	12 个月	收入增速从55%下滑到23%，销售利润率从9%下滑到7%
黑色金属矿采选	2004 年12月	14 个月	收入增速从125%下滑到15%，利润率从18%下滑到10%
有色金属矿采选	2005 年3月	13 个月	收入增速从61%下滑到42%，利润率从19%下滑到15%
化学原料及化学制品	2004 年12月	15 个月	收入增速从33%下滑到23%，利润率从7%下滑到4%
化纤	2004 年2月	24 个月	收入增速从38%下滑到20%，利润率从4.6%下滑到1.1%
非金属矿制品	2004 年4月	10 个月	收入增速从40%下滑到19%，利润率从6%下滑到2.3%
黑色金属冶炼压延	2004 年3月	23 个月	收入增速从77%下滑到5%，利润率从8%下滑到1.6%
造纸及纸制品	2004 年4月	12 个月	收入增速从27%下滑到21%，利润率从5%下滑到3.8%
有色金属冶炼压延	2004 年4月	11 个月	收入增速从55%下滑到33%，利润率从5.8%下滑到5%
金属制品	2004 年12月	15 个月	收入增速从40%下滑到23%，利润率从4.8%下滑到3.5%

水泥板块的波动主要还是来自周期。周期向上的时候利润高速增长，投资者用 PE 估值；周期向下的时候利润迅速下滑，投资者用 PB 估值，因此核心就是把握周期拐点。不过，毛利率不是核心指标，其变化和水泥板块走势相关性并不高。水泥价格与水泥股票投资两者相关性也不是非常显著。水泥价格变化仅能解释水泥板块估值变化的 42%。投资周期投资品要回归最基本的业绩增长，实际上，水泥板块的净利润增长与二级市场走势多数情况下高度相关，因为业绩是最核心的指标。不过，由于公告的业绩仅是股价的同步指标，因此理解业绩的变化逻辑更重要。也就是说，预判水泥行业的盈利拐点是投资水泥行业的重点(图 12-6)。

不过，在有些情况下，业绩不能解释水泥板块走势。宏观面，特别是国家货币和财政政

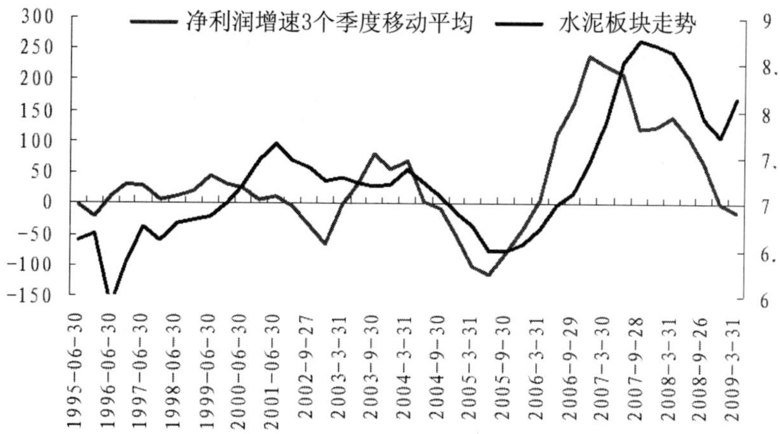

图 12-6　水泥板块的二级市场走势与净利润增速密切相关

策对水泥板块走势也有重要影响，尤其在经济过热和下滑阶段。比如 2008 年 11 月财政和货币政策转向双宽松，4 万亿刺激政策方案出台，水泥板块走势迅速超越市场(图 12-7)。

图 12-7　长期来看，水泥行业跑赢大盘：宏观调控政策对水泥股走势起重要作用

因此，对水泥股周期的把握有两个思路：一个是宏观自上而下的思路，特别是在水泥行业利润低迷期。另外一个是微观自下而上的思路，对业绩的探究。如果两者结合、相互印证则可以大大提高对水泥板块周期的把握性。对于业绩周期的预判，需要理解水泥行业的盈利驱动逻辑。水泥行业的盈利模式很传统，就是价乘以量减去成本。因此，可以从受宏观调控政策影响的需求以及行业产能增加情况着手，结合“价格差”和“供需差”来确认盈利趋势的形成。价格差又是由水泥价格和水泥的煤电成本决定的(图 12-8)。

落实在公司选择上。由于水泥行业具有很强的区域性，可以分区域比较水泥的需求、供给和集中度情况，进而选出行业内盈利能力较强的投资标的。不过，对于绝大多数投资者，看三家 A 股重点公司或者直接买龙头海螺水泥就足够把握行业投资机会了(图 12-9)。

即使对不同的行业投资规则有了一定了解，还是存在很多问题。比如研究水泥股有自上而下和自下而上两个思路，如果一致性的条件下，判断起来则概率更高，但是如果出现不一

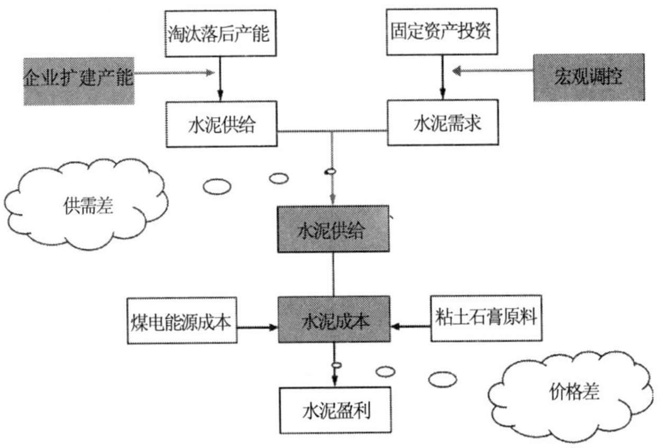

图 12-8　水泥行业投资价值驱动逻辑图

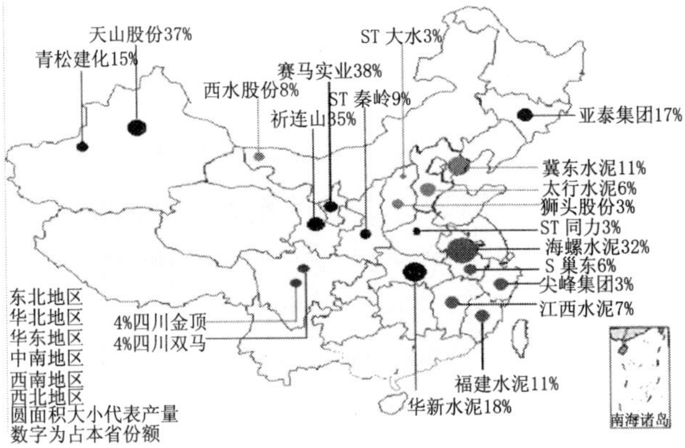

图 12-9　国内水泥厂商分布以及产量大小

致，则矛盾就比较难解决。还有一个问题是，如果几个行业同时符合应该投资的规则，则何种行业会是最优选择，如何进行排序，这也是有很多疑问的。

不要说每个季度能够对某些行业进行高概率判断，就是寻找出每年的核心配置行业都不容易。自 2002 年以来，对年度核心行业的选择总结如下：

2000 年是泡沫牛市，多数行业跑赢指数，并无很强的特征分析。而 2001 年是熊市，多数行业跑输指数。由于考虑缺少代表性，我们总结 2002 年以后的行业收益率策略。

2002 年是熊市，所有行业取得负收益，汽车、电信和医疗行业明显跑赢指数，多数行业跑输指数。

2003 年是结构性牛市和震荡市，少数行业取得正收益，电信、电力、煤炭、汽车行业明显跑赢指数。

2004 年是熊市，只有传媒和交通运输取得轻微正收益，近半行业落后指数。

2005 年是震荡市，从熊市逐渐恢复到牛市，但结果仍然是多数行业取得负收益，只有银行和零售业跑赢指数并取得正收益。

2006 年是大牛市，所有行业取得正收益，但跑赢指数的仅包括证券、银行、食品饮料和房地产行业。

2007 年仍然是大牛市，绝大多数行业跑赢市场，但证券、煤炭、原材料(有色和钢铁)涨幅最大。

2008 年是大熊市，几乎所有行业取得负收益，但医药行业表现相对最好。

2009 年是反弹性牛市，多数行业跑赢市场，汽车、煤炭和有色金属表现最好，铁路、电力和石油石化表现最差。

上述特征是从收益率角度总结。而从波动性角度来看，2000 年以来，各行业月收益率的波动性基本一致，很难从波动性的差异中获得超额收益。从各行业利润的波动性来看，差别很大，防御性行业的利润波动性远远小于强周期行业的利润波动性(图 12-10，图 12-11)。

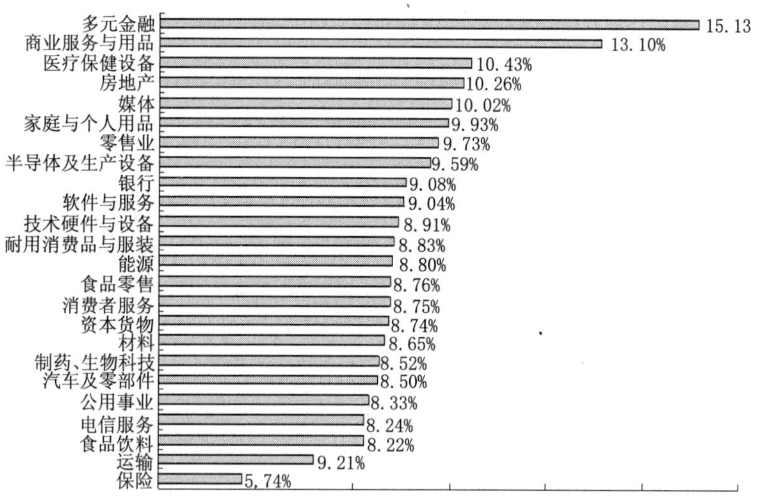

图 12-10　行业月度收益率的标准差

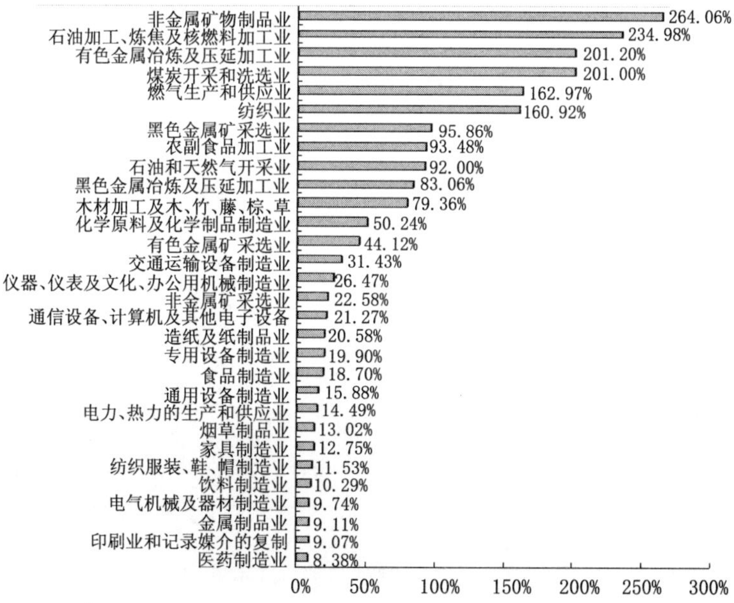

图 12-11　行业利润的标准差

多数情况下，跑赢指数的行业是少数行业，特别是在熊市，行业投资很难获得较好的收益。并且也可以认为，在跨年度内，多数行业均跑赢指数这个现象很难有持续性。

一般来说，能够跑赢指数的行业，在牛市往往是进攻性行业(当年业绩爆发或超预期增长的强周期行业)；在熊市往往是防御性行业。属于当年热门的行业也可能跑赢指数(比如2003年的汽车行业，2007年的证券行业)。

有时候，可按照驱动因素划分行业，如弱周期内需消费行业、弱周期内需服务行业、资产价格敏感行业、外需敏感行业、投资敏感行业、货币敏感行业、油价敏感行业。根据对宏观变量的分析，来把握行业机会。

比如，如果预期资产价格下跌、外需疲弱、投资下滑、货币增速下降，则只能在弱周期行业中进行选择受益的行业——如果非要进行选择的话。

行业投资时钟是另外的行业优选思维方式，就是判断在经济周期不同阶段，何种行业存在相对最优表现。但是行业时钟和BL模型一样只是思维方式，每轮周期表现时间长短和行业强弱需要具体问题具体分析。

行业投资时钟最先在美国开始探讨。1996年美国标普公司分析师Sam stoavl研究了1970～1995年25年期间美国的经济周期以及各行业表现情况。他将这25年的经济划分为4个扩张期和5个收缩期，其中扩张期里包含三个时段(前期、中期、后期)，收缩期里包含两个时段，并对其中各个行业在周期的表现进行打分(图12-12)。

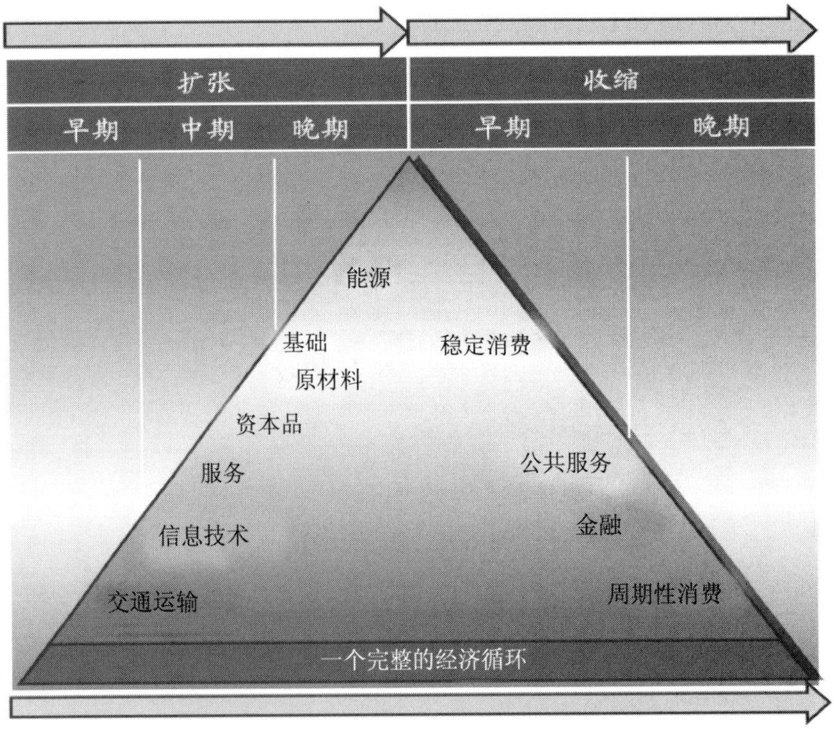

图12-12　Sam stoavl 行业打分结果

主要结论认为，当经济从扩张转向收缩时期，往往伴随着股票价格的下降以及市场资金的紧缩，这时候表现最好的是防守型稳定消费品；在收缩期的第二阶段，当经济转向寻找谷底的时候，利率会下调以刺激经济，这时候利率敏感型行业包括公用事业(高资产负债率)与金融行业表现最好；经济见底之前的时间里，可选消费需求开始增加，而资源价格的下降同时降低了该行业的成本；经济在扩张的初期，交运、信息技术与服务行业表现相对较好；扩张中期与后期，资本品、基础原材料与能源等中上游行业开始大展拳脚(表 12-2)。

表 12-2　Sam stoavl 对美国经济周期的划分依据

	扩张早期	扩张中期	扩张后期	收缩早期	收缩晚期
消费预期	急剧上升	维持高位	下降	急剧下降	见底回升
工业生产	温和上升	急剧上升	维持高位	下降	下降减缓
通胀	继续下降	见底回升	上升并为Fed关注	上升压力减缓	温和下降
利率	见底回升	温和上升	快速上升以控制通胀	见顶	下降

2004 年美林策略研究员曾经按照美国的产出缺口(OECD 的估计值)以及通胀(同比 CPI)划分了 1970～2004 年的美国经济周期，并计算了各种经济周期下的行业表现，从而得出投资时钟的行业轮动策略。综合来看，可以得出三点结论：

(1)金融、可选消费是在通缩与复苏期间表现最好的行业，这期间央行一般都是放松银根、降低利率的，银行受益，同时能源价格的下跌有益于可选消费，比如汽车和家电的成本下降。

(2)稳定消费是通缩期间最好的防御品种。

(3)能源在过热与滞胀期间表现最好，这与期间国际大宗商品价格上涨有关；反之能源在通缩与复苏期间表现很差，也是由于期间国际大宗商品价格下跌(表 12-3，表 12-4)。

表 12-3　美林对经济周期的划分

	通缩	复苏	过热	滞胀
产出缺口	↓	↑	↑	↓
CPI	↓	↓	↑	↑

表 12-4　投资时钟的行业轮动

复苏	行业	过热	行业
3.8%	可选消费	4.7%	信息技术
3.7%	电信	4.3%	工业
3.3%	信息技术	4.2%	能源
1.4%	金融	2.9%	健康医疗
-0.4%	工业	1.1%	稳定消费
-2.4%	基础原材料	-0.9%	电信

续表

复苏	行业	过热	行业
-3.1%	稳定消费	-1.8%	金融
-3.1%	公用事业	-3.2%	公用事业
-4.4%	能源	-3.6%	基础原材料
-4.5%	健康医疗	-5.8%	可选消费
通缩	行业	过热	行业
13.3%	稳定消费	14.7%	能源
11.0%	金融	11.6%	健康医疗
8.9%	可选消费	6.4%	公用事业
5.6%	健康医疗	2.5%	稳定消费
0.5%	基础原材料	2.1%	工业
-4.5%	工业	2.1%	基础原材料
-4.6%	信息技术	1.6%	金融
-4.7%	公用事业	0.0%	电信
-10.2%	电信服务	-8.9%	可选消费
-12.8%	能源	-12.5%	信息技术

在《投资时钟》报告中，美林自己把通缩翻译为缓滞，不过都是指的CPI下降，产出缺口下降的过程。投资时钟的行业分类是按GICS的行业分类方法。

2007年美国教授Jeffrey Stangl完成一篇行业轮动关系的报告叫《Sector Rotation over Business-Cycles》，采用NBER给出的1948～2003年的商业周期划分方法，测算了48个二级子行业的行业表现。通过研究他给的数据的结果并重新给出最优的分类方法，发现：在扩张初期，交通运输与可选消费率先复苏(能源在其间收益率排名第二，这个结论与之前的观点不太相符，可能是由于采用的行业表现是均值，而行业表现存在较大的标准差)；在扩张中期，投资资本品收益最高；在扩张后期，能源投资收益显著超越其他行业；在整个收缩时期，投资稳定消费与金融的收益最高；在收缩初期，公用事业的防御性体现得很出色；在收缩后期，整体行业都能得到出色的收益，信息技术涨幅最好，工业相关涨幅最少。

教授同时在报告中认为，采用行业轮动投资策略并不能显著的获得(扣除手续费后)超出市场平均的收益。但是如果在收缩初期持有现金或者债券，其他阶段继续采用行业轮动策略的话，超额收益会比较明显(表12-5,表12-6,图12-13)。

综合来看：①经济周期划分阶段非常重要。前面三种研究采用了三种不同的划分经济周期的方法，划分方法的不同会直接导致结果的不同。因此投资者应该注重在各自划分周期方法下的结论，而不是直接拿行业表现来对照。②历史规律都是平均值。报告里最后的结论都是历史均值，事实上，这是所有历史研究方法的缺陷，没有一模一样的过去，未来总有不同。因此历史规律都只是作为参考，其中的经济含义更为重要。③行业周期轮动适用的行业不全。尽管在研究时，所有的行业都可以加入分析，但是事实上，行业轮动比较效果明显的

表 12-5　NBER 给出的经济周期峰顶与峰底

峰顶	谷底	峰顶	持续时间(月)
1948.11	1949.1	1953.07	56
1953.07	1954.05	1957.08	49
1957.08	1958.04	1960.04	32
1960.04	1961.02	1969.12	116
1969.12	1970.11	1973.11	47
1973.11	1975.03	1980.01	74
1980.01	1980.07	1981.07	18
1981.07	1982.11	1990.07	108
1990.07	1991.03	2001.03	128
2001.03	2001.11	N.A.	N.A.

表 12-6　在 NBER 给出的经济周期下行业轮动的关系

扩张初期		扩张中期		扩张后期		收缩前段		收缩后段	
交通运输	16.50%	资本品	10.90%	能源	10.15%	公用事业	−7.55%	服务	48.80%
能源	15.10%	信息技术	10.38%	稳定消费	3.54%	稳定消费	−18.38%	信息技术	48.40%
可选消费	12.57%	交通运输	9.65%	金融	1.50%	交通运输	−21.55%	可选消费	44.98%
资本品	11.98%	稳定消费	9.59%	公用事业	0.45%	金融	−22.48%	金融	43.46%
金融	11.74%	可选消费	9.49%	信息技术	0.43%	基础原材料	−25.48%	稳定消费	42.11%
服务	10.45%	金融	8.22%	可选消费	0.16%	可选消费	−25.55%	交通运输	36.10%
基础原材料	10.18%	公用事业	7.60%	基础原材料	0.15%	能源	−31.35%	能源	34.35%
公用事业	8.75%	服务	7.45%	服务	−0.05%	服务	−31.70%	资本品	33.77%
稳定消费	7.20%	基础原材料	7.08%	资本品	−0.55%	资本品	−31.80%	基础原材料	29.33%
信息技术	5.65%	能源	6.35%	交通运输	−4.85%	信息技术	−34.73%	公用事业	22.75%

行业应该是：能源、基础原材料、工业、稳定消费、可选消费、金融、公用事业。而信息技术、电信服务、医疗健康三个行业在不同的国家与时段里有不同的特性，体现在其行业周期与 GDP、CPI 等常用经济指标关联度不大。因此不适合行业轮动策略。

比如，通过研究美国 1990～1991 年与 2001～2002 年走出通缩时的行业表现就可以看出，投资时钟分析的局限性和有用性。1990～1991 年走出通缩可以分成三个阶段：第一，从 1989 年 9 月到 1990 年 11 月，美国经济是滞胀阶段，通胀是头号问题；第二，从 1990 年 12 月以后到 1991 年 12 月，美国经济是通缩阶段，经济是头号的问题(美联储在 1990 年中

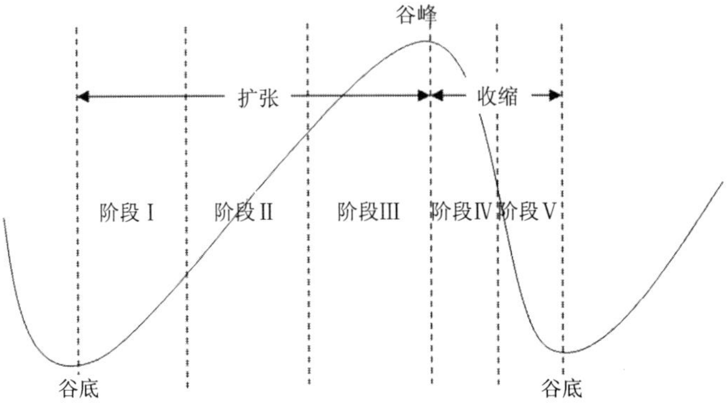

图 12-13　NBER 归纳的经济周期图示

期开始减息放松银根)；第三，从 1991 年 12 月到 1994 年 4 月，经济开始复苏。在 1990 年的滞胀阶段，美国股市行业以防御为主，健康医疗与稳定消费都是明显的防御类品种，而此时国际油价的快速上涨使能源表现也位居前列；而紧缩的货币政策以及不断减弱的需求使金融和可选消费表现最差。在 1991 年的通缩期间，金融表现跃居第二，可选消费同样表现出色，能源价格大跌，使这段时期能源行业表现最差。不过糟糕的经济尚未过去，市场仍然需要防御，因此健康医疗和稳定消费是位于最好的第一和第三位。在 1992～1994 年复苏阶段，金融和可选消费涨幅居前，能源价格依旧不振。不过市场偏向进攻的策略使健康医疗与稳定消费表现落在了后面(表 12-7)。

表 12-7　1990 年美国衰退到复苏期间股市行业表现

滞胀	1989.9～1990.11	通缩	1990.11～1991.12	复苏	1991.12～1994.4
健康医疗	12.36%	健康医疗	52.81%	可选消费	45.24%
稳定消费	10.81%	金融	51.31%	金融	40.65%
能源	8.44%	稳定消费	43.86%	基础原材料	32.41%
公用事业	-0.09%	可选消费	41.93%	工业	31.21%
电信服务	-5.33%	工业	32.08%	电信服务	20.69%
标普500	-12.56%	标普500	29.44%	标普500	18.21%
工业	-19.07%	基础原材料	28.01%	信息技术	17.33%
信息技术	-21.84%	公用事业	15.80%	稳定消费	7.58%
基础原材料	-25.65%	信息技术	11.06%	公用事业	6.13%
可选消费	-30.49%	电信服务	7.51%	能源	0.90%
金融	-41.91%	能源	0.97%	健康医疗	-18.61%

互联网泡沫破灭后走出通缩也可以分成三个阶段：第一，从 1999 年 11 月到 2001 年 5 月，是滞胀时期，GDP 增速下滑，而通胀仍然维持高位；第二，从 2001 年 6 月到 2002 年 7 月，是通缩时期，通胀压力大幅减轻，经济在寻找底部；第三，从 2002 年 7 月到 2004 年，经济复苏

阶段。从 1999 年 11 月开始到 2001 年 5 月，由于国际油价的上涨，美国经济持续承受高通胀的压力，整体经济呈现滞胀的特征，这期间标普 500 指数里公用事业与能源行业表现最为出色。从 2001 年 5 月到 2002 年 7 月，美国经济增速继续减缓，“9•11”更是加速经济衰退的步伐，由于需求的持续回落，通胀压力开始减轻，这期间，稳定消费表现最好，同时由于新兴市场国家的崛起，期间的基础原材料表现也在前列，跌幅靠前的是有互联网泡沫的行业。从 2002 年 7 月到 2004 年 3 月，美国进入复苏阶段，受益于需求的恢复，以及前期超跌，期间信息技术、金融与可选消费位于涨幅前列(表 12-8)。

表 12-8　2000 年美国衰退到复苏期间股市行业表现

滞胀	1999.11～2001.5	通缩	2001.5～2002.7	复苏	2002.7～2004.3
公用事业	37.91%	稳定消费	1.06%	信息技术	41.93%
能源	17.73%	基础原材料	-10.79%	金融	21.70%
工业	15.07%	金融	-19.42%	可选消费	20.40%
金融	9.64%	健康医疗	-20.02%	标普500	19.34%
健康医疗	8.53%	能源	-23.25%	健康医疗	17.80%
稳定消费	2.51%	工业	-27.40%	基础原材料	17.70%
可选消费	-2.38%	标普500	-27.41%	电信服务	14.96%
基础原材料	-4.73%	可选消费	-27.44%	工业	14.62%
标普500	-6.48%	信息技术	-43.59%	能源	10.92%
信息技术	-29.93%	公用事业	-48.12%	稳定消费	3.62%
电信服务	-35.76%	电信服务	-52.38%	公用事业	2.37%

注：本次通缩期间美国基础原材料跌得比较少，一方面是因为该行业提前指数 3 个月见顶跌过了；另一方面也是因为新兴市场的崛起加大了对原材料的需求。

关于中国的投资时钟，由于证券市场数据不够，因此可靠性更差，但是逻辑上也可以进行分析。

对一个完整经济周期进行正确的阶段划分是研究投资时钟的基础。按照相对于趋势的经济增长和通货膨胀的方向可以将中国经济周期划分为四个阶段：收缩(增长向下、通胀向下)、复苏(增长向上、通胀向下)、扩张(增长向上、通胀向上)、滞胀(增长向下、通胀向上)。但传统的产出缺口与通胀水平不适用于划分中国经济周期阶段。因为产出缺口为季度数据，难以较好地辨别出经济增长方向的拐点。因此采用可跟踪性较好、月度发布频率的中国宏观经济景气一致指数和 CPI 当月同比增速这两个指标作为划分经济四个阶段的主要依据更为合适(图 12-14，图 12-15)。

从 2002～2008 年，中国经济周期阶段可以近似地划分从复苏到收缩两个轮次。观察可

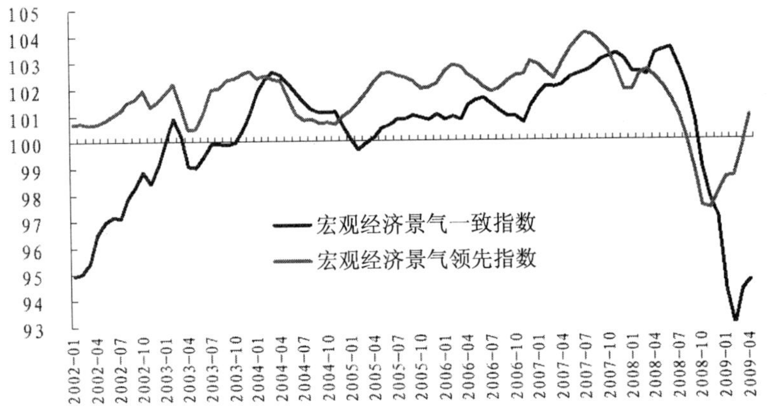

图 12-14　景气领先指数大约领先一致指数三个月，有利于及时确认一致指数的走势

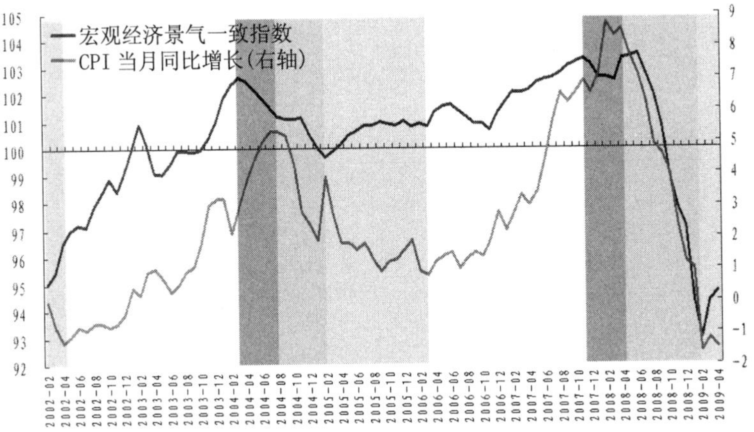

图 12-15　从 2002 年以来的中国经济周期阶段划分：走过相对完整的两轮转换

（注：依次分别代表经济所处的复苏、扩张、滞胀、收缩阶段）

以发现，中国经济的高增长运行特征决定了一轮周期中，扩张阶段持续较长。遗憾的是，所观察的周期轮次偏少，而且 2004 年的经济调整，拉长来看，其实仍处于经济的上升期，所以在 2004 年 9 月到 2005 年 2 月的收缩阶段持续时间很短，货币政策并没有出现明显的放松。即便如此，统计在经济不同阶段的沪深 300 指数表现，仍可以发现 A 股市场表现基本符合经典投资时钟规律：经济增长向上的复苏与扩张阶段的股票市场表现要显著好于滞胀与收缩期(表 12-9)。

表 12-9　阶段划分下股票市场表现：滞胀与收缩阶段应该规避权益类资产

阶段属性	月数	上涨月数	下跌月数	累计涨幅	月均涨幅	年化涨幅
复苏	18	12	6	1.3852	1.0183	1.2426
扩张	43	30	13	4.5680	1.0360	1.5280
滞胀	10	4	6	0.6372	0.9559	0.5823
收缩	16	7	9	0.5325	0.9614	0.6233

经济周期阶段划分下的行业轮动。统计沪深300及其行业指数在各阶段下的表现，可以发现：

(1)在复苏阶段，表现较好的是能源、金融、可选消费；表现较差的是信息技术、医疗保健、公用事业。基本上和美林投资时钟吻合，主要差别是：能源板块主要包括煤炭和石油石化行业，在三次复苏阶段，都显著跑赢了大盘。科技类的电信服务和信息技术板块在复苏阶段并没有很好的表现。这和中国科技类板块代表性偏弱，电子类企业更多集中在加工制造环节，依靠订单生产，而非设计研发环节有关。

(2)在扩张阶段，表现较好的是能源、材料、金融；表现较差的是信息技术、公用事业、电信服务。基本上和美林投资时钟吻合，主要差别是：金融板块在扩张阶段仍表现较好，但在两次扩张期中金融板块的表现是矛盾的。2002～2004年的第一次扩张期，金融类的表现排在最后一位，而2006～2007年的第二次扩张，金融类表现最好，且涨幅巨大，对最后表现有很大的拉动作用。金融板块的表现规律需要更多周期的检验。同时，中国经济处于扩张期的时间较长，可能需要将扩张期更细分为扩张前期和后期。

(3)在滞胀阶段，表现较好的是电信服务、日常消费、医疗保健；表现较差的是信息技术、能源、金融。和美林投资时钟基本吻合，主要差别是能源表现比较落后。美股在经济滞胀阶段，石油天然气行业的表现仍然相对较好。

(4)在收缩阶段，表现较好的是医疗保健、公用事业、日常消费；表现较差的是能源、金融、材料。和美林投资时钟基本吻合，主要差别是金融表现比较落后。美股在收缩后半阶段，由于货币政策的放松，金融股相对表现较好。

总的来说，四阶段下，大类行业的板块轮动规律基本符合投资时钟的内在逻辑。金融、能源、可选消费、日常消费、医疗保健、公用事业、材料行业轮动的效果比较显著。而工业、电信服务、信息技术的轮动效果不是很明显。和美国股市相比，A股的能源行业表现起来得较早，而金融行业表现起来得较晚。

表12-10　阶段划分大类行业表现

	复苏		扩张		滞胀		收缩
能源	2.012	能源	6.241	电信服务	0.787	医疗保健	0.848
金融	1.910	材料	5.289	日常消费	0.781	公用事业	0.713
可选消费	1.427	金融	5.007	医疗保健	0.709	日常消费	0.673
沪深300	1.385	医疗保健	4.853	材料	0.675	电信服务	0.603
日常消费	1.355	沪深300	4.568	可选消费	0.661	信息技术	0.582
材料	1.300	日常消费	4.504	工业	0.652	工业	0.581
工业	1.277	工业	4.430	公用事业	0.648	沪深300	0.532
电信服务	1.214	可选消费	4.303	沪深300	0.637	可选消费	0.526

续表

	复苏		扩张		滞胀		收缩
公用事业	1.104	电信服务	3.818	金融	0.635	材料	0.514
医疗保健	1.073	公用事业	3.605	能源	0.613	金融	0.470
信息技术	1.024	信息技术	2.562	信息技术	0.603	能源	0.442

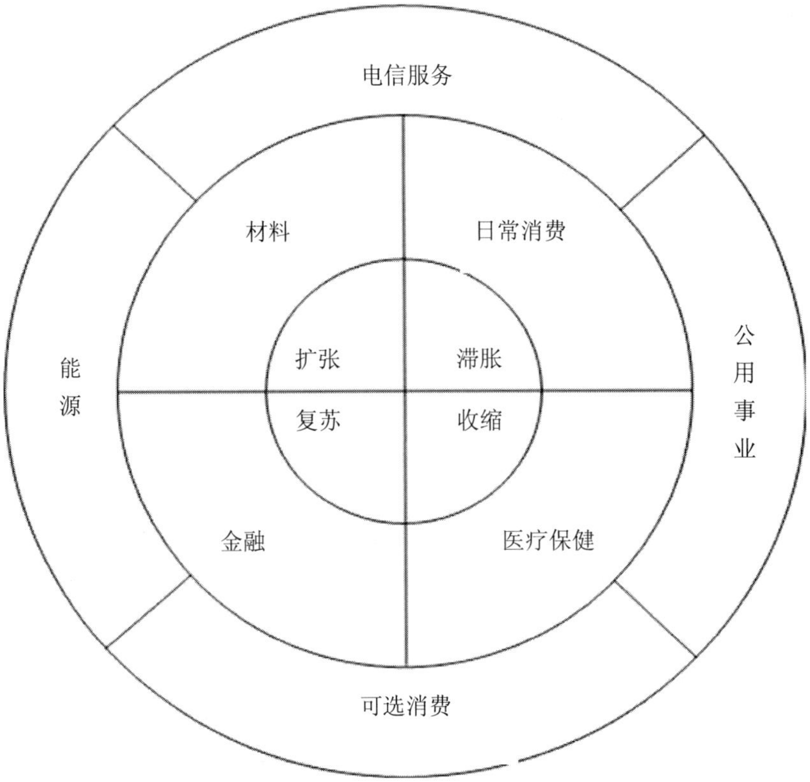

图 12-16　A 股的产业投资时钟

第二节　投资风格

风格分析是指对某类具有共同收益特征或共同价格行为的股票进行分析，试图把握其中的机会。风格投资从本质上来说是试图通过某些特定分割的、异质的板块投资获得超额收益。

投资风格的形成主要来源于对股票市场异象的研究成果。20 世纪 70 年代以后，对各种市场异象的研究推动了风格投资策略的发展。风格投资产生的理论基础是市场上存在着违反市场有效性假设的市场异象，各种不同的市场异象产生了不同的风格投资。潜在的推理是，如果一种市场异象在某一个股票市场比较显著，并能产生明显不同于市场指数的投资收益，那么基于该种市场异象产生的风格投资策略便是有效的。国际上的历史统计数据显示，的确存在一些基于异象的风格投资策略在一定时期内创造了相当大的正超额收益。

目前，股票风格的分类方法也不拘一格，风格分类指标可以分一级指标、二级指标等。为数众多的风格种类在实践检验后，最终形成几种主流的应用较为广泛的投资风格，最重要的是大小盘风格和价值成长风格。

美林的数量研究部分析了1987～1993年间成长和价值风格投资策略的表现。他们构建了两类指数。第一类是选取了18支具有明显风格特征的基金，其中成长风格和价值风格基金各9支，基于此构建了两个风格基金指数。第二类是基于S&P500的样本股，选取5年盈利增长率最高的50只股票组成成长型股票指数的样本，选取盈利收益率(市盈率PE的倒数)最高的50只股票组成价值型股票指数的样本。结果显示，在不同的年份，价值和成长风格投资策略表现各异。

如果对风格轮换能做到完全预测，那么挑选出来的组合最多可能获得的超额收益有多大？有学者对英国市场进行了风格投资研究，发现挑选出来的最优组合在1968～1997年间，获得的年平均毛收益率为29.10%，每笔交易减去1%后的净收益为24.51%。而《金融时报》全股票指数期间收益为16%(表12-11)。

表12-11　美国市场主动管理者可能多获得的收益(1979～1994年)

可能获得的最佳资产配置	31.93%
静态的股权债权和现金组合	13.20%
可能获得的超额收益	18.73%
可能获得的最佳风格投资分配	29.67%
威尔夏(Wiltshire)500指数	13.98%
可能获得的超额收益	15.69%

法雷尔(1996)将股票分为成长型、周期型、稳定型和能源型四类风格，分别进行风格轮换收益率测算，在1971年12月31日至1991年12月31日的不同时间区间内，投资于收益率最高的风格组合，所能获得的最多超额收益平均为20.14%。

风格管理能给投资者带来超额的收益，但在实际中应考虑交易成本的因素。结论显示，必须要达到80%以上对未来风格走势的预测准确性，才能弥补由于预测不准所带来的风险成本。不完美的风格走势预测将导致风格转换收益比不上风格固定比例组合。

风格转换策略意味着完全将一类风格的股票换仓至另一类风格，而风格倾斜策略是对每种风格均有配置，但某种主导风格配置得较多。为避免短时间内多次转换风格的不经济性，可使用风格倾斜策略，转换风格时将投资组合向某个风格倾斜。

在多种风格(规模、价值／成长、高价／低价，等等)当中，综合目前的实证文献，晨星公司的选择的两个风格，大小盘风格和价值成长风格轮动最具有可测度、可预测和可投资性。

一、价值/成长轮换周期

有学者研究了将1美元分别投至美国、英国、日本、加拿大及德国的价值股和成长股(以简单市净率P/B分类)，在1975年1月至1995年6月期间，五个国家的价值股月度收益率超过成长股的比例均大于等于55%，最高值为61%。从多国家、长区间的结果看，价值股的表现优于成长股的概率更大(表12-12)。

表12-12　1975年1月至1995年6月期间1美元投资的收益比较

国家	1美元投资的增长		价值股月度收益率超过成长股的比例
	价值股(美元)	成长股(美元)	
美国	23	14	55%
英国	42	24	56%
日本	37	10	61%
加拿大	12	5	61%
德国	14	9	55%

Richard Roll用三个分类变量即市值大小、收益价格比(E/P)、净资产价格比(B/P)来区分价值股和成长股。研究对象是所有在纽约股票交易所和美国股票交易所上市的股票，按市值、E/P和B/P的高低分为八组，每月根据风格分类变量的判断值对风格组合中股票进行调整。在1984年4月至1994年3月的考察期间内，有三个组合的收益跑赢了标普500指数，结论和上述学者研究较为一致。长期来看，还是价值股组合表现最为优越(表12-13)。

表12-13　1984年4月至1994年3月期间1美元投资的收益比较

组合类别	1美元增长(美元)	市值	E/P	B/P
小盘+价值	6.85	低	高	高
大盘+价值	5.34	高	高	高
小盘+混合	5.15	低	高	低
标普500	3.96	-	-	-
大盘+混合	3.49	高	高	低
大盘+成长	3.05	高	低	低
大盘+混合	2.76	高	低	高
小盘+混合	2.02	低	低	高
小盘+成长	1.64	低	低	低

为何价值股表现更好？有如下解释，比如：①可能有尚未考虑的风险存在。价值股超过成长股的溢价可能只是对未考虑的风险的补偿。尽管Roll用CAPM模型和因素模型对收益率进行了风险调整，但是仍不排除有其他风险存在的可能性。②预期偏差。Scott Bauman和Robert Miller考察收益预测发现P/E比率最低的股票被低估，而P/E比率最高的股票被高估，低P/E的股票是价值型，其收益被低估，那么股价表现就会比预期要好，对于成长股也类似。Bauman和Miller认为计算预期收益时过分依赖以往较短时间内的收益趋势是造成预

期偏差产生的原因。

虽然上述研究均证明，长期来说，价值股的表现优于成长股，但仍有成长股表现好的证据。Robert 等人的研究表明，1975 年 1 月至 1995 年 6 月期间，在美国、英国、日本、加拿大及德国五国，有 39%～45%的概率成长股表现更好。

在美国市场，两种风格都有表现好和不好的时期，在 1985～1995 年间，有 6 年是成长型基金表现更出色，有 5 年价值型基金表现更好，两种风格呈现周期轮换，且每期都有至少一种风格基金的收益率高于股票共同基金平均年收益(表 12-14)。

表 12-14 成长型和价值型基金收益呈现周期轮换，每年至少一种风格基金收益高于股票共同基金平均年收益 (1985～1995 年，单位：%)

年份	成长型基金平均年收益	价值型基金平均年收益	收益率差值(成长-价值)	股票共同基金平均年收益
1985	29.7	28.3	1.4	28.7
1986	13.5	15.4	-1.9	14.7
1987	1.4	-0.4	1.8	1.2
1988	13.9	18.5	-4.6	15.8
1989	30.1	20.8	9.3	25.3
1990	-4.2	-8.6	4.4	-5.7
1991	49.7	30.9	18.8	37.0
1992	7.5	12.1	-4.6	9.3
1993	13.0	14.1	-1.1	12.8
1994	-1.7	-1.3	-0.4	-1.5
1995	32.4	28.9	3.5	30.9

历史数据表明，价值和成长投资风格组合的业绩表现具有周期性，且表现优异的价值型基金和成长型基金往往在次年表现不佳。在 1975～1995 年间，分别选出美国市场成长型和价值型基金收益最高的 5 个年份，将次年收益进行对比，5 年中有 4 年，当年收益最高的成长型基金次年表现落后于价值型基金；价值型基金收益的延续性稍好，当年收益最高的价值型基金，5 年中有 3 年，次年表现高于成长型基金。这预示风格转换仍有研究价值。只要能够把握风格变换的规律，找出风格转折点或是找到能预示风格将要进行切换的系列指标，就能对实际投资起到较好指导作用(表 12-15)。

表 12-15 1975～1995 年间，成长型和价值型基金收益最高的 5 年及次年收益(单位：%)

年份	成长型基金收益率		年份	价值型基金收益率	
	当年	次年		当年	次年
1975	40.2	24.0*	1975	39.5	37.5*
1979	35.2	33.6	1976	37.5*	3.0
1991	33.7	4.9*	1985	29.1*	19.1*
1980	33.6	2.5*	1983	26.2*	7.5*
1982	31.0	23.7*	1979	25.5	25.4

关于价值成长风格轮动的解释。从行为角度来看，投资者趋势追逐导致价格偏离于价值，而价格最终必向价值回归，因此产生了风格周期的轮换。

另外从经济指标来看。①经济景气度和盈利动量。当经济衰退时，只有少数公司在成长，投资者愿意持有这些稀有股票；当经济不景气时，多数公司都在成长，投资者就不会为成长股支付高价。②利率曲线的斜率。Bernstein(1991)认为利率曲线的斜率也可用作额外风险指标来判断该选择何种风格的股票。利率水平通过久期和利率敏感性来影响股票，一般来说，价值投资组合的平均久期为24.9年，而成长组合的久期为29.9年，标普500指数的久期约为27.8年。③股利支付率，是管理层向市场传递信息的信号。历史经验表明，当股利支付率较高时，价值投资会超越增长投资；反之，当股利支付率较低时，表明高的盈余收益将用来支持企业成长，成长型投资就会超越价值投资。④收益率曲线的斜率。Harrey(1989、1993)指出收益率曲线的斜率是对未来经济增长的精确预测，用长期国债到期收益率和短期国债折现率描绘的债券收益曲线的斜率可看作对未来名义增长率的预测(表12-16)。

表12-16 成长/价值投资表现和收益率曲线的斜率

收益曲线	各类型表现	原因
平坦到反向	成长投资表现相对领先	经济发展受阻
反向到平坦	成长投资表现相对领先	过于紧缩的经济
平坦到陡峭	价值投资表现相对领先	刺激经济
陡峭到平坦	价值投资表现相对领先	过于宽松的经济

在经济景气周期初期即复苏期，价值指数表现更好；在景气周期中后期即繁荣期，价值指数和成长指数均有表现好的证据，因此和前述成长股表现更好的理论似有不符。在经济衰退和萧条期，价值指数和成长指数表现孰好孰坏不一定，但总体而言两者差距并不是很大。

从夏普比率来看，不论在经济复苏或繁荣期，价值指数和成长指数均有超过对方的时候；在经济衰退和萧条期，两者也并不一定是哪个更好，总体来说价值指数的夏普比率较高的可能性更大些。

基于月数据测算的价值指数大于成长指数的概率超过50%的年份占比，美英市场并不一致。美国市场价值指数大于成长指数概率超过50%的不到一半；而在英国市场，价值指数大于成长指数和FTSE 350指数概率超过50%的占大多数。

从月度最大跌幅来看，熊市中最大跌幅多由价值指数创造，也有成长指数跌幅大的时候。

另外，对于美国股票型基金的研究表明，总体看，在下跌市中价值型基金表现更好，上升市中则没有定论。

二、大盘/小盘轮换周期

来自所罗门兄弟公司的一份研究报告显示，美国、日本市场上，不同规模组合在不同经济条件下的收益表现呈现出周期变换，且对于某一经济因素的变化，美、日市场呈现出一致性。其中，对美国、日本市场的研究区间分别是1960～1995年、1974～1995年(表12-17)。

表 12-17　不同经济条件下规模效应的比较

市场情况	美国	日本
经济高增长	小盘股	小盘股
经济低增长	大盘股	大盘股
货币走强	小盘股	小盘股
货币趋软	大盘股	NA
股市高波动	大盘股	大盘股
股市低波动	小盘股	小盘股
短期利率上升	NA	小盘股
短期利率下降	NA	大盘股
长期利率上升	小盘股	小盘股
长期利率下降	NA	NA

在不同经济指标组合之下，大盘股与小盘股的相对表现，则取决于不同因素相对影响力量的强弱。①通货膨胀率的高低对美国、日本不同规模股票的影响主要取决于另一因素——经济增长速度。经济高增长情况下，小盘股表现优良的概率大于 50%，经济低增长情况下则不到 50%，即大盘股表现会更好。②汇率走势对美国、日本不同规模股票的影响也同样受制于经济增长速度。经济高增长时，即使货币走软，小盘股也有 50%以上的概率会表现更好；而当经济低增长时，不论货币强势与否，小盘股都不再有优异表现。③股市的波动性则与经济增长速度呈现出交互作用。经济高增长时，不论股市如何波动，小盘股有较好表现；经济低增长时，股市高波动会使小盘股表现较差。而且，股市低波动的影响在美、日市场并不一致，美国市场小盘股表现较好，而日本市场大盘股表现较好(表 12-18)。

表 12-18　不同指标组合下小盘股表现优于大盘股的概率

不同指标组合		小盘股表现优良概率	
		美国	日本
经济高增长（高于最高的四分位数）	高通货膨胀	68%	68%
	低通货膨胀	70%	79%
	货币走强	79%	81%
	货币趋软	50%	65%
	股市高波动	62%	68%
	股市低波动	71%	82%
经济低增长（低于最低的四分位数）	高通货膨胀	39%	49%
	低通货膨胀	44%	29%
	货币走强	42%	34%
	货币趋软	30%	34%
	股市高波动	27%	18%
	股市低波动	79%	49%

经济周期也可以解释大小盘轮动。宏观经济表现强劲时，小市值公司有一个较好的发展环境，易于成长壮大，甚至还会有高于经济增速的表现，因此，小盘股表现突出的概率高于大盘股。而当经济走弱时，由于信心的匮乏和未来市场的不确定性，投资者可能会倾向于选择大盘股，起到防御作用，即使低通货膨胀、货币走强，也不足以去冒险去选择小盘股。Pradhuman 和 Bernstein(1994)研究发现，经济名义增长率是用来解释规模效应市场周期的有力变量。当名义增长率提高时，小市值组合表现更优，因为小公司对宏观经济变动更为敏感，当工业生产率提高、通货膨胀率上升，小公司成长更快。

三、做一个风格观察者

风格投资具有很强的趋势性，国内市场有四个最主要的风格值得关注：大盘 / 小盘、高价 / 低价、优质 / 劣质、价值 / 成长。风格的转换可以预判，但是风格的转换更需要观察到相应的信号。

通过把申万或者中信的风格指数的走势数据导出到电子表格然后相除就可以得到风格的相对走势图(图 12-17～图 12-20)。

图 12-17　大盘 / 小盘股指数

(注：黑线上方的比例表示大盘指数跑赢小盘指数)

图 12-18　高价 / 低价指数

图 12-19 优质 / 劣质股指数

图 12-20 价值 / 成长股指数

通过结合当时背景观察，可以去预判，不过预判经常容易犯错误。比如在 2009 年 9 月份，我非常担心，创业板推出后，大小盘风格轮动会发生转变，如果发生，投资者应该采取行动，但是实际上最后没有发生。当时的理由如下：

从大盘创出 6124 点的历史高点以来，大盘股已经跑输两年，大小盘股比价关系已经达到 2003 年以来的最低点。时间和空间上具备反转条件。而从估值来看，小盘股比大盘股的静态 PE 也高一倍以上。不过，历史上小盘股估值高出 4 倍才具备大幅度反转条件。

仅仅是估值差距，还不能导致大小盘风格转换。风格转换还需要事件性因素，和业绩推动的合力。2009 年 10 月 30 日开始交易的创业板市场无疑符合这事件性因素的条件，创业板增加了小盘股的供给，如果创业板市场高开低走，很可能对主板小盘股走势构成压力。

而大盘股一般是蓝筹绩优股，其市值较大，炒作空间小，对业绩更依赖。随着投资者认为的市场逐渐进入业绩驱动行情，风格轮动存在较大可能。

一种情况下是，大盘股上涨，小盘股不涨，这种情况时常会创新高，目前不符合我们假定；另外一种情况是，大盘股不跌，小盘股下跌，该场景发生的概率较高(图 12-21～图 12-25)。

图 12-21　小盘股已经跑赢两年，比值空间也足够

图 12-22　小盘股估值高于大盘股一倍以上，尽管没有达到历史高点

图 12-23　风格轮换伴随事件性因素(契机)

图 12-24　业绩推动的行情下，大盘股容易跑赢小盘股

图 12-25　业绩增速回升时，大盘股跑赢小盘股(往往比业绩滞后)

总的说来，几乎不可能找到一种精确的中观分析方法，但是中观分析承上启下，提供了投资的多维视角与思考方式。对于中观分析的参考书籍，也非常少，除了《美林投资时钟》、《美林风格投资》外，几乎只能去阅读行业和投资主题研究报告和观察市场风格数据，在实践中提高。对于产业结构来说，则可以参考两本书：《美国产业结构》、《日本产业结构研究》。对于行业投资本质探讨的书也很少，费雪公司的三个研究员写的《能源投资》、《材料投资》、《必需消费品投资》可以读读。

主题分析提供了中观分析的第三种角度，往往是由某一投资思路穿针引线进行挖掘，投资对象具有跨行业、跨板块与跨地域的特点。

寻找投资思路也就是寻找影响某一时间经济发展和某一组企业盈利的关键性和趋势性因素。中国的发展具有多层次、多样化、动态变化的特点，不同主题下的企业两极分化的特点更加明显；中国的崛起也是一个多层次、长周期的历史性进程，不同特点的企业发展顺序有先有后，发展速度和获益程度各不相同，新旧投资主题将出现更替。在国内资本市场上，主题性投资机会一直长盛不衰，有事件性主题，比如世博受益、奥运受益；有政策性主题，比如区域振兴、高铁建设等；有广阔性主题，比如城市化、消费升级等。透过主题投资，可以更贴切地选出一组有明确业绩推动力的公司进行投资。

关于学习投资主题，最好的方式去阅读券商的主题投资报告，通过案例去学习。

第十三章 选股分析

策略投资就是多角度、多层次看问题。多角度保证在市场大方向上看对的正确概率尽可能增加，而多层次不仅可以和多角度相互验证，更重要的是，多层次体现了最终投资收益的差异。选股在策略投资里面的地位有两个：第一个是在自上而下确定了投资方向后，去选择符合那个投资方向的最优的股票；第二个是在自上而下分析难以判断未来的时候，自下而上的选股分析仍然可以为投资提供工具。对投资高手而言，大的策略方向应该不会出现问题，并且即使出现问题，也有防范机制。而高手之间收益率的根本差异，主要体现在对行业、主题和风格的正确选择，特别是对个股的正确选择上。

选股涉及两个方面：一个是公司分析，一个是股票分析。关于公司分析，这应该是一个投资者具备的基本素质，并且有大量非常优秀的参考书籍可以参阅。本章重点研究股票分析，站在作者的理解角度，股票分析需要解答下面的问题：①如何判断一只股票为何上涨？②如何从一个股票集合中选择出“意中股”？③选择出中意的股票后如何建立一个组合以及如何对组合进行调整？

不同的投资者有不同的选股方式和目的。作者在本章阐述的是自己的选股理念和选股的探索过程，为读者提供思路和分析框架。需要注意的是，文中举了很多具体股票的例子，例子均存在特定的时间背景。因为基本面在发生变化，当时的分析仅作为参考，并不能作为当前的投资依据。

第一节 股价的驱动因素

对选股来说，最重要的一个问题是要问股价为什么上涨？也就是驱动股价的因素是什么？其实这个问题并不难回答，只要买盘资金不断的大于卖盘资金，一只股票就会不断上涨。也就是股价是资金推动的。不过现在的问题又转换成：什么在驱动资金去买一只股票？

资金也分很多种类，有些资金是盲目的，有些资金是“技术分析型”的，看到一些技术信号就会买入，这样的资金属于正反馈资金，并不是初始动力资金。对于初始动力资金买股票的目的，又可以分几种类型。一类资金就是喜欢“操作”某只股票，和股票的基本面没有任何关系，这类资金希望在低位买进，然后高位卖出，转手给其他的资金，这样的资金就是市场上常说的所谓“庄”。或许从股价本身和成交量走势能够感觉出一些“庄”样资金的动向，但仍然难以分析。因为你不知道那类资金的具体情况，如果目标股票没有基本面支撑，参与其间就纯粹变成了不对称的资金博弈，这对外部投资者是非常困难的。2001～2005 年熊市证明，试图通过操纵脱离基本面的股价来获利是极度危险的，中长期来看，这样的资金最后都难逃厄运。

另一类初始动力资金知道市场上其他资金所不知道的“基本面信息”，特别是重大的重组消息。而对理性的投资者来说，重大的重组消息是脱离目前基本面的，因此无法事前分析。尽管由于中国的特殊情况，确实很多公司存在重组的可能，有些投资者也被称为发掘重组的天才，但我曾经试图尝试通过观察资金，以及试图寻找基本面的重组标准来总结一些重组股的规律，事后证明都是极其失败的(注：失败的意思不是收益率很糟糕，而是相对其他投资能力来说，相差很多)。在很多情况下，即使知道一些朦胧的可能的重组信息，要想获得好的盈利也是非常困难的，更不要说重组本身进程就存在很多不确定。

还有一类初始动力的买盘资金，因为看好目标股票基本面向好的变化而买入，我认为这才是可以分析的。因为在前两种情况中，由于信息严重不对称，投资者并不敢投入更多的资金。

基本面向好而买入导致的上涨又分好几种情况：一是基本面变化时间很短，初始动力资金买盘很快就会枯竭，因此股价上涨幅度过于有限；二是基本面变化有持续性，这主要是和业绩持续向好挂钩，初始动力资金买盘会引来不断的后继资金买盘，从而不断有新资金认同目标股票基本面业绩的向好趋势；三是基本面变化仅是预期，目前的情况很一般，但初始动力资金认为未来基本面会变得很好，然而一旦后来证明基本面达不到预期，股价就会下跌。

关于上述第三种情况，《大钱》里面关于航空股的例子就十分贴切。当时很多机构非常看好航空股的复苏，认为来年业绩会暴涨，因为这个预期不断买入，航空股因而大涨。但是作者经过调研和详细测算发现，实际情况根本达不到市场预期，于是建议卖出，随后的基本面变化确如作者所分析，股价也因此大跌。这方面国内的例子也非常多。很多股票的上涨是因为初始动力资金去某公司调研，被某公司所“激励”认为未来业绩会很好，然后买入使得股价上涨，但是初始动力资金最终发现“激励”根本不靠谱，股价失去上涨的动力。读研究报告也会发现很多这样的问题，很多报告明显带有忽悠的性质。由于缺乏向好的证据，而仅是一个“向好的预期”，在这种情况下，除非极为详细的调研研究去展望判断，否则这个“预期”有资金博弈的成分在里面，而博弈是很难分析的——别看经济学有大量的博弈论模型。

如何能够排除博弈的情况？要么基本面发生了积极变化的契机：比如董事长换人、公司业务发生重大变化、公司产品价格从多年平稳开始持续突然上涨……有了这些信号，判断预期会增加更多砝码和可信度。因此，对目前业绩增长乏力的公司来说，投资者根本没有关注的必要，除非你阅读公告和报告发现其有变化的契机，或者通过每季度财务数据发现变化确实已经开始。

要么回到刚所说的基本面向好导致上涨的第二种情况。基本面变化已成趋势，初始动力资金发掘后买入，后继动力资金不断跟随，股价持续上涨。这种情况最容易研究，上涨的逻辑性最强，也是我最喜欢的上涨类型。

因此，可分析的股票上涨，最终都落实到基本面，除非你能够掌握资金流动的详细信息，利用这个信息去博弈，不过这种情况就不是投资分析了——我更相信的是你有“背景”，能够直接掀开其他人的“底牌”。

一、股票的投资故事

股票价格的最终上涨都得落实到基本面和对基本面的预期上。在对基本面的分析方法上，实业投资和股票投资在分析方法上有很多的相同，比如基本的财务和业务分析等，但是最根本的不同在于时空观的差别。投资一家公司或者企业首先强调的是分红收益，分红收益率越高越好，而投资股票首先需要判断的是企业未来现金流的贴现值。该股票的未来成长性越高，股票投资价值越大。因此成长和成长的加速度是资金购买股票永远不变的投资故事，而投资公司则不一定是。很多情况下，你根本不需要先去一个企业待上几个月深入搞清楚投资安全不安全。实际上，你投资股票首先需要的是学会听“故事”，所有的好故事都是“成长”故事。因此无论是你自己研究还是听别人(朋友或者分析师推荐)，都要听出这个股票的成长故事是否具有吸引力，以及基于其现状是否可行。而像行业龙头、垄断优势之流的故事，只要没有成长，都是白搭。

在《约翰•聂夫的成功投资》前言里，聂夫讲述了自己在储贷危机前后投资花旗银行的故事。他看好花旗银行是因为其有价值，从文中看其购买花旗银行的平均成本在 33 元一股，后来花旗银行股价跌到个位数，主要是业绩持续亏损，很多人认为花旗银行会破产，但是聂夫不这么认为，巨亏中仍然耐心持有。经过好几年撇坏账，花旗银行最终盈利开始重新成长，股价持续上涨这才使得聂夫盈利。聂夫想表明的是要反向投资，要有坚持，要价值投资。但我想说的是，对价值投资来说，买入低估的股票，指望其他资金跟随你接着发现被低估的价值，这有点博弈的成分。而只有成长，特别是不依赖博弈和心理分析的真实的成长，才是投资的正道。最终花旗银行上涨不是因为其有价值，而是终于恢复成长了。

我们不妨假设，如果聂夫在 2008 年年中因为反向和价值买入花旗银行的话(花旗银行每股股价彼时还在 20 元以上)，则两年以后的股价还不到 4 美元。只要花旗银行不破产，业绩重新开始成长，股价是存在回去的可能，但这个成长在两年之后并没有被观察到。因此，由于价值而买入，本质上要么是在博弈别人会跟随，要么是在预期未来公司会重新成长，可见价值不是构成股价上涨的充分必要条件，而成长才是。投资者就是要学会发掘或者学会听成长故事。

成长的故事也有很多类型，不同的类型导致成长持续的力度和时间也不同。传统意义的业绩成长故事有很多，比如因为下游需求猛增带动企业业绩高速增长，实现方式可以是产能利用率大幅提高，可以是产品价格大幅上涨，也可以是产品销量大增等。比如未来几年产品逐步升级，利润逐步增长；再比如公司因行业回暖而业绩增长等，不一而足。还有很多更让人振奋的爆发性成长故事：比如一家公司发明出其他公司不能生产的市场潜力巨大的新产品，从而带动股票业绩增长；比如股票被重组，从丑小鸭变成白天鹅，带动股票业绩超常规增长；再比如一家公司产品进入新的市场、或者进入新的领域带来业绩增长等；而通过品牌＋连锁模式的业务扩张可以带来股票业绩几何级数的增长，这类成长故事是特别动听的。而没有行业门槛谁都可以做，业务做得苦哈哈盈利增长难见的股票属于没有成长故事的，需要及时回避——除非有契机显示其基本面即将或正在发生巨大变化。

需要说明的是，初始动力资金因为“成长故事”出手买进，资金进入的强度也受到市场背景的影响，比如牛市中资金的增持强度就远高于熊市。

成长的持续性和公司的竞争优势有关，成长的强度和需求的爆发性有关。没有竞争优势也可以成长，但成长期较为短暂，这就是很多股票仅偶尔有所表现的原因，比如项目投产短期业绩出现成长。倘若只有竞争优势，没有成长也不行，这只能给予高估值，但股价缺少向上的空间。我认为的好故事是“有核心竞争力的高成长故事”和“估值极低后通过某契机业绩重新恢复高增长的故事”。

因此，对投资者来说，需要了解各种成长故事及其案例，并且能够判断那些成长故事的大小和真伪。毕竟股票市场就是听故事的场所，充斥着各种各样亦真亦假的成长故事，有的听起来很具有迷惑性，有的听起来很虚，有的则比较实在，有的在投资者能力范围之内根本听不出真伪，你需要的能力就是去判断这些成长故事。当然，要能在多数人之前去“发现”一个成长故事更好，不过这需要更高深的经验和能力。

如何具备这样的判断力？首先需要具备财务、业务、估值分析能力，以及生活常识等基本知识，以便论证成长故事真伪。但这些基础知识要想能够非常熟练地使用，没有几年的艰苦磨炼是很难熬出来的。

其次需要进行大量阅读和案例研究。一方面从投资大师的方法和举例中去学习与领悟，另一方面还要拿这些方法和基础知识去研究以往的各种案例，去体会各种类型的核心竞争力和成长模式，这样才能对未来新的机会出现做出判断。投资大师的基本方法都是很简单的，只有体悟到个人的哲学观里才能真正变成自己的。就我接触的经验来看，很多人掌握了基础知识，但缺少对各类型竞争力和模式的总结，这样的结果是分析了一大堆，却没有有效和有意义的投资结论；有些则学会很多模式，可由于缺少主动结合历史案例进行分析，最终并不能真正掌握；更多的投资者是连基础知识都没有充分掌握，因为基础知识需要综合的素质，而太多人有偏科的毛病，偏科意味着分析角度的不够，这会为选股带来很大的风险。

判断成长的真假相对来说容易一些，但对成长强度和爆发力的分析则更困难，或许运气成分重要得多。由于股票具有高度流动性和各种各样的“成长故事”，你在任何时候都可以做出各种选择(现实生活选择可没有这么多)，结果多数投资者总是面对选择而迷失，忘记了投资股票的本质。

二、真假故事的例子

对于真假故事，有的短期内难以判断，只有跟踪一段时间才能厘清观点，有的则通过基本的财务业务数据和常识就可以辨认出来。

我经历过很多判断“故事”失败的例子，随便就可以找出一大堆。2007年年中，我从海鸥卫浴的招股说明书中发现，当时公司提出的口号是价值链扩张，比如出口制造企业从OEM到ODM再到TMS就是简单的价值链延伸。其发展目标是要成为全球最具竞争力的水龙头制造商，为全球前十大卫浴品牌提供全面的供应链解决方案，力争以“最短的供应链、最低的成本、最快的速度”帮助客户实现产品上市。这要求公司在产品模具的设计与制造能力上、物流综合服务上取得竞争优势。如果未来一段时间确实如此，则公司可以成为投资者一个很好的选择。

我差点相信这个基于预期的价值链扩张的成长故事。然而经过仔细思考，我认为自己忽视了两个重要的因素：第一是这个“故事”尽管有转移到中国的结构性利多，但卫浴产品行业具有周期性，且受到美国房地产市场景气的严重影响；第二是扩展价值链，或许表示单纯的数量化高速增长期已经过了，未来通过提高“质量”能够创造多大价值以及如何创造出来并不确定，因为现在仅是个预期(很多公司招股说明书都有这个预期，比如公司产品出口海外，招股说明书预期公司将大力扩展国内业务。而实际上，国内国外开展业务的模式根本不同)。因此，公司季度财务数据的变化就需要关注，特别是收入和净利润增长数据对其“价值链扩展”故事的证明。

观察的结果是，海鸥卫浴 2007 年第二季度主营收入同比增长开始从高增长区间下滑，到了第三季度主营收入开始负增长。因此可以判断短期由于产能没有释放，出口退税下调和人民币升值加快，美国次级债问题导致需求的放缓都对其中短期业绩构成了压力。公司“价值链扩展”的成长故事短期无法进行下去，收入下滑概率极大，投资者在 2007 年 10 月三季报出来后应该果断卖出。事实上，即使没有 2008 年的大熊市，海鸥卫浴的股价也会出现较大幅度调整，因为故事没有基本面的成长支撑(图 13-1)。

有些成长故事通过前两年的数据总结来看貌似“有竞争优势的高成长”，但是不能持续外推。比如，我在 2006 年 5 月份认为，航天电器这个公司有受益于“军工行业国家正在补欠账”的成长故事，根据历史数据来看，也具备核心竞争力，但很快出现的财务数据否决了最初的判断。

刚开始，我认为军工行业未来每年 30%的增长是没有问题的。公司管理层看起来非常进取，目标也雄心勃勃——计划 2006 年以后的未来三年每年增长 30%。如果 2011 年销售收入达到 11 亿元的话，每年至少 40%的增长。看起来企业的成长轨迹好像很清晰，主要依靠高端军品和民品两个轮子走路，并且还有收购的外延式增长，业绩会越来越好。并且，故事还可以说得更详细。在双轮驱动下，公司未来形成跨地域生产布局，即遵义作为零部件生产基地及培训中心；贵阳作为军品生产基础地，主要为航天、航空、兵器、电子进行配套；上海包括两个控股子公司和一个分公司，主要是作为民品研发中心；苏州主要作为民品生产基地。

我最初认为这家公司也具有核心竞争能力，主要体现在技术壁垒、市场壁垒等方面，过去两年企业的财务指标也能充分反映这个能力。简单判断军工行业是持续高增长行业之后，剩下考虑就是具体的增长方式，一看民品和军品的发展方向，二看产能。当时考察发现，公司 2005 年良好的销售业绩是与其生产能力的不断扩张密切相关的。“根据对 2005 年四个季度生产能力的初步统计，其平均生产能力为 2750 万元 / 月，而第四季最高已达到 3500 万元/ 月。公司 2006 年生产能力的扩张主要取决于搬迁后流程重组所带来的效率提高及设备添置所带来的产能提高。在搬迁之后，除添置人员设备外，公司还将按照柔性化、半自动化、自动化标准进行生产流程重组，以大幅提高生产效率。公司搬迁后的近期目标是生产能力达到 4000～5000 万元 / 月的标准，则 2006 年月平均生产能力将比上年同期提高 30%～40%。2007 年公司的产能还可以通过流程重组及设备添置以及新生产基地的竣工进一步得到扩张”。

实际上，这些都只是构想，等到具体的财务数据、也就是 2006 年中报出来后，已经可以断定，公司的成长可能触及天花板了。也就是从 2006 年第二季度开始，航天电器连续六个季度净利润增速严重下滑(图 13-2)。

从公司财务报告中获得的解释是市场竞争激烈，军工行业订单减少，结果业绩下滑。可见，很多时候上市公司说的话并不值得相信，财务数据相对来说更真实——只要你具有财务分析和辨别财务造假的基本常识。

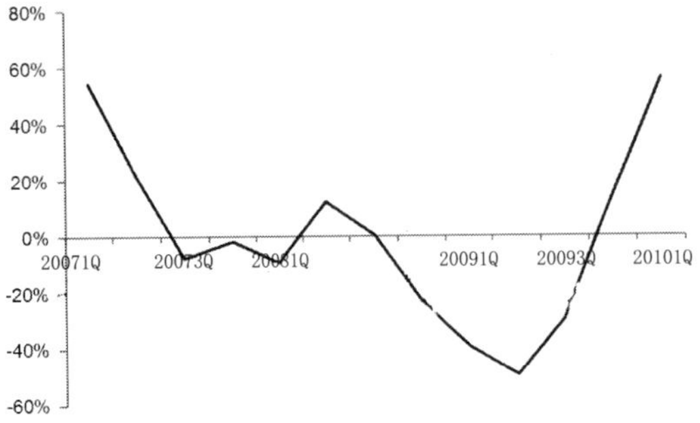

图 13-1　海鸥卫浴营业收入同比增长

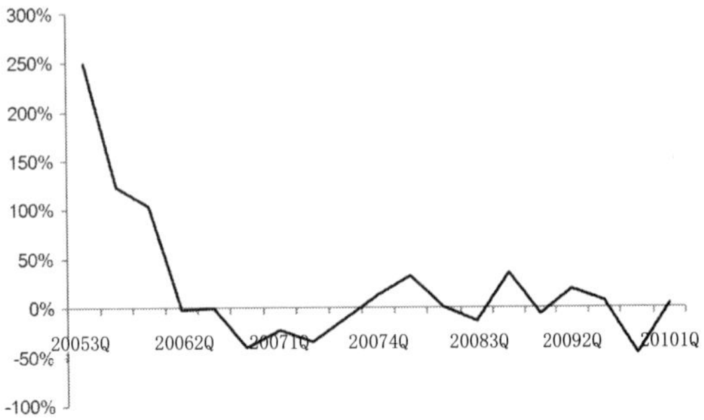

图 13-2　航天电器单季度净利润同比增长

尽管从航天电器历史的财务数据可以发现，公司具有竞争力，并且通过技术壁垒还可以验证，但为什么企业还说竞争激烈呢？现在看来，即使具有技术壁垒，只要存在竞争，哪怕市场上只有一个竞争对手，其毛利率也会下降——除非市场需求增长迅速。

国内上市的很多企业都属制造业，我原以为，分析制造业中小市值公司的成长，在其主产品成长期一定要持有，等主产品成长期过后公司产品往往会进行相对多元化扩张，那时只会获得稳定成长的收益。并且，小型制造业公司成长为大型制造业公司一般比较困难，回顾美国这些企业的成长历程，要么是其所处行业空间非常广阔，要么是其通过不断并购进行成长。而从航天电器的例子来看，之前关于制造业的认识还是不详细，线条比较粗糙。因为小型制造业企业，即使处于主产品成长期，也必须深入分析其产能及需求。随着 2006 年以后产能不断扩大，航天电器产能上不会出现问题，故事真正的错误在于军工行业并不是我们所想的属于持续高速成长行业，其订单的随机性与波动性很大，周期性还是非常明显，因此需求并不稳定，产能上来了，需求下来了，其毛利率和利润有增长才怪。而其民品的拓展要到 2008 年之后才有可能见到效益。

现在来看，低端的或者柔性生产能力强的小型制造业公司产能扩张比较容易，比如生产雨伞的就比生产精密机械的产能扩张迅速，但这不是投资的理由。投资前还要在把握需求变化的大趋势背景下，分析其利润的可预测性。军工的故事好讲，但可预测性实在是差，毕竟这涉及军事机密，我们无法窥测。而其他制造业产品的需求持续时间和力度有多大，也需要对该行业有较深的理解，并不容易。

多数投资者是通过读研究报告来选股投资，但很多情况下，研究报告都存在不少问题，看起来有一定经验的研究员现在写的很多研究报告也差强人意。事实上，读研究报告的时候，也会碰到很多不真实的成长故事。当然更差的报告都被排除掉，这些报告仅是基本数据的罗列，连故事(更不用说成长故事)都讲不出来。

对现在看起来不存在竞争优势的公司，也会有很多研究报告推荐，推荐的理由诸如现在是乌鸡，但以后会变成凤凰，或者现在不行，未来会很好等等，这叫做乌鸡变凤凰的成长故事。目前既然不具有竞争优势，那么如何变成凤凰呢？研究报告必须把这个逻辑很合理地描述清楚才行，并且出现的财务数据应该能够证明这个判断。但多数情况下，研究报告对未来长期前景仅进行了美好的勾画，中短期的不利因素被忽略，因为最终长期前景能否达到不重要，只要短期能涨就好——只不过，这个“短期”不是多数投资者能够把握的，可能会突然结束。

我在 2007 年底看到一篇关于锦化氯碱(000818)的研究报告就是典型，阐述了一个假的“新业务高成长故事”。锦化氯碱主营是烧碱和环氧丙烷，这两个产品都处于微利状态，不具有竞争优势，盈利也非常差，研究报告的作者也认为其现有业务未来几年都很难盈利。但是不要紧，这个公司要增加新业务——由于与兵器工业集团合作开发 5 万吨 TDI，未来公司将以 TDI 产品构成利润核心。

TDI 的下游产品 MDI 需求增长很快(烟台万华就生产 MDI 产品)。研究报告作者认为下游的需求是长期的，因此 TDI 的价格长期看涨。而锦化氯碱的 TDI 技术采用的是德国巴斯夫工艺技术，产品更先进。甘肃银光采用的就是这个技术，因此多年来产品稳定运行。而沧州大化和蓝星清洗也生产 TDI，但是沧州大化发生重大爆炸事故，蓝星清洗装置运行经常不稳定。

报告预计 2007 年公司业绩只有每股 1 分钱，但 2008 年业绩每股就高速增长到 6 毛钱，2009 年每股有 2 元钱，2010 年每股有 5 元钱以上，看起来成长速度惊人。给 2008 年 32 倍市盈率的话，公司 2008 年的目标价格就有 19 元以上，因此值得大力推荐。而实际上，锦化氯碱 2008 年每股亏损 0.69 元，并且 2009 年继续巨亏到每股 3.23 元，预测偏差过大(表 13-1)。

表 13-1　锦华氯碱的每股指标变化

	2009 年报	2009 年中报	2008 年报	2008 年中报	2007 年报
每股收益	-3.2389	-0.678	-0.6952	0.0416	0.0599
每股净资产	-0.3938	2.167	2.845	3.5845	3.543
每股经营现金流量净额	-1.1285	-0.279	0.0687	0.4905	0.538

事后的数据证明了这个故事的错误性。不过若是利用常识仔细阅读，一看报告就会发现一些明显的错误。第一个是，锦化氯碱的 TDI 生产装置最快 2008 年下半年才可以完成，并且根据经验看，一般都比计划来得慢，并且试生产出合格产品也需要不少时间，因此你会很担心 2008 公司 TDI 产品是否像该报告所说的能够生产出 1 万吨产品，因此 2008 年每股 0.6 元的业绩就值得怀疑。

第二个是，该报告盈利预测存在明显的不合理之处。比如 2008 年销售收入 28 亿，净利润 2 个亿，2009 年销售收入 36 亿，净利润 6.8 亿，2010 年销售收入 54 亿，净利润 18 亿。从行业上来看，烟台万华的竞争优势要强很多，但经过这么多年的发展，2006 年烟台万华的净利润才 8.2 亿，并且净利润与销售收入的比例稳定在 17%左右。但上述预测中，锦化氯碱 2008 年的销售利润率为 7.14%，2009 年为 18.8%，2010 年为 33.33%，这并不合理。

第三个是 TDI 的价格假定，该报告假定未来 TDI 价格 2008 年 6 万元 / 吨，2009 年 7 万元 / 吨，2010 年 8 万元 / 吨。需求当下看起来没有问题，但是未来两年包括锦化氯碱在内，有大量生产线投产，这将大大增加市场供给。报告基于目前的供求关系线性外推预测未来价格并不合理。

看完研究报告和现实数据，很快就得出结论：公司质地极其一般，对未来的改变也过于乐观，这是相当一类研究报告的通病，并且存在明显看得出的错误。事后证明，该股票持续下跌，2010 年 4 月 21 日开始停牌，破产重整了。

还可以举出不少例子，比如 2009 年 2 月份我在阅读研究报告时，发现有研究员大力推荐路翔股份，看好其基建拉动的业绩暴涨故事，认为 2009 年业绩增长能达到 500%多。业绩大幅增长的原因，主要是基建投资中公路建设的需求拉动公司业务量增长 100%，同时毛利率受益于产品提价从 2008 年的 11%上升到 18%以上。实际上，这两个数据按照稍微审慎的逻辑去推理都是站不住脚的。

公司主营改性沥青，90%应用于公路建设。2008 年交通固定资产投资 8000 亿元，根据交通部预计，2009～2010 年交通固定资产投资规模是 1 万亿元，粗略算其中的公路建设投资增长 25%。同时，由于改性沥青对普通沥青的替代，改性沥青的消费从 1999～2005 年，复合增速是 38%(这里要考虑到期间高等级公路的大规模修建)。即使不考虑高等级公路建设高峰期是否已过，乐观假设，2009 年的改性沥青需求增长也只有 70%的增长(1.25*1.38=1.725)。100%的收入增长依据是公司产能大幅增长(从 2008 年的 204 万吨到 2009 年的 380 万吨)，并假设产能利用率达到近几年的最高水平(2005 年的 6.97%)。而我们在表中看到，2005～2006 年产能大幅扩张后，公司的产能利用率从 6.97%下降到 4.33%(表 13-2)。

表 13-2　路翔股份(002192)业务量预测(单位：万吨)

	2004	2005	2006	2007	2008	2009E	2010E
年产能	126.14	137.90	204.98	204.98	204.98	380.18	482.38
年产量	6.92	9.41	8.87	12.17	12.73	26.50	33.62
年产量增速	——	35.98%	-5.74%	37.20%	4.60%	108.17%	26.87%
产能利用率	5.49%	6.97%	4.33%	5.94%	6.21%	6.97%	6.97%

预测假设 2009 年毛利率有 20%，主要的依据是改性沥青和原材料重交沥青的价格正从底部反弹。可是，即使在价格差达到峰值的 2006～2007 年，毛利率水平也只有 18%。不要忘了，公司 2009 年的产能有大幅的扩张，推荐中没有提及改性沥青的其他供应商是否有产能扩张的计划。常识告诉我们利润率的扩大对没有技术门槛的产品来说，必然意味着供给的增加。所以将 2009～2010 年毛利率假设超过了近年的峰值水平，是非常不审慎的(图 13-3，表 13-3)。

表 13-3　路翔股份(002192)量价及毛利率预测(单位：万吨、元／吨、%)

	2004	2005	2006	2007	2008	2009E	2010E
年产量	6.92	9.41	8.87	12.17	12.73	26.50	33.62
年产量增速	——	35.98%	-5.74%	37.20%	4.60%	108.17%	26.87%
改性沥青销售	2630	3229	4248	3988	4838	4350	4611
价格涨幅	——	22.78%	31.56%	-6.12%	21.31%	-10.08%	5.99%
毛利率	14.41%	17.26%	18.55%	18.29%	11.18%	20.83%	21.38%

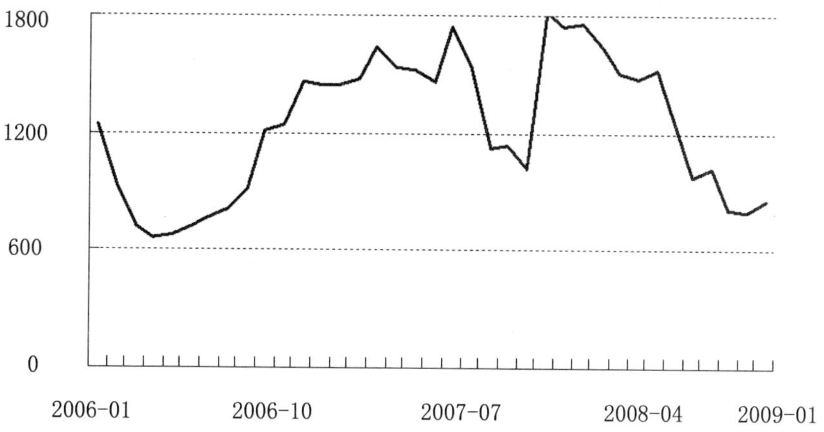

图 13-3　重交沥青与改性沥青月度价差(单位：元 / 吨)

有意思的是，尽管这篇报告的业绩预测事后证明全是错误的，2009 年业绩根本没有“大幅度”增长，但并不妨碍该股票从推荐时候的 10 元钱起步，在一年后上涨至少一倍。不过，我觉得并不是因为报告推荐的成长故事，更可能是因为 2009 年下半年公司收购某“锂矿”，开辟新能源“第二主业”而受到追捧，从而出现预期进入有巨大盈利潜力的新业务的成长故事。如果这个新能源业务未来不能贡献利润(我觉得可能性很大)，股价仍然会跌回去。我没有办法事先获得其“收购锂矿”的信息，因此，这样的机会被错过半点也不可惜。

假的成长故事不一定就不会涨，因为短期如果一只股票买盘远大于卖盘也会出现急剧上涨，这个上涨反而加强了投资者对所谓成长故事的可信度。面对这种情况，即使能够判断其真伪，看着股价大幅上涨，心里也不好受。伪成长故事的迷人与可怕之处在于有的时候它涨得还非常疯狂。这里举一个经典的香港股市的例子。有一只股票奥玛仕(0959. HK)，在两个月时间里，大约从 2004 年 11 月初的 4 分钱涨到 12 月底最高 4.1 元钱，涨幅有 100 倍。

这只股票上涨当时既有宏观“成长”背景，也有惊人的“微观”成长故事。当时宏观背景是澳门政府重新发放博彩牌照，市场普遍预期博彩行业将迎来一个新的春天。而奥玛仕原有业务是电子制造业务，毛利率低，缺少技术含量，几乎连年亏损，因此股价在 4 分钱一股也是合理的。不过它在 2004 年年底讲了一个希腊神话的故事。希腊神话为私人公司，2004 年 9 月在澳门成立，在 2004 年 12 月 23 日开业前(从事博彩和娱乐事业)并无重大业务，据说要在澳门新世界酒店开设“最大之一”的赌场。希腊神话的主体建筑工程分两阶段进行，首阶段已于 2004 年前完工，设有逾 200 张赌桌，总建筑面积达 16 万平方米；第二期工程预期在 2005 年上半年完成，届时赌场总建筑面积将达 30 万平方米。希腊神话还计划在赌场内经营配套业务，例如餐厅、歌厅及儿童乐园，同时会继续扩展博彩及娱乐业务。

于是，业内人士就开始以澳门另一赌场金沙的收入去估计希腊神话(金沙可是非常有名的赌场，属于美式赌场，是从美国拉斯维加斯到澳门的外来客，在美国上市，因为经营有术，业绩相当好)。金沙每张赌桌的月收入约 200 万元，希腊神话“现有”228 张赌桌，假设收入与金沙一样，则每月收入便高达 4.56 亿元，一年收入便高达 54.7 亿元，扣除税项及其他开支，一年盈利估计可达 21.9 亿元。而未来希腊神话还会再增加赌桌至 500 张，并且 7 年后将赌桌数目加至 1000 张。这简直是坐地捧上金饭碗呀。

2004 年 9 月，该公司的股本只有 20 亿股。就是每股 2 元钱，总市值不过 40 亿。据奥玛仕与希腊神话初步签订的收购协议，奥玛仕将以 12.8 亿元购入希腊神话 13.8%股权(后来购入总共 49.8%的股权)。每年收益有近 10 个亿，股票只有 4 倍市盈率。那么这只股票在每股 2 元钱都是低估的，赌博股 20～30 倍市盈率是合理的，那么股价应该是 10～15 元钱，这还没有考虑赌场的成长性，这个成长性来自于赌桌数量的增加和其他附加的娱乐项目。并且市场传说希腊神话的大老板满腹大计，说要进军拉斯维加斯，说要将公司变身为另一家金沙，说将来要在 NASDAQ 上市。当时市场还传说希腊神话开业每日平均到访人次接近 2 万人，并已成为澳门必到景点，估计收入即使及不上金沙，也相距不远。

这应该是一个大牛股呀。可是从股价来看，从 2004 年底以后，该股票的股价从最高 4.1 元持续下跌，一直到 2006 年年底股价最低达到 6 分钱，基本上是从哪里来跌回哪里去，中间少有反弹。而公司则不断稀释股份，到 2008 年年初公司已经有 112 亿股，市值也就是 20 多亿。

从基本面上来看，希腊神话的每桌月收入远远低于市场预计的 200 万，2006 年净利润 4.2 亿元，远低于投资者预期。奥玛仕 2006 年净资产主要来自希腊神话的认购溢价，大约比净资产高出 17.88 亿元，因此需要至少摊销 10 年。尽管奥玛仕占有希腊神话 49.8%的权益，可以获得 2 亿元的净利润，但考虑到摊销后，基本没有盈利。而 2007 年半年度奥玛仕从希腊神话获得的有效投资收益为 6747 万元，摊销 6237 万元，基本上是略微盈利。如果考虑到成长性，2007 年上半年业绩反而还在倒退。比起金沙赌场每年 36 亿港币的净利润相差很远。至少 10 年以内，还看不到该公司成长故事的落实。如果投资者在 5 分钱的时候相信买入则可以获得巨大利润(只要不做电梯的话)，否则在其他价位买入长期来看都是巨大亏损。

可见，多数投资者选择股票最好的方式，是选择自己可以想清楚的行业中的公司，挣自己知识范围内的收益。比如，我不会赌博，也没有去过澳门和拉斯维加斯，更不知道其产业和价值链的构成，不了解该行业的竞争状况，而希腊神话只是 2004 年年底刚开业的一个赌场，其竞争优势和定位并没有显示其独特之处——我只是通过常识这么认为，因此不碰也罢。只有莫名的贪婪才容易陷入虚假成长故事的“梦网”，而股价的大幅上涨总让人贪婪和相信这个成长故事的真实性，谁都知道没有真实业绩的跟上，任何成长故事都很难持续讲下去。希腊神话最后也就是一个神话。

从这点来看，股票市场也是一个“风险”地带。如果你一旦信错了故事，亏损会是巨大的，特别是在牛市中，各种各样的成长故事会超乎投资者想象的速度被炮制出来，投资者很容易丧失判断力(挣钱太容易了，谁都会麻痹)。

2007 年年底，牛市顶峰的时候，我就听过这样的故事——定价权神话故事。即尽管国内的普通制造企业在很多领域现在都没有定价权，但是不要紧，因为随着国内企业互相降价争夺市场份额，最终，全球主要的市场份额全部会被国内企业获得，因为目前中国劳动力成本低，然后国内企业继续降价厮杀，最后只有几个最大的国内企业统治某一产品，获得相对垄断，这样残酷的厮杀就会结束，“剩”者为王，大家和解可以共谋提高价格，最终这几家“垄断型”企业就可以获得很高的利润和成长性，因此也就非常值得投资。这样的故事叫做：中国几家企业夺取全球定价权的成长故事。

牛市不缺资金，因此预期就形成了：尽管这些企业眼下还没有夺得定价权，但迟早会这样，因此现在就可以把股票炒得高高的。

这里的假定是只要几家企业夺取了市场最大多数的份额，然后提价，盈利就滚滚而来。可是，我研究了上百年的商业竞争史，也没有找到这个成长模式可以成功的案例。首先，单纯从市场份额来说，最大的企业并不一定就是盈利强的企业。美国的投资机构研究了 3000 多家上市公司，70%拥有最大市场份额的企业并非是行业内最有盈利能力的企业，并且，即使在高度集中的行业或者资本密集型行业里，占有最大市场份额的企业也基本上就是与行业平均盈利一致，并没有展现出其作为领导者的威风。

另外占据了市场最高份额但是并没有获得投资者满意的收益增长的案例也多如牛毛。我这里找了几个经典的案例。

美国泛太平洋铁路公司和其他几个铁路大亨 20 世纪初垄断了美国铁路经营权，但是他们没有办法提价，结果是平均每英里的运费率不断降低，大亨们盈利惨淡。

美国制罐公司曾经打败了众多对手，拥有了美国金属器皿 80%的市场份额，然后它希望借助其基本垄断的市场份额来控制行业价格。可是当它将价格上涨 25%的时候，迅速就丢掉了 30%的市场份额，它认为自己的控制力度不够，于是继续不断收购竞争对手，可是每次价格都很快回到没有提价前的薄利水平，而不断的收购导致其债务开始堆积如山，盈利持续下滑。

洛克菲勒曾经控制的标准石油公司在 1897 年也是垄断美国石油业，但其仍然无法操纵美国的石油价格，直到最后该公司解体。

最夸张的是 19 世纪 90 年代，美国炼糖公司通过竞争获胜拥有了落基山脉以东 100%的市场份额，即便是现在的比尔•盖茨也没有获得如此大的相对市场权力。并且糖属于美国家庭必备品，美国经济当时也非常繁荣，市场需求持续增长。按理说它有决定价格的能力——我也是这样认为。它提高了价格，但是低价糖纷纷从加利福尼亚涌入，结果不到两年时间，糖价比美国炼糖公司提价前的水平还要低。美国炼糖试图收购所有的美国竞争对手，雄心勃勃地要垄断全美国市场，结果是负债累累(业绩也很糟糕)，但是只要其一提高糖价，糖迅速从世界各地涌向美国。

这个定价权神话故事在当时就可以被否决。当时香港上市的一家国内原料药企业股票价格出现大跌，主要是因为，尽管这家企业把国内竞争对手都打败了，占据了全球某种原料药的主要市场份额，就是不盈利，在 2007 年觉得终于熬成婆婆能够提价了——因为国内没有对手和它竞争，但是印度的几家企业见到产品提价，马上复工生产，并且定价比这家企业的价格要低一些，该企业只好继续降价，把价格战打下去。于是投资者终于明白了，这家原材料药企业根本靠不住。

问题就出在，随着经济越来越全球化，企业希望通过激烈拼杀垄断一个产品，然后再提价获得暴利根本不切实际。你面临的疆界越大，你的垄断力越不值得一提。并且全球化也令供给能力更大，消费者也越来越挑剔——客户的权力开始超出生产者的权力。特别是在大宗商品领域，比如普通打火机、普通雨伞、普通汽车、煤炭、铝、电脑、水杯等这些大宗制造业，采取垄断后提价模式是一种失败的发展策略。并且即使一家公司垄断了市场，不主动提价，而是根据市场供求定价，它的业绩也是随着市场需求的波动而波动，这不是成长公司，而是一家周期性的公司。周期性的公司也有阶段性周期向上的成长，但是你需要对这个行业的周期很了解才行，大多数投资者能够精通三五个行业的周期就已经不错了。

三、业务模式：产业链与价值链分析

假如你到一个陌生的市场去投资，比如美国市场，如果你比较理性，我估计你不会听消息，因为这样的风险太大了，陌生的投资者对陌生的市场也很难获得消息。

如果你因为一只股票价格便宜(比如 1 分钱一股)，你就买，因为觉得股票价格不会再跌了，那想法就错了——我见过 1 分钱一股的股票大幅下跌，那就是公司宣布缩股，100 股变成 1 股，结果你买的 100 股变成了 1 股，现在一股的价格是 1 元，然后股价继续下跌，结果重新跌回 1 分钱。

在这种情况下，你可能会变成一个交易狂人，不关心基本面。但纯粹看技术也不行，如果股票市盈率超过 100 倍，结果第二天公司停牌宣布增发 100 亿股，紧接着就流通，结果股票价格大幅下跌，你出现巨大亏损，被迫割肉。可是当股票价格跌到 10 倍市盈率的时候，上市公司宣布回购 100 亿股——这可不是黑天鹅那样少见的风险。

我觉得对于多数人来说，投资陌生市场会非常谨慎，因为不愿意犯错误，你会尽量珍惜“击打次数”。可是对 A 股市场，因为大家都认为自己很了解，所以就不自然地放松起来，分析上和击打次数上就极不谨慎，这个不谨慎可是会致命的，不是投资者的生命，而是投资生命。所以投资者要时刻提醒自己，假如一生只有一次买卖机会，你是否还会赌在那虚无缥缈的概念和整天迷乱纷杂的消息上；假如一生只有一次买卖机会，你是否还会赌在某某股评大师和某某股神的身上；假如一生只有一次买卖机会，你会选择什么样的股票？假如一生只有一次买卖机会，那时你会不会真正思考股票投资的真谛？

投资陌生市场，最终投资者只能依赖于踏踏实实的基本面综合分析。我认为在一个陌生的市场中，对一只股票的合理研究过程是：你肯定先是仔细去研究它的业务模式，也就是在分析其产业链和价值链的基础上，分析企业如何盈利(因此，没能力盈利的，或者未来也看不到盈利的，你肯定不碰)；然后去研究这个公司是不是具有竞争优势，也就是通过各种分析，发现企业的独特之处(因此，不独特的你也不会碰)；然后你还会总结和论证其成长故事(没有成长，没有契机成长，真是连预期成长都没有的，也会被淘汰)；最后你必须方方面面去考虑，要求安全边际，尽最大可能防范风险。只有这样，你才敢投资。就是选出股票来后，还要建立组合进行组合管理——这也就是我的选股思路。

因此对选股第一步的业务模式来说，包括产业链和价值链的基础分析至关重要，这需要把握一家公司的基本特性。产业链分析需要了解两个问题：第一是产业长期盈利能力及其影响因素所决定的产业吸引力与产业结构；第二是决定产业内企业相对竞争地位的因素。产业的盈利能力取决于产业结构，不同的产业有不同的结构，萧条产业中可能多数企业无法盈利，而有吸引力的产业中一般的企业也可以获利。有五种作用力影响产业结构，因此产业吸引力和竞争地位是动态变化的(图 13-4)。

还要通过价值链分析来发现企业在经营过程中哪个环节是创造利润的核心部位。企业的经营过程有很多环节，有个环节是最关键创利因素。这个环节需要找出来(图 13-5)。

通过一个案例就可以理解企业业务模式的重要性。20 世纪 50 年代初美国商业复印市场

上有两种成熟的复印技术，但都有不足。卡尔森发明了一项当时是令人惊奇的静电复印新技术，就是我们现在办公常用的那种。他和后来的施乐公司总裁根据这个技术研制出了静电复印机。不过他们发现虽然新技术的可变成本(配件成本、耗材成本等)比先前先进，但是生产成本高达2000美元，而当时市场上的老复印机售价只有300美元。他们首先希望寻找强有力的提供制造和营销服务合作伙伴，比如柯达、IBM、GE等，但这三家公司都认为新技术成本太高，没有商业价值，因此回绝了合作邀请。然而施乐公司没有放弃，当时复印厂家采取的销售模式是复印机设备按照成本加成定价，价格不贵，但是配件和耗材单独收费，来获得高额利润，那时平均每台复印机每天复印只有15～20张。

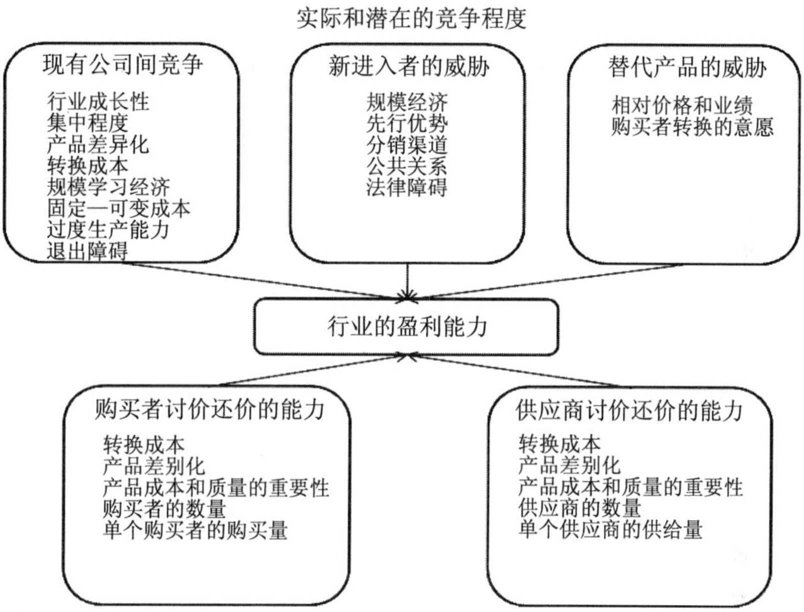

图13-4 产业分析的五力模型

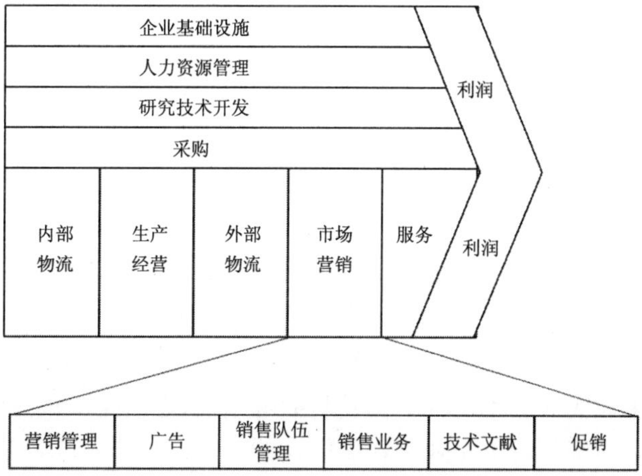

图13-5 价值链中的企业活动

威尔森他们设计了一个全新的商业模式，以提供租赁服务的方式把新复印机推向市场，消费者只需每月支付 95 美元，就可以租到一台新复印机，如果每月复印张数小于 2000 张，则不收其他费用，超过以后每张收 4 美分。令人难以置信的事情发生了，新复印机复印质量很好和速度很高，并且这种方式使得企业应用的整体成本大幅下降，新复印机迅速流行开来，很多办公室一天的复印张数就超过了 2000 张。随后十几年里，这种租赁模式使公司收入增长率一直保持在 41%，ROE 一直超过 20%。到了 1972 年，原来一个销售收入只有 3000 万元的小公司成为年收入超过 25 亿美元的商业巨头。施乐公司通过增加租赁手段重新设计了行业的业务模式，对客户来说，体现了资产的使用价值重于资产的拥有价值，降低客户对先进技术高价格的畏惧，还可以锁定客户。这导致其获得了巨大的利益。在这点上看，分析技术本身好像没有分析业务模式重要。

另外一个是国内的例子，有一个生产中式服装的小企业，原来定位于中式特色高档服装，因此为了保持它的这个形象，企业采取了对经销商卖不出去的货物可以全部收回的策略。很多人会认为这风险很大，但是站在一个希望树立高端品牌的企业来说，也并无不可，想想也对，如果经销商卖不出去的服装打折处理会使这个服装品牌形象严重受损。由于企业在高档产品的设计上很有特点，因此企业一直稳定发展。2002 年亚太经合组织会议在上海举行，各国领导人都穿中式服装合影，使得中式服装迅速流行。很多人认为这是中式服装爆发的机会，但却是这家企业的毒药。原因是这样的，既然中式服装大量流行，这家企业的经销商要大量提货，公司加班生产了很多各式中式服装。但是中式服装流行风潮很难持续，很快就不再流行了，不负责任的经销商积压了大量存货，现在要求退货。对服装企业来说，现金往往是有问题的，因此这个企业资金马上非常紧张，险些破产。后来因为机遇才逐渐恢复过来。其实，既然定位高端，维护品牌，那么就不应该去追逐流行，这破坏了原来的业务模式，险些使企业出现危机。

一个行业通过将产业链和价值链组合调整可以找到不同的业务模式，但必须承认的是某些行业的业务模式就是比另外的行业要好，这可以解释为什么比尔•盖茨是世界首富，因为这也是软件的商业模式决定的。WINDOWS 系统软件开发成本是固定的，但是每多卖一套软件，其成本对微软来说接近于零，卖得的收入基本上全是利润，今天全球有 6 亿人有电脑，哪怕中间只有 1 亿人用正版软件，这也是非常大的收入。使用普通电脑的消费者基本上都使用微软公司的系统软件，转换成其他公司的客户成本非常高。而农业就不具有这个特色，假如种一亩地能够赚 10 元，如果希望获得 1000 元，就必须种 100 亩地。因为每亩地需要的资源投入和劳动投入是一样的。边际成本是个常数(而微软的边际成本几乎为零)，这就缺少规模效应，不要说不如软件公司，就是跟制造业企业来说也差很多。原因是通过机械化生产，制造业企业可以利用规模效应生产来减少单位产品的制造成本，比如丰田汽车。

其实有些行业的边际成本非常低。比如投资管理行业的基金管理公司也是这样，管理 1 个亿资金和管理 10 个亿的投入差不多，不需要增加额外的投入。再比如普通消费品行业，品牌加连锁的扩张模式肯定就比贴牌加低端制造的企业发展动力强，持续时间长。

很多行业看起来做的业务不一样，但是从业务模式(也就是赚钱方法)差不多。比如我到山东调研时发现很多不同行业的企业都在做同样的事情：从日本或者德国买套机器，然后从巴西或者澳洲买进原材料，利用中国低廉的劳动力和生产成本加工，最后再出口到美国。企业缺少技术，纯粹是赚取辛苦的血汗钱。而有些看起来业务模式高度一致的行业，你却可以发现特立独行的企业。

很多企业的发展更多是依赖产业链的扩张，可事实是投资一个产业链扩张的企业只是因为错过投资一个主业高速增长企业的次优选择。因为扩张产业链本身说明其主业的高速增长期已经过去。并且产业链的扩张可能存在重大风险，比如京东方曾经要打造的 TFT－LCD 产业链。实际上，该产业属于技术和资本密集行业，技术进步迅速，并且每个生产线的建设投资高达几十亿美元。在这种产业环境下，即使实力雄厚的厂商也会采取联合投资的方式来合作分散风险。因此，京东方的发展战略本身就存在问题。而在技术制造领域，企业强调专注是必须的。你看科技行业的中小板企业都是专注某一领域的小龙头，而试图打通产业链并不是可行的策略。因此不要被有些企业宣讲的“通过扩张其产业链带来高增长”的野心计划所迷惑。

而相比产业链扩张，价值链的重塑更值得投资者关注。可以举一个卡迪亚公司的例子。美国医疗产品批发行业是夕阳产业，企业从上游医药厂商那里买进各种药品和器械，然后卖给医院和药店以赚取差价。行业进入门槛低，行业利润因为竞争变得很薄(比国内的批发企业如国药、上海医药和一致药业还要薄)。而在产业价值链中，上游的医药厂商和下游的医院都是技术和知识密集型企业，在价值链中处于强势地位，夹在中间的医疗产品批发企业两头受压，只能惨淡经营。然而在这样的行业里，仍然出现了一家成长之星——卡迪亚公司。1991～2001 的 10 年间年平均增长率超过 40%，其关键就是不断提升自己在价值链中的地位。

卡迪亚的策略是不单纯做简单的倒手批发，而是围绕上下游客户需求提供解决方案。在需求创新的基础上，卡迪亚着眼于整个价值链质量的提升，将自己由单纯的批发商变成了全行业的服务商。为产业链各个环节提供前所未有的服务，并由此创造了一个全新的市场。

比如为上游的医药厂商提供高度专业化的配方、检测、生产、包装等服务，使厂商能够集中精力于药品研发和推广的核心过程；比如它为医院提供专业的物流管理服务，帮助医院更好的降低了成本和提升了效率；比如它为医院提供特殊的医疗手术用品的成套定制服务，不仅省却了医护人员挑选、运送手术用品的过程，而且大大降低了客户的存货和仓储费用；比如为医院开发自动取药系统，实现全程自动化无缝对接，彻底消除了人工配药的差错；比如为医院开发液态废药处置系统，使废药能够安全而便利的进行处置；比如为药店提供收入核算系统，能够自动完成第三方和药店之间的结算流程，并且每天更新药品报价和各类数据，有效地解决了药店长期存在的现金流转难题等。

结果，卡迪亚令人惊异的改变了自己在产业链中的弱势地位，通过着眼于整个价值链的需求创新，悉心为上下游各个环节提供服务、创造价值。卡迪亚不仅获得了惊人的成长速度，而且使其成了整个产业链不可或缺的“链主”。价值链整合的核心逻辑是以整合创造价值，主要体现在企业以排他性优势占据产业价值链的核心环节，从而获取独特的价值回报。一般来说，价值链的核心环节在于三个方面：一个是核心技术、全球专利、产业标准等；一个是全球性品牌、设计、营销等；一个是广义的供应链管理与综合服务。

不过任何业务模式现状和重塑的判断都需要业务可行性和财务实证性去检验。在研究具体公司的时候，不仅需要研究业务，还需要理清楚其在产业链和价值链所处的位置。平时应该去积累，尽量去了解各个行业的产业链和价值链。

比如，我曾经简单研究过电信产业链。电信产业在任何国家都是一个大产业，并且这个产业因为技术的变化在不断发展，其产业链以及价值链也在不断发生变化。在国内，电信的产业链主要包括运营商(传统运营商、业务提供商及内容提供商)、设备制造商(系统设备制造商、终端设备制造商、测试设备制造商及光纤光缆制造商)、芯片设计与制造商及各类软件开发商。从电信产业链中可以看出，处于核心地位的是：设备制造→运营商→用户(图13-6)。

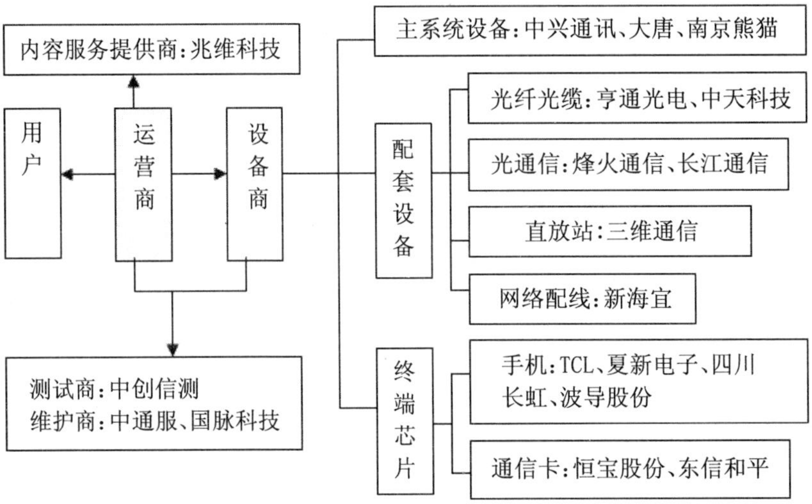

图13-6　国内电信行业产业链

运营商作为产业链上的中间环节，对上购买设备商的设备进行建网投资，对下为手机用户提供网络服务，起到承上启下的作用。电信运营商包括中国移动、中国联通、中国电信等。在传统的2G时代，中国移动占据电信运营的主要份额，因此中国移动股价涨幅最大，盈利能力最强。3G推出后，未来电信运营商之间的格局尚难以判断。一般来说，我对这些大家伙们都不太喜欢，不过很有可能的是中国移动的地位会下降，而中国电信的地位上升。我认为关注电信运营的特征的变化更重要。在2G时代，电信运营业务主要是语音业务，产业链简单，其增长模式是单纯依靠用户数的增加来扩大收入。而未来这个模式不能长久地持续下去。在3G时代，其业务除了语音业务外，数据和多媒体业务将更差异化和复杂化。因此未来其增长模式更多是新业务来吸引客户深度消费。

在这个情况下，内容与业务服务提供商、测试以及维护商的投资机会更大。对内容提供商来说(比如上市公司有东方明珠推出的手机电视等)，随着未来3G的发展，这应该是一个逐渐新兴的投资机会。对业务提供商、特别是增值业务提供商(比如新太科技、兆维科技、亿阳信通等)来说，竞争则非常激烈，主要是因为客户的需求是不断变化的(这个变化更为迅速)。增值业务有点像项目型公司，也就是说，公司发现一个可以满足客户需求的好项目，收入迅速增长，其他公司逐渐跟进，然后消费者审美疲劳，增长逐渐下降。然后又需要寻找下一个好的项目。目前来看，除非一家公司具有很强的市场判断能力与技术开发能力，并且还非常幸运，否则很难具有长期发展潜力。因此我们现在还需要等待这样的企业出现。

不过，测试商和维护商则不一样。测试市场的竞争结构非常好，只有国内巨人中创信测和其他一些国际公司竞争，但现实的问题是中创新测的管理和治理并不出色，因此业绩很难释放出来。

电信维护服务业未来发展更迅速，主要是国内电信运营商采用多厂商设备，设备商本地化服务能力差，而国际设备商在保修期后服务费用较高，因此独立的第三方专业服务提供商在3G催化作用下受益最大。维护市场的龙头企业是中国通讯服务，管理一般，但是市场份额大，和运营商关系好，未来几年应该会有所表现(该公司香港上市)。另外一个成长性不错的企业是国脉科技，其体制非常好，规模不大，上市后获得进一步发展的能力，目前在福建省业务做得很好，未来几年通过异地扩张就可以获得超常规的发展。

测试、维护和业务提供商都是轻资产的服务类企业，属于长期可以跟踪的类型。而设备制造商则主要是受到电信运营商采购的需求拉动，周期性特征更为明显。

设备制造商分为三个类型，一个是芯片和终端制造，一个是配套设备制造，一个是系统设备制造。每个类型具有不同的竞争优势。从芯片和终端制造来看，芯片未来应该会有发展，比如通讯卡上市公司东信和平与恒宝股份(恒宝股份还有银行卡业务，这个业务的发展和竞争力更有吸引力)，但是现在还难以评估谁最值得投资。而终端主要是手机，未来的手机至少应该是智能化的，并且和时尚联系密切，在这点上，国内的手机生产商并不具有优势。

对配套设备制造商来说，又包括光纤光缆、光通讯、网络配线、直放站等子行业。目前来看，还尚难找到这些子行业企业具有的强竞争优势，等到3G推出后，只能理解为它们的需求会增大，业绩增长会受益(我们假定龙头企业会更受益)。对于光纤光缆行业，龙头是亨通光电，并且看好其掌握的光纤预制棒技术。随着更多技术类企业在中小板的上市，在配套设备制造领域，投资者会有更多的选择标的。

系统设备制造是最能受益于电信设备更新和发展的行业。目前国内上市公司并不多，中兴通讯目前来看是当之无愧的龙头企业，考虑到需求的拉动，以及中兴通讯这些年表现出来的竞争力，它肯定是电信设备行业里必须配置的投资品种。而投资大唐电信则主要考虑的是是否具有资产注入概念，现在这还很难评估。

我还做过很多其他的产业链研究，比如航空产业。在2007年大牛市的时候，航空股上涨很多倍，一时间，市场纷纷叫喧航空股是高速成长股，并且有多种概念于一身，好似杨贵妃一样“多种宠爱于一身”。比如人民币升值受益概念、消费升级概念、并购概念、奥运概念等。很多投资者是这样预期和分析的：航空股未来几年运力增加小于载客量增加，油价稳定，由于消费升级导致客座率逐渐提升，人民币升值导致其汇兑收益大增，因此航空股未来几年业绩爆发性增长，属于买入就不要卖出的股票。

我看到的数据和股票价格表现并不一致。举一个很简单的例子，东方航空1996年的净利润是3个亿，1998年就变成了亏损8个亿，2000年盈利2000万，2002年盈利1.2个亿，2003年因为SARS大幅度亏损8个亿。2004、2005年盈利后，2006年又大幅度亏损。也就是说，东方航空从1996年以来，截止到2006年年报，其11年以来的净利润总和是亏损24.74亿元人民币！其他航空公司整体盈利状况也好不到哪里去——而这11年是中国经济的高速发展期，也是中国航空业的高速发展期。东方航空业绩很难具有预测性，波动性也极大，最高盈利有6个亿，最低可以亏损20多亿。

并且航空公司业绩受到的影响因素众多，单纯用客座率提升和毛利率来预测航空公司业绩并不适合。因为它还受到各种外部突发因素甚至政策风险的影响。

那是不是，外国的航空公司业绩就好呢？按照巴菲特的说法，自从莱特兄弟发明飞机以来，尽管投入了数不清的资金，整个航空业对于投资者的回报却低于零。

长期数据可以看出很多东西。在美国政府管制航空业的1950～1970年间(可以理解为几大航空公司相互之间的竞争是有序的)，当时四大干线航空公司一直保持70%以上的市场份额。由于航空公司的运力增加远远超过乘客增加，航空公司业务非常红火，但是很难盈利。后来，卡特总统任命经济学家卡恩开始推行解除管制的政策，航空业又迎来新的黄金时代。1980～2000年，美国航空业旅客人数和平均载客率都上升很快。但这20年的黄金时代，有9年是全行业亏损，并且这20年航空业的净利润总和还不如微软一个公司两年的累计净利润。同样，利润波动难以预测，并且波动巨大，1992年全行业的经营利润率最低，为负的6%，1999年的经营利润率最高，为9%，20年的波动具有周期性，但是很难找到规律。无论是干线还是支线航空公司，无论是大型还是低成本航空公司，绝大多数都难以长期持续盈利(图13-7)。

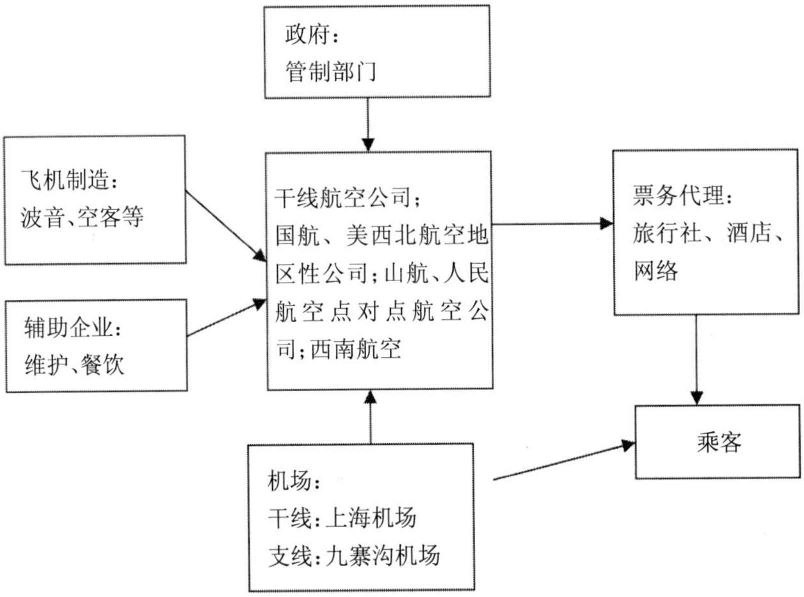

图13-7　航空业产业链

图13-7是整个航空业的产业链。产业链的核心是航空公司，但是价值链的核心并不是——乘客最受益于航空业的发展，飞机制造、票务公司、配套公司、机场都从中获得了巨大的收益。

而从业绩上看机场股，比如上海机场，1996年的业绩是3个亿，2006年是15个亿，并且业绩增长比较稳定，平均每年增长30%，股价也是从1998年上市以来上涨了很多倍。而东方航空从1998年上市以来，股价表现并不稳定，几乎没有什么长期收益。那么为什么投资者还在买航空股？我猜想可能是因为航空股的投机性吧(来源其周期性更难预测与模糊)。航空股的魅力在于：在大牛市中，其股价的波动可以从2元钱迅速被炒作到20元，然后讲未来几年航空股仍然处于高度景气状态，并有高速成长的故事。但从数据看，至少在 2007 年 10 月份讲这个故事，我半点儿都不相信。

第二节　竞争优势分析

最早系统研究企业竞争优势的是迈克尔•波特，他认为通过低成本策略、差异化策略或者目标集中策略，企业可以获得可持续性的核心竞争优势(图13-8)。

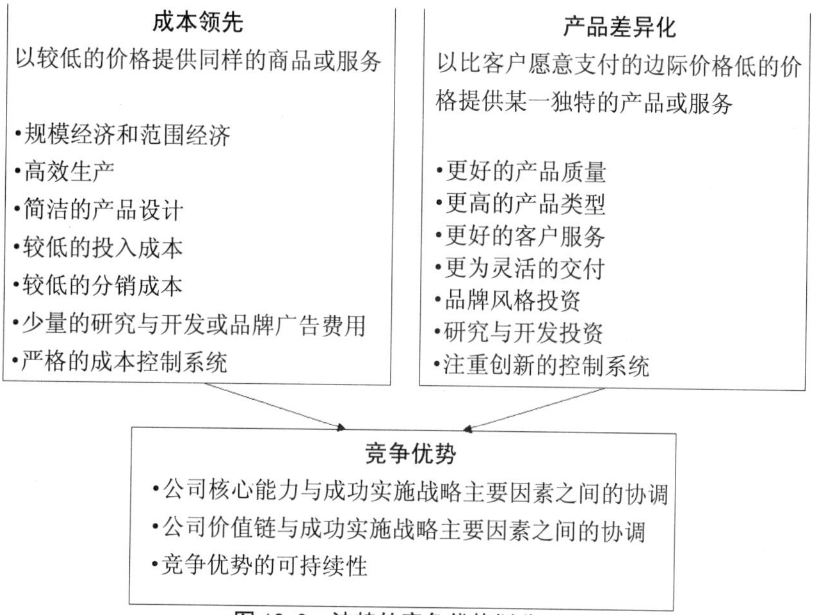

图 13-8　波特的竞争优势划分

并不是每个公司都有竞争优势，做投资首先就要能够辨认出两类上市公司：过度竞争业务的企业(平庸的企业)，拥有竞争优势的企业(独特的企业)。过度竞争业务的企业是经营非常平庸，利润没有保障的企业。股市中只有少数企业拥有竞争优势，这些企业的利润率较有保障，容许企业利用丰厚的溢利再扩充业务，巩固市场地位，改善经济效益，防范投资风险。

竞争优势的概念对投资者分析股票来讲至关重要。竞争优势是一家公司保持优异业绩的特征。分析一家公司的竞争优势，可以遵循以下步骤：

一、回顾历史评估竞争优势：几个重要的选股指标

寻找线索首先要从历史来看，如果一家企业过去这些指标表现很好，未来表现好的可能比以前表现很差的企业概率要高。一个简单的评估方法可以作为参考。

净利润率考察公司的盈利能力。净利润 / 销售收入告诉你每一元的销售收入产生多少利润。一般而言，公司净利润率在 15%以上说明它的经营活动是良好的。

净资产收益率是净利润除以所有者权益后得到的百分比，它可用来度量股东在企业投资每一元产生的利润。凭经验可知，如果公司能够持续不断地显示有高于15%的净资产收益率，通常表明股东的投资正在产生稳定的回报，这意味着这些公司很可能有竞争优势。

资产收益率是净利润/公司全部资产后得到的百分比，它用来度量企业资产转化成利润的效率。6%～7%可作为一个粗略的基准——如果一家企业的资产收益率能够持续超过这个比率，说明它可能有相对同行业的竞争优势。

当考察这些指标时，要使用尽量多年的数据。拥有出色数据的公司，比那些数据不稳定的公司更有竞争优势。可以想一想，如果一家公司的净资产收益率很低，比如低于全行业的平均水平，看不到改善的契机，我们完全有理由认为，这样的企业很难说为股东创造了价值，也很难说有竞争优势。我曾经用这些指标来分析中国的上市企业，总体上，平庸的企业大概超过80%以上。这些企业多数是要么利润波动频繁，难以预计；要么是当行业好转时，表现差强人意，但是当行业不好时，表现非常差。还有部分净资产收益率指标一般，但是价值严重高估的公司。这些公司唯一的投资机会就是投机(资金博弈)。也许你可以从这80%中选出大黑马(确实出现了很多黑马)，但我的经验是，这太难。多数投资者如果从剩余的20%选择更值得投资的企业，即使在所谓的熊市，也获利不菲。

一个企业的好坏就是其是否能够利用竞争优势为股东创造价值，这在任何国家皆是这样。美国的企业是这样，中国的企业也是这样。

二、竞争优势的来源

“指标”只能初步告诉我们某些企业目前可能存在竞争优势(不能保证未来会有)，接下来我们需要明白的是，为什么会那样，企业的竞争优势来自何处。尽管处在一个有吸引力的行业对企业会有帮助，但赶超对手标准的战略也很重要，有许多优秀的企业就根植于不引人注意的行业里。当你寻找企业竞争优势的来源时，关键是要不停地问“为什么”。为什么竞争者不能夺走它的消费者？为什么竞争者不能对类似的产品或服务给出一个更低的价格？为什么消费者能接受每年的价格上涨？

如果可能，还要从消费者角度看一下：企业的产品和服务给消费者带来了什么价值？它是怎样帮助企业更好地经营自己生意的？为什么消费者会用一个企业的产品或服务？如果你能回答这些问题，你就有机会发现这家公司竞争优势的来源。一般而言，一家企业要建立足够的竞争优势有五种途径。

1.通过出众的技术或特色创造真实的产品差别化

这是最显而易见的竞争优势，消费者应该为更好的产品和服务支付更多。不过，简单地拥有更好的技术和更多的特色并不是一个可以持久的战略，因为总有竞争者也想做得更好。另外，拥有更好的产品和服务通常意味着公司可以要一个溢价，但这也会限制它们的潜在市场——很多消费者对品质略低一等的产品，只要价格足够低，也是能够接受的。

更重要的是，企业要增加特色或改进产品，就要始终保持领先竞争对手一步，其实这是相当困难的，这也是为什么很少有企业能够长期采用这种战略获得超额利润的原因。尤其是在技术密集的电子行业——今天最新最好的服务器、存储系统或者DVD播放机的供应商，很可能不是明天的领导者(比如前几年索尼很风光，这几年可能三星会很风光)。最后，持续的创新通常需要大量研发费用的投入，这些资本的投入使得产品差异化战略花费甚巨。

尽管企业通过保持领先一步的技术偶尔会获得巨额的超额利润和巨额的股票收益，但这些利润通常是比较短的。除非你足够熟悉行业内部的工作方式，知道何时一家公司的产品正要被更好的挤掉，否则你应提防领先独立创新保持竞争优势的公司。拥有这样竞争优势的企业更多是具有中期的投资机会。

2. 通过一个信任的品牌或声誉创造可感知的产品差别化

通常情况下，一家能持续不断提供好产品和服务的公司可以创造自己的品牌，拥有一个品牌的奇妙之处是消费者一旦接受了你的产品或服务，就会长期使用下去，并且会认为它比其他公司的产品和服务好，不管这种差别是否真的存在，他(她)都会感到有些细小的差别。从这个角度来思考品牌和声誉——消费者是否宁愿多花钱从一家公司购买产品或服务来替代另一家公司的产品或服务——有助于把有价值的品牌从低劣的品牌中分别出来。实际上，品牌本身不是最重要的，品牌在一些行业是没有用的。当你正在评估一个品牌是否真正创造了竞争优势时，单纯考察消费者是否信任了这个品牌或对这个品牌有没有感情是不够的。重要的是怎样使用这个品牌创造出超额的利润。要看这个品牌能为公司赚多少钱，因为要维持一个强势品牌通常需要大量的广告费。因此，除非这个品牌事实上增加了消费者主动消费的意愿，并且那些投入的资本确实转化成了持续稳定的资本回报，否则这个品牌可能不像你想象的那么值钱。

也就是说，单纯具有品牌不等于竞争优势。那么品牌到底是什么呢？什么样的品牌才具有竞争优势呢？首先要理解品牌价值的来源。

品牌是一种资产，和其他资产一样，它们会产生收益。但这要求最初创立品牌的投资和后面维持品牌形象的持续开支。在这方面，它们就像是不动产、厂房和设备一样，最初需要现金建造和购买，之后每年都需要资金来弥补折旧。品牌创造的价值等于创立与维护它的成本与它所带来的收益之间的差额。在没有竞争优势的市场中(比如汽车行业)，品牌之间的竞争很难创造超额收益，而超额收益是竞争优势的来源。

实际上，大多数品牌产品都没有在市场中站稳脚跟，因此也没有哪一个新品牌一定就会获成功的。所以投资者也不要简单地认为一家企业原来是贴牌生产，现在要开发自有品牌就一定能够成功，股票也一定持续大涨。只有非常少数公司的品牌，比如可口可乐、万宝路、吉列等品牌促进了企业的竞争优势，但更多即便是为投资者广泛熟悉的品牌实际上并没有给投资者带来超额回报。比如麦当劳、本田、联邦快递……相比这些国际知名的品牌，更不要说刚刚起步的国内品牌行业了。

品牌只有在导致客户忠诚的前提下才会产生竞争优势，而如果这种忠诚度与生产中蕴含的规模经济相结合，则会产生更为强大的效果。投资者特别需要将品牌价值和经济价值区分开来。品牌价值是客户愿意为特定品牌的产品支付的价格升水，而经济价值是品牌帮助创造的超额投资回报率。比如，可口可乐是世界上最具有价值的品牌，这并不是它的产品可以向消费者索取更多的价格升水——也就是其他可乐一瓶卖 2 元，它不可能一瓶卖 1000 元。可口可乐做不到这一点。并且没有人愿意花更多钱来显示自己拥有可口可乐就会具有特别尊贵的身份(这是品牌价值范畴)。

尽管有钱人可能会在阿玛尼服装、奔驰轿车或者芝华士酒上花更多钱，例如芝华士这个品牌尽管看起来比可口可乐更高贵，但其为投资者创造的经济价值却基本可以忽略(这点可以从净资产收益率等各种指标上来观察到)。而可口可乐为投资者带来了巨大的经济价值。

那么可口可乐品牌的价值来自于何方呢？主要来自两点：

一是可乐饮用者在很大程度上有着固定的消费习惯。在外就餐时，消费者经常会根据所点的菜肴选择不同国家和不同地区的啤酒，但是可乐饮用者则会在可能的情况下坚持选择可口可乐或者百事可乐。而像微软这样的品牌也是靠习惯和转换成本，消费者习惯使用微软的系统软件后，即使有新开发的更好的系统软件，消费者也不愿意转换。

很多投资者特别喜欢购买时尚品牌，因此认为拥有这个品牌的公司也值得长期投资。实际上，时尚商品市场的品牌绩效可远不如可乐市场(或者中国的高端白酒市场)。尽管时尚商品市场的品牌因素非常重要，它们同时也是这些市场中对新奇性追求的牺牲品。时尚商品的客户在本质上就是新奇性的追求者，而品牌本身也很难产生消费习惯和客户忠诚。比如高档时尚女装品牌之间的市场份额变化就非常大。而即使在食品行业中，消费习惯或者客户忠诚直接与购买频率相关。那些每天需要购买的食品其市场份额的稳定性要高于快餐连锁店，而后者的市场份额稳定性又要比常规餐馆稳定。品牌形象在所有的食品部门都很重要。但只有在频繁购买建立了牢固的消费习惯并培育出客户忠诚之后，品牌才会创造出竞争优势。

二是可口可乐品牌形成的竞争优势在于规模经济。可口可乐公司在分销以及广告方面具有这种优势，因为这两个业务领域的固定成本相对可变成本都很大，这就意味着如果有个可乐公司比如非常可乐，要想在行业内生存下去就必须获得较大的可乐市场份额，但客户忠诚度因素使得这些几乎很难实现。因此只要可口可乐处理好与百事可乐之间的关系，它根本就不需要担心会被那些试图以低价策略取胜的新可乐公司抢走市场份额。

还有投资者会问，即使是那些享有竞争优势的企业，如果将品牌拓展到自己现有产品之外的市场上，会不会取得成功？我认为只有品牌扩张的收益要远远高于拓展新品牌的成本才可能产生竞争优势。而这并不容易，比如在某个行业有很强的品牌，在另外的行业也使用这个品牌。一般来说，如果这个行业并不存在进入壁垒，那么新市场的竞争性质会降低整个企业的收入或者利润率，如果可口可乐进军饼干行业，推出“可口饼干”品牌，估计喝可乐的消费者未必就一定会认可这个品牌，而在新行业可口可乐很难在短期形成自己的品牌优势但是投入却巨大。

只有在同一行业的近似业务中，这种品牌复制才有可能获得成功。比如微软将其系统从家用电脑拓展到服务器或者智能手机的系统上。但是如果微软将其系统拓展到游戏机系统上，从目前情况来看，也确实并没有成功。

如果某品牌公司在另外一个领域使用新品牌，则更难获得超额收益。不过现在西方的公司中出现了专门经营品牌的公司，将品牌的内涵和经济价值充分挖掘，这样的公司值得投资，比如维珍集团。但是国内的企业由于在经营管理品牌上的经验还远远不够，因此目前国内很难找到品牌经营企业。中国目前的市场上，除了几个历史形成的品牌，比如茅台等具有很强的品牌认知度，而多数品牌还并没有通过客户忠诚或者规模经济等形成自己的竞争优势，所以因为一家公司具有品牌就盲目买入希望获得超额收益是没有道理的。因此在目前国情背景下，品牌和其他因素结合起来，比如连锁模式，才可以获得更高的成长。

对差异化的总结。看了很多案例和书籍，我感觉在竞争越来越激烈的情况下，多数公司会选择差异化来获得竞争优势。比如在《阿尔法狗》一书里介绍的美国小企业，基本都采取差异化策略。这是因为美国企业很难在成本上与其他各国企业竞争，这些年他们更多采用差异化的竞争策略。利用差异化选股非常容易，因为有个性，存在差异化的企业并不多。国内的企业目前更多是在行业层面的盈利模式存在差异化，而对企业层面的差异化还远远不够。我的调研发现，国内的很多企业的企业精神(口号)都没有太多差异化，我去一家企业发现它的企业精神是“建设和谐企业，树立科学发展观”，去另外一家企业居然一模一样。

差异化的经营方式每个产业都有。我原来认为钢铁行业的产品都比较类似，因此投资钢铁行业就是分析投资周期，在周期低点买入钢铁股。但钢铁企业也可以差异化，尽管也就存在一个案例——美国的纽科钢铁公司，即使处于周期性行业，纽科股价 10 年间也可以成长 10 倍。在纽科公司，管理模式与其他钢铁厂就不一样。没有高管餐厅，所有员工在一起吃饭，停车场没有豪华小汽车，当地的飞机场也没有公司的专用飞机(有专用飞机在美国大企业是很常见的)。在纽科公司没有特权，雇员不属于工会，但是待遇要比其他同行好很多。他们分享利润，并且不能无故被解雇，雇员的孩子上大学能够得到公司的奖学金。纽科公司还发明了把废钢铁加工成建筑等级钢材的技术，后来又掌握了新的薄板浇筑技术，这种高级钢板可用于制造汽车车身。

竞争激烈的纺织行业也有差异化的企业。在《阿尔法狗》一书中讲述的一家美国袜子工厂是如何通过差异化获得竞争优势的。越是普通的行业，越要进行差异化，比如星巴克，比如在《阿尔法狗》里面讲述的蛋糕店、自行车店等等。

一个能够创造和保持经营差异化的企业，如果其产品价格溢价超过了它为产品的独特性而附加的额外差异化的成本，它就可以成为其产业盈利水平高于平均的佼佼者。因此，一个厂商必须一直探索能够导致价格溢价的差异化经营方式。比如连锁家电零售企业相对于普通单店家电零售企业来说就是行业层面的差异化策略。

最厉害的差异化是“精神层面”。现在美国很多优秀的企业都会采取这个差异化来参与全球竞争，而国内的企业还远远没有意识到或者做到。现在的消费者并非机器人，他们不是简单地购买产品，同时也在选择一种观念和态度。当面临不断增加和日益多样化的选择时，消费者的倾向购买就变得更加受制于信仰，此时的购买动机产生于品牌卓越性的信仰和本能，而消费者不会在稀薄的空气中寻找这种信仰。当今的市场是关于创造能够围绕产品形成一种氛围，并付诸品牌。而这个品牌能够让消费者感知到其价值具有差异化的非物质内涵而愿意购买。

美国哈雷太子摩托车就是一个非常好的例子，其最终产品变成了哈雷品牌的一部分。20 世纪 60 年代美国经济繁荣，但是美国国内的摩托车企业很难受益，因为日本的轻型摩托车冲击了美国市场，哈雷的市场份额和利润都在严重下降。20 世纪 80 年代，哈雷获得重生，很快在重型摩托车领域取得了无敌的地位。它的成功复兴在于创造了差异化的管理理念和管理模式，创立了摩托车俱乐部，安排集会以及一些特殊的活动，通过互动、恰当地宣传等多种方式，把哈雷摩托车塑造成了“自由精神”的象征。而本田的俱乐部成立后很快就瓦解了。因为产品毫无特色，除了成本低质量不错外，本田摩托缺乏灵魂和核心。在哈雷成功的进行精神差异化后，摩托产品只是成了这种品牌和精神的一部分，它后来还塑造了一个多样化的商品组合，如服装、特许经营权(哈雷咖啡屋)等。很多摩托车爱好者买哈雷摩托车和品牌的附属产品，很多不开摩托的年轻人也穿着哈雷的摩托短裤享受着“自由”的快感，这些附属产品也会给公司带来巨大的盈利。

差异化的核心在于给企业、产品或者服务增加独特性，并且这种独特性难以让竞争对手模仿，而消费者也愿意为这个差异化付出额外的价格。简单的差异化很容易，但是做到精神层面就需要很高的技巧。企业要用价值信号不断冲击消费者的价值观。比如企业可以通过改变包装使得在柜台陈列时候更显眼，可以短时间提高销售收入，但这种差异化很难持续，其他企业也会模仿。另外，通过不断打广告的宣传也很难形成持久的差异化。

差异化本身也存在很多风险。比如过分差异化，无独特价值的差异化，成本高昂的差异化，过于关注产品本身而忽视了其他方面等。一个例子是，其他厂商生产的电视机开机时间需要 3 秒钟，而你花费很大技术和价钱提高到需要 2 秒钟，但我认为客户很难为这种差异化支付额外的溢价。

因此在选股的时候，要看看这个企业与其他企业相比有什么特色，如果两分钟内难以令人信服地说明这个企业的特色，那么你需要寻找下一家企业研究。需要强调的是，采取差异化注定很难成为超级巨人，仅是小巨人，并且差异化的竞争优势难以长期持续。

3. 降低成本并以更低的价格提供相似的产品和服务

能以较低的成本提供类似的产品和服务可能是一个非常强大的竞争优势来源。特别是在产品和服务很难区分的制造业中，低成本策略尤其起作用。这也是中国产品占领充斥世界的主要原因。

而在非日用品市场，只要成本优势是持续的而不是临时的，较低的成本也会带来较大的优势。然而，这还不足以评判一家公司的利润率以及这样的公司是否比其他竞争者的成本低，因为你还需要鉴别降低这些成本的各种各样的原因。通常，企业要么通过投资一个比较好的工序，要么达到比较大的规模来建立成本优势。特别要指出的是，在制造业，无论企业要树立品牌还是实行差异化，低成本都是必须的。

4. 通过创造高的转换成本锁定消费者

成本优势、品牌和更好的产品表面上看相对容易，但是要想准确搞清楚是什么阻止了消费者改用其他公司的产品还是很难的。这就是为什么消费者转换成本高常常意味着公司具有较强的竞争优势。

如果你能使消费者从消费你的产品转换到消费竞争者产品上去的过程变得很困难——无论是因为金钱还是时间因素——你就能从消费者身上赚取更多的钱。理论上是这样，也很简单，但实践起来并不容易。

转换成本不一定是指金钱。经常的情况是，降低消费者对竞争者产品和服务需要的兴趣依靠的是时间。学习使用一个新产品和服务需要大量时间的投入，这种时间上的投入意味着投资者转换到竞争产品上要受到很大损失。消费者换一个方便面的品牌很容易，但如果是财务软件转换起来就没那么简单了。你购买了用友的软件，很可能不会转移到金蝶上。

当你正寻找高的消费者转换成本的竞争优势时，需要搞清下面这些问题：

这家厂商的产品需要大量的客户培训吗？如果需要，消费者愿意勉强转换并且承受在培训期间导致的生产力损失吗？

这家厂商的产品和服务是否紧紧和客户的生意结合在一起？厂商不更换关键产品的供应

商，往往是因为转换费用会远远超出新产品和服务带来的利益。

这家厂商的产品和服务是一个行业的标准吗？消费者可能从他们的客户或同行那里感到有压力推动自己连续使用一个众所周知和受人重视的产品和服务。

转换取得的利益是否小于相关的转换成本？例如，银行的消费者常常能忍耐高的费用，因为虽然他们到竞争银行开户费用可能较低，但转移账户可能会很麻烦。

厂商是否倾向于与客户签订长期合约？这经常是客户不想频繁更换供应商的信号。

5. 通过建立高进入壁垒把竞争者阻挡在外面

把竞争者阻挡在外面最明显的方法就是取得某些特许的专营权，就像很多娱乐博彩业从政府取得专营权一样。许可证和其他类似的许可对竞争对手有强大的威慑力，但因为规则由政府制定，政府也可以在不警告的情况下修改规则。

专利权属于特许经营权的类别。因为在一段特定的时期内，法律保护专利权的所有者免于受到直接的竞争。像一些医药企业或者高科技企业的专利可以使它们在一段时期内获得很高的毛利。

不管怎样，虽然专利权和特许经营权在牵制竞争者、保持高利润方面可以起到很大作用，但它们的作用往往也是短暂的。如果你投资一家公司，它的竞争优势只是依赖单一的专利或者某项特许经营，你不要忘记仔细调查这家公司意外失去特许经营权的可能性。

一个更持久的把竞争者阻挡在外面的策略是利用网络效应。强大的网络变得越来越比用户的增长更有价值。比如有线电视网络，拥有保护竞争地位的网络的公司常常有很强的竞争优势。

如果不存在进入壁垒，那么很多企业你都不需要考虑。毕竟，在一个无数企业正在寻找投资机会的世界里，缺少保护的行业的投资回报率必然会被压低到非常低的水平。比如缺少技术含量的普通化工企业，投资它们的机会在于把握周期性，而多数投资者并不具有这个能力分析一个根本不了解的、缺少进入壁垒的行业的周期特点。并且，如果一个企业周期拐点到来，企业获得很好的利润，但是由于没有壁垒，无数企业都会注意到该高利润率，而蜂拥进入，最终需求被逐渐平摊，结果固定成本被分摊到更少的产品上，单位成本上升，价格下降，周期向下的拐点又来了。

因此，如果没有进入壁垒的保护，企业唯一能做的事情是尽可能的高效率运转。但是我建议投资者对于这样的企业仍然是宁可放弃，毕竟如果你有把握发现更有进入壁垒的企业的话，还为什么投资于一个可能周期拐点(如果你认为只有10%的把握确信)到来的缺少壁垒的企业呢？

存在进入壁垒意味着在位的企业能够做到潜在竞争者不能做到的事情，这就是核心竞争力的定义。比如在汽车行业，即使是奔驰公司也没有树立进入壁垒，投资者可能会觉得奔驰具有品牌，因此有核心竞争力，但实际上从评估核心竞争力的各种指标来看，奔驰公司并不具有。这超乎大家想象，我想主要是因为谁都可以进入高端轿车市场，比如宝马、捷豹、讴歌、无限等等。因此奔驰成为周期性公司。全球经济好的时候，世界各国的新富翁们开始购买豪华车(他们还会不计成本的购买艺术品等)，而全球经济向下的时候，购买奢侈品的欲望自然会减少。

随着地域的扩大，进入壁垒会越来越小。比如，沃尔玛现在是国内消费者也经常购物的地方，但是我认为沃尔玛的竞争力在逐渐丧失。因为在北京、上海等城市，每个地方它都面临激烈的竞争，即使它或许通过经营效率提高(比如天天低价或者有效的商品分销策略)获得更高利润，但是其他企业并不笨，都可以模仿，这些并不是别人无法复制的专有技术。

沃尔玛在成立之初是非常具有进入壁垒的，因为沃尔玛当时所处的都是南方人口稳步增长的小城镇——美国南部有很多5万人口甚至更少的小镇。这么大点的镇子的需求只能支撑一家大型的折扣零售店，只要沃尔玛决定首先开这么一家商店，它就享有不可动摇的垄断地位，如果有另外一家商店也想进入小镇，那么两家商店就没有足够的客户来保持盈利。而在其他条件一样的情况下，新开的商店并不能期望自己能够把原来的那家挤走，所以它最好的选择就是不要进入这个市场，让第一家商店保持它的垄断地位。这有点赢家通吃的味道，沃尔玛就形成了自己特定的竞争壁垒。因此，进入壁垒在本质上是区域性的和独特性的，而不是广泛的和普遍的。

三、竞争优势能持续多久

这个问题也是必须思考的。因为如果竞争优势持续时间长，则持有一只股票的时间也会长。我们可以从两个方面来思考竞争优势。从深度上，是说一个企业能赚多少钱；从宽度上，是说这个企业能持续保持高于平均水平的利润率多长时间。估计竞争优势能持续多久是一个难题，我一般来说把竞争优势分成三个时间段：很短、2～3年、5年以上来考察。

一般而言，基于技术的竞争优势有别于基于产品的竞争优势，它是比较短暂的。例如，成功的软件公司能产生巨大的超额回报，因为这些公司有很高的利润率，而且不需要在像机器设备这样的固定成本上投资很多。但不管怎样，因为技术飞速的发展和变化，这些公司的回报周期是很短暂的。换句话说，今天的领导者可能就是明天的失败者，因为进入门槛太低而潜在的回报又太高。通过成本优势、品牌、锁定消费者和把竞争者阻挡在外面等各种途径，能形成不同时间长度的竞争优势阶段。比如贵州茅台有很强的竞争优势，汽车制造公司则基本上少有竞争优势。

四、成长故事的继续探讨

成长模式有很多种，总结起来需要至少一本书来完成，最好的方式是读者自己去完成，方式是通过阅读一些关于“模式”的书籍，以及研究历史上牛股的各种“模式”。下面研究一些成长故事的方面和类型。

1.进入新业务的成长故事

这是一种非常常见的成长故事。绝大多数企业都处于竞争的环境中，并且竞争越来越激烈。因此要获得成长，很多企业都计划进入另一个企业所处的地带，即便是在本业务有很强壁垒和成长的企业，也有进入其他新业务的冲动，也许这就是典型的围城效应。因此需要分析当一家上市公司宣布进入其他公司盘踞的产业时，是应该选择买入还是卖出？它进入一个产业的胜算是否可以评估出来？我把企业进入新业务的过程分成两个类型：一个是创新型进入；一个是模仿型进入。

首先我们研究一个企业试图通过模仿现有企业进入一个产业。那么投资者最重要的分析是：在这个产业中，是先发优势强还是后发优势强？也就是说，如果先发优势强，那么现存的企业竞争优势可以保持，后来的企业根本无法同现有企业竞争，最后会以失败离场(当然很多国内的企业宁愿长期亏损也不愿意离场)。如果后发优势强，那么就存在通过模仿现有企业，追上并获得利益的方法。

最根本的是要分析先发优势持续的条件。我认为有三个因素是非常重要的。

第一个是技术性领先。关于产品技术或者制造工艺具有很高的难度，学习曲线效果比较显著。在这种情况下，现有企业就具有先发优势，并得以保持。比如一个企业要进入某精密仪器制造行业，而该行业产品的制造成功依赖于很多次产品的试验，并且新入行者学习起来很困难，那么新进入者就存在很高的失败风险。这种例子很多，比如某企业巨资投资了某电子元器件工厂，但是发现自己的技术水平根本不达标，产品无论如何怎么下功夫杂质都太多而不能使用等等。

这里有个值得尊敬的企业是烟台万华，它经过顽强的努力和试验终于掌握了聚氨酯技术。不过，在它没有掌握之前，并不是一个值得投资的公司。

第二个是稀缺资源的预先占有。在制造行业，如果先进入的企业可以预先取得作为稀有资源的生产要素；而在商贸行业，如果先进入的企业则可以预先取得很好的地理位置。那么这样的先发优势是可以保持的。也就是说，如果后进入的企业根本获得不了重要的生产要素，或者也找不到好的开店地址，那么它经营失败的概率就很高。

第三个是买方的转换成本。很多技术类企业就有这个特征，一旦客户已经购买现有企业的产品并满足于现有产品，就会认为转换到买新进入的企业产品需要付出更多的成本(比如需要重新培训，影响目前的工作)。因此不会买新进入企业的产品。这对新进入企业就非常不利。

在多数情况下，特别是一个行业已经有一些重量级的企业出现，一个新进入者希望通过模仿(比如生产成本、制造过程、销售渠道、经营策略等均与现有企业类似)进入这个行业并获得成功是非常不现实的。不过在有些情况下，是存在后发优势的。有以下两种情况。

第一个是“搭便车”的效果。也就是现有的企业为了开发目前的市场付出了巨大的努力，而后来者很容易就可以通过学习，来节约初期投资所需要的费用，因此节省了研发成本，节省了消费者教育成本，节省了基础设施的建设等等。比如，飞利浦是最先进入CD光盘制造行业的，开始获得了一定的竞争优势，当时飞利浦第一个进入这个行业的时候认为因为设备投入高，市场空间还很小，很难会有新进入者，因此它可以获得垄断利润。但是飞利浦低估了这个行业的发展，CD光盘行业在当时是超高速发展行业，很快导致行业设备投入下降，不少新进入的企业以更低的成本生产CD盘，并且由于市场空间的巨大，很快就可以获得更好的盈利。

第二个是不确定性消除。新技术和新市场的开发等活动往往具有很高的不确定性，但是如果目睹先发企业的成功后方加入的后发企业反而能够回避风险。特别是大企业或者行业领先的企业，在不确定性消失后再大规模的进入获得的利益更大。这有个日本的索尼和松下竞争的例子。在20世纪60和70年代，都是索尼公司先进入一个市场，获得成功后，作为大企业的松下然后跟随进入，而取得的实质成功却并不差于索尼。

模仿竞争也就是同质化竞争。特别需要指出的是，这种竞争，在行业市场需求仍然处于高速发展中，同质化竞争主要体现在单纯的产品和服务上，结果焦点变成了激烈的产品开发竞争、投资规模不断扩张的竞争。而如果产业整体增长逐渐放慢或者产业的客户需求基本满足的情况下，新进入者要进入一个产业同现有的企业开展同质竞争，那么这种竞争不能推动整个产业进步，而存在只限于激烈价格竞争的可能性，在这种情况下，行业内企业利润普遍低迷，因此这类企业并不是很好的投资标的。比如1997年以后的中国家用电视行业，行业增长由于市场接近饱和而逐渐放缓，但是企业在不断扩张产能和不断有新进入者进入，结果这个产业最终陷入价格战，盈利低迷。

上面是从博弈和竞争的角度分析“进入”问题。在很多情况下，由于产业规模庞大，企业林立，新进入者并不会与现有企业形成直接“竞争”关系。在这种情况下，企业不是考虑竞争，而是考虑行业景气进入这个行业。但这也存在问题，短期或许把握住了机会，获得了收益，但是如果没有独特的模式(往往没有)，或者对新进入行业的周期并不了解，最后只能是这个行业的边际公司，有增长也是短期的，一旦行业发生变化，出现问题的往往是这类企业。比如目前房地产热，很多企业都开始涉足这个行业，现在大家觉得房地产开发是长周期，会繁荣很多年。但是我记得20世纪90年代中期房地产热的时候，不少企业进入后最终都以亏损而黯然离场。

其次是分析创新型进入。在分析前，先举几个例子。想象一下现在是20世纪初，你在一家美国领先的投资银行做研究工作，这个时候某客户走到你的面前，问了一个现在看来非常简单的问题：“贝尔发明了电话，并且现在上市了，这存在投资机会吗?”你如何回答呢？如果你要去调研，你会发现贝尔对自己的产品信心并不是很大，而如果你去当时世界最领先的通讯公司(业务是收发电报)——西方联合公司调研，他们会将贝尔的这一创新称为“玩具”，毕竟贝尔的电话当时只能在局部地区使用。没有数据存在来帮助你进行分析。如果因为上述理由而放弃贝尔公司，那么就没有后来贝尔成为世界上“曾经”最牛的电信公司AT&T，将西方联合公司逼得破产并收购了它，甚至美国政府都害怕这个企业的故事了。

时间推移到2007年初，如果有客户问你：“曾经被索尼公司打败的任天堂公司现在又开始折腾了，并向市场推出新产品了(游戏机市场)，他们的技术看起来比索尼差呀。这次行吗?”如果你根据历史数据，你会认为任天堂公司不值得投资，索尼的游戏机才是最好的、最高端的。但是时间并不久，任天堂销售和业绩高速增长，市值居然超过了索尼公司。这是为什么呢？或者时间略微提前几年，有客户问你，曾经的苹果不仅做电脑，居然要做一个所谓的不同模式的音乐播放器？这能行吗？

上述以及其他很多情况(包括国内的案例)，都是创新型进入。创新型进入的公司一旦成功则存在巨大的投资机会。

如何对此进行分析呢？研究员或者投资者们通常的分析方法是搜集历史数据，决定趋势，再做出预测。这里面暗含的一个假设是过去是未来的一个预报器。另外就是比较方法(同行业内最优秀的公司进行各种比较)，这里也暗含的一个假设是：公司模仿行业内优秀的公司所采取的行动也会成功。

但这对创新型进入而言则意义并不大。投资者实际上可以通过一种新的规范的研究程序来分析一个创新型进入会不会获得成功。这样，即使未经训练的投资者也能具备深入的洞察力。

这里主要有两个分析步骤：第一，创新变化的信号是否出现；第二，是否存在不对称的竞争战。

首先要明白的是创新的类型。创新分为两大类。一类是维持性创新，是指公司在过去消费者所重视的维度对现有产品所做的改进。比如飞得更远的飞机，运算更快的计算机，待机时间更长的手机，图像更清晰的电视机等等。当进入属于维持性创新市场时，现有公司有很大的可能打败进入者。

二是破坏性创新。而现有公司通常是败在破坏性创新的进入者手上。破坏性创新是提出一种新的价值主张。他们或者创造新的市场，或者重塑现有的市场。破坏性创新也分为两类：一类是低端，一类是新市场，当然有些企业兼而有之。

单纯说创新概念，投资者很难理解。实际上，不同种类的创新对应的是顾客满足的程度。也就是说，模仿性进入则需要首先考虑的是竞争战，而创新型进入则首先考虑的是顾客需求。市场变化的核心信号就是评估三类顾客群：不消费任何(某领域)产品，或者只在不便利的情况下才消费的顾客(也可以叫做非消费者)；未充分满足的顾客；过度满足的顾客。

每类顾客群都对应不同的创新进入机会。公司可以通过创造新市场类型的破坏性创新来获取非消费者。可以通过发起高端维持性创新来获取未充分满足的顾客；可以通过低端破坏性创新来获得过分满足的顾客。因此识别该行业顾客环境至关重要。如果环境有利于高端维持性创新，我们就可以预期那些低端破坏性创新的公司就会困难重重。

当现有产品和服务“好过头”，从而相对现有顾客所能使用的性能而言索价过高的时候，低端破坏性创新就会发生。比如沃尔玛的折扣零售店，纽科钢铁公司的小型钢铁厂，戴尔的直销、便利化与订制商业模式，先锋基金的指数型共同基金都是低端破坏性创新。它们都开始于向现有顾客提供低价、相对简单的产品。某家公司正在发起低端破坏性创新的一个信号是：创造出一种与现有公司不同的赚钱模式(新商业模式的出现是最重要的信号)，体现在财务指标看，是更低的价格但是更高的资产周转率，销售收入和售后服务收入的不同组合等等。

当现有产品的特性限制了潜在消费者的数量，或者迫使消费发生在不便利时，就会出现新市场破坏性创新。比如，柯达照相机、贝尔的电话机、施乐的影印机(以及其创新的销售模式)、EBay的网上拍卖市场都是新市场破坏性创新。它们都是使人们更容易完成某些事情而创造了新的增长，而这些事情过去需要更深的专业技术或者更多的财力才可能实现。新市场破坏性创新最具有巨大的投资潜力，但识别起来有时候并不容易。不过一个明显的信号是，一个新崛起的市场的高增长而且持续提高的增长率；另外一个信号是新市场创新一般都是相对低价的。

而电脑的CPU处理器性能的不断提高就属于维持性创新，不断来满足顾客对速度的需求。不过现在CPU提高的速度已经开始超过顾客的需求。这样，可以理解为或许开始存在过度被满足的需求，毕竟很多顾客只是上上网、文字处理和收发邮件。在未被充分满足的阶段，顾客往往重视产品的功能性和可靠性。因此现有的公司有更多的可能了解目前的客户需求，而一旦这些需求容易获得后(通常该产业的规则也已经形成)，则关注的是产品的便利性、定制和价格——这样为破坏性创新提供了土壤。

破坏性创新还有更加复杂的形式，比如规则形式和替代形式，但是对于多数投资者了解上面三种创新就足够了：新市场破坏性创新、低端破坏性创新和高端维持性创新。

回到前面的例子来分析。贝尔的成功主要是因为其属于新市场破坏性创新。那个时代，人们在远途上的交流主要是通过电报机或者写信来进行。但是电报机必须在一个有中心设备的地方，需要专业的接线员进行操作。电话的出现争取到了通讯的非消费者。刚开始，电话因为线路铺设最初限定在一定区域内，并不同远距离的电报直接竞争。不过，尽管贝尔当时只能铺设一定区域内的电话，但还是受到消费者的欢迎，毕竟同一城市内没有必要应用电报来交流，而电话非常方便且价格低廉。

然后贝尔通过商业许可证的商业模式授权很多地区经营地域性的电话公司，并收取授权费。而刚开始西方联合公司并不认为电话能够和其竞争，并且西方联合公司占据并垄断当时的高端市场：铁路、媒体和金融领域的长途电报。后来随着各地区贝尔公司的成立，它决定将区域性通讯市场放弃给贝尔运营商，而决心将主要精力放在核心高盈利的市场上(竞争战中采取防御策略)。但是随着各地区性贝尔被整合成为一个全国性公司后，西方联合公司发现自己已经没法生存了。

苹果的例子是新市场破坏性创新，而任天堂的复兴故事则是新市场与低端破坏性创新兼而有之。这要分析当前的游戏机市场。索尼的 PS 系列游戏机逐渐面对市场中的高端客户与微软来进行竞争，高端市场中的骨灰级玩家只占所有玩家的 2%，但具有最强的购买力。不过骨灰级玩家的要求更高。因此游戏机越来越复杂，只有骨灰级玩家才能操纵它复杂的手柄(比如 10 个指头，至少 6 个要随时放在键上，不停变换)和指令，而 98%的其他玩家基本上被忽略了。并且索尼 PS3 游戏机的功能非常强大，游戏开发成本也就越高，因此第三方游戏软件开发公司的风险也在增加。

而任天堂游戏机定位于 98%的普通玩家和广大的非玩家，因此不需要强大的功能，成本就低，索尼的 PS3 游戏机卖出一台就赔 300 美元左右，而任天堂的游戏机则可以盈利 50 美元左右。并且任天堂大大降低了其游戏机使用的复杂性，使得没有玩过游戏的消费者也很容易入手。结果，任天堂没有索尼游戏精彩的画面，没有微软游戏超强的系统，但是其商业模式进行了创新，在竞争中取得目前的胜利。

可见，创新型进入能够取得胜利的主要原因在于不对称竞争。不对称使得破坏性创新者进入市场，在无现有公司干预的情况下开始成长，而当现有公司最终想要反击时已经为时过晚。不对称包括动机和技能的不对称。也就是一个公司想要做或者能做某件事情，而另外一个公司明确不想做某件事情，或者不能做某件事情。

在上面的两个例子中，你不能说西方联合和索尼公司是非理性的，从它们的观点来看，维护高端电报客户，维护骨灰级游戏玩家，它们采取的每个行动都是合理的。因为在它们所服务的市场，公司已经建立起固定的业务模式和流程。其公司的价值观也固化在现有市场和客户中。因此对创新型进入者很有吸引力的东西可能由于不对称对在位者缺乏吸引力，从而导致其过度缓慢的反应(业务模式不同，因此转变起来会非常困难)，甚至逃离低端市场。

有三个因素促成不对称的竞争：第一个是与市场的绝对规模大小有关。小公司认为有大机会的市场可能对于大公司来说是鸡肋；第二个是与初始目标客户不同。比如任天堂要服务的是索尼和微软不想服务的客户；第三个是与现有公司的业务模式不同，使得现有公司难以从固定的业务模式中挣脱出来，而新进入者就已经建立起竞争优势。

并不是每个破坏性创新的进入者都能够成功。而特别存在下面两种环境下，反而可能失败。第一个环境是行业背景使得现有公司不能逃避。第二个环境是新进入者在早期不能开发出特色的业务模式，而与现有公司业务模式类似。在这两种情况下，进入者可能会陷入艰苦的竞争战中。

举两个例子就很容易理解了。比如航空业。低成本航空公司是否一定能战胜现有大航空公司呢？尽管对于大航空公司来说，商务旅客(也就是高端客户)是其主要的利润来源。但是低成本航空公司试图通过折扣来占领低端市场时，现有大航空公司的高固定成本结构使得大航空公司不可能放弃低端市场的乘客，因为即使利润最差的乘客也能对运营绩效带来改善。因此竞争的结果使得现有航空公司不能逃避，只能与折扣航空公司直接一轮接一轮竞争，最终双方的盈利都很差。唯一不同的是美国西南航空公司，主要是因为它不仅是低成本的，而且其开发的点对点航线与现有的大航空公司形成了不对称竞争。西南航空公司的航线都是从小城市到小城市，并且这些小城市存在一定大型商务客户来支持其航线稳定的利润。但是大航空公司对此却没有兴趣。

第二个例子是业务模式类似的例子。经营固定电话的贝尔公司战胜了经营电报的西方联合公司。但是当无线电话在美国出现时，其并没有战胜固定电话运营商。我认为主要是因为在业务模式上，无线电话运营商在开始阶段并没有特殊的业务模式与固定电话运营商形成不对称(当然还有其他原因，比如政府管制的原因)。

企业总是不断试图进入新业务来重述成长故事，但是对于各种进入新业务的类型来说，只有存在不对称竞争的创新型进入企业才最具有投资机会。

2. 业绩改善的成长故事

很多时候投资者遇到的都是之前业绩因为某些原因遭遇困境，后来通过某些契机和努力业绩重新增长，这就是复苏或业绩改善的成长故事。

欧洲已故的投资大师安德烈•科斯托兰尼就非常喜欢投资这类股票。不过，他称这样的股票为“从死灰中复活的凤凰”。他认为多数投资者很难捕捉到高速成长股，并且即使捕捉到了这样的大牛股，很少有投资者能拿得住。他说，微软从现在来看是市场的主宰，但是从20年前看，谁能知道它涨这么多，除非投资者是每个行业的专家，能够准确理解和认识技术上的细节。而这对多数投资者是不可能的。因此他喜欢找寻业绩重新复苏的股票投资，并且从中赚到大钱。这类股票往往是因为某些内部或者外部的原因。如企业经营出现严重危机、亏损甚至有可能破产，并且这些企业的股票价格也跌到谷底。然而一旦这些企业能够扭转局面，业绩重新增长，则股价会扶摇直上。

有些投资大师甚至就是靠投资该类股票淘到第一桶金的。比如索罗斯和罗杰斯的量子基金在刚成立初期就遇到这样一个机会。当时是越战后，投资者普遍认为政府对军工的需求会大大减少，军工股的风光将不复存在，因此这类股票受到投资者广泛抛弃，结果是股价低得离谱。而罗杰斯他们调研认为，军工股会很快复苏，仍然存在巨大的投资机会。他们果断买入洛克希德•马丁公司，其股价随后从1元左右涨到100多元。

彼得•林奇也喜欢投资这样的复苏成长故事，比如克莱斯勒汽车公司。汽车股是周期波动的股票，一般来说除非投资者就是喜欢买汽车股，否则多数情况下没有必要持有这类股票。因为对多数投资者来说，判断汽车行业的景气周期并不容易，但克莱斯勒公司是个例外。克莱斯勒公司本来是周期性股票，由于竞争压力，它的不景气时间过长，人们都认为它要完蛋了。林奇通过调研，认为克莱斯勒是可以复苏的。复苏的契机是新总裁艾柯卡的上任，在他的领导下，克莱斯勒受到了美国政府的救助，并且在他的领导下，克莱斯勒开发出新的受到消费者欢迎的车型从而业绩迅速复苏。林奇将麦哲伦基金 5%的资金用 6 美元买入克莱斯勒，后来足足赚了 15 倍。

业绩改善股的魅力很大，并且这类股票在国内证券市场中广泛存在。比如三聚氰胺事件后，乳制品股大跌，最后龙头股伊利股份业绩复苏，带来股价上涨的故事。但只举几个案例，投资者只能看着新鲜，过后就忘。要想通过投资业绩改善类股票获利，我们必须要掌握一些能够找到并且买入业绩改善股的方法。业绩改善股具有一些典型的特征，这也是很多投资大师喜欢买进业绩改善股的原因——易于寻找。业绩改善股在技术图形上的特征是，这类股票前期经过大幅度下跌，目前市值严重缩水，股价在“底部”徘徊。在投资心理的特征上是，这只股票在大幅度下跌的时候，投资者恐慌，然后厌恶这只股票。但到底部后，股票成交萎缩，除了有远见的投资者，多数投资者已经不在关注它了。这时关于这家公司的研究报告也越来越少甚至基本消失了，好像投资圈把它给忘记了。正是因为缺少研究报告支持，所以很多有从众心理的投资者并不敢买入，但是实际上，一旦公司基本面变好，投资圈开始关注它的时候，它的股价就迅速向上。从基本面上来看，这样的企业前期面临问题或者困难，业绩出现严重下滑，尽管市值很低，但市盈率很高或者亏损。这时候很多基金经理如果按照业绩标准来选股，则该股票并不在视野范围内。

出现上述特征的，就是业绩改善股的候选对象。但基本面能不能真正复苏，从而带来市值大幅上涨，这需要仔细辨别，并且寻找导致股价变化的契机。业绩改善股包括如下类型：

(1)行业业绩改善。

很多股票的下跌是因为所处行业出现问题，导致企业业绩出现大幅度亏损，一旦行业复苏，企业业绩也迅速回升。有两种行业需要关注，一种是周期非常敏感型，一种是寡头行业型。

比如，水泥行业是周期非常敏感的企业，它不像石化和钢铁，尽管都是周期性的行业，但是石化的周期由于资本支出过大，因此周期就非常长，而水泥行业的资本支出小，因此周期更敏感，钢铁行业则介于二者之间。这样说起来难以理解，但举个例子就可以看出来，水泥行业的龙头股是海螺水泥，它在 2004 年宏观调控中业绩迅速下滑，比钢铁和石化类股票业绩下滑得快多了，股票价格也大跌。但在 2005 年年中，新一轮景气开始，水泥行业对固定资产投资非常敏感，会迅速复苏，因而海螺水泥的股价也迅速上升。

电子元器件行业也是这样，属于周期非常敏感的行业，这样复苏起来就比较快。

如果行业不是周期非常敏感的，那么好的复苏股所处的行业特征应该是有少数玩家所处的行业，竞争并不激烈，有一定的行业壁垒。而竞争激烈的行业，即使行业转暖，但是企业利润也很难得到保证。比如化纤行业的股票，它们即使复苏，力度也不够。

(2)突发事件下跌后业绩改善。

这算是业绩改善股里的“天赐良缘型”。企业本身没有问题，只是因为一个突然因素造成企业某一年的业绩出现问题从而导致股价大幅度下跌。一旦这个突然因素消失，企业会很快复苏。

(3)契机推动业绩改善。

企业经营总会因为各种原因而遇到问题，当问题造成后，企业业绩下滑，股价大幅度下跌。这类企业的业绩改善则需要依赖于其他力量的推动：可以是外力。比如外部需求突然大增，或者像克莱斯勒一样受到政府救济。也可以是内力。比如管理层换人，新的管理层锐意进取，取得经营成果，或者企业内部调整，降低成本，开发新产品等，从而出现业绩改善。不过这类企业需要仔细分析导致业绩改善的契机，然后买入，才可以降低风险。

需要强调的是，不要以为处于低位的股票都可以业绩改善。另外，通过政府重组和资产置换导致企业业绩改善的股票，根基不稳固。并且很多资产置换都是暗箱操纵，投资者与大股东的信息完全不对称，这无法研究，并且风险很大，往往是内部人获利。

2007 年 5 月份我研究了小天鹅业绩改善的例子，这个案例的获得是受到产业投资者的点拨。之前小天鹅的战略定位存在问题，比如一直致力于成为洗衣机行业的科技领先者。但是洗衣机对消费者来说，关心的并不是技术多么强，而是质量高，服务好，洗的衣服干净即可。因此从这点上，小天鹅犯了战略性的错误。因为追求技术领先，那么公司必然在技术上过多的投入，但是未必就有好的产出，或者投入产出不成比例。并且小天鹅这个上市公司在管理、公司治理上也存在很多问题，因此是一个不好的公司。如果按照这样的理解去估值，小天鹅当时每股收益 0.11 元的话，给 20～30 倍市盈率，价格最多 2.2～3.3 元之间。

但是，如果小天鹅管理层发生变化，将很多不良资产剥离，业绩是有很大改善空间的。小天鹅 2006 年主营业务的销售收入达到 42 个亿，这在洗衣机行业(就是家电行业)里是非常了不起的一个数字。而公司主要的业务问题是管理和战略问题。小天鹅现在的销售利润率只有 1%，而根据产业界人士的估计，如果小天鹅被收购，并且能够加强管理的话，销售利润率是一定会提高的，因为行业平均可以达到 3%～5%，3%可能是一般水平，5%则是需要很强的管理能力才可以达到。

而如果小天鹅的销售利润率真的达到 3%～5%，那么其净利润可以达到 1.26 亿～2.1 亿，小天鹅当时的总股本是 3.65 亿，因此每股收益可以提高到 0.39～0.58 元。而仍然给 20～30 倍市盈率的话，则估值区间就非常广泛，可以从 7.8～17.4 元之间的任何定位，这取决于小天鹅管理能力提高的具体幅度以及市场投资者对小天鹅未来发展持有的态度。

后来，美的公司进入小天鹅，小天鹅的业绩确实大为改善，销售利润率迅速提高，达到了行业平均，股价也对此有乐观的反映。

周期向上的成长阶段。依靠把握产业周期性向上的机会是股票投资的传统盈利手段，也是最迷人并且最令人困惑的。在任何某一段时间内，表现最好的股票都具有很强的周期性，像 2006～2007 年牛市表现最好的都是周期性股票。比如广船国际，受益于造船行业的超景气周期；比如山东黄金，受益于黄金价格的超景气周期；比如中信证券，受益于证券市场的超景气周期，等等。

可是，尽管周期性是如此充满暴利的诱惑，对多数小而专的行业来说，多数投资者自身并不具有参透层层迷雾，把握周期向上的能力，这或许需要多读研究报告，仔细辨别。但是即使这样，犯错的几率还是非常大的。比如，周期的拐点只有两个，向上的拐点和向下的拐点。而面对每天如此多的研究报告都在说自己的行业面临拐点，你会相信谁呢？一旦犯错几率增加，比如在向下的拐点买入，或者在向上的拐点卖出，或者对趋势进行错判而频繁操作，获得的投资收益总体就远不如投资其他类型成长故事的股票了。

策略分析师们最喜欢说的话是周期永远存在，但是每个周期都不一样——言外之意是省省吧，把握住周期向上是运气，把握不住也没有什么。这句话很让投资者气馁，但是面对把握周期向上后的丰厚获利，很多投资者还是会思考：周期性向上是否具有一些普遍的规律。

我的第一个判断是，要参与周期博弈，并且希望提高胜率的话，一定要选择长周期行业。比如农业就不是长周期行业，投资周期一般只有两年，今年大豆价格上涨，明年农民或许都种大豆了，价格可能迅速就下跌，变化性很难把握。食品加工、纺织、建筑、一般工业等周期波动都很迅速，很难找到趋势性。这样的行业，博弈的成分更大。

而长周期行业一般包括钢铁、有色、石化、铁路运输等等，即使你没有把握住拐点，但是一旦周期向上的趋势形成，你仍然可以坐顺风车。

周期一般是因为价格或者需求的变动而发生。我看到的研究是，在国内，对价格最敏感的五个行业是采掘业、有色金属、钢铁、房地产、金融。当然对价格敏感的周期行业未必就是周期内涨幅最大的，这依赖于市场资金面等多种因素。

一般来说，大行业受到宏观大变量的驱动形成周期，而上述五个行业就具有这个特征。比如钢铁和固定资产投资增长速度相关性很高，而钢铁、有色、采掘对于因为宏观需求变化导致的商品价格变动非常敏感，而且这个趋势是可以持续很长时间。而房地产则是对房价、金融、特别是对银行利率非常敏感，房价和利率的变动也具有很长的持续性。

而对于多数一般性行业，整体的供给和需求较为稳定，除非有外部冲击，否则行业对价格的控制力很弱。因而在这些行业里，需要寻找其他类型的成长故事。

另外，在判断周期起伏中，利润的变化随周期同步表现，而用行业的其他指标判断行业则比较困难(当然，很多行业专业指标对于外行来说或许并不了解)。举一个例子是，很多投资者认为 2007 年第四季度钢铁行业处于周期性的底部，采用的一个理由是用利润率(不是利润增长的变化率，而是利润 / 销售收入)等指标，发现这些指标处于长期平均水平之下，考虑到既然是周期因素，那么未来必然会走到行业长期平均之上。因此就认为，钢铁行业还是周期性的底部。

但是，从利润的增长率和股价的表现来看，我坚决不相信这个判断。钢铁行业利润增长率这几年最差的时候是 2005 年第四季度和 2006 年第一季度，之后利润增长开始加速，到了 2007 年第三季度，利润仍然在增长，但是增长率已经开始下滑。而依靠利润率这个指标也许在成本上升阶段，具有向下的趋势性。

并且一个重要的经验是处于周期底部的行业利润都比较差，股价相对其净资产也比较便宜，而目前钢铁行业的股价涨幅和利润情况都不差。因此向上的拐点一说并不成立，应该是早已经过去，现在判断的应该是利润增长率下滑。

我不太相信在一个行业周期性的拐点发生在牛市已经持续了两年之后，除非那个拐点是因为强有力的政策外力造成的。因此或许某些周期性的股票价格趋势还是向上的，但是暴利阶段已经过去，从性价比看并不具有什么优势。

3.企业的细分品类成长故事

有研究统计，在中国，每年几万多家新产品、新品牌和新服务的公司出现，但是绝大多数都没有前途，部分能够维持生存，只有小部分能够发展起来。而有研究认为企业的演化，特别是“品类演化”，对于选择新的成长股至关重要。也就是说，如果投资者判断出新上市的企业代表一个新的品类，并且体现了其核心竞争能力，则这样的企业具有非常好的“成长型”投资机会。

“品类演化”这个名词听起来有点抽象。我发现用达尔文进化论的观点可以很形象的说明，因为企业的变化和自然选择非常相像。

达尔文用“生命的大树”的比喻来描述物种起源，认为：回溯历史，所有的生物融合在一起，但是顺看历史，所有的生物分离开来，进行分化。新枝条是怎么长出来的？由老枝条分支出来。新物种是如何诞生的？是由原物种分化而来。比如豹子是一种古老的动物，随着时间的流逝和环境的变化，分化出了美洲豹、金钱豹、雪豹、东北虎、华南虎、美洲狮、非洲狮等等。而产品和服务也可以理解为一棵生物树。比如最初诞生了一条枝条叫做电脑，后来在这个基础上生长出无数的新枝条，比如服务器、个人台式电脑、笔记本电脑等等；最初有一条枝条叫做酒，后来生长出无数的新枝条，比如清香型白酒、威士忌、葡萄酒、啤酒等。

最初一个品类开始出现时，可能只有一个产品，一个品牌，或者一个企业，但是随着时间的推移，该品类会演化细分成更多的新品类。

投资者要寻找成长力强的新生企业，就必须从新品类中寻找，特别是从细分的新品类中寻找。一方面，新生的大品类机会对于大多数人都容易错过；另一方面，要回避老品类，因为品类也有生死之分。达尔文解释说：当大树还十分矮小时，它有很多繁茂的小枝条，其中只有几支成为主干，一直支撑其他的树枝并生存至今。现实的企业也是这样，有一根枝条叫做打字机，分化了很多枝条，比如手动的、电动的、便携的等等。但打字机这根枝条被叫做电脑的临近枝条遮住了阳光，它就枯萎了。蒸汽机、马车、帆船、软盘都走过了类似的道路。香港市场目前仍然有生产软盘的上市公司，尽管市盈率只有 3 倍，但没有投资者愿意买。而生产胶卷的柯达公司也属于过气的品类。

尽管还可以举出丧失了生命力的品类，不过中国证券市场更多存在的是“传统品类”，这些传统品类公司仅具有周期性的投资价值。

不过，预测物种起源和演化并不容易，从这点上来看，达尔文非常了不起。因为物种的演化需要历经数百万年才能产生效果，而这些效果在一个人的短暂生涯中很难被直接观察到。达尔文认为所有的生物都来自于某个原始简单祖先。如果这样的话，现在来看，物种分化的数量就非常惊人。如今我们了解的现存物种有 170 万种，其中 5 万种有详细的描述。如果把历史上灭绝的数百万种物种计算在内，比如恐龙等。已经灭绝的物种数量有可能超过现存物种的数量。

而对投资者来说则是幸运的，一方面看清楚品类演化过程容易多了，因为这个过程就发生在我们面前。在自然界，环境的变化创造了促使物种分化的条件。在经济发展中，技术和文化环境的变迁创造了促进企业品类分化的条件。

另一方面品类只会越来越多。社会在变得更复杂，比如 30 年前一个商店有几千件商品出售就了不起了，现在平均一个超市有 4 万件商品。生活也永远不会变得简单，只会越来越复杂，品类也会越来越多。所以投资机会也会越来越多，而不是越来越少。

需要区分的是达尔文所说的进化论有两个方面：一个是从祖先到当前状态的逐渐演变(叫做前进进化)；另一方面是分化，或者说从祖先分裂出去创造新的分支(叫做分支演化)。

在生物学中，这两个进化是相互独立的。比如，现代中国人的平均寿命比1000年前的中国人要高几十岁，这是前进演化。而古猿猴分化成人、大猩猩等这是分支演化。

在商业中，这两个过程在很大程度上也彼此独立，而前进演化的投资机会一般来说不如分支演化带来的机会大。比如轿车，桑塔纳系列的不断更新是前进进化，但分化则是指汽车大品类中出现跑车、吉普车、厢式车等。

福特汽车是一个典型例子。最初福特汽车大规模生产T型小轿车，仅关注轿车的改良机会，但错过了很多分化的机会。分化开创了很多汽车新品类，比如大众汽车成了小型轿车新品类的第一，保时捷则是成为高档跑车的第一，悍马则是成为军用汽车新品类的第一，奔驰则是高级轿车新品类的第一。

一个新品类的诞生，必然会有很多分支，这是很好的选股机会。最有智慧的人可以看到新品类的大分枝诞生带来的机会，但对于我们，辨认通过原有品类的细化才是最可行的方法。特别对中小企业和创业企业来说具有重要意义，即使是老企业推出新产品，只有创造出的新品类才有投资机会。否则模仿一个老产品或者进入一个旧市场，只会带来更多无盈利的增长。

《品类杀手》一书就讲述了美国零售业品类的分化。100年前每个城市都有一个最大的百货店。比如纽约的是梅西百货，芝加哥的是马歇尔百货，亚特兰大的是里奇百货。后来开始出现全国性的连锁百货，新的投资机会冒出。比如西尔斯、蒙哥马利沃德、JC彭妮等。到最近这些年，每个百货商店的部门都产生了狭窄聚焦的分化，并形成全国甚至全球品牌，成为新的品类。比如GAP连锁店，图书部成为一个新品类；比如巴诺连锁书店，女性内衣部成为新品类；比如维多利亚的秘密连锁店，玩具部成为新品类；比如玩具反斗城，办公用品部也成为新品类；比如STAPLE，消费电子部也成为新品类；比如百思买等等。相应的公司上市后，股票价格都出现持续的强劲表现。

不仅是零售业的分化。快餐店也是这样，牛肉汉堡包店品类的代表是麦当劳，鸡肉店品类的代表是肯德基，咖啡店的代表是星巴克，三明治店代表是赛百味，还有专门的烤牛肉连锁店阿比家，热狗连锁店维纳，曲奇连锁店菲兹夫人，冰激凌连锁店酷圣石等等。互联网公司品类也在分化，最初只有门户网站，比如我们熟知的新浪、雅虎。后来各类型新品类的网站出现，其龙头企业都成为不错的选择，比如搜索网站谷歌、拍卖网站EBAY、商务网站阿里巴巴等等。服务外包和产业链重构也使得企业本身的功能在不断剥离分化，不同的分化出现投资机会，有企业专门从事人力资源业务，有企业专门从事供应链业务。酒店也在分化，各种家用产品也在分化，食品种类也在分化，服装品类也在分化。每个分化结合其业务模式就代表一个可能的高成长机会。

新出现的品类需要对应新的品牌，否则会引起消费者心理认知的模糊。比如诺基亚和摩托罗拉在手机上的竞争。诺基亚是专注于手机行业，成为领导者，而摩托罗拉公司更加多元化，结果在手机这个新品类中的形象就很模糊。索尼公司也是这样，尽管其为全球最受尊重的电子产品品牌，但其多种产品共用同一品牌。过去10年索尼收入一共达到5200亿美元，但税后利润只有40亿美元，这样的回报还不够偿还银行贷款。而戴尔则更加专注个人电脑，过去10年收入1400亿，利润85亿。值得讽刺的是索尼公司最赚钱的新品类是PS系列游戏机，这个没有用索尼品牌。

分化符合进化论。而融合除非形成一个独立的新品类，否则融合策略并不成功。比如，在20世纪70年代，就有人开始预言广播电视、电脑网络、出版印刷将融合成一个行业。结果是这三个大品类相互借鉴了优点，并没有形成一个大的新品类，而是这三个品类的每一个都进一步分化和细化。所以从进化论的角度，如果一个企业的产品是融合，除非能够提供很强的便利性，否则很难获得成功。这方面的商业例子不胜枚举。比如微软公司，20世纪90年代的高速增长在于新品类的出现，比如视窗系统软件品类、OFFICE办公软件新品类的不断增长，而21世纪以来比尔•盖茨开始宣传其融合观点，这几年微软采取了各种和媒体或者其他电子产品相互融合的策略，除了消耗掉现金，这些策略都未取得成功，其股价基本没有出现20世纪90年代时那样的持续上涨。

一个新品类的诞生，必须在消费者心中形成一个与现有品类不同的位置。比如如果王老吉凉茶不叫做凉茶，而是叫做王老吉茶类非碳酸休闲饮料，估计就很难取得成功。而比如能量饮料市场的龙头企业红牛，首先填补了消费者心中的一个空缺，并且包装和传统的饮料不同，也拉开了差异，并取得了成功，从无到有达到十几亿美元的销售规模。

企业演化青睐极端，而不是中庸。进化的第一条基本规律是适者生存，个体之间的竞争长期看会改良物种。进化的第二条基本规律是分化规律，物种之间的竞争促使它们的性状越来越分歧。达尔文的天分在于辨识出像猫和狗之类的物种可能有一个共同的祖先，但是由于环境变化而发生分支或者分化，并且随着时间的推移，物种之间的差异性被放大。用达尔文的话说就是自然界青睐极端。这个和商业也一样，沃尔玛强调低端平价超市，凯玛特采用同样理念模仿，但是在管理效率上不如沃尔玛，最后破产，而塔吉特则强调高端，形成了自己的位置。

在同一个相同品类下，两个企业无法占据同一个“龙头”位置。一般来说，第一个进入新品类的公司品牌最好，最容易获得高增长和最大的市场份额。但这个品牌最终是要获得消费者认知，第一不是唯一条件。比如春都是中国第一个开创热鲜火腿肠新品类的企业，但跟随的双汇最终胜出。

分化的趋势是要么专门化，要么极端化，很少中庸。在同一个品类中，排名第二的公司要有足够的生存空间，必须走向领导公司的对立面，形成子品类，而抄袭和模仿则很危险。比如家居装修仓储商店，家得宝是最大的，店内大而昏暗，顾客以男性为主。而第二品牌是LOWES，室内装饰整洁明亮，顾客以女性为主。另外，芭比娃娃是小女孩子娃娃玩具的领导者，而椰菜娃娃则强调大女孩的娃娃玩具，于是在消费者(女孩)的心理上形成细分的品类，并取得很好的增长。

随着国内未来更多新生代企业的出现，按照品类演化方法，结合核心竞争力分析，投资者会抓住很多出色企业的成长机会。

对投资者来说，各种成长故事眼花缭乱，应该选择什么样的呢？我认为这依赖于研究概率。有些故事是容易研究的，有些故事是难以分辨的。因此，首先要选择容易分辨的成长故事。另外，有些成长故事看起来波动大，因此首先选择业绩成长更稳的。还有就是，首先选择目前业绩就很好，未来更好的，比目前较差、认为未来会反转的更靠谱。成长故事投资法就是要放弃很多烂股票，烂股票也会因为各种原因上涨，但是从这些烂股票上挣得钱都不是分析就能赚得的钱。

选择成长故事不是要挑战自我，去选择最难研究的，而是要发挥比较优势，选择自己最擅长的。没有必要碰自己不熟悉的公司和领域。

从概率上来看，历史上的牛股往往是“极端”的表现好，多数平庸的没竞争力没成长的股票股价表现平庸。古今中外，每年总是只有两类极端的股票表现在最前列：成长性最好的股票和看起来一无是处的“坏”股票。当年成长性最好的股票表现最好是毋庸置疑的，而一无是处的公司一旦变得超出预期的好，股价表现也很惊人。但由于一无是处的公司过多且难分析，这也具有很大的挑战性。

“××第一股”未必等于高成长故事。前面说过龙头故事不是成长故事。很多投资者非常关心“××第一股”，认为这个能够被炒作，比较独特，但如果这个第一不能变为成长故事，一样也不行。

比如，在2007年年初网盛科技(现名生意宝)作为A股第一只网络股上市。我2007年年中是这么分析的：公司主营业务收入的85%左右来自中国化工网和全球化工网。从基本面来看，该公司主要的盈利模式是会员收费和广告收费。这种模式和当前的大多数互联网公司并无二致。具体说来，专注化工行业的网盛科技会吸引行业内为数众多的小型化工企业成为其会员，并收取一定的会员费来实现收入。网盛科技主要通过网下途径获取客户。在主要城市建立办事处或联络处，通过电话、上门拜访等方式与客户获得联系。这种方式的好处是与客户关系直接、密切、客户的忠诚度高；缺点则是收入增长速度慢。

从财务的角度来看，网盛科技的毛利率比较稳定。增长需要靠收入的增长，可是我查阅该公司最近几年的收入增长，发现并无过人之处，比市场平均的收入增长还要慢。事实上，2006年该公司的主营业务收入和净利润与2005年度相比已经有了下滑的趋势。2006年，网盛科技总计实现主营业务收入6279万元，同比减少1.48%，实现净利润2813万元，同比减少3%。若扣除非经常性损益后，净利润同比降幅更达到15.59%。根据公布的2007年半年报，与上一年度同期相比增长也很慢，比如，2006年中期公司营业收入是3214万，2007年中期也不过3675万。

业绩表现欠佳有其必然性，其主要原因是该公司的主营业务收入受制于客户的增长。而很明显，网盛科技的客户增长比较缓慢，投资者应该担心其市场有“饱和”的可能。

在这种情况下，企业可以通过深度服务现有客户来提升收入，但这只能带来的是稳定成长。如果要高速成长，则只能寄希望于依靠外延式并购来迅速扩大规模以增加利润，否则无法对应如此高的市盈率。但互联网公司通过并购实现增长并不容易。

可能的并购是横向并购其他行业专业网，但这样难度很大。主要是并购成本并不便宜，如果以几十倍的市盈率或者很高的市净率并购，则成本过高，很难对业绩起到增厚作用，并且这很容易消耗掉大量的现金。另外，对化工以外的其他行业，网盛科技既没有人脉，又没有专业的人才，渠道建设几乎等于零，也很难起到规模效应。并且，很多行业网站的并购也并不经济，要么是该行业的市场规模可能太小，要么是行业网站巨头已经出现。在难以收购行业巨头的基础上，收购小的网站，剩下的生存空间也并不大。这样，新收购的网站并不能复制它已成熟的业务模式，不但不能增加其利润，相反还很可能成为其包袱。

因此，网盛科技采取的简单的“1+1并购”不能带来业绩的提升。如果只看重数量的积累，对网盛科技本身来说，负担大于利益。所以寻找其他方式是必须的。但目前都还很难判断其是否能带来业绩增长，以及持续增长。

网盛科技确实具有一定的竞争能力，具有相对特色，是A股互联网第一股，也值得追踪研究。但这只是投资的第一步，网盛科技在可分析的过去与可展望的未来都看不出是高速增长股的可能。最多可以算是稳定增长，而前途并不明朗。考虑到过高的估值，实在是没有投资的必要。如果投资者于2007年年中投资这只股票持有3年，最乐观也就是不赔钱。

2009年年底，我还遇到过“动漫第一股”——奥飞动漫。奥飞动漫上市半年内总市值大概在65～80亿之间，而2009年净利润仅有一个亿。奥飞动漫上市不是被很多投资者看好其“动漫第一股”概念吗？为什么没大炒起来呢？

我在其上市后这么分析：如果动漫就是动漫影视片和动漫图文作品的话，我们可以从公司过去4年财务报表发现，奥飞动漫居然在动漫影视片这个业务上不仅没有挣钱，反而亏得越来越多。其实不难想象，动画片市场本身竞争就很激烈，日本动漫和欧美动漫大量充斥国内市场，国内动漫本身竞争力并不强。因此，盲目认为动漫公司“新”就能带来盈利增长的“好”肯定不现实。

不过，尽管该公司动画片是亏损的，但是公司2009年盈利仍然有一个亿。显然它并不是不能盈利的动漫类公司，那么这些利润从何而来呢？销售玩具。动漫产业算是服务型产业，玩具产业算是消费型产业，都算是“新”的，只不过，玩具产业更容易理解，毕竟动画片仅是用来看的，玩具不仅能看，还可以摸和玩，有着千年的历史，“新”的程度不高。

很多投资者会思考，既然奥飞动漫是玩具公司，为什么还做动漫产业呢？纯粹是找个新概念来忽悠投资者？其实，通过做动画片，将玩具动漫化还是可以较大提高产品利润率的。比如，动漫玩具销售毛利率能有45%左右，但非动漫玩具的毛利率只有25%左右。因此可以理解为奥飞动漫其实并不是纯粹靠做动画片挣钱的，而是通过动画片这种形式(广告)来卖相关的动漫玩具挣钱。

投资者会想，既然可以通过动漫广告投入带来动漫玩具的增长，那么投入越大，玩具不是卖得越好，业绩也越好吗？作为玩具产品，基本是销售给儿童，而儿童的辨别能力较差，因此不断出现的新动画片使得儿童不断追寻新的玩具。比如前段时间流行蓝猫，很多儿童会买蓝猫玩具，这段时间流行喜羊羊，很多儿童会集中买喜羊羊玩具。另外，儿童都会长大，每一代儿童喜欢的玩具也不一样。因此动漫玩具销售的周期性和流行性很强。从奥飞动漫的动漫玩具销售就可以看出来，其中火力少年王悠悠球，2007年动画热播的时候销售最好，毛利润达到18699万元。但是2009年上半年，流行一过去，销售毛利润仅有656万元，距离前期销售高点仅一年时间。另外流行后迅速衰落的动漫玩具是战斗王陀螺。

2009年贡献利润最多的动漫玩具是战龙四驱车和闪电冲线遥控车(都是玩具车)，也是动画片播出促进了这两个玩具的销售大幅增长。问题是，根据日本四驱车销售经验，一旦动画片播完，流行周期一过，很可能在2011年这两个玩具车的销售就不再流行。如果没有新动漫玩具的话，其利润可能就难以增长，甚至存在迅速下滑的可能。

这么看来，动漫玩具一定要不断开发更多更流行的动漫并且配以动漫玩具销售业绩才能高速增长。而奥飞动漫未来几年还有什么好的动画片呢？从目前募集资金投向来看，新动画并不多。我担心这些动画片很难成为迪斯尼的米老鼠一样长期受欢迎的动画片。如果那样的话，未来公司通过动画片仍然能够带动动漫玩具销售，但考虑到产品周期，其总利润很可能这两年就达到高峰，未来增长较为困难，且波动性大。

所以我认为，就算是“第一股”，没有好的成长故事，也就没有持续上涨的可能。

4.成长空间的探讨

选择成长故事，要选择成长空间大的。成长故事的核心基本特征是净利润大幅度增长从而带动股票价格也大幅度增长。简单算个账就很清楚。如果一家企业净利润每年增长50%，持续增长6年，6年以后的净利润将是现在的11.4倍。如果其他情况变化不大，其股价也应该涨差不多10倍。而一个每年分红收益5%，但业绩没有增长的股票你很难指望它能够持续涨幅超过10倍，实际上超过一倍都很困难。

企业按照净利润可以分为大中小三类企业。净利润在1个亿以内的是小企业，这些企业还没有定型，成功和失败都有可能，很多小企业会由于各种原因失败或者停滞不前，也有少数企业会高速成长为中大型企业；净利润在1～10个亿之间的是中型企业，这类企业已经初具规模，但存在的问题也许是面临成长空间不足以及转型的压力；净利润在10个亿以上的是大型企业，发展已经稳定。

指望一个净利润有100亿元的超大型企业未来几年盈利增长一倍，也就是达到200亿元是非常困难的。所以大型企业一般发展比较稳定，股票价格变动涨幅并不大。而如果一个净利润在1000万元的小企业通过发展达到10个亿的净利润，那么这个公司绝对具有很好的成长性，其股票价格也会出现几十倍的上涨。并且在净利润基数低的情况下，只要行业成长性好或者因为运气好，一个公司净利润就可以大幅度增长。但净利润到了一个亿以后，如果一个企业没有好的业务特征、盈利模式或者核心竞争力，则成长就变得非常困难。

有些行业的空间就是比另外行业的成长空间大，这取决于产业的性质。有时候简单地分析就可以判断企业未来的成长空间，比如创业板的一个公司数字政通。有研究报告认为其未来会高增长，空间广阔，但我觉得并不是这样。公司在招股说明书中预测，“预计至2015年底，数字化城市管理系统将覆盖全部地级以上城市、30%的市辖区和10%的县级市(县)”，按照“全国共有4个直辖市、28个省会级城市、255个地级市、856个市辖区、369个县级市，1638个县，目前直辖市、省会级城市、地级市(不含省会城市)、市辖区、县级市(县)数字化城市管理系统的建设费用约为5000万元、3000万元、2500万元、1000万元和800万元”来计算，公司计算未来3～5年市场容量大约为120亿元。

尽管公司认为其提供的定制软件在建设费用当中的占比大约为15%～30%，但我们根据公司披露的历年承接的不同用户类型的管理系统的数量，以及细分项目的历年销售收入计算，实际上公司自主开发的数字化城市管理软件的收入只占到建设费用的10%左右(由于公司没有公布项目的平均结算施工周期，我们只能假定项目在年底一般都能结算)。因而数字化城市管理软件开发商的市场规模大致估算为120*10%=12亿。由于公司的市场占有率已经相当高，未来维持份额的难度会远大于增加份额的难度，我们暂按公司现有50%的市场份额估算公司的潜在市场规模为6亿元。但由于直辖市和大部分省会城市已经接近完成了数字化城市管理改造，6亿元的市场规模存在重复计算。因此扣除公司公布的2007～2009年的相关软件收入1.2亿元，未来公司能够获得的销售收入只有4.8亿元，折合至2015年相关销售收入的复合增长率仅为10%左右。

以上的计算仅仅是针对公司当前最大的一块业务范围，并没有考虑到未来潜在的维护、升级以及专业化系统的需求。但仅从现有的信息来看，这些业务的开展很难支撑公司成为一个持续高成长的公司。因此公司未来的业务规模的成长将主要依赖于另外两块业务领域，一是获得不久的系统集成商资格，另一个是现在已经开展中的国土资源管理系统。

公司经营的国土资源管理系统实际上属于应用层面的开发，这个市场参与者极度分散，竞争激烈，因此公司在过去 3 年内在这个业务领域的销售收入一直没有增长。而系统集成行业也是如此，况且公司取得的仅是门槛较低的系统集成三级资质，面对的竞争更为激烈，在公司当前的业务规模下很难成为利润新的增长点。

不过由于数字政通刚上市，还没有进一步的财务数据去进行判断其中短期业绩增长动力，但是从成长空间上，还是先谨慎为好。

成长空间在成长故事里是一个很重要的要素，比如家电连锁就要比单店百货的业绩成长空间大无数倍，而大众消费品如果树立竞争力，则其成长空间远比奢侈品的空间大。因此在思考一个企业的成长路径的时候要经常问自己，这个公司目前利润和市值有多大，如果充分发展，其能够做大到多大的利润和市值。

成长故事的规模与行业偏好。在中国，多数大型企业并不是因为市场竞争而变大的，更多是因为原来的计划经济体制。这些企业缺少核心竞争力形成的过程，并且主要集中在传统行业。因此出现好成长故事的机会并不大。

国内的很多小企业也很难有很好的成长故事，因为上市前是其增长最快的时期，上市后由于缺少增长空间或者定价太高，这类企业股票会走上慢慢熊途或者归于平庸。因此对于小企业，业务模式本身就可以决定谁更有可能在将来成长为巨人。如果一个小企业面临的行业空间狭小和激烈的竞争而没有明显的优势，是根本不值得考虑的。很多小盘制造类股受制于成长空间，基本看不到成长性。在中国很多小盘股属于投机类股票、短线类股票或者波段类股票，很少是长期值得持有。

中国好的成长故事主要集中在中型企业上，比如贵州茅台、云南白药等。因为在这个阶段，企业已经形成核心竞争力，如果企业本身具有很好的业务特征和盈利模式，则净利润从几千万、一个亿增长到 10 个亿并不难。

好的成长故事也有行业倾向。有些行业注定就出不了高速成长故事，最多是波段的动量故事机会。美国这么多年来涨幅巨大的公司普遍属于消费服务类股票。不过，在国内有一些资源占有模式类型的企业中也有可能讲高速成长故事。传统的、一般制造业和资本密集型企业很难讲高速成长故事。这类企业容易造成产能过剩，产品差异化不足，竞争过于激烈从而失去利润。并且这类企业很容易从股东那里圈钱并进行大量资本支出但产生很少的回报。消费服务类企业则没有上述问题，其行业内最好的企业一般会给投资者带来长期的高收益。消费服务类企业比制造业企业有更大的发展空间，也容易形成壁垒、差异化和新的盈利模式。

大众消费品行业的领导者和高科技产业的小巨人中容易出成长股。但是需要精挑细选，是选股型投资者的主要阵地。另外，行业的边缘地带是选股的好机会。我看电视和读书有一个心得，发现在国家科技奖中获奖的学者主要都是交叉学科的带头人。仔细想想，其实他们获奖很有道理，毕竟每个学科都有众多智商很高的科学家在做深入的研究，如果在正统的学科内部想做出更好的成绩是非常困难的，除非你比别人更用功，智商更高，并且还要加上运气特别好。所以有科学家认为 300 年才出一个牛顿，100 年才出一个爱因斯坦。而交叉学科不一样，不用举科学的例子，金融和经济学的研究上就足够了。数学金融就是交叉学科，相关研究者就获得了诺贝尔经济学奖。行为金融也是如此。现在的出色学者都不是向爱因斯坦那样超级牛的大师，而都是选对了研究方向的大师。

其实，研究股票也是一样，在行业研究员和投资者都忽视和都不爱看的交叉行业里机会更大。如果一只股票已经被广泛的投资者和研究员形成业绩预期，股价的上涨就是需要基本面超出预期的东西，但是再去发掘这个超出预期的东西简直难于上青天。而对于交叉行业的特色股票，研究员都普遍忽视了，结果是市场没有一个预期。如果你选择这个交叉行业的股票研究，并且你确定它的成长性很不错，则随着该公司业绩的不断释放，自然会有越来越多的研究员开始关注，股票价格的上涨会很强劲。

比如新材料类的企业，很难去确定地划分它的具体行业。一个有点懒的化工行业研究员，可能说这是使用到建材行业的，因此这是建材研究员的研究范畴。可是其产品对于建材行业研究员又非常陌生，结果大家互相推诿中，谁也不认真去发现这个企业的价值，于是一个交叉行业的股票出现。这个时候，市场上看好该企业的声音就不大，而如果你研究发现公司实际上竞争优势非常明显，成长性很高，就可以跟踪。

选择这种边缘行业的股票就需要克服依赖思维，不是关于一只股票的研究报告越多越好，从行为金融的角度，所有人都研究一只股票，那么这只股票也就不具有机会了。并且这种交叉行业的机会总是会出现。

成长股的历史规律。很多投资者希望能够找到超级成长股，也就是一个涨幅能够超过10倍的股票。不过这样的股票是可遇而不可求的。大牛市很容易出巨大涨幅的股票，不过研究平衡市或者熊市的规律更有帮助。2000年以后，美国市场表现一般，但是仍然出现不少涨幅巨大的股票。总结下来，这些股票有一个让多数投资者一见钟情式的浪漫成长故事，通常有以下三种类型。

(1)创造出市场潜力巨大的独一无二的产品。

苹果电脑公司。它在高科技企业中以创新而闻名。苹果曾经一度陷入困境，等到乔布斯回到苹果时企业才再次起航。苹果几年前开发的iPod数码音乐播放器大获成功，其小巧性感的设计迷倒了广大消费者。播放器配合其独家的iTunes网络付费音乐下载系统，一举击败索尼公司成为全球占有率第一的便携式音乐播放器。随后推出的数个iPod系列产品更加巩固了其在商业数字音乐市场不可动摇的地位。这一成功案例几乎是商学院的经典故事，而证券市场也给苹果电脑一个大大的惊叹号。

泰瑟枪械公司。开发、装配和销售主要用于执法和劳教市场的非致命动量武器。它的先进武器为执法机构提供了比其他非致命武器更安全的性能。该公司所生产的智能眩晕枪，可以发射5万伏的高压电脉冲将人击倒，电击时间只有半秒，且最大的有效射程范围是7米。泰瑟枪械股票的大涨是符合美国现实背景的——那就是反恐和安全。这样一个既能护身又不置人于死地的东西，当然会很有市场，各国警局也很关注它。一个基本是空白的市场完全由一家公司来填补，自然引发无穷的联想。

直觉外科公司。设计和制造机器手臂，包括医师的控制台、手术床边的机器手臂和影像系统。透过机器手臂的协助，外科医师只要坐在控制台，看着手术部位的三度空间影像，即可遥控机器手臂进行手术。其灵巧不输人手，还可避免人手会颤抖的情形。机器人手臂具有人手无法相比的稳定性与精确性。使用机器手臂协助医师，可以让手术更精确、侵害性更小，相对于传统手术，不但可以缩小伤口、减轻疼痛，更可以降低感染及并发症的发生，有效缩短病患住院时间。未来运用机器人协助医师开刀将成为发展方向及趋势，而高端医疗器械行业的壁垒非常高，利润率也非常高，因此壁垒加高成长造就该股的大幅上涨。

(2)外部需求的巨大改变。

钛金属公司。作为美国和欧洲有主要钛生产设施的综合生产商，前几年也是一家涨幅非常大的公司。该公司 1996 年上市以来就一直跌，主要是亚洲金融危机和“9•11”后，用钛的航空业受到空前打击，该公司被当成垃圾股。但前几年由于外部需求大增终于熬出头，而且用量缺口越来越大以至于 2004 年以后价格更是涨得飞起来。

外部需求的巨大变化导致的大牛股更多出现在周期类和动量类股票中。中国企业中的牛股多属该种类型。但是这类股票的一个问题是，外部需求的变化难有长期持续性。另外如果行业内部竞争激烈，即使需求增加，企业盈利也难以增长，并且外部需求导致的巨大盈利也会使众多企业进入该市场。

(3)消费服务领域的创新业务模式。

系统健身公司。作为一家领先的体重(减肥)相关产品和服务的供货商，这家公司在该领域做出了自己独特的模式。该模式区别于以往的大型传统健身房，而是根据局部控制、低血糖指数标准的膳食、减肥计划，以及私人电话和在线服务等提供户内减肥计划，提供专门为女性设计的高质量的液压型健身器材和为女性提供专业、完善、简单易学的健身方式，在社区周围方便女性消费者的地方设立女性健身会所，很短时间就可以达到满意的瘦身美体效果。因人而异订制减肥计划，到位的服务，针对女性特点提出快乐健身的运动概念，以及采用连锁经营的系统运作模式和系统宣传策划，这些导致盈利迅速增加，使得该公司成为一只大牛股。

美国这样单纯服务性公司有很多，里面也出了不少大牛股，因为这类公司一旦做出自己的市场就非常赚钱，没什么成本，完全靠脑子和执行力形成独特的业务模式。

汉森饮料公司。主要从事非传统饮料的营销，比如自然苏打、果汁、鸡尾酒调味果汁等。这个公司的故事也很精彩，因为它从事饮料业，每个人都有机会接触到它的产品，这种非周期消费品最容易出大牛股。汉森公司前几年在饮料市场推出了一款完全不同的产品。这款“怪物”功能饮料含有大量咖啡因和糖，用一个大黑罐子包装，外印一个氖色爪子标志。营销口号是“释放野性”。汉森公司四面出击，抓住各种场合来推销这个品牌，比如社交活动上分发样品给大家品尝。公司还通过主办各种赛事和利用自己拥有的独立分销商网络。在一个发展迅速、每年总值达 20 亿美元的运动能量饮料市场上，“怪物”饮料以其恐怖的外包装和一群极限运动赞助商而形成高速增长的局面。随后汉森饮料通过多种经营来化解对手的攻势。它们推出一种只在 Circle K 便利店出售的功能饮料“Joker”，一种早餐时饮用的掺有咖啡因的果汁提神饮料“伦巴”，还推出了“怪物入侵”饮料，外包装是黑灰相间的迷彩罐，上面印着“向平凡宣战”。从无到有，从有到泛滥，这一点上，用彼得•林奇的直接消费法就可以去抓一只大牛股了。

旅行乐园公司。是一家全球网络媒体公司，它出版超过 400 家旅行社的推销和特殊计划。通过各种媒体渠道拥有 800 多万用户，其中包括旅游乐园网站，Top20 电子邮件通讯，

Newsflash 电子邮件警示服务以及旅游搜索引擎。总的来说，在网上旅游服务领域里，竞争是非常激烈的，而且概念多多，该公司算是超市概念的旅游平台，在确立了一定的盈利模式后，立即受到市场追捧，市值曾一度高过 EBAY。不过随后的下跌也是剧烈的，毕竟这算是一个竞争很强门槛比较低的行业，除非已经做出非常大的规模，有了很高的客户转换成本，否则很容易被模仿。

对于超级成长股来说，只要成长性消失，很快就变成周期起伏性或者稳健性股票。一般科技股容易成为周期起伏性股票，消费类股容易成为稳健性股票(图 13-9～图 13-11)。

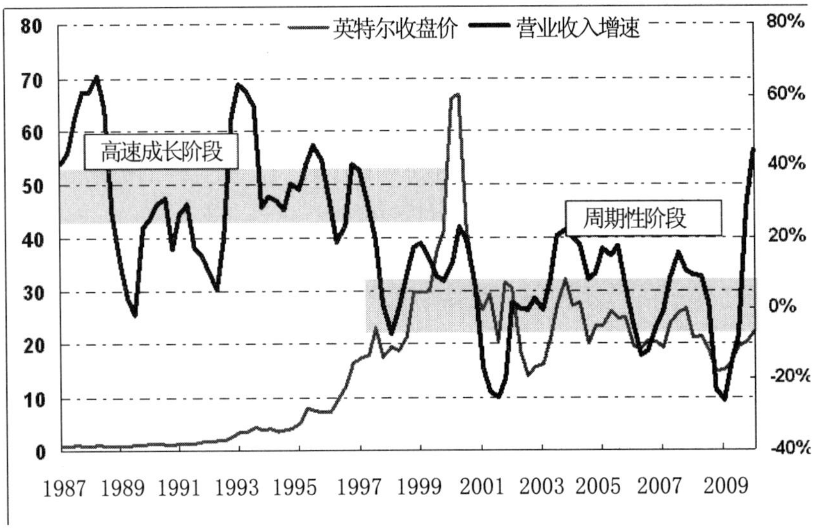

图 13-9　英特尔股价与收入增速变化

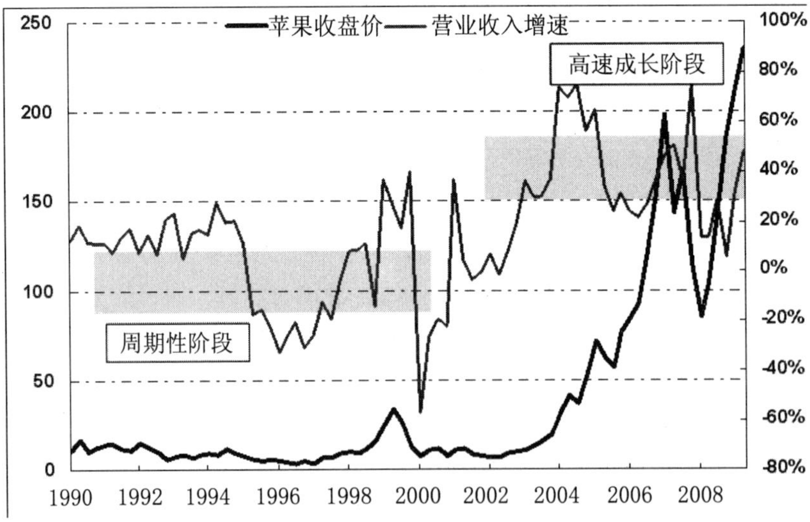

图 13-10　苹果股价与收入增速变化

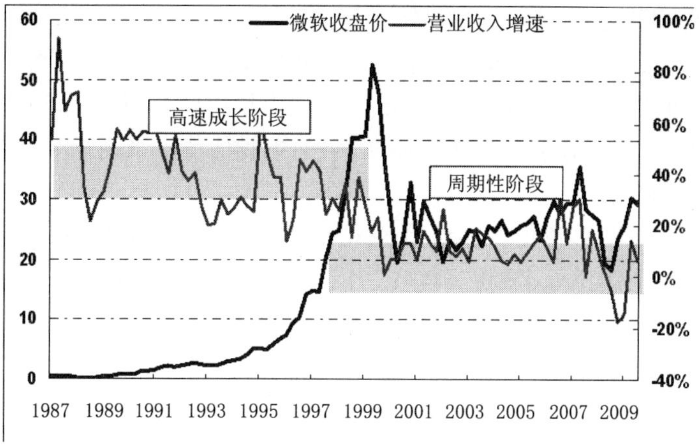

图 13-11 微软股价与收入增速变化

有时候成长股的历史研究也可以用指标进行量化，提供一些洞察力。我们还是选择熊市的例子，国内的熊市。漫长的熊市是 2001～2005 年。第一期是 2001～2003 年，第二期是 2003～2005 年。这些年的经验值得借鉴。尤其是熊市的第二期，也就是 2003～2005 年表现优异的股票特征或许可以为投资者未来选股提供思路。

2003～2005 年每年上涨的股票不足 20%，典型的二八或者一九现象。我找了此间 56 家涨幅超过 50%的公司(剔除 2005 年上市的两家公司)，按照 3 年净利润复合增长率、3 年平均净资产收益率、3 年平均 PE、2003 年总市值 / 流通市值共计 4 类指标对上述 56 家公司进行分析，得出了一些关于熊市牛股的基本结论。

(1)高成长性成为牛股最大特点。

以扣除非经常性损益的净利润增长率作为成长性的衡量指标。结果发现，56 家公司中有 72%的上市公司 3 年复合增长率超过 30%，有 46%的公司超过 50%，高成长性是这些牛股最大的特征(图 13-12)。

(2)绩优是此类牛股基本特征。

以净资产收益率作为盈利能力的衡量指标。结果发现，56 家公司中有 89%的公司 3 年平均净资产收益率超过 10%，68%超过 15%，而此 3 年间全部 A 股的平均净资产收益率仅为 5.9%。另外，净资产收益率高也表明了公司具有一定的竞争优势(图 13-13)。

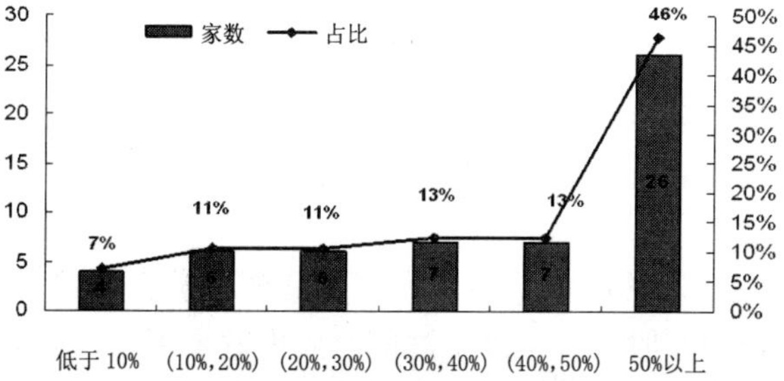

图 13-12 3 年净利润复合增长率：72%超过 30%

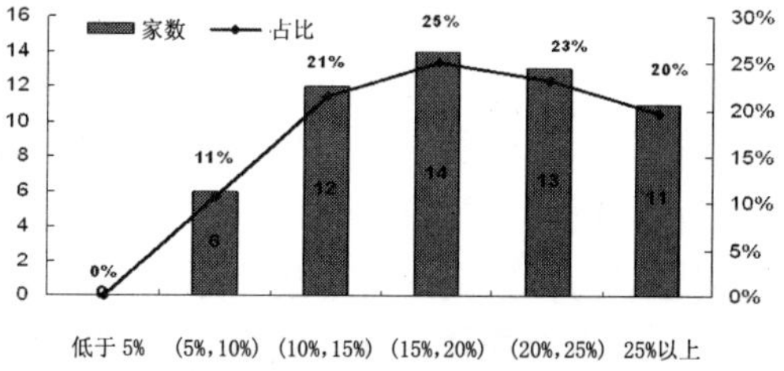

图 13-13 3 年 ROE 均值：89%超过 10%

(3)估值接近或略低于市场平均水平。

以3年平均市盈率(年初股价/当年EPS)来衡量这些牛股的估值水平。结果发现，64%的牛股3年PE均值低于27倍(2003～2005年A股市场的整体市盈率均值为27倍)，并且有70%的牛股集中在15～30倍之间，只有大约24%的牛股估值水平高于30倍(图13-14)。

(4)市值规模适中。

分别以2003年年初总市值、流通市值来考察这些个股的规模特征(图13-15)。结果发现，61%的牛股总市值规模处于20～100亿元之间(整体市场比例48%)，62%的牛股流通市值处于5～20亿元之间(整体市场比例68%)。

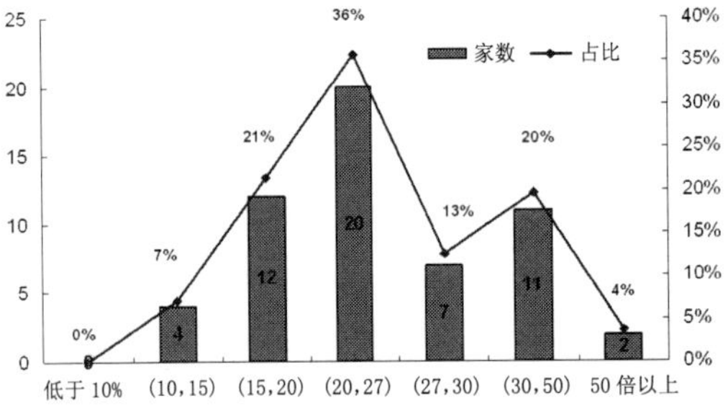

图13-14 3年PE均值：70%集中在15～30倍

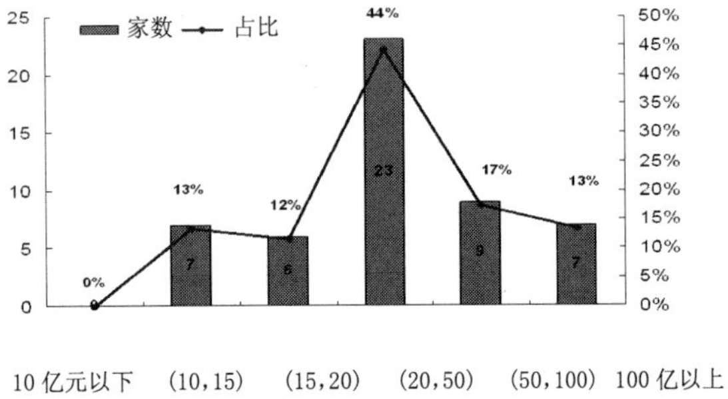

图13-15 牛股2003年总市值分布：61%处于20～100亿间

根据上面的样本研究，还是可以找到熊市牛股具有的明显共同特点。这些特点主要体现在成长性、竞争优势、市值、估值上。如果按照行业或者投资主题来看，这些股票是属于受益于消费升级(比如张裕、苏宁电器等)、技术升级(比如烟台万华、中兴通讯等)的细分行业龙头股。如果按照这个标准去寻找下一轮熊市的牛股，在财务上也至少要有类似特征。

五、安全边际、公司治理与投资风险

1.安全边际研究

即使在仔细研究了业务模式，竞争优势和成长故事，也仍然可能犯错，没有分析是百分百靠谱的。我们知道，投资不是一门精确的科学，无论你多么用功研究企业的盈利模式，多么仔细地研究数字，不辞辛苦地去调研，也不论你对公司的过去了解多少，你不能肯定它的将来会怎样，明天会发生什么永远只能猜测，你作为一个选股投资者做的是要最有把握的猜测，而不是盲目的猜测。这就存在安全边际的概念。你不能不管一只股票在市场上是什么价格都付钱买，因为它在市场上或许正处于一个非常高的价位，如果你支付了太高的价格，投资收益就会大失所望。如果你买进时股价过高，那么就算是买了全世界最好公司的股票，也会变成最糟糕的投资。同理，如果你低价买进一只股票，哪怕这家公司基本面比较普通，也可能会成为你投资组合中的明星。

买入机会应该是在价格低于价值或者接近买入的时候，但是人们的情绪总是影响理性。在熊市或者下跌的时候你不敢买入，因为恐惧；在股票大幅度上涨的时候你敢于买入，因为贪婪。为了规避这种情绪化倾向，我们只有通过在股票价格低于价值的时候进行买入，而股票市场价格与估值的差异就是安全边际。这个概念是由投资大师本杰明格雷厄姆普及的投资术语，基本上，取得成功的投资者都不断强调这个概念的重要性。

你在分析清楚一个企业决定买入的时候(特别是在对判断价值还没有经验的时候)，应该注意要给一个安全边际。对一个前景不确定公司预留的安全边际，应该大于对盈利可以预期、前景非常可靠的企业预留的安全边际。

作为投资者，我们能够做到的是坚持不懈地做好分析工作，找到成长性的公司，按照安全边际买入。估值水平是随着投资者的情绪变化而变化的，尽管长期来说肯定和基本面估值一致，这种情绪我们也曾经试图去分析，但我们仍然不能去预测市场中其他投资者如何给股票估值。你可以在安全边际下买入，预期估值回到正常水平，但是不能在已经高估的情况下预期投资者给更高的估值买入(这是搏傻理论)。

始终坚持安全边际原则对很多人来说是困难的。因为投资者担心如果今天不买，在这只股票上就永远失去了踏上这条船的机会。当然有这种可能性。不过也有一种可能就是股票因为各种原因出现下跌，尽管长期来看你仍然可以盈利，但短期被套牢的滋味并不好受。我的经验是如果你等的时间足够长，多数股票会出现一个相对较好的买入机会。就像没有股票日复一日的直线上涨一样，不赚钱要比损失已拥有的资金要痛苦得多。

作为一个确定的规则，股票价格不应该高于其每年平均净利润增长率的比率，也就是PEG比率小于1；而对于成长很快，未来几年每年净利润超过30%的企业，PEG也不能超过1.5倍，因为高增长速度可以使估值下降得更快。如果增长率30%的股票按照市盈率50～60倍出售，这就不是一个非常有吸引力的数字，除非市场整体市盈率有点高，毕竟高市盈率高成长的股票最终能够战胜低市盈率低成长的股票——只要这个企业确实可以保持30%以上的增长，这样其股票价值才会赶上目前的高价。

假定一只股票有20%的增长率，现在估值16倍，就有一定的估值折扣(安全边际)。因此，如果我们判断出现偏差，成长性比预期稍差，那么买入存在一定折扣，风险也不大；而如果成长性符合我们的预期甚至超过，未来这只股票的估值可以提高到20倍以上，加上成长获得的收益，投资利润就非常可观。从这一点上，安全边际策略就是进可功退可守的策略。

因此，低估值的股票总是更安全，也容易出现大牛股；而高估值的股票风险更大，除非成长性也极高。真正的价值破坏是你在60倍市盈率买入一只股票，预期它可以每年60%的增长，但是买入后发现它的增长只有10%，结果投资者的预期大幅度下降，原来认为值得60倍买入，现在只给10倍，而成长性也不足，最终股价的下跌会非常惨烈。

这种教训有很多，特别是在牛市进行到一定阶段出现泡沫后。2000年时，很多投资者认为只有科技股才是高速成长型股票，投资者给予科技股很高的P/E，就在于相信科技股的未来增长是非常强劲的和非常持续的。而实际上，美国的主要科技股历史平均增长率(1986～2000年)并没有投资者所构想的20%～30%的增长，其实只有9%的增长。因此，最终投资科技股的投资者遭受双重打击的巨大损失——一方面体现在估值水平的迅速回落，一方面体现在业绩增长不如预期。在牛市的时候，如果不牢记安全边际的原则，一旦潮水退去，还可能出现巨大的投资损失。

所有的股票都不一样，因此安全边际也就不一样。对于通常的企业，看市盈率和增长率的比较就足够了。但有些企业不是看估值，而是看市值水平。比如2006年时候的泸州老窖，现金流很好，中国10大名酒，即使在3元钱的时候，市盈率看起来很高，但市值只有25亿元(2007 年年初则有 100 亿元的市值)，这与其名酒厂的地位并不合适。因此在当时也算是有安全边际。再如长江电力，未来 5 年的业绩就比南方航空未来 5 年容易预测得多。

所以，有很强的价格谈判能力，占据优势市场份额，需求相对稳定增长的企业，买入的安全边际就可以降低。而你熟悉的股票也可以降低安全边际。另外投资者为优质的企业、为高增长的企业多付点钱也是值得的。成长性可以降低风险，比如你买入的股票是 30 倍市盈率，成长性有 25%，即使股价不涨，一年后该股票的估值也会下降。

安全边际的概念使得投资者变得谨慎，别人贪婪的时候更为理性，当然也会在别人恐慌的时候更加乐观。安全边际也许会使你错过一个星巴克或者苏宁电器，它们有巨大的涨幅，可这两只股票的市盈率估值看起来一直都不便宜(不过，如果能够仔细对其盈利模式、竞争优势和成长性有充分把握的话，也未必会错过)。但有了安全边际的概念，你可以躲开很多表面上像下一个星巴克和苏宁的价格，但会是我们最终绝望的陷阱。毕竟星巴克这样的企业并不多，在初期辨认起来更不容易。

对于小盘股，无论在牛市还是熊市，投资者均应该首选低估值、高成长类股票，次选高成长、合理估值的股票。否则不如买入流动性更好的大盘股，这不仅体现了比较选股，还体现了安全边际原则。

2. 研究公司治理

除了安全边际概念，还要时刻关注公司治理问题，这是个很大的风险问题。研判企业的发展就是看这个企业的蛋糕能够做多大。而研判公司治理，就是看在给定一个蛋糕的情况下，投资者能够分多大份额。两者相辅相成，缺一不可。如果企业蛋糕做大了，但小股东们并没有获得收益，甚至还被损害，这样的企业也没有投资价值。而即使企业蛋糕略微缩小，但由于公司治理好，小股东可能获利，这样的企业具有阶段性的投资价值。

公司治理就是研究大股东、小股东(二级市场的投资者都属于此类)和公司管理层三者之间蛋糕分配的学问。一般对国有企业和大型公司来说，公司管理层和股东之间的矛盾最深(主要是大股东缺位。比如大型国有企业的公司老总级别都非常高，董事会的董事可能都是其扶植起来的，最终，公司不是国家利益最大化也不是股东利益最大化，而是公司高管利益最大化)。对管理层来说，除了管理水平的研究外，在治理问题上需要思考管理层的薪酬与激励机制，管理层是否有政府背景，管理层的经营目标是税前总利润还是 ROE 与每股收益增长(如果是前者则存在融资需求和股权稀释问题)，管理层如何考虑资本成本问题等等。而对小企业和家族企业来说，大股东和小股东之间的矛盾最深(比如，大股东不愿意辛辛苦苦经营公司来做大蛋糕，愿意通过占有小股东的利益来获利，比如通过高价收购大股东的烂资产侵占小股东利益等)。

对公司治理的判断需要考察公司治理历史、调研、读财务报告和公告、阅读各种相关报道，像侦探那样来发现蛛丝马迹与细节。信息披露也是一个重要的指标。因此需要观察上市公司是否充分地披露了变更募集资金项目使用情况；上市公司是否在信息披露后经常发布额外的报告、澄清与解释；上市公司财务报告的详细程度与及时性；上市公司审计机构的可信度等情况。

随着企业蛋糕越来越大，下面几个涉及公司治理问题的“专题”，投资者要留意，否则成长难以体现出来。

(1)股权激励。

股权激励是公司治理范畴。我并不喜欢股权激励这个措施，主要是因为：尽管股权激励在海外很流行，但是从《优秀到卓越》一书中做的大量统计与案例研究来看，股权激励并不是一家优秀公司的必要条件；并且企业管理层提出的股权激励，要么有侵害现有股东权益之嫌疑，要么有通过调节利润为自己牟利之嫌疑。在海外，多数股权激励的结果都并不理想，也主要出在上述两个原因。

而国内还有另外的原因。对垄断的国有企业来说，激励不激励对业绩影响并不大，而对于竞争非常激烈的企业，激励的收益和成本基本上是差不多的，而一旦宏观经济不景气，站在现有股东的角度，激励的效果会更差。这样对股东很难做到公正。并且很多企业做的股权激励，总体仍然是激励条件略显宽松，或许最终会形成公司管理层将与投资者博弈的格局——如果股价下跌，为了刺激股价超过行权价，公司可能释放业绩，否则，公司动力并不足。

(2)增发再融资。

巴菲特说过，好的企业应该是利用现有资本为公司股东赚取超额价值，而不是要求股东不断投入。不过很多行业确实需要不断投入，否则增长就会放慢。比如国内的银行业，业务扩张受到资本充足率的限制，要保持持续高增长，就必须再融资。海外研究的结论是，再融资一般发生在企业出现困境、需要股东援手的时候。比如海外银行因为次级债资本金遭受损失，不得不再融资来补充资本金。很多香港企业公司治理就很差，大股东往往将股价做高，向小股东圈钱，然后把股价再做低，低价回购股份并注销，最终股份不变，但大股东侵害了小股东的利益。对内地来说，证监会的监管很严，这种问题很难发生。但如果一个企业理由并不充分突然进行再融资，则可以表明这个企业存在公司治理问题，其股价要有一个折扣。

(3)多元化。

海外的研究表明，一个有很多不相关业务的公司的估值要比把这些业务分拆上市的估值要低15%左右，并且业绩也较差。投资者并不喜欢上市公司多元化。一般企业不得不多元化的原因或许是主营业务增长缓慢，不得不探索新的业务，这无可厚非。但是海外研究表明很多企业的多元化往往是因为企业管理层的偏好。研究表明，股东更关心企业盈利，但是管理层更关心企业规模，因为企业规模大了，管理层往往有很多潜在的收益。一般来说，现金流过多的大国企喜欢涉足各种行业，并且研究表明这些涉足并不成功。另外，很多国内的中小民营企业家也喜欢多元化。对有这样苗头的公司，投资者要格外注意回避。

(4)关联交易。

关联交易涉及大股东和小股东之间的利益分配，大股东存在利用关联交易侵害小股东利益的风险，不过随着监管的加深，这个问题并不显著。并且，小股东和大股东还存在共赢的可能，这就是大股东关联性资产的注入。

对业绩较差的上市公司来说，如果大股东实力较强，大股东存在将优质资产注入来支持上市公司的可能，则该公司仍然存在阶段性的投资机会。而对优质企业来说，整体上市和资产注入更是锦上添花对股东都有利。

微观上来说，好的公司治理加上出色的成长性造就长期大牛股。比如烟台万华就是这样的企业。这样的企业并不多。从宏观上来说，中国的公司监管和公司治理在亚洲算是不错的。不过，随着中国股市蛋糕做大，公司治理问题未来对上市公司股价的影响仍然会越来越大。随着公司行为的不断出现(比如股权激励、再融资、资产注入等)，投资者要仔细判断从蛋糕中分得多少份额。

一般来说，有些重要的治理信号值得注意，比如公司活动层出不穷。治理差的企业往往会借助频繁的公司活动来掩盖其经营陷入根本性困境的事实。许多已经出现问题的企业有一个共同的特征，那就是活动频繁：并购、配股、发可转债、向银行借贷、资产处置……花样层出不穷。小企业的并购活动更是明确的警钟。大型公司借助并购来实现非常规增长可以理解，但小公司通常离行业领导者的位置还差很远，频繁并购又是为了什么？这些并购必要吗？是不是一种掩盖核心经营困境的方法？或者是从市场圈钱的借口？对小公司来说，绝大多数并购并无效果，其收益在审计报告中也被夸大了；或者这些并购活动根本就只是一个把钱转给关联方的借口，或纯粹是圈钱的借口。除了并购和配股外，对小公司而言，其他活动也值得关注。比如从银行举债，把资产卖给控股大股东或者为旗下分支机构提供担保等。

另外，高管辞职也值得留意。会计师事务所更换是企业将要出现风险的一个信号，但实际上只有极少的个案是这样。相比之下，董事会成员或者资深高管的频繁变动往往是一个更好的指标。不仅要关注董事会成员的变更，首席财务执行官、财务总监或者投资者关系负责人等职位的变更往往也是重要的信号。

除了用安全边际防范风险、细查公司治理防范风险外，剩下的风险则需要财务业务常识等基本工具去分析了。

第三节　对股票进行分类

前面仅是研究在假定具备公司分析的基本功下，对一只股票的分析流程。然而对机构投资者来说，面对整个市场，如何从大范围中挑选出适合的股票，这是个很重要的问题。并且面对众多的股票，投资者如果没有一个清晰的分类和筛选机制，会显得很茫然。

挑选机制首先是粗选，粗选需要对股票进行分类，像彼得•林奇、安东尼•伯顿都对股票按照自己的逻辑进行分类。约翰•聂夫算是价值股投资大师，但其也有股票的分类方法。分类的好处就是看到一只股票，很快就可以将它放入某个类型，比较清楚地了解其基本特征。

分类后，就可以把市场的多数或者所有股票归类，每类采取不同的投资方法，当然能够擅长一类投资方法就已经很了不起了。

我将股票划分成7个类型——股票的划分也不只是这样划分，并且这7个类型也不能涵盖所有股票，但确实是最常见的一些类型。一旦你研究了一家企业，也就差不多知道它的股票属于什么类型，并且不同类型的股票采取的投资策略也不同。

我划分的7个类型中基本都和成长有关，分别是发展缓慢类型、稳健成长类型、高速成长类型、动量成长类型、业绩恢复成长类型、周期成长类型、周期起伏成长类型。

(1)销售收入和利润低速增长的企业属于发展缓慢类型股票。一般特大型的企业增长速度就非常慢，很多夕阳行业、竞争激烈行业的企业也属于发展缓慢类型。这种类型的股票除非支付比较丰厚的利息，否则根本就没有必要买入。如果一只发展缓慢类型的股票估值比较便宜，很多投机者有时候就很喜欢，认为可能存在并购题材，但如果你没有肯定的信息，最好还是回避。因为市场中有更好的股票，何必为一个莫须有的并购题材所迷惑？

(2)稳健成长类型的股票多数发展速度并不快，往往小于20%，一般在10%～16%的增长速度，很多中大型企业属于这个类型。如果你买入这种类型的股票时机好，价格合算，那可以赚上一笔。但这种类型的股票稳在快前头，你很难在一年内赚取较大的利润。稳健成长类型的企业也可以规避宏观经济的不景气，因此在经济衰退的时期，这类企业也许会受到欢迎。

(3)高速成长类型的股票是最受欢迎的类型，规模不大，但活力很强，年成长率在20%或者30%以上，有的甚至在短期内更高。高速成长类型的股票不一定来自发展迅速的行业。白酒整体市场的成长性并不高，但贵州茅台2002～2007年就表现出高速成长特征。有时候缓慢发展的行业中，有活力的企业也可以通过抢其他企业的份额获得高速发展。小型高速成长类型股票的风险是扩张过快出现资金链问题；而大型快速增长股票是生意开始不景气时会迅速贬值，或者其业务很快就过于庞大而丧失成长空间。不过只要高速成长类型的股票具有很好的业务模式、竞争优势、健康的财务状况、利润快速增长，那么这只股票的价格会出现惊人的涨幅。

(4)动量成长类型的股票(我也称这个类型为热门动量股)。是指在一段时间内企业快速增长，但好景不长，增长很快就会稳定下来。在这段时间里，该股票的表现具有很大的动量，快速上涨，而一旦成长下降，则股价失去力量。这个类型的股票很多是项目型公司，主要依靠的是好项目，但好项目有生命周期，会快速衰败。因此如果投资者错误地把项目性公司的高盈利等于永恒的高盈利，最终会受到惩罚。国内有很多这种类型的公司。另外一类企业，是依赖于一个不能长期持续的快速增长的需求。

(5)业绩恢复成长类型是企业曾经面临困境，但通过努力业绩反转的股票。这类股票一旦复苏涨幅也很大。

(6)周期成长类型主要在一些周期性行业，比如钢铁、汽车、化工的公司。周期成长类型的股票股价变化呈现大幅度波动，在长期图标上，很难看到一个持续的趋势，但是在业绩的周期向上阶段则表现会很好。这个类型的公司销售和利润增长都难以估计。尽管按照一些难以把握的规律变化，周期的强度和长度也不一样，有些周期起伏成长的股票因为行业特性波幅不大，有些则波动很大，有些是长周期品种。比如周期向上好几年，向下也好几年，而有些则很短。

(7)周期起伏成长类型股票也受到不少投资者的欢迎，因为尽管高速成长类型的股票长期会出现很高的涨幅，但毕竟并不多，而国内很多上市公司属于周期起伏成长类型的股票。周期起伏成长类型的股票迷人之处在于如果你判断对了周期拐点，在很短期内，股价就可以获得很大的涨幅。比如海螺水泥周期向上的时候，股票价格一年多时间可以涨很多倍，而多数投资者都认为自己有这个判断能力。正因为如此，周期起伏成长类型股票很容易迷惑投资者，如果不慎在高点买入(有些投资者自以为自己买进了很保险的安全股票)，投资者很容易亏损。因为即使一些家喻户晓的品牌企业也属于周期起伏类型的股票，比如福特汽车或者上海汽车。

周期成长和动量成长的差异在于，动量成长是因为某个契机才增长，一旦没有了这个契机，可能长时间没有增长或者缓慢增长。而周期成长则是周期性业绩大幅度波动，而这个周期的拐点判断则需要非常专业的知识，或者宏观的知识。

还有类型我称之为投机股。就是没有业绩、没有业务、没有诚信的公司，很难分析。这些股票基本应该被排除在外，即使出现较大涨幅也并不值得为丧失机会而痛心。

很多著名投资者还喜欢一类叫做资产隐蔽类型的股票。这类股票是指你知道它的确切资产，但是市场多数人并没有注意到，买入要么通过退市来实现价值，要么通过被其他投资者也认识到逐渐实现价值。这种资产可能是一笔资金，也可能是房地产，甚至其他资产。我看过一个投资故事，讲一个投资家去一个英国小纺织企业调研，这个企业有几百年的历史，是上市公司，业绩很一般。但他发现在纺织车间里挂了很多画，这些画的价值远比这个企业的价值高。于是他 1000 万英镑把这个企业的所有股票买了，然后画卖了 2000 万英镑，再把这个企业以 500 万低价轻松地转卖。随着中国股票的全流通，这类投资机会也会很多。因为尽管一些企业盈利能力很差，但其多年攒下来的家底也很丰厚，一旦抓住了这类企业，剩下的只是需要耐心了。

以上的类型划分很粗浅，举例子也不够。并且就像人生是充满变化一样，人性是很复杂的，也不可能把人简单地分为好人或者坏人，并且人性也在变化。股票也是这样，投资不是毫无关联的事件，一只股票就像是一部情节连贯的小说，有的非常枯燥，有的异常精彩，有的则是一段时间精彩、一段时间枯燥。你也需要不时往回翻以理解新的章节，只要一家企业没有破产，故事就不会结束。某只股票你 10 年前曾经研究过认为是业绩恢复成长类型股票，但现在由于一些机缘，也可能变成高速成长股。

对一只稳定成长的股票，你梦想它短时间内出现巨大的涨幅是不现实的。持有一家高速成长类型的股票仅赚 50%就急于抛出也非常不明智。对于周期起起伏伏的股票想做长期投资也难以获利，只能把握周期向上的那段成长。

在大范围处理股票的方法中，把股票分门别类仅是第一步，但是是必须的一步。

一、对股票进行排序和定位

大规模股票筛选不仅需要分类，还需要排序和定位。很多投资者是看研究报告，凭感觉去排序。其他的方法则有根据财务业务估值等指标进行筛选排序的。在这方面研究最出色的一本书是《华尔街股市投资经典》，比如可以用三个指标就可以把上市公司大规模筛选，选出基本符合要求的标的。

排序的方法，应该采取的是寻找几个坐标股票，其他股票按照评价标准来判断与坐标的距离。你看到一只××电力股票，你要和相关标杆股票进行比较，比如和长江电力相比，然后看这只股票离长江电力的“距离”有多远。

对行业内股票的定位，我认为选择行业内龙头或者独特的股票，其他的不用看。大规模模型筛选可以是初步的，但要进一步精确，必须一个行业、一个行业地去做功课。排序和定位后，再进一步深入研究标的股票。

比如，我在 2010 年年初研究了医疗器械股，实际上 2008 年下半年就研究过，当时比较喜欢鱼跃医疗。《股市真规则》一书认为医疗器械是个很好的行业，主要是公司均具有高端技术，并且因为行业安全原因，不是谁都可以进入，因此已进入的企业可以获得很高的利润率，同时也可以保持优良的成长性。考虑到中国未来 20 年人口持续老龄化，医疗器械公司确实值得关注。不过A 股上市的医疗器械公司只有6家，很稀缺(表13-4)。

表13-4 医疗器械公司一览

股票代码	股票名称	市值(亿元)	主业	营收数据
600055	万东医疗	27.7	X射线诊断设备	6亿元收入，3000万元利润
002223	鱼跃医疗	59.1	血压计、听诊器的基础医疗器械	5亿元收入，1亿元利润
600079	人福科技	71.4	安全套，麻醉药(主要利润贡献)	安全套收入1.5亿元，总净利润2个亿
600587	新华医疗	23.1	消毒灭菌，放射医疗和数字诊断设备	10亿元收入，5000万元利润
300003	乐普医疗	193.1	冠脉支架	6亿元收入，3亿元利润
300030	阳普医疗	22.2	真空采血系统	1.3亿元收入，2500万元利润

医疗器械分成三类：高端、低端面向消费、大型设备。其中，鱼跃医疗、人福科技和阳普医疗属于低端消费类医疗器械(如果把安全套也当成医疗器械的话)，三公司业务的成长性都不错(比如，老年人都需要血压计来测血压，去医院体检则需要更多采血系统，性安全意识提高使得安全套销售稳步增长)。不过让人沮丧之处是鱼跃医疗和阳普医疗按照2011年市盈率计算都超过40倍，估值有点高了，而人福科技的主要盈利在于麻醉药，目前基金大规模介入人福科技也主要是因为其麻醉药，而安全套生产和销售的竞争很激烈，其并不属于一线品牌，利润率受到压制。

对大型设备来说，万东医疗和新华医疗盈利能力都较差，主要是其设备的竞争对手都是外资企业，竞争优势明显；且这两家公司都是国企，管理效率很低，难以释放出业绩。因此，两只股票的投资机会在于并购题材的出现，或者阶段性业绩略微改善的中短期投资机会。比如新华医疗2009年因为换股东，业绩可能有较大提升。

目前A股唯一的一家高端医疗器械公司是乐普医疗，从事冠脉支架业务，用于治疗冠心病的心脏介入手术。目前能从事该领域的公司非常少，属于典型的寡头垄断行业，并且一旦一个医生选择了用乐普的产品，就不会轻易换掉，客户锁定性也很高。唯一不足之处是做该手术的医生人数不足，限制了行业高成长性，目前公司每年稳定在30%左右的增长率。这是可以长期关注的公司——兴业证券医药行业研究员的长篇报告取名《乐普医疗：黄金行业的明星企业》，一句话道出其优异价值。该公司的股权还有奇特之处，第一大股东是国有企业，但总经理作为核心技术人员持股比例也很高，占总股本的14.89%，因此大家互相制约，公司不会出乱子，当然相互制约也很难有大出息。同样，这公司目前市值193亿元，过大，已经透支2011年业绩，目前的投资建议只能是耐心等待。

通过简单的比较和基本业务判断，很容易就可以把这些股票进行一个排序和定位。同理，医院股我也研究过。因为看好医疗产业，所以把制药的、卖药的、看病的各类股票都细分研究了。首先我思考的是投资医院赚不赚钱。从公开数据来看，投资一家大型医院，比如北大国际医院投资规模超过12亿元，长安医院投资规模超过8亿元，先期投资过大，即使一般性的专科医院，自建也需要投资五六千万元，收购则至少翻倍。而医院(除了全国知名医院外)仅覆盖周边的生活人群，医生和床位有限，因此一家医院可能建立后第一年亏损，第二第三年略赢，然后进入成长期，几年后稳定成长，达到一定规模则很难成长，管理不善可能还出现问题。比如曾经的肿瘤医院股万杰高科后来也不得不变成了地产股。医院这种商业模式长期来看有点像收费公路。首先要高投入，然后获得一个稳定的长期回报，但不具备长期高成长性，仅对稳定业绩和现金流很有帮助。

目前上市公司具有医院概念的股票有如下几个：通策医疗、爱尔眼科、ST长信、三九医药、诚志股份、永鼎股份、西南合成(表13-5)。

表13-5　医院股一览

股票代码	股票名称	市值(亿元)	医院情况	营收数据
600673	通策医疗	18	杭州口腔医院连锁	1.6亿元收入，2000万元利润
300015	爱尔眼科	60	眼科连锁专科医院	5亿元收入，8000万元利润
600706	ST长信	7.5	长安医院	8000万元收入
000999	三九医药	226	脑专科医院	2000多万元利润
000990	诚志股份	43	丹东第一人民医院	1.6亿元
600105	永鼎股份	33	苏州永鼎医院	1.1亿元
000788	西南合成	44	拟注入北大国际医院	未公布

其中，ST长信、三九医药、诚志股份、永鼎股份、西南合成的医院并不是主业，值得研究的仅有口腔医院连锁的通策医疗和眼科连锁的爱尔眼科。长期来看，随着老龄化和对健康的关注，居民对口腔和眼睛的关注持续增长，不过口腔医院由于投入的原因，进入壁垒不如眼科医院。同时，短期年轻人对近视以及老年人对白内障的关注度远远高于对牙齿的关注度，牙科的发展可能需要更长时间，并且目前国内牙科连锁有多种模式竞争。通策医疗采取收购杭州口腔医院和宁波口腔医院的模式试图连锁发展，这种模式发展不稳定，因为收购谈判随机性强，成长更不确定，这从这两年通策医疗业绩持续低于所有研究员预测就可以看出来。

真正形成连锁，并有一定壁垒且形成规模优势带动业绩持续增长的仅有爱尔眼科一家上市公司。其特色在于“三级连锁”，指在“统一形象、统一管理、统一采购、统一配送”的基础上，将公司控股的各连锁医院按照区位、技术、战略和资源整合能力的不同划分为三个不同的层级，临床及科研能力最强的上海爱尔作为一级医院，定位为公司的技术中心和疑难眼病患者的会诊中心，并对二级医院进行技术支持；把具有一定规模和较强临床能力、位于省会城市的连锁医院作为二级医院，定位为着力开展全眼科服务并对三级医院提供技术支持；把建立在地市级城市的医院作为三级医院，侧重于眼视光及常见眼科疾病的诊疗服务，疑难眼病患者可输送到上级医院就诊。

这个盈利模式带动过去几年爱尔眼科的高速发展，不过其募集资金拟投入15家左右二级医院，2009年亏损，2010年才略微盈利。真正高速成长得在2011年以后，即使假设2011年1.5亿元净利润，2011年市盈率也有40倍，估值并不便宜。

大行业更多是自上而下的机会。自下而上来看，我喜欢研究小行业。比如家纺行业从2009年开始几个重要的行业龙头纷纷上市，比如梦洁、罗莱和富安娜。这个行业属于消费品行业，未来几年是不是具有投资价值，以及这些公司价值如何排序就值得研究了。

从行业来说，家纺行业具有季节性，旺季是秋冬，春夏是淡季，并不算新兴行业，看不到爆发性增长和大变局，唯一一个变动在于床上用品从单纯的铺铺盖盖、遮遮掩掩等实用功能，逐渐向装饰、美化、保健等多功能方面发展，谁在这方面做得好，谁就占据优势。

从成长性来看，近5年我国家用纺织品行业产值年复合增长率约为18.25%，2008年家纺行业全社会口径产值达到8800亿元，同比增长11%。这主要归功于过去几年中国的城市化进程和婚礼节庆消费。比如城市化率每提高一个百分点，就会新增城市人口约1500万人。中国的城市化水平已从1990年的19%发展到2008年的46%。城市化的一个指标是房地产销售，因此买了房子后就有可能买家纺。另外，过去几年中国结婚人数每年近1000万对，以每对新人消费2000元计，婚庆市场就有200亿，结婚高峰期要在2012年后才结束。因此这之前行业成长性不错。

从竞争的角度看，行业竞争很激烈。据统计，全国家用纺织品企业2万多家，行业集中度很低。年产值1亿元以上的企业只有约50家。不过低档产品(通常售价在300元之下)之间趋向同质化竞争；中高端产品(通常售价800元之上)竞争环境相对宽松。就目前的现状而言，家纺行业没有划分明晰、占据绝对优势的品牌。因此为行业领先公司也提供机会。

家纺行业的价值链主要集中在设计环节、印染环节、库存环节、品牌和渠道环节。在这5个环节中，设计和印染环节强调了产品的差异性，库存强调了公司的管理能力，而品牌和渠道则强调的是销售能力。因而可以从这三个方面筛选公司。由于家纺行业大部分生产的是同质化产品，只能简单的分出低中高档，因此做有自己特色的产品在家纺行业至关重要。目前上市的3家公司罗莱的特色在于新材料、新功能型以及睡眠系统产品；富安娜的特色在于艺术家纺，花型设计和印染技术。

综合来说，罗莱家纺最优。罗莱家纺采用代理方式多品牌营销，自有品牌只有罗莱1个，3个代理品牌：澳洲的雪瑞丹，走高端奢华路线；尚马可，走年轻化路线，价位相对较低；迪士尼是儿童路线。梦洁家纺采取自有多品牌建设。除了“梦洁”以外，还有“寐”(非常高端)、“梦洁宝贝”。富安娜采用多品牌直营策略，其中“富安娜”(中高端)、“馨而乐”(中端)、“维莎”(高端)、“圣之花”(大众)、“劳拉夫人”(网络)5个品牌。从销售来看，富安娜销售费用率最高，曾一度接近25%，而罗莱家纺只有15%。说明直营模式并没有给富安娜带来最终的利润。罗莱的销售终端最多，其次是梦洁。从趋势上看，3家公司的直营比例逐年升高，但经营思路和未来重点仍有不同。富安娜增速明显快于其余两家，募投资金用于建180家直营店；罗莱仍以加盟商为主要扩张方式，直营只是为了更好地带动加盟店；梦洁拟增设直营终端95个，整改已有店面100个。

总的来看，罗莱家纺未来3年每年30%增长可期，目前估值算是合理，如果市场出现调整算是买入机会。不过增长空间不大，持有两年，能获得30%～50%的收益吧(表13-6)。

上述的简单定位和排序不需要花很多时间，就是平时勤快就好，定位后，中意的股票则需要深入地研究。对大行业来说，排序和定位逻辑方法一致，只不过需要花的时间更多。

表 13-6　家纺股一览(单位：亿元)

股票代码	股票名称	目前市值	10年利润	11年利润	12年利润
002293	罗莱家纺	73	2	2.5	3.2
002327	富安娜	43	1.1	1.45	1.69
002397	梦洁家纺	未上市，按发行价32	0.93	1.18	1.47

注：梦洁家纺在2010年4月19日发行，发行价51元，上市日2010年4月29日。

二、选股组合的一些问题

上述只是个股分析和大规模筛选的方法，选股体系是一个五维空间，它需要回答：选择什么股票买入，以及为什么买入这只股票？这只股票上涨的空间有多大？持有股票多长时间？选择这只股票出现错误的概率是多少？买多少股票等等。

对一个选股型投资者来说，如果将其投资收益归因分析，60%要归功于选择股票，40%是其他因素。这些因素包括体制因素、心理因素、构建组合的因素等。

比如心理因素，我们前面反复在说，如果你拿不住股票，选择出再好的股票也没用。体制因素是对于机构投资者来说的，比如好的选股者是挑选几只研究最透的股票集中持有，但是基金经理不行，即使擅长选择股票，但是必须买入很多种股票(体制要求)，而很多股票可能并没有深入研究。某种程度的分散投资的确可以分散风险，聪明的投资人不会把所有的蛋放在同一个篮子里。但如果分散投资程度太大，会束手束脚。他有时可能还不如一个普通的选股者获利高。在这方面普通投资者比基金经理要更灵活。

这里还要谈谈选股组合的因素。你的选股组合拥有多少股票应该取决于你有多少优势，和市场提供了你多少机会。仅仅为了多样化而去买入大量自己根本不熟悉的公司是毫无益处的。持有和研究股票就像是养育孩子，不要超出力所能及的范围。普通投资者大概一段时间最多关注10～15家上市公司，一般是8～12家，一个行业研究员也就是关注这么多上市公司。而买入的股票组合，对小资金的普通投资者而言3～5只股票是应该的，随着资金规模的扩大，可以多增加一些。但即便是非常大资金的普通投资者，比如一个亿，也不应该同时持有超过10只股票。当然也不要仅仅拥有一只股票，这非常不安全，一方面是你存在犯错的可能，另一方面仅选择一只股票，如果市场在上涨而你的股票不涨，你会疯掉。

需要提醒的是，也不要买最近特别热门和最近涨幅巨大的股票。热门总是在变，一旦热门很快不再流行，你会长期套牢。对多数投资者来说，不要买入没有盈利的企业，总有比它更好的企业存在，很多周期类股票即使不景气的时候仍然可以盈利，这样的企业就比在周期不景气时亏损的企业更好。也不要强迫自己一定要买入股票，如果你发现看中的股票估值都非常高，没有安全边际，最好的策略是等待，或者继续寻找新的股票，市场总是提供买入机会，也总是有机会。

假如你研究10只股票，觉得3只有把握，但是难以进行更精确排序，则可以3只都买，这样的好处在于你认为可能最有把握的股票涨幅不大，但另外一只却给你带来惊喜。此外，多持有几只股票，你可以更灵活地周转资金。比如一个本来在你组合中仓位是排第三的股票表现很好，使你的信心增强，则可以将其调换成仓位最大的股票。

组合中股票的比例很难精确确定，没有完全合适的方法来确定组合的风险和收益各占多大比重。一般来说，按照你排序的排名来赋予权重，或者平均给予权重。选择出来的股票要避免相关性，比如持有3只股票，但都是银行股或者都是地产股，这样投资的做法并不恰当。

选股组合需要定期检查，按照月度或者季度的检查是恰当的。很多投资者喜欢自动卖出正在上涨的股票而保留股价在下跌的股票，这和拔掉鲜花给草浇水没有什么两样；而另外有些人自动卖出输家而保留赢家，这样的效果也不怎么样。这种组合调整维系于股价的一时变动，违反了前面说的卖出股票的规则，基本面才是需要考虑的因素。

除了组合构建方面外，投资者还需要核查股票，增强持股信心，直至卖出股票。

复核。尽管基本面的变化并不快，但确实总在变化。因此你要努力核查持有的企业基本面是不是有大的变动，买入理由是否还存在，是否到卖出的时候，股票是不是还属于你原来认可的类型，公司为增加收益做了哪些努力，等等。如果公司情况变得更好，你可以增加投资；如果情况变得稍差，你可以减少这个股票的投资；如果情况还是依旧，则保持投资。千万记住不要爱上投资组合中的股票，这种情形非常危险。因为基本面也总是在发生变化。

下面是一个投资者在瑞贝卡2006年半年报出来后的核查。瑞贝卡半年报业绩情况：公司2006年上半年实现销售收入5.92亿元，同比增长45.96%，利润总额0.72亿元，实现净利润4862万元，同比增长29%；每股收益0.31元，每股经营活动现金流量0.19元。其中，第二季度单季实现销售收入3.25亿元，同比增长40.69%；净利润2787万元，同比增长19.05%。应该说公司取得了不错的经营成果。

以下是通过阅读半年报查看公司是否努力为投资者创造利润。整体上看，人民币升值因素仍然对公司业绩有不小的影响。上半年公司的汇兑损益达到941万元，占到了销售收入的1.59%，占当期净利润比例为19.35%，足见升值因素的影响之大。而汇兑损失也使得公司的财务费用率从去年同期的2.3%上升到本期的3.34%。另外，管理费用率大增，估计研发费用增加不少。管理费用率从去年同期的2.47%上升到本期的3.53%，不过考虑到公司正在进行的一系列研发项目，估计其中研发费用的贡献不小。因此，还不需要对此感到特别的担心，因为这对公司的长期竞争力有着决定性的影响(表13-7)。

表13-7　公司费用变化(从财务报表可以计算)

%	2006年上	2005年	2005年上	2004年	2003年	2002年
期间费用率	7.99	9.14	7.16	7.48	8.26	6.11
营业费用率	1.12	2.5	2.38	2.36	2.46	1.14
管理费用率	3.53	3.6	2.47	2.39	3.12	2.19
财务费用率	3.34	3.04	2.3	2.72	2.68	2.78

从成长指标来看，公司的市场份额提升，饱满的订单部分抵消了升值的影响。在二季度公司的销售收入也取得了40.69%的大幅增长。当初投资者以为在公司已经超负荷运转的情况下无法实现二季度收入的大幅增长，但是，看来劳动密集型产业产能的弹性确实很大。

在销售收入大增的情况下，虽然因为人民币升值因素出现了941万元的汇兑损失，但公司的净利润仍然取得了29%的增长。而且，如此大的收入增幅主要是来源于美国市场(同比增幅为53.36%，远高于40.69%的平均增幅)。美国发制品市场作为一个整体而言不可能有这么大的增长，可能的解释也就是公司在美国市场上的份额提高了，订单在向优势企业集中。

在应对人民币升值的压力下，公司营运能力指标出现全面好转。从各项营运能力指标的同比来看，所有的指标都在好转，而且幅度都很明显。可以认为这是因为公司为了缓解人民币升值的影响而采取的有效措施，加强了存货管理和应收账款管理的结果。既然公司有能力采取相应的措施来缓解人民币升值的压力，应该对公司的未来更有信心(表13-8)。

表13-8　公司历年营运能力指标

百分比	2006年中	2005年	2005年中	2004年	2003年	2002年
存货周转率	1.03	1.52	0.78	1.74	1.58	1.86
应收账款周转率	4.02	7.65	3.81	9.82	8.8	6.1
流动资产周转率	0.77	1.2	0.58	1.28	1.22	1.51
固定资产周转率	2.99	4.82	2.44	5.98	7.2	10.07
净资产周转率	1.15	1.76	0.89	1.79	1.89	3.34
总资产周转率	0.59	0.91	0.44	1	1.01	1.28

另外，公司现金流状况也有了一定改善。2006年上半年，公司的经营性现金流量达到历史最高水平，这其实和上面的营运指标的改善是密切相关的(表13-9)。

表13-9　现金流量数据

百万	2006年中	2005年	2004年	2003年	2002年
经营活动净现金流	29	29	12	−43	1
投资活动净现金流	−21	−26	−83	−75	−10

对下半年的展望与核查后的建议：看来公司下半年及以后的情况会更加乐观，而今年全年的增长将超过上半年。首先，新建的400万条工艺发条和300万条化纤发生产线将在9月份建成投产。这将缓解公司的产能瓶颈问题，为四季度和明年的增长提供了条件。其次，2006年上半年和上一年相比，多了人民币升值因素，因此增幅较小可以理解；而2005年下半年已经存在人民币升值问题了，导致当时较差的表现，因为基数较低，2006年下半年将取得好于上半年的增长。另外原材料项目将为公司股价提供强大的支撑。

鉴于公司可见的未来高成长，给予公司25～30倍的市盈率是合适的。毕竟，和某些没有业绩、只有概念支撑的消费类股票相比，公司的业绩是实实在在的，业务也是独特的。而且目前公司业绩增长的预期越来越趋于明朗，因此，出现高估值也是可以理解的。对瑞贝卡来说，核查完毕后应该继续持有。

焦虑和持股信心。增强持股信心的问题，主要在于明明知道一只股票未来会很好，可是由于股票价格突然下跌，或者因为某个新闻与消息说这个企业不好了，就夺路而逃，卖出了股票，卖出后就后悔了。很多投资者买了股票后，总是为这只股票担心，涨的时候操心，跌的时候也操心。另外有研究发现，多数投资者卖股票多数发生在星期一，这个现象非常值得关注。因为周末有充裕的时间闲聊或者看了些“可怕”的新闻，很容易就产生了焦虑，然后卖掉了自己的股票。

“感觉”这东西非常奇怪，股市涨了1000点后，股价看起来并不便宜，可是很多投资者感觉股市会更好；而股市跌了1000点后，股价普遍便宜的时候却感觉股市会更糟。坚持信念跟选股不应该相提并论，但是后者的成功依赖于前者。你也许是世界上最好的财务分析专家，但是如果没有信念，你也会相信那些消极的报道。

在周末，投资者有时间来思考从媒体上得到的令人沮丧的新闻，毕竟好消息的新闻性比差消息的新闻性弱。因此我们总是看到这样的新闻：全球变暖、经济衰退、通货膨胀、有组织的犯罪、丑闻，等等。你可以对自己说，下次我不会理会那些坏消息而卖出股票，但由于每次的消息都不一样，要想做到对消息不理不睬现在真是太困难了。

我的一个朋友在2001年持有的贵州茅台，被套牢了也坚决不出。后来上涨获利了，可是一天没来由地就把股票卖掉了。我记得他在2001年的时候说要持有5年，因为他对这只股票研究得很透。卖掉的理由是周末在家读报纸，报纸上说白酒危害健康，以后人会越来越少地喝酒了。他整个周末都在焦虑，周一立刻卖掉了股票，长出了一口气，可是他之后一直都在后悔。有研究表明，有决策流程的机构投资者在买卖程序上要优于普通投资者。但是在持股焦虑上，所有的投资者都是人，都一样会犯错误。职业投资者有专家同行不时地吹风(比如研究员会说，已经上涨这么多了，估值已经高了)，而普通投资者则有朋友、亲戚、股评家和新闻媒体的各种相关报道施加影响。很多情况下是说“不要太贪心”的朋友的忠告害了你，你卖出看好的已经涨了的股票，然后不小心仓促买入了另外一只股票，而这只股票容易令你损失。每天股市都有各种各样的信息，今天说管理层可能要干预股市，控制流动性的传言，明天又有加息传言，后天还有GDP增长数据的信息。你每天面对的各种信息也极大地影响了自己的判断，而这些信息实际上根本不能让你判断一只股票的“价值”，只能增加你的焦虑。

在市场赚钱的关键是不要被吓倒。很多是事件性风险，属于短期影响因素，一定要区分出来，这一点如何强调都不过分。决定投资结果的是耐心和忽略这些事件性风险。比如，2006年9月份，某位市长被捕了，我一个敏感的朋友说房地产股票将迎来大转折，这些股票都将要走上漫漫熊途，本来他持有很多万科，全部卖掉了，焦虑情绪没有了，可是很短时间内万科的股票就涨了不止一倍。

很多情况下，你买入股票的时候想得很清楚，但很快就忘记了这个理由，各种传言和不相干的信息新闻逐渐进入你的脑海，开始焦虑你的神经，最终使你犯错误。

我认为这是因为投资者缺乏信念。我把股价的变动分为事件性小变动、受经济与市场环境影响的中级变动和大变动三种情况。事件性小变动每天、每周都在发生，股价的日常波动就受这些小事件的影响。事实上，有时候股票价格的变动还会受到研究人员写的研究报告的影响，特别是大牌分析师。即使这种报告不准确，也可以短期或者一定时期反映到股票价格上。比如，一个专门分析微软公司的著名研究员曾经某一天在分析报告中称微软下一季度的业绩将下降，结果第二天股票价格下跌 6 元。可是其后一天，该分析师又称昨日低估了微软的盈利，股票价格又上涨 3 元。股市上这种波动现象比比皆是，并不值得担忧。

我们通过选股分析就是把握一只股票的长期趋势，因为明天的温度难以测量，但是一年四季的气候我们很容易就说出来。有时候，某些难以预计的因素导致市场下跌，这是不可避免的，这时你研究的股票再次成为便宜的股票，正可以买进。

一旦你产生焦虑情绪，看看这个企业的基本面是不是真正发生变化了，你的买入和持有理由是否已经失去了。如果没有，那么你就不要受一个小事件情绪的影响，多看看更大的画面。如果遇到股价无缘故下跌，只要对基本面还有信心，在合理的估值内，股价应该不会调整到主要均线；而在合理估值内，短期大幅度上涨，然后出现 30%以内的调整也是可以接受的，并不值得焦虑。

组合调整。巴菲特说最好的股票就是永远都不要卖出，但世界上没有那样的股票，任何一只股票均是美女加野兽的共同体。你不能只看到它美丽的一面，也要注意它风险的一面，并且一家公司基本面也是不断变化的，因此投资决定须在仔细权衡之后才能做出。

持股的一个错觉就是时间性。市场上流传太多的神话，比如某某老太太生病住院几年，一出来发现自己的股票已经上涨无数倍。还有的神话是，如果 100 年前买了一百股的通用电气，现在已经是获利上万倍等。好像买了股票最好是一直持有。市场上也流传着《死了也不卖》这首歌，正是这个想法的写照。其认为：只要任何股票持有足够长的时间，都能够赚到大钱。

可这个想法早在多年前我的一个日本同学那里就被质疑了。他是 1990 年进入日本市场的，当时信奉的就是巴菲特大师的长期投资理念。结果我认识他时是 2000 年，他已经亏损惨重，现在又过了这么多年，他的投资组合总价值估计已经只有 1990 年时候的零头了。没有办法，他开始投资的那些年是日本持续衰退的时代，他选择的股票也并不符合巴菲特的标准。

实际上，投资者过于看中某些股票长期持有获得暴利的神话，而忽视了很多股票的风险。我举个例子，100 年前美国股市上市的多数都是铁路股票或者汽车类股票，如果你随便买入一只铁路股票，不用持有 100 年，你可能在几年之内就破产了，因为 1000 多只铁路股其后存在下来的只有几个。汽车股也一样。你投飞镖选中通用汽车或者福特汽车的概率还是很低的(假如你不做一些“出色”的基本面分析)——尽管我们事后都知道，只有通用和福特等几家公司存活了下来。

当然，从正常的投资心理学来说，多数投资者持股时间最多就两年(无论涨跌)。一般情况下，你选错一只股票，该股票不幸下跌，第一年你还忍得住，相信自己是长期投资。但第二年开始做噩梦，对这只股票越来越不满意，等股票稍微反弹，你就会卖出去，然后再也不愿意想起它。或者即使你选对股票，持续上涨，第二年只要股票出现调整，你都有为了保存收益而卖出的强烈冲动。这是人性使然。

知道何时卖出一只股票，比何时买入股票重要。但我们时常是卖出盈利的股票太早，持有赔钱的股票太久。关键是要定期持续的关注你持有的企业，对企业的关注要胜过对持有的股票的关注。

当你考虑卖出股票的时候，需要仔细考虑以下几个问题。

⑴你是否犯了某些错误。你在第一次分析这家公司时是否遗漏了某些“重要”因素。比如你认为企业业绩要反转，但取得的好转比你预想的难度大，程度低。或许你原来认为公司成长性很高，但发现企业面临的竞争更加激烈，高估了企业发现新增长点的能力。无论是什么因素，总之，你买入这个企业的核心理由已经不存在了，股票就不值得持有了。

⑵基本面恶化了吗？经历了几年的成功后，你买入的公司的成长速度慢了下来，公司还需要一段艰苦的时光才能发掘出新的增长机会。如果各种迹象表明，公司相对过去的一贯表现已经实质性变差，到了重新评估其未来发展前景的时候，也是应该卖出股票的时候。

⑶股价已经高出它的内在价值太多？当市场在一种十分乐观的情绪下振作起来，投资者都不计成本地抢入股票，其支付的价格远远超过股票真实价值的时候，要问问你自己：股票的市价比你对它的估值高多少。当然你不应该仅因为股票价格有点高了就卖出优秀的企业。比如一家企业40倍市盈率，但未来几年每年成长性也超过40%，而你是从15倍就开始买入这只股票的，现在你仍然可以持有。但如果估值异乎寻常得高，即使是最好的公司也应该卖出。一个好的例子是微软，它在整个20世纪90年代(除1999年以后)都没有高估，估值一直都在25～35倍市盈率之间，但每年的业绩成长性要远超过50%，甚至100%，因此每年的股价涨幅都超过100%。所以这10年间微软股价大幅度上涨，但并不值得卖出。到了2000年后，微软的估值提高到60～70倍，但是业绩反而逐渐下降，这就到了考虑是否卖出该股的时候。

⑷找到了更好的投资对象？作为一个投资者，你应该不断地寻找相对风险有更高回报的机会来分配你的资金。如果你已经满仓，并且发现了一只前景更好的股票，就应该卖出你认为未来不如它的企业，即使略微亏了点钱，也没有什么可惜的。不过真正的问题在于，你对这个前景更好的企业要有更大信心，否则会受到伤害。我的一个朋友一年前卖出了金发科技，买入了一个认为前景更好的企业，但一年下来，金发科技股价表现远比那只股票好，尽管现在看来金发科技的估值已经不便宜了。

三、基础知识上的误区

也许有些投资者更擅长使用某些基础分析工具，但基础知识需要非常综合的素质。所以千万不要相信“选股就这一招”或者“一招骑黑马”等等的诱惑。这误导投资者认为选股很容易，学了一招就可以吃遍天下了，而这些招式不过就是一个技术指标、就是一个基本面指标而已。

很多投资者学习大师的名著，也很容易陷入寻找“一招必胜”的误区。比如，《彼得•林奇的成功投资》中一章研究过一些著名的数字，很多投资者就不太关注彼得•林奇在书中其他部分讲的更重要的东西，而过于关注其中的一些数字，以为彼得•林奇就是依靠其中一个或者几个数字成功的。比如，在这些著名的数字里，有一个叫做“现金头寸”的。林奇告诉我们他买福特公司成功的经验，是发现其资产负债表上净现金头寸高达83.5亿美元。

福特公司的股价已经从1982年的4美元涨到了1988年初的38美元，在此期间，彼得•林奇购买了500万股该公司的股票。而华尔街那些所谓的专家们在将近两年时间里一直在大声疾呼福特股票被高估了，无数专家都评论说这家周期型公司已经达到了它最后的辉煌，再往前走就开始衰退了。这使得彼得•林奇好几次都差点把股票卖掉换成现金。但彼得•林奇发现，福特公司股票的净现金值是 16.3 美元,它表明彼得•林奇不是以每股 38 美元买进，而是以 21.7 美元购买的，分析家预测福特可能从汽车业务中获得每股 7 美元的收益，这样一来福特的市盈率是 3.1(用 21.7 美元除以每股收益 7 美元)，而不是 5.4(用 38 美元除)。而既然市盈率只有 3.1 倍，那么卖它做什么？

从这个案例中可以看出，林奇计算市盈率时并不是直接以股价除以每股收益，而是在对福特估值时，要把闲置的现金加上。这个理念现在大得人心，如今一些估值模型将资产分为金融资产和经营资产，将负债也分为金融负债与经营负债，市盈率估值只涉及经营资产与经营负债部分，金融资产与金融负债直接以公允价值进行计算，企业整体估值就是经营估值与金融估值之和。林奇对福特估值就是将福特价值分成两块：一块是汽车业务，另外一块是现金资产。

应用这个方法在国内会遇到很多问题，一个是公司本身的问题，一个是投资者错用的问题。关于公司本身的问题，最重要的是其现金资产的真实性。比如，如果一家上市公司每年年底现金总是有 4 个亿，连续几年都是这样，我就怀疑其账面上是不是真的持续有这 4 个亿现金，毕竟资产负债表反映的只是年度最后一天的资产负债状况。

另外一个问题是金融资产的估价问题。要注意金融资产价格的出售不能按照每股收益去计价，而应该是算到每股资产上。比如一家上市公司的经营性业务在一个财年内每股收益 1 元钱，出售金融资产每股获得 3 元钱。如果你按照今年每股收益 4 元钱，然后给予 30 倍市盈率，那么这个企业值 120 元钱。但问题在这里，只有持续经营能力的资产获得的收益才可以按照市盈率去估值。所以应该是这么计算，经营业务每股收益 1 元钱，给予 30 倍市盈率，这样是 30 元钱，然后加上金融资产每股获得的 3 元钱，合理估值应该是 33 元钱。

可见，如果你简单地按照每股收益或者简单的剥离现金都会遇到问题，特别是在国内，很多巨额闲置资金很有可能就是问题资产。而如果是问题资产，则在估值时，不但不可以做加法，还要做减法。

实际上，促使彼得•林奇购买福特汽车的真实背景也不是因为每股净现金指标的计算，而是因为福特公司在当时是周期反转向上重新成长(宏观经济支持以及新车型开发)。只要成长的故事持续，就可以一直持有股票，而估值，特别是现金流的一招其实只不过是增加林奇持股信心的一根稻草而已。

还有投资者认为企业毛利率的变化是最核心关注的一个指标，只关注毛利率逐年甚至逐季上升的公司。他认为这种公司投资潜力巨大，理由是毛利率逐年上升表明公司核心竞争力越来越强。实际上，毛利率指标只是反映企业产品的竞争能力。而根据历史数据分析后得到的结论是毛利率指标的变化和企业利润增长并无很强的关系。

还有投资者采用的是技术指标的“一招制胜”。在这点上我更加怀疑其有效性。一般来说或许某些技术指标在某些市场环境下是有一定参考作用的，但是市场环境的变化非常快，这些“指标”往往不仅不能迅速制胜，而是迅速制败。

评估企业竞争优势是有一些核心指标的，比如净资产收益率指标体系等。但即使这样，也还远远不够研究清楚一家企业，更遑论评估流动性更强、反映了人性贪婪和恐怖的股票价格了。

做投资研究没有捷径。很多投资者目前能够获利的主要原因不是投资者能力有多强，分析功力有多高，而是他们遇上了很多年难遇的大牛市。而如果你想做一个长期的投资者，一定要注意到这个大牛市背景，否则一旦市场回归正常，很多投资者的盈利全部会吐出来。

“一招制胜”反映的是投资者急躁和急功近利的赌徒心理。而这个心理对于长期投资者来说是要不得的，并且也没有“一招制胜”的法宝。

彼得•林奇的书中选股体系是非常深入浅出的。比如在财务分析上，就需要首先了解财务和业务的循环关系和细节关系，还要具备发现财务造假和财务风险的能力。另外对财务分析技术来说，要综合学会历史对比、行业横比、比率分析、比例分析、总量分析、增长分析等技术。

各种财务比例，核心应该是围绕成长性。但即使是成长性，也不仅只看净利润增长率，还得考虑各方面在年与年、季度与季度中的增长因素。比如主营销售增长、毛利率变动、其他利润增长、三项费用变动、非营业利润增长情况、税率变动情况、经营活动现金流量变化等，可以量化归因分析不同因子对个股利润的影响程度，可以分析增长的质量和持续性。

即使是看净资产收益率指标，也要分解进行详细研究，并且和企业具体业务结合分析，观察其是否具有竞争优势。有时候，偏离“正常”水平的净资产收益率，并不能说明企业的竞争优势，可能仅是行业环境促使公司在短期创造超常(或逊常)经济收益，或者是会计造成的歪曲。

对于基本业务分析来说，也要循规蹈矩地尽量全面分析，把握重点。比如对于企业规模和股票市值以及相对排名，很多投资者就不重视。对于经营的稳定性和波动性也同样如此。在业务上，需要对战略分析、经营效率、市场分布、产品分布、行业分布、价格数据、竞争态势、资本支出等等都需要详细分析。

对估值来说，行业研究员可能需要非常复杂“试图精确”的估值工具。但对投资者来说，模糊的正确和简单的方法更重要。对业绩的预测不可能那么精确，需要敏感性分析。但在级数上不能犯错，比如10%左右的增长和30%左右的增长是级数上的差别。

对估值来说，通过观察目前市场的估值来评价市场预期也很重要。判断市场预期的指标包括ROE、账面价值增长率、P/B、P/E。下面举例说明，假定同行业四家公司数据如下(表13-10)：

表13-10 市场指标

	ROE	账面价值增长率	P/B	P/E
A股票	38%	－1%	13.27	50.1
B股票	88%	3%	3.46	10.5
C股票	2%	83%	2.22	44.8
D股票	-10%	0%	1.35	434

假定该行业平均P/E为24，P/B为3.81，行业平均ROE为15%。则尽管A股票的P/B与P/E都很高，但是投资者预期该公司可以创造比当期水平更高的ROE。而从历史水平和增长性看，这几乎是不可能的，因此我的判断是A股票被市场高估。B股票的P/B适中，但是市场投资者给予该股票的P/E很低，表明市场预期该公司的高ROE是不可以持续的，而实际上，该公司88%的ROE更多来自一次收益，正常的ROE水平只有7%，且增长很慢，因此不存

在低估。C股票反映的低P/B与高P/E，其市场预期是公司将获得更高的ROE，并且目前公司很低的ROE是暂时的。而历史数据显示C股票的ROE处于18%～20%的区间，目前的困难只是暂时的，因此该公司处于低估状态(尽管其P/E很高)，存在业绩改善成长的故事。D股票反映的市场预期是该股票糟糕的ROE不会继续，也不会大幅度反转，但从历史看，该公司的ROE一直低于资本成本。因此我判断市场仍然比较乐观，该股票的P/B应该小于1。

扎实的基本分析工具需要反复有意识的学习和练习，并且兼容并包括多角度去研究，不要过度相信某个或某些“指标”。

四、我在建立选股体系上的经历

没有谁天生就具有优异的基本面选股能力，这需要艰苦的综合训练。在《如何选择成长股》的第三部分，费雪讲述了自己的选成长股投资哲学的形成之路，我觉得对投资者来说会大有帮助。还有很多投资大师都值得学习。不过不经历实践，直接套用大师的选股标准，而没有消化吸收，往往不能和中国市场的具体实践相结合。比如格雷厄姆的价值股选择方法，投资者会说按照他的标准，根本选择不出股票。这有点不求甚解、僵化套用的感觉。

下面就我个人选股体系的建立谈谈经验，尽管我并不是投资大师，仅是投资行业中不断探索的学生，但我代表一个探索选股过程中的典型学生，遇到过各种成功和失败的经验。

一般来说，学证券金融行业的大学学生只要感兴趣，大学里都会读过关于巴菲特的书，学习其投资理念，但由于没有实际经验，那些理念只是被记忆然后被遗忘，没有固化成自己的(还会学习其他的知识，但都一样，没消化吸收理解)。

读研究生的时候，已经开始具备实际经验，比如开始接触投行的研究报告，去阅读，试图自己去写，同时开始思考自己的选股哲学观。并且开始和实际相互验证。不过还是远远不够，主要是面对众多的股票有种茫然的感觉，同时仍然不能与实践有效结合，并且对新手来说，最重要的问题还是眼界和境界不够。多数新手是关注的时间范围太短，对股票的时空认识远不够。

在阅读研究报告的时候，仅是理解了如何去写一篇报告，还无法辨认出故事，更不用说判断出哪些故事是真的，哪些是假的。比如我在读一篇美国公司TYCO的各投行研究报告的时候，也阅读了TYCO的财务报表，感觉极为复杂，非常沮丧，而各个投行的研究员都在推荐。我喜欢这个公司的原因就是安防。“9•11”之后，安防股应该受到欢迎，比军工股要强，基本逻辑就这么简单。但研究员推荐的思路非常复杂，沉迷于业绩预测、估值等战术细节问题。最后，TYCO出了问题，财务造假，股票价格大幅度下跌。这对我触动很大。我想如果我仅根据基本逻辑去投资，不清楚其业务和财务的详细情况，一年遭受的损失可能超过80%。

在工作后，开始做策略研究和金融工程研究，我将金融工程研究应用于筛选股票，但发现意义不大。金融工程就是玩模型，如果不理解模型，金融工程师就仅是一个工具。

由于工作的便利性，在研究策略的时候，也开始去研究行业和个股。比如研究航空业的时候，学习彼得•林奇。因为乘坐海南航空而喜欢它，探讨了大量航空业的研究指标，但在什么时候能够推荐这个行业，以及在这个行业里哪个股票最好，就没有很好的概念。

对研究策略投资的人来说，会更喜欢受宏观影响大的行业。比如水泥、钢铁、煤炭、有色金属等。这些行业的周期我自己觉得因为研究宏观策略，自上而下可以看得更清楚一些，而选股则非常简单——根本就不用选，直接买公认的龙头就好了。

但很多行业和股票自己仍然没有能力去研究，一片茫然。这导致思考，觉得自己掌握的知识不够，需要不断地学习。大学时学的东西很多尽管只是基础知识，但都并没有理解和掌握，甚至遗忘了。于是开始去阅读，刚开始时阅读具有盲目性，读了很多，慢慢就开始知道自己的方向在哪里。我特别喜欢的是费雪的《如何选择成长股》，读了很多遍，仔细体会其说的每句话，并试着套用在国内市场，开始的时候就比较僵硬，慢慢地就开始有感觉。对彼得•林奇的两本书也非常喜欢，使得我在众多股票里通过划分排序等对股票整体和股票特性更理解，自己试着去对国内股票进行分类排序，这样遇到一只股票就不再迷茫，觉得有了一个位置。欧奈尔的两本书对我帮助也很大，因为他也是选成长股的，很合胃口，他的基本面和市场面的经验非常丰富。

看大师的书有助于形成一个粗糙的选股哲学和框架，但仅看大师的书是不够的。因为大师的书里没有基本功，也没有和你遇到的现实情况结合。因此，在公司分析上，我就看了很多书，比如企业战略研究的书籍，业务和行业研究的书籍，财务分析的书籍，估值分析的书籍，企业传记方面的书籍。其实这些都是写研究报告的核心内容，只不过通过读那些书籍，你可以把报告写得更详细更清楚——其实不仅是研究员要写“研究报告”，每个投资者在投资分析的时候都是在写“研究报告”。通过学习投资大师，以及阅读大量企业方面的书籍，在另外的维度，开始去思考业务模式、竞争优势、成长故事、安全边际、选股组合等等。

很多概念在实践中逐渐领悟，比如安全边际的概念，遇到很多成长性不错的股票，但是没有安全边际。事后证明都很难成为牛股。还比如公司治理的概念，在现实中发现有些应该成为成长股的股票却没有成为，是因为公司治理在作怪。还比如净资产收益率的概念，成长性的概念等。

仅有知识是不够的，你必须了解大量的股票投资特性与持续追踪才能有所提高。因此有几年时间，我把每天所有可以获得的行业公司报告都进行分类阅读并做笔记，慢慢地与实际情况相验证才看出一些门道，进而逐渐积累了经验。等中小板出现后，我开始阅读几乎所有中小板的招股说明书，并开始跟踪，那时很多主流投资机构对小股票重视不够，我觉得这是一个机会，并逐渐喜欢上小股票研究。在积累股票的研究过程中，我还按照行业、主题、区域进行股票筛选，然后一个一个看。

看得多了，就会总结一些规律，比如企业的各类成长故事，股票通常在什么条件下上涨最大，空间最大，市值什么时候最适合等等。

在研究股票的同时也去调研，现在感觉调研开始很有用处的，不过这不是说从调研中能够发现一只股票的价值。我觉得调研的用处主要是形成一个对该企业的最直观认识。如果运气好见到高层，对企业发展策略能有个更清晰的认识。

很多经验是从犯错误中学习的。比如看错了成长故事，对重要财务数据没有充分重视，误读了公司的核心竞争力，对公司的业务发展空间认识不够等等。

慢慢地，我喜欢的选股领域就确定了。从自下而上来看，有核心竞争力的成长性小公司，选股系统就是业务模式、竞争优势、成长故事、安全边际和组合调整。然后方方面面都是围绕这个去实践和完善；而对典型周期性行业股票，则仍然是在结合自上而下宏观策略的基础上采取选择龙头的方式。

尽管我喜欢成长性好的小公司，但总体来说，小盘股的投资风险远要比大盘股大，这是我的选股体系中最大的“问题”。小盘股的风险，除了包括业务规模小、不确定性因素之外，小盘股容易出现战略问题、管理问题、财务问题和公司治理问题。投资小盘股首先要了解其中的风险，整体上看，这是一个高风险高回报的投资类型——不过风险如果深入分析还是非常可控的。

比如，在香港市场2003～2006年的3年里共有68家小盘股暴露风险(不合规行为或者欺骗行为)而导致的长期停牌，平均每个月差不多就有两家。不过尽管风险看起来很大，但是在2001～2006年里，香港小盘股指数的累计升幅超过大盘股52%，如果投资者能够提前识别这些存在风险的小公司，则收益还可以更大提高。

小盘股的利润基数低，损益表很容易存在问题(假账或者会计操纵)。因此，为了防止并发现小企业在损益表上做假，也要对现金流量和资产负债表高度关注，相互核对来发现问题。比如，如果公司现金很高，同时负债也高，那么可能存在未知的风险。常识是如果公司确实拥有那么多现金，那为什么还要借那么多债？在已经出现问题的企业，前一年的资产负债表中，都是高现金和高负债并存。公司管理层的解释往往会回答，他们有激进的扩张计划，所以不得不如此。在某些情况下的确如此，但在大多数情况下，高负债通常是短期债务且部分与银行有关，然而即使是依赖银行长期贷款运转的企业也不需要高现金和高负债并存。尤其值得注意的是，“双高”公司坐拥大量现金且资本开支不大，但却派息极低或者根本不派息。

将要出现风险的小盘股往往营运资本极高，而之前营运资本状况往往会恶化。比如存货、应收账款都会呈恶化趋势。净营运资本对销售的比率非常重要，因为这个指标综合了存货、应收账款和应付账款的影响。更重要的是，这个指标很高的小公司往往会有不良的股权稀释纪录。另外还有一些公司在股权融资上很缺乏原则。这些公司的营运资本率极佳，资本开支很低，又拥有净现金，但却仍然选择在市场上大量融资，且并无明确用途。

小公司规模不大，产业链议价能力有限，受其他因素影响较大，决定了其大部分公司业绩稳定性不高，以至于公司高管自己也难以准确预计。从中小板公司2005～2008年的经验看，业绩变脸的现象明显比主板公司多(图13-16)。

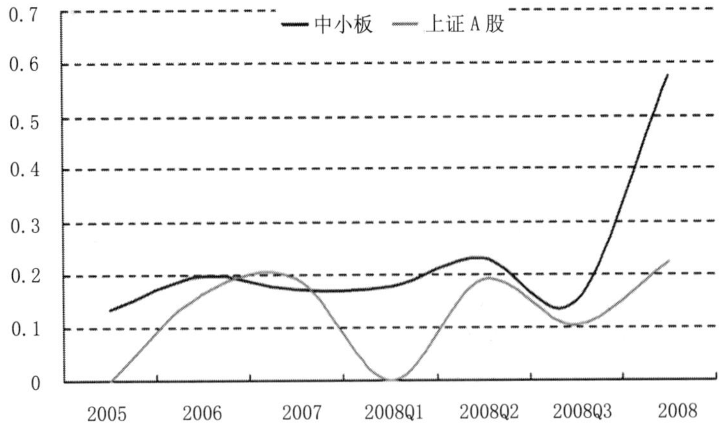

图13-16 中小板公司历年业绩快报“变脸”公司占比都高于全部A股(%)

另外，中小板估值水平较上证综指一直都较高(更不用说创业板了)，溢价水平波动较大。高估值代表投资者对股票未来成长性的一种预期，这种预期包括理性成分，同时也会包括非理性成分。而在市场上涨期间，非理性成分的影响会更大一些，随着国内市场容量的增加以及国际化，小盘股的整体估值水平长期应该是下降的。资质优良的公司估值多数时候都不便宜。不过即使这样，投资中小板中有基本面支撑的高价股，不仅能超过中小板综指，而且中小板创立以来，95%以上的时间跑赢上证综指，行情多出现于年末或年初。同样，解禁压力不能阻止资质优良公司股价的提升。对小盘股选股来说，自下而上逐个挑选并建立组合是唯一有效的投资策略。

在建立自己的选股体系的时候，中间走了一个弯路是试图尝试多种选股方向，挑战自己，背离了有竞争优势的成长股原则，在一段时间内痴迷于研究重组股和特别难以研究的股票。但事后证明自己能力实在太有限，那些股票也确实难以研究，这使我充分坚定了自己的理念。

我自己的一个优势是有金融工程和数据分析的背景，因此，对研究和处理数据非常在行而不觉得枯燥。所以，每个季度一次，我经常使用 WIND 的数据浏览器进行大规模数据统计分析。比如把所有的中小板公司按照我的体系，将所有财务业务估值等数据导出到几个大的 EXCEL 表格，然后打印出来，逐个去发现数据中的奥妙(主要是异常数据的发现并且解读)，并且一表同列很多个公司，所以通过比较能够对股票进行更好的排序。

在选股学习的过程中，我也和很多朋友接触，慢慢学习相互借鉴，提高也很快。综合感觉是，很多投资者财务分析的功力不够，因此在支持自己观点的时候难以找出财务数据证明。而行业研究员出身的投资者，过于看重财务和估值，过于对本行业研究赋予重要价值，并且更重要的是，很多行业研究员做久了，仅重视行业内的信息，而忽略了选股体系的建立。

建立一个体系需要花大量的时间去思考、阅读、体验和努力，没有 3～5 年是很难有进展的。而且这个进展在刚开始很难有成效，就好比《笑傲江湖》里面华山的气宗一样，远没有听消息和看技术来得快。然而一旦形成体系，坚持和完善，则会一劳永逸。当然，读者还是喜欢令狐冲，不过能遇到风清扬老前辈的，也就他一人。

五、总结

自上而下确定宏观策略后，在这个基础上的选股比较简单，最多需要进行大规模筛选，或者直接配备龙头股就可以。但在自下而上进行选股的体系中，则需要考虑企业的业务模式、竞争优势、成长故事、安全边际、组合建构等等，这对基本分析工具的要求非常高。因此需要不断去学习。关于财务分析的书，我最喜欢的是《财务报表分析：理论•框架•方法与案例》；关于研究财务问题的书，我觉得郑朝晖(夏草)目前出版的七本书都值得阅读——《远离财务骗术：夏草教你规避财报风险》、《上市公司 48 大财务迷局》、《财务揭黑》、《IPO 40 大财务迷局》、《会计迷局•解》、《点睛财务舞弊》、《财务侦探发现财务错报》。不过，由于作者的背景并不是站在证券投资角度做研究，因此应注意他的立场角度问题。另外《财务骗术》这本书也值得阅读。

关于企业研究方面的书，最好的是迈克•波特的《竞争战略》和《竞争优势》。此外还有《发现利润区》、《利润模式》、《发现商业模式》、《创富志》杂志、《管理大未来》、《找到利润源》、克里斯坦森的创新系列、郎咸平的产业链研究系列、柯林斯的《从优秀到卓越》、《基业长青》、《隐形冠军》系列、《小巨人》、《大牛股：谁活着，谁看得到》、《企业战略博弈：揭开竞争优势的面纱》、里斯的营销定位系列等等，这些是随口就想起来的，远没有列全。

估值的书，值得阅读的包括《价值评估：公司价值的衡量与管理》。另外，Damodaran 的几本书值得阅读：《投资估价：确定任何资产价值的工具和技术》、《打破神话的投资十诫》、《投资原理》。还有一本《安全边际》是必须读的。

选股分析基础书：《炒掉你的分析师》、《股市真规则》、《华尔街股市投资经典》、《现金流量与证券分析》、《华尔街证券分析》、《公司治理》、《卖空的艺术》、《打败大盘的获利公式》、《你能成为股市天才》、《投资的头号法则》、《巴菲特的护城河》、《大钱》、《盈利的质量》等等。

具体企业研究的书，比如研究星巴克的就有三本，一本是自传性质的《星巴克咖啡王国传奇》，一本是对于选址和经营业务很有帮助的《基业成长》，还有一本书《股价越高越挣钱》。还有很多研究各类成功的企业的书或者企业家的传记，读者可以自己去找，比如喜欢《萨姆·沃尔顿自传》等等。

我估计，至少需要阅读上百本关于企业、财务、估值和选股方面的书籍，才会逐渐形成自己的选股体系和哲学。

在第四节里，我举了一个安迪的选股体系的例子，他通过不断实践、学习和思索，在几年时间里逐渐建立并完善自己的选股体系。

第四节　案例学习——安迪·史蒂芬斯的选股体系

自 1997 年 6 月创立以来，安迪·史蒂芬斯(Andy Stephens)是艺匠中盘股成长基金(Artisan Mid-Cap Fund)的首席投资组合经理。成立以来基金表现还可以(但不是最好的)，不过，我很喜欢他的选股“理念”和选股“体系”。

安迪形成了一种他称之为“大胆的谨慎”的基金管理风格。“你必须采取一些激进的措施。”他说，“但同时也不能无限度地承担风险，我指的是只能承担精心计算过的风险”。“我的整个流程都与风险防范有关。”安迪强调说，“我会评估失败的可能性，以及任何给定情况下可能的损失。如果我能对这些有所了解，那么我就能明白将要承担的风险有多大，并能够判断可能的损失对于我的投资来说是否合理。”安迪最初只是将这一概念用在个股选择上，后来他将不同风险水平的投资组合在一起，希望通过一个总体安全的投资组合为投资者谋取收益。

安迪将他的投资流程分为两部分：打击率和长打率。①证券选择，他以“打击率”来形容；②投资组合管理，他以“长打率”来形容。安迪的打击率指的是在他所选择的所有股票中，最终实现了盈利的股票所占的比率；而他的长打率则是指按其最佳投资想法进行了投资的资产在总的基金资产中所占的比率。由于安迪和大多数基金经理一样，在某些股票上投入的资金会超过其他股票，因此较高的打击率并不一定意味着较高的长打率。例如，如果将大部分资金投入到小部分亏本的股票上，那么总的投资回报率将很低。必须将投资组合中的大部分资产都投在盈利性最强的几只股票上，总的业绩才能超过平均水平。

安迪明白，并非他所买入的每一只股票都能盈利。尽管他很崇敬巴菲特，但在这一点上他却不同意巴菲特的观点。巴菲特曾说过，应该在每个人大学毕业时给他发一张打孔卡，允许他在一生中进行20次投资，每当他买入一只股票就在他的卡上打上一个孔，打满20个孔后，就不再允许他进行投资。巴菲特认为，如果投资者的一生中只有有限的几次投资机会，那么在投资之前，他就会更加彻底地研究各家公司的情况。

尽管能理解巴菲特说这些话的意思，但安迪还是认为投资者会犯错误，更准确地说是必须犯错误，才能懂得投资到底是怎么一回事。“一个人可能要打上20000个孔，才能了解投资的真谛”。安迪说，“投资是一个不断犯错的过程，重要的是如何去控制这些错误，以及如何从中吸取教训。”

较高的“打击率”可以帮助安迪将损失减小到最低程度，并提高投资结果的稳定性。从某种意义上说，它是基金管理中的防御面. 但是防御无法帮你赢取收益，它只能防止损失。只有大举进攻才能赢得比赛。正因为如此，安迪需要稳健的“长打率”来使自己始终超越平均水平。

一、证券选择流程

安迪相信，当你买入某家公司的股票时，所获得的最终收益归根结底来源于公司经营所产生的现金流。因此，在评估公司的价值时，应计算其收入的当前价值(净现值)。诸如公司所在行业及所在国家的状况之类的其他因素通常都无关紧要，除非它们会影响到公司的现金流。在对一家公司进行评估时，不仅要考察其收入水平，而且要注意收入的可靠性。企业必须有一个自我保护屏障，从而使自己不会在竞争中衰落，这样才能创造稳定、可靠的现金流。

1.结构性竞争优势

市场竞争是企业为其股东赚取超额收益的一大阻力。当一家公司通过某种经营活动获得了超额收益时，无论这种活动是生产产品还是提供服务，其他企业都会立即被吸引过来从事同样的业务。于是，竞争的加剧便会减少企业可以获得的利润。因此，要确保现金流的稳定性，企业就必须拥有结构性竞争优势。基金经理常常将这种优势比喻成公司的护城河，它可以防止其他企业涉足公司的业务，与公司展开具有威胁力的竞争。

安迪所关注的是以下四种类型的结构性竞争优势：占主导地位的市场份额；专有资产；成本优势；强健的品牌。

(1)占主导地位的市场份额。

“主导”是指当一个企业制定出某一价格或产量决策时，整个行业都会效仿它，也就是说它主导了整个行业的行动，而不是追随所在行业的其他企业。例如，当美国在线将其月租费从19.95美元上调至21.95美元时，几乎所有的网络服务提供商(ISP)都效仿了它的做法。

(2)专有资产。

大部分基金经理都将专有资产定义为其他企业没有的专利或技术。安迪的定义更为宽泛，他认为专有资产指企业可以利用的任何独一无二的东西。它可以仅仅是地理位置，例如，对零售商店来说，这种资产可以是位于繁华的缅因街或市场大道上的优越位置；或者对某些金融服务企业来说，这种资产也可以是20000人的销售大军——这种庞大的团队将使竞争对手难以模仿。

(3)成本优势。

对处于业务循环起始位置的周期性行业来说，这一优势尤其有利。当业内所有企业都面临困境时，生产成本较低的企业通常可以挤垮竞争对手或是收购它们。一般来说，拥有专有资产的企业往往可以保持较低的成本。例如，如果一家企业拥有紧邻某座煤矿的唯一一所加工厂，那么其生产成本通常便会低于竞争对手。

(4)强健的品牌。

这是最难获得也最难维持的一种结构性优势，需要长期的精心维护。企业必须不断在其品牌上投入资金，才能保持它的价值。许多企业以昂贵的代价通过杠杆收购买入其他公司的品牌，之后却因为投人过少而使品牌的价值和竞争优势大打折扣。

不管哪家公司，只有具备了这四种优势中的至少两种，安迪才会买入其股票。很难找到同时具备所有这四大特征的企业，因为这样的企业通常都是受管制行业中的垄断企业。但是，一家企业只要拥有这些优势中的两种或者两种以上，那么其业绩便很可能在行业中位于前25%。由于这些优势使它们的现金流有了保障，因此投资者可以更有信心地评估它们的价值。

因此，证券选择流程的第一个步骤就是找到合适的公司——那些收益高于平均水平且拥有结构性竞争优势以确保稳定现金流的公司。

2.评估现金流价值

找到符合条件的公司后，安迪就会对其预期收入流的价值进行适当估算。“从统计上讲，对于每个公司，我们都可以根据其预期现金流计算出一个值得支付的合理价格”。安迪说，“该价格的决定因素包括公司现金流的多少以及现金流的可靠性和增长速度。”

资本化公司的收入流，即指投资者计算自己愿意支付多少钱来拥有公司的收入流，以此确定收入流的现值。拥有某项收入流通常意味着拥有它的控制权，但在公开资本市场中，投资者无法控制公司的现金流，利润的分配是由公司的管理层而不是股东决定的。“因此，我会以低于私募市场价值的价格买入公司股票，以补偿控制权的缺失”。安迪补充说，“事实上，我会尽量让自己支付的价格不超过企业价值的60%。”

安迪建议投资者在一定的折价范围内购买公司股票。一旦某只股票的价格有较大溢价，安迪就会卖掉，他认为如果这时还继续持有这只股票，那就是在玩“博傻”游戏。投资者也许偶尔会交好运，在这个时候继续持有股票仍能获利，但这种做法通常只会增加收益的不稳定性，而无法带来与之相称的回报。

3.评估公司的未来增长潜力

到目前为止，客观的分析一直贯穿着安迪投资流程的方方面面，这正是其投资方法“谨慎”的一面。第一，尽可能弄清一家公司是否会持续产生可靠的现金流；第二，把握如何对这些现金流进行估值，以免在购买股票时多付钱。现在，安迪又在其投资流程中引入了主观分析的内容。进行主观分析的投资者往往比不进行这类分析的投资者更具优势。作为其证券选择的第三大要点，也就是其投资流程中“大胆”的一面，安迪努力将公司的增长潜力资本化。

要想掌握证券选择流程第三要点的要义，首先必须了解利润周期的概念。经过观察，安迪发现大部分企业的增长都不是线性的：他们的收入和盈利并非每个季度都会以相同的比率增长，而是利润先以大大高于平均速度的比率增长，然后收益得到巩固。这样的周期将不断重复。

“关于业务周期，我的理解是，当一个公司的状况变好时，它会自然而然变得更好，但如果其状况变差，它也会自然而然更加恶化。”这是安迪投资理念的一个基本思想。

利润周期背后的驱动力是“增量盈余”的概念。一家公司经营成本中的相当一部分通常为固定成本，因此公司收入的加速增长会导致盈余的扩张，从而导致净利润的大幅增长。这时，有效的管理团队会将部分或全部的过剩现金用于再投资，以实现公司销售的持续增长，形成良性循环的利润周期。为了最大化利润周期的好处，并占领更多的市场份额，企业会将大量资金投入到雇用更多销售人员、增加研发支出、加强广告宣传力度等活动中，以更快地达到更高的利润水平；反之，当销售收入下降时，盈余和利润均会大幅削减。

安迪会努力寻找那些即将开始良性利润周期的公司，因为最可观的收益通常出现在早期，如果在利润周期开始以后才购入股票，则往往会错过大量的超额回报。安迪解释说：“我希望投资于这样的公司——其品质过硬(拥有结构性竞争优势)且股价低廉(低于私募市场价值)，因而可让我远离跌价风险，并且它正处于良性利润周期即将开始的位置。”

因此，应尽量早一点即在某家公司的利润周期开始之前，买入其股票，以使自己有时间对公司进行充分的了解，从而在利润周期开始的时候能够及时识别它。如果较早地买入股票，那么在买入之后的一段时间里，你的投资可能会原地踏步，不能获得明显回报，这时应保持耐心。随着利润周期的逐步推进，你可以增加所持有的头寸。

4.良性利润周期的催化剂

良性利润周期的出现通常需要有催化剂——对利润周期具有启动作用的某种变革。安迪把这样的变革划分为两大类：外部变革和内部变革。外部变革指影响整个行业的长期性事件，而内部变革则是公司层面的。基金经理通常会利用变革进行投资，但是安迪认为，变革本身并没有导致变革的突破来得重要。

关于外部变革，安迪关注的主要是两大领域的突破：新技术和管制性事件。例如，20世纪90年代后期，信息基础设施从模拟模式向数字模式的转变，带来了高科技部门激动人心的变革。至于管制性事件，近年来，我们目睹了《格拉斯—斯蒂格尔法》(Glass-Steagal Act)的废止以及《电信法》(Telecom Act)的颁布。这些重量级的技术突破和管制性事件通常会导致重大变革，从而带来大量的投资机会。

安迪也非常关注公司层面的变革，譬如新的管理团队的组建、大规模的收购或资产剥离、重大重组或新产品的发布。有效的变革可以扭转一家岌岌可危的公司的命运，驱使它向前迈进，使其内在价值得以释放。“我曾获得过的最可观的投资收益来自那些同时经历了这两种变革的公司。”安迪解释说，“外部变革能使整个行业长期一帆风顺，而内部变革则能进一步提升企业的绩效。我的最大优势在于知道如何正确预测这些变革可能带来的好处，而事实上很少有人能做到这一点。每个人在商学院学到的都是以线性的方式估计变革的影响。”

5.公司达不到期望的风险

安迪会对公司达不到自己预期结果的风险加以考虑。“在对一家公司进行估值时，我会将折现率与公司达不到期望的可能性相挂钩。”安迪说，“就像在拉斯维加斯(Las Vegas)你会调整赔率，在投资中你也必须这样做。公司达不到预期收入水平的可能性越大，用来将预期现金流折算成私募市场价值所用的折现因子就应该越大。”

6.发现意料之外的增长

安迪希望通过发现其他基金经理和分析师所忽视的公司未来增长潜力而获取竞争优势。因此，除非出现以下两种情况之一，否则一贯增长的企业无法引起他的兴趣。

第一种情况是，大家对公司前景的看法不一致，或一致性正在削弱，这将有利于投资机会的产生。在这种情况下，由于投资者低估了公司的增长潜力，意识不到它正位于新的利润周期的起点上，因此市场会对公司形成错误的定价。例如，市场按15%的年增长率对公司进行估价，而实际上公司的年增长率将达到20%。发生这种情况通常是因为投资者未能充分认识到公司已发生变革的影响程度，而这正是安迪可以利用的“错误”。

第二种情况是，公司收益继续按历史趋势增长，但投资者却压低了它的股价，因为他们害怕某件自己无法充分了解的事件会出现不利结果。例如，公司卷入了法律诉讼，而投资者对判决结果的预期存在分歧。另一种情形是投资者对新近曝光的公司会计违规程度不了解。近年来，投资者已被大量丑闻吓怕了，那些高品质公司，哪怕只是稍微暗示自己对收入和支出的说明可能有不当之处，市场对它们的惩罚往往就会大大超过其可能的错误程度。投资者先是纷纷抛售其股票，然后再提出质疑，从而导致股价下跌到令企业蒙冤受屈的程度。

安迪认为，只要投资者对企业收入增长的预期不存在显著分歧，市场通常就可以对股票做出有效的定价。如果企业的收入增长预期十分明确，那么股价就应该能够精确地反映这一预期。不过一旦出现分歧，投资者往往就会按照可能性较小的最坏一种情况对股票进行定价。

你可以在股票分析中遵循安迪的证券选择原则，以提高你的“打击率”，并识别一些有助于成功投资的情况。但是，仍有些问题尚待解决：对于投资组合中的各只股票，是应该按相同的比重进行投资，还是应该以某种方式为它们确定不同的比重？何时应抛出某只股票？总共应持有多少只股票？为了回答这些以及其他一些问题，接下来让我们了解一下安迪的投资组合设计理念。

二、构建成功的投资组合

上述是安迪如何找出高品质的待选股票，第二步是如何将这些股票组合成一个成功的投资组合。为此需要了解安迪的资金分配流程，即了解一下如何将更多的钱投入到表现出色的股票上，而将较少的钱投在表现得不尽如人意的股票上。

安迪不再借用棒球规则而是借用“种植”的过程来说明他是如何在选中的各只股票间分配资金的。他将自己的投资组合分为三大块：种子类投资、果实类投资和丰收类投资。“很多人觉得这一类比有些可笑。”他说，“但这确实是我思考这一问题的方式。”采取这一策略的目的是限制错误地投资某家公司带来的损失，并在投资正确时放大收益。投资是充满风险的，风险的管理方式会对最终业绩产生很大影响。

1.种子类投资

在投资组合的这一部分，安迪会买入那些他认为符合他的标准但尚未进入利润周期的股票。安迪通常将20%～40%的资金投在这一部分。这类公司风险水平较高，因为它们尚未证明自己有能力实现增长潜力。由于对这类公司的前景尚无十分的把握，因此安迪将此类投资中每只股票的头寸控制在整个投资组合的1%左右。

为什么在对某家公司是否能够达到自己的增长预期尚无把握的时候，安迪就将资金投入其中？首先，安迪认为，除非他拥有某家公司并投入了风险资金，否则他不可能花费必要的精力对公司进行彻底的分析，并确定是否可以对它建立信心。买入某只股票并将其划分到种子类投资，可督促自己对这只股票进行跟踪观察。其次，在公开市场中投资时，必须在抓住进场时机与获取完全信息之间进行权衡，如果一味等到公司的乐观收益前景已经明朗再进行投资，则很可能会错过股价的大幅上涨。如果某家种子类公司的收益如他所料开始增长，安迪便会在这家公司的股票上投入更多资金，并将其归入果实类投资。

2.果实类投资

对那些已经进入利润周期，并且看来可以达到自己的增长预期的公司，安迪会较多地持有其股票，将其归入果实类投资。通常他的大部分利润都来自投资组合的这一部分。但是安迪坦言，没有种子类投资就不会有果实类投资。

安迪相信80/20法则，即对大部分投资组合经理来说，其80%的收益都来自20%的投资。他所面临的挑战是如何将投资组合中的大部分资产投入到回报最高的少数几家公司中，这意味着要在较少的几家公司中持有较多的股票。

因此，果实类投资的比重通常占整个投资组合的60%～70%，但涉及的公司却只有10～20家。安迪通常会在其中的每只股票上投入2%～5%的资金，并且确保自己差不多已了解与它们有关的一切。“当在持有量最多的10只股票上投入的资金占整个投资组合的30%以上时，我的业绩往往是最好的”。

尽管果实类投资比种子类投资集中，但在果实类投资中，安迪的投资仍然是多样化的。当一家公司进入了利润周期的时候，同一行业的其他企业往往也同样如此。因此，在果实类投资中，安迪可能会同时买入数家同一类型公司的股票。但是，他不会将资金过度集中在市场上的任何一个行业中。

根据所发现的正在经历良性利润周期的公司的多少，安迪会调整果实类投资和种子类投资的规模。例如，在2001年年中的时候，国内生产总值(GDP)的增长速度急剧放缓，良性利润周期变得十分稀少，这时果实类投资的比重就只占安迪投资组合的25%，而种子类投资的比重则占到了一半。这样的资金分配导致投资组合中出现了大量1%的股票。这个时候安迪正在等待经济反弹并创造更多的良性利润周期。“一般来说，企业的经济状况依赖于国家经济活动的总体水平，企业只不过是整个经济体系的组成部分”。当整个经济体系创造了较多的良性利润周期时，果实类投资在投资组合中所占的比重也会较大。

3.丰收类投资

在丰收类投资中，安迪会减少或抛空所持头寸，并将投资收益尽收囊中。安迪认为主要在以下两种情况下，投资者应缩减自己在某家公司中的投资：一是公司股价达到了预先设定的目标价格；二是公司的收入增长开始放慢。最好能够根据价格决定是否抛售股票，因为以价格为参考标准可以剔除决策过程中的情绪因素和主观因素。设定一个你认为能够充分反映公司价值的价格，当股价达到这一价格时便抛出股票。这样做非常简单，对不对？只要你能抵制贪欲，这就非常简单。贪欲可是抛售决策中所有错误决定的诱因。极为常见的情形是，投资者试图榨干从某只股票中可以获得的每一分利润，在股价达到足值的水平时仍继续持有，结果只能看到自己辛辛苦苦积攒的财富化为乌有。

对一家公司来说，其股票的价值是不断变化的。在利润周期刚刚开始、公司收益不断增加的时候，公司的价值也会随之增长。但是，当其利润周期衰退的时候，就不能再按较高的收入水平和较快的增长速度计算它的价值。或者，你可以将公司的增长率“标准化”为一个你认为公司在整个周期中可以维持的平均水平，将其视为常数。在公司公布较高的利润时，你可以更多地买入它的股票，但在计算价值的时候，则始终使用同一增长率。

起初，安迪在估算股票价值的时候十分保守，总是按照从一般到最差的情形进行估值。“我不想为超过市场一致认同水平的预期增长投入资金。”他说，“哪怕我认为将会出现乐观的情形。除非你拥有公司，否则就不应该为此投入资金。”

在公司每个季度公布收益以及它的利润周期不断推进的时候，安迪会调整自己的估值结果，以反映更高的收入水平，并提高估算出的价值范围。当公司的收益如安迪所料沿“曲棍球棒曲线”移动时，公司的股价往往会突破安迪所估算的价值范围的上限。在这个时候抛出股票，可以给接手的买家留下一点点赚钱的空间，否则没人会买你的股票。“很难预料在达到上限的时候，一只股票能卖 2 亿美元还是 3 亿美元。”安迪说，“买方必须能赚到钱，否则他是不会买的。但是在我看来，这个时候股价已经被高估了。”当你所看中的利润周期开始衰退的时候，你也应该抛出股票。安迪投资理念中的一个重要信条是：“当一个公司的状况变好时，它会自然而然变得更好，而当其状况变差时，它也会自然而然更加恶化。”当企业的收入增长放慢时，其前景很可能会比大部分投资者所预料的更加糟糕，因此在这个时候，应减少头寸，锁定利润。

4.投资组合管理的一般原则

安迪不会去预测市场时机，但在经济低迷时期他确实会采取一项很重要的措施来降低股票投资风险。在良性利润周期稀少的时候，他会增加种子类投资的比重，而削减果实类投资，也就是增加投资组合中持有量较小的股票的只数，并减少持有量较大的股票的只数。从统计学上看，这样可以降低他的风险，因为一项失败的种子类投资带来的损失要小于一项失败的果实类投资。安迪认为将头寸集中在未进入良性利润周期的公司中是不明智的。一旦利润周期开始，他便会淘汰一些种子类投资，而将更多的资金投入到进入了利润周期的公司中。

安迪的研究表明，在一个正常的利润周期中，他可以通过在投资组合中持有 45～50 只股票(其中果实类投资占基金的 60%～70%)来最大化他的投资收益。这样他就可以以较大的头寸(4%～5%)持有几只往往能为他创造大部分收益的股票。

当看到安迪的投资组合包含 45～50 只股票时，有些投资者会感到很疑惑：如此分散化的基金，其盈利能力会不会低于那些更为集中的投资组合。实际上，安迪会将大部分资产仅仅投资在 15～20 家公司中，从而既可以使基金业绩超越他的基本目标，又无须将资金集中在高风险公司中。

5.创造价值

安迪努力获取将不断增长的1美元，而不是花上50美分购入静态的1美元资产，然后再等待别人用75美分或80美分将它买走。他所寻找的是那些将通过自己的行动创造巨大的未来价值的公司，也就是说，他用合理的价格买入他希望在几年后可以增长为5美元的1美元现值，但他不会预先为所有的预期增长付出资金。

一般的价值型基金经理不会像安迪一样把赌注压在创造未来价值的企业上，因此他们能够采取“来福枪式策略”，将投资组合集中起来。安迪的投资对象是成长型公司，这类公司的失败率自然要高得多——不是经营失败的风险而是无法充分实现利润周期增长潜力的风险。为了降低这一风险的影响，安迪在没有把握认为一家公司可以达到他的增长预期之前，只会持有其少量股票。

正如安迪所解释的，“我也可以算是价值投资者，只是我不会去判断一个公司现在值多少钱，然后按其折扣买入股票。我会预测公司的行动会使它在三五年后具备怎样的价值，然后将这一价值折算成现值，以确定它的当前价值。我希望最好能以现值的六折买入股票。但是，公司以后必须达到我的期望，这样我的计算结果才是正确的。为此我要承担额外的风险，因此我希望得到相应的回报。”

对价值投资者来说，只要花50美分，就能换取1美元的价值，那么即使公司的收益不能明显增长，其股票也是可以买入的。而对安迪来说，只有公司的收益能够增长，其股票才可以买入。但是为了防范风险，他只会花60美分购买1美元的价值，并换取预期增长。安迪还会加强计算过程的保守性，为此他会使用谨慎的增长率来计算合理价值。为了得到谨慎的增长率，他会先考虑最佳增长情形，然后再退一步，考虑在不够理想的情况下，按他的预期公司能够实现的合理增长率。

第十四章　突发事件分析

前十三章是我所认为的策略投资分析体系的一个总结，我认为，可能(我并不敢肯定)上述的传统分析可以解决相当部分(比如 70%)策略投资遇到的问题。毕竟，经济、证券等的变化大多数时间是符合平稳过程的，因此传统分析在这个环境里是必不可少的。否则任何分析方法很容易陷入虚无主义，而不能做任何事情。

但是现实的市场可不总是符合平稳过程的，比如市场的波动性就是在一段长时间的低波动后，突然来段剧烈波动。如果投资者认为掌握了一定的分析方法后，市场就可控、可预测、市场运行的内在规律被找到了，那就会犯致命的错误。在低的平稳波动的时候，认为可控的因素，在突然的高剧烈波动模式下，全部失灵，如果投资者过于对传统模式自满，则往往会在剧烈波动模式中被清除出市场。

证券市场存在大量的随机性和复杂性，远远不是我们所能够完全认识的，很多情况下，传统分析是无用的。本章和第十五章就是试图研究一些例外的因素。本章的例外是个案随机性，主要是突发事件分析，在第二节还会探讨更广泛的市场不可预测性条件以及对投资者自我分析方法的反思。下一章则研究广泛性例外：股疯和股灾。

这里要强调的是，既然是例外，就是超出预期的因素，也就是该个案因素出现之前是没法事先分析的。因此，经常进行思维扩展和训练，并且在事发后果断采取对策才是上策。很多投资者出现问题就在于过于沉迷于自己的常规分析体系，在突发因素超出常规边界后，没有应急机制。

本章的第一节是作者归纳的相当重要的一类“超预期因素”，即，外生性市场的突发事件，采取的方法是总结和历史个例研究。

第一节　外生性突发事件

突发事件是指对国家安全、社会稳定、经济运行和环境具有重大影响的，往往事先无法预计的超预期紧急事件。随着社会发展、科技进步和全球经济一体化的深入，突发事件的产生原因日趋复杂，发生频率越来越高，表现形式越来越多样化，影响范围越来越广，造成的破坏和损失越来越大。因此股市“晴雨表”就不可避免地受到各种突发事件的冲击。

突发事件分为内生突发事件和外生突发事件，内生突发事件是内生于经济和市场的突发超预期事件。这里强调的是突发性，因为大多数情况，市场面临的内生问题总是可以预期的，即使是央行突然加息，并且加息幅度超出投资者预期，也可以认为并不算是突发事件。不过如果央行的突然加息导致市场一天下跌 10%则算是超预期的。这里所指的内生突发事件包括：①以对冲基金为首的国际投机资本的冲击，如1997年东南亚金融危机和1998年香港金融风暴；②大规模投机失败，如我国20世纪90年代的“3•27”国债期货事件；③政策因素，如2001年我国股市的国有股减持事件。还比如，监管层对某大投行突然进行调查；④突发性市场事件，如1987年美国股市的黑色星期一，等等。

外生突发事件往往是非经济因素造成的。有社会因素，如，政治家突然逝世(被刺杀或意外事件)、政变、外部战争、恐怖主义袭击、突发性政治冲突、食品安全问题。具体比如，美国肯尼迪总统遇刺、墨西哥总统遇刺身亡、波兰总统飞机坠毁、2006年泰国政变、2001年美国“9•11”恐怖袭击事件、1995年日本东京地铁沙林毒气事件、1999年中国南斯拉夫大使馆被炸，等等；有自然因素，如，地震、水灾、台(飓)风、传染病流行等，具体比如1998年夏天中国长江大洪水、2003年4月中国SARS流行、2009年4月墨西哥H1N1流行、2005年9月美国卡特里娜飓风、1995年2月日本神户大地震、2008年5月中国汶川大地震、2004年12月印度尼西亚苏门答腊地震与海啸等等。

这些事件往往在事先难以分析，因此只能以“对策论”待之，也就是说，一旦出现，立即启动投资应急机制，而不是像鸵鸟一样对这些事件进行否认，还停留在传统模式。

总的来说，内生突发事件突然出现后，需要进行判断，来确定其对原有趋势的影响，是加强了趋势还是改变了趋势。比如，2001年宣布的国有股减持，潜在增加供给，因此在高估值的背景下，改变了原有趋势。而外生突发事件往往难以改变原有趋势，但是可能会造成一些交易性机会(出现重大波动)。

多数外生突发事件对市场没有实质影响，仅是心理影响，随着短期调整，然后逐渐恢复。比如，1994年印度发生了鼠疫，苏拉特150万人口中有25%逃离(与1346年如出一辙)，造成损失超过6亿美元，死亡人数56人。当BBC和CNN报道了印度鼠疫后，印度公司的全球存托凭证大跌，农业出口商股价暴跌，旅游业受到影响尤其严重。可见，害怕和恐慌给金融市场和经济带来了更大的问题，而不仅仅是疫情本身。

有些外生性突发事件对当地经济产生重大问题，但是这个超出本文探讨的内容之外。比如，二战中的德国入侵法国、中世纪的欧洲黑死病。就好比《黑天鹅》的作者所说，事先人们不知道战争会持续那么久。在出现战争(不在本地和本国的战争除外)这种情况下，最好就是采取风险防范机制，规避风险。科斯托兰尼就在其书中指出二战中德国入侵法国的时候，法国的交易所仍然在交易，很多投资者居然对即将到来的危险毫不察觉，最终投资所剩无几。

最可怕的外生突发事件是这个事件的发生诱导出“金融危机”的内因。这里，外生性突发事件只是一个导火索，是“金融危机”的外因，市场内部的风险源才是引发危机的内因。外生突发事件之所以能够对证券市场造成重大冲击，是因为市场内部潜在的风险源被外生突发事件激活，并且通过市场风险传导机制在短时间里迅速扩散，最终引发系统风险，这就是外生突发事件触发金融危机最基本的机制，也是“外因通过内因起作用”这一辩证法基本规律在金融危机的体现。市场的主要风险源指风险承受能力较差、从而易受突发事件破坏的市场构成要素，主要有以下几种类型：①高负债投资者(高杠杆投资者)；②资金融出者；③价值被严重高估的证券；④受突发事件严重影响的上市公司；⑤在突发事件爆发前已陷入经营危机的证券经营机构；⑥风险控制力较差或有缺陷的交易制度；⑦错配的对冲组合；⑧市场技术体系和基础设施的薄弱环节，以及证券经营机构密集的地区等。

下面针对社会因素突发事件和自然因素突然事件，进行了一些案例研究，本文没有讨论包括本世纪以来所有重大突发事件，感兴趣的投资者可以自行查阅，分析当时背景，并且与当时股票市场、债券市场、商品市场和外汇市场相印证，对历史的突发事件了解越多，尽管不能预测未来的突发事件程度和时间，但是对于日后采取可行性对策会很有帮助。

一、社会因素突发事件

相对于天灾，人祸显得更加难以捉摸和预测，但它们对金融市场的影响却有迹可循。

不算发生在本地的战争，1990～1991 年的海湾战争提供了很好的活教材，投资者可以研究那段时间政治、经济和新闻媒体的反应，同时观察各个市场的走势(图 14-1)。

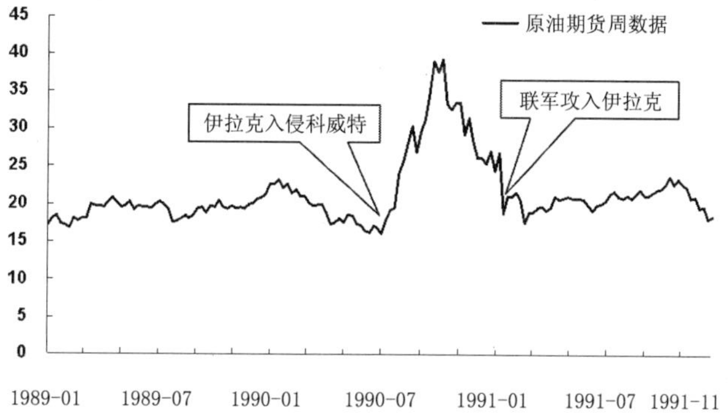

图 14-1 海湾战争期间油价表现

伊拉克入侵科威特之前，由于美国发生储贷危机，大量银行倒闭(当时人们认为会出现“大萧条”)，经济放缓导致需求下降，原油价格下降，美元指数下跌。随着伊拉克入侵，原油和天然气价格飙升，美股下跌，债市上涨，美元指数继续下跌。随着美国干预形势明朗，原油出现暴跌，美股震荡上行，美元开始企稳。直到海湾战争全面爆发，原油价格基本跌回原位，美股快速飙升，美元指数大幅上升，债市开始横盘(图 14-2～图 14-4)。

恐怖袭击是另外的社会性突发事件，由来已久，从古老的犹太教狂热分子到十一二世纪的刺杀行动，再到二战中日本的“神风敢死队”。最近西方世界的恐怖袭击事件，背后的主谋大都来自中东，这意味着恐怖分子与原油存在紧密的联系。同样在 20 世纪 60 年代，美国总统肯尼迪被刺身亡，当天股票下跌 3%，但不久恢复升势，总统遇刺没有改变股市运行轨迹(图 14-5)。

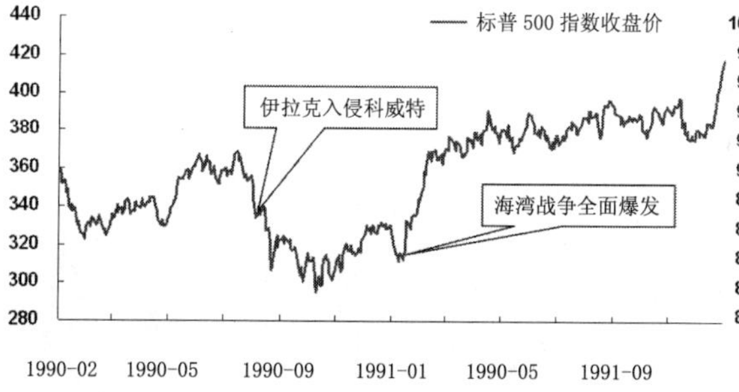

图 14-2 海湾战争期间美股表现

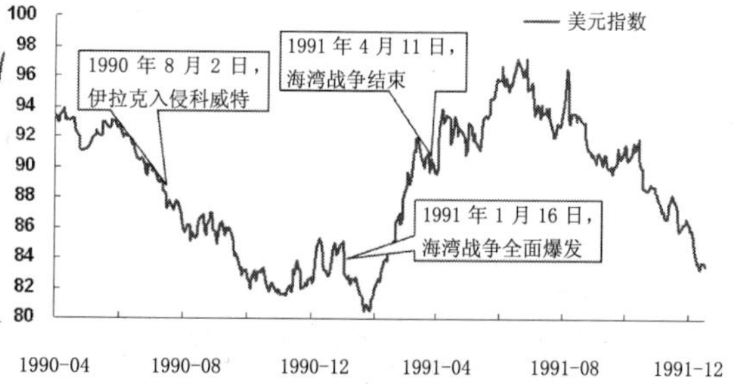

图 14-3 海湾战争期间美元指数表现

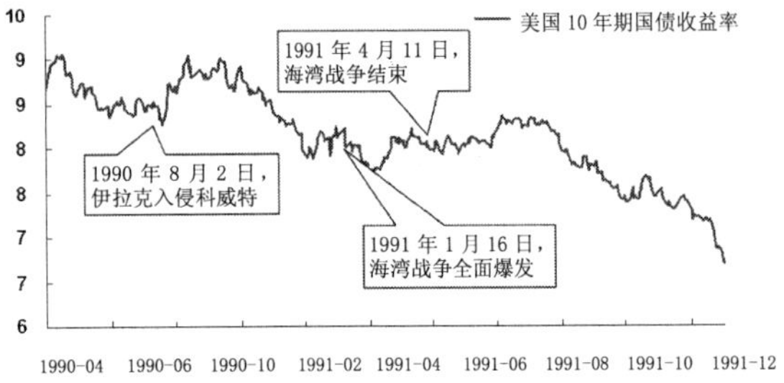

图 14-4 海湾战争期间10年期美国国债收益率

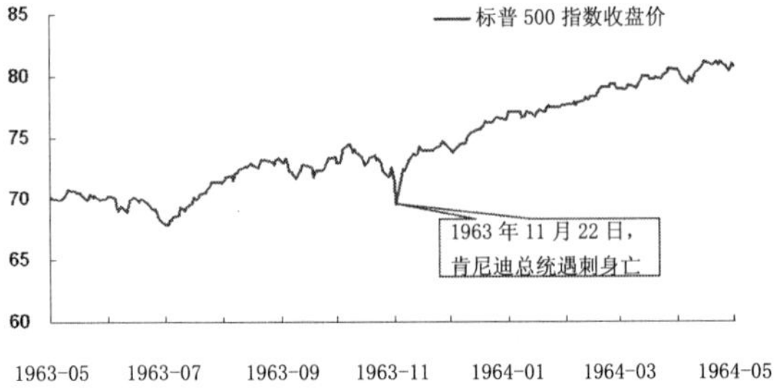

图 14-5 肯尼迪总统遇刺当天股市下跌3%，其后不久恢复涨势

近年来，最著名的恐怖袭击是美国2001年“9•11”事件。2001年9月11日，基地组织恐怖分子劫持的飞机撞击美国纽约世贸中心和华盛顿五角大楼，导致世贸中心两栋大楼轰然倒塌，美国3000多人丧生，并且造成美国乃至全球恐慌。

“9•11”事件对美国的直接和间接经济破坏极大，9月11～16日美国全国航班一律停飞。之后的几个月美国民航的营业额下降一半左右(2000年美国各大航空公司每天平均总收入为3.57亿美元)；关口和部分边界封闭，部分国内贸易和国际贸易、陆路和海上交通、城市交通中断，国内旅游、入境旅游和出境旅游均一度停止并数月内持续低迷；美国人的消费信心降到8年来最低点；银行、股市、保险等金融行业也被严重拖累，其中保险行业一次性损失达100～150亿美元(当时美国保险公司每年收入总量约为400亿美元)。同时，“9•11”事件对美国经济的负面影响还通过贸易、资本流动和汇率、国际市场价格以及金融市场等四个渠道波及全球主要经济体。

“9•11”事件的发生使得纽约证券交易所、纳斯达克交易所等证券市场在9月11～14日(周二到周五)关闭，直到9月17日才重新开市。很显然，“9•11”事件引发的恐惧和对经济负面影响的预期在6天后还是非常强烈，纳斯达克指数17日跳空低开，当天收盘价较9月10日收盘价下降6.83%，并在一周内(5个交易日)天天下挫，到9月21日报收于1423.19点，比9月10日收盘点位1695.38点下降16.05%。9月21日的最低点1387.06点也成了纳斯达克指数一轮下跌的底部，随后在阿富汗战争的预期下、并在10月7日阿富汗战争正式爆发的刺激下，美股进入一波为其2个多月的反弹(图14-6)。

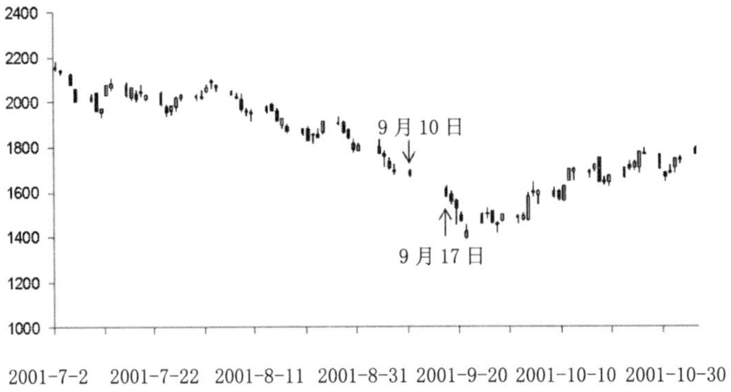

图 14-6 “9•11”后的纳指走势

“9•11”事件实际上可以看做是基地组织对整个西方世界的宣战，同时事件对美国经济负面影响的预期也将会影响欧洲经济的表现。因此西方各国股市也难以幸免，齐齐下跌。“9•11”事件发生的当周，伦敦股市下跌 6.2%，巴黎股市下跌 11.4%，法兰克福股市下跌 12.3%，受“9•11”直接影响的航空公司股价下跌幅度更大，英国航空、汉莎和法国航空的股价跌幅均在 30%以上。在 17 日美国股市重新开市当天，欧洲股市出现反弹，均上升 3%左右，但在随后几天又出现波动。

另外还有的突发因素是国内政变，它对本国股市和货币均不利，甚至也会牵连周边国家的股市和货币，只是由于政变的规模和程度不同，其影响力也有大有小。通常情况下，导致股市下跌和货币贬值的最直接原因是由于政变造成了经济政策的不稳定和社会经济的停滞，特别是局部冲突，会导致基础设施的损坏和大量的难民。

需要指出的是，政变的目的是为了获得一个国家(或独立经济区)的执政权，不论是军事政变还是和平政变，一般来说都不会导致这个国家(或独立经济区)的经济倒退，虽然经济会出现停滞，但政变的胜利者会在政变胜利以后积极发展经济，迅速巩固国家(或独立经济区)的经济基础，为自己的执政打下坚实的底子。所以，政变引发的股市下跌和货币贬值一般都是短期的，有的时候甚至还会因为原执政当局的腐败等恶劣因素，政变过后经济很快发展起来，半年、一年以后货币升值。

2006 年 9 月 19 日泰国发生政变(有些国家的局势时常不稳)，泰铢以及周边国家的货币仅仅发生了很小幅度的贬值，并且在几天内就恢复了原来的币值。市场没有受太大冲击的主要原因有两个：第一是军事政变的首脑承诺维持国家的经济正常运行，其次是作为国家象征的普密蓬国王及时出面稳定了社会结构，所以这次政变虽然看上去很激烈，但是代表统治者利益的利益集团并未改变，所以未造成灾难。相对而言，1991 年 8 月 19 日的前苏联政变就不一样，叶利钦掌握政权甚至宣布苏共为非法，使得国内社会结构发生了重大变化，结果给苏联经济带来了沉重的代价，卢布大幅贬值(当时苏联没有股票市场，否则应该也是暴跌)。二战结束以后，政变导致的内战和区域战争并不多。

历史上还有众多社会性突发事件，建议读者自己去找一些这些事件，详细进行分析。有些社会事件仅影响部分板块，比如 2008 年的三聚氰胺牛奶“突发”事件。

二、自然因素突发事件

中国股市投资者经历的自然因素突发事件主要有 1998 年大洪水，2003 年 SARS，2008 年汶川大地震。站在历史的角度，应该说影响只是短期的，但是对于投资者来说，半年已经足够长了。

虽然自然灾害对一个国家或者一个地区而言往往都是局部的，但对于整个国家和地区来说，为了应对自然灾害政府往往会提前做财政预算，遇到大灾难的时候还要追加预算，遇到毁灭性灾难的时候，还会有国际借贷，这会对政府的支付能力产生重大影响。虽然主要是反映在债券市场上，但是由于债券交易大多是大宗交易，所以会不同程度地影响到股票市场和外汇市场。

一般来说，由于投资者会追求高利率的债券，而一旦发生自然灾害，灾难所在地政府就会追加财政预算，这也同时意味着会有更多政府公债即将发行。并且，追加发行的债券利率都会比较高，这会吸引投资者提前购买该国货币，以购买债券，这也是为什么在灾难之后汇率出现宽幅震荡的原因。而这种情况，往往会持续一周左右甚至更长的时间。在印度洋大海啸发生后不久，一些欧美投资者开始关注海啸，并且着手计划海啸影响地区的灾后重建，这使得在海啸后一周左右的时间里该地区多种货币汇率出现了反复震荡，在这之后的一个月时间里，除了第一周汇率出现整体下滑之外，其他时间，货币汇率都在小幅上升。

在新奥尔良飓风灾难之后半年多的时间里，美国证券市场除了前两周因为灾难带来了大量的失业和救济资金的注入而下跌之外，其他时间都在缓慢上升，而建筑商和建材商的股票从一开始就在上涨。当然，600多亿美元的保险赔偿让美国的各大保险公司直到一年多以后都没有缓过劲来；而卡特里娜飓风造成的一系列灾难使得美国政府不得不紧急发行了100亿美元的国债，这让美元需求量在短期内增加，这是2005年九十月份美元持续上涨的主要原因。

楼宇桥梁倒塌、火灾、空难和交通灾难等事故是影响力最小的，它们只是会直接影响市政工程类和交通工具类企业的股票，这两类股票一般都是各大证券交易所的成分股，所以这类灾难对汇率的影响是通过股票市场的需求来实现的，而且它们对金融市场的影响仅仅限于对企业的影响，很难上升到对国家的影响。当然，如果这类灾难发生在最重要的地区，例如央行、议会等地并且造成重大人员伤亡，那肯定对投资者的心理影响会大——主要的心理冲击可能还是因为投资者担心这会影响到经济政策的连续性。

这类灾难中比较有名的要算2000年的协和空难了。当时一架法国飞往美国的协和飞机在起飞后不久坠毁，法国巴黎CAC指数应声而落，随后几乎整个欧洲的航空运输业和航空制造业股票都随之下跌，而欧元也在小幅下跌。但是由于飞机的坠毁并未造成更多的灾难，所以这件事几天后就过去了。

有些自然灾难，不能预测具体时间，但还是有一定规律的，比如如果飓风果真袭来，最可能发生在9月，而洪水灾害一般出现在8月份(图14-7)。

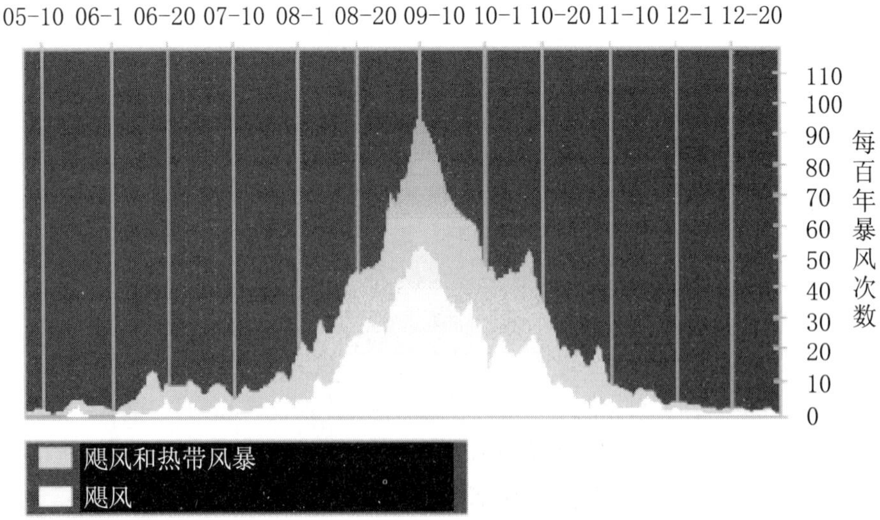

图14-7 如果飓风果真袭来，最可能发生在9月

三、传染病

我们还是先回顾一下人类历史上重要的传染病，以及死神笼罩下的赢家和输家。总结人类重大传染病历史，我们得出以下结论：

(1)活着是最大的赢家。

(2)近代史以来，疫情对金融市场有短暂而急剧的冲击，但很少进一步蔓延。这为投资者在疫情初期做空和末期做多提供了契机。

(3)赢家和输家基本不变。酒店、航空、旅游、购物中心、娱乐业、部分食品饮料等股价都深受影响，寿险公司可能感受到巨大的负面影响，而执行养老金政策的公司则显著受益。医药和医疗服务、殡葬业等都成为早期的赢家，某些服务型行业(如电信、UPS 和网上购物)，业绩会非常好。

(4)一般疫情发生后，本国货币会出现疲软，如果国家介入，可能是一个买入机会，特别是国家为了防止衰退蔓延而延长了低利率时间，对利率敏感性行业是典型利好。

中国古代很早就注意传染病疫情防护(除了战争期间)，欧洲则显得落后。1346 年，热那亚卡法城被鞑靼军队围攻，不料，这支鞑靼军队不少人染上一种不寻常的疾病，发病者舌头发白而身体发黑。这种疾病医学上称为腺鼠疫，人称黑死病，号称世界头号烈性传染病，肺鼠疫感染的死亡率高达 50%，而在中世纪，这个比例接近 100%，无药可救。

受挫的鞑靼军队将死尸装入投石车，投入卡法的城墙中，使得鼠疫迅速蔓延，人们放弃了卡法，乘船逃命，鞑靼人赢得了战争，但围攻和流亡加速了黑死病的蔓延(这是疫情爆发的常见因素：人们试图逃离疫区，导致疾病随之流动而传播)，据史学家估计，当时人口在这场疫情中减少了 25%～40%，创下过致死亚欧 4000 万人的可怕纪录(图 14-8)。

图 14-8　令人毛骨悚然的黑死病差点儿导致中世纪的欧洲彻底崩溃

显而易见，任何与死亡有关的生意都很兴隆。无论是销售裹尸布，还是丧服，抑或是葬礼用的香料和蜡烛，都获利颇丰。提供家庭护理的人是最大的赢家，当然前提是他们能够活下来。随着人口减少，农民和工人的收入增加了，看护、牧师、修道士成为热门职业。人们不再出入那些不安全的公共场所，例如市场、旅馆和酒馆，然而，教堂和药房仍然开业并且生意兴隆。有历史学家甚至认为疾病改变了人类历史。

1918年西班牙大流感是史上最恐怖流感。西班牙流感(H1N1型流感)最早爆发于美国堪萨斯州的小城哈斯科尔，后来席卷全球，引发的死亡人数是第一次世界大战的4～5倍，保守估计在4000～5000万人，还有人估计死亡人数高达1亿(当时世界人口18亿人)。令人担忧的是，最近的病理学研究令科学家相信，1918年流感是一种禽类病毒，与现在的H5N1型病毒或禽流感有着相似的结构。

和黑死病类似，流感期间，交通、饭店、零售、旅游和娱乐业不景气，医院和健康服务成了最大的赢家。值得一提的是，通信业得到了良好的发展，电话公司不堪重负，不得不告知客户除了必须的呼叫不再提供其他的服务。

在1918年大流感时期，债券被认为是安全的有息工具，价格走高，而股市震荡走高，这可能与一战结束有关(图14-9)。

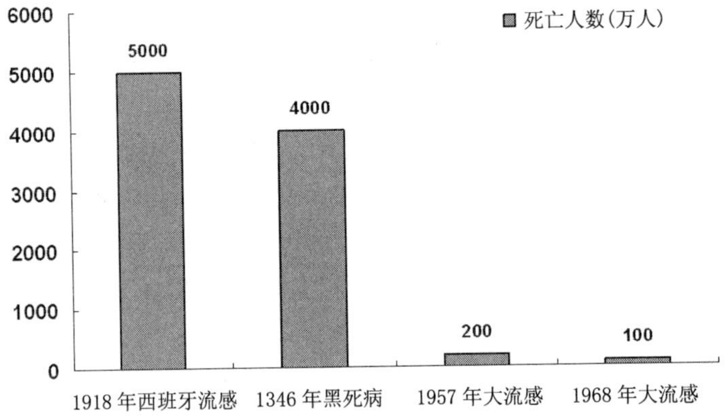

图14-9　1918年西班牙流感保守估计造成4000～5000万人死亡

很多疾病只能造成某些板块的风险和机会。1996年3月25日，英国卫生部长杜瑞尔宣布BSE或者疯牛病已经波及人类，更为重要的是，传染的原因极有可能是食用被感染的牛肉。故事又在重演，以牛肉为主的食品生产商出现暴跌，而不涉及牛肉的食品商由于替代效应出现上涨(图14-10，图14-11)。

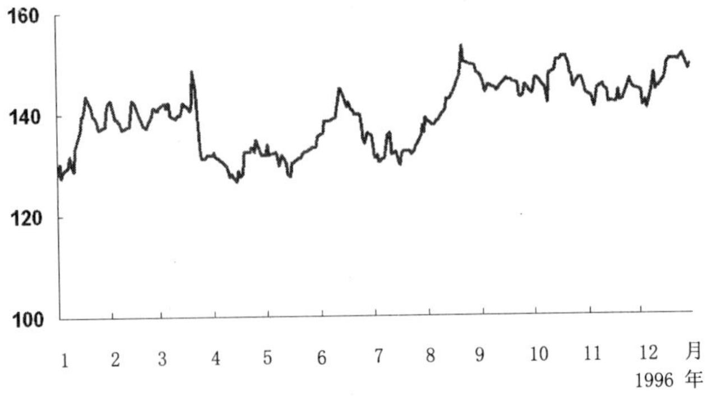

图14-10　英国奶业公司北方食品在3月25日后暴跌

图 14-11 销售汉堡的麦当劳公司股价下跌

对于中国人来说，2003 年的 SARS 可谓印象深刻，从 2002 年 11 月 16 日，第一例非典在广东佛山发生，到 2003 年 6 月 24 日，北京旅游警告被取消，中国及周边地区经历了一场规模巨大的病毒袭击。和黑死病、1918 年流感和疯牛病一样，与疾病有关的信息既不清晰也不完整，这导致对金融市场和民众的危害超过疾病本身造成的损失(图 14-12～图 14-14)。

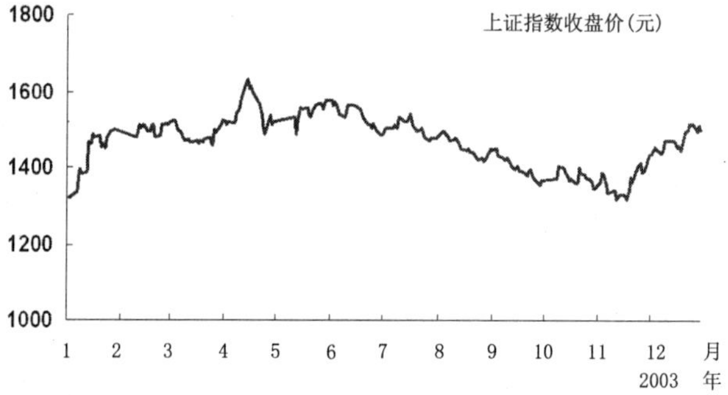

图 14-12 2003 年上证指数在“非典”爆发后不断下跌

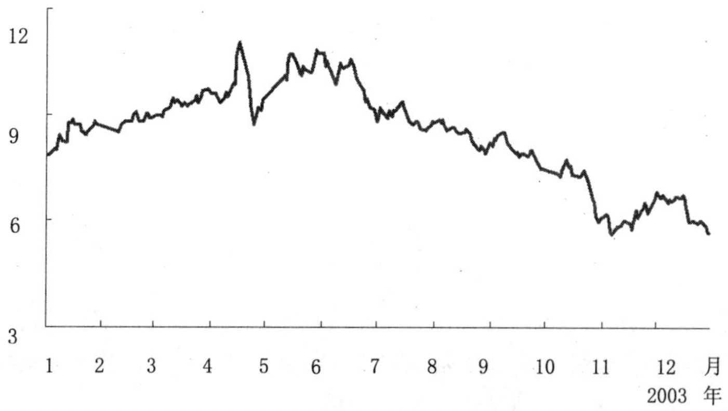

图 14-13 2003 年锦江股份收盘价

禽流感具有很长的历史，其病毒自1901年就被公认为可以引起一种对禽类而言致命的疾病。1997年，香港家禽饲养场和露天市场爆发这种高致病性H5N1型病毒引发的疫情。不久之后，香港报告有人感染该病毒，6人已经死亡，这是人类感染H5N1病毒的首次报告。H5N1病毒传播是如此的广泛和快速，不久，其范围已经从远东地区发展到欧洲和非洲。据估计，为了对付禽流感，研究和防范的费用至少需要13～15亿美元，如果禽流感可以像季节性流感那样人与人之间传播，估计会有数百万人丧生。自2003年以来，H5N1型病毒造成了禽类有记录以来最严重的疫情爆发。对于已有的治疗手段，瑞士罗氏公司生产的Tamiflu(达菲)胶囊或英国葛兰素史克公司生产的Relenza(乐感清)喷雾式药剂对这种病毒有一定的治疗效果，另外金刚烷系列药物因为能够阻止流感病毒穿入呼吸道上皮细胞，剥除病毒的外膜，影响病毒初期复制等作用，也可用于流感的治疗(图14-15)。

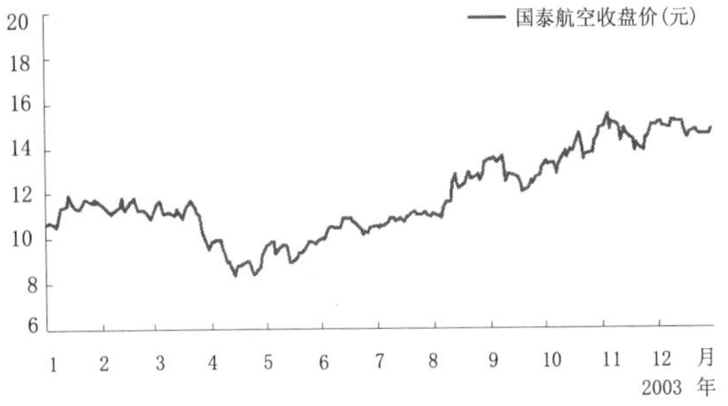

图14-14　2003年国泰航空股价短期暴跌，其后回稳

图14-15　治疗禽流感特效药“达菲”的罗氏公司股价，在禽流感肆虐和美国政府开始储备药物的2005年，罗氏大涨，美股调整以来，该股跑赢市场

猪流感。2009年4月26日，南美的墨西哥发现了一种类似动物流感疾病的病毒造成了约20人死亡。此后的数十天内，该病毒迅速在全球扩散，美国、加拿大、中国等国家陆续发现此病毒的疑似病例。这就是所谓的“猪流感”——甲型H1N1流感病毒。世界卫生组织立即将该疫情列为“公共卫生事件”，这一突发性的事件不仅影响到全球经济，对于始发地的墨西哥更是一次较大的打击。因为流感疫情的影响，墨西哥股市大幅下跌。瑞银集团墨西哥公司因此将墨西哥股票评级从“首选”降至“减持”。墨西哥的零售业、航空运输业成为此次疫情的最大受害者。此次流感疫情的突然爆发对墨西哥股票市场的冲击是一个持续过程。这一流感虽然也对我国股票市场造成影响，但是并没有产生较大冲击。

四、未来的气候与地质变化

气候或者地质变化可以预测吗？我国专家曾经专门对此进行了预测学的研究，取得一定的成果。比如翁文波教授先后发表了《频率信息的保真》、《可公度性》、《预测学基础》以及《关于地支纪历与预测》等以信息预测为中心的预测理论，并把理论付诸实践。据统计，1982～1992年国内地震预测，预测次数60次，实际发生52次，错报8次，准确率86.67%；时间平均误差41.75天；地点平均误差399.71km；震级平均误差0.72级。1986～1992年国外地震预测，预测次数70次，实际发生58次，错报12次，准确率82.85%；时间平均误差

48.35天；地点平均误差692.10km；震级平均误差0.61级。有的预测之精确，令人惊叹，如1989年4月26日墨西哥7级地震，预测与实际时间仅提前一天，地点完全准确，实际震级为7.3级，仅差0.3级。

从气候变化的规律而言，流感世界大流行的时间规律是，流感爆发成群发状态，两次群发期之间相隔30～40年，群发期内每隔约10年爆发一次。2000年世界已进入拉马德雷冷位相时期，2007年发生了中等强度的拉尼娜事件和中国强沙尘暴年，2007年或2008年为太阳黑子谷年，2008年1月中国发生了严重低温冻害，2008年为厄尔尼诺年。同时，2009年又是日食经过中国年、无月食年、太阳活动谷值年，这些都是地震和洪水等自然灾害频繁发生的重要标志性事件。

地质学者郭增建认为：中国西部有些带有地球动力学意义的地震地带和中国东部是相通的。1842年6月新疆巴里坤发生7级地震，1843年黄河中游发生特大水灾；1932年12月甘肃昌马发生7.5级地震，1933年黄河中游发生特大水灾；1957年12月蒙古国西南部靠近中国新疆地区发生8.3级大震，1958年黄河中游发生特大水灾；1974年7月在蒙古国和新疆交界处发生7.2级地震，1975年在河南发生特大水灾。

1822～2008年，186年间有32年无月食，无月食年的潮汐强度相对较弱。32年无月食年中，有21年为厄尔尼诺年，5年为拉尼娜年，6年与厄尔尼诺年不超过两年。这表明，无月食年是地球潮汐形变最小值年，与厄尔尼诺和拉尼娜的相位差不超过两年，是预测厄尔尼诺年的重要依据。在2003～2019年，2009年和2016年为无月食年，发生厄尔尼诺事件和拉尼娜的可能性很大。

根据于红、吕素琴、范垂仁的研究，在近百年(1897～1998年)资料中，无月食现象每隔7和11年交替出现。在无月食年里发生的洪水，日食就成为主导因素，因而日食的沙罗周期与洪水的相应关系更为密切。以长江为例，1951年为无月食年，长江发生了大洪水，继后18年的1969、1987年亦为无月食年，都出现了大水；1962年为无月食年，长江发大水，18年后的1980、1998年亦为无月食年，也都发生了大水。

根据郭增建的地气耦合理论，潮汐强度大时，中国内地突起就高，放出的热气就多，中国内地降水量就大。1998年长江巨洪的相关条件是，太阳黑子磁性周期(22年)、厄尔尼诺年、青藏高原大雪和附近区域强震(表14-1)。

表14-1　20世纪以来白赤交角极大年、强震与洪水

白赤交角极大年和极小年		大洪水	M大于7级强震
1913	1922	1915年珠江特大水，1926年(厄尔尼诺年)，长江中下游大水，黄河大水	1913 峨山7.0，1925 大理凤仪7.0
1932	1941	1933年，黄河特大洪水，为本世纪最大洪水	1932 甘肃昌马7.5，1941 澜沧耿马7.0，1941 勐海7.0
1950	1959	1951年(厄尔尼诺年)，辽河中下游特大洪水，1958年黄河中游发生特大水灾	1950 勐海7.0，1957蒙古国西南部靠近中国新疆地区发生8.3级大震

续表

白赤交角 极大年和极小年		大洪水	M 大于7级强震
1969	1978	1975 年在河南发生特大水灾	1970 通海峨山7.7，1974昭通大关7.1，1974年蒙古国和新疆交界处7.2，1976龙陵7.3，1976龙陵7.4
1987	1996	1998 年，长江、松花江发生特大洪水，淮河、珠江大洪水	1988 澜沧7.6，1988耿马7.2，1995孟连7.3，1996 丽江7.0
2006	2015		2007 普洱6.4，2008盈江5.0、5.0、5.9

想起 2008 年的汶川特大地震和 2010 年青海玉树地震，看了灾难片《 2012 》，这些都不禁让投资者深感忧虑，未来气候变异，地质异常、厄尔尼诺事件等是不是会经常发生，这会不会有些所谓的“杞人忧天”?

第二节 黑天鹅

尼德霍夫在《一个投资者的教育》中很放肆地说：从统计数据上，我已经完成了 200 万次的交易，这些交易的平均利润率在 70%左右。这个平均数字与随机结果的偏差大约在 700 点，如此之大的偏差绝对属于小概率事件，从概率角度说，发生这种偏离的频率几乎相当于用汽车回收站的配件组装成一家麦当劳餐厅。

1997 年 10 月 30 日《今日美国》的新闻说：星期三，尼德霍夫对旗下三个对冲基金的投资者说，由于 3 天内的股价持续跌落以及本年度早些时候的泰国股市大跌，他们所持有的基金在星期一已经因崩盘而注销。

对冲基金所遭遇的大多数失败都是小概率极端事件造成的直接结果。索罗斯在评价尼德霍夫的时候说，他把市场看成一个大赌场，人们的行为如同赌徒，因此，研究赌徒的行为也可以帮助我们认识市场中人的行为。他经常按照该理论进行小数额的资金交易，但是他的方法并非完美无缺，在出现大涨大落的时候，他就有可能遭受严重损失，因为他的投资模式本身就缺乏合理的防损机制。

一、黑天鹅事件

只有对未知的事情有所估计的人，才能在未来的道路上走得更顺利。很多人都是因为前期预估不足而失误。只有掌握了黑天鹅理论，才能明白哪些会造成重大影响的问题而应该着重避免。黑天鹅，是指具备了以下三个特征的事件：①不可预测，人们事前往往低估其发生的可能性；②造成极大影响；③事后回头再看，又觉得此事发生的有理。

投资者，特别是“成功”的投资者总是假定一切都在掌握(从尼德霍夫的话里就可以看出来），并且能够找到股市运行的内在规律。但是研究复杂与随机系统的专家却往往提出一些与众不同的意见，并且“黑天鹅事件”也总是给投资者以教训。

其实，总结的规律未必是普适意义的，按照哲学家的观点，总结的规律未必就是科学，规律受到观察者视角的局限。比如，《黑天鹅：如何应对不可知的未来》里面就举了两个很好的例子，一个是鸡的故事，养殖场的鸡观察到每天中午 12：00 饲养员都来给鸡喂食，并且观察了 1000 天，因此得出结论，明天中午 12：00 饲养员仍然来喂食，这个规律很合观察逻辑。但是第 1001 天，饲养员不是来给鸡喂食的，而是要把鸡送进屠宰场的(图 14-16)。

这个现象在金融市场也存在。经典的是美国长期资本管理公司的基金净值，图 14-17 是该公司投资收益相对 SP500 的表现，稳定持续战胜指数后，突然死亡，如果某投资者在 1997 年底通过观察该公司的净值曲线而投资该公司，则投资会很快被损失掉。

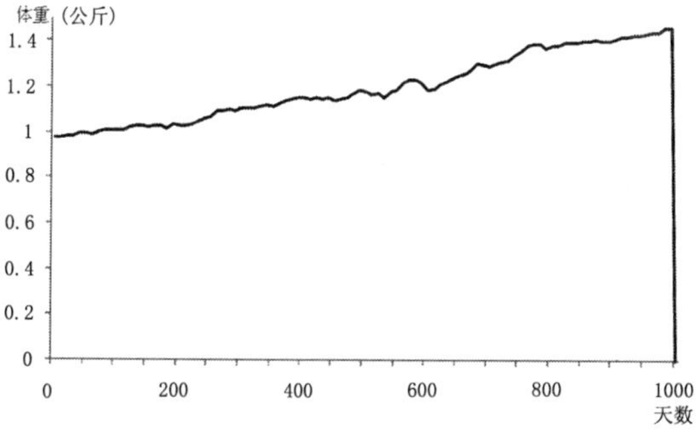

图 14-16 鸡的生存天数和体重

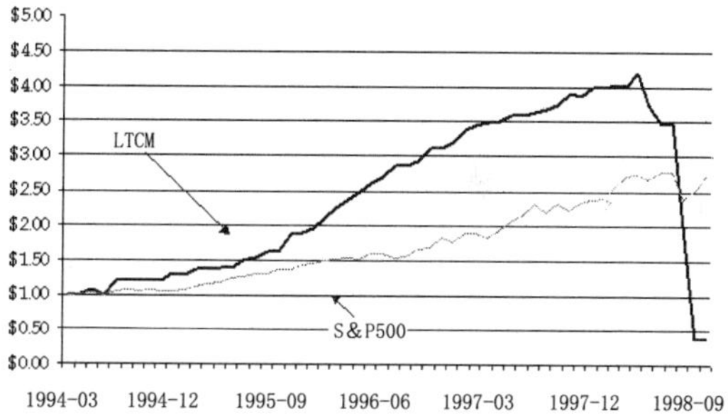

图 14-17 长期资本管理公司的基金净值曲线

第二个是细菌的故事。这里说的是认识论的局限性，比如，根据 20 年的菌群增长数据，很容易得出图 14-18 的模型。

而实际上，拉长到 200 年，菌群的增长数量是图 14-19 那样的曲线。

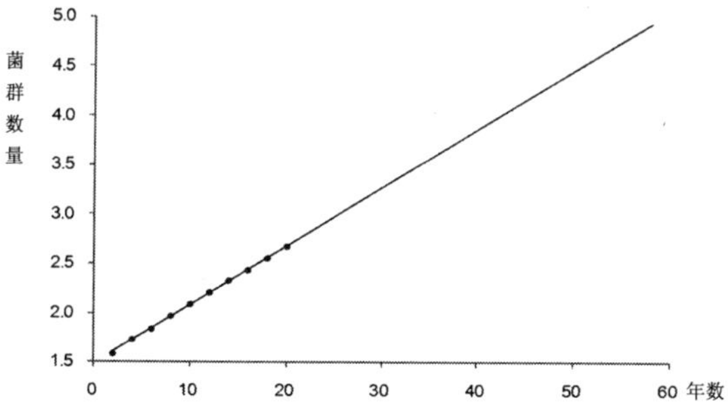

图 14-18 根据有限数据进行的预测模型

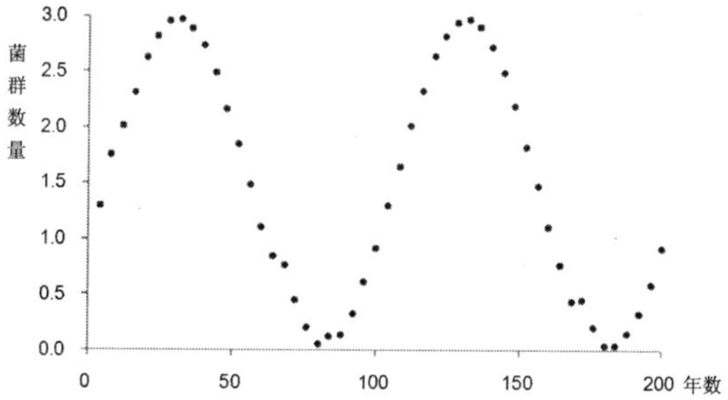

图 14-19 实际的菌群增长曲线

人类喜欢事件的具象，带有因果关系的东西，讨厌抽象逻辑的东西。殊不知很多事情是很难理清楚的，很难说什么是事件的真正原因。现实社会也一样是极度复杂的，很多事物是难以究其原因的。当一些所谓的专家在根据自己简单理论津津乐道揭示背后的原因时，我们则要小心警惕这些信息。

要知道，人的认知是有限的。古代中国人认为：天圆地方，天是圆的，地是方的。连铸造铜钱都是按照此原理设计的，圆形钱币中间一个方孔。古代印度人认为：地球像塔，第一层是海，第二层是大地，第三层是天。乌龟在海里蹲在蛇身上，支撑大地的象群站在乌龟背上，太阳在上方旋转。而古代欧洲人则认为：地球是个正方体。现在大家都知道他们的说法是不正确的，当然我们不能嘲笑古人，因为他们那个时候没有先进的仪器设备可以进行探测，只能凭自然现象加以臆断或推测。公元二世纪时古希腊的地理学家、天文学家托勒密提出“地球中心说”：地球是宇宙中心，太阳、月亮、星星在外围环绕；到16世纪的哥白尼提出“日心说”：太阳是宇宙中心，地球、月亮、星星绕太阳转。后来的伽利略因为支持哥白尼的“日心说”长期受到宗教的迫害，我们现在知道他们的学说都是不正确的。这就说明人对事物的认知有一个从不知到知、从错到对的发展过程，再博学之人也不是全知全能的。有句话说：我的知识越多，我不知道的就越多。看起来很矛盾，其实是说得通的，我的知识越多，我接触的知识面就越广，我接触的面越广，我不知道的自然就更多。

对于未知的事物不应妄加否认。比如黑天鹅理论，古代欧洲人因为没有见过黑天鹅，所以就认为天鹅都是白色的不存在黑色天鹅。就像我们没有见过外星生物就断言不存在外星生物，也许只是我们还没找到而已。我们在日常工作中也会遇到我们以前从没碰到过的问题，但我们不能就轻易断定没有问题，对于目前没有出现的风险，我们也不能就臆断以后也不会出现。对于未知事物轻易否定，实际是一种守旧的心态，惧怕新事物，自然就会难以创新，难以发展进步。

必须承认存在不可测性——无论风险或收益。我们知道“蝴蝶效应”，海森堡提出量子物理学上的“测不准原理”，经济学上也有“股票价格测不准原理”的说法，专家承认地震也是难以预测的，这些都说明：一切事物中都可能存在不可预测的变数，事物发展会有随机性。我们认为在自然界中水往低处流是规律，但是在经济学中，占有资源优势的富人会越来越富有，穷人会越来越穷，所谓赢家通吃的“马太效应”。我们在签订交易合同时，其中一定要写明一条：由于不可抗力(地震、水灾、战争等)造成的责任可以免予追究。这就是大家对不可测风险的共识。保险业实际就是在利用风险的概率赚钱的行业。所谓“天有不测风云，人有旦夕祸福”，讲的主要是其中的风险，但如果这个风险是普遍的或由不可抗力造成，保险公司一般是不会为你投保或赔付的。财务原则上有一条稳健性原则，对于预期的收益不能提前作为实际收益入账，对于预期的风险则可以预提准备金。

由于不可预测性，必须建立应对突发事件的机制。现实当中无论你多么不希望碰到“黑天鹅”，你可能还是会遇见。所谓黑天鹅往往是指看似极不可能发生的事件，它有不可预测性与冲击力大的特性。但一旦发生之后，我们往往会编造出某种解释，使它看起来不如实际上那么随机，而且更易于预测。比如：彩票的中奖者大部分是靠的运气，市面上流传的什么捡别人丢掉的过期奖券号码、把自己家电话号码拆解开来中大奖等好像是计算出来的大奖，实际都是因为意外，这根本就是一个不可预测的结果，那些传言都是添油加醋，也是媒体的宣传手段。

二、对黑天鹅事件的认识

写到黑天鹅时间和认识论问题这里，我很抱歉地对读者说，你仔细阅读了这么多章内容，接受了本书的体系，但是这个体系可能完全是错误的，谁能证明流动性、业绩和估值就一定是市场分析的三个核心要素？谁能证明人口、技术和制度一定决定了社会的长期发展趋势？那只是本作者臆想的！

本书的方法本身就是还原论的“错误方法”，就是把本来是一个复杂系统的股票市场给简单地解剖成一些“要素”，并且认为这些“要素”决定着股票市场的运行(当然根据反身性，股票市场也会反过来影响那些“要素”，但是这不妨碍通过观察各种“要素”来认识市场)。

按照系统论的最新研究，如果把股票市场看成整体研究，而不是像我那样把市场给切分，则有理论认为，在相当多的时间内，市场是由众多不同投资者共同作用的结果。因此，是有效的。个体投资者往往很难战胜市场的——除了偶尔存在的异常大众妄想和群众的疯狂。也就是说，市场绝大多数情况很难分析，只有当偶尔市场多样性受到破坏，投资者均采用类似的行为模式时，市场倾向于变得脆弱不堪而出现“可预测性”。比如，大量有关羊群效应的文献就阐述了这种现象。羊群效应就是大量投资者基于对他人行为的观察而做出相同的选择，而完全忽略现有自身的知识。

作为整体来看，证券市场是具有自组织临界特征的复杂适应系统。从统计上来说，股票市场是胖尾分布的，偶尔有些幂律分布的特征。这和传统完全不同，传统的社会学家和经济学家喜欢用高斯正态分布来描写随机事件，然而股票市场不是。正态分布，描写的是一个大致均匀的世界。然而不平等是我们这个世界的本质属性。比如，我们的世界的很多分布是幂律分布，比如畅销书的销量，富人的财富，其极端例子都比正态分布预测的多得多。这个分布所预言的极端情形的概率，比正态分布要高得多。这就是为什么一般人往往会低估黑天鹅出现的概率。所谓的“二八法则”，其实就是这个不均匀分布的特点。

幂律分布随机变量有两个重要特点：

(1)规模效应。比如你上班拿工资，你就不是具有规模效应的，因为你的财富取决于你工作时间的长短，而你的工作时间是绝对有限的。反过来说如果你写书，那么你就是具有规模效应的，你写一本畅销书，这本书的销量可以无穷大。

(2)具有自反馈特征。也就是说越富有的人，越容易赚到更多的钱；越出名的作家，书越容易卖，然后正反馈，作家就更出名。财富的增加几率随着财富本身的增大而增大。正是这个性质决定了幂律分布的分布。

凡是可以用分形和幂律分布来估计的黑天鹅，都称之为“灰天鹅”。而另有一些则是黑天鹅，具有复杂系统特征，没有数学模型可以预测。不过经过科学家的近年研究，也认识了一些复杂适应系统的基本特征：

复杂适应系统具有一系列特有的基本属性和运行机制：

(1)集成性。复杂性源于集成性，而集成性则体现众多简单介质之间相互作用而形成的大规模行为方式。

(2)适应性决策规则。在一个复杂适应系统中，介质从外界环境中获取信息，并通过与环境的相互作用对这些信息进行综合，最终形成决策规则。反过来，所有决策规则之间按其适应性相互斗争，最有效的规则成为最终的幸存者。

(3)非线性。在一个线性模型中，整体等于部分之和。而非线性系统要比我们的预期复杂的多。也就是说，整体行为的复杂性要超过部分的总和。波动的幅度与由此产生的结果之间是非线性相关的，某些情况下，小规模输入可能会导致大规模事件，这就打破了我们试图为所有结果找到原因的一己之愿。因此，从实际操作的角度来看，有时候因果思维用处不大，也就是按照估值流动性业绩三核心要素来分析，也未必能够得出确定的因果答案。

(4)反馈环。在反馈系统中，一个循环的输出将成为另一个循环的输入。反馈环具有效应放大或缩小的作用。复杂适应系统的例子包括政府，很多企业以及资本市场等，试图以自上而下的方式来控制这些系统，只能招致失败。

因此，把市场看成一个复杂的适应性系统，这和以牛顿学说为主导的传统经济学和金融学理论就不相容了。但是纯粹以复杂性来推诿，则很容易陷入不可知论。因此，对于我来说，研究股票市场最好的方法是将股票市场分成两个不同的部分：可以用分析框架去解决的部分和胖尾部分，多数情况下采用分析框架，但是某些情况比如胖尾出现后，这部分依赖于完全不同的机制，应该采取突发策略论来应对。但是胖尾的可怕之处在于不可预测性，因此保持开放包容和反思之心是必须的。

三、扩展学习与阅读

本章认为，无论天灾还是人祸，预测起来实际上是非常困难的(正如历史上预测“世界末日”一样)。我们至多只是抛砖引玉，提醒投资者万一意外不幸发生，也不必过于惊慌无措。这本身带有讽刺意味，不由得让我想起了彼得•林奇说过的故事：“在玛雅神话中，宇宙被毁了4次。每一次都给玛雅人极大的教训，也让他们更会保护自己。但他们总是依前一次的灾情来做自我保护。第一次是大洪水，存活下来的人纷纷迁居到高处的树林里，把房子盖在树上。他们的努力在第二次大难来临时顿成泡影，因为第二次大灾难是火灾。逃过这一劫的人跑到离树林非常远的岩石上盖房子，不久，一次大地震把世界毁了一半。我不大记得第四次灾难是什么了……”

当我们的未来既不是完全可预期的又不是完全不可预期的时候，才需要创造性，否则理性这个事情，就根本没有存在的必要。当世界是完全可预期的时候，我们只需要本能，而当世界是完全不可预期的时候，理性没有用处。

本章提供的案例远远不够，建议投资者寻找案例去研究。另外，本章希望向读者阐述的一个核心观点是世无定事，投资是概率游戏，并且概率分布具有胖尾特征，同时股票市场从整体来说是复杂适应系统，投资者应该养成这样的思维习惯。对此感兴趣的读者，可以参考如下资料。

塔勒布的两本书代表了该方面研究的前沿：《随机致富的傻瓜》和《黑天鹅：如何应对不可知的未来》。另外，偶然性早就有人研究，比如可以阅读：《偶然造就一切》。

关于大灾难和金融的关系，可以读《大灾难后的金融变局》。

另外，关于对于股票市场的复杂性认识，可以阅读《复杂性、风险与金融市场》、《资本市场的混沌与秩序：一个关于商业循环、价格和市场变动的新视点》、《魔鬼投资学》。

关于我们的倒霉蛋尼德霍夫，他出版了两本书，我的感觉是最新的一本书中他对模型更懂了。但是，正如索罗斯所说的，尼德霍夫掌握的仅是更完善的，但是存在缺陷的“术”，对于“道”，他好像还是不太明白，那可能不是破产就能领悟的吧。

还值得阅读的书包括《复杂：诞生于秩序与混沌边缘的科学》。这本书讲述了研究复杂系统的著名机构 Santa Fe 的历史。复杂系统是过去几十年里诞生的一门新的学科，逆转了从古希腊以来统治科学界的还原论的思想方法，即认为通过研究把整体分割成的每个个体的特征就可以得出整体的全貌。复杂系统关注为什么在个体中能够自发产生秩序(比如千千万万的脑细胞能够组成大脑，或者千千万万的人组成社会)，并且这种秩序能够自我调整适应，更关键的是，这种秩序同构成整体的个体的混沌(可以理解为个体的行为可能只是受到一些简单规则约束下的随机行为。但是个体的随机选择在系统中可能会被放大，产生被称为混沌的不可预计的后果)之间存在怎样的联系。

《自私的基因》这本书介绍了进化论中的个体选择学说。通常人类比较容易接受的是群体选择学说，即个体为了维持群体的延续会表现出利他的行为。但是在本书中作者展示了自私的个体如何通过执行一个简单的ESS(evolutionarily stable strategy)策略，即敌进我退，敌退我进，能够产生出这种看似利他的行为，并产生种群数量平衡，种群中阶级的分化，以及种群自适应性的结果。换句话说，这本书写在《复杂：诞生于秩序与混沌边缘的科学》之前，但却是关于复杂系统在自然界的应用。

《对策中的制胜之道：合作的进化》引出这本书的实验在《复杂：诞生于秩序与混沌边缘的科学》中曾经提及，作者在两次Santa Fe举办的计算机模拟重复囚徒困境博弈中，都靠同一个“一报还一报”的策略取得了胜利，这证明了个体无意识的自私行为却可以产生在群体中广泛存在的合作。本书揭示的更重要的内容在于，作者发现一报还一报和永远背叛都是集体稳定的策略(即不能被执行其他策略的个体所侵入，作者在这里用了一个不同的名词，但实际上他指的集体稳定的策略就是生物学中所说的ESS)，但是却有一些方法可以鼓励群体更倾向于采取合作的策略。也就是说在这一基础上我们可以提出一种假说，即不同的社会规范及认可的行为模式同样可能仅是某种ESS在社会种群中占据主导地位的结果(比如注重短期或者长期行为)，因此适用于改变生物种群ESS的方法同样适用于社会种群。

第十五章 股疯与股灾

正常情况下，策略投资者都可以用分析工具来预判市场进行投资。但总有不正常的情况，主要是两种情况：一种是第十四章所谓的特殊事件，另外一种是“股疯和股灾时代”。在股疯的时候，分析工具往往失灵，估值狂涨，某些板块或者整个市场呈现非理性的上涨，投资者情绪和正反馈主导一切，明明你觉得涨过了基本面支撑，但是涨幅就是超出理性承受的位置。在股灾的时候，分析工具也往往失灵，估值狂泻，某些板块或者整个市场呈现非理性的下跌，明明你觉得跌过了合理估值，而实际下跌幅度要远远跌穿理性承受的位置。

不过也不得不承认，必须把握住股疯的时代，股疯的疯狂收益任何投资者都会眼热。同样，任何投资者都希望逃离股灾的时代，股灾的损失几乎没有人能够承受。在一个投资者的生涯中，总会碰到不少大大小小的“疯”——这可不是黑天鹅事件。疯狂和灾难总是与投资者常相伴，因此如果能抓到一个这样的“疯”，投资收益率就能有“量变到质变”的变化。要真正想在炒股中赚到大钱，就必须有能力认识这种“疯”，投入其中，在假象被公众认识之前退出游戏。

从历史来看，每次的股疯和股灾都大同小异，所以读相关历史并总结规律是最好的研究方法。

第一节 股疯分析

关于股疯的研究 300 多年前就已经开始。1688 年，居住在荷兰的犹太商人约瑟夫出版了《困惑之惑》一书，其中分析了 17 世纪中期阿姆斯特丹的股票交易以及当时出现的远期和期权交易，从投机的角度提出股疯出现的博傻理论。1841 年苏格兰学者查理斯在《惊人的幻觉和大众的疯狂》一书中首次对 1636 年荷兰郁金香狂热，1719～1720 年法国密西西比泡沫，英国南海泡沫等进行了较为详尽的描述和分析，指出大众具有的过度投机心理必然会引起股票价格疯狂上涨和最后的崩溃。具有讽刺意义的是，如果把郁金香狂潮的“郁金香”一词替换为“互联网”、“房地产”、“漂亮 50”等等，你居然发现可以跨时空用。1994 年美国学者加尔布雷兹在《泡沫的故事》一书中，以幽默和睿智的语言回顾了过去三个世纪中的股疯，包括 20 世纪 80 年代中期的垃圾债券疯狂，并提出著名的格言：金融天才总是出现在崩溃之前。1999 年英国学者爱德华在《投机狂潮》一书中指出，所有的投机狂潮都以最后一只老鼠成为牺牲者而告终。

一、历史上的股疯事件

这种疯狂的泡沫不仅在历史中出现，现在仍在出现，发达国家有，发展中国家也有。我们首先回顾历史上著名的泡沫事件。

1.荷兰郁金香狂热：1634～1637年

据考证，郁金香在16世纪中叶从土耳其传入欧洲，1593年传入荷兰。由于独特的气候和土壤条件，荷兰很快就成为郁金香的主要栽培国之一。

郁金香有两种培育方式。一是通过种子繁殖，约需7～12年的时间方可得到较为理想的球茎；另一种方式是直接通过球茎繁殖。球茎每年4～5月间开花，花期仅为10天左右，到了9月长出新的球茎。因此，郁金香交易实际上是球茎的交易。1630年前后，荷兰的部分郁金香感染了一种非致命的“马赛克”病毒，该病毒能使球茎爆裂并在花瓣上形成艳丽的花纹，一时成为王室贵族和富豪高价觅求的对象。由于不能将马赛克病毒人工引入到未受感染的球茎中，培育出奇异郁金香的唯一方法就是培育受感染球茎的下一代，这样就限制了球茎供应量，在巨大的需求压力下，球茎价格开始上涨。

从1634年起，由于价格步步攀升，郁金香开始成为一种很好的投资工具，交易中的投机色彩越来越浓。荷兰社会每一个阶层都投入到郁金香的买卖之中，除了出现变异的各名贵品种外，普通郁金香球茎也成为炒作的对象。商人们组成了一种行会，在小酒店里组织交易来年开花的球茎，并收取少量费用。新的交易方式推动交易规模急剧扩大，将郁金香狂热推向高潮。以最昂贵的变种Semper Augustus为例，在1637年1月前后的几个月里价格上涨了20倍，已超过同等重量黄金价格数倍。普通郁金香Switsers的价格也在30天内上涨了约29倍。

1637年2月，郁金香球茎的交货时间即将到来，部分交易商开始抛售存货，引发了市场恐慌，球茎价格急剧下跌。如Semper Augustus的价格在2月跌落到其最高价格的1%，Switsers的价格在4天内跌落至最高价的5%，郁金香的平均价格下跌了90%。郁金香市场的恐慌和混乱迫使荷兰政府在1637年4月宣布中止所有合同，大量投机者倾家荡产。在泡沫存续期间，由于人们疯狂追捧郁金香，荷兰的实体经济也受到严重影响。

根据产品生命周期理论，“郁金香狂热”初期，其名贵品种出现高价并不属于泡沫，而是新产品刚出现时的典型市场特征。“郁金香狂热”破裂后的100年内，名贵品种的价格继续下跌，一方面是人们的消费偏好发生变化，另一方面也是由于培育方法出现创新、供给量上升所致。但普通郁金香球茎价格的疯狂上涨无法用资产的基本价值来解释。值得注意的是，期初名贵郁金香品种的高价是诱发泡沫的重要原因。

2.法国密西西比股票泡沫：1717～1720年

法国密西西比股票泡沫有其特定的政治背景。18世纪初，法国国王路易十四因连年征战造成巨额国债，法国经济陷入萧条和通货紧缩之中。1715年路易十四去世后，法国王室的金融顾问John Law向摄政王奥尔良公爵建议，可采用纸币本位制，通过大量发行货币来刺激国内经济。在法国政府的扶持下，John Law成立了一家私人银行——大众银行，该银行拥有货币发行权，其货币可用来兑换硬币和付税。之后，John Law垄断了对路易斯安娜(北美)和非洲的对外贸易权，兼并了东印度公司和中国公司，更名为印度公司，从中获得了巨额财富。

1719年1月，大众银行被国有化，更名为皇家银行，仍由John Law担任主管。为了购得铸造新币的权利，印度公司发行股票进行融资。该公司以筹措1亿锂资金开发路易斯安那金矿为由，计划发行1亿锂共20万股股票，每股发行价为500锂。John Law采取促销、贿赂政府官员授予该公司更多特权等多种手段，大肆营造社会购买该公司股票的热烈气氛，并允许持有政府债券的人用债券购买股票。由于债券在市场上的价格还不及面值的一半，绝大多数债券持有人都迫切想用手中的债券去购买该公司股票，于是出现了抢购股票的风潮。市场投机愈演愈烈，整个法国甚至欧洲热衷于投机、赌博的人和资金潮水般地涌入股市购买密西西比公司股票。该公司股票从年初的一股500锂达到7月份的5000锂，8月份上升到10000锂，10月份升至21000锂，最高涨至31000锂，涨幅为发行价的62倍。

1719年下半年，John Law决定用印度公司的股票来为法国国债融资，并在1719年9月12日、9月28日和10月2日分别进行了三次增发，发行价格为5000锂，可在10个月内逐月等额付清，相当于为投资者提供了90%的信贷杠杆。为了抬高股票行情，John Law宣布股票红利与公司的真实前景无关，这种神秘莫测的说法进一步鼓励了民间的投机。

为提供源源不断的资金，印度公司在发行股票的同时，皇家银行也不断发行纸币，终于招致了通货膨胀。1719年法国通货膨胀率约为4%，1720年1月通胀率上升到23%。随着投资者信心的动摇，印度公司股价开始下跌。John Law一方面在未增发股票的同时继续发行纸币，另一方面又宣布将股价冻结在9000锂的价位上。这一举措两个月之后终于无法继续，自1720年5月起，泡沫破裂，股价下跌，9月时股价跌至2000锂，12月初跌至1000锂，至1721年9月，股价跌落至500锂，如图15-1所示。

密西西比股市泡沫是历史上第一个有记载的金融市场泡沫，法国广大的中下阶层老百姓都卷入其中，为之后的法国大革命埋下了导火索。泡沫破裂后，法国被迫恢复到以硬币为基础的旧体制。

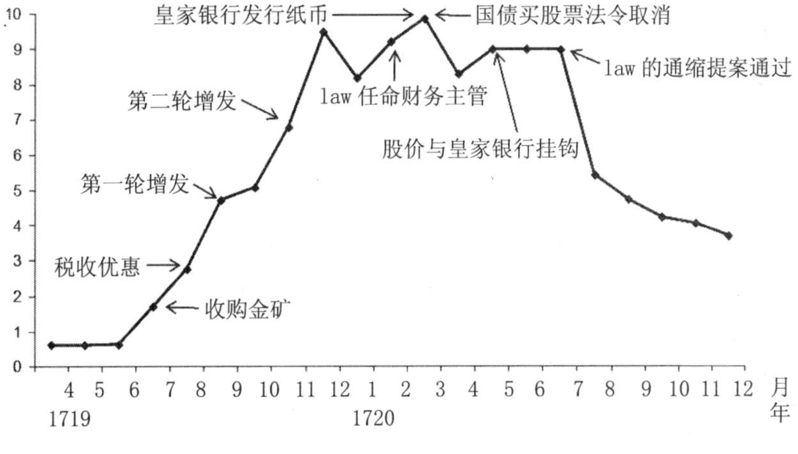

图15-1　1719年4月至1720年10月间印度公司股票价格的走势

3.英国南海股票泡沫：1720年

英国南海股票泡沫与法国密西西比泡沫非常类似，但经济背景截然不同。17世纪末到18世纪初，英国正处于经济发展的兴盛时期。长期的经济繁荣使得私人资本不断集聚，而投资机会相应不足，大量闲置资金有待寻找出路。当时股票发行量极少，拥有股票还是一种特权。在此情形下，一家名为南海公司的股份公司在1711年宣告成立。成立的最初几年里，公司以认购政府债券的方式从政府那里获得了对南美贸易的垄断权，并宣称目标是攫取蕴藏在南美东部海岸的巨大财富，使社会公众对公司发展前景充满了信心。

1720 年，英国国债总额为 5000 万英镑。南海公司模仿 John Law 的做法，向英国政府提出接收全部国债，并以发行股票的方式进行融资。1720 年 3 月，英国国会通过给予南海公司经营国债特权的法案，公司股价立即翻了一番，从每股 200 英镑上升到 400 英镑。公司于是在 4 月 14 日和 4 月 29 日两次向公众提供股票预约认购，第一次认购只需支付股价 1/5 的现金，第二次只需支付 1/10 的现金。由于有高杠杆，投资者踊跃认购，其中包括半数以上的众参议员，连国王也认购了价值 10 万英镑的股票，股票供不应求，股价急剧上扬。1720 年 1 月 1 日，南海股票指数为 128 点。之后，南海公司股价立即从每股 130 英磅上涨到 300 英镑。南海公司采取欺诈的手段制造公司的虚假繁荣。1720 年 4 月下旬，南海公司承诺所有持有国债的人可以把尚未兑现的国债年金转换为南海公司的股票，于是大约 52%的短期年金和 64%的长期年金实行了转换。1720 年 6 月 15 日，南海公司更是以现付 10%的方式再次发行新股。此时，南海公司股价已升至 800 英镑。1720 年 7 月 1 日，南海股票升至 950 英镑，并摸高 1050 英镑，较首次发行价 130 英镑上涨了 7.08 倍(如图 15-2)。

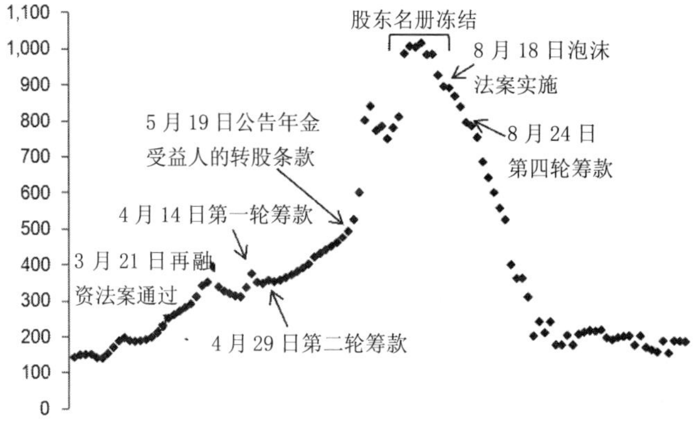

图 15-2　1719 年 4 月至 1720 年 10 月间印度公司股票价格的走势

目睹南海公司的暴利，英国出现了许多泡沫公司，纷纷通过发行股票的方式进行投机。为禁止这类公司的蔓延，英国国会在 1720 年 6 月提出了“泡沫法案”。此时法国密西西比泡沫破裂的消息传来，加上“泡沫法案”在 8 月正式实施，各类泡沫公司的股东们纷纷抛售股票。股价的下跌严重挫伤了投资者对股市的信心，南海公司的股票也受到影响，在 8 月 24 日的第四次增发中，认购的人数首次低于抛出的人数。到了 9 月底，股价已跌至 175 英镑。英国议会强迫公司转让部分债权给英国银行，强令公司改组。到了 12 月，股价跌至 124 英镑，泡沫彻底破裂。其他股票也大幅下跌，英格兰银行股票从 9 月 1 日的 227 英镑跌至 10 月 14 日的 135 英镑，东印度公司股票在同期由 345 英镑跌至 145 英镑，非洲公司股票由 130 英镑跌至 40 英镑。

大量投资者损失惨重，包括科学家牛顿。尽管南海泡沫在规模和持续时间上均不及密西西比泡沫，但仍在世界金融史上留下了重要的一笔。整个英国股市完全崩溃，为数众多的银行倒闭，公司破产，无数家庭倾家荡产。从此，刚刚兴起的股份公司在社会上被视为金融欺诈团体而被宣布为非法。在以后长达一个多世纪的时间里，英国市场上的股票几乎销声匿迹。这一事件之后，经济学家开始用“泡沫”一词来描绘资本市场由于过度投机引发的价格急剧上升和破灭现象，并在此基础上衍生出了“泡沫经济”等相关词汇。

除了我们熟知的股疯(比如互联网泡沫)外，还有很多值得阅读的案例。

4.科威特股疯：1980~1982 年

20 世纪 80 年代的科威特股疯是现代金融史上的大笑话。1976～1977 年间，科威特的股票市场萎靡不振，政府使用售卖石油的巨额收入来维持股市，以政府的名义大量收购股票。卖石油的钞票来得容易，政府希望没有一个国民因为在股市亏钱而对政府心怀不满。真正的股疯开始于 1980 年。在民众看到政府如同保证股民炒股只赚不赔时，他们开始如苍蝇闻到臭肉一样涌进股市。由于官方的证券交易所只有 90 只股票，投机活动大多集中在店头市——或称非官方交易所，它坐落在往日拍卖骆驼的旧房子内。科威特的一个金融旧俗使得股疯成为不可避免的现象。在科威特，股票投资者可以用远期兑现支票来购买股票。从法律上说，支票拥有者可以随时要求付款，但这样做违反了阿拉伯人的“诚信”，几乎没有人是这么干的。因此到 1980 年为止，科威特还未有破产的案例。

自然，投机者看到股票价格每个月以 10%、20%，甚至高达 50%的速度上升，虽然银行账户上没有钱，他们还是开出无期兑现的支票购买股票，他们知道支票到期时能够把股票卖掉兑现，政府不会让他们亏钱的。这个凭空出现的购买力如同把汽油浇到火中，股市冲天而起。投资股票的投资公司一家家地开张，还有专门投资这些投资股票的投资公司的投资公司。他们都列到店头市场交易，每家投资公司的价格都升到远超其本身的资产价值。疯狂的最高潮是 1981 年初，有些股票每月升幅超过 100%，科威特的股市总值从 50 亿美元膨胀到 1000 亿美元。

场外交易的店头市场中的很多股票甚至不是在科威特登记注册的。它们的注册地有些在巴林，有些在阿拉伯联合酋长国。这些公司不受科威特法律管辖，一半的公司甚至没有年度报告。从法律上讲，只有科威特的国民才能够买科威特的股票，附近巴勒斯坦、埃及、巴基斯坦等地的投机客就通过科威特当地人进入科威特股市。科威特是波斯湾各国的金融中心，股疯难免传染到附近区域。附近有个叫沙介的地方，当地发了石油财的财主们决定发展房地产。不幸沙漠边上的房子无人问津，空空的大楼让他们愁死了。科威特的股市给了他们灵感。他们把其中一家旅馆改建成医院，以“海湾医学中心”的响亮名字将这些房地产上市。这些新股立即得到 2600 倍的超额订购。整整一个星期，每天都有一两架飞机将订购单送到“海湾医学中心”的发股商——沙介银行。由于订购单太多，沙介银行聘请了 40 位埃及的学校教师帮忙登记。“海湾医学中心”的股票在科威特的店头市场升了 800%。对那些瞠目结舌的西方金融专家，科威特人会教导他们：“别用你们的眼光来看我们的股市，这里的情况和你们不一样，我们有自己的特色，政府不会让股市崩盘。”有 8 位自称为“轻骑兵”的年轻人共开了 550 亿美元的空头远期兑现支票。其中一位叫佳欣木太华的邮局职员，才二十几岁，一个人就开了 140 亿美元支票。他的弟弟拉吉木太华从不登记自己开出多少支票，最后发现他开出的空头数目达 34 亿美元。

气球终于在 1982 年胀到顶了。刺穿气球的针头有两个：第一是由于石油价格的下跌，科威特 1982 年的石油收入只有 1980 年的 1/4。第二是新的财政部长表明政府不可能继续支持这种病态的股价。终于，1982 年 8 月 20 日，一位忐忑不安的佳欣木太华的支票持有人在支票兑现期之前要求付款。虽然这不合习俗，但完全合法。结果不难想象，佳欣根本就没有这个钱。气球即刻爆炸，9天之间，千百位投机人在空头支票面前举手投降，股市崩溃。上述“海湾医学中心”的股价跌了98%，只剩发行价的1/6。9月，科威特财政部要求所有这类可疑支票全部清账，总数达900亿美元，远超科威特的全部外汇储备。

不仅股票会疯狂，其他资产也会。比如房地产。

5.美国佛罗里达房地产泡沫

发生在1923～1926年的美国佛罗里达房地产泡沫是最早有记载的房地产泡沫事件。

20世纪初的美国经济状况良好，加上土地资源丰富，房地产业出现一片欣欣向荣的景象。传统上，来自纽约等酷寒地带的美国有钱人喜欢在冬季到佛罗里达的棕榈海滩等地避寒。第一次世界大战后，这里已成为一般民众的冬天度假胜地。佛罗里达给人们一个轻松的环境，给酷寒中劳作的东北部居民提供了一个短暂逃避的场所。而且佛罗里达的土地均价较美国其他地方低得多，它自然成为美国人买个冬天度假屋或买块土地日后定居的理想场所。

1923年起，房产泡沫向地产投机转移，佛罗里达土地价格短时间内急剧上升。一个纽约开发商在1913年左右以24万美元购置的一块土地，到1922年，价格为80万美元，但在1923～1924年间，这块土地被分成几个小块，总价达150万美元。一位妇女在1896年以25美元买下的一小块土地，1925年的价格是12.5万美元。在1924～1925年间投机最热的时期，几个星期地产价格就会上涨一倍。几乎每一个人都投身于地产买卖。1925年，佛罗里达州的人口只有7.5万人，但有2000余家房地产公司，约有2.5万人专门从事房地产经纪工作。地产中介不需要垫付任何资金，土地一转手便可获得巨额利润。同时银行提供了大量信贷，助长了投机狂潮。当时由于大量人口涌向迈阿密，为了防止发生饥馑，美国政府不得不在铁路线上禁运不易腐败的商品。当地报纸《迈阿密日报》更是充斥着房地产广告，最多一天竟达504版，创下了新闻出版业的世界纪录。

在1926年，有报道说一位地产炒手怎么在一个星期内将本金翻了两倍。赚钱的故事总是传得飞快。人们买土地不再是为用来居住、建厂房或其他实用的目的，买土地的唯一目的就是怎样转手谋利。当时买土地的订金是10%，土地价格每上涨10%，炒手们的利润便是100%。开往迈阿密的火车轮船上，挤满了做发财梦的美国人。随着迈阿密海滩附近的地价飞涨，附近沼泽地的水被抽干，一块块地投入市场。面对着似乎无穷尽的土地供应，发地产疯的民众开始清醒。1926年9月18日，一场灾难性的飓风席卷了佛罗里达南部，造成400人死亡，6300人受伤，5000多人无家可归。这一灾难使得已经开始下跌的房地产泡沫出现崩溃。至1927年，大部分房地产公司倒闭，1928年和1929年，佛罗里达相继有31家和57家银行破产。1930年，佛罗里达州有30个城市宣布市政债券违约。

但在疯狂的时刻，特别是某人如何一夜暴富的传言广为流传的时候，人们很难保持清醒的头脑。炒股好手杰西利物莫也参加了这一游戏，他也认为佛罗里达的土地会继续上涨。别忘了，他当年在金融界的地位就如同今天的索罗斯。

6.中国海南省1992年房地产泡沫

国内在海南曾经也出现过一次房地产泡沫。海南于1988年建省，1992年邓小平“南巡”，国务院正式批准洋浦开发，海南房地产逐步升温，1993年达到高峰，1994年、1995年泡沫破裂。

1991 年底至 1992 年初，海南的房地产开发公司大约只有 372 家，注册资金 13 亿多元，1992 年底迅速增加到 1000 多家，注册资金达到 40 亿元。1993 年 4 月，房地产开发公司的数量又猛增到 1500 余家。在投机最热的时期，海南 7000 多家公司中有近一半的公司直接或间接参与了房地产市场活动、上千亿元的房地产资金投向南方，其中海南 800 亿元，北海 300 亿元，惠州 150 亿元，这些资金大多是银行贷款。在大量建设活动的支持下，1992、1993 年海南 GDP 增长率分别高达 40.1%和 20.9%，位居全国前列。海南的房价自 1991 年下半年开始攀升，至 1992 年 12 月，平均涨幅为 20%。其中海口市 1991 年的房价在 1200～1700 元 / 平方米之间，1992 年 1～4 月平均涨幅在 40%左右，5 月继续暴涨，6 月达到顶峰，别墅每平方米最高售价达 8888 元，公寓 7200 元，写字楼最高达 10000 港元。在 1992 年上半年，炒房者手中的任何房屋都可出手，投资回报率可达 100%～250%。

1994 年起，海南房地产开始降温，1995、1996 年的 GDP 增长率跌至 4.3%和 4.8%，连续两年在全国排名倒数第一，由此进入持续多年的经济低迷。截至 1998 年底，海南全省商品房开发建设规模达 3669 万平方米，停建缓建的总面积为 1611 万平方米，计 550 宗，积压了近 500 多万平方米的商品房，沉淀了近 300 多亿元的资金(其中 90%为国有银行资金)。其中，仅海口市的停缓建工程项目(俗称“烂尾楼”)就有 416 宗，用地面积 588.3 公顷，沉淀资金 177 亿元，直到 2006 年 8 月才将 416 宗停缓建工程项目处置完毕。

7.香港 1997 年房地产泡沫

香港人口众多而土地资源不足，房地产有天然的泡沫倾向。由于香港经济的基础是自由贸易，货物的进口及出口皆为零关税，房地产市场客观上为香港政府建立了一种“代理关税制度”，在香港宏观经济发展中的作用远远超出一个投资市场的作用。而从投资角度看，土地和物业一直发挥着不可替代的投资和保值工具作用，因此香港公司和私人投资者习惯于将富余的资金购置物业以求保值。1984 年中英谈判结束后，三大政策对香港经济繁荣起到关键作用：“一国两制”政策确定了政治前景；香港政府限定每年售地 50 公顷，压缩土地供应；港元与美元挂钩，实行联系汇率制。自 1985 年起，银行普遍接受物业抵押贷款，香港房价开始稳步攀升。

进入 20 世纪 90 年代后，真实和虚假的需求推动着房地产价格迅猛上升。1993 年香港经济已过热，通胀率达到 7%～8%，但为了保持联系汇率制度，港英政府被迫下调利率，实际利率一度曾达到 -10%。香港居民为保护财产不受通胀影响，全民参与炒楼，房地产投资演变成一种投机行为。其后，港英政府采用多项措施打击炒楼，但在 1996～1997 年，港英政府放宽控制，香港房地产市场开始进入疯狂泡沫期，房价直逼东京等城市。以港岛的私人住宅为例，1984～1985 年间新楼均价为 500～600 元 / 平方尺，1997 年最高时达到 8000 元 / 平方尺，换言之，一幢 100 平方米左右的公寓价格在 100 万美元左右，而著名的中产阶级社区“太古城”的售价则高达 1.3 万港元 / 平方尺。大量购买者从银行贷款进行杠杆投资。香港金管局的数据表明，1997 年未偿还住宅按揭贷款竟高达当年 GDP 的 32%。

1997 年 10 月，东南亚金融危机爆发，香港房地产泡沫破裂。2003 年时，香港的平均房价仅为 1997 年的 1/3，与 1992 年的房价持平。1997 年 7 月香港长安地产公司设立了中原城市领先指数，当时的 100 点成为历史最高点，2003 年 8 月达到最低 31.77 点。

据统计，香港房地产泡沫破裂后，私人住宅楼宇市场消失的市值达 2.4 万亿港元。如加上香港928万平方米的存量写字楼、923万平方米商业楼宇以及48家四星及五星酒店，总市值损失超过4万亿港元。由于杠杆使用过度，很多投资者的房产成为“负资产”，即房价尚不及银行贷款额。香港出现的一系列经济问题，如财政赤字、通缩、失业率等，无不与房地产市场泡沫破灭有关。

二、股疯特点和庞氏骗局

上述资产价格泡沫事件虽然出现在不同时期、不同市场以及不同国家及地区，其发展和破裂的过程却有惊人的相似性。总结上述事件，可得出以下几个共同点。股疯的开端几乎无一例外地都有央行或金融中介实行金融自由化或金融创新等利好消息，价格的最初上涨与基本面因素有关，之后在正反馈交易的作用下演化成泡沫。而正反馈交易的出现和时尚又有很大关系，毕竟投资活动是社会活动的一种，投资者的行为也会受到社会活动的影响，引发金融市场上的时尚现象。这点经历过2007年中国股市股疯的投资者都深有体会。

(1)泡沫事件的起源均来自真实的利好消息，也就是刚开始来自可信的想法、概念或产品，能提供快速的增长，带来巨额的财富。如“郁金香狂热”中对珍奇品种的追求、美国20世纪初的经济繁荣等。这些消息影响了投资者对资产未来收益的预期，激发了大众的乐观情绪，引发资产价格上涨，成为投机的导火索。

(2)疯狂的想法必须具备既简单又复杂的特性。简单到普通民众能觉得是好主意，但必须复杂到很难用事实证明其对错，否则气球吹不起来。

(3)在每一个泡沫事件中的价格上升阶段，都有来自权威方面明显的或隐含的肯定，包括政府、王室以及专家的口头推荐或行为示范等。由于社会大众获得信息的途径有限，普通投资者将这些推荐或行为解释为内部信息并纷纷效仿，造成泡沫进一步膨胀。当市场前景不甚明朗或“投资”项目本身神秘莫测时，这种“名人效应”尤其有效。

(4)赚钱效应使得参与该疯狂成为必须的时尚。没有什么比轻松和快速来钱更能吸引普通民众，它传染的速度远超过瘟疫。时尚形成的第一个原因是群体压力。比如2007年春节，部分投资者于2006年获利，开始传播，导致其他的观众存在压力，也要参与这个游戏。时尚形成的第二个原因是有效的非正式传播渠道。心理学研究表明，大众媒体对人们理念的影响远不及人们在其日常群体中通过非正式交流受到的影响大，因此时尚往往通过消息在人们日常群体中的传播而引发。时尚的形成和消失类似传染病：一方面，新的感染者不断增加，其增长速度等于传染率、已感染人群数和易感染人群数的乘积；另一方面，已感染人群以一定的痊愈率恢复成健康人群并开始具有免疫力。其中，痊愈率除以易感人群数是一个重要的临界值：如果感染率低于该临界值，已感染人群的数量将单调递减；如果感染率高于该临界值，已感染人群的数量首先将上升，然后开始单调递减。在此过程中，任何社会变化都可能引起感染率和痊愈率的变化，如果感染率上升，时尚就会像雪球一样越滚越大，并持续很久。

(5)游资甚多，或通过某些方式“创造”出游资是造成“疯”的必要条件。一时间这些资金集中在某个领域，必定带来滚雪球效应。银行信贷大量扩张，或出现新的杠杆工具，如期货市场、股票保证金交易、房地产楼花交易等。信贷扩张为投资者提供了有力的支持，进入资产市场的资金规模不断扩大。

(6)泡沫形成过程中有后续投资者不断加入，使得资产价格越来越高，最终完全偏离基本价值。这一过程中最早的投资者能有丰厚利润，而最后的投资者则损失惨重。不过，气球胀的时间比常人想像得更长。

(7)还可能存在庞氏骗局。庞氏骗局得名于一个叫 Charles Ponzi 的美国投机者。Ponzi 原籍为意大利，1919 年来到美国波士顿。一个偶然的机会，他发现国际邮联发行的回信息票在西班牙的价格约折合为 1 美分，但在美国可以兑换成 6 张 1 美分的邮票，存在明显的套利机会。Ponzi 向一部分人宣称发现了一个很好的投资机会，并以 90 天 50%的高收益率来筹集资金。因为 Ponzi 的套利方案很容易理解，而且看上去简便易行，很快吸纳了大量资金。然而，由于交易成本过高，Ponzi 的套利计划并未成功，他只能用后一轮投资者的资金支付前一轮投资者的本息，第一轮投资者的丰厚收益吸引了新的投资者，随着资金源源不断地流入，Ponzi 不断地用后续投资者的资金偿付原来的债务，起初的套利计划完全演变成了一个资金骗局。投资者争先恐后地向 Ponzi 投资，最高峰时一周资金流入量达到 100 万美元，Ponzi 及其助手甚至来不及清点钞票。这一骗局直到 1920 年 8 月被波士顿警方宣布 Ponzi 的投机活动为非法时才结束。

庞氏骗局有几个重要的特征：

(1)Ponzi 让一部分早期投资者相信确实存在一个很好的获利机会；

(2)获利的原理非常容易理解，而事实上并没有人真正懂得应如何操作；

(3)投资回报率很高，对具有投机心理的投资者有极大的诱惑力；

(4)早期投资者拿回了本金及利息，为 Ponzi 赢得了公众信任，因此有后续投资者不断加入。

比较历史资产价格泡沫事件与庞氏骗局，不难发现，除了庞氏骗局中没有银行信贷的支持外，其他特征均完全相同。尽管理性投资者都可以预测庞氏骗局最终将会破灭，但以庞氏骗局为基本模式的资产价格泡沫事件仍频频发生。事实上，庞氏骗局的存在与投资者理性并无直接联系，而是与投机行为密不可分。对于了解 Ponzi 欺诈行为的理性投资者，即使他们预期骗局终将破裂，只要期望收益率能够补偿其承担的风险，他们仍会投入到这个骗局中。对于不知内情的非理性投资者，前续投资者已获得的高收益起到了关键作用，使他们误认为 Ponzi 的套利计划已获成功。在任何一个资产价格泡沫事件中，都可以找到这两类投资者。换言之，任何资产价格泡沫都是理性与非理性的混合。

一个纯粹的庞氏骗局是一个零和博弈，前续投资者的所有收益均来自最后一轮投资者的损失，且投资人数越多，最终投资者的亏损越大。

总结开来，尽管气球从吹胀到胀破的过程，时间可能是几个月，也可能是几年，但所有的气球几乎都一样：气球吹胀的初期，气球后面一定有一个动人的故事，提供人们无穷的想像空间。发财的希望，促使投资大众开始投入。如果是股票，表现就是成交量增加，股票价格升高。随着股价的升高，它吸引更多人的注意。有些人忍不住了，将升值的股票脱手获利，另一些股民乘回调入市。每一个更高的波浪都带动更多的贪婪心理，吸引更多的股民加入。股票将节节升高，这就形成了所谓的升势。在气球破碎之前，通常是疯狂到极点的时候，股票可能在几天内暴涨一倍或更多，投资者开始盲目入货，生怕明天的狂升失去自己的份儿。

三、资产价格泡沫形成的原因

从泡沫的形成过程看，资产自身的特征、市场机制的缺陷以及投资者的心理偏差等都是造成资产价格泡沫的重要原因。

1.资产的相对稀缺性

资产的相对稀缺性导致其短期供给弹性不足，容易诱发价格泡沫。当资产的市场需求量突然增大时，由于受到天然禀赋或供给时空上的制约，供给量无法相应增大，市场价格持续攀升，成为泡沫生长的基础。

2.信息不完全

信息不完全易引导投资者产生对资产的错误投资需求。根据股利持续增长模型，资产的当前价格可以表示为 $P_0=D_1/r-g$ ，其中，D_1 表示下一期将发放的股息；r 表示折现率；g 表示股息增长率。在折现率保持不变的前提下，当一项“新技术”、“新工具”或“新政策”出现时，人们对资产未来现金流的预期可能是：①D 出现短暂增长，然后下降至目前水平，g 保持不变；②D 出现永久性上涨，g 保持不变；③D 不变，g 在短期内上涨，然后下降至当前水平；④D 不变，g 出现永久性上涨。

在有效市场上，②和④情形下的价格上升能够维持，①和③情形下的价格将会在上升后出现下跌。但在现实的资产市场上，投资者无法对此做出准确的判断。如果投资者将股息或增长率的短期上涨误认为是长期上涨，将会高估资产价格，并可能在其他市场因素的作用下演变成为价格泡沫。当市场最终发现现金流受到的影响只是短暂的，资产价格就会发生暴跌。

3.投机需求

对资产的真实需求通常会引起价格上涨，而投机需求是价格泡沫形成的关键。真实需求是指为了消费、再生产或获得股息收入而形成的需求。投机需求则是单纯为赚取资产价差而形成的需求。实物资产有存储费用，且流动性较差，投机需求相对较低；金融市场上的投机需求较多，更易造成资产价格被高估。

当市场有源源不断的后续投资者，并形成长期持续的投机需求时，就会引发价格泡沫，这也是庞氏骗局的基本模式。如不考虑经济的自然增长，此过程是一个零和博弈，前面投资者的所有盈利都来自于后面投资者的亏损。

4.信息不对称

资产的提供方(如发行股票的公司)和资产买方之间通常存在信息不对称，易引发道德风险和逆向选择，从而引发价格泡沫。

典型的庞氏骗局中，资产供给方为获得更多利润，常会提供虚假的利好信息，或炒作资产价格，以诱发真实需求或投机需求。资产供给方既包括初始供给方(如房地产开发商或发行股票的企业)，也包括二级市场供给方(如机构投资者)。此外，资产供给方还可以通过具有某种优势的相关者发出信号，以增强信息的可信度。这类相关者包括政策制定者、审计师、股评家、社会知名人士等。

5.信贷扩张

信贷扩张通常有以下几个途径：

(1)正式的银行贷款，如个人住房抵押贷款；

(2)隐含的或正式的保证金贷款，大多出现在股票市场和外汇市场；

(3)杠杆收购，即收购公司通过银行贷款或发行垃圾债券获得收购目标公司的大部分现金。其中(1)、(2)为资本市场主要的信贷形式。

信贷扩张为投机需求提供杠杆，意味着有成倍的资金流向资产市场，推动了价格泡沫的出现。更重要的是，由于贷款方无法观察和控制资金的投资风险，借贷双方之间存在代理问题，投资风险越高，借方风险向贷方转移的情况越严重，投资者越倾向于冒险，投机性越强，资产价格泡沫也越大。然而，一旦价格开始下跌，由于杠杆的作用，价格泡沫的破裂也更加迅速。

6. 市场心理

资产价格泡沫的持续，需要后续需求的支持，而后续需求往往需要市场心理的依托。市场心理的形成非常复杂，在泡沫过程中，有时在大量利空消息下价格仍会继续上涨，有时只需很小的一个消息甚至并无任何消息，市场心理也会发生变化，造成资产价格急剧下跌和泡沫破裂。

目前心理学研究多将市场心理归结为投资者的认知偏差，如保守主义、代表性推理、轻信和盲从、过度自信、一厢情愿等。当大量投资者出现相同的认知偏差时，就会对市场产生影响。此外，在信息不充分或不完全的条件下，投资者常根据其他人的策略来决定自己的投资策略，形成“羊群效应”，引发持续不断的后续需求，使最初的资产价格上升演化为价格泡沫。

四、总结

从上述分析可知，泡沫形成的关键在于投机需求引发价格上涨，价格上涨继续引发投机需求，二者之间存在正反馈关系。由于价格完全不依赖于资产的基本价值，泡沫本身非常脆弱，一旦市场心理发生变化，逆向的正反馈将导致价格快速下跌。如果资产价格在长期大幅上涨后出现逆转，市场将确认资产价格被高估，在没有任何调控措施或交易限制(如股市的涨跌停板)的情况下，价格将急剧下跌，泡沫迅速破裂。政府的救市措施往往只能缓解价格下跌的速度，并不能影响下跌的总趋势。在市场出现严重恐慌时，救市措施也将无效。

对比股票、外汇、房地产和艺术收藏品四种典型的资产，股票市场最易形成泡沫，其次为外汇市场和房地产市场，最后是艺术收藏品市场(表 15-1)。

表 15-1　四种资产的泡沫倾向性

	股票	外汇	房地产	艺术收藏品
供给弹性	中等	中等	易	易
市场操纵	易	难	难	中等
杠杆与资金量要求	易	易	难	难
流动性	易	易	难	难
存储成本	易	易	中等	难
卖空限制	中等	难	易	难
信息不对称	易	难	易	难

(1)对于外汇市场，交易杠杆、资金需求、资产流动性和存储成本等都利于泡沫的出现。然而，外汇市场是一个全球性市场，市场操纵力量不易形成，各国宏观经济信息的披露较为透明和及时，加上外汇交易是两种货币的兑换，且期货和远期市场比较发达，有良好的卖空机制，这些因素都抑制了泡沫的出现。与股票市场相比，汇率虽然存在超常波动性，但并不容易演化为较长期的急剧上升的汇率泡沫。

(2)对于房地产市场，由于短期供给弹性小，也有可能引发泡沫，但其资金需求量和资产流动性在一定程度上抑制了投机。与股票市场相比，房地产市场泡沫的“动量”较大，即泡沫不容易形成，形成后的持续期也较长。因此在一个较长的时间段内，房地产泡沫具有频率较小、周期较长的特征。

(3)资金量、流动性和存储成本是抑制房地产和名贵收藏品泡沫的重要原因。如果对这两个市场证券化，那么泡沫将更容易出现。证券化是资产虚拟的一种方式，如股市和汇市分别是对企业和国家实体经济的虚拟。可见，资产虚拟的程度越高越容易出现泡沫。

尽管在疯涨阶段存在某些正面效应，但是到股灾出现的时候，负面效应往往很大。如果股疯把泡沫吹向经济，整个经济也泡沫化，后果会更为严重。一般来说，①股疯扭曲了资源有效配置。资本市场机制正常的信息揭示功能受到阻碍，资源大量集中到经济的局部区域，引起资源的错配；②误导企业投资，当股市疯狂的时候，企业的Q值被严重高估，如果企业增加投资直至Q=1，其投资的实际收益远远低于资本成本，造成社会的整体生产效率下降，一旦转化为股灾，就会出现产能严重过剩，导致经济危机；③增加金融风险；④诱发泡沫经济。

第二节 股灾分析

一、股灾例子

一般来说，股疯过后一定是股灾，但是有部分股灾并不是股疯引起的。发达国家的股灾，比如1929年大萧条、2000年互联网泡沫破灭，投资者都耳熟能详。这里举几个新兴市场的例子。新兴市场更容易发生股灾。

1.墨西哥20世纪80年代的频繁股灾

20世纪80年代初，国际市场石油价格下调，作为产油国的墨西哥比索贬值，造成资本外逃和经济衰退，股票价格随之大幅下挫。为了抑制比索贬值，墨西哥采取了外汇管制和银行国有化措施，使流入股市的资金大幅减少，股市再次下跌，交易额降到几乎为零。

从1983年起，墨西哥经济出现转机。在之前，政府颁布了一系列刺激股市发展的措施，墨西哥股市连续几年猛涨，仅1987年1～10月，墨西哥股价指数就上涨了6.29倍，为世界股市所罕见。这次股价暴涨，既是股灾后的一次报复性上涨，也为第二次股灾埋下了祸根。

1988年，墨西哥进一步推行了鼓励外资流入的政策，并成为拉美地区吸引外资最多的国家。正是以这些流入的外资为支撑，墨西哥经济实现了极大的繁荣，一度成为新兴工业化国家发展的“样板”和众多发展中国家仰慕的对象。但是，墨西哥经济繁荣的背后潜伏着一系列不稳定的因素。高利率吸引了大量的外资涌入并采取稳定汇率的政策，每年外资流入高达250～350亿美元，而外贸出口并未显著增长，造成国际收支经常项目的赤字每年增加230亿美元左右。这就使得整个墨西哥经济过分依赖外资。一旦外资流入减缓或外资外流，就会引发金融危机和股市危机。1994年，墨西哥外贸出口赤字恶化，且农民发动起义，政局极不稳定。外国投资者对墨西哥经济前景的信心发生动摇，挟持大量资本外流。1994年12月19日，墨西哥突然宣布本国货币贬值15%，这一消息引起社会极大恐慌，人们纷纷抢购美元，比索汇率急剧下降，12月20日狂跌13%，从最初的3.47比索兑换1美元跌至3.925比索兑换1美元。21日再跌15.3%，跌至5比索兑换1美元。外汇储备大幅度减少。最后，墨西哥政府不得不宣布让新比索汇价自由浮动，但墨西哥货币跌势未变。到1995年3月9日，墨西哥货币新比索兑换美元已跌至8：1，较危机前累计下跌了56.63%。墨西哥吸引的外资70%左右是投机性的证券投资。例如，墨西哥证券投资吸收外资中的比重，1992年为71.6%，1993年上升到76.8%。因此，金融危机导致资本外流对于墨西哥股市如同釜底抽薪，墨西哥股市应声下跌。1994年3月3日，墨西哥股市ZPC指数已跌至1519.52 点，比1994年危机前2881.17点已累计下跌了47.94%。这次金融危机和股灾给墨西哥经济以沉重的打击，直到以美国为主的500亿美元的国际资本援助，才使墨西哥基本上摆脱了这场危机。

2.香港市场的几次股灾

1973～1974年股灾。20世纪60年代末和70年初，香港经济迅速发展对股市提出了新的要求。1969～1971年，香港远东交易所、金融证券交易所和九龙证券交易所先后开业。在此期间，香港上市公司、股本规模和成交量迅速增加，股价指数大幅上涨。1970年底香港恒生指数为211.9点，1971年11月达到285点，1972年上涨到843.40点。连续3年的股价大幅上扬，大大滋生了人们的投机心理，助长了投资者非理性盲目乐观和入市炒作。香港恒生指数一路狂涨，1973年3月9日升至1774.96 点，比1970年底上涨了7.4倍。这时，股票价格已严重偏离公司业绩，股市下跌已成必然。从1973年3月12日起到1974年10月12日止，受一些公司伪造股票被发现，香港税务局开征股票交易税和中东战争爆发引起世界性石油危机并导致全球经济衰退的多重影响，香港股市出现大崩溃，香港恒生指数一路狂跌，陆续跌至1973年3月的1301点、4月734.8点、12月300点，并在1974年10月12日下探150.11点，和前期高位1774.96点相比，跌幅高达91.54%。不仅投资者损失极为惨重，而且香港经济和香港股市在此后长达4 年时间内一跌不起。

1982年股灾。1976年香港经济复苏。1978年，中国内地改革开放为香港的发展注入了新的活力，香港股市在长期低迷后大幅回升，并持续了4年的上升行情。1981年7月，香港恒生指数升至1810.2点历史最高点，较1977年底上涨了3.5倍。1982年，香港经济受世界性经济衰退的影响，GNP年增长下降至1.1%；同时，中英关于香港问题谈判进展缓慢。这都影响了香港股市。结果，香港恒生指数再次大跌，1982年12月12日跌至676.30点，较1981年最高点下跌了62.64%。从此，香港股市又连续低迷了3年时间。

1987年股灾。1984年，随着中英香港问题谈判顺利进行并签署了中英关于香港问题的联合声明，香港前途问题逐步明朗化，香港经济再次步入快速发展阶段。1985年，香港股市结束调整，开始新一轮上升行情。11月香港恒生指数报收1763点，1986年10月28日创

2355.93点新纪录，1987年10月1日再创3949.73点新高，比1983年底上涨了3.51倍，较1986年10月1日上涨了89%。面对香港恒生指数迭创新高，投资者群情振奋，参与股市炒作有增无减，成交量屡创天量。香港传媒和银行对股市过热相继发出了警告，指出股市国际化使市场更加复杂，走势节奏更难以捉摸，潜在风险令人忧虑。1987年10月16日，美国道琼斯指数大跌108点，消息传到香港，香港股市随之大幅下跌420.8点，跌幅高达11.12%。10月19日，美国道琼斯指数再次暴跌508点，跌幅高达22.6%，为香港上一日跌幅的2倍，这意味着香港股市还有补跌。10月20日，香港联交所和期货交易所决定停市4天。10月26日，香港股市恢复交易，积压数日的抛单如排山倒海之势汹涌而出，市场根本没有买盘，开盘仅15分钟，香港恒生指数已跌去650点，到下午收市时共跌去1120.7点，以2241.69点收市，日跌幅达33.33%，创造了世界股市日最大跌幅。10月29日，香港恒生指数继续下跌至2204.52点才止跌。和10月1日3949.73点相比，香港股市已累计跌去44.19%，市值损失300亿美元。

3.1990年台湾股市大崩盘

中国台湾股市在1990年的大崩盘中大约跌掉了市值的80%。中国台湾在20世纪80年代初期建立股市，至1986年底股价缓慢上涨，指数一直维持在1000点以下。1986年10月起，由于中国台湾出现较大对外贸易顺差，同时货币当局增加了货币供给量，中国台湾综合股价指数开始急剧上升，1987年10月1日的指数达到4796点。受全球股灾的影响，1987年底的中国台湾指数股价综合为2300点左右。

自1988年起，在贸易顺差继续扩大的背景下，中国台湾股市出现了一轮强劲的反弹，至1988年9月下旬，股价指数已上升至8831点。为抑制股市投机气氛，中国台湾财政当局宣布恢复证券交易利得税，导致股价迅速下跌，1989年1月跌落至5716点。为避免股市过度下跌，财政当局采取了一系列托市措施，股价立即又呈上涨之势，并于1989年6月19日突破万点大关。接着财政当局又出台了整治股市的措施，股价在7月下跌至8000点左右。新的一轮行情涨势更加惊人，于1990年2月10日上涨到12682点，创下中国台湾股市的纪录。但接着在中国台湾地区内外均出现了一系列利空消息，如贸易逆差、政局不稳、海湾战争爆发等，股价出现直线式下跌，至1990年10月1日，共计跌落了10200点，股市80%的市值在6个月中蒸发得无影无踪。

中国台湾股市涨跌的背后是其经济情况的变化，但股市的巨幅波动并非基本面变动可解释。在股市狂飙中，投机者起到了关键作用。例如台湾出现了许多非法地下钱庄，以高额利息吸纳普通老百姓存款，将这部分资金全部投入股市。20世纪80年代新台币升值，吸引大量外资流入中国台湾股市，获取暴利后迅速离市，对中国台湾的股市和汇市都造成了极大的冲击。此外，财政当局多次干预汇市，尤其几次托市措施增强了普通股民的投机心理，造成股市泡沫越演越烈，最终酿成大崩溃。

二、股灾的基本成因分析

纵观世界各个国家和地区发生的历次股灾，可以看出，尽管每次股灾形成的主要原因不尽相同，但几乎每次股灾的爆发都不是单一因素造成的，而是众多因素共同作用的结果。在这众多因素中，既有市场因素，如市场违规和过度投机等造成股价暴涨暴跌；也有社会经济因素，如利率、汇率变化、经济周期运行、货币与财政政策调整、战争爆发、经济和政治体制变革等。股灾爆发的基本因素主要是指以下几个方面。

1.市场违规：股灾的催化剂

市场违规，包括欺诈、内幕交易、操纵市场、提供和散布虚假信息、买空卖空、恶性透支等，不仅在世界早期股市屡见不鲜，而且在世界现代股市也时有发生，它导致了世界多次重大股灾的爆发和无数次个股股灾的发生。

1719～1720年英国南海公司股票之所以从暴涨到暴跌，一个重要的原因是南海公司采取欺诈的手段制造公司虚假繁荣，以掩盖公司极不理想的经营状况，并骗取社会公众的信任。一旦人们发现南海公司股票暴涨与公司业绩和经营前景毫无关系时，就纷纷大量抛出股票，从而导致了股票大跌。1929年美国股灾后，美国国会进行了调查，发现引起股市失控的一个重要原因，是许多上市公司和券商在股市交易和信息披露中存在着欺诈和滥用职权行为。他们相互串通，从事内幕交易或违规操作，控制市场。一个典型的例子就是利用“联合投资”的方式在成员之间买卖，造成交投活跃、股价上涨的表象，吸引不知内情的投资者盲目入市，为“联合投资”的成员在一定时期抛出股票并获利创造市场条件。这也为后来股灾的发生埋下了隐患。

市场违规之所以会造成股票暴跌引起股灾，是因为：首先，市场违规的当事人为了获取暴利，大肆炒作使股票暴涨。由于这种暴涨不是建立在价值发现的基础上，而是建立在价格严重偏离价值的基础上，因此，这种暴涨构成了日后暴跌的前提；其次，市场违规从动机到目的都有违股市作为一个信用市场的本质特征，它愚弄了广大不知内情的投资者。一旦投资者识破市场违规的假象后，投资信心就会受到无情的沉重打击。在投资者失去信心的情况下，股市就失去了赖以生存和发展的市场基础，作为信用市场的股市必跌无疑。

在现代股市，特别是在新兴市场，市场违规导致股市暴涨并最终导致股市暴跌仍不绝于耳。在1990年台湾发生最严重股灾之前的1989年，台湾各种形式的地下投资公司近200家，吸收的资金在300亿新台币以上。而给这些地下投资公司融资的是“金元”等地下金融机构及一些银行。这些地下投资公司在从金融机构获得巨额资金后，即成为主宰股市的中坚力量，他们和上市公司、券商相互勾结，违规炒作，操纵市场走势，造成股市暴涨。一旦股市暴涨到无法维持，他们就拼命打压股市，造成股市暴跌。台湾未能从1990年的股灾中吸取教训，1994年又发生了违约交割曝光的“洪福事件”，再次引起股市暴跌1000多点。该事件所涉及的华国饭店股票更是从10月4日的338元跌至10月27日的156元，跌幅达53.85%。

1994年初，俄罗斯马夫罗季三兄弟宣布组建一个名为MMM的投资基金，他们利用电视、广播、报纸等新闻媒体大做广告，宣称并承诺只要向MMM公司投资100美元，就可在半年内收回500美元，此外还有高达400%的年终回报率。人们纷纷抢购MMM公司的股票，先后有1500万人购买，股票价格由最初的每股1美元狂涨到54美元。MMM公司对投资者的欺诈被揭穿后，股价狂跌，仅7月27日就暴跌50%。

1973年8月20日，香港股市发现伪造股票事件，投资者信心受到重大打击，股市大跌，从而触发了1973～1974年的香港股灾。

1992年，印度股票经纪人迈赫塔一手导致的伪造银行间交易借据和从事债券假交易骗取巨额资金并流入股市炒作股票一事披露后，印度孟买股价指数一路狂泻，从 4500 多点跌至 2500 点，跌幅达 44.45%，有的股票在两天之中就跌去 50%以上。

1997 年，加拿大莱克斯矿业公司欺诈投资者，宣称该公司在印度尼西亚发现并开采了世界第一大金矿——布桑金矿，造成股票狂涨。事实证明这是欺诈后，该公司股票从最高每股 28.6 加元跌至 5 月 6 日的 0.06 加元，跌幅达 99.79%。

2. 过度投机：股灾的必然成因

股市，既是一个投资的市场，也是一个投机的市场。可以说，世界上没有一个不投机的股票市场。投机有适度投机和过度投机之分。适度投机是建立在理性的、合法的和价值发现基础之上的，是有利于股市发展的。一般说来，适度投机的股市，涨跌有序，是很难发生股灾的。在适度投机的情况下，即使支撑股市的社会经济条件发生突变，股票涨跌也是理性的，股票涨跌幅度与其社会经济条件变化也是相适应的。

过度投机则不同，容易导致股灾。首先，过度投机在行为上表现为盲目性和狂热性。1719 年，在英国南海公司股票狂涨中，英国国王和半数以上的参议员、众议员都参与了投机狂潮，使股市风险急剧扩大，最终导致股灾的发生。1929 年股灾前，美国出现了全民炒股的热潮。当时，美国从城市到农村，从街道巷尾到车站码头，无论是家庭团圆，还是朋友聚会，看的是股市行情，谈的是股市升跌，整个股市和投资者都沉浸在兴奋、狂热之中。中小投资者盲目入市跟风，从而激发了投机者的野心，他们凭借资金、信息优势，把正常的股票交易演变成疯狂的投机活动。在市场过度投机的狂热中，市场容易失去控制，股市风险越积越大，随时都有狂跌的可能。一有风吹草动，这种股市风险就会急剧地、强制性地喷发出来，股灾也就发生了。

其次，过度投机的目的在于追求投机暴利，这更容易导致股灾。因为股市投机暴利是通过市场炒作得到的，其暴利的多少取决于股价的涨幅或振幅，股价狂涨或市场震荡剧烈，是获取巨额炒作差价和投机暴利的基础。由于这种过度投机性的股价狂涨在很大程度上是对公司业绩、社会经济变化的一种极为夸大和超前的反应，公司业绩的少量提高，利率的小幅下调，国民经济增长稍有加快，都会成为过度投机者大幅炒高股价的借口。伴随着这种过度投机性的股价狂涨，市盈率也会急剧升高。例如，日本股灾前的 1987 年，东京股市平均市盈率已高达 90 多倍。1990 年，印度尼西亚雅加达股市平均市盈率高达 80 倍。1990 年 9 月，台湾股市市盈率最高升至 92 倍。这时的上述股市在总体上已无任何投资价值。一旦股价上升无力，失去仅有的投机价值时，无法满足获取暴利的投机者就会采取大量抛售股票、减少损失的操作思路。如果此时支撑股市发展的公司业绩和社会经济条件发生逆转，哪怕是小幅的，股市就会做出夸大的巨幅下跌，从而引发股灾。

1929 年的美国股灾、1992 年的日本股灾、1990 年的中国台湾股灾，以及很多案例都是在过度投机导致股市狂涨后无法再涨出现暴跌时发生的。

3. 经济衰退：股灾的根源

经济运行具有周期性特点，复苏、高涨、衰退、萧条、复苏，周而复始。股市波动受众多因素的影响，但对股市波动影响最大、最持久、最深刻的则是经济周期变化。股市上涨或下跌总有其经济基础，只不过股市对经济周期运行容易做出夸大的、超前的反应。当经济走出低谷复苏时，股市提前并夸大地做出了反应，股价上涨；当经济周期运行发生逆转从高涨走向衰退时，股市也会提前并夸大地下跌。

综合考察历次股灾发生的时机，除因欺诈引起股市狂涨并在欺诈披露后导致股市大跌从而引起股灾外，世界各个国家和地区的大多数股灾都发生在经济周期从高涨到衰退转变的前后。股灾既是经济衰退的反应，更是加剧经济衰退的导火线。

1929 年美国股灾发生前，美国经济运行已显露疲态、工业生产出现萎缩，这意味着自 1922 年以来持续 7 年的经济增长的态势正在发生逆转，股市下跌已成必然，结果爆发了股灾。1987 年美国股灾发生前，世界经济实力格局发生了一些变化，美国经济实力有下降的趋势，美国财政赤字和外贸逆差居高不下，并已成为世界头号债务国。在世界贸易中，西德已超过了美国成为世界第一出口大国，美国还面临着被日本赶上的危险。因此，美国的经济状况不支持美国股市继续上涨，反而是下跌的动力，于是美国股市在 10 月 19 日出现了狂跌。自 1990 年开始，日本经济开始衰退，经济动向指标逐月下降。1991 年，日本经济需求进一步萎缩，生产继续下降，固定资产投资几乎陷入停顿状态。日本经济增长率由 1988 年的 6.2%降至 1990 年的 4.8%，1991 年的 4.3%。于是，日本股市出现了大跌，并最终导致了一场股灾。

1997～1998 年东南亚金融危机和股灾更是经济形势恶化的结果。这次东南亚金融危机和股灾的重灾区是泰国、韩国、印度尼西亚。这些国家都存在着严重的经济问题。以出口为导向的劳动密集型工业发展的优势随着劳动力成本的提高和市场竞争的加剧正在下降。东南亚国家经济增长方式和经济结构未做适时有效的调整，致使竞争力下降，对外出口增长缓慢，造成经常项目赤字居高不下。1996 年，泰国国际收支经常项目赤字为 230 亿美元，韩国高达 237 亿美元。1996 年，国际收支经常项目赤字占 GDP 的比重，泰国为 8.2%，印度尼西亚为 5%，均达到或超过国际警戒线 5%的水平。

外债压力。经济增长过分依赖外资，大量引进外资并导致外债加重。泰国外债 1992 年为 200 亿美元，1995 年为 659 亿美元，1997 年货币贬值前已达 860 亿美元。1997 年，韩国外债更是超过 1500 亿美元。据统计，外债占 GDP 的比重，泰国为 47%，印度尼西亚为 48%。

汇率制度僵化。在 1997 年前美元对国际主要货币有较大升值的情况下，东南亚国家和地区的汇率未做调整从而出现高估的现象，加剧了产品价格上涨和出口锐减。因此，这些国家和地区货币贬值势在必行。而货币贬值又导致了偿还外债的能力进一步下降，通胀压力加剧，从而促使股市下跌。

银行不良资产日益膨胀。银行贷款过分松动，房地产投资偏大，商品房空置率上升，银行呆账、坏账等不良资产日益膨胀。泰国金融机构出现了严重的现金周转问题，韩国数家大型企业资不抵债宣告破产，日本几家金融机构倒闭，印度尼西亚更是信用危机加剧。以上这些经济因素从各个方面打击了股市，股市下跌反过来又促使货币进一步贬值和金融危机的加剧，股市再次大幅下跌。

4. 追逐泡沫：股灾的前奏

追逐泡沫是泡沫经济形成的前提，它是指人们在投资和投机过程中追逐价格严重背离和超越价值所形成的虚涨现象。比如，法国密西西比公司股票较发行价上涨了 62 倍，其股票市值曾一度虚抬到法国金银储备值的 80 多倍。同年，英国受南海公司发行股票成功和股票价格狂涨的影响，掀起了一股“吹气泡”狂潮，一大批各种各样的股票公司发行股票并上市炒作，整个伦敦成了泡沫的海洋。

20世纪80年代伊始到90年代初，追逐泡沫在日本愈演愈烈，不仅股市而且房地产都成了人们追逐泡沫的场所。人们把银行存款投入股市和房地产业，金融机构向各种皮包银行和房地产公司大量融资，后者则大肆参与股票和房地产炒作，从而推动股价、地价和房价一路狂涨。1989年，日本东京日经指数最高升至38957点，比1985年上涨了近2倍，股票市值高达630兆日元，为当年日本GNP的1.6倍。这不仅使股价与其价值严重背离，产生了大量泡沫，而且使股价、房价与其他商品比价极不合理，从而带动其他商品价格上扬，使日本整个国民经济都产生了泡沫。

追逐泡沫导致的股市虚涨，是一种虚假的繁荣，这种虚涨不可能持久。首先，这种股价虚涨不是建立在公司业绩基础上，它已远离了股票的投资价值。股价越高，泡沫成分越多，风险越大。此时股市出现暴跌是股市强制性、突出性自我调整和股价向价值回归的需要，因而具有内在必然性。其次，随着股价虚涨，市场供求关系必定会发生急剧变化。股价涨得越多，对资金的需求量则越大。然而，股市资金供给量始终是有限的，当股市虚涨需要的资金量日益增加到接近或超过资金供给量时，股价上涨就会失去需求的源泉。此时，股价下跌是供求关系调整的需要。由于虚涨后的股价已远离公司价值，这种供求关系变化所引起的股价调整也可能是非理性的、大幅度的。再次，股价虚涨造成了股价与其他商品比价极不合理，从而引起资金过多流入股市，使其他各业的正常生产经营受到影响，这反过来必会影响公司业绩和降低股票的投资价值，从而促使股价下跌。因此，从各个方面看，追逐泡沫促使股票价格虚涨，最终都会出现股价暴跌，从而引发股灾。经验亦表明，追逐泡沫形成的股市繁荣，仅仅是股灾的前奏，股市虚涨得越高，泡沫成分越大，股市就会跌得越惨，股灾就会越严重。

5.国际游资：股灾发生的助长剂

游资，即短期资本，也叫热钱。包括现金、银行活期和短期存款、短期政府债券、商业票据、各种金融衍生品、共同基金等。由于现代通讯技术已把全球的金融市场通过电话、电传、电脑连成一起，金融市场尤其是证券市场运作的超高效率，使游资得以在各国之间迅速进出。无论何时何地，拨一个电话或按几个电脑键盘，就可以把巨额游资从一个国家转到另一个国家。因此，现代通讯技术为游资在国际上进出提供了极为便利的技术条件。此外，一些国家和地区金融、股市对外开放，实现了国际金融一体化和股市一体化，也为国际游资在世界各市场游荡打破了国与国之间的壁垒，股市和汇市成了国际游资的首选目标和兴风作浪的主要场所。

20世纪80年代，由于石油价格下调使西方国家生产成本降低，西方各国金融市场利率也降至较低水平，国际金融市场上的闲置资本急剧膨胀。1987年前后，仅石油美元和欧洲美元就多达5000亿，这些游资大量进入美国市场。据美国官方统计，1982～1986年外国资本流入美国总额为3037亿美元，其中1986年就有1174亿美元。1987年1～9月，仅日本购买美国股票的新增投资就超过150亿美元。由于大量的国际游资流入美国，助长了股市狂涨，美国出现了长达60多个月的持续牛市。然而，当1987年美国出现巨额财政赤字和外贸赤字不支持股市继续上涨时，这些游资纷纷撤资离场，越跌越抛，造成股市暴跌。可以说，没有大量的国际游资冲击美国股市，当时美国股市既不可能涨得那么高，后来也不可能跌得那么惨。因此，国际游资对 1987 年美国股灾的形成和发生起到了火上浇油的作用。

20 世纪 90 年代，国际游资有增无减。据国际货币基金组织统计，当时世界上至少有 7.2 万亿美元以银行短期存款或其他短期存放方式在全球资本市场流动。这个数额相当于全球每年生产总值的 20%。现在每天都有上万亿美元的游资在世界金融市场寻求归宿，发展中国家和新兴市场是国际游资进出的主要对象，其中流入拉美、亚洲和非洲等发展中国家新兴市场的游资每年都以数百亿美元的速度递增。据统计，流入发展中国家的资本，1990 年为 400 亿美元，1993 年为 1550 亿美元，1996 年流入新兴市场的私人资本就高达 3360 亿美元。1989～1994 年，墨西哥共吸收外资 500 多亿美元。在东南亚危机前，泰国吸纳的外国资本高达 860 亿美元，韩国外国资本更是高达 1500 亿美元。这些游资有很大一部分进入股票、债券、外汇和黄金市场，追逐投机利润。以墨西哥为例，1992 年，证券投资在当年吸收外资中的比重为 71.64%，1993 年上升到 76.8%。这些游资流到哪里，哪里的股市就上涨。当大量游资流入墨西哥股市时，其股市在 1990～1993 年上涨了 436%。1997 年前几年，大量游资流入东南亚国家和地区，这些国家和地区的股市也迭创新高。一旦觉得该国和地区由于经济上的原因有可能出现股市下跌或货币贬值时，这些游资则会大量抽离外逃。例如，1994 年墨西哥被抽走的外资达 180 亿美元；1997 年在泰铢贬值后，外资撤离东南亚国家和地区的高达 400 多亿美元。由于这些游资主要投资于墨西哥和东南亚的股市、汇市、债券，外资一旦撤离，无异于釜底抽薪，从而造成汇市、股市大幅下跌。包括索罗斯在内的国际投机者对此也不隐讳，承认参与了东南亚货币和股市的投机炒作。以美国避险基金为首的巨额国际游资在 1997 年 10 月动用巨资狙击香港港币，并减持港股，造成香港股市狂泻。因此，不管是 1994 年的墨西哥金融危机，还是 1997 年以来的东南亚金融危机，国际游资都有不可推卸的责任。

6.监管乏力：股灾的纵容剂

世界各个国家和地区发生的股灾，都可以从市场监管上找到原因。1720 年发生在法国的密西西比股灾和英国的南海股灾，是在缺乏市场监管的情况下发生的。当时既缺乏对股市的正确和全面的认识，也缺乏市场监管的措施和手段。人们对股市涨跌不得其解，不知所措，任凭市场失去控制。1929 年美国发生股灾并诱发了世界性经济危机。当时，市场已经有了一些监管的措施，但面对股市出现的新情况和新问题，特别是面对全民炒股的热潮，已有的市场监管措施和手段显得苍白无力，既无法阻击股市狂涨，亦无法控制股市暴跌。

经历 1929 年世界性股灾之后，世界上一些国家和地区开始认识到市场监管的重要性，纷纷通过立法和设立机构等建立市场监管制度、监管体系和监管手段，从此，发达国家的股市基本上改变了市场监管无法可依的状况。但是，有法不依、执法不严的现象仍时有发生，这在很大程度上影响了股市监管的有效性。1987 年世界性股灾发生之前，美国股市过度投机盛行，日本银行资金大量流入股市，为股市泡沫膨胀推波助澜，这都加大了股市风险，为股灾的发生积聚了破坏性能量。而后来发展起来的新兴市场，尽管借鉴了一些发达国家股市发展经验，吸取了发达国家股市发展的教训，高起点地建立市场监管制度体系，促进了股市的发展。但这些新兴市场仍无法避免违规、欺诈、内幕交易、操纵市场、有法不依的现象，更不能遏制过度投机、追逐泡沫现象的发生。特别是当大量国际游资冲击市场时，市场监管更显得束手无策。1994 年墨西哥股灾和 1997 年东南亚股灾的演变过程，也是国际游资投机炒作的过程。只有香港成功地打击了国际炒家动摇联系汇率的做法，而其他国家都纷纷发出了后悔莫及的感叹。

三、本章总结

对于理性的策略投资者，正常模式下仍然是使用各类常规武器。但是脑子里面也要有根弦——常常审视非常规武器的开关。不过，很难事先判断出股疯的到来。就拿离我们最近的一次股票疯狂——2007 的 A 股市场来说。在 2007 年年初，从策略投资常规模式分析，只能得出未来几个月市场中性的判断，也只能寻找结构性机会，等到春节后，从散户开户数发现，股疯来了。等到 2007 年三四季度，常规武器均表明市场应该要回归正常，市场参与者都知道“市场”是个泡沫，但是认为这个泡沫会越吹越大，那个时候属于模式纠结期。到了 2008 年第一季度，基本上常规武器已经显示较为负面的形势，那个时候如果熟悉股疯、股灾的话，应该可以看到市场会有大幅度调整的。所以，除了运用常规武器外，尽量多读一些过去的关于股疯和股灾的研究书籍，为下一个股疯、股灾做准备。

比较轻松的参考书有：《投机与骗局》、《炒股的智慧》、《投机狂潮》、《泡沫•膨胀•破裂——美国股票市场》、《台湾股市大泡沫》、《泡沫的秘密：全球最初的三个股市神话的形成与破灭》、《大熊市——危机市场生存与盈利法则》、《资本战争：金钱游戏和投机泡沫的历史》、《逃不掉的风险经济史上的 15 大泡沫》。实际上看案例对于不少读者来说，很难感受到其“情绪”的一面，最好结合过去 10 年的股灾和股疯的实际案例来体会，这样对股灾和股疯的形成也有一定的认识。

另外，带有总结性的较为理论的书籍，可以阅读：《非理性繁荣》、《疯狂、惊恐和崩溃——金融危机史》、《股票市场、投机泡沫和经济增长》和《绝境与生机》。

第十六章　投资决策流程优化

策略投资类似盲人摸象。一种投资方法不可能完美处理好投资的所有问题，只能尽可能地从不同角度，由远及近去分析市场的背景要素，并形成投资策略，为相应的投资决策提供帮助。

前十五章还仅是市场背景的研究，仅是分析方法的研究。但分析只是彩排，行动无可替代。分析需要落实到具体投资决策上，也就是说，整个投资决策流程中，分析只是其中一个链条，并且我认为分析链条对整体投资决策的贡献度也就仅占30%。剩下的因素占有更重要的地位，包括处理信息的能力、抗拒行为干扰的能力、风险管理的能力、遵守纪律的能力等。

这些不是分析技术，而是一些能力。这些能力，部分或许是天生具备的，部分能够后天有意识地持续培养。比如遵守纪律这种能力，人天生就有差异，不过后天也还是可以培养的。比如军人的遵守纪律能力就明显强于多种职业人。

因为工作关系，我接触了各类型投资者，其中很多是成功的投资者——不论个人还是机构投资者。据我观察，成功的投资者独门秘籍(也就是分析方法)各有不同：有策略投资分析方法很牛的，有看股票图表超准的，也有个股基本面分析特扎实的，还有对政策高度敏感的，也有洞彻市场人心的，另有快刀型但是准狠的，还有音乐舞蹈细胞很强市场节奏都踩准的。这些投资者在分析方法上千差万别，为什么都能够成功呢？是因为他们的天赋比其他投资者高吗？就我所知，好像有名校毕业的，但很多也不是。科学家的研究发现，天赋固然重要，但是在一定水平之上就可以了。国内能考上正经大学的估计都能达到。

除了运气成分外(做投资的必须相信运气是存在的)，成功投资者的共同特征是具有我所说的上述能力(能够很好地管理风险，投资决策时不会被各种负面情绪影响，对信息非常有效地进行处理，执行决策时非常果断)。因此，即使有些分析方法在我这种学院派看起来有点粗糙，但是能力足以弥补这点缺陷。也就是说，分析(假定一共30分)得20分不要紧，关键是其他得分高，这样总分就高。

除了天生具有这些能力的人以外，任何希望具有这些能力(也包括掌握一定的分析方法)的投资者均需要大量的练习和反省。

这些练习需要花多长时间才有效果呢？根据研究，成功者(无论是做投资，还是弹钢琴，还是打球，还是编写程序)至少需要一万小时的有效努力时间。也就是，你需要一万个有效时间才能成为优秀的投资者。这个有效时间需要专注，如果一天8小时，一年300天，需要5年多的时间才行。而如果不专注和低效率，则需要更长时间有意识的学习和锻炼，能力和方法才能够提高。

比如，很多人总认为优秀的演奏家是天生的。但实际上，卓越的明星在20岁以前的练琴时间达到了一万小时；而普通音乐教师20岁之前的练琴时间仅有4000小时；业余爱好者每周练习时间从未超出过 3 小时，这样到 20 岁的时候，练习的全部时间大约 2000 小时(图 16-1)。

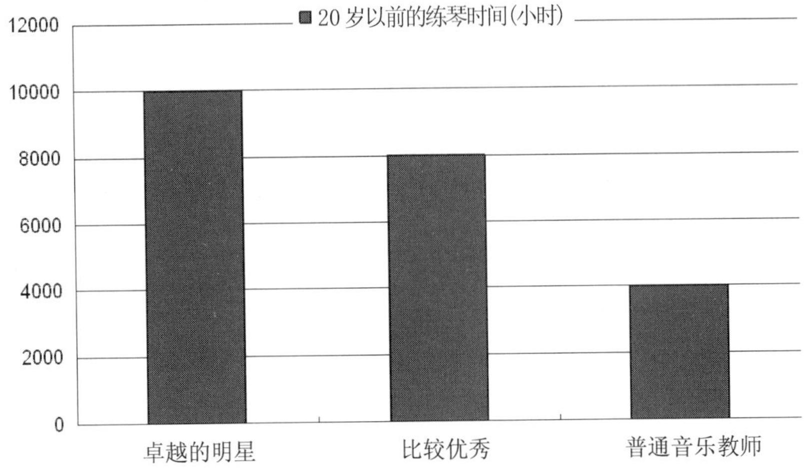

图 16-1 不同水平演奏家 20 岁以前练琴总时间对比

投资决策流程是有效处理信息，进行合理分析并提供决策建议。不过在决策中，除了理性分析外，还受到感性行为的干扰，同时理性分析并不能保证百分之百的正确。因此概率思维是必须有的，这就需要风险管理。并且即使信息处理有效，理性分析有效，克服了心理偏差，设计了风险管理，还必须要守纪律，能够保证坚定执行，否则仍然会出问题。另外，在一位朋友的启发下，我发现健康的体魄(还包括乐观的精神)对于投资决策以及积累财富来说也是非常重要的。如果一个投资者拥有非常健康的体魄，在 100 岁的时候仍然能够进行投资分析，你可以算算，假如从 20 岁开始投资，每年平均只有 10%的收益，无论初始投资多少，投资了 80 年，其资本增值超过 2000 倍，并且 10%的收益没有包括其 80 年丰富的投资经验，还不包括其不断的新增资本投入。如果一个投资者能够活到 200 岁，那么 20 岁时候投入 1 万元，每年 10%的收益率，到了 200 岁其拥有 2800 亿元的财富。在长寿面前，一切投资策略显得没有意义。

所以本章就是探讨如何优化这个投资决策流程的。不过，很惭愧地说，该部分仍仅是抛砖引玉，提出一些粗浅的看法。因为作者到目前仍然认为，没有一个完美的适合所有投资者的普世投资决策流程。每个投资者都应该不断寻找和改进适合自己人生观、投资观和生活背景的投资决策流程。适合自己的才是最好的。因此希望投资者在投资决策的过程中有意识地思考这些问题，并不断付出努力去实践、完善。

第一节 投资决策中信息的处理

在投资过程中，每个投资者都是基于对未来的预期进行判断，选择看空看多一方，这样才有交易。因此，研究投资决策流程首先要研究一个预期是如何形成的。一般来说，投资者需要收集和加工信息才能形成预期研判。

一、收集和加工信息

要获得收益，要有两个潜在的来源：

(1)必需拥有比市场更精确和有深度的信息。很多投资者都试图寻找比市场更精确和有深度的信息集。比如，对于某股票，市场对其的一致预期观点是未来每股收益增长为10%，今年每股收益为1元钱，该公司仅是制造类公司。但是某投资者通过精细的调研，认为未来每股收益增长为12%，今年每股收益应该为1.1元，该公司不仅是普通制造类公司，还是具有一定壁垒和科技含量的公司等等。那么这个投资者在这只股票上获得了更精确的信息，如果这个信息是准确的话，则可能获得报偿。

另外，“内幕消息”也符合这个特征。只有内幕消息(无论这个内幕信息是关于上市公司的，还是关于国家宏观经济数据和产业政策的)才可以得到比市场更多的对某只股票的超额信息。但这里存在的问题是：绝大多数投资者很难持续获得各种内幕消息，即使你和某个上市公司比较熟悉，也仅限于可能获得该公司的内幕信息，要获得更多则不容易。另外，当其他投资者也在试图获得内幕信息的时候，怎么才能保证一个投资者持续获得超级信息的可能性？别人也在这么做，为什么你可以获得持续的、更优的信息？

(2)对信息的加工过程优于市场。对于绝大多数投资者来说，不可能总是搞定各类上市公司获得重要的超额信息，也不可能总是搞定统计局或者更重要的政府部门来获得超额信息。但是，大多数信息通常对所有投资者是公开的，能够在分析体系中有效处理众多的信息才是重要的。

策略投资者的一天都在处理信息：一大早，比如7：00就开始工作，首先了解全球宏观事件、全球经济数据和全球市场资讯，查阅国际金融市场和其他市场的走势(通过WIND系统或者直接浏览新闻网站；速读国内的三大证券报，以及一些重要的财经报纸；然后阅读国内上市公司公告，以期望发现有价值的内容；要阅读专业财经资讯；还可以去感兴趣的证券财经博客看看有没有新作；如果当天有新股招股，对感兴趣的股票要阅读其招股说明书；当然，在财报发布季节，还要阅读大量感兴趣公司的财报。

接下来，就是简单浏览市场行情(开盘和收盘各半小时足够)，开始阅读研究报告，可以看各券商每日晨报，也可以挑选感兴趣的宏观、策略、行业、专题和个股研究报告，现在每天的研究报告过多。

从《证券时报》看到的信息是，截至2010年5月，全市场卖方研究员数量约有4000人，其中较为活跃的研究员大约在2800人左右。2010年前4个月，排名前30位的券商研究机构共发布1.25万篇各类报告，人均报告数量高达8.5篇，每天报告超过150篇。从研究员数量上看，机械设备行业的研究员人数多达492名，该行业内平均每家上市公司有2.6名研究员在持续跟踪并发布报告。紧随其后的是化工行业，研究员人数达到376名，建筑建材行业研究员人数295名。从每只股票的研究员数量来看，采掘、家用电器、金融服务，平均每只股票有5.6、5.0和4.6个研究员研究。

目前研究报告数量过多，全读完几乎不可能(2007年之前的报告我是全读完的，现在即使效率提高，但全读完也不可能)，只能尽量看全摘要，然后挑选自己感兴趣的、熟悉的去阅读。只有有余力的时候才能扩展研究边界——假如一个投资者平时擅长的仅是化工、电子、医药、金融行业，如果有余力，则可以扩展新的行业，比如机械、钢铁去研究。

白天基本是信息的接受和处理。晚上，如果有空余时间，需要深度阅读一些自认为重要的研究报告(不过，连我们新来的研究员都可以感觉出来，粗读100篇研究报告，但可精读的不超过2篇)，并且要阅读各类书籍，这就不仅是处理信息了，看书还包括拓展分析方法和思维边界。

这是接受信息的流程。总结一下信息来源，大概包括五个方面，第一个方面是市场与股票本身的信息，特别是图表信息；第二个是从分析师处获取的研究信息，主要是通过研究报告；第三个方面是从财经媒体获得的信息，比如新闻、报道和评论等；第四个方面是投资者之间交流的信息；第五个方面是投资者需要自己独立研究的信息，比如宏观和行业数据，上市公司原始信息，比如招股书、公告以及财报。

某些类型投资者只坚持利用和分析一个信息来源，但策略投资者应该同时使用多个信息来源。美林证券的研究已经表明，获得多样化的信息和观点有助于改进投资者的业绩，信息来源的多样性能为投资者创造丰富的思想源泉，受益无穷。智慧的内涵无非是为了发现某些新的基本秩序而去猜测。出色的投资业绩要求投资者具有足够的创造力和多角度思考，能以诸多不同方式对信息进行整合，从而得出创造性，也就是颇具盈利性的投资方案。

1.媒体传达的信息

媒体看待信息的角度和投资者投资的角度往往存在偏差。媒体眼里信息的“价值”和投资者眼里信息的“价值”标准经常不一致。约翰麦吉在《股市心理博弈》一书中说，股市中很多可悲的地方在于，太多的词汇过于抽象，比如“价值”这个词，传播者和接受者对其的标准不一样，因而投资者在判断信息的时候，往往忽略了信息本身，而不自觉受到在脑海里的这些含义不清的模糊的抽象词汇干扰和误导。因此接收信息的时候，投资者的内心世界和外部信息之间产生了矛盾，投资者没有真正接受那些信息，而是被自己抽象的脑海里的词汇所欺骗，使得对信息反应不足或者过度反应。

媒体竞争激烈，导致信息过量。而投资者又认为每个人都需要大量的信息才能生活得更好。实际上信息太多了，反而无从判断。根据认知科学，人类大脑只能对那些具备一定联系的信息，或者与既有信息存在某种关联的新数据进行分类处理，否则信息就成为一个大谜团。大量的信息和噪音存在未必是好事，即使大量信息真正可以帮助我们，理解和消化信息的时间也是个重要问题。当花费更多时间处理信息，我们获得额外信息的边际收益可能是负数。投资者每天面对大量的信息，而多数信息却是无用的。只有忽视绝大多数的信息才可以提高投资表现。信息时代使得我们的决定更迅速，而迅速往往意味着更多的错误。因此将投资过程放慢效果才会更好。明显而重要的东西(通常为影响中长期基本面的信息)往往被多数短期行为的投资者认为是不重要的，这也许才存在套利机会。每人都希望知道短期走势，可是没有人能够总是正确，概率最多是一半对一半。更多的信息不一定是更好的信息，同样，及时的信息也不一定是更好的信息，发布低质量信息的速度往往会更快。也许网络时代的投资者能够辨别优质信息同时忽视大多数信息，慢下投资过程，反而更容易取得成功。

媒体信息可能有立场问题。现在即使是宏观数据都可能有“偏见”在其中。比如国内投资者常常诟病CPI数据造假，因为CPI数据高了，政府可能担心会出现社会的不稳定。更不用说，从上市公司处，从其他投资者处，或者从媒体处得到的信息，这些信息本身包含太多情绪和立场问题。因此尽可能分析的是信息，而不是接受其立场。在对信息处理时，首先需要问：这个信息的立场可能是站在哪里？特别是互联网媒体，太多的信息均没有信息价值，仅是噪音。比如我看到某主流证券网站上一个醒目的标题是“宁可卖肾也不能卖股票”，其中的内容没有任何逻辑分析和判断，全是充满情感的煽动和宣泄，这不能为投资者提供价值，只能够为投资者提供一种宣泄。投资者要将感情色彩和立场区分出来，这并不容易——信息提供者的目标和投资者的需求是有差距的。信息提供者如果要差异化，要么提供有洞察力的信息，要么提供刺激的信息来吸引别人眼球。哪个更容易呢？很多信息仅具有娱乐性。

警惕影响情绪的信息。这种信息国内太多。这种信息一般具有如下特征：新颖性。一般是市场中属于新的或者不被注意的领域，这才能够激起投资者的好奇心；对巨额收益的预期。这种信息暗示，投资者可以获得巨额的投资收益。比如，这样的分析往往是将目标价定的非常高，例如现价 2 元，目标价格 20 元，使得投资者对于可能的巨大收益的吸引力超越了综合各种盈利能力信息的推理能力；给投资者时间压力。暗示如果现在不迅速行动，就会失去机会，用时间压力干扰理性分析；信息超负荷。信息过量，包含大量数据和内容，让投资者潜意识迷惑不解，但是潜意识又盲目信任，于是直接去找结论，而结论往往具有诱导性：现在买入，翻倍后卖出。

从媒体处获得的应该是一种客观的新闻报道，然后对其进行联系归类，具体到策略投资，比如可以分析其信息是政策，是特殊事件，是关于宏观背景的新闻，还是关于市场要素的新闻。归类后，按照分析体系去判断该信息对市场未来影响的重要性。另外，很多媒体的新闻分析中提供了投资者忽视的其他视角。人的认知是有限的，多视角的提供，可以帮助投资者选择最有利于投资决策的视角。媒体的另外功用是投资者可以通过阅读，从众多信息中挖掘出有价值的行业机会、投资主题机会和个股机会。

实际情况是，太多的投资者不去主动接受信息，而是被动接受信息，并且信息不是用来分析，而是用来影响自己的情绪。有时候，市场的暴涨暴跌很容易让投资者去寻找近期的新闻和信息来寻找因果关系。统计结果是坏信息并不会总是引起恐惧，仅是有时候会。

很多投资者易犯的错误是有选择的吸收信息。投资是风险和收益的综合决策，很多投资者仅认真听取符合自己观点的信息，来加强自己信心，而对不符合自己观点的信息，不认真对待甚至反感。这点我深有体会。我去路演时，如果市场气氛比较好，很多听众都是狂热的看多信徒时，如果你提出相反意见，马上大量听众不再理会你的分析，而是迅速离开——他们或许潜在认为你就是错的，不值得听。

目前国内的证券信息状态是：噪音很大，思想很少；忽悠很多，实证很少；立场很杂，真相很少。现在市场上多的是唯洋人、名人、技术教条马首是瞻，唯独缺少对新闻和信息与股市关系的独立思考，对市场的独立思考。至于不顾中外经济发展的阶段不同、时空不同，生搬硬套的比附，则随处可见，实在与这个需要智慧的行业太不相称了。至于不同利益主体立场不同，本无可厚非。但现在不正常的是，藏着隐晦动机的各种传言对投资者的干扰实在过于巨大，使得中国市场的很多投资者普遍缺乏信息处理能力，纯粹依附于不可证实的传言。

2. 寄希望单纯研究市场和股价信息来战胜市场的虚幻

图表包含大量的即时信息，并且为绝大多数投资者所能获得，因此很多投资者具有图表信息依赖症，从开盘到收盘就盯着走势图不离开，好像可以发现珍宝似的。

费希尔•布莱克在1986年的研究认为：因为噪音的存在才使得金融市场的存在成为可能。如果市场是完全有效的，没有噪音，投资者均是完全理性的，并且可以获得所有信息，那么几乎不存在交易。因此价格的变动总是反映噪音与信息的变动。噪音交易越多，市场越有流动性，换句话说是，市场流动性越大，噪音越多。有流动性的市场反而是没有效率的市场和噪音逐步增加的市场。很多情况下，价格的涨跌不能反映什么，只能反映投资者情绪和噪音。

国内的市场流动性要优于海外市场，这说明国内市场价格本身噪音过大。因此单纯依靠价格走势包含的信息进行投资往往不靠谱(价格信息可以提供分析参考，但是不能是首选标准)。对于绝大多数投资者来说，无法仅从股票的图表中区分噪音和信息，即使投资者找到了一些图表规律，这些规律也会随着时间的变化和市场条件的变化而变得不再是规律。

一只股票价格包含太多的噪音和信息，因此单纯从股票价格上发现超额收益的几率并不高。天天只会盯盘的投资者会受到噪音的严重干扰，并且其处理其他信息的能力减弱，从而导致该投资者投资失败的可能性大增。单纯依赖股价的最大问题是你没有办法从股价中区分出信息和噪音，很多投资者正在基于噪音交易，但是却并不认为自己依据的是噪音，而自认为是信息。多数情况下，基于噪音的投资者是失败者，而基于信息的投资者是成功者。但是基于信息的投资者并不一定能获利，因为投资就需要承受风险。另外，基于信息的投资者也并不完全能够确信他们掌握的就是信息而不是噪音。噪音有时候甚至可以形成趋势，让信息交易者迷惑。比如，股价错误的短暂上涨或者下跌可以导致投资者对该股票的错误判断。

信息和噪音的关系，也可以用价格和价值的关系去解释。价格的波动性和变化性远远高于价值，如果价值反映的是真正基本面变化的信息，这个变化是缓慢的和可以分析的。与价格相同的是，价值也在发生变化，但是价值的变化不是价格的变化。很多噪音交易者以为价格的变化就是价值的变化——因为我们无法观察到价值的变化，只能看到股票价格的变化——就像约翰麦吉所说，“价值”是个高级抽象用语，“价值”很大程度上是主观的(因此才需要安全边际的概念)。如果，价格＝价值＋噪音，那么多忽略掉小的事件(容易制造噪音)，把握核心与重要变量的投资者才能更有效判断“价值”。

市场情况以及股价仅提供了一种观察信息的角度，这种角度和投资(甚至是投资收益)直接相关。因此，不难理解为什么很多投资者花费很大时间在此。但是，无论如何要记住，这只是一个角度和投资线索，并且这个线索存在巨大的噪音，为了克服噪音的影响，投资者必须与其他角度结合。

国外研究认为：对于所有股票，信息并不是完全等量分布的。高价股定价更有效率，低价股包含更多的噪音，定价效率低，分析难度大。当然如果能分析清楚，机会反而更大，对于高价股，也许价格的异动才能带来投资机会。有众多分析师研究的、有大量信息可以利用的大盘蓝筹股组合只是一个绩优股的指数基金，很难超越。缺少关注的小公司和低市盈率公司存在更少的信息，缺少信息才会导致信息不对称，才使得研究变得更有意义。被投资者忽略的公司更容易发现不对称信息。

3. 与其他投资者的交流

多数投资者喜欢与自己熟悉的投资者定期交流，这样做的最大问题是对方的观点可能受到情绪影响而不客观，或者其缺少分析过程。比如，我问过一个朋友关于美元的走势，他总是表达出自己的观点，但是没有办法说出自己的分析思路，总是在感觉。如果他总是正确的话，即使没有思路，其结论也值得关注，然后自己思考这个结论的可能性。但是往往感觉型投资者的结论并不总是正确，最终和自己熟悉的投资者交流就变成了相互安慰和相互打气，很难从交流中获得有效的信息。

另外，和自己熟悉的投资者交流遇到的另外困境是你很容易受到“传言”和“耳语”的诱惑与影响。彼得•林奇在其书中就举了一个这方面的例子，他本来坚定持有一只股票，但是因为有了交流，另外的分析师说这只股票涨多了，结果林奇在其进一步上涨后就因为其“涨多了”而卖掉了这只股票，结果是这只股票进一步“多涨”。

上网浏览投资博客也算是一种交流，不过这有点类似淘宝。从众多博客中找到自己喜欢的(或者适合自己风格的)，且能够提供客观分析的并不多。热门的博客往往是能够调动读者情绪的。比如 2007 年最热门的带头大哥博客，其煽动力比其投资分析能力高很多数量级。

一种非常好的与其他投资者交流的方式是从公开市场发现有价值的信息，其方式是每次季报出来，在上市公司 10 大流通股东里面多留意机构投资者的进出，深入分析，能够看出很多投资机会与风险。比如某只股票新进了几个擅长选股的机构投资者，而这只股票之前是市场所忽视的。对你来说，这就是一个很好的信息线索。

举个例子，除了基金外，专户理财现在也越来越值得重视。在上市公司 2009 年三季度 10 大流通股东里面就出现了不少信托和专户理财产品的身影，其中一个产品就引起我关注，是中融双重精选，其一号和二号分别由广发和易方达的专户理财部门管理。中融双重精选一号三季度新介入的是川润股份(润滑液压设备行业龙头)和恒宝股份(智能卡行业龙头)，中融双重精选二号三季度介入的是东力传动(工业齿轮传动设备行业龙头，也是风电齿轮箱行业领军者)和南京中商(变革中的商业连锁企业)。这 4 只股票都属于中小盘成长股，不算白马，但是业绩的成长性都容易分析，并且有不少研究员追踪，是可以好好研究的股票。其中川润股份和恒宝股份算是短期有快速成长潜力还和题材沾边的，而东力传动和南京中商则增长有持续性且更稳健。这或许和广发易方达两个机构自下而上深入研究的务实风格有关，而其专户理财不仅继承了该特点，还发挥了规模小的灵活性。所以喜欢选股的投资者可以将其选股思路作为借鉴，其选股信息作为参考。

二、研究报告是很好的信息来源，但是要学会寻找优秀的分析师

相当部分投资者主要是依靠研究报告进行投资。那么要辨别出优秀的研究报告和分析师则就显得尤为重要了。一般来说，大家都喜欢根据各种媒体对分析师的排名来找出最佳分析师的报告。

客观来说，因为立场考核问题，太多研究报告只是助涨和助跌的无观点报告，而投资者由于高度关注自己投资的公司，希望天天看到这样的报告。但是一个非常优秀的分析师可能年初发表了很准的报告，一年都没有调整，因为他的报告把握了全年，他在发表报告半个月后投资经理可能已忘了他。而其他分析师不断调整自己的评级和预测来取悦于投资经理，不断给投资经理新的信息(或者噪音)。一年之后，谁最后被记住？真正遗忘的是那个有水平的分析师，因为他最闲。而不断修改评级的分析师可能受到最多的关注，但是他们却最容易给

投资者带来干扰。另外，有些分析师喜欢陶醉于自己的复杂的数学模型和估值模型中。我认为，如果你看不懂报告里复杂的模型，那一定是写的人都不知道自己在说啥。

很多分析师都倾向于把基本面分析做成收益预测报道，实际上，每个分析师对每年的每股盈利预测的一个具体数据是没有什么重要的参考价值的。分析师每股收益的预测与市场平均预期的差异(以及其差异的逻辑)是一个非常重要的参考，这远比具体的每股收益预测数据重要得多。对于某公司的研究中，分析师关注人数也是一个重要的参考指标，关注度往往和股票收益率成反比。

报道是传达发生了什么，分析是解释为什么会发生，或进一步预测未来可能发生什么。令人遗憾的是，当今报道与分析之间的差别却越来越小。更糟的是，投资圈有太少的分析师和太多的报道者，很多分析师可以很好的复述某上市公司的会议公告，却不愿对大量的财务报表数据进行研究，而从这些数据可以找出公司未来发展的蛛丝马迹。他们也不愿亲自去调查研究公告的真实性。

在我看来，合格的分析师应具备七个要素，只有这样的分析师写的研究报告才值得参考。

1.合格的分析师要做的不是讲故事或陈述事实

合格的分析师不会去复述每个人都可以知晓的事实。然而分析师们似乎已经形成了固有的思维模式，大多数分析报告仅对某公司有什么样的新产品或其发展计划是什么做陈述，而没有任何有价值的分析建议：为什么开发这种新产品、为什么做这样的产品规划、能否成功？策略分析师和经济学家们也经常描述市场情况，但是对这些情况能持续多久却毫无判断。

我欣赏那些勇于公开发表某公司的某项计划不会成功的分析师。那些预测到连某公司自己都没想到会增长的分析师就更值得称赞了。他们的分析对投资者才有价值。而“ZYX 公司将是建造下一代 INTERNET 网的领头军”这样的分析，对投资者没有任何帮助。

下面就以对 ZYX 公司的分析为例，来总结一些对投资者有用的信息。也许我的总结并不全面，但是从我的总结你就会发现有些分析师的分析报告是多么浅显。

某分析师说“×××将成为行业领导者×××”，那么他没有回答：该行业共有多少个竞争者？何以判断该公司为行业领导者？该公司占有多少市场份额？竞争者的行动如何？龙头地位安全吗？处于激烈竞争环境还是相对垄断环境？成为行业领导者的优势是什么？

分析师谈到“×××下一代×××”，那么他必须回答：该公司在当前这一代成功吗？为什么会出现下一代？该公司的旧产品淘汰了吗？会产生另一个下一代吗？该公司的产品会在另一个下一代被淘汰吗？与竞争者相比该公司的研发费用是多少？研发项目的投资回报什么时候可以收到？研发可带来多少回报？

分析师谈到“×××建造 INTERNET 网×××”，那么他必须回答：如果 INTERNET 网不再发展呢？(只是举例)该项目属于平稳增长的还是周期波动？怎样融资？对产能使用能力的预期如何？

通过这些问题可以看出，一句简单的报道对于投资者是否购买 ZYX 公司的股票没有任何帮助。然而如果分析师认真地分析过，至少能够回答上述问题。试通过下面的回答判断是否投资 ZYX 公司的股票。

(1)第一类问答。

问：该行业共有多少个竞争者？

答：20～30 个。

问：何以判断该公司为行业领袖？

答：因为其他公司的产品不具有竞争力。

问：该公司占有多少市场份额？

答：5%。

问：竞争者的下一步行动是什么？

答：竞争者计划进行新产品开发。

问：龙头地位安全吗？

答：现阶段很安全。

问：处于激烈竞争环境还是相对垄断环境？

答：处于激烈竞争环境，下周又有 5 个竞争对手发新股上市融资。

问：成为行业领导者的优势是什么？

答：成熟的营销与售后服务体系。

问：该公司在当前这一代成功吗？

答：成功。因为竞争者已出局。

问：为什么会出现下一代？

答：因为现阶段的产品不能满足消费者需求。

问：该公司的旧产品淘汰了吗？

答：由于是新公司所以没有旧产品。

问：会产生另一个下一代吗？

答：有可能。

问：该公司的产品会在另一个下一代被淘汰吗？

答：公司现阶段的产品会被淘汰。

问：与竞争者相比该公司的研发费用是多少？

答：销售收入的 20%。

问：研发项目的投资回报什么时候可以收到？

答：不确定。

问：研发可带来多少回报？

答：不确定。

问：该项目属于平稳增长还是周期波动？

答：种种迹象显示为后者。

问：怎样融资？

答：多家公司同时发行股票。

问：对建造产能使用能力的预期？

答：不确定。

毫无疑问，上述回答对试图买入该股票的投资者没有任何帮助，下面的回答则另当别论。

(2)第二类问答。

问：该行业共有多少个竞争者？

答：没有。

问：何以判断该公司为行业领袖？

答：产品的进入的壁垒很高。

问：该公司占有多少市场份额？

答：95%。

问：竞争者的行动是什么？

答：竞争者的产品不具有竞争力，只有降价策略。

问：龙头地位安全吗？

答：安全。因为基本没有可以竞争的对手。

问：处于激烈竞争环境还是相对垄断环境？

答：相对垄断环境，小竞争者已出局。

问：成为行业领导者的优势是什么？

答：产品优势、成熟的销售体系和消费者的认可。

问：该公司在当前这一代成功吗？

答：成功。因为已垄断主要市场。

问：为什么会出现下一代？

答：因为现阶段的产品不能满足消费者需求。

问：该公司的旧产品淘汰了吗？

答：没有。因为旧产品已升级。

问：会产生另一个下一代吗？

答：会产生。

问：该公司的产品会在另一个下一代被淘汰吗？

答：不会。因为设计产品时已考虑到升级问题。

问：与竞争者相比该公司的研发费用是多少？

答：销售收入的 20%。

问：研发项目的投资回报什么时候可以收到？

答：预计所有项目的收益会在 2 年内收回。

问：研发可带来多少回报？

答：预计 20%～30%。

问：该项目属于平稳增长还是周期波动？

答：种种迹象显示为后者。

问：怎样融资？

答：多家公司同时发行股票。

问：对建造产能使用能力的预期如何？

答：不确定。

虽然第二种回答仍不尽完美，但可以看出 ZYX 公司了解自己的处境并为以后的竞争做好了准备。而第一种回答可以看出 ZYX 公司糊里糊涂做了行业龙头却不知自己接下来应该做什么。那么你会根据哪一种答案进行投资呢？

相比之下，“ZYX 公司将是建造下一代 INTERNET 网的领头军”这句似乎很权威的话，就更没有什么价值了，它的作用就是报道我们已经知道的事实。

2.合格的分析师知道有价值的投资建议不是陈述事实，而是真正可以带来价值的经得住时间检验的观点

在我看来，这些无处不在的报道，比如，“ZYX 公司将是建造下一代 INTERNET 网的领头军，该公司的预期收益为$1.00”，就是噪音。换言之，“市场对 ZYX 公司的预期收益为$1.00，我的预期为$1.10。关于$0.10 的差异我总结了 5 方面的原因，具体是……”，这样的分析才有价值。分析师对与市场预期的差异进行分析对投资业绩有至关重要的影响。

所以，好的分析师清楚，不趋同市场大众的报告才不是噪音。那么他的分析会是这样：“ZYX 公司将是建造下一代 INTERNET 网的领头军。我对该公司明年的收益预测为$1.10，市场的预测为$1.00。我总结了 5 个方面来支持我的观点，这 5 方面正是市场疏于考虑而致使差异存在的原因。”

3.一个合格的分析师可以区分基本面分析与投资面分析的不同

分析师应从两方面对公司进行分析：基本面分析与投资面分析。前者判断一个公司是否好公司，后者判断一只股票是否为好股票。

基本面分析着眼于公司自身的发展潜力。前面列举的 18 个问题就是基本面分析的范畴，我们无法从这些问题中得出投资面的信息。投资面分析着眼于公司股票未来在市场的发展情况。基本面的好坏自然会影响到投资面，但也不能只关注基本面，因为投资面的分析更重要。许多分析师都固守着一个不正确的观点，即好公司就是好股票。事实上，经常会出现相对差的公司在股市上表现很好，好的公司表现反而不那么好。显然“这是一个好公司，应该买入”的说法，不如“这是一只好股票，应该买入”更具有说服力。

现在对 ZYX 公司的分析应变为：“ZYX 公司将是建造下一代 INTERNET 网的领头军。我对该公司明年的收益预测为$1.10，市场的预测为$1.00。我总结了 5 个方面来支持我的观点，这 5 方面正是市场疏于考虑而致使差异存在的原因。也许该公司不是业内最好的公司，但通过我的分析，预计该公司的股票在未来会有良好表现。”

4.合格的分析师相信自己调研的结果而非公司公告

“分析报告还不能完成，因为 ZYX 公司的电话会议 11：00 才能发布。”我对这句话的理解就是：“不用做调研，只要等着 11：00 的公告，就可以完成分析报告。”

好的分析师更愿意使用原创研究和直接调研方式，但分析师们大多使用非原创研究，这是因为他们有便利的渠道得到大量的信息。当然，引用公司和行业已有的研究数据是不可避免的，也是必需的。而好的分析师通常会测试这些数据的可行性，然后得出结论。

分析师们似乎很乐意承认他们的分析基于上市公司的公告，并不断抱怨他们的工作量有多大，他们甚至觉得人人都应去看上市公司的公告。显然不是每个人都有时间去关注当天所有上市公司的公告，所以分析师们就自降身份来充当报道人。

再看 ZYX 公司的例子，你会找到一些重要的投资信息。“ZYX 公司将是建造下一代

INTERNET 网的领头军。我对该公司明年的收益预测为$1.10，市场的预测为$1.00。我总结了 5 个方面来支持我的观点，这 5 方面正是市场疏于考虑而致使差异存在的原因。也许该公司不是业内最好的公司，但通过我的分析，预计该公司的股票在未来会有良好表现。对消费者的调查也显示出该公司产品受欢迎的程度远大于其他竞争者，只是不确定公司对这种需求是否了解。”

5.合格的分析师很少使用新出现的、未经实践检验的估值模型。而是使用理论成熟的、基础比率来分析和预测

很多分析师越来越喜欢用复杂的、假设不合理的、没有经过检验的金融估值模型来掩饰自己分析的苍白。实际上最基础的比率分析反而是最有效的分析方法。千万不要忘记互联网时代的新估值模型现在看是多么的可笑。加入用传统的比率分析，对 ZYX 公司的分析更新为：

“ZYX 公司将是建造下一代 INTERNET 网的领头军。我对该公司明年的收益预测为$1.10，市场的预测为$1.00。我总结了 5 个方面来支持我的观点，这 5 方面正是市场疏于考虑而致使差异存在的原因。也许该公司不是业内最好的公司，但通过我的分析，预计该公司的股票在未来会有良好表现。对消费者的调查也显示出该公司产品受欢迎的程度远大于其竞争者，只是不确定公司对这种需求是否了解。市场使用‘P/S’的方法对 ZYX 公司进行估价，虽然这种估价方法不具有说服力，但对该公司的历史数据分析发现利润增长预期很好，可以判断该公司在未来的 12～18 个月将成为业内最好的股票之一。”

6.合格的分析师不会对所有追踪股票给予“买入”评级

一般来说，一个研究所股票池评级中买入评级多于卖出评级。为什么会出现这种情况？一般的回答就是分析师对自己所研究的行业和公司容易产生感情；另外，如果所持有的股票直线下滑，那么基金经理和分析师的日子都不会好过；还有，如果看空上市公司，则可能以后调研就不会被接待。股票本身也对评级系统有一定的影响，因为分析师会给予业绩上升的股票买入评级，业绩下滑的股票评级较低。

再次更新 ZYX 公司的分析：“ZYX 公司将是建造下一代 INTERNET 网的领头军。我对该公司明年的收益预测为$1.10，市场的预测为$1.00。我总结了 5 个方面来支持我的观点，这 5 方面正是市场疏于考虑而致使差异存在的原因。也许该公司不是业内最好的公司，但通过我的分析，预计该公司的股票在未来会有良好表现。对消费者的调查也显示出该公司产品受欢迎的程度远大于其竞争者，只是不确定公司对这种需求是否了解。市场使用 P/S 的方法对 ZYX 公司进行估价，虽然这种估价方法不具有说服力，但对该公司的历史数据分析发现利润增长预期很好，可以判断该公司在未来的 12～18 个月将成为业内最好的股票之一。这只股票是我给予买入评级的唯一股票。”

7.合格的分析师敢于用合理的分析冒犯或者挑战市场观点

好的分析师不应该害怕冲突。如果是表述自己的分析结果而非陈述事实，必然会遭到很多人的反对。没有什么比给予某基金经理所持有的最大份额的股票卖出评级，带给他的伤害大。好的分析师还应该不畏风险。因为分析师的预测不可能 100%正确，对分析师有这样的期待也是不合理的。可能有很多分析师都接到过抱怨的电话，但想要为客户提供有价值的分析，必须准备接受这些。

判断分析价值的关键是判断如果没有分析师的意见，投资者是否能做得更好。当然，现实中这样做是不可能的，只是我觉得这样想很重要。判断分析师好坏，只看他给出的低买贵卖的建议毫无意义，应该看他给出的正确建议是否比投资者自己的决策多，是否把一只股票的投资故事说得清清楚楚，明明白白。

最后，ZYX 公司的分析应这样写：

“ZYX 公司将是建造下一代 INTERNET 网的领头军。我对该公司明年的收益预测为$1.10，市场的预测为$1.00。我总结了 5 个方面来支持我的观点，这 5 方面正是市场疏于考虑而致使差异存在的原因。也许该公司不是业内最好的公司，但通过我的分析，预计该公司的股票在未来会有良好表现。对消费者的调查也显示出该公司产品受欢迎的程度远大于其竞争者，只是不确定公司对这种需求是否了解。市场使用 P/S 的方法对 ZYX 公司进行估价，虽然这种估价方法不具有说服力，但对该公司的历史数据分析发现利润增长预期很好，可以判断该公司在未来的 12～18 个月将成为业内最好的股票之一。这只股票是我给予买入评级的唯一股票，也可能是市场唯一做出这样分析的分析师。值得骄傲的是，我的分析与开头那句毫无意义的分析截然不同。”

三、投资者独立的信息研究与研究技术

独立的信息处理和研究技术是专业投资者的必备，具体到方法上则可以不同。比如，我从第一章到第十五章的分析，仅是自己认为的策略投资分析框架。实际上，任何一个有经验的投资者，都需要有自己的理性分析。

作为专业的投资者，必须先掌握一定的研究框架体系（可以不完善，但是必须有一个大致的框架和方向，因此最好先模仿投资大师），然后才去处理信息，否则会被信息所埋没。无论对哪个领域的研究，都需要积累起庞大的资料和信息库，如果我们只是单纯收集信息的话，这些信息最终会淹没我们的目的，使得我们的分析出现失败。所以不要为获得信息付出太多成本，不要为收集数据而收集数据。

另外，很多投资者做出投资决策总是希望获得关于一个决策的所有信息，比如对一只股票的购买。不过，就我的经验，无论掌握了多少信息，都不可否认，没有人能够掌握某个公司的所有相关信息。我认识的很多个股票投资者，其掌握的信息其实十分有限，但是他们掌握的都是核心最重要的信息，也就是研究体系框架本身的确然性比信息的充裕程度要重要得多。否则，搜集大量信息，但是仍然不能做出有效的投资决策。

在进行独立信息处理时，工具是非常重要的，比如 WIND 资讯软件是专业投资者的必备，其大规模筛选和排序处理数据的能力非常好。每个季度报表公布后，我都在 WIND 里面把中小板的所有股票的关键财务数据(符合我的选股框架体系的)输出成几个大表，打印出来，从历史和对比中可以发现投资机会。

很多投资者不读招股说明书，我很喜欢读，就像读一本知识书一样，几百页的招股书几个小时就可以读完，你可以从中了解到很多知识。

信息不一定完备，但是信息处理的体系则尽可能完备。其实建立投资分析体系和培训飞行员比较类似，没有人希望飞行员在遇到危险的时候惊慌失措，并且没有人希望飞行员在面对 Y 风险的时候做出来的反应就像遇到 X 风险，仅仅因为飞行员的脑袋里只有一种面对 X 风

险的模式。因此，现实是用一种严格的六要点系统来培训飞行员的：

(1)飞行员所接受的正规教育的广度足以覆盖几乎所有对飞行有用的事情；

(2)所接受的必要教育不仅能让飞行员顺利通过一两项测试，而且提高到了能在实践中熟练操作的地步，甚至能同时处理两三个互相交织的危险状况；

(3)和任何优秀的数学家一样，飞行员必须学会有时正向思考，而有时则要逆向思考，这样飞行员就能学会何时把注意力放在希望发生的那些事情上，何时放在避免发生的那些事情上；

(4)训练内容应根据学科的不同进行合理分配，最终追求的目标是一旦未来实际操作总出错，所造成的损失可以达到最小化。针对实际操作中最重要的内容，进行强化训练，达到炉火纯青的地步；

(5)强制养成飞行员检查“清单”的习惯；

(6)即使接受了最初的教育，也必须养成复习知识的习惯——经常使用飞行模拟器，防止应对罕见和重要问题的知识由于长时期不用而产生退化。

建立好的投资体系的第一步是阅读优秀投资者的著作，学习和模仿，然后不断去实践和完善。没有任何学习的直接实践，对于多数投资者来说，从中很难总结出出色的构建性体系。

伟大投资者的投资决策体系非常完善。举个例子，与巴菲特合作40年的查理•芒格可能需要思考492个问题。《寻找智慧：从达尔文到芒格》一书的作者彼得•贝弗林通过模仿芒格思考问题的方式而列出的这个“问题清单”。

比如，仅在了解一个公司的业务时，查理•芒格就会问：“我能理解一个公司的业务吗？”然后从一些角度继续深入去问，比如在需求的原因角度，会问“我有多确定(并且能解释为何如此确定)人们将来仍会继续购买这类产品或服务？过去的情况是什么，未来可能发生什么？需求是否呈周期性？生产能力与需求的对比是什么样子？”从回报能力的角度会问，“产业和公司的回报能力，以及其过去10年的发展状况是什么？”从产业结构的角度会问，“竞争者的数字和规模？谁在该产业中拥有发言权？要在该产业中获利，什么因素是必须的？公司在产业中的地位如何？我是否知道谁会在这个市场上获利，为什么？”从真正的消费者角度会问，“谁对购买行为有决定权？其决定的标准是什么？”

这仅是了解公司的业务，在公司是否具有竞争优势的时候，会问40个问题。在具体投资时候，风险管理时候，又是大量的问题，只有在这些问题获得比较完满的解答后，才会有“不后悔”的投资决策。

我这里要说的是，投资决策是一项扩展思考边界的活动(行动)。思考的边界存在太多问题，因此，这充分说明了投资所展示的人类思维与所面临环境的复杂性，也反过来说明，一般投资者在问题面前的思考是多么轻率而浮浅——很少有人会思考如此多的问题，即便这些问题价值连城或生死攸关。

实际上，查理•芒格思考的492个问题中，很多问题不仅可以用于决定购买哪只股票，当你在生活的十字路口前犹豫不决时，也可以把这些问题作为权衡的准则。多数普通投资者没有办法思考那么多问题后才做投资决策，并且即使思考了很多问题后做出决策可能还有失误。不过，思考这么多问题本身就有巨大价值。当你开始阅读并研究这些问题，那么你就迈出了理性思考和建立适合自己的分析框架体系的第一步。

或许股神不能复制，但没有投资者会介意变得更聪明，决策更有效。因此，多阅读和思考是非常必要的。这也是每章后面列出诸多参考书籍的重要原因。

第二节 抗拒行为的干扰

投资者都假定自己能做理性的投资决策，但是实际上，我们大脑的情感模式往往占主导地位来影响我们的理性决策。因此抗拒行为的干扰至关重要。这和第九章市场心理分析有很大不同。第九章是站在自己的角度研究群体和市场的心理，而本节则是从内省的角度，来审视自己的心理偏差是如何干扰自己的投资决策的。研究表明成功的投资者均能够抗拒行为偏差对于投资的干扰。

关于研究行为偏差，这主要是和我们大脑里两套决策系统有关。我喜欢《星际迷航》，里面的两个人物清晰展示了两套系统的冲突。《星际迷航》(Star Trek)里，麦考伊是个感情用事的地球人，永远让情绪主宰着。相反，史波克(一半地球人一半外星人)却一意压制感情，让理性来做决定。麦考伊的方式似乎建立在系统X上。系统X本质上是大脑的情感部分。它处理信息的方式是自发的，而且毫不费力。也就是说，甚至在我们清醒地注意到自己的大脑受到某些信息的影响之前，这些信息就已经被系统X预先过滤掉了。因此，系统X是实际上的缺省选择。系统X以一种相关联的方法处理信息。它的判断到时候往往建立在(外表)相似性和相关性的基础上。因为系统X对待信息的方式，它能同时处理大量的数据。对于电脑狂来说，它是一个速度极快的并行处理部件。要系统X相信某件事情是有效的，它也许只需要有愿望就够了。

系统C是大脑的“外星人”部分。要使用它，需要慎重的努力。它在处理信息时，讲究逻辑和有理有据。由于它是逻辑性的，所以一次只能走一步。因此，用计算机术语来说，它是一个缓慢的串行处理部件。要想说服系统C相信某件事情是真的，需要逻辑推理和实验证据。

大脑工作的这种双重系统已经得到了神经学家研究成果的支持。他们已经开始用大脑的某个部位去联系某种功能。为了做到这一点，神经学家要求参与实验的人执行一些任务，同时用脑电图、正电子发射断层图、或者后来更常使用的功能磁共振成像对他们进行监测。然后，把这些结论与基础案例进行比较。这些扫描图像之间的差别就标出了大脑被使用的那一部分。

关于这些有一件非常重要的事情需要注意：从人类发展的角度来看，系统X部件的年龄要大了许多。它们在系统C发生联系之前已经进化很长时间了(表16-1)。

在信息处理过程中，系统X之所以会是缺省选择，原因可以用进化来帮助解释。我们对情感的需要远远早于对逻辑的需要。以恐惧为例来解释这一点也许最合适不过了。恐惧是我们比较能够理解的情感之一。通往恐惧的神经之路看上去有两条：一条是又脏又快的小路，另一条是谨慎和理性的大路。它们与思维的两种系统之间的联系应该很明显。

想象你站在一个装着一条蛇的玻璃容器前。蛇立了起来，你感受到了危险，知觉神经接

表 16-1 思维的两种系统

系统一：经验型 X—系统/反射型/直觉型	系统二：逻辑型 C—系统/反射性的
整体的	分析的
情感的	逻辑的
相关联系的—在相似性和 临时关联性的基础上判断	推论的
快速平行进行	缓慢地、循序渐进
实实在在的影响	抽象的影像
变化较慢	随思绪的速度变化
粗略地区分——比较宽泛	区分更为细致
精力地整合——内容专一	更高级的整合——内容互鉴
被动地、潜意识的体验	主动地、有意识地体验
自动的、毫不费力的	控制的，努力的
自我证明的："体验为实"， 也可能是愿望为实	需要逻辑和证据来证明
其中	
X—系统	C—系统
扁桃腺　基底神经节 外侧颞叶皮质	前扣带皮质　前额页皮质颞叶内测

收了信息。从这儿起，两个信号出现了。在小路上，信号被发往系统 X(也称之为边缘系统)中的扁桃体和大脑的恐惧和风险中心。扁桃体反应很快，使你往后躲开。

然而，第二个信号(走的是大路)把信息发到感觉皮层，这部分以比较清醒的方式对潜在威胁进行评估。就是这个系统向你指出，在你和蛇之间还有一层玻璃。不过，从生存的观点来看，虚假的肯定总比虚假的否定要好得多。

许多人往往认为情感是对事件或者动作的清醒反应。就是说，有什么事情发生了，你的大脑对此判断该有什么样的情感反应——或许是悲伤，或许是愤怒，或许是欢乐，或许是其他什么情绪，然后大脑再据此告诉你的身体怎么去行动，比方说流泪、充血、或者呼吸急促。

现代心理学家威廉•詹姆斯是最早认识正确的传递关系或许是由身体传导到大脑的人之一。詹姆斯认为，大脑对情况的评估实在太快了，我们根本没有时间意识到自己该如何体会。实际情况是，大脑对身体进行勘测，并获取结果(例如皮肤出汗、心跳加速)，然后推断出与身体产生的这些物理现象相匹配的情感。

用某个心理学家的话来说，我们都是"暂时性的现实主义者"。也就是说，我们有一种倾向，倾向于信任自己最初的情感反应，"只是后来偶尔地、努力地"纠正这种最初的感觉。比方说，当我们的脚趾顶上了石块或者脑袋撞上了屋檐时，我们就会诅咒那块石头或者屋檐，全然不顾这对避免自己的错误根本不可能有任何帮助。

无论如何，在我们实际上要做决定时，也许是需要情感的。有这么一群人，他们由于悲剧性的事故或者比较彻底的手术，大脑的情感部分毁坏了。这些人不但没有成为俗称“经济人”的效率机器，事实上许多事例还表明，他们现在根本就没有做决断的能力了。他们无休无止地制订计划，但是却从来没有把其中的任何一个付诸实施。尽管从概念上“知道”正确的答案，但是缺乏感受情感的能力还是严重妨碍了他们的表现。

因此，情感既能帮助我们，也能阻碍我们。没有情感，我们就感觉不到风险；有了情感，我们又无法控制风险引起的恐惧。这就是人类。

心理学家卡美拉(Camerer)等人的理论是，情感的影响要视经验的强度而定：强度低的时候，其影响很大程度上表现为一种‘顾问’的角色。许多理论都认为，人们面临决定时，会使用情感所携带的信息……强度适中时，人们开始清醒意识到知觉和情感之间的冲突。正是在这一强度适中的阶段，人们开始观察……自我控制的努力……

最后，当强度甚至更大时，情感可能会非常激烈，在实质上阻挠人们做出决定。没有一个人在开车时“决定”睡觉，但是许多人却睡着了。在强烈的情感动机的影响下，人们常常会说自己“不受控制”……“思维和感情冲突时，后者会赢。这是我们大脑的神经中枢决定的。”

还有一点也值得一提。我们非常不善于捕捉自己在情感影响下的感觉，即心理学所说的“同感的冷热缝隙’。也就是说，当我们放松平静的时候，总是会低估自己在情感激烈时的反应。

不幸的是，庞大的心理学研究数据表明，我们利用自我控制来强迫自己的知觉去压倒情感反应的能力是有限的。每一次自我控制的努力都会减少下一次自我控制的力量。

心理学家鲍迈斯特通过研究，归纳出以下要点：

(1)在情绪压力下，人们倾向于高风险高回报的选择，即使这些选择显而易见很不高明。这看上去是因为无法对事情进行彻底思考引起的，而导致这种状态的正是情绪压力。

(2)当自尊受到威胁时，人们就变得沮丧，并且开始失去规范自己的能力。尤其是那些自负的人，他们常常在骄傲被打击下很快就沮丧起来，并且急于要证明自己了不起。这种急切的情绪压倒了他们在生活中处事时的正常理性。

(3)许多形式的利己主义行为都需要自我规范。当不能自我规范时，可能在许多方面都会弄巧成拙。例如，在延期的报酬和眼下的快感之间，选择后者。自我规范所依赖的资源似乎是有限的，比如能力和精力，所以人们只能在有限的范围内规范自己。

(4)做选择和决定也要消耗这同一种资源。当资源耗尽，比如说在做了一系列重要决定后，人就变得很累，精疲力竭，其后的决定也许就会出现重大失误，或者非常愚蠢。

(5)归属感是人类动机的主要特征。当这个需要受到了阻碍，例如人与人之间的拒绝，人们就不知怎么会停止合理的行为。随着拒绝，不理智或者弄巧成拙的行为越来越常见。

这些要点中有很多也能影响到投资者。设想有这么一位投资者，刚刚经历过一段业绩非常不好的时期。这个投资者很可能在压力下觉得要开始集中于高风险高回报的机会，以弥补以前缺失的业绩。他很可能也会觉得自尊受到了威胁，就像上面的第 2 点所说。这位投资者可能还会开始变得越来越目光短浅，注意力越来越集中在短期利益上。这些差不多是可以断言的，特别是当以前造成业绩不好的那项投资还有与众不同的特点的话。实际上，几乎所有可以被归入心理学上的无理性的元素大概都会大量出现。

了解了行为缺陷后，投资者会感到十分沮丧。有了情感，我们就无法控制自己；而没有它们，我们又无法做出决定。看上去我们注定会围着短期利益转，跟着人群跑。如果我们企图抵抗这些诱惑，就要承受以后自我控制能力下降的折磨。情况很不美妙。

然而，并不都是坏的。许多年来人们都认为大脑细胞的数量是一定的，它们随着时间而衰败。可喜的是，情况并不如此。我们在一生中完全有能力再生新的脑细胞。

另外，大脑的模式并不是固定的。要理解这一点，最容易的方法就是把大脑想象成一张蜘蛛网。这张蜘蛛网中的某些丝要比其他的厚实些。大脑使用某根丝的次数越多，那根丝就变得越厚实。而那根丝越厚实，大脑使用它的次数往往就会越多。因此，如果我们养成了不好的大脑习惯，它们就会逗留不去。

然而，我们也有能力重新安排这些小路(神经)，这就是大脑学习的方法。对此有一个名称，叫做“可塑性”。我们的命运并不是早已注定的，我们可以学习，特别是从行为偏见中学习，尽管这并不容易。

心理学家们用了许多年时间记载和归纳那些我们容易犯的错误，其中一些主要错误出现在各种文化和国家中，具有令人惊奇的普遍性。这些错误大部分都可以追溯到四个常见的原因：自我欺骗，启发简化，情绪，和社会的相互影响(图 16-2)。

图 16-2　偏见的分类

其中以下是 10 个最重要的偏见(对于要进一步深入了解人的行为偏见的读者，可以参阅行为金融学的著作)。

偏见 1：我理解的更为正确，因为我知道的更多

心理学家的调查问卷显示人们最常见的两个偏见是过分乐观和过分自负。比如问：你的开车技术要比一般人好吗？几乎绝大多数人都认为自己比平均水平要好。过分乐观和过分自负往往来源于控制的幻觉和知识的幻觉。

知识的幻觉是指人们倾向于认为自己的预测会随着更多的信息而更为准确。这个错误想法太危险了，以致历史学家布尔斯廷大声疾呼，“发现新事物最大的障碍并不是疏忽，而是知识的幻觉。”真相很简单：更多的信息并不一定就等于更好的信息。与其说重要的是你有多少信息，不如说是你怎么使用信息。

心理学家斯洛维克有个经典案例。他给 8 个经验丰富的赌马人看了一张单子，上面是很普通的一个关于一匹赛马的历史资料表，比如负重、赢的次数、不同条件下的表现等等，一共有 88 种变量，然后要每个赌马人按照重要性来罗列这些信息。完成这一步后，这些参与者又拿到了 40 场以前比赛的数据，并被要求挑出每一场的前五名赛马。而那些历史资料数据也以依次递增的方式发给了每一个人。5 种、10 种、20 种、40 种，每次都要求他们选出 5 个最重要的。因此，每个参与者对每一场比赛的结果有 4 次预测——每一组信息都要来一次。对于每次预言，都要求参与者给自己对自己预测的信心打分。

实际结果是随着信息的增加，准确度基本上是一条平直的线，显然与参与者所掌握信息的多少无关。但是，看看这些赌马人的信心度吧。5 种信息的时候，准确度和信心度相当接近。然而，到了 40 种信息时，准确度仍然还在 15 %左右，但是信息度却已经飙升到了超过 30%。因此，更多的信息并不等于更好的信息，真正重要的是你如何使用它。这个事实并没有就此使绝大多数的投资者们停止疯狂地积累比对手更多的信息。

心理学家还有一个关于股票投资的研究。参与者每个月都被要求从两只股票中选出他们认为表现会更好的那只。所有的股票都是众所周知的蓝筹股，参与者得到的信息包括股票名称、行业、前 12 个月的历史表现。参与研究的人分两组，一组是外行(心理学的本科生)，一组是专业投资者(投资经理、分析师、还有经纪人)。每一次选择的时候，参与者都被要求说明对自己预测结果的信心度。坏消息是，两组人的预测结果都比纯粹的撞大运还要差。也就是说，你用投硬币的方法都能赢他们。更糟糕的消息是，专业人士实际表现比外行们还要差了一大截。例如，当专业人士 100%肯定自己正确时，他们实际上只有不超过 15%的时间是正确的。这正好符合了心理学家们收集到的一大堆证据，那就是，专家们也许比不是专家的人知道得更多，但是他们与此同时也往往比那些不是专家的人更加自负。

参与者还被要求给自己在决定时所做的努力进行排名。外行们实质上全靠猜，不过也受到以前的价格表现影响。与此对比的是，专家们却认为他们是在用自己的知识选择赢家。

控制的幻觉是指人们深信自己对不可控事件的结果有影响力。例如，人们会多花好几倍的价钱买一张自己挑选数字的彩票而不是普通的随机产生数字的彩票。人们更愿意在一枚硬币被扔之前下赌注，哪怕扔过的硬币是被遮挡着的，就好像他们能在硬币被扔在空中时施加影响似的！这里信息再次起了作用。你掌握的信息越多，就往往会感到自己越有控制力。

偏见 2：大的就是重要的

每一个信息都可以从两种角度来衡量：强度和分量。这两个角度混淆在一起，很容易就会导致反应过度和反应不及。例如，假设你面试了一位潜在的雇员，他/她给了你一些作为参考的资料。其中有一封推荐信，信中对这位潜在雇员在几乎人生每一步的表现都充满了赞誉。可惜的是，这信是此人的母亲写的。

这个信息所涉及的那些金光闪闪的优点显示了它的强度；但是它的分量却很轻，因为它的来源是一个具有高度偏见的作者。

心理学家特沃斯基和格里芬在 1992 年发现，高强度和低分量混合在一起，一般来说会导致过度反应；而低强度和高分量的混合则容易导致反应不及。

投资者似乎常常弄不清楚信息的这两种元素。例如，当一家公司宣布发放或者取消一次股息的派送时，投资者往往反应不及。他们错误地对待这个信息。实际，股息方案改变的分量非常重(管理层对股息方案的改变是不会轻描淡写的)。然而，它的强度同时也往往很低，因为投资者(错误地)没有把重心放在股息上。

相比之下，投资者似乎继续在对公司创出了历史新高的业绩增长表现出过度的反应。投资者似乎宁愿对一家公司的历史业绩有极大的信心，也不去把注意力集中在未来可能有的前景上。

偏见 3：只看我想看的

设想下面一个情形：你面前摆着四张牌，每张牌都有一个字母数字的标志。里面有 E、4、K、7。如果我告诉你，假如一张牌的一面有一个元音字母，那么它的另一面就应该有一个偶数。要想知道我说的是否是实话，你应该翻开哪一张牌？

花时间想一想。许多人选择了 E 和 4，而正确的答案却是 E 和 7，只有这两张牌才可能验证我是在说谎。如果你把 E 翻过来，看到了一个奇数，那说明我说谎了；如果你把 7 翻过来，看到一个元音字母，那么你也知道我说谎了。而翻 4 的话，你什么也证明不了——如果它的那一面是一个元音字母，那么你不过是发现了一个符合我描述的信息，但却无法证明它；如果它的那一面是辅音字母，那么你也证明不了什么。我最初说的是一个元音必有一个偶数。我没有说一个偶数必有一个元音！

因此，为什么我们会被拉向 E 和 4 呢？我们有一个非常坏的习惯，那就是寻找那些认同我们的信息。这种对认同而不是反驳的渴望就是所谓的“确认偏见”。当卡尔•波普(Karl Popper)撰写他的科学哲学时，他说，验证一种观点的唯一方式，就是形成一个假说，然后用剩下的所有时间来寻找一切不同意此观点的信息。可这并不是我们大多数人的方式。我们往往会形成一个看法，然后用剩下的时间来寻找所有使我们看上去很正确的数据。

我们的天性倾向于聆听那些附和我们的人。听到我们自己的观点反馈给自己，这种感觉很舒服。我们得到了那种模糊的、暖洋洋的满足感。可惜的是，这并不是做出最佳决定的最好方式。我们所应该做的，是和那些最反对我们的人一起坐下来。我们这样做并不是要改变自己的想法(因为这种结果发生的几率极其渺茫)，而是要引起对反面看法的注意。我们应该从反面看法中寻找逻辑错误。如果我们找不到这样的错误，那么我们就不应该如此肯定地努力坚守自己的看法。

这么做还有一个附加问题，就是我们经常会发现自己染上了“敌对媒介之偏见”。也就是说，我们不仅寻找那些附和我们的信息，而且在看到那些不附和我们的信息时，常常会认为那种信息来源是带有偏见的。

偏见 4：正面就是技巧，反面就是霉运

我们的自尊相对来说比较脆弱。保护这个自我形象的重要武器之一，就是“自我贡献之偏见”。这种倾向性把好的结果归功于技巧，把坏的结果纯粹归咎于霉运。这是投资者在学习中很容易遇到的主要限制之一。这个武器使我们不把错误认作错误，因此常常使我们不能从过去的错误中得到教训。

要与这个问题作战，需要建立决策的矩阵图。只有把结果和我们的决定以及做出这些决定的理由相互参照，我们才能指望弄清楚哪儿是运气，哪儿是技巧。也就是说，我的正确是建立在正确的理由上，还是虚假的理由上？要应用这个矩阵图，我们必须要有自己所做过的决定以及这些决定背后的理由的记录，所以记住把它们写下来。

	好的结果	坏的结果
正确理由	技巧(也可能是运气，姑且说之吧)	坏运
错误理由	好运	错误

偏见 5：我早就知道

投资者遇到的最危险的偏见之一，就是“马后炮”。它指的是这么一个事实，即我们在事情发生后，都很确实地肯定自己在它发生前就已经知道了。在投资者中，关于这种偏见最好的例子，就是 2007 年的中国股市泡沫。每个人都坐在那儿说，他们早知道那是泡沫——他们往里面投资过，而他们知道那是泡沫。

如果每个人都认为他们能够预测过去，那他们当然很可能会非常肯定自己预测未来的能力。因而，马后炮是导致过度自信的一个很大原因。马后炮是最危险的偏见之一，因为在读完行为金融学的研究后，有一个可能，那就是你会站起来，边走边说，“嘿，有点儿意思……我早就知道！”

偏见 6：不相干的信息作为投入也具有价值

我们面临不确定性时有一种倾向，会抓住一些不相干的信息作为支柱。这常常是在一种根本没有意识到的状态下发生的(系统 X 的一个典型特征)。

“锚定”的经典案例来自心理学家特沃斯基和卡尼曼的那篇获得诺贝尔奖的文章。他们请人回答一般知识范畴的问题，比如联合国中非洲国家所占的比例是多少？在参与者回答前，在他们面前转动着一个有数字 1～100 的幸运转盘。作为心理学家，特沃斯基和卡尼曼把转盘设置了一下，使转动的结果不是 10，就是 65。然后他们就问参与者们，要他们说出自己的答案比转盘的结果低还是高，而且还要说出自己的实际答案。看见轮盘数字是 10 的那组人的中间值是 25，看见轮盘数字是 65 的那组人的中间值则是 45！实际上，人们在形成他们自己的观点时，会抓住不相干的东西定位。至于这道题的答案么，目前正好低于 20%。

锚定效应显然对评估有影响，特别是在这样一个世界里——我们都坐在屏幕面前，价格从早到晚在冲着我们不停地变换。抓住当前的市场价格来定位，这实在太容易了。大券商分析师常常很怕宣布那些和当前的市场价格相差悬殊的目标价格。即使模型显示差异大，分析师也倾向于被锚定而修改模型以适应现有价格这个锚。锚定的程度受到船锚特点的影响，也就是说，船锚看上去越相关的话，去抓住它的人越多，即使不相关的锚也往往对决策产生重大影响，有时候这个锚碰巧锚对了，还可能会被神化。

管理学专家诺斯卡拉夫和尼勒指出，房地产经纪人在给房屋定价时，也染上锚定效应。他们带两组房产经纪看了同一所房子，并且给出了一模一样的信息。两组房产经纪人获得的信息中，只有一点不同，那就是最早挂出的价格。然后这两组房产经纪人就被要求提供一组不同的价格。两组人之间的差别平均超过了 12%，尽管他们看的是同一所房子。

从总的市场前景来看，船锚都可能是哪些东西呢？价格成天在对着我们变换——电视广告、报纸内页、股票价格在电视新闻的屏幕下面滚动、股票分析师的电子邮件、房地产买卖、等等。投资者似乎一把抓着这些价格的幻象，错误地把它们等同于价值。当然，我们可以防止这样错误，使用评估的与此反向的评估模型。把市场价格里暗示增长的那部分完全剔除了，然后评估是否有真正增长的可能。

哈佛商业评论1998年的著名文章“Hidden traps in decision making”提供了一些相当有价值的建议，投资者怎么样才可以做到有意识地在进行决策的时候避免锚定效应造成的决策偏差呢？

方法一	总是试图从不同角度观察问题
方法二	总是在试图咨询别人意见以前独自思考，避免被别人的意见锚定
方法三	思维要放开，要能倾听多种渠道的声音，这样也可以开拓自己的思路
方法四	在咨询别人意见时也要努力避免对方被你的想法锚定。尽量在倾听前少告诉对方你自己的想法和预测

偏见7：我可以就它看上去的样子做出判断

下面的例子是行为金融学经常采用的例子：设想以下情形，琳达31岁了，单身，快言快语，非常聪明。她在大学里的专业是哲学，作为一名学生，她非常关心关于平等和歧视的问题。那么，琳达在银行工作，和琳达在银行工作并且是一个活跃的女权主义者，这两种情形，哪一种更加可能呢？

不知怎么，非常奇怪的是，许多人都选择后者。可那根本不可能成真。第二个选项是第一个选项的子集，而一个子集永远也不可能大过部分包含它的那个集合。

那么究竟是怎么回事呢？是这样的，人们判断事情依据的是它们的样子，而不是它们的实际情况。这就叫做“代表性”。在琳达的例子中，人们选择了第二个选项，即琳达在银行工作并且是一活跃的女权主义者，是忽视了一个基本比率，那就是在银行工作的人肯定比既在银行工作又是活跃的女权主义者的人要多。

代表性在投资中有许多应用。例如，投资者们是否认为好的公司就是好的投资对象呢？如果是，那么就有了一个潜在的“代表性”案例。投资者们常犯“代表性偏见”。比如，一个偏见就是对那些5年出现高增长的公司，他们预测会在以后的5年内持续有很高的增长。他们实际上看的是公司的历史业绩，并以此推出这家公司以前极好，因此会继续好；或者这家公司一直都是很糟糕，以后也会是。这个逻辑和琳达那个问题完全一模一样。但从大概率上，业绩存在均值回复。收益增长在一个5年期内，很大程度上是一个回归均值的过程。均值回归的几率非常高。低增长的投资组合和高增长的投资组合所创造出的长期收益几乎一样多。投资者们判断那些公司的依据是它们看上去的样子，而不是它们伴随增长的收益基础会如何延续自己的竞争力。

偏见8：这和我的记忆不一样

我们的大脑不是超级电脑，甚至连一个比较好的档案柜都不是。然而，我们却往往都认为自己的记忆很完美，就像是明信片或者照片那样。心理学所揭示的真相是，记忆是大脑的一道程序。这道程序中的环节之一是真相，可那并不是唯一的，还有其他的主要环节。一般说来，人们回想起更多的是那些生动的、广为人知的、近期的信息。

另外一个事实也增强了“近期效应”，那就是人们宁可依赖自己的经验，也不依赖统计和他人的经验。有一篇论文“信息丛林中的经验之树”通过一系列的实验显示，即使所牵涉信息的相关度和重要性都相等，人们常常会给予直接经验更多的重视。研究者提出了一个假说，即过分重视直接经验的一个原因是“情感的作用……直接体验的信息激发了情感反应，这是许多其他信息所无法做到的。”

“如果人们用自己的直接经验来评估事件的可能性，他们很可能就会过于重视那些自己体验过的实际不太可能发生的事件，而低估那些他们没有体验过的。”事实上，在研究者的一个实验中，他们发现，人们分给个人经验的比重是他人经验的两倍！所有这些信息都意味着，投资者的经验在他们对现实的看法中起了决定作用。

信息的情感作用也在其中扮演了一个角色。卡尼曼和特沃斯基在 1973 年提供了一个例子。他们向人们提出以下问题：“就英语中含有 K 的普通词汇来说，K 一般会是起始字母还是第三个字母？”抽样人群有 152 人，其中有 105 人认为词汇以 K 起头的可能性更大。事实上，以 K 为第三个字母的词汇大约是以 K 起头的词汇的两倍。然而，因为我们索引时总以第一个字母开始，所以更容易想起它们。

投资者总是寻找那些大的触发性事件。但是这么做的过程中，投资者们常常就错过了那些新闻小碎片积累起来的作用。市场中每一次极其微小的踌躇都可以找到一些理性的解释，这一奇谈永远能得到媒体的帮腔。

偏见 9：如果你说它会这样，那就一定是真的

投资者和分析师们常常会犯简化架构或者架构依赖的毛病。也就是说，我们根本看不透把信息呈现给我们的那种方式。对于一个问题，只要以不同的框架去套它，那么任何一个比较好的民意调查人员都能够从中提取出想要的答案。下面这个问题就是一个简化架构的典型例子：

假设你在为应付一种不寻常的亚洲疾病的爆发做准备，预测这种疾病将会使大约 600 人死亡。有两种与此疾病做斗争的方案提了出来以供选择。对这两个方案的整体科学评估如下：

(1) 如果使用方案 A，那么会有 200 人得救。

(2) 如果使用方案 B，那么有 1/3 的可能 600 人全部得救，2/3 的可能无一人得救。

你偏爱哪一种方案？

当卡尼曼和特沃斯基问这个问题时，他们发现 72%的人选择方案 A。但是现在用这个同样内容的另一种评估结果来考虑一下吧：

(1) 如果使用方案 C，那么有 400 人会死亡。

(2) 如果使用方案 D，那么有 1/3 的可能无人死亡，2/3 的可能 600 人全部死亡。

这回，卡尼曼和特沃斯基发现只有 22%的人选择方案 C。那些敏锐的人当然会很快看出，方案 A 和方案 C 是一样的，方案 B 和方案 D 是一样的。可是，把问题呈现出来的方式却产生出了这种偏爱结果相反的怪事。

架构的重要性很可能是由于认知的局限。我们的大脑并不是巨型电子计算机，它们在处理信息时能力有限。尤其是我们很容易就会染上视而不见的毛病。这种现象是指人们的注意力在被某些别的事情占据后，即使眼前发生的事情，也会看不见。

偏见10：亏损只有兑现了才是亏损

假设你两三年前花150元买了一瓶酒。这酒在价格上增值了许多，如果把它拿去拍卖，大概能值1500元。你是准备把这瓶卖了呢，还是去再买一瓶？最常碰到的回答是两声响亮的不。当面临这样的情况时，人们一般都既不愿意买也不愿意卖。

这种无为的惰性就是所谓的“现状倾向”。它是“赋予效应”的一个例证。简单地说，赋予效应就是对于自己曾经拥有过的东西，你会开始比其他人赋予它更高的价值。

要展示赋予效应，经验性的方法相对容易。典型的模式是，比方说，随机给予半个班的学生一个杯子。然后告诉班级，说准备组建一个市场，有杯子的同学可以把杯子卖给没有杯子但是想要杯子的同学。可以推测，既然杯子是随机发出去的，那么大约有一半的人会愿意交易。因此，预测的交易量是50%。然而，这样的市场中的交易量通常都只是预期的一小部分。实际上，在许多实验中，实际的交易量大概仅仅接近10%！缺乏交易的关键在于卖方和潜在买方之间的巨大差异——那些分到杯子的人愿意卖出的平均价格是5.25元(即愿意接受的价格)。那些没有杯子的人愿意付出的购买价格却不超过2.50元(即愿意付出的价格)。

因此，卖方尽管得到这杯子只不过才几分钟，但所有权已经使他们提出了两倍于买方愿意付出的价格。所有权似乎极大地扭曲了人们对于价值的看法。

这种赋予效应是来自不愿意买还是不愿意卖呢？要评估这两个因素的相对重要性，可以把第三方参与者引进市场。不再只有买方和卖方了，实验者还引进了“选择方”。和前面一样，杯子随机发给了班里的同学。有人问卖方是否愿意卖出他们的杯子，提出的价格从0.25～9.25元不等。也有人问买方，他们是否愿意以同样范畴的价格购买这些杯子。而第三方，那些选择者们，虽然没有分给他们杯子，但要求他们对每个价格都做出选择，决定他们是否愿意以此价格购买一只杯子。

理论上说，选择方和卖方的处境完全相同：都要在每个价格和杯子之间做决定。两方之间唯一的区别，在于选择者并没有在实际上拥有杯子。然而，理论并没有多大意义。在三个不同的大学进行的三次不同的实验中，选择方的行为似乎更为接近买方，而不是卖方。实验报告说，选择方的价格一般要高于买方的价格(平均高出大约50%)，但仍然远低于卖方的价格。

卖方的价格平均要高出买方愿意付出的购买价格将近三倍，高出选择方愿意交易的价格将近两倍。

这说明了，赋予效应的产生，是由于所有者不愿意和自己的所有物分离的缘故，即使他们也许实际上也才拥有这件东西几分钟而已。

下次在考虑一家公司时，想想这些效应吧。如果你已经有了这家公司的股票，那么你也许真的会给它们按上一个超出实际情况的价值，就因为你已经拥有它们了。你很可能会去参加一个和管理层的会议，想让他们解除你所有不必要的顾虑。而管理层当然永远也不会多说什么，他们只会告诉你这是一家非常好的公司，是很棒的一项投资。正是因为这个原因，有些非常成功的投资者从来不去和公司相见。

我们参加那种会议时，并不是持着怀疑的态度，想着“除非我听到什么能切实地改变我的看法，不然我会卖掉这只股票”，而是往往在寻求那些认同我们立场的信息。在我们已经拥有这只股票时，这个立场一般都是：“我要持有这只股票。”

现状偏好和赋予效应，这两者都是一个更为广为人知的问题的一部分，“损失厌憎”。心理学家很久前就提出，人们往往更加在乎得与失本身，而不是得与失的程度(直接违背了一般的经济理论)。特别是他们还发现，由于人们对蒙受损失的厌恶远远超出了对获利的喜悦，而且在亏损的情况下愿意赌博，所以投资者会持有那些价值已经亏损(相对他们的买入点来说)的股票，而急于卖掉那些价值已经上涨的。实际上，他们认为，人们往往会经营亏损而扔掉获利。这种心理已经以“处置效应”而为人所知。

金融学教授奥迪安研究了自1987～1993年大约10000个账户的交易数据。每个账户的每一笔买卖都有记录。奥迪安发现，投资者持有亏损股票的中间期限是124天，而持有赢利股票的中间期限是102天。他还计算出了亏损实现的比例(即占所持有的全部亏损股票的比例)和获利实现的比例(占所持有的全部赢利股票的比例)。奥迪安发现，那些个人投资者平均卖出了15%的获利股票，而仅仅卖出了9%的亏损股票。也就是说，个人投资者们卖掉一只获利股票的机会是卖掉一只亏损股票机会的1.7倍。

持有一只亏损股票最常见的理由之一，是相信它会反弹回去。触发这一想法的，是一大堆心理弱点，从过分乐观和过分自负到自我归因的偏见(把好的结果归功于技巧，把坏的结果纯粹归咎于霉运)。奥迪安决定调查一下，看投资者对他们继续持有的亏损股票所下的赌注是否正确。可惜的是，他发现被卖掉的那些获利股票表现的要比这些被持有的亏损股票好，它们的回报每年平均要高出3.4%。

专业投资者们对这种发现常常表现出很大的蔑视。一般来说，他们认为行为金融学所有的这些胡说八道都只对散户投资者有效，对他们并不适用。这似乎正是那个关键行为特征的典型例证——过分自负。只是很可惜，这种过分自负看上去用错了地方。金融研究者安德鲁•弗兰兹尼调查了机构投资者，特别是美国基金经理的行为，发现即使经验如此丰富，这些专业人士们似乎仍然没有摆脱“损失厌憎”。

弗兰兹尼分析了共同基金在1980～2002年之间的持有和交易。他的最终样本有将近30000个美国国内的共同基金。正如奥迪安，他发现专业的资金管理人似乎也有“损失厌憎”。那么多的基金中，他发现有17.6%的赢利被兑现了，而只有14.5%的亏损被兑现。因此，专业投资人士卖出赢利股票的机会是其卖出亏损股票机会的1.2倍。而且，弗兰兹尼把分析更进了一步。他用过去12个月的业绩给这些共同基金排行。结果显示业绩最好的基金是那些亏损兑现率最高的(即对损失的厌憎程度最轻的)。表现最好的基金砍掉获利的机会要比砍掉亏损的机会少1.2倍。表现最差的基金把亏损兑现掉的比例是最低的。实际上，表现最差的基金显示出了和散户投资者几乎相同程度的损失厌憎，他们卖掉获利盘的机会是卖掉亏损盘的1.7倍。

对于损失厌憎的有力证据，要提请投资者们多加关注。怀着所有的偏见，每个人可能都认为自己比其他人更能够抵抗损失厌憎。这种情况造成的现实是，我们似乎都可能染上对损失的恐惧。对于任何成功的投资来说，克服这一点是首要的。

上述10个偏见是投资者们在决策时常碰到的最主要的行为绊脚石。我们也许可以试一试下面的15 条规则，以避免被它们匆忙绊倒：

(1)这些偏见我有、你有、大家有。

(2)你的所知比自己认为的要少。

(3)努力把注意力集中在客观事实上，而不是听故事。

(4)更多的信息并不等于更好的信息。

(5)对一则信息，要想一想它是高强度低分量，还是低强度高分量。

(6)寻求那些不认同你的信息。

(7)你的失败并不只是由于运气差；验明错误以提高成绩。

(8)你并不是一直都知道，这只是你认为的而已。

(9)如果你无法消除偏见，那就以偏见对偏见——我们都知道人们会抓住不相关的信息来定位，那么就让我们用相关的信息来代替那些无关紧要的信息。建立起一个敏感的价值框架。

(10)判断事情时，要看它们的统计结果，而不是它们的样子。

(11)不要过分看重自己的个人经验。

(12)大的、生动的、容易回想的事件并不真是你所以为的那样。

(13)接收一则信息时不要停留在表面，要仔细思考一下它是如何被呈现给你的。

(14)不要只是因为自己拥有某件东西，就赋予它更多的价值。

(15)把你的亏损盘砍掉，持有你的获利盘。

当然，这些看上去也许都很显而易见。它们有点儿说起来容易做起来难。要想在投资中配合最好的心理实践，这要求你从每日那逼人的市场喧嚣中退后一步，懂得如何把心理学上的发现应用到自己的实际行为上。

第三节　其他因素

影响投资决策的其他因素主要包括风险管理、纪律、身体健康和幸福感。尽管这些因素存在一些共性，但是每个人的风险厌恶程度不一样，克服压力的程度也不同，对幸福的理解也不同，因此对这些因素的理解，更多是投资决策者自己自觉去思考和反省的。

一、对于风险管理

教科书上的风险管理太多并不实用，我觉得巴菲特在 1989 年年会上说的话对于投资风险管理概括的非常到位：用收益的概率乘以可能的收益数额，用亏损的概率乘以可能亏损的数额，再用前者减去后者，这就是我们努力在做的事情。

从这句话可以看出，风险管理的实质是权衡利害关系。

很多人在做非证券投资时将一项决策的利害关系考虑的很清楚，但是在做证券投资的时候，智商很容易降低，仅看到利或者仅看到害，而很难去权衡利害。《投资者大脑使用手册》的作者举了一个自己的实际案例，他的一个朋友是个出色的对冲基金经理，一直很成功，这个朋友给他推荐了一只生物医药股，说是会盈利惊人，这个作者没有考虑利害关系，仅看到这个利，连分析都没有分析，就买了很多。结果是美国食品药品管理局没有批准该医药公司的产品许可(由于患者服用该药后中风几率上升)，结果一周之内该股票就暴跌 60%。该作者才开始悔恨："我为什么买入这个愚蠢至极的股票？而我对该药和公司一无所知。"由于没有考虑到损失，结果在出现损失的时候不知所措甚至懊悔，这个延误会进一步加剧损失。

在《风险规则》一书中，考虑到每个人的风险偏好，将巴菲特的风险管理公式的亏损项前增加了一个系数，成为：投资收益 = 可能的收益数额—系数×可能的亏损数额。

研究表明，当进行一次有风险的金融投资时，大多数人对损失消极估价的强烈程度是其对收益积极估价强烈程度的两倍，因此损失厌恶系数为 2。考虑到多种情况后，平均为 2.5。天生有焦虑症的人群，损失厌恶系数超过 6。他们对损失非常恐惧，以至于除非潜在收益超过潜在损失 6 倍。许多伟大的投资者的损失厌恶系数很低，仅仅超过 1(这或许就是为什么巴菲特直接去减的原因吧)。他们理解，成功机会较大时伴随的一系列风险，将带来长期回报。冒险者的损失厌恶系数小于 1，他们乐于为冒险的刺激感付出代价。

另外，在最近经历了亏损后，大部分人的损失厌恶系数都会提高，需要一段时间来消除这个影响。

在具体的风险管理流程中，包括事前风险管理、过程风险管理和事后风险管理。

对于事前风险管理，就是在于多方面、多角度、多情景来进行投资决策。举个例子，芒格就会考虑很多角度和方面的问题。在正面考虑了投资决策外，还要像检察官一样对其结论提出反驳。比如会问：

“如何检验和证明我的结论是错误的？我可能犯错的理由是什么？从哪里可以找到证明我错误的依据？这个依据可信吗？有没有什么事实和依据与我的结论 / 观点不符？”

“我做的分析基于哪些主要假设？是基于真实情况吗？假设的结果符合逻辑吗？有人证明过我的假设是正确的吗？如果我的想法和假设是错误的，结果会是什么？”

“我有否忽视了什么？有没有更好的选择？我是否忽视了某些依据？当有人力介入时，我是否考虑到了其局限性？什么因素是不确定的，为什么？我是否只考虑到了目前的趋势？我有否误解了什么？我使用了正确的定义吗？我是否综合考虑了所有相关的因素？我采用了合适的衡量标准吗？我有否混淆了成因和相关性？如果我的目标是基于某个我认为正确但其实是错误的理念，会如何？其中会有随机性的或者系统性的错误吗？对于我所得到的结果，有没有其他原因可以解释？我有否考虑过，整个系统或者某些互动环节的可能会出现我不希望发生的变化？”

“我的想法是否存在偏见？在做出一个极具智慧的决定时，我的自我是否过于膨胀？我真的会创造历史纪录吗？我有否看到可能产生的反作用？我没看到的是什么？其重要之处是什么？如果逆转我的假设，会否得到极度不合逻辑的结果？这个可能性是不是更高？有没有反例？什么依据可以证明我是错的(或者证明我无法达到目标)？实验(或者经验、观察)得出的证据中，有哪些是错误的？有更多支持性的证据吗？这些错误是如何导致的？”

“负面影响表现在什么地方？我会因何受到伤害？什么可能向错误的方向发展？什么会让事情走偏？如果这样，结果如何？事情出错的频率如何？会否有意料之外的因素？什么事情发生后会极大改变整体结果？可能发生的最坏的境况是什么？发生的可能性有多大？如果不幸发生了，我该怎么做？如果事情继续恶化，后果会是什么？这个后果的后果又会是什么？如果我受到多种外力的阻碍，结果会如何？哪种有效效应是危害最低的？”

“执行中会面临什么风险？我最不希望出现的是什么？我最不确定的是什么？一个看上去是优势的因素有没有可能让我得到不希望的结果？我会怎样失去某个优势？怎样构建系统

才能将负面影响降到最低？有修正办法吗？发生了意想不到的事情，我有没有备选方案？我能加以修正吗？设定什么样的规则可以帮助我达到目标而规避不希望的结果？有没有内在的安全隐患？”

对于过程风险管理，我认为在于仓位和头寸的控制。这没有一定的规则，但是每个投资者均要设定符合自己的管理规则。

对于事后风险管理，在于投资不符合事先设定的目标，立即止损。大多数已能够稳健盈利的投资人，最终还是失败的原因，九成是因为不设止损加上过度交易。

《通往财富自由之路》的作者认为，每个仓位的损失不能超过总资金的2%。在这点上，芒格也设定了事后风险管理的很多问题，核心在于“如果我错了，后果会怎样？”

“我把赌注押在哪些关键要素上？我是否拿对我重要的东西去冒险，换取的有可能是对我效用相对较低的东西？”

“与现有的次优机会相比，我的正确决定所带来的益处和价值是什么，错误决定的成本(金钱、时间、精神压力等)是多少？”

“我这样做是因为我坚信其结果能最好地实现我的利益；或者我相信能符合我利益，但后来证明我错了；或者它根本就不符合我的利益。上述三个可能性给我的目标带来的短期和长期的后果会是什么(实际损失和机会成本)？我能否加以应对和／或还原？”

“我不这样做是因为我坚信其结果不能最好地实现我的利益；或者我相信不符合我利益，但后来证明我错了；或者它根本就符合我的利益。上述三个可能性给我的目标带来的短期和长期的后果会是什么(实际损失和机会成本)？我能否加以应对和／或还原？”

“如果我因为认为不必要而此刻不采取任何行动，但事后证明我错了，这给我的目标带来的短期和长期的后果是什么？我能否加以应对和／或还原？”

关于风险管理，复杂的数学模型没有太大用处，否则使用超复杂模型的那些国际大投行或者基金不会频繁破产。风险管理的关键在于建立适合自己损失厌恶程度的风险管理流程。

二、对于纪律性

无论多么理性精妙的分析，一个毫无纪律的人也难以执行好。纪律性包括：自我约束与控制、自我组织、遵守规则。

纪律性有天生的成分。比如，科学家进行了自我控制实验，研究对象是4～5岁的孩子，被带到一间房子里，并坐在一张桌子旁。桌子旁放着一块甜饼干。科学家会对孩子们说：这是你们的甜饼干，只要想吃，就可以吃，每人只能吃自己面前的那一块。我要出去几分钟，如果回来发现谁还没吃那块饼干，就会给第二块，那样，就可以吃两块甜饼干了。

有些小孩立即就狼吞虎咽地吃掉了饼干；有些小孩会耐心等；有些想等，但是手又不由自主地去拿饼干，在受煎熬。10年后，对这些孩子的评估，发现等待第二块饼干的孩子在学术上获得显著成功，并且其能够抵抗诱惑，承受挫折。

纪律性所谓的自我控制和组织并不是要压制和对抗某种情绪，而是意识和重新导向。对于压抑来说，弗洛伊德就从理论上总结到，对情绪的压抑是造成心理疾病的根本原因。纪律性是重新将强烈的情绪导向有益的出口。纪律性也并不是指呆板地坚持某一种投资策略，而是指坚持一种专注的、有组织的思维定式，来研究投资。

行为学家认为，投资者要增强纪律性，有如下方法：

(1)增强纪律性的最佳方法是拥有一个外部规则的强制执行者。例如一名同事或自己的配偶，他们能够设定有意义的惩罚措施，并为坚持计划的行为而提供奖赏。

(2)增强纪律性的另外一种行为是回避。比如我没啥爱好，就是喜欢吃花生，每次一有花生，无论多少都吃光，可吃过量花生对身体不好，因此最好的方式是去菜市场或者超市的时候就不买(君子远庖厨)。对于希望戒除频繁交易的投资者，则需要回避电脑，只能定期看行情软件。

(3)设定规则，每次执行的时候都坚决按照规则执行。

(4)建立决策日志。有些研究人员认为，通过意识到自己过去所犯的错误并从中吸取教训，投资者可以学会更加理性地操作。记录投资日志是最普通的方法，一方面记录促使你做出决策的假设，另一方面，记录下那些决策因此带来的后果，这样，可以深入洞察你判断的优劣。

(5)经常默念你信奉的投资大师的名言名句，不断警醒自己。比如以前我就不懂《苏黎世投机定律》有什么值得看的，后来才发现这就是写给缺少纪律的投资者不断去默念的。很多投资大师的著作里面都总结了自己的“戒律”和“规则”。比如，芒格取得的成绩不仅来自他所称的“不断寻找更好的思维方法”和愿意“预先”进行严格的准备，也来自他的多学科研究模型所带来的非凡成果。查理的成功还要归功于他那些最根本的“指导原则”和他的“基本人生哲学”——纪律、耐心、果断。这些特征缺一不可，当它们结合在一起时候就形成了能带来正效应的威力巨大的临界物质，这种正效应就是芒格著名的“好上加好效应”。

下面就是芒格的 10 条规则(最终，也许你会写下适合你自己的规则而时时默念)。

(1)风险：所有的投资评估必须先从评估风险开始，尤其是声誉风险。

•结合了合适的安全边际。

•避免与个性有问题的人打交道。

•坚持给假定的风险提供适当的补偿。

•时刻牢记通胀和利率风险。

•避免犯大错误，避免资本金持续亏损。

(2)独立：只有在童话故事中，国王才会被告知自己其实是赤身裸体的。

•要做到客观和理智，就需要进行独立思考。

•记住这一点，即你正确与否与别人是否认同你无关——唯一能决定你正确与否的是你的分析和判断是否正确。

•模仿多数人的做法会招致向均数回归(仅仅获得平均业绩)。

(3)准备：获胜的唯一途径就是工作、工作、再工作，并希望能获得一些洞察力。

•通过大量阅读，让自己成为一生的自学者；培育求知欲望，努力让自己一天比一天聪明。

•比获胜愿望更为重要的是愿意进行准备工作。

•熟练运用源自主要学科的思维模型。

•如果你想变得聪明，需要一直问自己“为什么？为什么？为什么”。

(4)明智的谦逊：承认自己的无知能让人更有智慧。

•待在自己的强势范围之内。

•识别不确定的证据。

•抵挡住对得出错误的准确性、确定性等想法的渴望。

•最重要的是永远不要欺骗自己，记住自己是最容易被欺骗的。

(5)严格分析：使用科学的方法和有效的清单能将错误和遗漏降至最低。

•确定价值、过程和财富。

•最好是记住显而易见的东西，而不是那些深奥难懂的东西。

•要成为商业分析师，而不是市场分析师、宏观经济分析师或证券分析师。

•考虑所有的风险及其影响；总是关注潜在的二阶效应和更高程度的冲击。

•进行前后思维——总是反过来看事物。

(6)配置：合理配置资本是投资者的首要任务。

•记住是否有更好的使用方法(机会成本)是衡量是否已经最大限度和最好地使用了资本的标准。

•金点子非常少——如果赔率对你非常有利，就下重注。

•不要沉溺于投资——根据具体情况和机会进行投资。

(7)耐心：可知人类对行动的偏好。

•“复利是全世界第八大奇迹。”(爱因斯坦说)如果没有必要，永远也不要中断复利。

•避免不必要的交易税和摩擦成本；永远不要根据自己的兴趣采取行动。

•应该对好运的到来保持警惕。

•享受投资的过程，因为你就生活在这个过程中。

(8)果断：当适当情形出现时，果断且深信不疑地采取行动。

•在别人贪婪时恐怖，在别人恐怖时贪婪。

•机会不常有，机会出现时就要抓住它。

•机会留给有准备的人：这就是游戏规则。

(9)改变：与改变共存并接受不可消除的复杂性

•认识并适应你周围世界的真实本质，不要寄希望于世界会适应你。

•不断挑战并愿意改进你“最喜欢的想法”。

•认清现实，即使你不喜欢现实——尤其是当你不喜欢它的时候。

(10)专注：让事情保持简单，记住你要做些什么

•记住名誉和正直是你最有价值的资产——而且会消失于眨眼之间。

•避免狂妄自大和厌倦效应。

•不能因专注于细枝末节而忽视了显而易见的东西。

•小心排除不需要的信息：“小小的渗漏也能让一艘大船沉没。”

•直面你的大麻烦，不要将它们藏起来。

三、对于身体健康

除了有意识的锻炼身体外，最重要的是化解投资压力。当现实与自己想象中应当的处境不一致时，就产生了压力，投资是不确定的，因此压力如影相随。短时间内的适度压力具有

有益的生理和情绪效应。如果这种差异过大，持续时间过长，慢性压力将在心理上使投资者厌烦，导致失眠、疲惫不堪、体质和免疫力下降。而强度极大的短期高压通常引起投资者短期恐慌，导致非理性行为，还不至于影响健康。如果高压时间过长，投资者很容易得高血压和代谢紊乱，加速衰老，免疫系统受损，冷漠且无活力。作为反面典型，作者自己就有在压力下免疫系统不可逆性严重受损的惨痛教训。

因此化解压力是保持身体健康和有活力投资所必需的。研究人员认为，在压力期间，某人的思想与情感通常会反复。如果压力的模式可以在心理上被打乱，那么压力反映就会中止。个人应当了解自己不适应的、由压力引发的思想是什么。因此可以做以下的训练：挑战你的消极思维，并有意识地用更加适应的药方替代它们。如果每天做这种有意识的思想替代练习并且跟踪观察你在日常生活中注意到的变化，那么压力会减弱。比如，问自己这样的问题，可以打消消极的思考模式：

(1)是否存在一种替代的解释？

(2)有什么证据表明这种思想是正确的？

(3)继续以这种方式来思考问题，将会产生什么样的影响？

(4)最好、最坏和最现实的结果分别是什么？

(5)这一假设将会发生的可能性是多少？

另外一个减轻压力的好办法就是模拟大师。当你存在投资压力的时候，一种解决办法是角色模拟。设想一下，你尊重的伟大的投资者们在面临你目前所处的状况时，他们的心理状态是怎样的，扮演你希望成为的角色，可以明显减压和增进健康。所以幻想自己成为巴菲特的偶尔的阿Q精神并不是坏事。

除了这种内省模式，减少压力的方法是简单的改变每天的生活模式：与支持你的朋友闲聊、锻炼、祈祷、禅坐、瑜伽等。

锻炼，特别是社会和团体体育运动是消除压力的非常好的方式。锻炼能改善心情，提升专注度，并减轻压力，特别是那些涉及与有凝聚力的队友之间的积极交互。

瑜伽锻炼了呼吸与禅坐能力，同时还协调了肌肉组织，有研究表明瑜伽减少了焦虑、抑郁、注意力缺失、上瘾以及强迫症。在定期的瑜伽练习中，情绪稳定性和耐心也得到增强。

禅坐也有助于增进情绪健康。心理学证据表明能改善心情、减少焦虑、延伸注意广度、增强了感激和怜悯的情感，增大了生活满意度，而且增强了免疫系统。

亲密的友谊和家庭的支持极大的增进健康，很多女性投资者了解这一事实，但是对于男性，如果工作责任占据主导地位的时候，社会关系往往容易被抛弃在一边。

还有很多减轻突然压力的方法，比如深呼吸、散步、洗热水澡、吃粗粮等。

四、对于幸福感

古希腊哲人对于幸福的定义是：因理性而积极的生活所带来的愉悦的感觉。不过这仅是定义，现在的社会学家发展了快乐地图、幸福指数、快乐公式、幸福评价方法等。

有关幸福的衡量，比如，2006年英国社会心理学家怀特通过访问178个国家或地区的8万多名民众，推出了号称全球第一幅的“世界快乐地图”，其评分项目包括健康、财富、教育、认同感、环境等，重点在是否满意日常生活、生活状况和环境。从地图中可以看出美国全线飘红，中国是橙色，总体来看，亚非拉三大陆都不快乐，欧洲、北美洲和澳洲都很快乐——对于善于总结小样本统计规律的分析师来说，可能马上会得出：有钱地方幸福快乐，穷地方不幸福不快乐。但在深入分析快乐指数高的国别的快乐含义后，我们发现没那么简单，快乐可能和国家国民的价值观有关。

幸福快乐更是个人层面的事情。根据心理学家塞利格曼的观点，一个人要获得真正持久的幸福与快乐感，最重要的就是发现和了解自己最好的品质、最擅长的才华，反复在生活中实践，化枯燥为乐趣，并为更高的目标服务。他认为发现自己的强项并沉湎地投入，会进入一种“流”的状态，完全意识不到时间的流逝，那是比性、购买奢侈品、炫耀和吃巧克力更让人迷醉的快乐体验。而其他因素(比如收入和婚姻等)对快乐的影响因素很小。

但是，有专家不这么认为，社会学家路德依据大量统计编制了幸福指数。根据幸福指数的走势，据说结婚后最初几年，指数达到峰值，但有了孩子后，幸福感不断下降，直奔低谷。又有研究认为人的幸福预测能力糟糕透顶。

还有哲学家认为，幸福只是一种中间状态，内心的满足感才是根本。而满足感因人而异，因时而异，这倒符合我的“幸福价值观”。从这点看，幸福能够控制在自己手里。但又有悲观的哲学家(或许叔本华算是一个)认为人的内心无法被满足，因此快乐是短暂的，不快乐是永恒的。

有些专家认为个人的幸福度与其父母的幸福度相互关联，幸福的可遗传性高达80%。不过，很多人怀疑遗传性，而相信和原生家庭的气氛有关。很多社会学和心理学专家认为幸福是可以后天获得的，幸福应该包括：健康的社会关系、有目标、有总体生活满意度。

最杰出的投资者在这一行干得出色，不是因为金钱回报，而是因为他们热爱投资工作——尽管幸福是自我感受的，但是我仍认为热爱投资工作的成功的投资者应该有很强的幸福感。而将人生目的聚焦于获得更多金钱，不仅严重干扰投资决策，而且还改变人们处理问题的方式，变得不幸福。

中信出版社2004年版的《财富千年》，该书的作者辛西娅·克罗森是《华尔街日报》的资深编辑。我摘录了一些：

>……1436年，英国最富有的工业巨头年收入为865英镑，而商人只能挣12英镑。1688年，一个领主的家庭年收入大约为3200英镑，而一个仆人只能得到15英镑(牛顿1667年就任三一学院研究员的时候，每年挣24英镑，比一个仆人也多不了多少——作者)……所以，并不奇怪，富人的平均寿命一般高于穷人。然而，抛开某些特定指标，并没有证据表明幸福程度的提高与财富的增加成正比。在许多富有的男女的病历上，充斥着精神崩溃、家庭冲突、酗酒、自杀等故事。……早餐麦片大王查尔斯·威廉·波斯特遭遇精神崩溃，最后自杀身亡。柯达胶卷创办人□□今天在柯达胶卷盒子上还写着他的名字——乔治·伊斯特曼也有着同样的结局。……威廉·詹姆斯在《心理学原理》中写道：“显然，一个人将什么称作“我”，将什么称作“我的”，这中间的界线很难画出来。”……深植内心的不安全感在折磨富人。“如果我是我的所有，而假如我失去了我的所有，那么我是谁?”弗洛姆询问，“因为我可能失去我的所有，我就有必要不断担心我将要失去的我的所有。我害怕盗贼、经济波动、革命、疾病、死亡、爱

情、自由、变化与未知因素。”…… 弗洛姆写道:“人们一直让金钱与污物保持最密切的联系。…… 最广泛的联系,好像存在于各种不明显的排便情结和对金钱的兴趣之间。”…… 米尔斯写道:“如果说富人不快乐,那是因为我们当中没有一个人快乐。”…… 在欧洲各地,饥荒有时会造成人吃人的现象,甚至发生父母吃掉子女的惨剧。虽然难以想象,但是在1000年前,人肉确实能够在欧洲某些地方的市场上找到。……人性中是否存在某种正常的占有欲？占有欲强的人天生就具有神经质和不安全感呢？还是实际上是自然选择过程中长期积累的结果？…… 黑猩猩一旦得到两三块钱,就会停止工作。毫无疑问,动物也有财产:巢穴、地盘、储藏的食物等。然而,1931年对昆虫、鸟类、啮齿类动物和猿的占有行为进行研究得到的结论是,动物对物品的占有十分局限 …… 人类表现出的贪欲几乎是无限的。

五、本章总结

投资者的一生就是投资的一生，生命不息，投资不止；一辈子就是在做投资决策，不仅要有分析，还要有行动。投资决策是对风险的管理，对时间的管理，对人性的管理。投资工作是直指人心的历练，性格特点甚至价值观，在投资决策的过程中都能体现出来。从这个角度上讲，投资过程也是自我修正、提升、完善的过程。对投资目标的洞察、分析、验证、跟踪，对市场环境的感知、预判、观察，投资逻辑的建立、检讨、修正，投资组合的构建、优化、维护，这些工作都需要时时前瞻思考，时时回顾检讨。

对于扩张阅读来看，本章值得阅读的书如下：

《华尔街的肉》——华尔街分析师的经典自述；

关于行为金融、投资方式的《巴菲特和索罗斯的投资习惯》、《苏黎世投机定律》、《行为金融——洞察非理性心理和市场》、《投资十戒》、《逆向思考的艺术》、《投资者大脑使用手册》；

关于风险探讨的书则可参阅：《与天为敌——风险探索传奇》、《营救华尔街》；

关于对货币的哲学层面的认识，可以见齐美尔的《货币哲学》；

另外波普尔的6本书值得学习，对于建立自己的思维方式很有帮助：《科学发现的逻辑》、《历史决定论的贫困》、《客观知识——一个进化论的研究》、《猜想与反驳：科学知识的增长》、《开放的宇宙》、《实在论与科学的目标》。当然，其他哲学家的书籍也可以参考。比如我喜欢的罗素，还有彭加勒的科学研究方法4本书：《科学与假设》、《科学的价值》、《科学与方法》、《最后的沉思》，都对研究方法的“科学化”和思维的扩展提供帮助。

关于访谈著名投资者的书籍，值得推荐的有约翰特雷恩的大师系列：《金融大师》、《新金融大师》、《当代金融大师》和杰克施瓦茨的奇才系列：《市场奇才》、《新市场奇才》、《股票市场奇才》，此外，还有《巅峰投资者》、《赢钱——华尔街的十二条戒律》等，不过提醒的是，这些访谈仅作为投资经验来学习。

另外两本好书是《孙子兵法》和《毛泽东全集》。投资至少是和战争非常类比的，而孙子兵法当中提出的关于战争的原则问题在金融市场上仍然有相当大的用武之地。毛泽东的《中国革命战争的战略问题》、《抗日游击战争的战略问题》值得细读。没有比这两篇文章更清晰地用非常具体的案例展示什么是战略了——一个周全的战略需要考虑哪些方面，如何应对突发事件，以及战略如何影响了战术的选择。

第十七章 策略投资者周记

这是本书最后一章，本来想放一些作者最近几年的年度策略报告作为批判样本——也是靶子，毕竟分析中错误很多，事后反省可以给读者提供借鉴。

不过，作者最终选择了从 2008 年 8～12 月的策略投资周记，这些周记没有公开发表，仅通过邮件发给过一些客户。选择那个时候，主要是因为当时的背景提供了策略投资的综合练习，那时环境和投资者情绪变化很大。现在回过头看，作者做出的很多策略投资是不妥当的——市场本身就让人敬畏，自身的认知能力过于有限。不过，在迷雾中前行，还看出些景色，作者还是觉得有惊喜之处。

由于每周写的太多，因此在原文的基础上进行了大量删减，仅保留宏观策略投资的部分。需要强调的是，策略投资不应该按周来做，至少应该是按月，正常应该是按照季度来调整，平时的自上而下的策略投资，仅是看是否有出奇的事件或者超出的事件。真正的用功应该来自自下而上的层面，这是投资的核心竞争力。

一、2008 年 8 月 11 日——耐心等待

根据 8 月份宏观策略月报，我们对中国经济形势短期并不乐观。因此，对奥运行情不乐观，维持奥运期间出现震荡行情的观点。投资者对或有的政策维稳存在乐观预期，但是这个预期有点乐观。奥运会后，随着投资者信心的丧失，市场或许有崩溃的可能。

我们暂时维持 2400～2700 点为中期底部的判断。因此，如果奥运会后市场因为信心崩溃而跌破底部，我们认为将带来重要的中期纠错性投资机会。

当然，投资者犯错并不能成为“纠错性行情”的主要依据。我们的观点是，中国股市不仅是经济增长的晴雨表，同时也是经济改革的晴雨表，这点和国外是非常不同的。我们认为奥运会后，正如中国国家主席胡锦涛 8 月 1 日在人民大会堂接见 25 家国外媒体的集体采访时所表示的，在奥运会后将继续深化政治体制和经济体制改革。

我们认为，投资者对经济增长的悲观因素已经贴现到市场，但是对经济改革的改革红利并没有乐观预期。奥运会后，随着经济下滑趋势开始明显显现，政府一方面会进行结构性改革，一方面也会推出防止经济周期性大跌的方案。我们认为，对于阻止周期向下的措施，仍然需要短期增加固定资产投资，但是结构性改革才能刺激长期消费能力，因此会推出组合拳措施。政策可能包括加大投资(比如铁路建设)、刺激农村消费、土地制度改革、增值税改革、价格体制改革、行政体制改革、医疗体制改革等一系列措施。

在这种情况下，我们认为众多的小泡泡可能汇聚成奥运会后的中期投资机会。主要的投资主题需要关注：①利率敏感行业；②先进制造业；③农村消费；④价格体制改革受益；⑤

增值税税制改革受益；⑥医疗体制改革受益；⑦节能减排受益；⑧铁路建设受益等。

展望明年，政策效果是否能够有效抵御经济大跌而平滑周期尚不确定，不过我们的基本假设是“可以”，因此考虑到明年年中上市公司业绩下滑，市场有望构筑双底。如果我们犯错了，我们将修正或者认错。

以下为我们长中短期宏观基础假定。我们认为短期最重要的投资机会不在A股市场，我们前期看空原油，现在我们认为最重要的机会在于看多美元指数(图17-1，表17-1)。

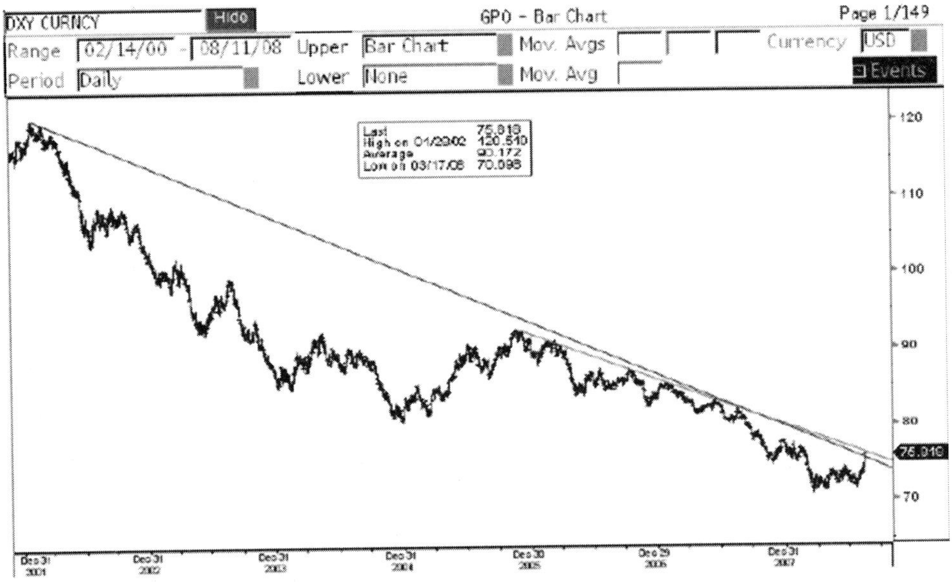

图17-1　美元指数面临向上突破

表17-1　宏观基本假定

	短期(3个月内)	中期(3～9个月)	长期(9个月以上)
重要宏观主题	国内增长不足、国际美元反弹、通胀下降	改革红利，研究刺激增长政策对板块的影响	观察政策刺激增长的效果，观察全球资金流向
A股市场	我们认为中期底部在2400～2700点，目前走势震荡(8月)或震荡向下(9月)，波动加大	乐观期待有1000点或者30%以上的反弹，但是需要研究奥运会后政策改革红利的作用和效果	如果政策效果好(基本假设)，抵御经济下降，则明年年中在下探2400～2700点后，形成双底
企业盈利	2008年上半年业绩超预期，但是3季度业绩将低于预期，上半年业绩16%	2008年全年业绩增长18%，但下调可能性大	2009年2、3季度上市公司单季度利润增长或许为负，但是全年基本假设13%，悲观假设5%

续表

	短期(3个月内)	中期(3～9个月)	长期(9个月以上)
A股估值	因为对增长的担心加重,估值略微下降,沪深300指数2008年PE15倍	市场贴现了业绩下滑的悲观,但是没有反映改革红利对估值的提升,2008年PE回升到18～20倍	基本假设2009年PE18～20倍,悲观假设2009年PE13～15倍
政策面	市场政策面中性,经济政策面略微偏暖	政策面将全线偏暖,平滑周期下降的政策和结构性改革政策推出	经济政策继续有利于市场,但是刺激消费和投资的政策组合比例并不确定
标普500指数	跟随宏观数据波动,在市场流动性充足的情况下,下跌空间有限,短期看反弹,但空间有限	2008年底点位在1400点附近,能源、材料、可选消费、金融仍不看好。但上涨主要是看金融股反弹	需要在金融危机和资金流动中做出平衡,目前尚难判断。基本假定先抑后扬,低点1200,高点1450
香港国企指数	下跌,但是难破9000点	有望反弹,上限14000点	目前尚看不清楚
全球经济	加速下滑	有反弹(美国与新兴市场刺激)	继续下滑,但是全球GDP2009年底见底,关注领先指数美国
GDP增长	6月份已经10%以下,3季度低于10%	政策刺激略微反弹,2008年全年10.2%	2009年全年8.5%～9.5%
固定资产投资	6月份26.8%是全年高点,以后逐渐回落	2008年增速25.9%	基础假设2009年增速20%～22%
出口增长	7、8月仅略微下降	有反弹,2008年全年22%	2009年全年18%～19%增长
名义消费	7、8月份增长在22～23%	4季度有下降趋势,但是2008全年看22.2%的增速	基本假定:政府推行刺激消费政策,2009年增速23%以上
PMI	8、9月数据仍然50以下,制造业衰退,看空	50附近和以下,仍然衰退	50以上,制造业逐渐恢复
CPI	7、8月份逐渐下降,6.3%,5.6%	2008年全年7%,2008年上半年CPI见顶	2009年4%
PPI	8、9月份继续上升,能到10%,但是不会过10%	第四季度见顶回落	2009年全年持续下跌,看3.5%

续表

	短期(3个月内)	中期(3～9个月)	长期(9个月以上)
CRB指数	中期看继续从400下跌到350,全线看空农产品和金属	350附近震荡,中期调整	目前尚看不清楚,依赖于全球再平衡的各经济体政策博弈
原油价格	110～120美元附近波动,看空	100～110美元,不排除跌破100美元,继续看中期调整	明年70～140美元,波动性增大,趋势目前尚看不清楚
10年期国债利率	4.5%附近	4%,利率有中期下降趋势	3.5%～4%
RMB / USD	6.8～6.9附近稳定,重新与美元挂钩	尚难判断波动性是否增加,稳定	2009年年底看6.6～6.8
美元指数	检验75的压力位,并向上突破,处于中期向上的开始,主要是相对欧元升值	美元指数回升到80～85区间,为中期反弹。兑欧元可看到1.35附近	长期尚看不清楚
M1增速	7、8月份会下降到12%附近并见底	第四季度和2009年一季度12%～13%附近徘徊	2009年一季度后上升,逐渐恢复到15%
贷款增速	7、8月份继续下降到13%	逐渐上升到15%,2008年14.7%,放松信贷	2009年15.7%,2009年信贷增长高于2008年

我们采取宏观策略决定仓位，逻辑投资决定选股的方法进行投资。根据宏观策略，我们对8月份市场的判断是振荡，高点在2900～3000点，低点在2500～2600点，9月份可能进一步下跌，奥运会后散户的悲观绝望使得众多质差股下跌空间仍然不小，我们的基础假设是中期底部在2400～2700点区间。

8月份，如果市场符合我们的判断，则最好的策略是空仓，如果市场出现超预期上涨(上过3000点)，我们预判为也不加仓，主要是加仓时机未到，时机不符合我们上述宏观假定，如果我们错了，则根据宏观形势进行检讨再做出判断。如果市场走势低于预期，提前反映9月份情况，因为时机未到，即使市场跌破2500点，我们也最多将仓位从0提高到5～10个点之间。在9月份随着宏观形势的进一步明朗，我们才将仓位逐渐增加。

尽管目前点位我们认为是中期底部，但是考虑到市场跌幅已够，而时机未够，因此我们仍然维持零仓位，不过需要注意的是：我们认为宏观策略风险已经基本释放，剩下需要释放的是悲观绝望，和寻找市场向上的契机。

二、2008年8月19日——市场有底

2007年，A股投资者特别喜欢关注WIND的新功能“小道消息”，到现在我发现投资者开

始关心的是更新的功能“TOPVIEW 数据”，美其名曰“盯住资金流”。近期海外并没有值得大书特书的，那么我们也盯一下全球资金流吧。从全球资金流上看，资金开始从拉丁美洲和新兴欧洲流出，分别是5.19亿美元和4.44亿美元，特别是俄罗斯流出2.39亿美元，这导致俄罗斯股指大跌。

乐观的是，资金开始少量流入亚洲，特别是香港H股市场，理由是原油下跌，中国CPI下来，经济增长相对来说仍然很好，估值便宜。不过，具有讽刺意义的是，H股涨幅不大，但是前几个月我们在宏观策略月报里不看好的越南(认为其经济硬着陆)，自从我们不看好以后，越南股市在没有任何救市政策出台的情况下，已经从底部上涨30%，并且上涨势头还在持续(和中国股市几乎同时见顶，经济情况远差于中国，但是现在已经见底两个多月了！)。这值得中国投资者反思(图17-2)。

图17-2 越南股指在一片硬着陆呼喊声中看起来见底了(至少下跌趋势被彻底扭转)

不过，A股市场的资金流应该仍然不容乐观，交易越来越低迷(图17-3)。

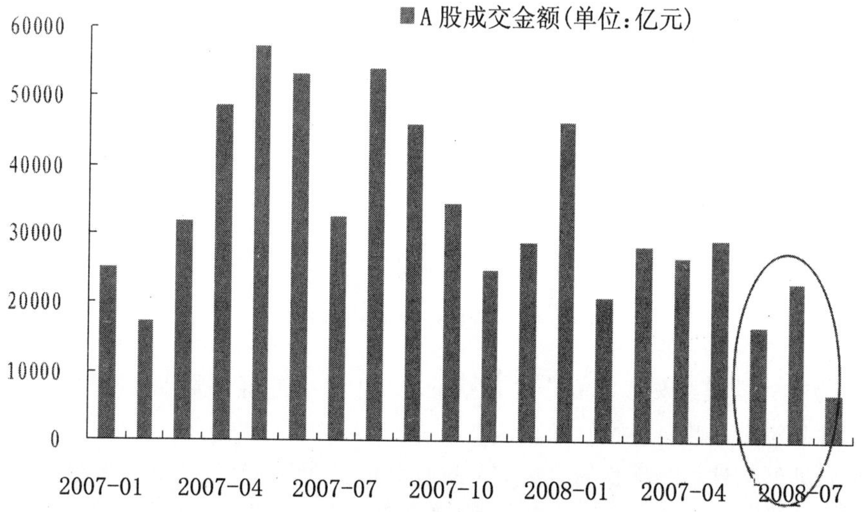

图17-3 市场交易量下降很快

说起利好因素油价下跌，现在有海外投资者开始将原油价格走势和 NASDAQ 泡沫走势模拟，认为原油是个泡沫，正在破灭。但现在还没有人相信。不过去年有人把 A 股指数和 NASDAQ 泡沫走势模拟，认为 A 股泡沫将破也没人信。继续狠狠地做空原油！而对于美元，我们现在先只看美元是类似 2005 年一样的中期反弹(图 17-4)。

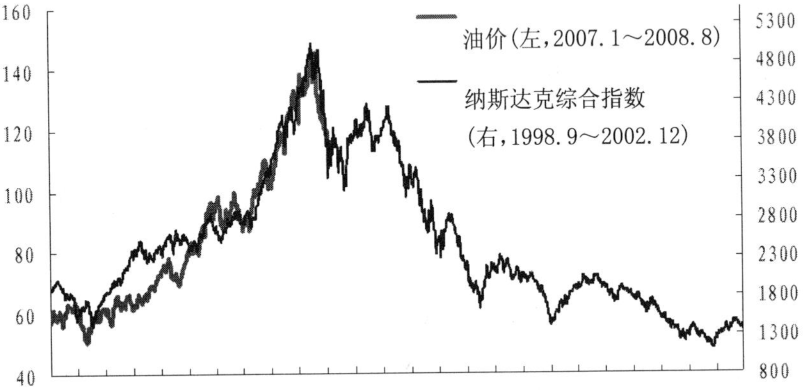

图 17-4　原油价格会破灭吗？没有人相信，但我相信

截至 2008 年 8 月 15 日，A 股市场中 25 家公司跌破净资产，有点 2005 年初的感觉，2007 年增发公司 231 家，目前低于增发价的有 154 家，占总数 66.67%，257 家公司 IPO，63 家跌破发行价。另外市场交易量极度低迷，AH 股溢价基本消除(图 17-5)。

图 17-5　AH 股溢价指数迅速回归

我们认为在外需放缓和成本高企的背景下，政府在本轮经济周期上前期紧缩过度，因此，在周期性政策上，政府必须修正。

在促进长期结构性经济增长的政策上，政府也犯了错误，奥运会之后也存在一个纠错过程。请看下面的数据："在中国，2007 年国家财政税收总体相比 1995 年增长了 5.7 倍，平均每年上升 16%；而城镇居民人均可支配收入在 12 年里增长了 1.6 倍，平均每年增长 8%；

农民人均纯收入增长 1.2 倍，年均增长 6.2%(数据均已去除通胀率，且这里所讲到的收入不包括资产性收入)。显而易见，政府享有了改革开放带来的主要受益，而农民得到的份额最少。再看资产性财富的分配。据统计，差不多有 76%的资产性财富掌握在国家的手里，只有大概 1/4 的资产性财富在民间。而据一些研究机构前几年做的估算，到 2006 年年底，国有土地的总价值差不多是 50 万亿元人民币，11.9 万家国有企业资产总计约 29 万亿元人民币，两部分财富加起来，国有资产的价值约 79 万亿。再看民间，到 2005 年年底，全国城镇居民的总资产价值 21 万亿左右。”“财富主要集中在政府手中并被无效率使用，其结果就是，所谓的刺激消费内需很可能成为空谈，政府主导的投资效率很低。”

因此，我们认为政府之前占据了太多，需要将财富重新分配给居民和有效率的企业，这对中国中长期经济增长是非常正面的。有研究表明，发展中国家的产业升级中政策因素影响最大，中国目前迫切需要产业升级(一方面是制造业高端化，一方面是服务业现代化)，而这需要与出口导向政策不同的政策安排。

政府占据财富分配的大头只能使得市场经济运行不规范。政府已经对此有深刻认识，否则也不会提出“和谐社会”和“科学发展观”。而我们认为奥运会后是中国行政体制和经济体制改革的最佳时机，奥运会请来诸多海外元首，未来一段时间国际关系有望缓和，奥运会提升了中国人民的凝聚力，因此改革更容易施行。

这就是我们认为的改革红利，在经济周期减速过程中，仅有中国才会出现改革红利，并且提供了丰富的投资主题，其他国家则没有那么幸运。

如果市场继续下跌(假如出现改革红利落空的最悲观情况——当然这不符合我们的判断)，市场还有底吗？

图 17-6 是从 2003 年以来上市公司(整体、去除银行、去除银行石油石化)业绩季度同比增长。可以看出，过去 5 年里，仅 2006 年第一季度上市公司业绩同比出现负值，而市场则提前两个季度在 2005 年年中见底。2008 年第一季度，剔除银行股的上市公司业绩已经出现负增长。如果考虑到银行股，我们认为 2009 年第二季度前后上市公司业绩单季度可能为负，而市场应该提前见底，也就是今年第四季度或者 2009 年第一季度。这是在没有改革红利判断下见底的时间判断。

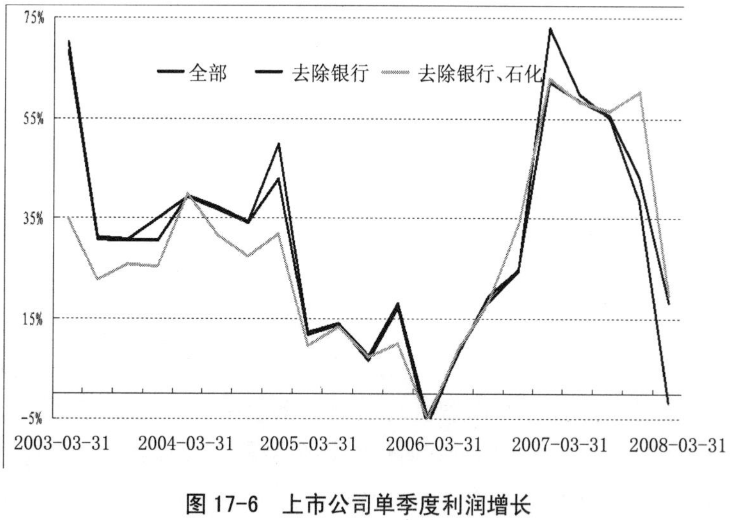

图 17-6 上市公司单季度利润增长

从空间来看，市场也是有底的，产业投资者决定的并购整合目前已经出现苗头。姑且不说像张江高科这类大股东增持上市公司股票的案例，以及海螺水泥购买冀东水泥股票的案例。我看到的新闻资讯：“化肥企业形势严峻，客观上为一些实力比较强的企业提供了扩张的机会。湖北宜化半年报显示，今年 1 月，成功收购湖北香溪化工有限公司 55%的股权，交易金额为 1 亿元人民币；2 月，收购鄂尔多斯联合化工有限公司 51%的股权，交易金额为 5.1 亿元。”我们认为市场再下跌 20%，会有更多公司跌破净资产，明年并购重组投资主题将真正大行其道。因此，现在来看，市场下跌空间也是有限的。

我们现在需要预判，如果市场上涨，看好什么，不看好什么？策略研究员张堃提供了一些行业相对沪深 300 指数的历史走势图，我们觉得历史经验值得借鉴。如果行情起来，根据历史数据，难以上涨的是：农业、煤炭、医药和建筑建材。初期具有机会的行业：机械设备行业、食品饮料行业、银行业、证券业。根据历史和现实，具有领先作用，但是尚不确定的行业包括：房地产行业、有色金属行业。表现持续落后市场的包括：电子元器件、汽车制造行业。不过这只是过去几年的统计。

从自下而上的数据来看，经济减速迹象明显，很多投资者会问“既然经济数据无论好坏，市场都理解为坏，那市场还能上涨吗?”当然可以，最终是“钱”来说话。因此，我现在更关注央行公布的金融数据。

尽管市场跌破我们认为的中期底部 2400～2700 点区域，但目前的市场呈现极端的非理性，这种下跌很难持续，我们不希望受到市场极端情绪的影响(这种影响从来都不是正面的)，我们按既定方针办：考虑到 9 月份以后的纠错性行情，我们会开始逐渐建立仓位。

上周，我们阅读了 1200 篇各机构行业公司研究报告(当然重点是我们研究所的报告)，来寻找投资机会和修正我们对行业的看法。第一个感觉是牛市重势，熊市重势，因此，我们坚决回避忽悠投资者的概念型股票(引用我们地产行业研究员报告里的话是：牛市中好公司不一定是好股票，熊市或平衡市中好股票必定是好公司，好公司也必将是好股票)。第二个感觉是太多股票真便宜呀，当然前提是明年业绩不会大幅度下滑(今年的业绩下调空间有限，基本上估值可以确定)。

三、2008 年 8 月 27 日——增强信心

我们和市场在以下三个观点上有较大差异：

(1)市场认为经济将向下大幅度波动，而我们认为，在政府出色宏观调控下，宏观经济周期越来越平滑。向上的波动受到抑制，而向下的波动也同样。这需要看 60 年的大趋势(注意，这是 GDP 数据，不是股票价格走势图(图 17-7)，千万不要应用技术分析将该图当成三角形向下突破)。

(2)市场认为，期望政府让利于民是不可想象的，谁会吐出到嘴的东西呢？而实际上，政府在做相反的事情。近期存在大量的新闻例证。我们认为政府越早释放“改革红利”，让利于民，越早改革不适合经济发展的部分行政体制，经济增长将更依赖于消费，更健康，经济增速就越平稳，就越不需要在经济硬着陆后通过低效率的固定资产投资来刺激经济。不过，市场对此好像均视而不见。短期意味着风险，中期意味着机会。

(3)市场认为，产业升级中短期不可能成功，因此也没有牛市。

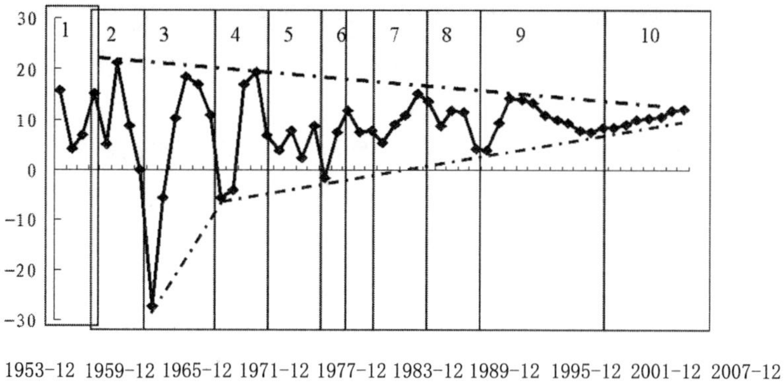

图 17-7　中国的经济周期越来越平滑

市场过度下跌，一般都是把对未来的过度悲观贴现到现在。最大的悲观是，很多投资者认为中国根本没有能力进行产业升级(高端产业都被美日德所把持)，这也是他们不断砸盘卖股票的重要原因——忽然对中国长期发展绝望。产业能否升级和市场涨跌关系不大。上述的悲观观点可以转换成：因为中国比美日德的落后，而短期我们追赶不上，因此我们绝望，我们要卖股票。于是问题就转化成：未来几年中国出现不了赶美超日的产业升级，股市就一定没行情吗？——如果这样，除了美日德外，基本上就应该没有上涨的股市了，可实际情况并不是这样。过去十几年，中国没有实现赶美超日，但是股市也从 100 点上涨了很多倍。而有些产业，中国公司在技术上与国际保持同步，但是盈利能力并不强，因为竞争过于激烈。贵州茅台酒没有“产业升级”过，但上市以后是个大牛股。

把产业升级和股市扯在一起是无稽之谈。不过每隔一些年，投资者总会有一些“产业升级”的故事来刺激股票市场出现“泡泡”。

中国的产业一直在升级，现在的问题不在于产业能否升级，而在于产业结构失衡。改革开放以后，中国从简单出口加工、轻工业一直到重化工业，产业一直在提升，这是有目共睹的。中国产业的真正问题在于，由于之前政策上的偏差，过于强调出口创汇和大规模投资，使得简单消耗人力的出口加工工业和消耗大量资源、造成大量污染的重化工业占总体产业的比重过大导致产业结构被严重扭曲。

我们认为，解铃还需系铃人。政府已经意识到这个问题，并已经开始逐渐改正，长期来看，只要政策到位，产业结构失衡并不难被扭转。我们的观点是，只要全球技术革命没有大的突破，美日德的现有众多技术壁垒都会在未来一些年内被中国公司一个一个攻克。

对于国内经济，共识是经济下滑，但是差异在于是周期性的调整(明年结束)，还是系统性的衰退(持续 5 年)。即使现在很难有定论，但是有一个共识，特别是实业投资者那里是：今年第三季度是全年业绩表现最差的季度，第四季度随着政府卡脖子不那么厉害(甚至会放松)，第四季度业绩会反弹。

从二级市场本身，上周我观察到，尽管大小非在减持不少上市公司，但是对于真正的产业投资者，五矿公司在增持厦门钨业。厦门钨业 8 月 16 日公告：第二大股东五矿有色(原持股 20.58%)及其一致行动人五矿投资近期通过上交所集中竞价交易增持公司流通股 34110126 股，增持比例 5.00%。截至 8 月 15 日，二者合计持有 174445386 股，持股比例升至

25.58%。五矿系声称其增持是因为看好厦钨的发展前景和投资价值，12 个月内暂无继续增持或处置现有股份的计划。但不排除股价偏离厦钨实际价值或实际情况变化时，在此期间或其后继续增持或减持。

五矿有色和厦门钨业之间有巨大合作潜力空间。五矿有色的钨业务侧重于上游钨矿业务，而厦门钨业侧重于下游钨加工业务，双方的业务存在明显的互补性，这一点从厦钨每年与之较高比例的关联交易可以看出。目前厦钨的股价显然已经触动了产业资本敏感的产业投资神经。而从厦门钨业的估值角度来看，并不比很多其他股票更具有投资价值。看来，纯粹是五矿系根据自己的实际产业体会觉得厦门钨业有价值，而不是根据金融投资者使用的各种相对比较的估值指标来判断的(图 17-8)。

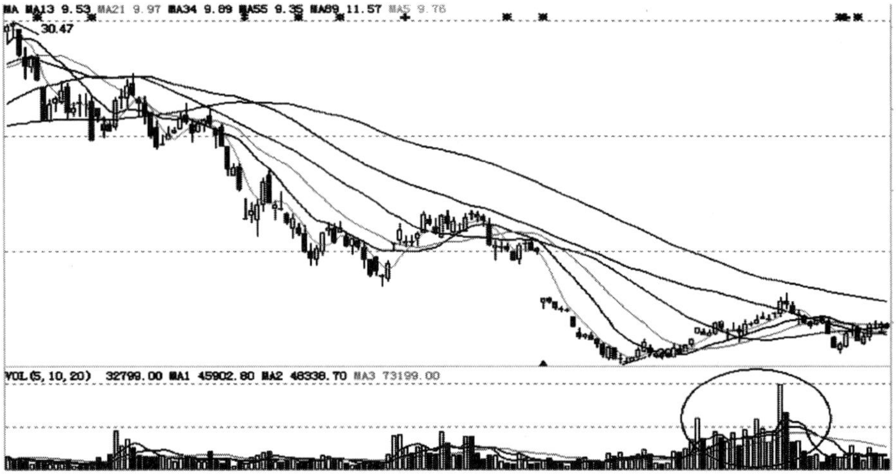

图 17-8　根据公告数据推算，五矿系本次增持平均成本 10 元 / 股左右

说起产业投资者开始买股票，也很正常，毕竟这次 A 股下跌不到一年，跌幅最大超过 64%，从杀伤力来看已经可以排到全球大型股市中第四(表 17-2)。

表 17-2　全球大型股市杀伤力最大的三次下跌

	下跌开始点位和时间	下跌结束点位和时间	持续时间	最大幅度
美国道琼斯指数	1929 年7月 343点	1932 年8月 42.8点	3 年	87.53%
日本日经指数	1990 年1月 37189点	2003 年4月 7832点	13 年	78.9%
美国NASDAQ指数	2000 年1月 3940点	2002 年9月 1172点	32 个月	70.25%

我们借用一位欧洲投资者的看法总结我们的观点：现在买入中国股票持有 12 个月，肯定赚不少。但是如果不能容忍 10%的损失，现在能不能买入中国股票则没人能说清楚。没办法，在欧洲，投资者是高卖低买，但是在中国，投资者都是趋势投资。根据宏观策略和市场特征，无论现在投资者有多么绝望，我们继续坚持底部很快就出现的观点，大盘权重股、特别是银行股将最先见底。

上周，我们阅读了500篇各机构行业公司研究报告(当然重点是我们研究所的报告，大约超过60篇)，来寻找投资机会和修正我们对行业的看法。主要的感觉是行业研究员仍然看不清明年的业绩，或者对明年的业绩分歧较大，但是今年业绩似乎已经尘埃落定，三季度业绩为全年低谷，四季度有好转。看到一个好公司：合兴包装。

包装行业很难出现高速成长股，不过这次我们研究员说服我，认为合兴包装就属于包装行业的高速成长股。

第一，对其竞争力评述。公司建立了一整套针对自身的标准化生产模式，对于瓦楞纸箱生产中厂房、生产线、机器设备、仓库的设计和布局、工人的安排及生产都进行量化，从而形成了标准化的生产和经营。此模式具有可复制性，使得公司能快速切入新市场(表 17-3)。

表 17-3 标准化工厂模式

标准化项目	成效
生产厂房及生产线的设计	减少新建工厂和安装生产线的时间，以快速切入新市场，同时降低运营成本
技术工人操作和培训	在较短时间内获得客户的合格供应商资质认证
采购、生产、销售、财务管理	低成本、高质量地完成投产、生产、销售全过程
办公自动化信息系统	综合协调管理，提高生产效率

质量和服务非常出色，凭借其可靠的质量和优质的服务，成功锁定大客户，毛利率逐年提升。

第二，对其成长路径描述。目前国内纸包装行业的集中度非常低，合兴包装销售规模在国内排在第6名左右，但其市场份额仅占0.5%，我们认为凭借公司相对的竞争优势，未来几年保持较快的增长是有现实条件的。

其一，公司跨区域布局取得成效，在巩固优势闽南市场的同时，正在迅速开拓南京、武汉、成都市场。

其二，产能因为募集资金项目，未来几年不存在瓶颈。

最后，从过去的财务指标和现场调研来看，都比较出色。

不过，从业务模式来看，该公司成长不具有几何级别，毕竟是需要等量新厂投入换取等量利润增长。但是，考虑到其竞争优势和成长空间，未来几年每年40%的增长应该可以看到。目前PE 20倍，具有不错的安全边际，投资者对该公司成长性并没有充分认识，我们认为可提高对该公司的关注度，如果股票价格进一步下跌，则果断买入。

四、2008年9月2日——宗教就是这么来的

对于全球经济演进格局，我们在每日酷图中曾经说过存在全球大衰退(最悲观)和全球再平衡(最乐观)情景。从目前的发展格局来看，还有一种情景值得关注，就是全球大博弈。

关于博弈论的一本很好的(没有复杂无用的数学模型)案例型的书是《策略思维》。不过，这里不想用的复杂的分析方法，只假定两阶段两方博弈。

第一阶段博弈，美国为了稳定经济和金融，选择了非常宽松的货币政策，和可能会更宽松的财政政策(措施未定)，其他国家在这种情况下被动选择紧缩政策防御。这可以导致可解

的“纳什均衡”(表 17-4)。

表 17-4 全球第一阶段博弈

		美国	
		紧缩	扩张
其他国家	紧缩	(+,-)	(+,+)
	扩张	(-,-)	(-,+)

在这种情况下，一方面通胀最终会传导到美国，另一方面，各国也需要刺激经济。于是全球第二阶段博弈开始，这存在两种可能。

第一种是，美国在第一阶段放松后，开始适度紧缩，而其他国家则开始放松，在这种情况下，美国进入加息周期，美元持续升值，其他国家经济恢复，通货膨胀受到遏制。第二种是，美国经济仍然没有恢复，仍然维持扩张政策 (或进一步扩张)，其他国家也采取扩张政策，这造成的后果是短期经济增长可能强劲，但是通货膨胀越来越剧烈(表 17-5)。

表 17-5 全球第二阶段博弈可能之一

		美国	
		紧缩	扩张
其他国家	紧缩	(-,+)	(+,-)
	扩张	(+,+)	(-,-)

从全球流动性表现来看，目前商品被高估，证券和信用被低估。而商品的高估正在回归正常(预期其他国家的衰退)。如果，进入第二阶段博弈的乐观情景，证券和信用有望回归正常，而如果进入第二阶段博弈的悲观情景，证券和信用或许能够回归正常，但是在博弈结果混乱的情况下，流动性更能够助推的是全球一轮一轮的通货膨胀。

没有人能够预期未来的世界格局确切演化路径，这是当下最令投资者困惑的，因此市场风险溢价提高，波动性增加成为常态(不过，在博弈中，美国占据先机)。投资者采取的最好策略应该是能够进行期权避险，但是国内金融创新远远不够。

对于国内宏观策略，投资者需要关注下面的信息：不要和巴菲特作对手盘。前期看到一个美国对冲基金经理写的文章，他是博弈派思维，他认为可以和大众博弈，有很大赢面；可以和黑石博弈，也未必输；可以和热门财经主持人吉姆克拉默博弈，应该会经常赢。但是不要和巴菲特作对手盘。

他肯定是有教训才发感慨，不过国内的投资者可能教训还不够，去年当巴菲特卖中国石油的时候，多数国内的投资者认为巴菲特是错误的，而在买中国石油。近期，在国内投资者一片悲观的时候，巴菲特接受了美国 CNBC 电视台采访。并再三谈到对中国行情的看好。巴菲特透露，不久前他曾报价 5 亿美元想购买一只中国股票，但是遭到拒绝。巴菲特没有透露这只股票的名称和行业，但肯定地说，“这是一笔非常棒的交易，在环境适合的时候，你会看到我们在那里大规模投资。”

下面的对话值得关注：

主持人：“但事实上，沃伦，你知道的，当我们在中国的时候，那里的每个人都在谈论中国的经济发展会减速，因为全球经济在减速，你知道的，他们的出口商品就卖不掉了。他们的经济不是正依赖于出口吗？他们的很多公司是一种封闭经济，中国人只和中国人谈生意，我很想知道你是怎么看的。”

巴菲特：“嗯，我想他们的经济不会出问题，谁会知道经济会不会过热？谁能知道通货膨胀为什么高企？就像是美国，未来半年或一年发生了什么并不重要，重要的是未来 10 年会发生什么。我们会好起来的，而关键在于，中国人会做得更好，因为他们的起点比较低，但是在过去的 20 年里他们学会了很多商业的精髓，以及如何发挥人类的才智，虽然这些是美国早就已经知道的。关键是，他们学习的速度非常、非常、非常快。”

跌破 2245 点，是否预示着“新范式”的破灭？海外投资者，特别是对冲基金非常关注“新范式”，该概念的含义是说，如果一个价格走势上涨突破一个长期区间后，并且回调不跌破前一个区间的顶部，则可以说这个价格走势开始跨区间进入一个新区间，对应的新区间的故事也就是“新范式”。如果跌破原来区间高点，则证明没有新范式(图 17-9)。

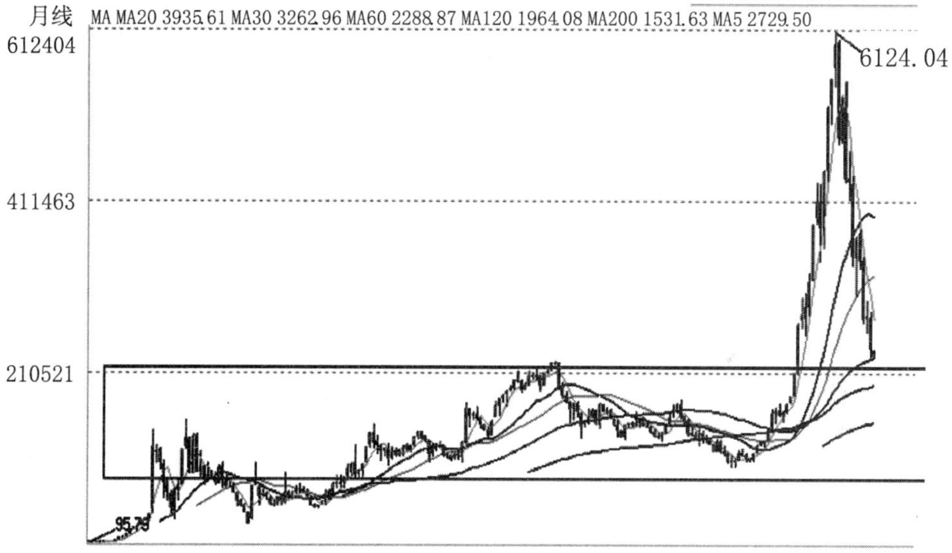

图 17-9　上证指数近期要检验“新范式”

上证指数 2006 年下半年突破 2001 年高点后，进入了一个新的运行区间，但是本轮下跌过于剧烈，现在基本要检验 2001 年的高点了。而如果 2245 点跌破是否意味着股价有继续向 1000 点的老运行区间下轨靠近的趋势呢？是否意味着，这个 2006～2007 年以来的上涨是虚幻的？

如果这样，是否意味着我们前期依据各种理由判断的 2400～2700 点的市场底部是荒谬的？在困惑中，本研究所所长李迅雷给了策略团队一个很有哲理性的建议：不要过于迷信新范式和 2245 点，价值才是关键(而巴菲特已经在中国市场看到了些价值)——“原来宗教就是这么来的(本文注：因为过于迷信)，如果把金字塔当成是外星人建的，那么，有关尺寸的神奇发现就更多了。过去有家闽发证券到陆家嘴去找办公地，恰好有一层楼(34 层)，没有租出去，于是他们就毫不犹豫地租下了，因为这 3、4 就是音符中的米、发(闽发)，真似天为他们留下这块宝地。结果他们还是破产了。3、4 是否也可以读成摔死？”

作为策略分析员，应该在投资者乐观的时候，把乐观的理由阐述得更清楚，还要站在对立面，寻找挖掘是否存在不乐观的因素；同样，在投资者悲观的时候，把悲观的理由阐述的更清楚，并站在对立面，寻找挖掘是否存在不悲观的理由。

今年投资者忽视了明年的“投资故事”。多数投资者接受了中国经济今年胀、明年滞的观点。关于明年的滞，我要提出一些相反的观点。今年是政府换届年，投资者预期地方政府的固定资产投资增加，但是由于中央宏观调控等原因，今年的固定资产投资增速并没有起来。但是，这是否意味着地方政府促进地方经济发展的动力丧失了？

绝对没有！我认为地方政府正在为明年地方经济的大发展布局。我通过看新闻就可以随便举出几个例子。

第一个：上海将启动三大强力经济刺激政策

http://news.sina.com.cn/c/2008-08-26/010216171081.shtml

评论：国务院常务会议 2008 年 8 月 6 日审议并原则通过《进一步推进长江三角洲地区改革开放和经济社会发展的指导意见》，意见提出，长江三角洲地区要继续推进重大改革试验，加快建设统一开放的市场体系。会议对长三角提出了十项重点工作要求。此外，国务院还强调，长三角要全面推进工业结构优化升级；大力推进自主创新；加快转变外贸增长方式，提高利用外资质量。看来，明年上海要大干。

第二个：重庆万名官员“强化”经济课五本书

http://biz.cn.yahoo.com/08-08-/12/rreu.html

评论：上万干部学习“经济”，为了什么？可想而知，大家学成五本真经后，必然大干快干，领会中央政策，进行区域产业升级。这五本书是《宏观经济》、《微观经济》、《国际贸易》、《国际金融》、《国际投资》。

现在是熊市第二阶段还是正在筑底？我们认为，市场在下跌超过 60%以后，熊市的第一阶段已经过去(这也应该是市场的一致预期)。但是存在较大争议的是：熊市是否还存在第二阶段(特征是市场低位震荡，个股严重分化，例如 2003～2005 年)，还是开始构筑底部(意味着未来存在较大的上涨机会，而优质股应该领涨)。

我们认为，能够搁置争议的部分是两者的交集：优质超跌股应该止跌，并可能存在重新评价的机会。

我们这里给予投资者思考的是：是否可能即使经济未来 5 年持续下滑，但股市下跌空间也有限，甚至会出现上涨？我们认为这是可能的，理由在于，如果出口、投资和消费都没有机会，政府货币放松后，资金除了部分出逃海外外，也可能进入资本市场，这类似于 1998～2001 年股票市场的走势。

并且我们认为，在近期开始出台刺激中低收入人群消费的政策外，如果经济进一步下跌，政府还可能通过强力刺激股市的政策，扩大中产阶级的财产性收入来刺激消费。

我们认为，市场构筑底部必须具有逐渐宽松的流动性，上半年的下跌来自央行的过度紧缩。随着外汇储备增速的回落，在经过央行对冲后，外汇储备带来的货币增量为负，2008 年上半年累计值为 -3375 亿元，已有些过度紧缩(图 17-10)。

如果外汇储备增长乏力且对冲力度不放松，下半年的货币增长将不得不依赖于贷款。以增加 5%以后的 2008 年贷款总额度 3.81 万亿元计算，未来 5 个月每个月的平均贷款增量为

1958 亿，贷款增速将在 13.5%～14.5%之间徘徊。

我们认为下半年随着外汇储备的放松，将会出现货币政策的松动和贷款额度的进一步放松。两者力度的不同将对市场产生不同的影响，因为股市和债市的资金是割裂的。如果公开市场操作下降和准备金率下调但贷款额度只有小幅增长，将非常利好债券市场，但对股市利多有限。如果公开市场操作力度不变而贷款额度大涨，则更利好股市。

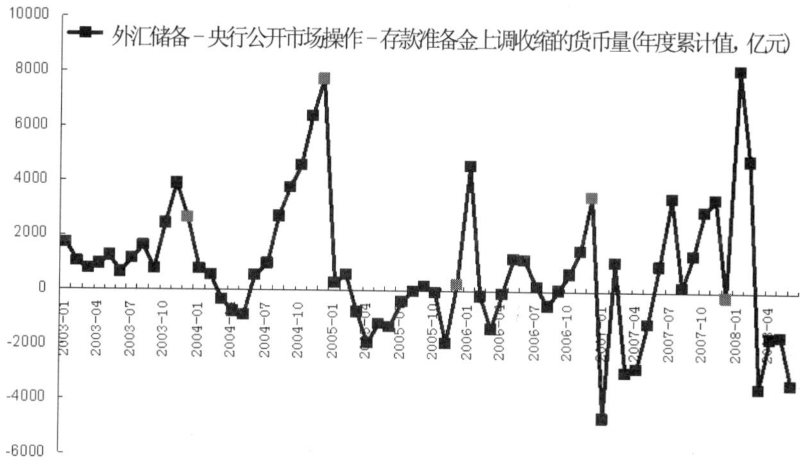

图 17-10　2008 年上半年央行对冲过于充分

流动性逐渐宽松的两个证据：央行 7 月份金融市场运行数据和债券市场走势。

(1)央行公布的 7 月份金融市场运行数据显示，7 月份货币市场利率整体回落。同业拆借加权平均利率为 2.69%，较上月下降 38 个基点；隔夜拆借加权平均利率较上月下降 36 个基点，7 天品种加权平均利率较上月下降 41 个基点。7 月份，银行间债券市场回购利率整体下降。质押式债券回购加权平均利率为 2.76%，比上月下降 32 个基点，较 1 月份下降 5 个基点；质押式债券回购 1 天品种加权平均利率为 2.50%，比上月下降 31 个基点。同业拆借市场利率和债券回购利率的下降，都表明了 7 月份的货币市场流动性状况较此前有了较为明显的宽松。在我们看来，这既与 7 月份处于第三季度首月，使得流动性受央行信贷额度按季度控制措施的影响明显，也反映了央行开始放松紧缩货币政策对主要金融机构流动性的改善作用。

(2)债券市场 7 月底开始的上涨显然和公开市场操作力度减弱和对货币政策放松的预期有关，债券市场比股票市场对货币政策更加敏感(图 17-11)。

宏观策略分析主要假定的修订(图 17-12，图 17-13)：

上述投资策略的观点是：全球再博弈正处在从第一阶段向第二阶段转化期，未来将越来越有利于中国；巴菲特表示要买中国股票的时候，不要轻易卖出；投资者忽视了明年地方政府主导的产业升级；7 月份流动性已经开始适度放松；上市公司业绩三季度全年最差，CPI 持续下跌，PMI 显示制造业衰退。

我们继续坚持底部在 2400～2700 点区域，大盘权重股，特别是银行股应该会最先见底的观点。第四季度市场回暖幅度倚赖政策面的“红利”程度。基于此观点，本周我们开始加仓。

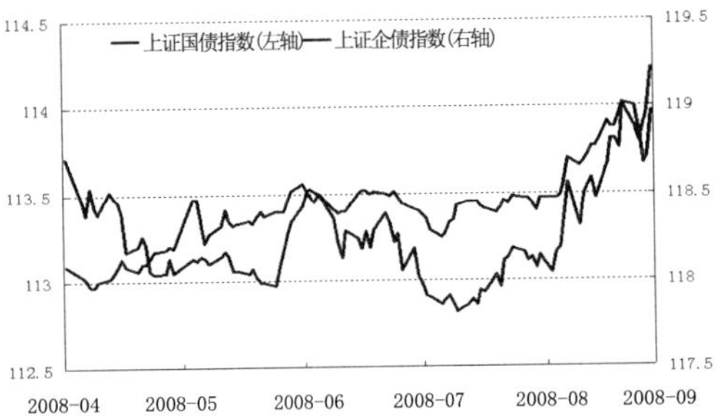

图 17-11　7 月底开始债券市场大幅上涨

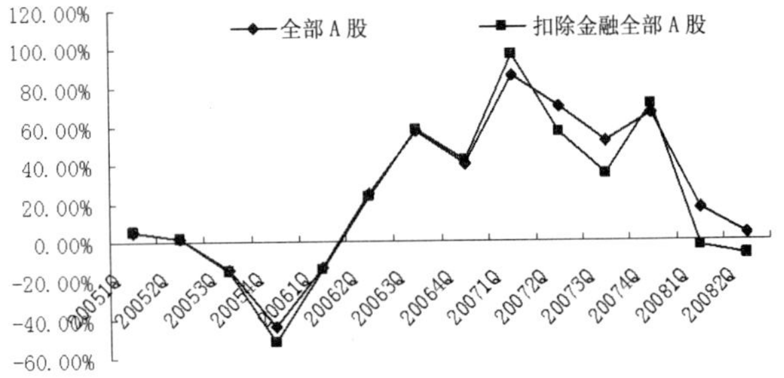

图 17-12　上市公司中期业绩同比增长 15.87%，扣除银行股后，连续两季度负增长

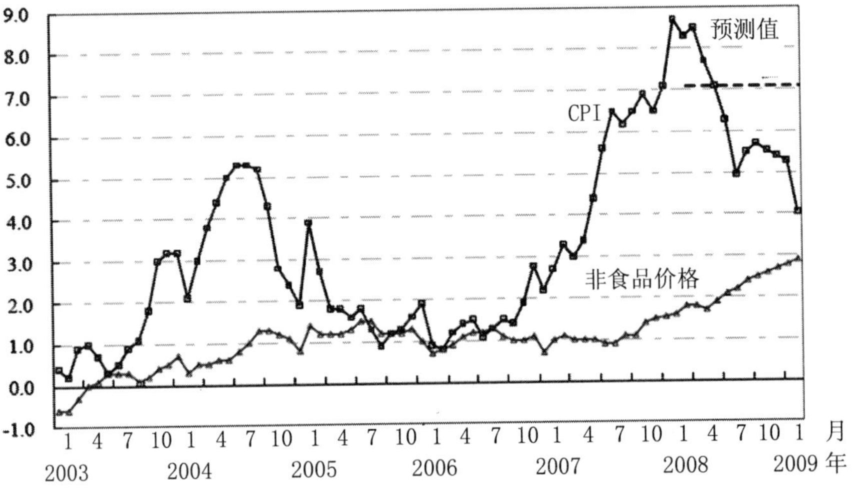

图 17-13　国泰君安研究所最新的 CPI 走势预测更正

随着中报接近尾声，点评类报告渐少，深度研究报告渐多。不过绝大多数研究员对自己所处行业仍偏于谨慎。近期，零售类、家电类、食品饮料类股等表现一片惨淡，主要是投资者担心这些股票的估值和未来业绩。

选择跌幅大的周期性行业配置，还是坚守消费类股票，这是配置型基金现在遇到的关键问题。但是对于周期类股票，全球同质性很高(比如造船、钢铁、有色)，尽管目前估值水平已经与国际接轨，业绩预测方面需要更深入判断才行。周期性股票肯定存在纠错性机会，但是何类表现较佳，目前尚难看出。

五、2008 年 9 月 16 日——囧(音：jiong。该字含义：看似窘迫，实为光明)

最近随着 A 股下跌，投资者都认为中国股市要重复美国 1929 年的走势了。A 股市场的下跌已经是股灾。我们年初判断，A 股市场可能有周期性调整，大约到 4000 点，可是到了 4000 点后，市场远远没有企稳，我们认错看 3000 点的系统性熊市，但是 3000 点也没有企稳，而是出现了股灾的走势。因此，现在，先不用谈基本面，而是通过分析历史上各国股市股灾的走势，看看 A 股的未来。统计上，股灾都是第一年迅速下跌，然后价值投资者、产业投资者和反向投资者大量入市。市场突然性V型反转，至少上涨50%～100%，然后进入第二阶段，主要是个股分化阶段(图17-14，图17-15)。

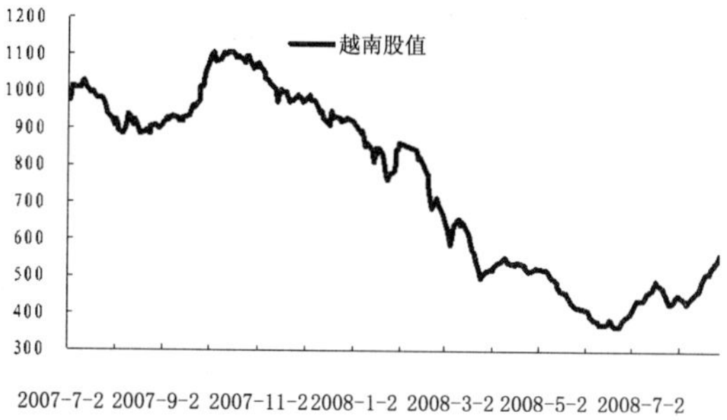

图17-14 越南股市已经反弹最多50%

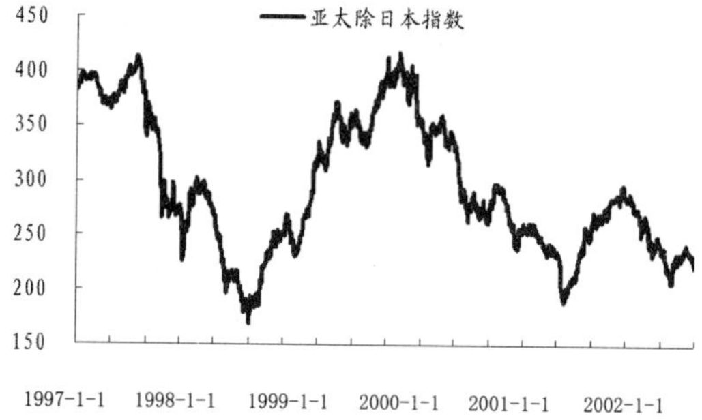

图17-15 1997年金融危机后亚洲股指走势也是V型

我们建议投资者不要妄言中国经济崩溃，我们认为经济只是回到9%～10%的增长区间，并能够持续维持。我们认为市场随时会发生100%的上涨，并且是V型的。

支撑我们看好后势的基本面原因有两个：第一，我们认为流动性9月份见底，10月份回升，这从M1、信贷、债券市场和货币市场均可以观察到，前提是投资者不要有被恐惧所支配的动物精神(图17-16)。

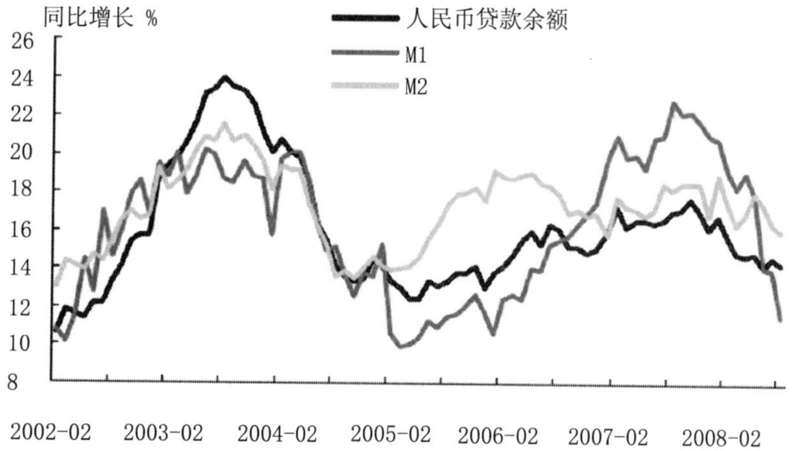

图17-16 8月份M1同比增长11.5%，我们认为9月份见底

第二，地方经济未来发展将如火如荼，投资者居然视而不见。这里仅进行举例，上期我们举了上海和重庆，明显的还有天津。这期是广东、山东和河北。

(1)广东。在7月4日召开的广东重点项目建设工作会议上，广东启动了被称为“新十项工程”的庞大政府投资计划。按照规划，新十项工程计划在222个项目上投资总额达22770亿元。这也是继2003年“十项工程”建设之后，广东省政府再次提出“以大投入带动大发展”、“以新一轮基础设施建设推动新一轮大发展”的口号。与2003年的十项工程相比，新十项工程在交通、能源、环保、文化等方面与其一脉相承，并调整增加了现代服务业、先进制造业、产业转移等工程。其中，投入最大的是交通运输体系工程，共71项，计划总投资6472亿元。

(2)山东。制造业大省山东也抛出了庞大的技改投资。今年上半年，山东省经委推出了537个重点技术改造项目，总投资1065亿元，其中高新技术项目132项，占总数的24.6%，总投资199亿元，节能环保和资源综合利用及相关产业项目102项，占总数的19%，总投资138亿元。三者相加，占全部项目的43.6%。由此拉开今年大规模技改投资的序幕。8月，山东省出台了《关于加强企业技术改造实施工业发展新特优工程的意见》，确定以信息技术改造轻工等九行业，重点构建汽车等七大装备制造业产业集群，改造提升纺织服装等十二大传统产业。《意见》规划，到2012年，山东全省技术改造投资年均要增长18%以上，占全省固定资产投资比重达到35%以上。以山东省2007年全省固定资产投资12537.02亿元计算，仅技改投资一项，山东每年的投资量将大约保持在4388亿元左右。

(3)河北。河北省也在酝酿雄心勃勃的具有“里程碑意义”的大规模城建工程。自省会石家庄到10个中心城市，再到全省县城乃至乡镇，都将在“三年大变样”的城建目标下实现城市品位提升。此次大规模的城建工程预计总投资7000亿元人民币。仅省会石家庄市就需1400亿元，而政府出资240亿元。除去政府投资外，河北省已要求各地打开城门吸引有战略眼光的投资者，实现资金投入市场化运作。

我们认为明年中国内需将远远超过预期，投资机会非常丰富。短期，我们认为市场随时可能V型反转，个股普涨，然后才会逐渐分化。中期，我们有三条选股线索：

第一条是“纠错性组合”，站在经济周期和行为投资的角度选择目前被低估、明年可能超出预期的组合。

第二条是政府系统性改革和投资刺激下的“改革红利”组合。我们提出结构性改革是方向，周期性政策是保障。

第三条是新业务模式组合。

综合判断为，市场底部，加大建仓力度！在各地方政府主导的产业升级大投资背景下，明年经济一点也不悲观。

结合我们的V型反转走势，如果希望了解哪个行业表现好，印度和越南可供参考。印度市场从7月16日到9月9日，反弹了17.6%。反弹力度较大的是金融、公用事业、工业与可选消费。越南市场从7月16日到9月9日，反弹了40.6%。反弹力度较大的是油气、材料、消费服务、金融。

六、2008年10月8日——转换思维向前看

在国庆长假期间，国际市场因为美国救市计划再次陷入了严重恐慌(到现在才恐慌)，而中国市场已经恐慌了大半年，可见美国市场的投资者是多么麻木，中国市场的投资者是如此敏锐。这样看来，21世纪确实是中国人和中国投资者的世纪(表17-6)。

我们认为保尔森的方案没有能够完整通过国会是个莫大的遗憾。其方案的实质是让市场相信存在一个“最终购买者”，从而打破投资者由于恐慌而抛售资产，进而进一步增加对金融机构恐慌的恶性循环。为了达到这个目的，保尔森并不一定需要用完7000亿，甚至纳税人最终都不一定会发生损失，但是他必须要有能够没有限制地动用这7000亿的权力作为市场信心的支撑(我们甚至觉得7000亿都不嫌多)。就像有句话说的，“最好的武器是你从来

表 17-6 国庆长假期间主要事件

9 月27日	美国2008年大选，首轮总统候选人辩论会。民调显示，由于民众对于经济问题的关注，奥巴马被认为是能够带领美国走出经济困境的人
9 月28日	美财长保尔森与众议院发言人Pelosi就救市计划达成临时协议，富通集团被比荷卢三国共同注资
9 月29日	紧急经济稳定法案在众议院投票中以228对205票被否决，美股暴跌；花旗银行在FDIC的债务担保下宣布收购美国第四大商业银行Wachovia银行； 德国Hypo不动产银行、英国Bradford & Bingley 银行濒临倒闭，接受政府救助
10 月2日	参议院再次投票，74对25票通过修改后的救市方案；美国最大的储贷机构Washington Mutual倒闭
10 月3日	美国2008年大选，首次副总统候选人辩论会。民调显示，尽管共和党候选人Palin成功通过辩论考验，但是民主党候选人Biden仍然在辩论中胜出
10 月4日	众议院第二轮投票，263对171票通过了修改后的救市方案；布什总统签署2008年紧急经济稳定法案生效；Wells Fargo银行与花旗银行竞购Wachovia银行

不使用的武器”。修改后的方案看似仍然通过了 7000 亿的救市方案，但是通过把整笔资金拆开，需要分别审批、分块使用，国会实质上把保尔森的原始方案变成了彻头彻尾的为金融机构注资的方案。

这就是为什么全球股票市场在通过了紧急经济稳定法案以后继续恐慌性地下跌，而对于经济前景的恐慌也推动大宗商品价格不断创新低。航运的 BDI 指数更是进一步暴跌到了年中高点的 1/4 水平。

不过，我们认为法案还是有很大成功的可能。在没有更多的信息明确指明全球经济可能会因为次贷而严重恶化之前，我们仍然维持对全球经济 2009 年复苏的判断。我们密切关注的指标是美国的就业情况(非农就业人数、每月初次申请失业金人数)，欧洲的制造业情况(PMI)，以及代表流动性的货币市场利率(LIBOR 利率、TED 利率、LIBOR-OIS 利率)。

其实当前美元的流动性已经泛滥了，现在只是把马牵到河边但不喝水的问题，但是我们可以直接给他灌水。洪流般的美元在信心恢复后会带来商品的 V 型反转，只不过我们现在在左侧。美元在信心恢复后的路径我们现在还难以确定，但之前仍将受益。对于股票，现在只是在消化普通股的稀释作用，但这应该是中期的最后一跌了。对于 A 股，我们并没有什么稀释作用，现在也看不到银行危机，只是投资者惯性地接受所谓的经济崩溃论(图 17-17)。

尽管国际市场出现了大的动荡，但是温家宝总理在过去一周内的两次讲话(分别为天津的达沃斯论坛和广西考察)，再次重申了当前的政策目标已经全面转为“保持经济稳定，保持金融稳定，保持资本市场稳定”。

我们认为政府已经对目前的国内经济情况和海外金融危机已经有深刻认识，会采取行动，比如持续降息以及其他措施，否则明年经济可能大萧条。

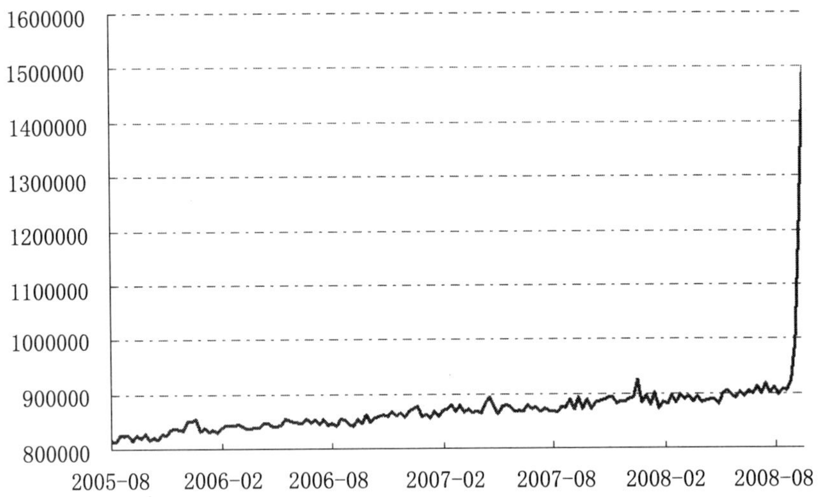

图 17-17　美联储资产大膨胀对应的是市场将来流动性会大爆发

二级市场的投资者仍然非常悲观，不过我们已经不太在乎这种悲观情绪了，因为他们不是新增资金，也不具有话语权。随着全流通和股市大跌，未来市场的主力是国家(国家资本)和各上市公司大股东(产业资本)。

而目前国家资金是最充裕的，持有的上市公司筹码也最多，我们相信政府的行为能够使得未来的市场呈现区间波动，比如 2000～3000 点。

对于产业资本，现在也在积极进入股市，毕竟目前股价大跌，出现巨大投资机会，而实业现在投资机会可不大。

请看下面的新闻：http://www.hjcn.com.cn/news/hy/9274451530.html

产业资本绝地反击首只民间平准基金即将破题。

“当大盘跌破 2000 点时，多半股票的价格被“腰斩”，越来越多的上市公司及大股东认为与其听之任之、苦等政府救市，不如主动一些，展开自救行动，想方设法维持公司的股价稳定。

不少产业资本已开始自救，寻找二级市场增持、并购同业的机会。例如“大小非”承诺不抛售，明确宣示递延禁售期；上市公司从二级市场上回购股份；上市公司大股东增持股份，等等。“境外有政府成立的平准基金，我们为什么不成立民间平准基金？”一些上市公司大股东提出。在此情况下，和君提出成立民间市场平准基金的建议，单个上市公司没有实力成立平准基金，可以借鉴合纵联横的方式，由十几家公司的大股东各出 1 个亿资金建立一支 10～20 亿规模的人民币维稳基金。这一提法很快得到不少上市公司的响应。”

除了产业资本上升外，未来一段时间，摸清楚国家政策也是至关重要的(国有资本地位也上升)，而目前市场的机构投资者地位可能会严重下降。这点需要有深刻认识。在全球大博弈的背景下，全球的竞争不仅是跨国公司之间的竞争，更多的是国与国之间的竞争(当然也有竞合)，而国家的掌舵人是政府。政府决策的高度要超过目前二级市场投资者的认知。这也是我们去年 6 月份开始让投资者要学习国际政治经济学的主要原因。

我们坚持第四季度将出现纠错性行情。根据目前宏观形势，中国政府必将深化改革，救经济，稳定股市。投资者非常关心纠错性行情如何演绎，我们认为现在看出现强势持续的领头板块为时尚早，需要明年年中才可以看到。目前更多的是一轮轮的纠错性机会。

我们认为目前主要机会如下：

(1)国内券商股在全世界金融股里面是最安全的，并且存在金融创新溢价。另外，随着目前点位下，投资者分歧开始增大，交易量逐渐上升，这对券商股上涨有利。

(2)另外，国企优质大盘股前期下跌幅度惊人，随着大股东国家的逐渐增持，这些股票也具有交易性投资机会。

(3)如果第四季度，政府救经济的政策不断出台，前期大幅下跌的主流板块都有望反弹50%以上。比如机械行业，地产行业。

宏观策略结论：国际方面，短期，美元已经到我们目标价位，但是时间上还不具有贬值的可能，我们当下谨慎看多美元，以及美国国债。谨慎看空大宗商品市场，股市方面我们认为市场在第一次拍卖之前会随情绪变化而大幅波动；货币市场利率继续维持高位。中期，美联储向市场注入太多流动性，投资者因为恐慌而进行窖藏，但是随着持续降息，美股必然大幅反弹。国内方面，我们认为政府对于保持资本市场稳定的态度已经相当明确了，市场已经没有很大的下跌空间，我们认为第四季度值得参与在政策支持下的纠错性行情。

对实体经济所处阶段的认知决定了大类行业的配置思路。如果认为实体经济仍然处于产能供不应求、通胀上升阶段，则看多资源，超配能源原材料行业，减配工业、可选消费、金融；如果认为实体经济进入减速衰退阶段，看淡经济，则超配防御性的日常消费、医疗保健；如果认为实体经济已经可以期待政策放松带来的经济下滑速度减缓，则可能建议超配金融、工业(一些估值较低，且受益于政策拉动经济的“早周期”行业)，减配能源、原材料、公用事业，平配防御性行业(防御性行业业绩波动较小但相比没有估值优势)。

从 9•19 救市大盘集体涨停到 10 月 7 日收盘，全部 A 股按流通市值计，累计涨幅 10.95%(扣除 9•19 的涨停，之后就基本走平了)。涨幅最大的行业是证券信托(51.46%)、通讯运营(25.05%)、农林牧渔(19.42%)，都是主题性投资机会，其他行业涨幅与大盘相差无几。证券信托受益于救市政策，中国联通股价受益于“非对称管制”与大股东增持，农业有十七届三中全会的政策红利预期。从积极的角度去寻找行业性的投资机会感觉有些困难，也比较难得到投资者认同。无论是从加工制造业的成本压力缓解，还是经济从底部复苏拉动的行业，现在谈都还嫌过早。因此，主题性的板块机会和行业轮动下精选个股可能是当下更合适的投资策略。

七、2008 年 10 月 15 日——反思

作为一名策略分析员，其主要工作应该是持续思考未来市场长期、中期、短期的方向在哪里，分别的主要因素有哪些，以及未来何类风格、主题、行业、股票组合能够超越市场。

也就是策略分析仅在于分析，这和投资决策并不相同，我把“投资”定义为：投资是一个在克服心理情绪影响(比如贪婪和恐惧)和在准确处理和辨别信息的基础上，持续进行的一项权衡标的风险收益的不确定性决策。这种不确定性是根植于投资决策本性的，是无法消除的。因为给投资者提供投资建议的策略分析员存在经常性的误判，策略分析员必须不断进行自我反思(特别是对于像我这样被定义为偏价值和偏反向类型的分析员)，在目前巨大波动的市场环境下，反思尤为必要。

上周全球股市暴跌，媒体都在纷纷报导目前N年罕见的金融危机，纷纷认为全球金融体系将崩溃，政府作为无效，未来会出现多年的大萧条。

与主流媒体抗争是需要勇气的，毕竟全球媒体引用的都是大牌经济学家等的观点。比如刚刚获得诺贝尔经济学奖的克鲁格曼的关于本次金融危机的空头观点就被媒体广泛引用，但是克鲁格曼的研究专长在于国际贸易理论和经济地理学。

全球金融体系确实存在问题(虚拟金融资本杠杆化投机严重，央行只盯通胀但是监管松散的货币政策，不负责任的美元主导的国际货币体系等等)，全球国际分工也存在重大不均衡(发达国家过度消费，发展中国家过度储蓄，发达国家福利过高，发展中国家几乎没有福利等等)，目前西方主流媒体都在大篇幅进行报道研究。

主流观点目前倾向于认为这种不均衡未来会通过大萧条来改变，未来全球演化路径很明显(或许这是上周金融危机给大家带来的心理创伤)。

而我们则倾向于多角度思维(毕竟投资是“不确定决策”)。我们认为未来全球的演化有多种路径，大萧条仅是其中之一，长期大萧条可能性很低，极短期大萧条确实存在(心理因素导致)。我们目前的观点是：短期全球金融恐慌很快过去，全球经济不会出现多年大萧条。不过原来我们认为的全球经济周期性调整幅度可能会更大。从我们两周前研究的美国消费数据来看，从目前开始似乎要出现1～2年的经济衰退，而这种衰退的恢复需要到大选之后才能更明确时间和恢复路径。

但是考虑到各国，特别是美联储注入经济和市场无比多的流动性，未来名义上，美国股票市场未必会继续下跌。因为这次的问题是金融资本过度参与衍生品的投机炒作，并未参与股票市场的炒作。因此此次美国股市的调整级别最多应该类似2001年的级别。投机的金融资本受到重创后，应该会和产业资本，特别是技术资本结合，未来股票市场仍然具有投资机会。实际上，这更类似20世纪70年代，美国生产率短期难以提高，股市出现10年大震荡，然后随着新一轮技术进步，20世纪80年代股市逐渐走好，持续20年牛市。同样，我认为此次危机过后，金融资本和产业技术资本的结合能够显著提高生产率，也许2001～2010年是美国股市震荡的10年，其后，应该乐观的几率大。

回到短期，作为经济数据面相对平静的一周，金融市场又坐了一次过山车。以周末为分界线，本周可以划分成为两个阶段。在周末之前，利率市场再次因为对金融机构倒闭的担忧而继续冻结，股票市场方面，市场继续在金融股的带领下暴跌。

但是一切都在周末被逆转了过来。尽管在G7和G20会议上，欧洲对联手拯救金融市场最为抵触的主要国家(以德国为首)只是达成了愿意动用一切手段维持金融市场稳定的声明。但是很明显这已经相对于以往的立场有了很大的松动。果不其然，周日举行的欧洲首脑会议上就达成了具体的救市措施，德国承诺提供4000亿欧元对银行间借贷进行贷款担保，并向银行系统注入800亿欧元的资金。英国央行也动用了5000亿英镑进行担保，并对三大银行集团注资370亿英镑。

市场对挽救金融机构的措施反应还是相当热烈的，周一全球金融市场报复性大涨。尽管LIBOR只是小幅回落，但是我们认为市场的恐慌已经到头了，LIBOR会很快回落，前期非理性下跌的板块，如金融，汽车也出现了反弹的空间。

目前来看，当前全球股票市场只能理解为超跌反弹，后继取决于政策、流动性和经济下滑的博弈，而这个博弈因为欧洲的缓慢和美国的大选，短期不确定很高。在这方面我们对国内更乐观。不过考虑到黄金的美元价格比较稳定，目前的全球美元货币体系的根基没有动摇，这算是利好。

我们对于国内的策略可能比其他投资者更乐观，我们认为市场下跌幅度已经反映了对经济的悲观预期，而政府出手救经济到明年年中会看到效果，随着 9 月份流动性见底，市场在 9 月底和 10 月份(我们只能精确到月份)将迎来流动性底部和我们称之为的“价值底”。在价值底，业绩和经济数据仍然不好，但是这种不好已经开始投资者预期。在价值底买入的主力投资者是产业资本，现在来看还包括国家资本。底部出来后，我们称之为“纠错性行情”，力度取决于政府的政策力度。由于价值底出现后，上市公司业绩增速仍在下行，我们在组合投资部分通过控制仓位来控制部分风险。

我们认为 2009 年 2 季度上市公司业绩见底。如果国家在新农村建设刺激内需和先进制造业提高生产率上取得突破，未来市场上涨幅度会远超出投资者预期。2007 年下半年至 2009 年上半年会真正成为我们在 2008 年年初策略报告中所说的“承前启后”阶段，即承接前一个大牛市，启动后一个大牛市的中场休息阶段。

如果中国无法在改善结构性上取得突破，则 2009 年 2 季度以后上市公司业绩仍然会回升，但是幅度会有限，这制约了市场的高度。

这就是我们所说的“两个底”——流动性底(价值底)和业绩底。在业绩底，二级市场投资者会大力买入股票。业绩底会高于价值底。

在流动性底出现后，市场很难出现领涨板块，更多是逐批次的纠错。而业绩底出现后，市场会出现领涨板块，但是现在预判有些过早。因此，二级市场的投资者要参与价值底，则需要站在国家政策和产业资本角度进行投资。

周末，我参加了上海一个产业资本的投资论坛，并进行了发言，我发现目前产业资本对股票市场的兴趣比较高。

上述观点，特别是价值底本月就要获得证明。如果错了，我需要深刻反思。我们现在已经开始着手准备了，毕竟反思不应该是自责，而是改正错误。我们已经开始兵分几路，对于结构性改革(包括新农村建设在内的国家政策，先进制造业和产业升级)进行深入调研和研究，对于明年的出口、固定资产投资和消费进行更加深入详细的调查和研究。

短期，本周尽管有十七届三中全会召开，市场对会议即将出台的农村土地改革政策抱有相当大的预期，但仍然在周五跟随外盘大幅下挫。虽说是受到外盘带动，在过去的 5 个交易日内，两市累计下跌幅度最大的板块中却包括像食品饮料以及信息设备这样的板块，与美盘金融和周期性消费品(以汽车制造为首)领跌形成截然对比。我们的观点是，尽管国内市场在一定程度上情绪受到外盘影响，但是却有自己独立的运行规律。

经济数据方面，本周公布了 9 月份的进出口数据，净出口意外强劲。9 月份的贸易余额再创历史新高，似乎没有受到海外市场需求衰退的影响。但是随着占中国出口份额 40%的发达国家的需求逐渐减退，我们仍然维持明年出口增速相对不乐观的判断。未来一周，随着较差的上市公司业绩和经济数据，多空会进行对决，目前我们还是乐观的少数派一方。

近期到了考验我们观点的时候了。

汽车行业一直是我们今年以来低配的品种，行业增速放缓，成本压力加剧一直是影响行业的重大负面因素，不过差行业里也可能有好公司，一汽最近引起我们的注意。一汽轿车公司未来销量高速增长仍然值得期待。未来销售高增长点在于：原计划今年推出的B50延迟至明年推出，马自达6全球换代产品年底才能投放市场，也就是说明年这两个产品销售是净增量。同时公司至年底会将产能改造至年产18万台水平，2009年业绩的高增长仍然值得期待。公司财务非常稳健，资产负债率仅为50%左右，是行业里最低的，根据股改承诺，2005～2009年利润分配不低于每年可分配利润的50%，目前股价情况下，预计2008年的分红可能会达到0.33元/股。此外，一汽集团还可能整体上市，对业绩增厚会非常明显，这将提供超额收益。

八、2008年10月22日——媒体恐惧症

据闻有机构近期从华尔街调研回来，说情况比我们想象的糟糕。我笑之，因为最近的暴跌，大量金融从业人员失业，这种情况下，他们肯定比我们国内投资者的情绪要差，毕竟我还正在战斗岗位上大放厥词。

我们策略研究员去营业部与股民交流，所有股民都非常非常悲观，如果你稍微有点乐观，他们肯定不干——你骗不了他们，为什么？因为中央电视台财经频道时刻报道——聚焦华尔街金融危机，悲观信息和情绪时刻轰炸投资者的眼球，现在的投资者都是宏观经济学家，都知道目前的金融危机和随之而来的经济大萧条。你想骗他们说市场见底——没门！群众的眼睛是雪亮的。

不仅国内，我经常阅读海外资讯，国际上几乎所有媒体最近也冒出很多之前不曾听说的政治评论家和经济评论家，纷纷表态，标题也是吓死人的，什么——百年一遇的×××，×××(比如美国经济、消费者、世界经济、资本主义等等)的终结与末日。

真是什么吓死人的话都敢说。不过，也有客观的。比如，我一直喜欢读的《金融时报》首席评论员马丁沃尔夫的定期专栏，近期的标题是“金融危机的潮流已经转向”。

短期，国际市场还要看货币和信用市场。目前来看，短期利率尽管还在高位，但是在下降(图17-8)，这是很大的利好，有助于股票市场的稳定(降低风险溢价)。目前美元指数仍在升值，这说明本次危机没有危及全球货币体系(金融危机两种形式，一种是金融市场与信

图17-18 美国LIBOR利率

贷危机，一种是货币体系危机，目前来看，无论投资者如何攻击当前货币体系的缺陷，但是仍然接受这个体系）。

本次危机是金融市场危机＋石油危机，这和20世纪70年代比较相似，当时是国际货币体系危机＋石油危机。

现在的金融危机使得全球央行重新打开了流动性的阀门，我们需要思考，一旦风险溢价下降，投资者会重新配置什么资产。

一个重要的背景是：我们现在所处的背景是在信息技术革命后的金融资本疯狂后的破灭，这是一个转折点，金融资本脱离产业资本独自狂欢后的回归，监管将加强，所谓的资本管制将抬头，未来全球社会将更多关注公平。正如克鲁格曼在《萧条经济学的回归》所说，公平不仅是公平，也是效率的保障。中国政府几年前就认识到这个问题，正在采取措施改正。而对于美国，问题正如斯特兰奇在《赌场资本主义》所说，以赌博为目的的金融资本必须踏踏实实接受监管，并且在管制下重新流入实体经济领域，以提高生产率为目的。这样，未来10年才是真正的黄金10年。

另一个很重要的“观察”是：新一轮的龙头都不是过去一轮的龙头。因此，房地产、衍生品和商品现在看来还不具有新龙头特征(当然这是预判，可能存在错误)。如表17-7。

表17-7 每次波动性过后，龙头股都要换

	老龙头	新龙头
2007/2008	资本密集股，小股票，能源股，商品股，新兴市场股，垃圾股	
2000	科技股	资本密集股，小股票，能源股，商品股，新兴市场股，垃圾股
1998	亚洲股票，美国防御类消费股	科技股
1995	拉丁美洲股票，小股票	亚洲股票，美国防御类消费股
1989	金融股，重组股，日本股	拉丁美洲股票，小股票
1985	工业和中周期股	日本股，反通胀受益股
Early-1980s	小股票，科技股	工业和中周期股
1974	漂亮50	小股票，科技股

回到国内市场，周一公布的三季度GDP增速下滑超出投资者预期，不过这轮经济周期下行因为成本上升、海外金融危机和国内紧缩过度，导致下滑速度过快，如果按照这个速度，中国经济应该在明年2季度见底，如果4季度政府出台强力的刺激经济政策(这是我们的基本假定)，我们认为明年2季度的GDP增长不会破8%，然后略有恢复。

国内资金在重新配置过程中，按道理，股票市场上一轮涨幅过大，下一轮不会成为配置的主要对象，但是考虑到股票市场的跌幅，目前从风险收益比来说，还不能确定有更好的资产中期优于股票市场(图17-19)。

由于投资者开始预期政府会出台一系列的经济政策，因此第四季度会出现新的寻宝游戏，即猜测政府出台政策的方向，然后看哪些上市公司受益。

因此，我们认为政府对于保持经济和资本市场稳定的态度已经相当明确了，市场已经没有下跌空间，开始纠错性投资机会。

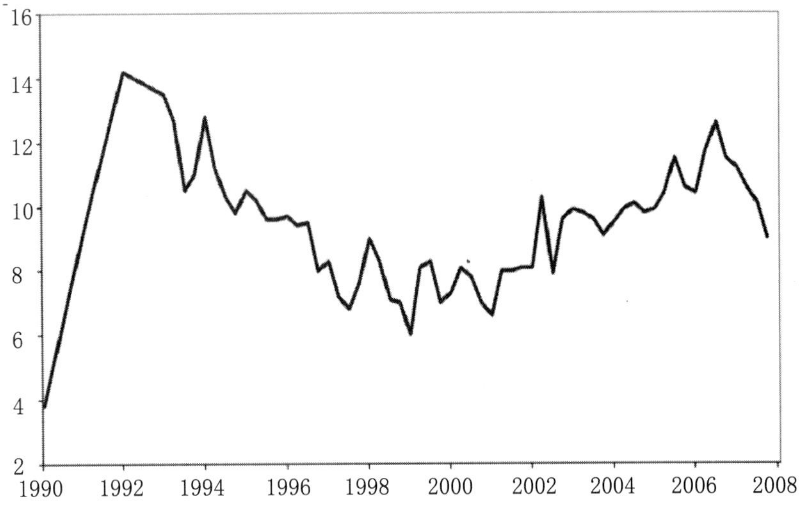

图 17-19 GDP 增速下滑速度过快，这有助于快速找底

九、2008 年 10 月 29 日——货币体系和预期

最近关于国际货币体系需要改革的呼声越来越高，包括这次亚欧首脑会议和 11 月份的国际金融会议。好像以美国美元为主的国际货币体系要崩溃了。

本周报去年年中就研究过目前以美元为主的国际货币体系(特别是 BWII 体制)，认为会至少持续 10 年。因为尽管这个体系存在很大问题，但是根本找不到更好的体系了。

第一，不可能回归到金本位或者银本位；第二，成立世界央行来发行货币的可操作性在现有条件下几乎不可能；第三，欧元的地位在上升，但是欧美政治经济文化军事等全方位比较来看，欧元远不能替代美元；第四，市场仍然选择美元本位。这次的金融危机就恰好证明了这个，市场的选择是最重要的，一旦投资者预期全球经济出现问题，即使美国也出现问题，投资者仍然将资产换成美元，而不是其他类型的货币，包括黄金！第五，人民币最近一直在 6.8 附近对美元企稳，又重新回到了盯住单一美元的时代。

唯一能够改革的是其他国家谴责美国，而美国则努力克制自己的央行少印些基础货币，努力监管自己的商业金融机构少印些赌博性的信用货币。

尽管投资者看起来觉得恐惧，比如“以前危机都是听到很多公司破产的传闻，但是这次每天听到的是国家破产的传闻，能不恐惧吗?”只要全球货币体系不发生大问题(我们认为不会)，则这次危机是可控的，和之前的金融危机没有本质的不同。

因此，投资者现在紧盯的具有领先市场指标是：VIX 指数(股票市场的风险溢价)；日元汇率(资金，特别是亚洲资金的充裕度)；LIBOR 利率(对未来的预期)；商品指数，比如石油和 BDI 指数，对于这次金融危机，这些都滞后了(图 17-20)。

不过经济学家不这么看。我尊敬的纽约大学经济学教授鲁比尼预期市场和经济将进一步恶化，新总统上台后可能会因为更可怕的金融恐慌而采取休市几周的政策。

预期是很可怕的。索罗斯曾经在《金融炼金术》里谈他的反身性理论时说到，股价的下跌本身就会带来实体经济的下跌。这句话我之前一直不大明白，现在有些明白了——预期在作怪。有一个笑话，一个算命先生由于预测水平极高而闻名遐迩，一个家伙不服气，上门挑衅

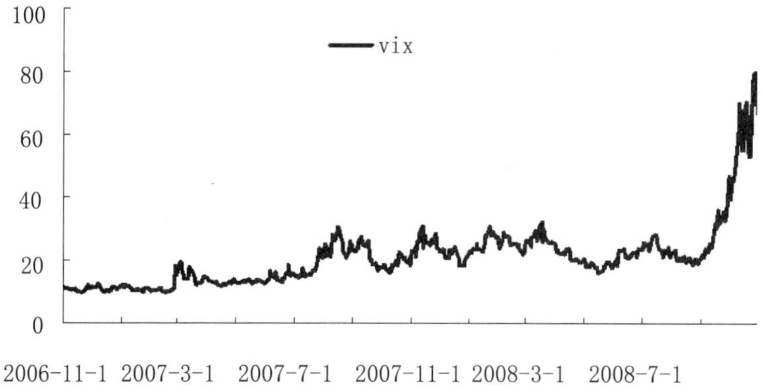

图 17-20　VIX 指数还没有见顶，但是高波动性难以持续

算命先生：“你既然算得这么准，那么你说我家里明天要发生什么事情？”算命先生看也不看他一眼说：“明天你家茶壶肯定碎。”这家伙回家后拿着茶壶整天盯着，嘴里一直念叨：“我要看它到底怎么碎？”他老婆和他打招呼，他左右都不理睬，只一直盯着茶壶。他老婆大怒，抢过茶壶往地上一扔，“咣当”一声，这家伙恍然大悟：原来茶壶是这么碎的！现在，所有看淡经济的经济学家都是算命先生——非贬义，而是预测水平很高的算命先生。

因为经济的主体永远都是人，而人是有预期的。当经济系统中每个人都对未来一片悲观之时，那么就形成一个负向反馈系统。也就是说事情已经很糟，由于人们认为未来更糟，所以未来真的变得更糟。悲观的预期，最终会影响人的决定，会影响企业的投资决策和资源配置策略。

在没有政府有形之手的时候，也就是 19 世纪和 20 世纪初，因为这种顺周期的预期，经济的调整是非常惨烈的，调整时间非常长。

但是自从有了有形之手，预期就容易发生改变，要改变目前市场的大萧条预期，要么央行持续大量向经济注入大量流动性，过几个月效果会出来，预期会逐渐改变，尽管经济仍然不好，但是负循环链条被破坏；要么有某种契机来改变预期，比如总统换人等等，这种契机在历史上也非常常见。

因此除了关注一些领先的市场指标外，关于货币政策和效果，关于一些契机(比如金融峰会、美国大选结束)都是重要的时间窗口。

关于中国的货币政策，从央行行长的表述上看还在犹豫，但是我们债券研究员已经大声呼吁大力降息了。

尽管预期的 1800 点市场底部被无情穿破，我非常惭愧。现在需要回答的是市场会持续下跌还是我们坚持原来的判断(只是略微修改)。我们坚持认为，随着货币政策的放松，贴现因子的下降，估值不会进一步下降，甚至会出现上升，而目前市场贴现的是 2009 年－15%左右的业绩下滑，我们不接受这个预期。

近期，关于中国公司投机金融衍生品的丑闻也算是一个重要的事件。但是我记得互联网泡沫后，美国安然、世通等假账破产曝光之后，市场已经接近底部。

而这次，香港市场反应非常激烈，中信泰富巨亏事件“余震”未了。受可能产生巨额外汇汇兑损失传闻的影响，中国中铁、中国铁建等公司也是集体大幅度跳水，还有传言说中国铝业、中国石油等也出现巨大亏损。

我们认为，除了中信泰富等少数公司，多数国内公司的亏损应该并不大，并不是丑闻，而是因为近期外汇市场的巨大波动造成的。

当下经济形势确实不乐观，调整速度超出预期(市场的调整速度也超出预期)，并且在不断向内地扩散。但是，我看到的资讯，也有未来乐观的种子。比如国资委副主任邵宁26日表示，“下一阶段，国资委将从中央企业的实际出发，采取多种方式推进中央企业进一步重组，进一步优化国有经济的布局结构。同时，支持具备条件的中央企业把优质主营业务资产逐步注入上市公司，做强做大上市公司。到2010年，将中央企业重组调整到80～100家，争取在全国形成30～50家具有较强国际竞争力的大公司、大企业集团。国资委将积极推进具备条件的中央企业母公司整体改制上市，或者至少要实现主营业务整体上市；支持具备条件的中央企业把优质的主营业务资产，能够逐步注入上市公司，做强做大上市公司。”

另一条资讯是“义乌岱山，今年3月份开始，当地千家制袜工厂中已经有百余家倒闭，与岱山生产圣诞老人的工厂一样，首先倒下的这些制袜工厂基本都是规模小，单纯依靠订单生存，缺乏科技研发”。“工厂少了，客户的大额订单只能找我这样的大企业，倒闭工厂的熟练工人也会向梦娜集中。”梦娜集团董事长宗谷音说。彪马全球1/3的产品来自梦娜，今年双方签订新合同时，梦娜将单价逆市提升了7%——作为“回馈”，梦娜将货期从半年缩短为两个月。

这样看来，作为行业龙头和优质企业的上市公司，明年的投资故事并不缺少，即可以有注入等增长，也可以通过并购增长，当经济不景气的时候，特别是广大中小企业破产的时候，龙头企业的效率提升会更快，日子应该会逐渐好过。

宏观策略结论：我们认为目前的市场已经贴现了明年业绩－15%的增长预期，市场过度悲观了，目前的市场处于买入区域，下跌空间非常有限。

十、2008年11月5日——解读三座大山

对于海外市场来说，美国总统大选是一个变盘的契机(时间窗口)，这可以给投资者信心。而从日元汇率、波动性指数、LIBOR利率等领先指标来看，金融危机已经过去。

市场会出现大幅度反弹，实际上美国股市反弹正在进行中。一般来说，反弹是前期跌幅较大的板块反弹力度大(比如，金融和原材料)。

而反转则需要强势板块(得需要三五个才行)。从今年标普500指数表现最强的板块来看，除了普通消费品，有以下几个板块明年可能是领头上涨的板块，包括：生物技术、铁路、消费者服务、教育服务、环境服务。总结来说就是新技术＋生产率提高型服务。这对国内也有借鉴意义，而这些是目前的稀缺资源，容易产生泡沫。

一旦金融危机结束(我们认为美国新总统上台和召开的国际金融会议是结束的契机)，美国股市就进入熊市的第二阶段。第二阶段是经济开始受到影响，并且反作用于股票市场，这样股票市场表现会分化。但只要有领涨板块存在，整体应该是上涨的，毕竟熊市恐慌杀跌的第一阶段已经把利空放大。

目前就处于金融核裂变的变化期，金融市场非常类似铀238原子(图17-21)。最核心的

是美联储基金利率和美国政府信用，外围第一层电子是货币市场，再外围是国债市场，其后是资产证券化债券、互换等产品的市场，银行债务市场，投资级企业债券市场，最外围是股票、房地产、PE、商品等市场。当利率很低，风险溢价也下降的时候，最外层的表现最好。一旦发生核变，资金向中间靠拢，这是前段时间发生的事情。而只要美国信用还在，美联储采取正确的策略，这个裂变很快就会稳定下来，然后重新一层一层外延出去。

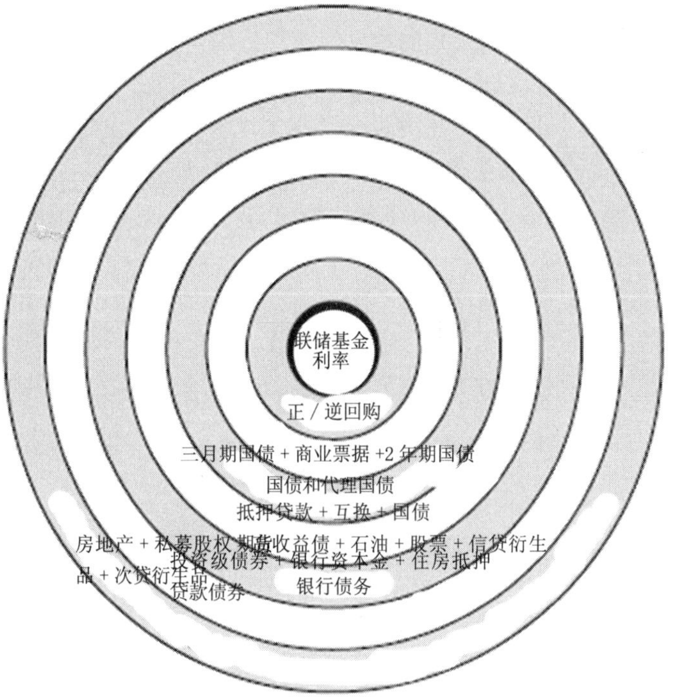

图 17-21 金融轴 238

海外市场金融恐慌的结束，为中国 A 股市场提供了较好的外部环境。推荐阅读下面的文章，和我们的观点比较近似。http://finance.jrj.com.cn/people/2008/10/2504182477449.shtml。

国际股票市场的估值一般来说除了在偶然的极度疯狂和突然的风险溢价狂飙的时候估值变化较大外，股票估值的倒数一般和上市公司发行的债券收益率接近，在美国一般是 15～20 倍。

在国内，我们没有强大的公司债券市场，因此，只能按照投资者的风险收益偏好来估值，这样股票市场的估值波动性巨大。当市场中散户参与者较多时，市场很可能按照一年期存款利率来估值，如果还考虑通货膨胀，股票市场的估值达到 40 倍以上很容易。而很多情况可能按照国债利率、贷款利率和存款利率的加权来估值(其中权重是不同投资者构成的比例)，因此变化也较大。但是，一般来说，国内股票的估值不应该跌破 10 倍，并且随着央行的降息(当然存款准备金率也必须迅速下调)，估值还有提升的空间，正常来说，估值可以比照美国，也就是在 15～20 倍之间。

即使从风险收益比来看，上市证券比非上市权益的价格要便宜得多。我举个例子，最近在上海产权交易所挂牌出让全部或者部分产权的公司急速增多，很多报价看似很便宜，有些甚至只有 1 元钱，但是我把 100 多家公司的简单财务数据和出售价格进行分析，发现只有两家价格还算合理，和证券市场的估值差不多(素质也还算可以)。其余挂牌公司价格都高得吓人，很多都是上百倍市盈率，N 倍市净率。就是 1 元钱转让的权益，也不划算，因为实际股东权益为负，业务模式奇差，持续亏损并负债累累。

这样看，A 股上市公司代表中国较好的企业群体，目前 12～13 倍的价格并不贵，即使明年业绩负增长 20%，但是考虑到未来的预期，客观地说，相当多的股票具有安全边际。

从单季度来看，上市公司三季度新增净利润 2257 亿，较去年减少 240 亿，全部上市净利润增速为 -9.97%，这是 2006 年一季度以来首次出现单季度净利润负增长。考虑到中国平安投资富通 100 亿元的巨亏可能带来的数据干扰，剔除中国平安后，上市公司净利润增速为 -5.48%。扣除金融行业，全部上市公司净利润增速为 -11.72% ；如果同时扣除石油石化和金融行业，利润增速更跌至 -21.65%。

从三季度单季度来看，保险、电力、交运仓储、证券信托取代石油石化成为拖累全部上市公司净利润增速的主要原因，其中仅保险行业就负贡献了 85%的利润增量。而银行和煤炭的业绩增长依旧是贡献上市公司利润增量的主要因素(图 17-22)。

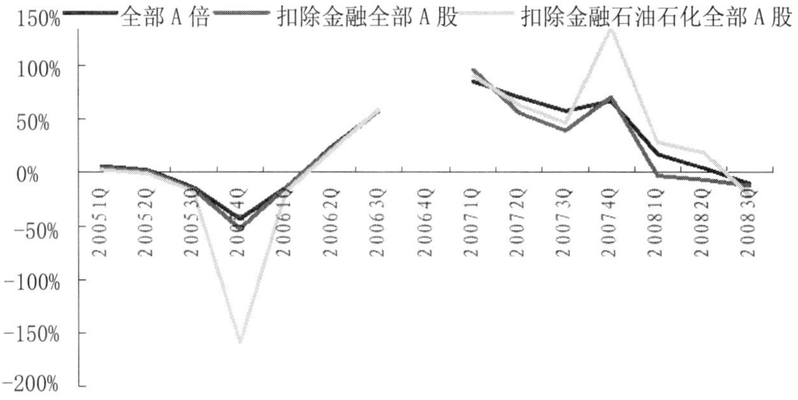

图 17-22　上市公司单季度利润变化

上市公司营业利润率为 15.6%，是 2005 年以来的最低水平。营业利润率的下降与毛利率的下降(成本上升)和费用率的上升(宏观调控)密切相关。上市公司在三季度仍然在消化价格高位购进的原材料存货。因此，企业的成本压力并未得到实质性的缓解。我们认为明年上半年开始逐渐缓解(图 17-23)。

三季度开始受到需求减少的第三座大山的影响。三季度营业收入和营业成本的增速均较二季度高点有所回落(图 17-24，图 17-25)。

整体来看，我们认为上市公司业绩下滑幅度低于我们预期，我们不得不修正 2008 年全年盈利和 2009 年的盈利预测，考虑到压迫企业盈利的三座大山的两座正在逐渐减弱，而需求下降的大山短期会有影响，但是中期对于优质企业则是扩大份额的机会，因此，我们从短周期角度来看，坚持认为上市公司业绩明年 2 季度见底(关键是见底的幅度有多低，以及国家反周期政策有多强，现在尚难确定)。

本周二下午我们宏观策略和行业研究员召开例会简要讨论了近期观点。摘要如下：

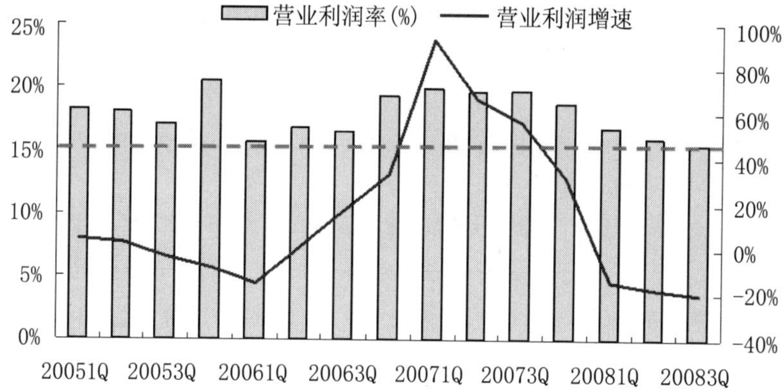

图 17-23　营业利润率下降是业绩下降的主要原因，受到两座大山的影响

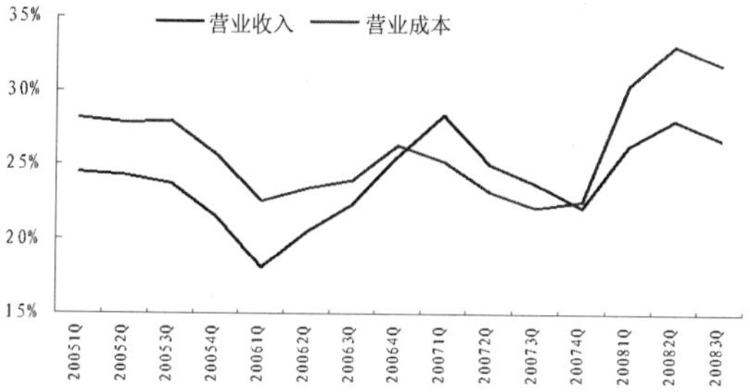

图 17-24　营业收入增速下降

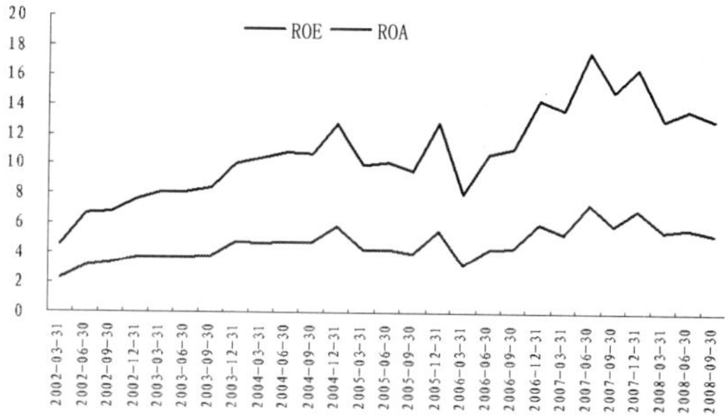

图 17-25 前三季度上市公司净资产回报率（ROE）为 9.75%，从 2007 年上半年之后，企业盈利能力进入下降通道

姜超对于宏观经济的观点是美国经济明年年中见底，房地产是先行指标，房地产恢复经济未必，但是房地产不企稳经济一定不行。国内指标上，关注地产投资、工业生产(包括发电、水泥)等数据的反映。货币政策方面，半年内预期降息 4 次，明年物价看到 1.5%左右，市场预期大致也在 100 个点左右。

策略的观点：当前货币政策决定市场方向(目前松动的还不够)，财政政策决定投资方向。市场方面，过去 10 年间 A 股长期成本一直在 1400～1800 点之间，这个区间是可靠的(并且没有考虑业绩的持续上涨)，因此，现在市场是恐慌的，低估的。四季度是估值底(美国大选有可能会成为变盘的契机，存款准备金下调也是)，明年中期还会有一个业绩底。

企业盈利方面，没有大的板块机会，关注个股和现金流。自上而下的预测盈利现在调整为 8%，这是乐观的情况，悲观的就是 -5%～0%。当前点位在 12x 的 PE 假定下，大约隐含了 -20%的盈利增长假设。未来的估值会随着贴现率的下降而得到提高，明年可以看到 15x 的 PE。

行业配置的观点：目前找不到领涨板块，不考虑纠错性机会的前提下，仍然建议以防御为主，回避大宗商品，选择 2009 年盈利增长比较明确的行业。明年上半年防御 + 政策救市主题，下半年策略估值合理的早周期复苏行业。结构性机会上，见底后往往会有行业整合的机会。

康凯：美国房地产预期将继续下跌20%，会造成后续动荡。中国2001～2008年两大增长主题，城市化(房地产)和WTO现在已经没有了。国内房地产现在尚未见底。实际国内企业倒闭的情况要比报道的还要差得多。估值方面，剔除银行以后，A股的ROE会恢复到7%～8%的长期水平。假定PE在15x，则相当于PB1.2x(PE=PB/ROE)。现在市场PB在1.9x左右，从这个角度来说，现在抄底并不是没有风险。

伍永刚：2008年银行基本面没有大的变化，但是2009年有很大不确定性。长期继续看好银行，但是短期要谨慎。至于短期有多长，现在很难说。经济下滑接近临界点会出现大量企业坏账，严重影响银行业绩。现在的测算是GDP在8%时不良贷款率会上升0.5%，但是降到8%以下，不良贷款率会跳升到1%。在这样的情况下，银行利润会出现增长，甚至是负增长。对银行板块整体下调评级至中性。预期净利差不会大变，不良贷款是最大担忧，并且主要集中在企业的信用担保上，而非房地产贷款。三季报不良贷款数量上升，但是不良贷款率下降。担心华东江浙一带不良贷款被隐瞒，明年集中上报。

王峰：造纸明年上半年偏保守，下半年看多。

王稹：电力设备看多(主要是电网企业，不包括电机，仪表等细分行业)，理由是铜价下跌成本下降。主要风险在于担心2009年订单的增速。但是对于好企业不用太担心。家电行业受到房地产和就业的双重影响。看美国历史上，只要不是重大危机出现，家电的消费最多下降10%左右。从估值上来看，除了PB其他都属正常。

谭晓雨：看好传媒行业，理由是盈利模式防御性，公司负债率低，而且都是各个行业的龙头，现金流又好。

易镜明：医药有必选消费品和政府投资两个主题，虽然绝对收益有不确定性，但是相对收益肯定好。不看好原料药，价格趋势向下，但是化学／生物药比较好。

孙建平：看好房地产很难，因为万科调整业绩打击面太大，连龙头企业都开始谨慎，很难乐观。业绩调整上我们属于比较保守的。房地产明年政府一定会救，主要通过保障性住房，会拉动对上游(钢铁水泥)的需求。

崔婧怡：钢铁板块中性，现在尚未清楚四季度和明年一季度哪个业绩会更差，原因是四季度的钢价暴跌，接下来就取决于下游需求了。下游反转一般领先钢铁板块半年，所以反转最快也要到明年下半年以后。钢铁下游25%需求是基建，25%是房地产。靠基建拉动相对其他需求部分的效果基本上是1:3，所以拉动的效果到底有多大取决于下游需求真实数据。

蒋璆：看钢铁价格最好的指标是社会库存。估值上觉得DDM对钢企最合适，因为每股分红相当稳定，但是估的合理价值远远高于市价。

林浩祥：有色金属明年一季度盈利可能会负增长到-70%。未来需要和策略沟通对美元和油价的判断。

杨立宏：煤炭见顶见底的周期是所有行业中最晚的，因此明年价格会继续向下。有利于下游。

王威：明年电力行业利润开始进入恢复周期，利润好于今年。虽然相对估值高于大盘，但是考虑到明年的盈利上调，估值并不高。假定GDP在8%，折算发电量增速大概在7%～8%左右。假定水电增速不降，则火电的增速会降到5%左右。大机组会优于行业平均水平。

张文洁：通信行业投资预期上升，通信设备(除终端的手机以外)受负面影响不大。四季度到明年会转好。因为四季度是传统的收入确认期。

张锦灿：工程机械关键是看明年的固定资产投资，因此期待策略的固定资产投资专题报告。

宏观策略结论：我们原来的操作计划是 8 月底仓位 25%，9 月底接近 50%(基本是买在左边)，10 月份进一步建仓(买在右边)，由于国庆期间海外金融危机，使得我们的仓位停顿下来。我们仍然坚持市场随时向右侧行进的观点，一旦如我们所愿(很可能就是最近两周)，我们会迅速增仓。

银行问题终究还是宏观问题。3 季度的季报公布以后，上市银行的不良贷款余额终于开始上升，从 2 季度末的 3498 亿元提升到 3512 亿元，不良率出现下降，从 2.15%下降到 2.12%，应该说不良贷款余额的提升充分反应了中国经济的减速风险，尤其是 3 季度面临的大量产品价格下滑，破产风兴起局面更加重了对银行贷款质量的担心，令人佩服的是股市提前三个季度反映了银行的困境，我们现在需要考虑的是三个季度以后银行的不良贷款余额会否重新出现下降，这个判断又牵涉到经济能否在 3 个季度以后见底的问题(表 17-8)。

表 17-8 银行坏账终于显现，部分银行不良率也提升

银行	不良贷款(2008.6)	不良贷款(2008.9)	不良率(2008.6)	不良率(2008.9)
工行	105,136,00	104,881,000	2.41%	2.37%
中行	83,786,000	85,007,000	2.58%	2.67%
建行	78,113,000	78,537,000	2.21%	2.17%
交行	22,684,000	22,680,000	1.83%	1.75%
招行	9,289,000	9,149,000	1.25%	1.20%
中信	9,202,000	8,965,000	1.45%	1.37%
浦发	7,614,479	7,663,896	1.22%	1.19%
民生	7,389,659	7,734,000	1.21%	1.22%
兴业	4,602,361	4,802,366	1.04%	1.06%
华夏	6,876,681	n.a.	2.06%	n.a.
深发展	11,421,196	11,081,000	4.64%	4.28%
南京	478,491	n.a.	1.39%	n.a.
宁波	174,145	298,128	0.40%	0.64%
北京	3,056,000	n.a.	1.74%	n.a.

从经济学家对美国经济增长的预测来说，美国经济是有可能在 2 季度见底，3 季度开始好转的，中国的财政政策也可能在 3 季度后开始完全显现效应，加上今年 3 季度基数非常低，因此中国经济是否也可能在 2 季度见底，3 季度逐渐好转呢(这是我们宏观策略一直的观点)？

十一、2008 年 11 月 14 日——达尔文遇到凯恩斯

中国 A 股和美国股市是世界上最重要的股市。说最重要，是因为这两个股市更多受到自身及其本国因素的影响，而不像其他国家股市一样，属于影子股市。如果这两个股市未来几

年能够走大牛市，最抱希望的是解决两件大事：一件在美国，希望新总统上台后，振兴技术，提高劳动生产率。目前来看，奥巴马的相当部分政策是支持的。另外一件是中国，希望政府在未来几年逐渐落实和谐社会和新农村建设，整体提高14亿人民的消费需求，稳步提高劳动生产率。目前来看政府一直在着手做，未来两年应该见成效。只有这两件事情能实现，中美才能有黄金10年。

而如果这两件事情没有实现，整体生产率和消费需求无法提升，在世界各国都不想承受经济衰退的情况下，达尔文将遇上凯恩斯。

遇上的结果将是周期性巨大波动的市场，这种波动来自于通货紧缩/通货膨胀周期的迅速变化(受到货币政策的影响较大)。股市和债市走势长期高度相关，并且呈现通货紧缩/通货膨胀的迅速波动周期(图17-26)。

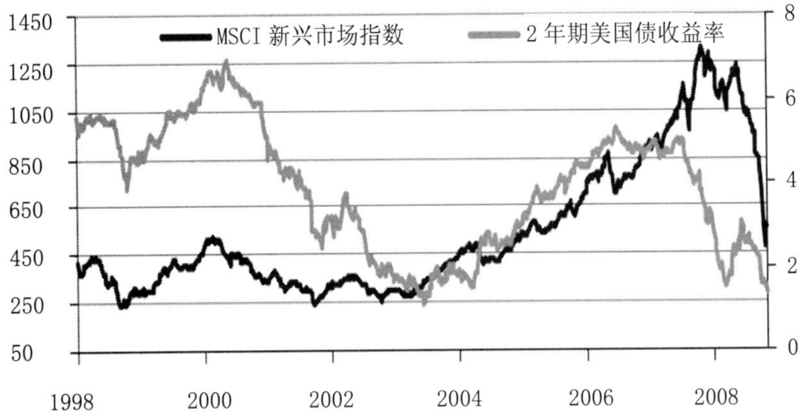

图 17-26 通货紧缩和通货膨胀交替进行

展望2009年，无论是中国还是美国，上半年可能继续通缩，在这个背景下，优质企业和中小成长企业值得关注。下半年可能逐渐开始复胀，在这个背景下，周期性的股票将迎来重新的投资机会(但是考虑到投资周期向下，这些周期性股票的向上波动性可能并不高)。

寻找明年的主流板块，中美应该可以互相印证。但是目前中国的上市公司中，除了金融股外，多数是传统周期性的股票，如果真是科技+服务板块最有机会的话，国内的上市公司无法迅速转型。因此最终A股的走势将类似1997年后的香港国企指数的走势。这是非常令人悲哀的。

唯一可以打破这个僵局的是，要么上市公司大量收购或者参股科技与服务类的非上市公司，从而达到迅速的增长；要么是科技与服务类非上市公司借壳(毕竟现在很多上市公司市值非常之低，并且已经开始出现借壳的苗头)，从而破局。我们判断，这两个“行为”明年将大量出现，ALPHA型的投资机会最终会带来较大的板块性和局部性投资机会。

回到近期，我们的结论是：财政政策决定选股的方向，货币政策决定市场的方向。现在财政政策超出预期，为投资者提供很多纠错性品种，特别是不受国际大宗商品价格影响的内需型周期性超跌股票。而货币政策低于预期，我们认为央行应该在第四季度大幅度放松货币政策，如果拖延到明年一季度，则市场因为缺少资金，更可能在板块之间轮动炒作，缺乏大的机会。

十二、2008年11月20日——柠檬市场投资法则

我周末常去菜市场买菜(住所附近只有一个大菜市场)。鸡蛋是必备品，现在鸡蛋的种类也不少，什么柴鸡蛋、土鸡蛋等等，我一般都是买普通鸡蛋。

后来想改变一下，毕竟“好鸡蛋”的营养价值更高——快奔四的人了，如果不补充点更高营养，在高强度工作下，身体越来越吃不消。土鸡蛋都是散养的，蛋黄发红，蛋体较小，营养较高，尽管价格贵很多，但是还是打算买一些“尝尝”。

买的时候老板拍着胸脯说都是正宗土鸡蛋。买了以后，回家非常失望，发现10个鸡蛋里面，至少6个是假土鸡蛋，属于普通鸡蛋里面较小的拿去滥竽充数，另外即使那4个看起来正宗的土鸡蛋，看起来也非常不新鲜。

很愤怒ING！没办法，对于理性的人，唯一的行动就是再也不买了。当然，对于喜欢市场学研究的我来说就开始思考了，为什么会这样？为什么大家对营养价值高的土鸡蛋反而购买意愿弱？源于有假冒产品侵入市场，同时消费者面临“严重”信息不对称(每个鸡蛋不可能打碎了看)。对于理性的消费者来说，站在TOP－DOWN的角度，唯一的策略就是不买任何土鸡蛋了(除非土鸡蛋价格足够COVER不对称信息成本)，即使对于BOTTOM－UP的角度，或许有很多土鸡蛋确实是真的。

尽管不吃土鸡蛋了，但是我越想越兴奋，觉得这是一个新的市场理论，后来仔细想想，嗐！这不是2001年获得诺贝尔经济学奖的伯克莱大学教授阿克罗夫在1970年提出的“柠檬市场理论”的翻版嘛。

这个教授只是没有逛菜市场(当然美国菜市场可能不对称信息少，没有苏丹红、三聚氰胺以及伪劣产品等)，而是逛了二手车市场，被卖主隐瞒缺陷的二手车被称为“柠檬”。如果一个二手车市场有相当部分二手车缺陷被隐瞒，则多数买家缺少信息对此进行辨别——绝大多数买家都不是专业发烧友，自下而上一个一个挑出优质二手车不是他们的专长，自上而下对缺陷二手车的恐惧占据绝对上峰，于是退出市场交易。每个买家都是理性决策的，但是最终二手车市场价格发现功能陷入崩溃状态。

没办法，晚提出近40年的“土鸡蛋市场理论”与诺贝尔经济学奖失之交臂——奖金可是100万美元呀。不过，幸好，处在股票市场中，柠檬市场理论对这个市场投资也有很大帮助。

美国信用以及金融市场投资者普遍都是很理性的，但是面对这次“危机”，人人自危，纷纷离开市场，将现金藏到自家床底下(一旦市场开始出现柠檬状态，迅速离开市场是理性的选择)。但是越来越多的理性选择会造成整个市场呈现“柠檬市场般”的崩溃状态。好在金融市场的“缺陷车”迟早会暴露，最终投资者还会重新回到市场参与——只不过时间是个问题。用凯恩斯的话说，如果时间过长，我们都死了。

因此，解决柠檬市场问题的最佳方法就是让“缺陷车”尽快彻底暴露，由外力来加强管制，同时市场估值相对其他市场显得有吸引力，吸引投资者尽快回到市场，市场正常起来。

而如果“缺陷车”尚没有彻底暴露，但是已经初具估值优势，有两种参与市场的方式，一种是每次管制加强的时候，市场有反弹机会(当然最终会反转)，这是BETA机会，一种是具有强的自下而上辨别能力，保证自己不会挑到“缺陷车”，而是廉价选到“好车”，这是巴

菲特们在干的事情，也称之为 ALPHA 机会。

而国内的股票市场也因为近一年以来的各种“柠檬”而导致崩溃。外力政府终于出手了，估值也具有吸引力了，尽管我们现在还没有看到“缺陷车”的彻底暴露，现在来看，两类机会都已经出现了。

因此，我们之前的观点继续不变，救经济的纠错性行情的级别要远大于单纯救股市的反弹。我们认为如果货币政策配合的话，今年年底前，上证指数可以见到 2500 点。

对于 BETA 机会，我们继续推荐不受国际大宗商品价格影响的内需型周期性超跌股票。这些不仅包括与铁路和建材相关，银行、地产、钢铁都算。

十三、2008 年 11 月 27 日——增量资金资产配置

经济学，特别是宏观经济学流派很多，众说纷纭。股票市场中各个“观点”的信徒，都能在各类经济学理论中找到影子。比如，多数投资者接受的“股票市场是宏观经济的晴雨表”这个观点，实际信奉的是宏观经济学中的“货币面纱论”。

对于我来说，我认为，投资者不能忽视托宾的资产配置学派。他的观点（见其专著《货币、信贷和资本》一书）如下：

经济中的行为人是那些从事资产组合和资产负债表管理的财富所有者(他们并不一定富有)，他们面对具有不同特征，并在流动性、风险和回报等方面存在差异的资产和负债菜单。

菜单所提供的资产范围很广，从日常持有的股票到可购买的资本品，无所不包。这些资产和负债虽然可以相互替代，但是并不是完全意义上的。托宾研究的是通过微观经济基础来判断这些境况和偏好各异的行为人是如何进行资产组合决策的。

金融市场和金融机构的存在使代理人买卖资产成为可能，并在此过程中形成资产的价格和利率，从而成为一个完整的结构。银行因其在执行中央银行货币政策方面的支柱地位从而成为一个重要的金融中介。和一般公众一样，银行和类似的机构同样是资产组合的管理者，他们通过货币负债和非货币资产之间的相互搭配而使得资本货币化。但是金融市场和真实经济之间的宏观经济联系却要比银行的这些直接行为广泛得多。

在资产配置框架下，“股票市场”这个资产类型和“宏观经济的实业部分”分属不同的资产类型，具有相互影响作用，而不是单纯的“股票市场是宏观经济的晴雨表”，这两个资产类型都受到宏观背景的影响。

美国的资产类型非常多，并且对外投资(基本)不受管制，因此资产配置过程与分类非常复杂，但是仍然有迹可循，就在我们之前周报里面列出的“铀 238”圆形图中。

而国内是一个相对封闭的资产配置体，资产类型相对简单，主要的资产包括：存款、债券、房地产、实业、消费品、股票、少量的海外资产(口子很小)。

每个资产类型都有不同的流动性、风险和回报。存款和债券的可预见性高，消费品受到 CPI 的影响，但是增量一直比较平稳，实业、股票和房地产则属于风险较大，收益也较大的品种，高风险高收益类型未必在同一时刻表现。

每个行为人(包括家庭主妇、企业家、投资者、金融机构)也具有不同的偏好，但是配置过程是通过货币这个媒介来进行的。当货币增量在增加，一定会引发资产配置扩张过程，而当货币增量在减少，一定会引发资产配置收缩过程。

而货币的增加和减少又受到多种变量的影响(包括宏观大背景，这是可以分析的)。另外一个需要考虑的因素是如何定义货币，好在国内的货币定义也就到M2，比较简单。最难的是货币如何参与复杂的资产配置的具体运作过程，目前经济学家对此认识还远不够，也存在巨大的争议。

对于大的资产配置投资者来说，最优的策略是在增量货币导致的资产配置扩张过程中选择当时宏观背景下收益最高的品种，而在减量货币导致的资产配置收缩过程中回避风险。

我们2008年年初犯的最大错误就是，尽管我们认为减量货币导致的资产配置收缩——也就是我们认识到了股票市场存在的风险，但是我们顽固地认为(主要在于对于中国经济增长和政策的长期信心)股票市场的下调幅度并不大，属于周期性的调整，4000点就差不多了(即使存在超调，也就在3000～2800点)。现实证明了我是十足的傻瓜。

现在来看，新一轮的增量资金资产配置过程还没有开始，主要原因是货币政策紧缩过度，增量资金不足。但是收缩过程可能接近尾声(央行已经持续放松，并会继续)。目前更多是市场内存量资金在财政政策乐观下的板块热点轮动(除了业绩，资金和政策也是基本面)。而不是增量资金的资产配置过程开始。

不过，考虑到贸易顺差的主动资金流入以及央行未来一段时间大幅度降低存款准备金率(这是可预期的，并且最迟明年1季度出现，我们认为必须近期就应该出现)带来的被动资金流出。明年上半年增量资金开始增多，并且可能逐渐开始新一轮的资产配置。

在受益的资产类型预判上，考虑到存款和国债收益率的下降，该类资产吸引力逐渐减弱(无需举例，家庭主妇都知道)；考虑到工业企业利润的下降以及实业竞争程度的增加，该类资产吸引力也不足(可以调研大量的中小企业主，看看他们愿意炒股票还是做实业)；考虑到房地产的价格下跌幅度有限，该类资产吸引力也不足(房价没怎么跌，大家预期它跌，而股价已经大跌了)；考虑到上半年消费品价格的下跌，消费增速难以提高(上半年通缩是我们的基础假设)。

在这种情况下，股票市场吸引力的价值将凸现出来，并且我们认为这个配置过程将开始于中小市值优质股票。

宏观策略分析主要假定进行大修(表17-9)。

表17-9 宏观策略假定大调整

	短期(3个月内)	中期(3～9个月)	长期(9个月以上)
重要宏观主题	政府推行强力刺激经济的政策	通缩受益股、增量资金资产配置	复胀受益股、经济复苏的力度
A股市场	下跌空间有限，如果货币政策放松，可以看到2500点，否则最多2200点	市场可能继续探底，但是我们认为跌破前期1600附近低点的可能性很小	如果政策效果好(基本假设)，经济复苏，复胀开始。明年年底看3000点
企业盈利	四季度业绩略微较三季度下滑，下调2008年全年增长为6%	2009年前两季度上市公司整体业绩大幅度下滑，幅度是最大的不确定风险，2季度是低点	2009年全年基本假设8%(主要是对银行的分歧)，悲观假设-5%～0%

续表

	短期(3个月内)	中期(3～9个月)	长期(9个月以上)
A股估值	考虑到利率下调,沪深300指数2008PE15～18倍(目前处于估值低端)	由于通缩和降息,估值存在分歧与波动,2009年PE15倍	由于2010年业绩存在向好预期,2009年年底PE18～20倍,悲观假设2009年PE15倍
政策面	其他政策暖风吹,但是必须大幅度放松的货币政策目前仍在犹豫中,这是最大的风险	经济政策继续有利于市场,但是刺激消费和投资的政策组合比例并不确定,新股发行重开	政策尚不明朗,期待和谐社会和科学发展观政策的落实
标普500指数	底部区域700～800点,但是目前波动性过大,投资者无法参与市场,但是存在反弹碰千点的可能	上半年,经济下滑和奥巴马政策使得股市低位震荡700～900点	逐渐恢复,高点1100。等待新的龙头板块
香港国企指数	息差交易回暖,有望震荡上行,5000～8000点	受制于通缩,市场低位震荡,5000～8000点	有望逐渐回暖,但是冲击万点尚难
全球经济	加速下滑	逐渐筑底	逐渐恢复
GDP增长	四季度争议较大,有认为5%,我们认为8%	2009年前两季度分别为7.5%,7%	后两季度7.5%,8%,2009年全年7.5%,二季度为全年最低点
固定资产投资	2008年增速23%	明年增速7%～10%	关键在于政府投资能否带动民间投资
出口增长	预期今年圣诞假期出口形势严峻,2008年全年20%	明年上半年出口严峻,全年基础假定零增长	但是贸易顺差对GDP增长为正
名义消费	2008全年看22.2%的增速,逐渐回落	考虑到通缩因素,上半年消费增长不乐观	考虑到政府推行刺激消费政策,2009年增速至少12%
PMI	4季度继续维持50以下	50以下,仍然衰退	50附近以及以上,制造业逐渐轻度恢复
CPI	11月和12月CPI为2.9%、2.2%	明年四个季度的预测0.4、-0.3、-0.7、0.2%	明年为通缩年,但逐渐从通缩逐渐复胀
PPI	10月有望成为全年高点,迅速回落	上半年大幅度回落	2009年全年持续下跌,看2.5%

续表

	短期(3个月内)	中期(3～9个月)	长期(9个月以上)
CRB指数	继续谨慎看空CRB指数,但短期内有超跌反弹可能	目前位置震荡为主	逐渐回升,力度难以确定
原油价格	50～55美元见底	45～65美元徘徊	下半年回升,但是,假定60～80美元
10年期国债利率	降息预期全面展开,3%左右	明年低点在2.4%	下半年可能略微回升,对证券市场估值有非常重要的正面影响
RMB / USD	6.8～6.9附近稳定,重新与美元挂钩	实际有效利率的大幅提升对显示货币政策被动紧缩	2009年年底看6.7～6.8
美元指数	美元已经到我们中期目标价,我们中性	震荡,缺少大跌和大涨的因素	可能重新贬值
M1增速	可能到8%左右,历史极低水平	8%～10%附近徘徊	2009年下半年逐渐恢复到12%左右
贷款增速	2008年14.7%,放松信贷,贷款增速逐渐上升	借贷只能通过大幅度降息、忽然降低存款准备金率来解决	2009年15.7%,2009年信贷增长高于2008年

海外市场因为奥巴马将当政的乐观预期最近两个月表现会不错，同时我们认为国内A股的纠错性行情还没有结束(12月中上旬还会有新一轮的刺激经济的政策)，尚能持续两个月左右。对于纠错性行情，我们认为仓位在50%～60%足够。明年上半年，考虑到通缩背景和增量资金，更多应该是调仓、深入换股和选股。

十四、2008年12月4日——加杠杆带动增长

中国杠杆化率亚洲国家中最低。房地产市场为我国当前经济波动的重要原因，而房市景气由房贷增速决定，房贷由实际利率决定，第二产业增速与贷款增速在近30年内也基本一致，再杠杆化将加快中国房地产和第二产业复苏(图17-27，图17-28)。

中国现在推动再杠杆化有几个有利条件：一是充裕的流动性；二是银行、企业和居民健康的资产负债表；三是增加放贷符合银行自身的利益；四是适当的政策鼓励。在这些有利条件的基础上，我们认为政府旨在提高经济杠杆比率的政策措施能够确保再杠杆化的展开，从而带动中国经济尽快走出低谷(表17-10)。

都说往往最后两个月的走势能够预示明年大盘走势和强势板块，主要因为是主流投资者将对明年的预期进行布局的意图(或者潜意识)写在大盘走势的图形上。2007年11月单边下

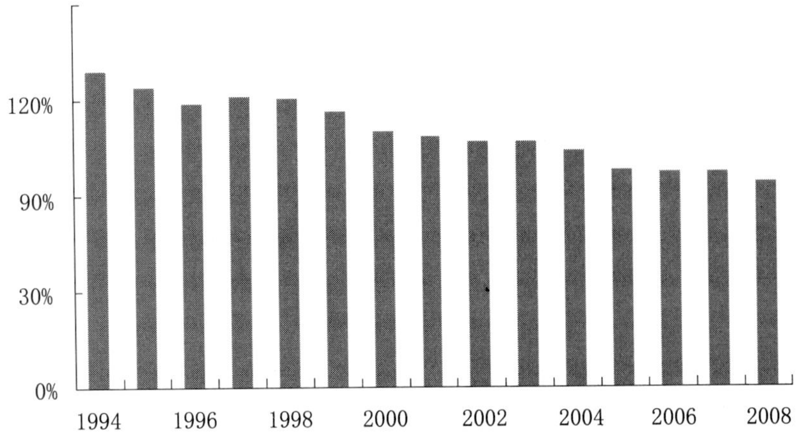

图 17-27　近 10 年来，中国贷存比不断下降，投资对银行贷款及政府支出的依赖度有所降低，转而更多地依赖企业留存收益和资本市场融资

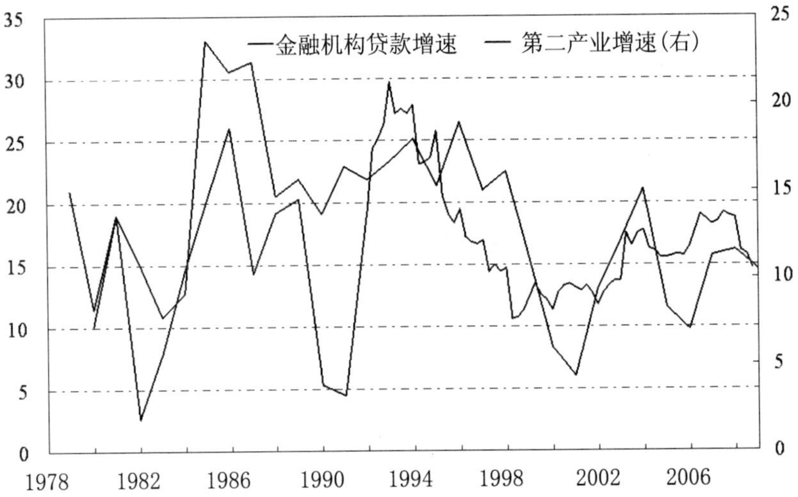

图 17-28　金融机构贷款增速、第二产业增速

表 17-10　2007 年诸多因素好于 1997 年

	1997	2007
国企净利润总额占GDP比重	-0.5%～-1%	4.3%
亏损国有企业数目	25800	5682
银行系统不良贷款率	40%～50%	6%
城镇居民人均收入5年平均增速	5.7%	9.9%

跌，12 月逐渐企稳反弹。今年全年市场多数时候单边下跌，最后一个季度才企稳。

今年市场的主要指数比如大盘股的代表上证 50 是窄幅震荡，但是 12 月会有所表现。中坚指数沪深 300 指数也是窄幅震荡，同样 12 月会有所表现。以中小板指数为代表的各类小盘股走势明显是震荡上升，但是阻力越来越大(图 17-29，图 17-30)。

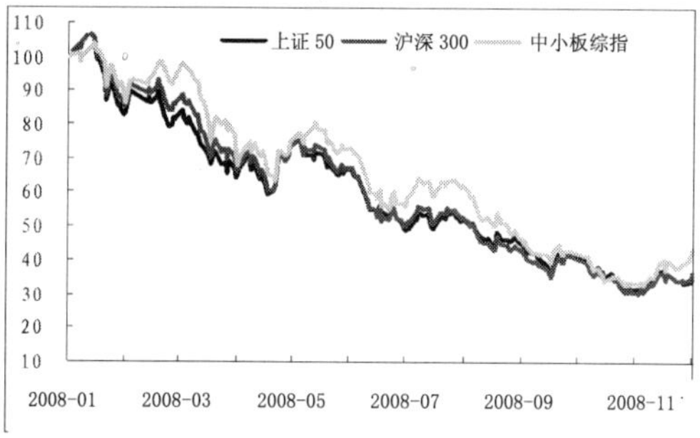

图 17-29　三个指数的走势

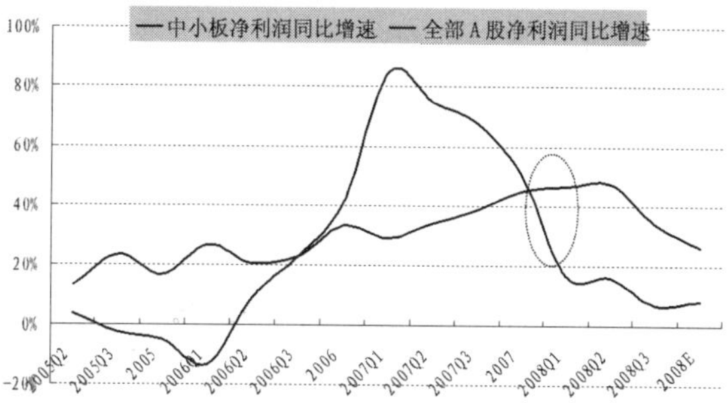

图 17-30　中小板公司的整体成长性比较突出

明年会不会出现这种情况？即，前几个季度大盘股以震荡为主，等到下半年宏观形势逐渐明朗后，才会有所表现，毕竟大盘股对宏观经济非常敏感。而相当部分具有成长性、且不受宏观经济影响的小盘股上半年会表现出单边上涨走势，下半年宏观经济形势明朗后会逐渐调整。另外部分质地一般的小盘股也可能讲下面的故事：很多产业资本，包括 VC 和 PE 已经认识到股票市场的价值，开始大力介入小盘股，通过成为二三股东和大股东达成共识，共同经营公司，大股东负责内生性经营，VC 和 PE 把持有的优质资产逐渐注入公司，负责外生性经营。目前我已经碰到一些 VC 和 PE 在采取这个模式。

对于主流机构来说，明年上半年仓位控制和对大盘股的波动性机会把握仍然是最重要的，毕竟大盘股和小盘股是两个世界。

国内 A 股的纠错性行情还没有结束，我们判断尚能持续两个月左右。明年上半年，考虑到通缩背景和增量资金，更多应该是调仓，深入换股和选股。

家电下乡的思考：作为推动内需消费的措施之一，“家电下乡”全国推广将于明年 2 月 1 日启动。这一消息刺激了家电板块的市场表现。

政策目标的估计最乐观：用 4 年时间使农村主要家电产品拥有率达到城镇 2000 年水平，实现家电下乡产品销售 4.8 亿台，拉动家电消费 6200 亿元，其他相关消费支出 3000 亿元，合计拉动消费 9200 亿元。

按照家电拥有率的目标，简单测算的结果要比政策估计略低一些：总需求量 3.7 亿台，销售额 4895 亿，相当于每年拉动家电需求超过 1000 亿元，拉动家电总需求 11%(表 17-11)。

我们的行业研究员也相对看好农村市场对家电需求的驱动。除了家电下乡外，更重要的理由是，未来 12 年农村居民的收入增长和农村人口结构。十七届三中全会提出的“到 2020 年农村人均纯收入翻番”。在未来 6 年内，目前 15～19 岁年龄范围内的农村婴儿潮人口将带来结婚潮。按 3%的存量更新率计算，近 5 年来农村洗衣机、冰箱、彩电的销售量大约是 740 万台、525 万台、1701 万台，占总的内销量的比重在 30%～40%之间。

按照历史经验关系的收入－保有量关系，考虑家电下乡政策补贴相当于提高农村居民可

表 17-11 按农村家电拥有率提高到城镇 2000 年水平测算未来 4 年农村家电需求空间

	2000 年城镇每百户家庭家电保有量	2007 年农村每百户家庭家电保有量	2000 年城镇比 2007 年农村保有量高出的比例	2008～2012 年农村保有量 CAGR	2008～2012 年农村新增需求量(万台)	总需求量(万台)	中标产品均价(元)	销售额均值(亿元)
洗衣机	90.5	45.94	97.00%	14.52%	7570	9610	1074	1032
电冰箱	80.1	26.12	206.66%	25.12%	9332	10550	1998	2108
彩电	116.6	94.38	23.54%	4.32%	3482	10480	1270	1331
手机	19.5	62(2006 年数据替代)		9.24%	6720	6720	630	423
合计						37359	4973	4895

支配收入，测算出来：家电下乡可能增加近几年农村家电年市场规模 5%～10%。而未来 12 年农村洗衣机、冰箱与彩电的年均销量可能分别在 800～900、650～800、1500～1700 万台之间；年销售额可能在 800～1200 亿元之间(图 17-32，图 17-33)。

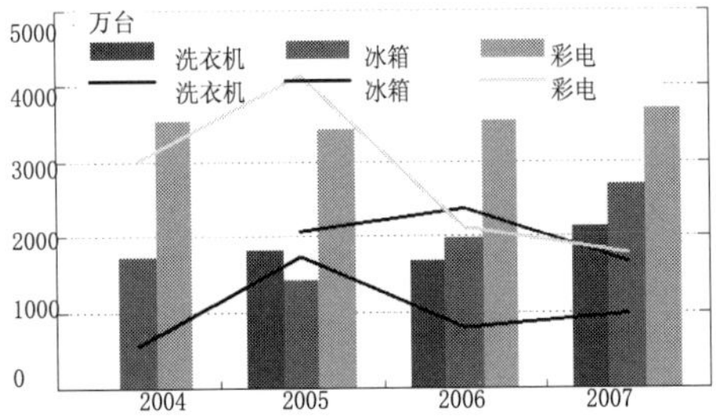

图 17-32 近年来农村家电销量与销售占比

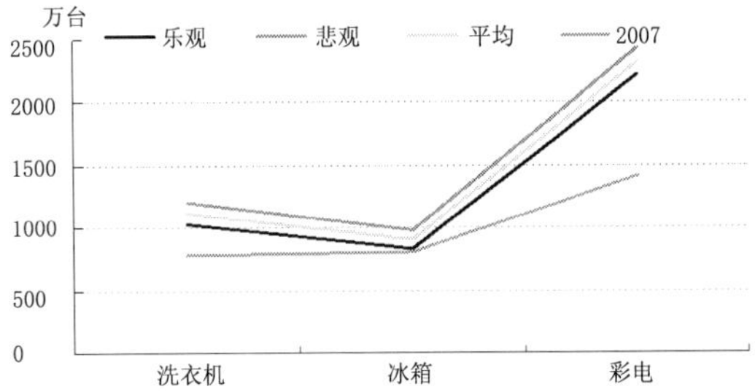

图 17-33 2009～2020 年农村家电年均销量预计

不论各方测算的具体数据有什么差异，这算超出市场预期的利好，提升了家电板块的估值水平。在比较有效的市场里，是市场参与者对基本面预期的边际改变决定了股价的变动，而非仅仅是基本面。

近期市场行业表现正如我们在 11 月 21 日市场点评《政策利好带动纠错性行情向纵深演化》论及的：“以 4 万亿的经济刺激方案为带动，行业热点随政策出现扩散。从最初的直接受益于基建的水泥、钢铁和工程机械，到电网投资的电气设备、3G 投资的通信设备，这些是直接投资拉动型的。接下来我们可能会看到经济刺激方案的重心会从投资转移到消费和就业上——这些政策利好带动相关行业成为短期热点。”

十五、2008 年 12 月 31 日——莫为浮云遮望眼，战略看多股票市场

经过暴风骤雨般的下跌，目前的股市已经相当便宜，用《投资者的未来》作者、大名鼎鼎的西格尔教授的说法是“Yes, Stocks Are Dirt Cheap!”，上次见到这么便宜的估值还在 30 多年前的“滞胀”时期(表 17-12，表 17-13)。

西格尔最近的观点颇为引人瞩目，他连续发表文章看多美国股市，认为现在投资美国 12 个月后想不获得 20%以上的收益率都难，标普 500 合理市盈率是 15 倍，合理点位是 1380 点！西格尔乐观的重要理由是：①扣除经济周期影响的“Normal EPS”应该是 92 美元，而不是计提了大量损益的 49 美元，也不是 1871～2007 年的均值 56.4 美元。原因在于 1981 年

表 17-12 2008 年全球股市全盘皆墨，A 股位列跌幅榜“榜眼”

名称	年初至今涨跌幅(%)
墨西哥MXX指数	-24.19
伦敦金融时报100指数	-33.10
瑞士苏黎士市场指数	-35.59
道琼斯工业平均指数	-36.04
多伦多股票交易所300指数	-37.56
标准普尔500指数	-40.79
韩国综合指数	-41.09
西班牙马德里SMSI指数	-41.64
德国法兰克福DAX指数	-41.68
圣保罗IBOVESPA指数	-41.99
瑞典OMXSPI指数	-42.64
东京日经225指数	-42.86
纳斯达克综合指数	-43.06
法国巴黎CAC40指数	-44.23
澳大利亚普通股指数	-44.65
台湾加权指数	-48.08
菲律宾马尼拉综合指数	-48.29
香港恒生指数	-48.82
新加坡海峡指数	-48.87
意大利MIBTel指数	-49.33
印尼雅加达综合指数	-51.17
印度孟买Sensex30指数	-53.01
荷兰AEX指数	-53.31
奥地利ATX指数	-61.19
上证指数	-65.16
俄罗斯RTS指数	-71.94

以来，分红率下降，导致 EPS 增速上升。②低利率对应高估值，目前只是 ERP 过高，接近 0 的利率将对应未来更高的估值水平。感兴趣的朋友参见以下链接。

http://finance.yahoo.com/expert/article/futureinvest/125716?sort=reverse&start=1&count=5#dtk-cmtscnt)。

我们赞同西格尔教授的观点，即使我们错了，美国重演大萧条，最深跌幅才 89%(当时实行金本位)，而 2001 年以来黄金计价的标普已跌去 82%，美股更可能以震荡反映衰退的现实，半年后可望重拾升势(图 17-34，图 17-35)。

对于 A 股，站在岁末，站在 1800 点重要关口，我们战略上坚定看多，对政府“保增长”和中国崛起的信念使我们对未来并不过分悲观，又到了价值投资者坚定入市的时机。对于股

表 17-13 全球主要股市市盈率对比(2008 年 12 月 30 日)

<HELP> 参见详细说明。 Msg:QUINCY TSE

全球股票指数比率 97) WEI 98) EMEQ

衡量 1 市盈率

1) 北美/拉丁美洲		价格	净涨跌	市盈率	本年预测	下年预测
4) INDU	道琼斯工业指数	8483.93	-31.62	10.23	10.34	13.56
5) SPX	标准普尔500指数	869.42	-3.38	19.36	12.13	11.15
6) CCMP	纳斯达克综合指数	1510.32	-19.92	29.05	15.88	13.96
7) SPTSX	标普/TSX综合指数	8637.29	326.74	10.25	8.58	8.96
8) MEXBOL	墨西哥综合指数	22392.38	-122.96	11.06	12.56	11.94
2) 欧洲/非洲/中东						
9) SX5E	道琼斯欧元50指数	2407.75	+19.45	7.79	8.20	8.00
10) UKX	富时100指数	4350.30	+30.95	7.73	7.80	8.72
11) CAC	法国CAC 40指数	3152.90	+22.18	8.13	7.99	8.27
12) DAX	德国DAX 30指数	4776.45	+71.59	10.58	10.66	9.37
13) IBEX	西班牙IBEX35指数	9074.50	+56.80	7.58	8.08	8.26
14) SPMIB	标普米兰证交指数	19264.00	+97.00	6.16	7.23	7.61
15) AEX	荷兰AEX指数	242.66	+1.85	4.36	6.49	7.24
16) SMI	瑞士市场指数	5533.70	+68.74	43.44	21.43	10.45
3) 亚太地区						
17) NKY	日经225指数	8859.56	112.39	12.88	17.96	16.47
18) HSI	香港恒生指数	14235.50	-92.98	8.73	10.57	10.26
19) SHCOMP	上证综合指数	1832.91	-17.57	14.22	14.13	12.44
20) AS51	标普/澳证200指数	3654.20	33.10	10.04	9.89	9.69
21) FSSTI	海峡时报指数	1770.65	-9.92	6.03	9.23	9.89

Australia 61 2 9777 8600 Brazil 5511 3048 4500 Europe 44 20 7330 7500 Germany 49 69 9204 1210 Hong Kong 852 2977 6000
Japan 81 3 3201 8900 Singapore 65 6212 1000 U.S. 1 212 318 2000 Copyright 2008 Bloomberg Finance L.P.
30-Dec-2008 20:03:51

图 17-34 黄金计价的标普指数

票配置型投资者，则面临战术选择，我们推荐“双维视角”，建议围绕通胀周期选择资产配置。

我们不认为市场还会创新低，业绩底高于估值底。我们认为明年最可能的是 N 型走势(图 17-35)。

不过，尽管我们认为明年下半年机会更大，但是我们不认为上半年就没有机会，而是认为会继续上演跨年度的纠错性行情，我们判断 2009 年内部流动性仍然会充裕。中小市值成长、创新(新技术、新能源)与主题投资大行其道。

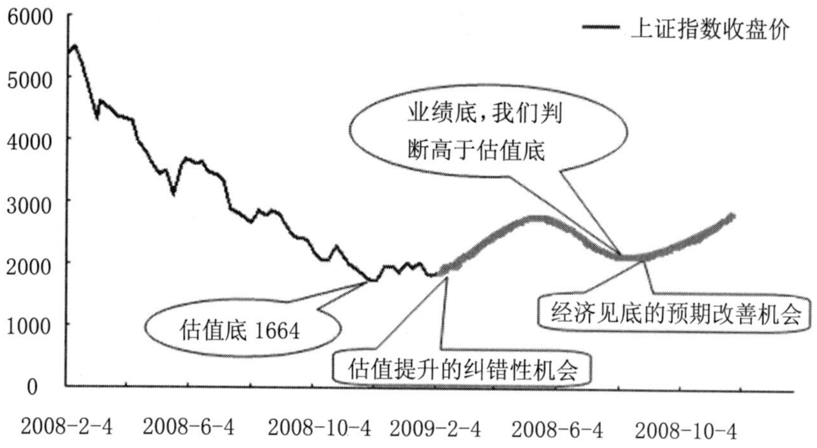

图 17-35　2009 年股市预测示意图